SPANIEN UND PORTUGAL

Aus dem Englischen
übersetzt von
Werner Steinbeiß

Genehmigte Lizenzausgabe für
Bechtermünz Verlag im
Weltbild Verlag GmbH, Augsburg 1997
© der Originalausgabe 1994 by
Andromeda Ltd., Oxford
© der deutschsprachigen Ausgabe 1995
by Christian Verlag GmbH, München
Landkarten: Sarah Phibbs, Pauline
Morrow, Tim Williams, Richard Watts
Umschlagmotiv: Bavaria Bildagentur
Kleine Bildmotive: Mauritius
Bildagentur, AKG Berlin
Umschlaggestaltung: Studio Höpfner-
Thoma, München
Gesamtherstellung:
Fournier A. Gráficas, S. A., Vitoria
Printed in Spain
ISBN 3-86047-792-7

BILDATLAS
DER WELTKULTUREN

SPANIEN UND PORTUGAL

Mary Vincent und Robert Stradling

BECHTERMÜNZ VERLAG

INHALT

Dritter Teil:
Die geographischen Regionen

CHRONOLOGISCHE ÜBERSICHT

500 v. Chr.	1 n. Chr.	500 n. Chr.	700	900	1100

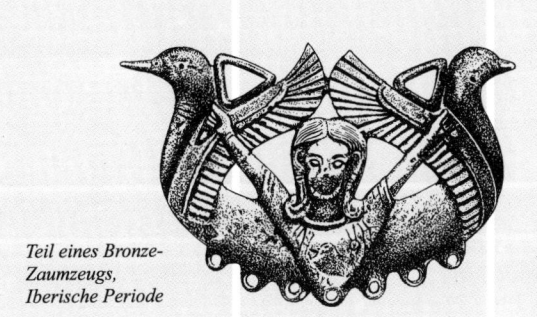

Teil eines Bronze-Zaumzeugs, Iberische Periode

Kaiser Marcus Aurelius, aus dem römischen Tarragona

Christlicher Ritter, 10. Jahrhundert

Iberien und die Außenwelt

237 Hamilcar Barca bringt die karthagische Herrschaft nach Cádiz
218–201 Der 2. Punische Krieg zwischen Karthago und Rom endet mit der Einverleibung der Halbinsel in die Römische Welt (Hispania)
50–45 Römische Bürgerkriege. Kämpfe zwischen Pompeius' und Caesars Armeen auf der Halbinsel
29–19 Kaiser Augustus führt die Eroberung der Halbinsel zu Ende

170 Erste afrikanische Invasionen der Halbinsel
258 Franken dringen in die Halbinsel vor
ab 409 Invasionen der Vandalen, Sueben, und Alanen. Rom ruft die Westgoten als Verbündete auf die Halbinsel
476 Zusammenbruch des Weströmischen Reichs

507 Westgotisches Reich in Gallien von den Franken erobert; Spanien wird zum Zentrum der westgotischen Macht
552–624 Byzantinisches Bollwerk im Süden der Halbinsel

711 Moslemische Invasion der Halbinsel
716–732 Die Moslems setzen ihre Invasion bis Frankreich fort, wo sie von Karl Martell in der Schlacht bei Poitiers besiegt werden
778 Schlacht von Roncesvalles (westliche Pyrenäen). Karl der Große errichtet im Nordosten der Halbinsel eine Fränkische Mark
844–866 Moslems wehren erfolgreich eine Reihe von Wikinger-Überfällen ab

1208 Albigenser Kreuzzug in Frankreich führt zum Schwinden des dortigen aragonesischen Einflusses
1257 Alfons X. von Kastilien zum Kaiser des Heiligen Römischen Reiches gewählt
1282 Eroberung von Sizilien durch Peter III. von Aragón

Politik und Verfassung

227 Gründung von Carthago Nova durch die Karthager
206 Cádiz fällt an die Römer: Vertreibung der Karthager und Gründung von Italica, der ersten römische Niederlassung auf der Halbinsel
197 Aufteilung der Halbinsel in zwei Provinzen: Hispania Citerior und Hispania Ulterior
ca. 155–133 Lusitanische Revolte gegen die römische Herrschaft
81–72 Sertorius errichtet einen unabhängigen Staat auf der Halbinsel
ca. 24 Spanien wird in drei Provinzen umorganisiert: *Baetica*, *Lusitania* und *Tarraconensis*

75 Die Verleihung des *ius Latii* durch Vespasian gewährt der ganzen Halbinsel die teilweise römische Staatsbürgerschaft
298 Spanien wird in 5 Provinzen umstrukturiert: *Gallaecia* und *Carthaginensis* werden hinzugefügt
456 Die Westgoten besiegen die Sueben, die sich nach *Gallaecia* zurückziehen
476–484 Die Westgoten unter Euric löschen schließlich das Weströmische Reich auf der Halbinsel aus

569–586 Leovigild erobert das suebische Königreich *Gallaecia* und errichtet einen vereinigten westgotischen Staat mit Toledo als Hauptstadt
654 Der *Liber Iudiciorum* bringt ein einheitliches Gesetzessystem auf die Halbinsel

712–718 Moslemische Armeen gewinnen die Kontrolle über praktisch die ganze Halbinsel
718/722 Schlacht von Covadonga, Entstehung des Königreichs Asturien
739 Rückeroberung Galiciens
756 Gründung des Emirats von Córdoba
801 Fränkische Armeen erobern Barcelona
Mitte 9. Jahrhundert Die Christen expandieren von Asturien nach León

914? Ordoño II. errichtet das Königreich von León
929 Errichtung des Omajjaden-Kalifats von Córdoba
Mitte 10. Jahrhundert Die Rückeroberung erreicht den Fluß Duero
1031 Fall des Kalifats
Mitte 11. Jahrhundert Aufkommen der christlichen Königreiche von León, Kastilien, Aragón und Navarra und der Grafschaft Barcelona
1064 Eroberung von Barbastro markiert ein neues Stadium der Rückeroberung
1085 Eroberung Toledos aus den Händen der Moslems
1086 Herrschaft der Almoraviden; Abwehr des christl. Vormarschs

1137 Union von Aragón und Katalonien
1139 Portugal erklärt sich als unabhängiges Königreich
1146–1172 Die Almohaden treten an die Stelle der Almoraviden als dominierende Macht im moslemischen Spanien
1212 Niederlage der moslemischen Armee bei Navas de Tolosa
1230 Endgültige Vereinigung von León und Kastilien
1236–1248 Eroberung Andalusiens durch Ferdinand III. von Kastilien
1238 Gründung des moslemischen Königreichs von Granada

Religion und Kultur

5. bis 3. Jahrhundert Blüte der iberischen Zivilisation. Phönizische und griechische Einflüsse in der Kunst
seit dem 2. Jahrhundert Fortschreitende Romanisierung der Halbinsel

1. Jahrhundert Spanien bringt lateinische Schriftsteller hervor: Seneca, Lucan, Martial
ab dem 3. Jahrhundert Allmähliche Verbreitung des Christentums
400 1. Konzil von Toledo
ab 456 Die Westgoten bringen das arianische Christentum auf die Halbinsel

569–680 Gefestigte Periode der westgotischen Zivilisation mit weitverbreitetem Bau von Kirchen und Klöstern
589 König Reccared konvertiert beim 3. Konzil von Toledo zum katholischen Christentum
600–636 St. Isidor Bischof von Sevilla
633 4. Konzil von Toledo

785 Bau der Großen Moschee von Córdoba
9. Jahrhundert und später Verbreitung der mozarabischen Kunst und Architektur in den christlichen Königreichen
899 Weihe der Kathedrale von Santiago de Compostela

10. bis 11. Jahrhundert Blüte der islamischen Kultur auf der Halbinsel mit der Omajjaden-Hauptstadt Córdoba als Zentrum
11. Jahrhundert Anfänge der romanischen Architektur im Norden

12. Jahrhundert Toledo Zentrum christlicher, moslemischer und jüdischer Gelehrsamkeit
13. Jahrhundert Entstehung gotischer Architektur; Mudéjar-Stil im Süden
1212 Spaniens erste Universität in Palencia
1219 Gründung des Dominikaner-Ordens
1290 Universität von Lissabon gegründet (später nach Coimbra verlegt)

Gesellschaft und Wirtschaft

seit dem 5. Jahrhundert Periode der Entstehung iberischer Städte mit Formen feudaler Organisation. Errichtung phönizischer und griechischer Handelsniederlassungen im Süden und Osten der Halbinsel
1. Jahrhundert *Coloniae* werden als Niederlassungen für ehemalige römische Legionäre gegründet

1. bis 3. Jahrhundert Entstehung einer hispanorömischen Zivilisation; bedeutende Bauwerke werden errichtet
4. Jahrhundert Höhepunkt römischen Städtebaus in Spanien
5. Jahrhundert Niedergang der spätrömischen Gesellschaft

680–710 Die westgotische Gesellschaft zerfällt und gleitet in einen vernichtenden Zwist ab

Mitte 8. bis 11. Jahrhundert Zeitalter der *convivencia* – im allgemeinen friedliche Koexistenz von Islam, Judaismus und Christentum im moslemischen al-Andalus

10. bis 11. Jahrhundert Anwachsen einer urbanen Mittelschicht in den zurückeroberten Städten führt zur Gewährung von städtischen *fueros*
Mitte 11. Jahrhundert Zerfall des Kalifats in *taifas* (kleine Königreiche)

12. bis 13. Jahrhundert Einführung des Feudalismus in den christlichen Königreichen mit Leibeigenen auf Landgütern. Das Erstarken stabiler Gesellschaften regt das Bevölkerungswachstum an
13. bis 15. Jahrhundert Blühender Handel zwischen den katalanischen Regionen und dem Mittelmeerraum über Barcelona

*Portugiesisches Segel-
schiff, ca. 1500*

*Porträt des Dichters
Miguel de Cervantes
aus dem Jahr 1600*

*Katalanische
Kachel, 18. Jahr-
hundert*

*Kirche Sagrada
Familia
in Barcelona*

1323–1324 Eroberung Sardiniens durch Aragón
1341 Portugiesen auf den Kanar. Inseln
1419–1427 Portugiesen auf Madeira und den Azoren
1442–1443 Aragón erwirbt Neapel
1487–1488 Portugiesen segeln um das Kap der Guten Hoffnung
1492 Kolumbus' erste Reise nach Amerika
1494 Vertrag von Tordesillas zur »Teilung der Welt«
1497–1499 Vasco da Gama erreicht Indien

1500 Alvares Cabral erreicht Brasilien
1519–1521 Magellans Schiffe umsegeln die Erde; Cortés erobert Mexiko
1531–1555 Religionskriege in Deutschland
1532–1534 Pizarro in Peru
1543 Portugiesische Seefahrer erreichen Japan
1568 Niederlande: Revolte gegen span. Herrschaft
1571 Seeschlacht von Lepanto
1588 Niederlage der spanischen Armada im Ärmelkanal

1618–1648 Dreißigjähriger Krieg
1635–1659 Französisch-Spanischer Krieg
1648–1661 Die Vereinigten Provinzen der Niederlande gewinnen ihre Unabhängigkeit von Spanien
1667–1697 Weitere Kriege mit Frankreich

1702–1713 Spanischer Erbfolgekrieg verwickelt Österreich, Frankreich und England. Spanien verliert Gibraltar an England, die Niederlande an Österreich
1776–1786 Verwaltungsreform der spanischen Kolonien in Amerika
1789–1794 Französische Revolution
1793–1794 Krieg gegen die französische Revolutions-Regierung
1796 Wiederherstellung der Französisch-Spanischen Allianz

1804–1815 Napoleonisches Kaiserreich in Frankreich
1807 Portugiesische Königsfamilie flieht nach Brasilien
1810–1824 Großteil des span. Weltreichs in Amerika wird unabhängig.
1822 João (Johann), Kronprinz von Portugal, proklamiert Brasiliens Unabhängigkeit und sich selbst zum Kaiser
1898 Spanisch-amerikanischer Krieg führt zum Verlust von Kuba, Puerto Rico und der Philippinen

1914–1918 Spanien bewahrt Neutralität im Ersten Weltkrieg, Portugal auf der Seite der Alliierten
1939–1945 Spanien und Portugal bleiben im Zweiten Weltkrieg neutral
1974–1975 Die portugiesischen Kolonien werden unabhängig
1986 Spanien und Portugal treten der EG bei
1992 Die Olympischen Spiele in Barcelona

1350–1474 Dynastischer Zwist und Bürgerkrieg in Kastilien
1385 Schlacht von Aljubarrota sichert die Unabhängigkeit Portugals
1464 Heirat von Isabella von Kastilien und Ferdinand von Aragón
1474 Isabella I. wird Königin von Kastilien
1479 Ferdinand II. wird König von Aragón
1492 Eroberung des Königreichs von Granada

1517 Karl I. übernimmt die Krone von Aragón und Kastilien, vereinigt Spanien
1519 Karl wird zum Kaiser des Heiligen Römischen Reiches (Karl V.) gewählt
1519–1521 Aufstand der *comuneros* in Kastilien
1556 Karl dankt ab; Philipp II. wird König von Spanien
1580 Das portugiesische Herrscherhaus Aviz erlischt: Philipp II. übernimmt die portugiesische Krone

1621–1643 Der Herzog von Oliváres kontrolliert die spanische Politik
1640 Revolten in Katalonien und Portugal. Johann IV. sichert erneut die portugiesische Unabhängigkeit
1659 Pyrenäenfriede beendet den katalanischen Aufstand: das Roussillon und die Cerdagne werden Frankreich zugesprochen
1660 Thronbesteigung von Karl II. (letzter spanischer Habsburger)
1669 Spanien erkennt die portugiesische Unabhängigkeit an

1700 Tod Karls II. Philipp von Bourbon als Philipp V. von Spanien gekrönt – von Karl von Österreich mit Unterstützung Kataloniens und Aragóns bekämpft
1716 Abschaffung der *fueros* von Aragón, Valencia und Mallorca
1746–1788 Politische und administrative Reformen in Spanien
1750–1777 Reformen von Pombal in Portugal

1807 Napoleonische Invasion der Halbinsel
1808–1814 Spanischer Unabhängigkeitskrieg
1812 Verfassung von Cádiz
1814 Restauration der Bourbonen-Monarchie
1828–1834 Miguelistischer Bürgerkrieg in Portugal
1833–1840 Karlistischer Bürgerkrieg in Spanien
1868 Isabella II. von Spanien dankt ab
1873–1874 Erste Spanische Republik
1874 Restauration der Monarchie

1908 Ermordung von König Carlos I. von Portugal
1910 Proklamation der Portugiesischen Republik
1923–1930 Diktatur von Primo de Rivera in Spanien
1931–1939 Zweite Spanische Republik
1933–1974 Der Neue Staat in Portugal
1936–1939 Bürgerkrieg in Spanien
1939–1975 Francisco Franco an der Spitze des spanischen Staats
1974 Revolution in Portugal
1976 Neue Verfassung in Portugal (1982 modifiziert)
1978 Neue spanische Verfassung
1980–1983 In Spanien werden 17 autonome Regionen gebildet

---

nach 1390 Judenpogrome in Kastilien und Aragón
1416 Prinz Heinrich von Portugal gründet die erste Seefahrer-Akademie
1474 Erste Druckerpresse in Valencia eingerichtet
1477–1490 Beginn der spanischen Inquisition
1492 Vertreibung der Juden aus Spanien
1497 Vertreibung der Juden aus Portugal

Manuelinischer Architektur-Stil in Portugal, plateresker Stil in Spanien. »Goldenes Zeitalter« der spanischen Literatur
1536 Inquisition in Portugal
1540 Gründung des Jesuiten-Ordens
1563 Konzil von Trient: Gegenreformation in Spanien
1572 Camões veröffentlicht *Os Lusíadas*
1580–1635 Lope de Vega schreibt etwa 1800 Stücke

1605–1615 Cervantes veröffentlicht den *Don Quijote* in zwei Teilen
1609 Vertreibung der *moriscos*
1623–1660 Velázquez Hofmaler von Philipp IV. von Spanien
1629–1681 Pedro Calderón de la Barca produziert mehr als 100 *comedias* und weitere 76 religiöse Dramen

1720 Portugiesische Akademie für Geschichte gegründet
1735 Spanische Akademie für Geschichte gegründet
1759 Jesuiten aus Portugal vertrieben
1767 Jesuiten aus Spanien vertrieben
1786–1824 Goya Hofmaler für vier aufeinanderfolgende Könige von Spanien

1814–1832 Emigration vieler spanischer und portugiesischer Intellektueller
1840–1870 Wiederbelebung der katalanischen Sprache und Literatur
ab 1860 Neuplanung von Madrid und Barcelona Barcelona betritt als kosmopolitisches kulturelles Zentrum die Bühne
1898 »Generation von 1898« zählen M. de Unamuno, J. Ortega y Gasset und A. Machado

1927 »Generation von 1927«, zu ihr gehören Federico García Lorca, Rafael Alberti und Vicente Aleixandre
1933–1975 Repressive Regimes in Portugal und Spanien treiben viele Künstler ins Exil
ab 1975 Aufhebung der polit. u. moral. Zensur

---

ca. 1350 Der Schwarze Tod (Pest) taucht auf der Halbinsel auf, gefolgt von wirtschaftl. Niedergang und gravierendem Bevölkerungsschwund
Spätes 15. Jahrhundert Verbesserung der Lebensverhältnisse auf dem Land nach Reformen der Katholischen Monarchen
1499 *Moriscos* revoltieren in Andalusien

Spanische und portugiesische Wirtschaft durch den amerikanischen Handel neu belebt
ab 1550 Zufluß von Gold und Silber kann Spaniens aggressive Außenpolitik nicht mehr finanzieren. Wirtschaftliche Spannungen führen zu periodischen Bankrotts der Krone
1568–1570 2. morisco-Aufstand

Wirtschaftlicher Abstieg Spaniens setzt sich fort, periodische Bankrotterklärungen, wirtschaftlicher und administrativer Zusammenbruch Kastiliens gegen Ende des Jahrhunderts
1632–1640 Oliváres' Versuche ökonomischer Reformen gescheitert

1700–1755 Brasilianischer Handel bringt Portugal eine Periode des Wohlstands
1703 Abkommen von Methuen legt den Grundstein für anglo-portugiesischen Handel
1749–1788 Wirtschaftsreformen in Spanien
1755 Erdbeben verwüstet Lissabon

Späteres 19. Jahrhundert Stagnation der ländlichen Ökonomie in Spanien und Portugal. Wachsende Politisierung der Arbeiterklasse und Aufkommen des Anarchismus als Mittel des sozialen Protests Zunehmender Regionalismus in Spanien

1945–1970 Allmähliche, vom Staat dirigierte wirtschaftliche Wiederbelebung in Spanien
ab 1950 Wiederaufleben nationalistischer Bewegungen: ETA lanciert terroristische Kampagnen
ab 1974 Rückkehr zur Demokratie öffnet die Gesellschaft für liberale Bewegungen

VORWORT

»Spanien ist anders.« Dieses Touristenschlagwort der sechziger Jahre erweckte im Ausland Vorstellungen von einem sonnenüberfluteten Land, wo das Leben seit Jahrhunderten unverändert alten Traditionen und Gewohnheiten folgt. Bilder vom ländlichen Leben und von arabischer Architektur waren die wohlfeilen Aufmacherthemen massenhaft verbreiteter Urlaubsbroschüren. Die Iberische Halbinsel wurde als eine vergessene Region vermarktet, wie es für eines der unbekanntesten und am wenigsten verstandenen Gebiete Europas zu geschehen hat. Doch in Wahrheit verbirgt sich hinter den volkstümlichen Bildern eine immense kulturelle Vielfalt. Sowohl Portugal als auch Spanien haben große Weltreiche hervorgebracht, und die in der Epoche ihrer weltweiten Expansionen entstandenen vielfältigen Beziehungen haben ein reiches kulturelles Erbe hinterlassen, ebenso wie die früheren Besiedlungen der Halbinsel durch Phönizier, Kelten, Griechen, Römer und Araber. Dieser Band in der Reihe »Bildatlas der Weltkulturen« erkundet jene bemerkenswerten Hinterlassenschaften.

Der erste Teil des Werks widmet sich den allgemeinen geographischen Eigenschaften der Halbinsel, mit Betonung ihrer Ausdehnung, ihres gebirgigen Charakters und der Feindseligkeit, den ein großer Teil ihrer Natur offenbart. Diese dramatische Geographie hat die historische Entwicklung sowohl Portugals als auch Spaniens geformt. Im Kontrast zwischen dem trockenen Süden und dem gemäßigten Norden liegt der Schlüssel für die extreme regionale Vielfältigkeit der Halbinsel – ein immer wiederkehrendes Thema in der Geschichte der iberischen Länder. Die Gebirgsbarriere der Pyrenäen, die die Halbinsel von Frankreich trennt, und ihre langgezogene Küstenlinie waren überaus bedeutungsvoll für die Herausbildung des Kontakts mit der Außenwelt, den Spanien ebenso wie Portugal über eine lange Zeit ihrer Geschichte hinweg eher über das Meer mit den mediterranen Ländern im Osten und Afrika im Süden sowie jenseits des Atlantiks im Westen suchten als in Westeuropa.

Der zweite Teil zeichnet die politische und kulturelle Entwicklung Spaniens und Portugals von den prähistorischen Zeiten bis zur Gegenwart nach. Es wird gezeigt, wie die Aufeinanderfolge der frühen Besiedler von den Phöniziern bis zu den Westgoten mit der schon seit noch älterer Zeit in Iberien lebenden Bevölkerung verwoben ist und wie die arabische Invasion von 711 die Halbinsel in einen christlichen Norden und einen islamischen Süden teilte. Die Koexistenz von Moslems, Juden und Christen führte zur einer für das Europa der damaligen Zeit einzigartigen Blüte der Gelehrsamkeit und Kultur. Aber als sich die christlichen Königreiche festigten, wurden territoriale Gewinne auf Kosten der Araber erzielt: Granada, das letzte moslemische Königreich auf der Halbinsel, fiel 1492 an Ferdinand und Isabella, dem Jahr, in dem Kolumbus seine erste Reise in die Neue Welt unternahm.

Sowohl Portugal als auch Spanien betätigten sich im europäischen Zeitalter der Entdeckungen an vorderster Front; beide errichteten Weltreiche in Asien und Amerika. Der Reichtum, der auf die Halbinsel floß, führte zu einer bewundernswerten Blüte von Kunst und Literatur. Unter den Herrschern des Hauses Habsburg vereinigt, erweiterte Spanien in diesem »Goldenen Zeitalter« seine europäischen Besitzungen; für eine gewisse Zeit geriet auch Portugal unter seine Herrschaft, bevor es 1640 wieder die Unabhängigkeit zurückforderte. Mit der Übergabe des spanischen Throns an die Bourbonen im Jahr 1700

wurde das höfische Leben in Spanien zunehmend frankophil; das alte Regime konnte den Kräften der Französischen Revolution nicht widerstehen und zerfiel angesichts von Napoleons Invasionsarmeen – eine Zeit des Aufruhrs und des Übergangs, sichtbar gemacht in den dramatischen Gemälden Goyas. Das 19. Jahrhundert war durch den Verlust der amerikanischen Kolonien gekennzeichnet, durch Bürgerkriege und militärische *coup d'états*, und gleichzeitig begünstigte die rapide Industrialisierung Kataloniens und des Baskenlands das Entstehen eines regionalen Nationalismus, der im Umbau von Barcelona um die Jahrhundertwende einen bemerkenswerten künstlerischen Ausdruck fand.

In Portugal ließ 1910 die Abdankung Manuels II. eine Republik entstehen; in Spanien verlor Alfons XIII. 1931 seinen Thron. Der Text beschreibt die Verfassungskrisen und – in Spanien – den Bürgerkrieg, der den Weg für die autoritären Regimes von Salazar in Portugal und von Franco in Spanien ebnete; damit verbunden etablierte sich ein hartnäckiges Beharren auf politischer Konformität und konservativer Moral, das jegliches künstlerische und kulturelle Experimentieren erstickte. Die Rückkehr zur Demokratie beider Länder in den Jahren 1974 und 1975 war von kulturellen Veränderungen begleitet, die die ganze Halbinsel revolutionierten. Die iberische Gesellschaft ist heute säkularisiert; Frauen spielen – noch vor wenigen Jahren undenkbar – eine wichtige Rolle außerhalb der häuslichen Sphäre und das Familienleben selbst hat sich grundlegend verändert.

Der dritte Teil nimmt die geographischen Regionen der Halbinsel in den Blick. Detaillierte Karten zeigen den unterschiedlichen Charakter der Regionen, während der Text ihren physischen Hintergrund und die kulturelle und historische Entwicklung beschreibt und einen Ausblick auf die bleibende Kraft lokaler Identitäten auf der Halbinsel gibt.

Der Band ist mit Karten ausgestattet, die über den wirtschaftlichen und politischen Hintergrund informieren; jedes Kapitel enthält zusätzliche illustrierte Sonderkapitel zur Vertiefung bestimmter thematischer Aspekte. Das Verfassen des Textes teilten sich größtenteils Mary Vincent, die für den ersten Teil, die letzten beiden Kapitel des zweiten Teils und den dritten Teil verantwortlich zeichnet, und Robert Stradling, der die Geschichte der Halbinsel von 1470 bis 1812 darstellte. Dr. Andrew Fear schrieb das Kapitel über die frühe Geschichte Iberiens und R. John Edwards jenes über die mittelalterliche Periode. Dr. Roger Collins besorgte die Sonderkapitel über Westgotische und asturische Kirchen, Frühe spanische Fresken, die Große Moschee in Córdoba, das Mittelalterliche Toledo, die Alhambra und leistete große Hilfe bei den Bildunterschriften. Linda Proud steuerte die Sonderkapitel zum Flügelaltar des Heiligen Vinzenz und über die Reisenden in Spanien bei. Schließlich gilt unser Dank der editorischen Unterstützung durch Robert McNeil von der Bodleian Library, der unermüdlich Daten überprüfte, die Chronologische Übersicht sowie Listen von Herrscherhäusern und das Glossar verfaßte und darüber hinaus die Sonderkapitel über Batalha, die Portugiesischen Seefahrer, Pombal und den Wiederaufbau Lissabons, Goya und über Portugiesische Kacheln schrieb.

Mary Vincent
Robert Stradling

ERSTER TEIL
GEOGRAPHISCHE VORAUS-SETZUNGEN

DAS LAND UND SEINE BEWOHNER

Die Halbinsel

Die Iberische Halbinsel mit ihren Ländern Spanien und Portugal liegt in jeder Hinsicht an einer Peripherie. An der südwestlichsten Ecke Europas, am äußersten Rand des Kontinents gelegen, bildet sie gleichzeitig einen Teil von dessen südlicher und westlicher Begrenzung. Gleichwohl sollte man annehmen, daß – geopolitisch gesehen – hier die Basis einer gewaltigen Macht vorgegeben ist. Mit 504 782 Quadratkilometern ist das Königreich Spanien – Rußland ausgenommen – immerhin das zweitgrößte Land Europas, nur geringfügig kleiner als Frankreich und fast um die Hälfte größer als das neue Deutschland. Außerdem läge es nahe, daß die Iberische Halbinsel mit ihrer Atlantikküste und der ungewöhnlichen Nähe zum afrikanischen Kontinent – die Straße von Gibraltar ist an der engsten Stelle lediglich 13 Kilometer breit – zwischen Europa und den beiden Amerikas und nach Afrika wie eine Art Brücke wirkt. Statt dessen aber erwies sich der größere Teil der Iberischen Halbinsel als Bollwerk, das Ost und West und Nord und Süd voneinander trennt. Tatsächlich verblieben die Nationen der Iberischen Halbinsel im Hinblick auf europäische Angelegenheiten meist eher am Rand des Geschehens, so daß immer wieder gesagt wird, die Iberische Halbinsel liege zwar auf dem europäischen Kontinent, sei aber nicht wirklich ein Teil Europas.

Grenzen

Sieben Achtel der Halbinsel sind vom Meer umgeben. Zwar bewährten sich die Gewässer des Ozeans als überaus wirksame Verteidigungsanlage, andererseits trugen sie aber auch zur Insellage Spaniens und Portugals bei, besonders wenn man bedenkt, daß die einzige Landgrenze zu Frankreich von den hohen Gipfeln der Pyrenäen gebildet wird, der breitesten und höchsten Gebirgskette auf der Halbinsel. Die Pyrenäen entstanden im Tertiär und Quartär (vor 65 bis 2 Millionen Jahren) und erheben sich an ihrem höchsten Punkt bis zu 3 404 Metern (Pico de Aneto). Außer an ihren seitlichen Flanken sind sie kaum zu überqueren; mit einer komplexen Struktur steil ausgeformter Sierras, mit ihren Bergketten und tiefen Flußtälern sind sie praktisch undurchdringlich.

Die Halbinsel teilt sich in die souveränen Territorien Spanien und Portugal. Einzige Ausnahmen sind das Pyrenäental, in dem die unabhängige Grafschaft Andorra liegt, und der sechs Quadratkilometer große Felsen Gibraltar mitten in der südlichen Küstenlinie, seit 1713 in britischem Besitz. Portugal ist die mit Abstand kleinere Nation und nimmt etwa 15 Prozent der Halbinsel ein. Seine Grenzen mit Spanien, seit dem 13. Jahrhundert unverändert, sind politischen Ursprungs, spiegeln aber auch einige geographische Gegebenheiten wider: Ein großer Teil ihrer Längenausdehnung verläuft durch das dünnbesiedelte Grenzland der Extremadura, andere Landstriche werden dagegen von Wasserwegen begrenzt; meist sind dies kleinere Flüsse, doch bildet der große Douro (Duero), der in Kastilien entspringt und in Porto ins Meer mündet, die Grenze von Portugals Nordwestecke, während im äußersten Süden der Guadiana die portugiesische Algarve vom spanischen Andalusien trennt, bevor er sich in den Golf von Cádiz ergießt. Tatsächlich verläuft Portugals Ostgrenze zu 54 Prozent entlang steiler Flußschluchten; zwischen Paradela und Barca d'Alva stürzt der Douro mehr als 500 Meter durch eine Schlucht, deren Wände stellenweise 50 Meter hoch sind. Tiefe Flußeinschnitte zusammen mit unbesiedeltem

aridem Land, aus dem zum großen Teil das Grenzland besteht, haben Portugal zum entlegensten Teil einer entlegenen Region gemacht. Vom Innern weniger durch die Entfernung als durch geographische Gegebenheiten getrennt, hat Portugal seinen Blick immer zur Küste gerichtet. Das Territorium schließt die vulkanischen Atlantikinseln Madeira und die Azoren ein, 600 bzw. 1 200 Kilometer vor den Küsten Marokkos bzw. Portugals gelegen, Hinterlassenschaften der Seefahrervergangenheit dieser Nation.

Berge, Gebirgslandschaften

Spanien nimmt 85 Prozent der Halbinsel ein. Dazu kommen die Balearischen Inseln vor der Mittelmeerküste – die Verlängerung der als Betische Kordillere bekannten südlichen Gebirgsketten auf der Halbinsel – und der kanarische Vulkanarchipel weit im Süden des Atlantiks. Die Entwicklung des Landes war nachhaltig von dem beeinflußt, was man als »widerspenstige Geographie« zu bezeichnen pflegt. Ganz im Gegensatz zum tiefliegenden Portugal nimmt Spanien in der Reihe der höchstgelegenen Länder Europas nach der Schweiz die zweite Stelle ein. Höchster Gipfel der Halbinsel ist der Mulhacén (3 478 m) in der Sierra Nevada, Teil der Betischen Kordillere. Wenngleich die hohen Pyrenäen wie auch die alpinen Hänge der Sierra Nevada dramatische Landschaften formen, so ist Spaniens Höhenlage doch vorwiegend auf die *meseta*, das weitläufige Tafelland, zurückzuführen, aus dem das Innere der Halbinsel besteht. Dieses riesige Plateau liegt auf über 600 Meter Meereshöhe; seine Hoch-

Unten: Die Küste bei Cartagena im Südosten Spaniens ist übersät mit aufgelassenen Industriegebäuden – eine Hinterlassenschaft dieses ehemaligen Minengebiets. Die hier entdeckten Mineralien wurden zuerst von den Phöniziern und Römern ausgebeutet (Cartagena bedeutet »Neu-Karthago«). Die alten Silberminen sind seit langem erschöpft, einige werden aber in dieser Gegend noch betrieben. Wahrscheinlich wegen seiner industriellen Orientierung ist dieser Teil der spanischen Mittelmeerküste einer der letzten, der für den Tourismus erschlossen wird. Inzwischen schießen jedoch Hotels und Villen mit weißen Fassaden um ehemals einsame Buchten aus dem Boden.

Rechts: Huesca in Aragón, der Provinz im äußersten Norden, wird von den hohen Pyrenäen dominiert. Naturreservate schützen heute einen Großteil des Berglands mit seiner Flora und Fauna (darunter die letzte kleine Kolonie des Pyrenäen-Braunbärs); bei Wanderern sind die Parks besonders beliebt. Im Schatten der imposanten Berge schmiegen sich die Häuser und Gassen kleiner Städtchen aneinander. Das Verkehrsnetz hat sich in den letzten Jahren rapide verbessert, noch vor kurzem waren diese Orte ziemlich isoliert.

Unten rechts: Diese ausgedörrte mediterrane *sierra* ist charakteristisch für einen Großteil der Landschaft Südspaniens. Zwar sind die Berge der Sierra del Molina in Murcia nicht sehr hoch, aber das aride Klima läßt nur eine spärliche und kümmerliche Vegetation zu. Nur die trittsichersten Tiere wie Ziegen können in den felsigen Berghängen herumklettern, und über den Gipfeln kreisen Raubvögel.

ebenen und hohen Himmel bilden eine der flachsten, kargsten und zugleich charakteristischsten Landschaften Iberiens.

Zwar reicht das Tafelland bis in die portugiesischen Provinzen Trás-os-Montes, Beira und Alentejo, die Meseta ist jedoch mehr oder weniger mit dem historischen Gebiet des Königreichs Kastilien identisch, dem Kern des heutigen Spanien. Physisch und seit dem Mittelalter auch politisch dominant, ist Kastilien nichtsdestoweniger ein sprödes und nur spärlich besiedeltes Land, dessen Bewohner für ihren Stoizismus berühmt sind. Die Böden sind trocken und dünn; in den Steppengebieten von La Mancha dringen die darunterliegenden Felsen bis an die Oberfläche, andere Gebiete der Meseta sind der Winderosion ausgesetzt.

Außer im Westen, wo die Meseta zu den weiten Küstenebenen Portugals abfällt, wird das kastilische Zentralplateau von hohen Gebirgsketten begrenzt. Im Norden schirmt das mesozoische Kantabrische Gebirge, mit dem Peña Cerredo (2 642 m) als höchstem Punkt, das Tafelland von der atlantischen Küste ab; im Süden enden die Ebenen an der Sierra Morena, deren verdorrtes und welliges Hochland zu den urtümlichsten Regionen der Halbinsel gehört. Die östliche Kante der Meseta wird vom Iberischen Randgebirge gebildet, dessen einer Arm in einer Reihe von hohen, einzelnstehenden Sierras – Guadarrama, Gredos, Gata und Peña de Francia – ausläuft, das zentrale Tafelland halbiert und an der höchsten portugiesischen Gebirgskette, der Serra da Estrêla, endet. Diese »Ost-West-Wälle«, wie sie der englische Schriftsteller Laurie Lee nannte, »ziehen sich durch Spanien und trennen die Menschen in verschiedene Rassen«. Für viele Beobachter ist die Zählebigkeit lokaler Loyalitäten und Identitäten, die noch weit vor nationalen Zugehörigkeiten rangieren, eines der auffallendsten Merkmale im heutigen Spanien und Portugal.

Verkehrswege

In dem beharrlichen Lokalpatriotismus spiegelt sich zumindest teilweise die Geographie wider. Tatsächlich ist das Innere Kastiliens durch zahlreiche Gebirgsketten vom traditionell wohlhabenden Küstensaum abgeschnitten, fehlende schiffbare Wasserwege haben einen internen Austausch darüber hinaus behindert. Keiner der fünf wichtigsten Ströme – Douro, Ebro, Tajo, Guadiana und Guadalquivir –, die die Meseta bewässern und mit Ausnahme des Ebro westwärts zum Atlantik fließen, ist von Natur aus in ganzer Länge schiffbar. Iberische Flüsse haben sich oft eher als Grenzen denn als Kommunikationskanäle erwiesen. Sowohl in Spanien als auch Portugal liegen die als Extremadura (portug. Estremadura) bekannten Regionen; die Bezeichnung meint soviel wie »jenseits des Douro« bzw. für die Alentejo-Ebene im Süden Portugals »jenseits des Tejo«. Der Tejo, der genau südlich der Serra da Estrêla fließt, verstärkt zusätzlich die Trennung Portugals in zwei unterschiedliche Landesteile.

Spanien wird von 3 144 Kilometer Küste gesäumt, Portugal von weiteren 974. Es überrascht deshalb keinesfalls, daß die maritimen Verkehrswege in der Entwicklung beider Länder eine vitale Rolle gespielt haben. Zumindest bis zum Aufkommen des motorisierten Transportwesens waren die schnellsten, billigsten und bequemsten Routen die Seewege. Doch selbst an diesen langgezogenen Küsten zeigt sich die Geographie nicht immer freundlich. Mit Ausnahme von Lissabon, das zu den ältesten historischen Hafenstädten Europas zählt, sind die natürlichen Häfen der Atlantikküste vom Hinterland isoliert. Die galicische Küstenlinie Spaniens, die sich nördlich von Portugal am Atlantikufer erstreckt, ist durch zahlreiche tief eingeschnittene, überflutete Meeresbuchten, *rías*, charakterisiert. Während diese jahrhundertelang den Fischerbooten, die auf dem offenen Meer arbeiteten, ideale natürliche Ankerplätze boten, besitzen sie im 20. Jahrhundert nur noch lokale Bedeutung. Außerdem beeinträchtigt die fjordähnliche Landschaft eine interne Kommuni-

mittlere Temperatur: Januar

°C
12
8
4
0

Maßstab 1 : 10 240 000

mittlere Temperatur: Juli

°C
28
24
20
16

Maßstab 1 : 10 240 000

kation. Die Region ist darüber hinaus durch das zum Teil undurchdringliche Kantabrische Gebirge, die nördliche Grenze der Meseta, vom Inneren des Landes isoliert.

Klima und landwirtschaftliche Kultivierung

In einem so kontrastreichen Land fällt der Gegensatz zwischen den trockenen und den feuchten Regionen Spaniens sofort ins Auge. Der Nordwesten ist das feuchteste Gebiet der Halbinsel. Dort überschreitet die Regenmenge 1 650 mm pro Jahr, und im Gegensatz zu anderen Teilen der Halbinsel gibt es keine Sommerdürre. Das unebene, regennasse Gelände eignet sich zur Herdenhaltung und damit auch zur Milchwirtschaft. Die Region ist mit Eichen, Pinien und Walnußbäumen bewaldet, und die landwirtschaftlichen Flächen sind oft wenig ergiebig. Trotz der Schönheit und der augenfälligen Sanftheit der üppigen Landschaft ist das Leben in diesem Teil Spaniens oft recht mühselig.

In den trockenen Gebieten im Süden sind zweifellos harte Bedingungen gegeben. Im Extremfall können sie die Form von Halbwüsten annehmen, wie in Teilen der Provinzen Almería und Murcia im Südosten Spaniens. Das als »Mini«-Hollywood bekannte Gebiet erwies sich als ideale Filmkulisse für die in den sechziger und siebziger Jahren gedrehten »Spaghetti-Western«. Die ausgetrocknete Landschaft ist die Heimat der einzigen endemischen Palme der Halbinsel (Chamaerops humilis), läßt sonst aber von Natur aus nur wenig andere Vegetation zu. Überall auf der Halbinsel gibt es im Winter Regen; im Sommer dagegen fällt nur geringer oder gar kein Niederschlag.

Alle trockenen Regionen der Halbinsel haben einen Überschuß an Sonne zu verzeichnen, der einen brillant blauen Himmel und ein klares, blendend intensives Licht bewirkt. Die Sommer sind glühend heiß, im Innern des kastilischen Tafellandes, wo der mäßigende Einfluß des Meeres nicht spürbar ist, sind die

Das Klima der Iberischen Halbinsel
Die Halbinsel kennt eine große Variationsbreite an Temperatur (oben links) und Niederschlagsmengen (oben rechts), verursacht durch das weitläufige kontinentale Landesinnere, die umliegenden Meere und die Gebirge. Der meiste Regen fällt im Winter, wenn westliche Winde vom Atlantik her kalte und nasse Witterung an die Atlantikküsten bringen. Bevor sie das Innere der Halbinsel erreichen, werden sie von einem über der meseta sich bildenden Hochdrucksystem nach Norden und Süden abgedrängt, weshalb die Hochebene trockener und sehr kalt bleibt. In allen Teilen der Halbinsel kann es sehr kalt werden, wenn Luft von der meseta zu den Küsten hin abfließt. Der Westwindgürtel bewegt sich im Sommer nordwärts und begrenzt die Regenfälle auf die Berge des Nordens und Nord-

Links: Wie in anderen heißen und ariden Gegenden der Halbinsel wird auch in Almería das Gemüse auf großräumigen Flächen unter Plastikfolien angebaut. Tomaten, Paprika, Auberginen und Melonen werden das ganze Jahr über geerntet, um den profitablen Exportmarkt zu versorgen.

Unten: Galiciens Atlantikküste ist seit langem für ihre reichen Fischvorkommen berühmt. Verarbeitung von Fischkonserven und Muschelzucht sind wichtige lokale Gewerbe. Diese Muschelflöße treiben in der Ría de Arosa. Nachts finden hier oft dramatische Verfolgungsjagden statt, wenn Zollschiffe hinter den Schnellbooten der Schmuggler herjagen – oft mit fatalen Folgen. Einige Schmuggler bringen illegal Tabak ins Land, die meisten sind aber in den Drogenhandel verwickelt.

Nächste Seite: Weite Bereiche Spaniens sind dem Weinbau vorbehalten. In den siebziger Jahren waren die Anbauflächen größer als in jedem europäischen Land – paradoxerweise ist die Weinproduktion trotz geschrumpfter Anbauflächen gestiegen. Das Pflügen zwischen den Weinstöcken findet im März und April statt.

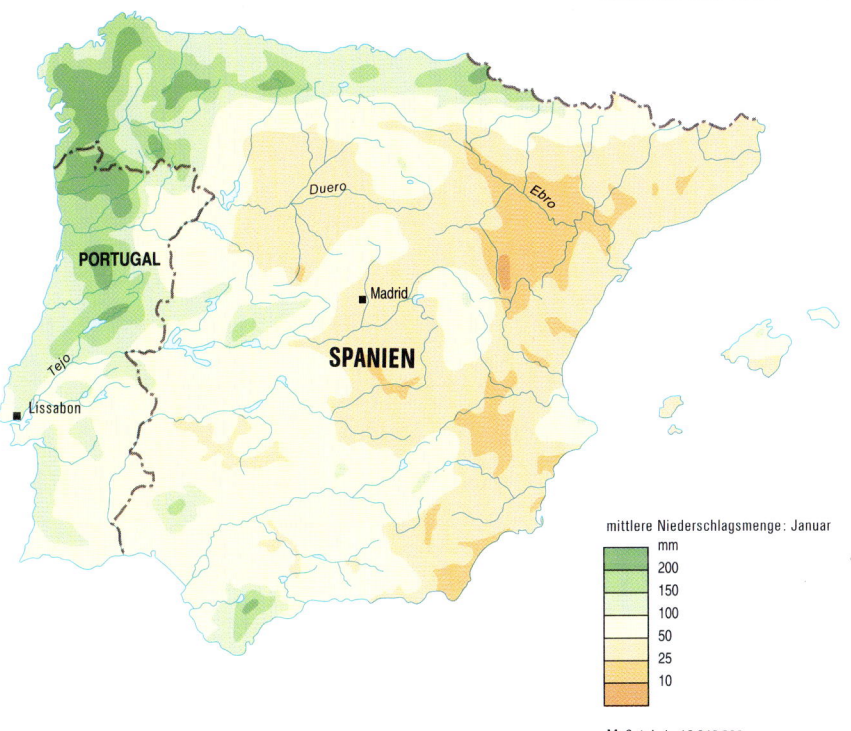

mittlere Niederschlagsmenge: Januar

mm
200
150
100
50
25
10

Maßstab 1 : 10 240 000

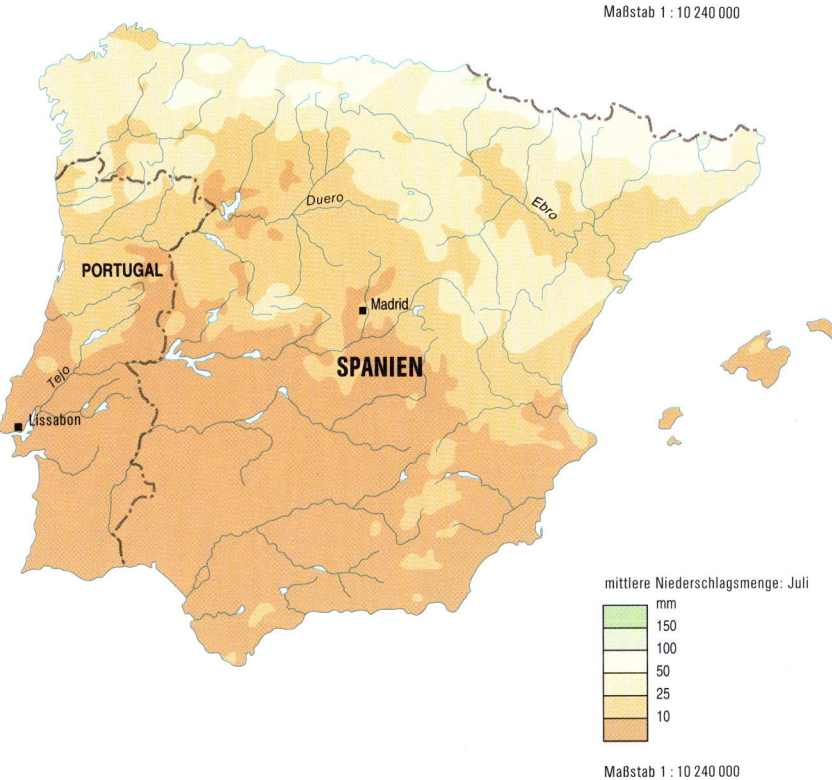

mittlere Niederschlagsmenge: Juli

mm
150
100
50
25
10

Maßstab 1 : 10 240 000

westens. Der weiter südlich gelegene Teil der Atlantikküste ist durch den Einfluß des Azorenhochs über dem westlichen Atlantik trocken und heiß. Das Landesinnere erwärmt sich rasch und bleibt weitgehend trocken. Dieses aride Klima wird durch periodisch auftretende warme, trockene Winde aus Afrika noch verstärkt. Die nordöstliche Mittelmeerküste bekommt im Herbst den meisten Regen ab, wenn feuchte Winde vom Meer her wehen. Weiter südlich herrscht eine beträchtliche, kleinräumige Variationsbreite: Die Küstenebenen und Niederungen im Regenschatten der Gebirgsketten sind trocken, aber die Berge selbst sind feuchter. Die Schneedecke auf der Sierra Nevada bleibt bis zu sieben Monaten und länger liegen. Die höheren Hänge der Pyrenäen bleiben das ganze Jahr über schneebedeckt.

Winter ebenso hart. »Drei Monate Winter, neun Monate Hölle«, so wird das lokale Klima im Volksmund charakterisiert. Zwar herrscht an den Küsten nicht Winter im eigentlichen Sinn, Katalonien wird aber von einem kalten Nordwind gequält, der in der Gegend *tramontana* genannt wird. Paradoxerweise ist die Atlantikküste Südportugals der einzige Teil der Halbinsel, der ein echt »mediterranes« Klima mit heißen, trockenen Sommern und milden, feuchten Wintern genießt.

Die ergiebigsten landwirtschaftlichen Flächen Iberiens liegen in den Küstenebenen und im Flußtal des Guadalquivir. Reis, Baumwolle, Datteln und sogar Bananen ebenso wie die vertrauteren Zitrusfrüchte, Tomaten und Melonen werden dort angebaut. Abseits von diesen Oasen dominiert im Süden, vor allem in Andalusien, der Anbau von Oliven. Mit über 190 Millionen Olivenbäumen ist Spanien der größte Olivenproduzent der Welt. Die Region ist die ursprüngliche Heimat des Baumes, dem

das mediterrane Klima besonders entspricht. Er verträgt trockene Sommer, aber keinen Winterfrost.

Das Innere der Halbinsel leidet unter strengen Wintern, somit herrscht dort auch eine ganz andere Vegetation vor. Weniger die Eichen des Nordens oder die Palmen des Südens und Ostens sind die typischen Bäume der Meseta; charakteristischer ist die immergrüne Eiche, während im Grenzland der spanischen Extremadura und im portugiesischen Alentejo Korkeichen gedeihen. Das Tafelland der Meseta wurde seit alters als Weideland für Schafe genutzt, erwies sich jedoch später als eines der wenigen Grasland-Gebiete Westeuropas, die sich für den Weizenanbau eignen. Heute dominieren hier riesige Kornfelder, deren Endlosigkeit die flache Landschaft noch unterstreicht. Das sich im Wind wiegende Korn irritiert die Tauben, weil es den Wellen des Meeres ähnelt – so hat es jedenfalls einer der größten spanischen Dichter gesehen: Rafael Alberti (geb. 1902).

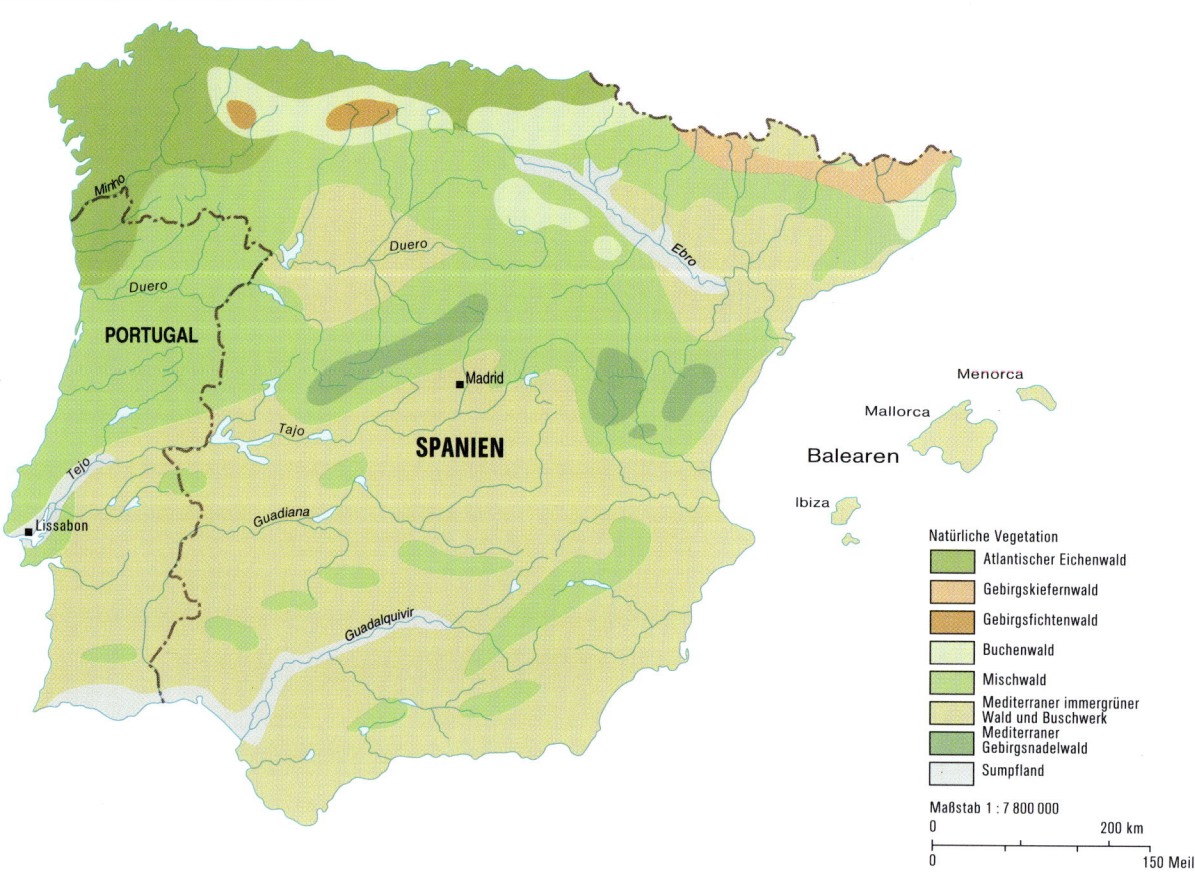

PORTUGAL

Miño

Duero

Duero

Tejo

Lissabon

Tejo

SPANIEN

Madrid

Guadiana

Guadalquivir

Ebro

Duero

Menorca

Mallorca

Balearen

Ibiza

Natürliche Vegetation

- Atlantischer Eichenwald
- Gebirgskiefernwald
- Gebirgsfichtenwald
- Buchenwald
- Mischwald
- Mediterraner immergrüner Wald und Buschwerk
- Mediterraner Gebirgsnadelwald
- Sumpfland

Maßstab 1 : 7 800 000

0   200 km

0   150 Meilen

Die Vegetation der Iberischen Halbinsel

Laubwälder, vorwiegend Eichen und in den höheren Lagen Buchen und Nadelbäume, bilden die natürliche Vegetation des Nordens und des Nordwestens. In den Pyrenäen reichen die Kiefernwälder bis zur Baumgrenze. Dieses nördliche Gebiet läßt heute sowohl Forst- als auch Milchwirtschaft zu. Weiter südlich werden die immergrünen Eichenwälder immer seltener. Ein Großteil der nördlichen *meseta* ist dem Getreideanbau gewidmet oder wird als Schafweide genutzt, wenn der Boden für einen Anbau zu mager ist. Oliven und Wein findet man weitgehend im Süden. In der Region herrscht zum großen Teil eine mediterrane Gestrüppvegetation mit Gräsern, immergrünen Büschen und Bäumen vor, ein Ergebnis jahrhundertelanger menschlicher Anstrengung. In einigen ariden Gegenden des Südens trifft man auf eine subtropische Vegetation, wie sie eher für Nordafrika typisch ist.

Sprachen auf der Iberischen Halbinsel
Das heutige Standardspanisch oder Kastilisch wird in ganz Spanien gesprochen, aber es gibt bedeutende linguistische Minoritäten. Das eng mit der provenzalischen Sprache Südfrankreichs verwandte Katalanisch wird in ganz Katalonien, Valencia und auf den Balearen gesprochen. *Galego*, eine alte Form des Portugiesischen, hat sich in Galicien und zu einem geringeren Grad im benachbarten Asturien sowie dem nördlichen Teil Kastiliens und Leóns erhalten. Baskisch oder Euskera, die einzige Sprache der Halbinsel ohne indogermanische Abstammung, geht auf die römischen und keltischen Invasionen zurück und hatte einst ein viel größeres Verbreitungsgebiet als das heutige Baskenland, Teile von Navarra und einige baskisch sprechende Gruppen in entlegeneren Teilen des nördlichen Aragón. In Portugal gibt es keine nennenswerten linguistischen Minoritäten.

Sprachen
- Baskisch
- Kastilisch
- Katalanisch
- Französisch
- *Galego*
- Portugiesisch

Maßstab 1 : 7 800 000
0 — 200 km
0 — 150 Meilen

Links: Jahrhundertelang war der Wollhandel die Grundlage des kastilischen Reichtums, und die Schafhaltung war eine Lebensweise für sich. Immer weniger Gemeinden bewahren heute noch die Tradition der Herdenhaltung. Dieses Foto entstand auf einem Hügel außerhalb von Segovia mit seiner mächtigen Kathedrale; das Land erlaubt kaum eine andere Nutzung als die Schafweide.

Die Bewohner

Im Gegensatz zur dramatischen Vielfalt landschaftlicher und klimatischer Gegebenheiten sind die Menschen der Iberischen Halbinsel ethnisch homogen. Lateinische Abstammung dominiert: Fast alle Bewohner der Halbinsel zeigen den typisch mediterranen olivfarbenen Teint, sie besitzen dunkle Haare und braune Augen, obwohl eine hellere Hautfarbe keinesfalls unüblich ist, vor allem im keltischen Nordwesten. Vor der Ankunft der Römer im 2. Jahrhundert v. Chr. war die Halbinsel von den Keltiberern bewohnt, wie diese Mischung aus keltischen Völkern genannt wird – ursprünglich aus Mitteleuropa kommend, betraten sie die Halbinsel etwa zwischen dem 7. und 6. Jahrhundert v. Chr. über die Pyrenäen –, und von den dort bereits siedelnden Iberern, deren Herkunftsgebiet vermutlich entweder im östlichen Mittelmeerraum oder in Nordafrika liegt. Ihre Vermischung mit den römischen Siedlern bildete die Grundlage für jene lateinische Abstammung, wie sie bei den Bewohnern der Halbinsel noch heute deutlich zu erkennen ist. Nur die Basken, die sich längst in den westlichen Pyrenäen niedergelassen hatten, entzogen sich diesen Assimilationsprozessen und bewahrten ihre vor-indoeuropäische Kultur sowohl gegenüber den Römern als auch den späteren westgotischen Eindringlingen.

Das kulturelle Erbe der Kelten ist in Galicien am deutlichsten zu spüren. Es wird oft mit dem Westen Irlands verglichen, nicht nur wegen seiner verregneten Landschaft, sondern auch weil die Menschen der Musik aus Dudelsäcken lauschen, sich Märchen von Seejungfrauen erzählen und im allgemeinen romantisch und künstlerisch veranlagt sind. Sowohl Galicien als auch die Westküste Irlands werden oft als »traurig-melancholisch« beschrieben; den irischen Kampfgeist sagt man den Galiciern allerdings nicht nach. Alle keltischen Regionen Westeuropas haben sich über die Jahre hinweg als rege Ausgangsorte der Emigration erwiesen, besonders in die Neue Welt: in Argentinien werden alle Spanier nach alter Gewohnheit als *gallegos* bezeichnet.

Im Gegensatz zum Süden war die nördliche Halbinsel nur kurze Zeit von den Arabern oder Mauren besetzt, die im 8. Jahrhundert n. Chr. von Nordafrika aus ins Land drangen. Ihr Erbe kann man vielleicht an der etwas dunkleren Hautfarbe und den arabischen Zügen vieler Südspanier besonders in Andalusien erkennen; selbst die Namen Andalusien und Algarve stammen von arabischen Wörtern ab, und so charakteristische Merkmale wie die weißen Häuser mit den gekachelten Innenhöfen und die symmetrisch angelegten Gärten sind ein direktes Erbe der islamischen Vergangenheit.

Außer dem Baskischen, das mit keiner anderen Sprache verwandt zu sein scheint, stammen alle auf der Iberischen Halbinsel gesprochenen Sprachen aus dem Lateinischen, gleichwohl viele einzelne Worte aus dem Arabischen entlehnt sind. Die vorherrschenden Sprachen sind die offiziellen Amtssprachen Portugiesisch und das kastilische Spanisch *(castellano)*. Portugiesisch ist die einzige in Portugal gesprochene Sprache. Spanien dagegen hat einige Minderheitensprachen, die so lebendig wie je zuvor sind, obwohl regionale Sprachen in der Vergangenheit behindert oder gar aktiv unterdrückt wurden. In ihrem Überleben spiegelt sich die Vitalität regionaler Identitäten innerhalb des modernen spanischen Staates, die selbst heute, da jeder Bürger *castellano* und das lokale Idiom spricht, ungebrochen sind. Die Sprache Galiciens, das *galego*, ist eine alte Form des Portugiesischen, und in den westlichen Pyrenäen überlebte das Euskera, eine altertümliche und schwierige Form des Baskischen. Katalanisch, eng verwandt mit dem Provenzalischen, der Sprache Südfrankreichs, ist die verbreitetste Minderheitensprache, sie wird in Valencia, auf den Balearen und in Katalonien gesprochen.

Entwicklung der städtischen Zentren

Bis zum Beginn des 20. Jahrhunderts war die Bevölkerung der Iberischen Halbinsel überwiegend bäuerlich und in der Landwirtschaft tätig. Die Lage der Städte – viele von den Römern gegründet – war an Handelswege und an Erfordernisse der Verteidigung gebunden. Die Bedeutung von befestigten Städten im Landesinneren wie Elvas und Ciudad Rodrigo zum Beispiel – beide wachten über das stark umkämpfte Grenzland – verfiel, nachdem die Grenze zwischen Portugal und Spanien errichtet und die Halbinsel den Arabern wieder entrissen worden war.

Die harten Lebensbedingungen der rauhen Meseta trieben die Bevölkerung der Halbinsel lange Zeit in Richtung Küsten. Zwar wählte Philipp II. 1560 Madrid in der Mitte Kastiliens zu seiner politischen Hauptstadt, zum ökonomischen Zentrum Spaniens wurde es aber erst in diesem Jahrhundert. Als sich Handel und Industrie entwickelten, kam es zu Konzentrationen im Hinterland der Küstenstädte; besonders gilt dies für Barcelona am Mittelmeer und Bilbao im Norden, in geringerem Maß für Porto und Lissabon in Portugal. Im 19. Jahrhundert war Barcelona Spaniens führende Metropole, als die Stadt ihren Wohlstand aus dem Handel und der Textilindustrie bezog. Aus ähnlichen Gründen wuchs Porto, die zweitgrößte Stadt Portugals, schneller als Lissabon, aber die portugiesische Hauptstadt erholte sich bald. Im Gegensatz zu Madrid ist Lissabon mit seinem fruchtbaren Hinterland und dem natürlichen Hafen der nächstliegende Ort für eine Hauptstadt. Erst als Schnellverkehrswege und das Flugzeug in der zweiten Hälfte des 20. Jahrhunderts das Kommunikationsnetz revolutionierten, tauchte Madrid als erste Stadt Spaniens auf. Noch 1950 war Madrid nur geringfügig größer als Barcelona, aber 1990 hatte es die alte Metropole am Mittelmeer bereits deutlich übertroffen.

Dieses Wachstum ist auf den Rückgang der Landwirtschaft und der ländlichen Bevölkerung zurückzuführen, der seit Beginn des Jahrhunderts – und noch rasanter seit 1950 – eine wachsende Verstädterung auf der gesamten Iberischen Halbinsel zur Folge gehabt hatte. Der aufkommende Tourismus hat sowohl das Gesicht als auch den Wohlstand der Küstenstädte im Osten und im Süden grundlegend verändert. Die Verstädterung – nicht zuletzt erkennbar an den zahllosen Hotel- und Appartmenthochhäusern – zieht sich an den Küsten von der Algarve bis Katalonien entlang. Um so alte Städte wie Faro, Málaga und Alicante wuchern Vorstädte, und aus ehemaligen Fischerdörfern wie Torremolinos und Benidorm sind reine Urlaubsorte geworden. Häfenstädte wie Vigo in Galicien sind rasant gewachsen, besonders wenn sie, wie etwa im Fall von Cartagena in Valencia, Standort eines Marinestützpunktes oder, im Fall von Setúbal im Süden Lissabons, von Industrieansiedlungen sind. Auch abseits der Küsten vergrößerten sich seit Ende des letzten Jahrhunderts die Einwohnerzahlen nahezu aller Provinzstädte. Obwohl viele von ihnen Versorgungszentren vorwiegend ländlicher Gebiete sind, boten die zunehmende Ansiedlung lokaler Verwaltungen oder von Bank- und Dienstleistungsunternehmen neue Arbeitsmöglichkeiten anstelle der abnehmenden landwirtschaftlichen Beschäftigung. Leichtindustrien in Städten wie Valladolid, der Hauptstadt Altkastiliens, oder in Saragossa im Ebrotal zogen ebenfalls neue Bewohner an. Um Madrid spannt sich heute Spaniens erster und rasch wachsender Pendlergürtel, nachdem viele junge Familien an die Peripherie abwandern. Madrid und sein Umland haben jedoch eine eigenartige kastilische Erfolgsgeschichte hinter sich; moderne Kommunikationsmittel haben die Abwanderung aus dem Binnenland beschleunigt, und die Region entvölkert sich zunehmend.

ZWEITER TEIL

EINE GESCHICHTE DER IBERISCHEN HALBINSEL

DIE HALBINSEL BIS ZUM FALL
DER WESTGOTEN

Vorgeschichte

Die Iberische Halbinsel ist im Laufe ihrer Geschichte von den verschiedensten Völkern besiedelt worden, was angesichts dieser großen und geographisch höchst vielfältigen Landmasse wenig verwunderlich ist. Bei der Betrachtung der Frühgeschichte der Halbinsel sollte man nicht davon ausgehen, daß diese Siedler eine Einheit bildeten, noch daß sie in kulturellen Wellen aufeinanderfolgten. Viele dieser Völker lebten gleichzeitig auf der Halbinsel, und ihre Kulturen beeinflußten einander und waren auf vielfältige Weise miteinander verflochten.

Unser Begriff Prähistorie (»vor der Geschichte«) ist die angemessene Bezeichnung für diese frühe Zeit. Man kann keine Beschreibung von Völkern allein aus archäologischen Spuren rekonstruieren; wenn wir es mit Epochen noch vor dem Aufkommen schriftlicher Zeugnisse zu tun haben, registriert man am besten all die verstreuten Fragmente inzwischen vergangener Welten und Völker.

Den spektakulärsten Beweis menschlicher Landnahme im Paläolithikum liefern uns die Höhlenzeichnungen von Bisons und anderen Tieren in Altamira (oft als »Sixtinische Kapelle der Steinzeit« bezeichnet) in den Kantabrischen Bergen. Diese erst 1869

Rechts: Die Els Tudens naveta (Gemeinschaftsgrab) auf Menorca ist das älteste in Spanien erhaltene architektonische Monument und stammt aus der Zeit zwischen 1500 und 1300 v. Chr. Die inneren Kammern dieser imposanten Begräbnisstätte aus der Bronzezeit enthielten die Reste von mehr als 100 Personen.

Unten: Die Höhlenmalereien von Altamira, ganz in Farbe und bereits mit einem Sinn für Perspektive ausgeführt, gehören zu den wunderbarsten Beispielen paläolithischer Kunst auf der ganzen Welt. Zwar wird man die Motive der Steinzeitkünstler nie mit Sicherheit erfahren, aber eine gängige Theorie bringt die Malereien in Zusammenhang mit Ritualen, die in der Hoffnung auf eine erfolgreiche Jagd zelebriert wurden.

zufällig entdeckten, lebhaften Darstellungen wurden von Menschen der Magdalénienkultur hervorgebracht, die bis ans Ende der letzten Steinzeit (um 16 000 – 10 000 v. Chr.) zurückreicht. In der Nähe, in Covalana, fand man sogar noch ältere Malereien aus dem Aurignacien-Zeitalter (vor 30 000 v. Chr.).

Ebenso eindrucksvoll sind die großen Steinmonumente, besonders die Kammergräber der megalithischen Kultur, die sich bei den ersten seßhaften Bauern Nord- und Westeuropas im Neolithikum herausbildeten. Einst ging man davon aus, daß die Megalithkultur aus dem östlichen Mittelmeerraum stamme. Die Kammergräber haben eine Ähnlichkeit mit den *tholoi* (Kuppelgräber) im mykenischen Griechenland, die auf das späte Bronzezeitalter des 2. Jahrtausends v. Chr. zurückgehen. Die Altersbestimmung mit der Radiokarbonmethode datiert sie heute älter als ihre angeblichen »Modelle«. Auf der Iberischen Halbinsel verlaufen die Megalithe in einem riesigen Hufeisenbogen um die Atlantik- und die Südküste; zu ihnen gehören große Kammergräber wie die von Carapito in Portugal, die, wie sich erwiesen hat, aus dem 4. Jahrtausend v. Chr. stammen, und von Cueva de Romeral in der Nähe von Antequera in Südspanien. Dieses besitzt eine fast vier Meter hohe zentrale Kammer, die aus einer Steinmauer besteht und mit einem Erdwall von 70 Meter Durchmesser bedeckt ist. Man hat auch Siedlungen entdeckt, die mit Mauern und Verteidigungsbollwerken befestigt waren. Die Siedlungen Zambujal und Vila Nova de São Pedro in der Tejo-Region von Portugal und Los Millares in Almería entstanden im frühen 3. Jahrtausend v. Chr., als auf der Iberischen Halbinsel zum erstenmal Kupfer bearbeitet wurde.

Die Iberer

Der Ursprung der Völker, die wir heute als Iberer kennen, bleibt umstritten. Sie tauchten zum erstenmal um 1600 v. Chr. auf der Halbinsel auf. Viele Jahre lang glaubte man, daß die Proto-Iberer Zuwanderer aus Nordafrika wären, aber inzwischen gehen viele Experten von einem Ursprung in Südeuropa aus. Iberische Ansiedlungen sind entlang des gesamten spanischen Küstenstreifens anzutreffen, reichen bis ins Guadalquivir-Tal hinein und an der Mittelmeerküste bis nach Katalonien und weiter; auch in Südfrankreich stieß man auf iberische Siedlungen, zum Beispiel in Enserune.

Wie viele andere mediterrane Völker scheinen auch die Iberer schon seit ihrer frühesten Geschichte eine Vorliebe für das Leben in städtischen Ansiedlungen entwickelt zu haben. Diese Tendenz hat sich anscheinend im Laufe der Zeit verstärkt und brachte raffiniert befestigte Städte mit urbaner Planung hervor. Sie waren mit Mauern aus massiven Steinplatten befestigt, oft mit Bollwerken wie zum Beispiel in Ullastret (besiedelt zwischen ca. 500 und 200 v. Chr.) im Nordosten und in Osuna (im 1. Jahrhundert v. Chr. besiedelt) in Sevilla. Über die politischen Einrichtungen der Iberer wissen wir wenig. Sie scheinen eine inhomogene Gruppe ohne nationales Bewußtsein gewesen zu sein. Anscheinend wurden die Stämme von einem König regiert, vielleicht gab es auch schon eine Form feudaler Hierarchie – überliefert ist der Name eines König Culchus, der über 20 Städte Andalusiens regierte. Die Verpflichtung der iberischen Krieger zur Treue bis in den Tod gegenüber ihrem Führer, die *devotio iberica*, von der die klassisch-antiken Kommentatoren später so beeindruckt waren, läßt vielleicht auf eine solche Sozialordnung schließen.

Die Iberer entwickelten ein eigenes Schriftsystem; später übernahmen sie die phönizische Schrift, modifizierten sie und brachten schließlich ein halbsyllabisches Alphabet mit 29 Symbolen hervor. Ihre Schreibweise ist aus vielen Inschriften bekannt, aber sie muß noch entziffert werden. Es scheint jedoch zwei verschiedene Sprachversionen gegeben zu haben, eine wurde in Andalusien gefunden, eine andere an der Mittelmeerküste. Die Sprache hat offensichtlich auch keinen indogermanischen Ursprung. Zeitweise glaubte man, in der baskischen Sprache den Abkömmling gefunden zu haben, heute ist man sich jedoch einig, daß die beiden Sprachen nicht verwandt sind, womit die Ursprünge letzterer weiterhin unerklärt bleiben.

Die Iberer waren nicht die einzigen Bewohner der Halbinsel. Im späten 7. und 6. Jahrhundert v. Chr. wanderten zahlreiche Kelten der Hallstattkultur aus Zentraleuropa über die Pyrenäen nach Nord- und Westspanien ein, verbreiteten sich rasch über die zentrale Meseta, um bald die Hälfte der gesamten Landmasse der Halbinsel in Beschlag zu nehmen. Sie vermischten sich bald mit den dort bereits lebenden Völkern und brachten eine neuartige keltiberische Kultur hervor. Deren Siedlungsweise wies ein ländlicheres Muster auf als die der Iberer.

Die Kunst der Iberer

Iberische Kunst ist die Quelle der meisten unserer Informationen über das Leben auf der Halbinsel im 1. Jahrtausend v. Chr., sie liefert uns Details über Kleidung, Waffen usw. Mit einer sorgfältigen Interpretation des Kontexts, in dem die Gebrauchsgegenstände gefunden wurden (meist im Zusammenhang von Begräbnis und Religion), können wir mit einiger Sicherheit auf die Struktur der iberischen Gesellschaft schließen. Aber darüber hinaus stellt sie eine eigenständige Kunstleistung dar.

Bildhauerei spielt eine herausragende Rolle in dieser Kunst. Das häufigste Thema ist die menschliche Figur, auch wenn viele Tierdarstellungen gefunden wurden. Große Stücke wurden in Stein gearbeitet, doch auch Votivfiguren aus Bronze waren üblich. Außerdem wurden beträchtliche Mengen an Tonarbeiten und Schmuck produziert. Die iberische Kunst spiegelt sowohl phönizische als auch griechische Einflüsse, hat aber ihren eigenen unverwechselbaren Stil und ist auf keinen Fall nur imitierend. Es ist schwierig, das Material präzise zu datieren. Das 4. Jahrhundert v. Chr. wird oft als Höhepunkt iberischer Kreativität bezeichnet; doch wurden in Osuna bei Sevilla hervorragende Schnitzereien gefunden, die wahrscheinlich aus dem 1. Jahrhundert v. Chr. stammen. Durch die Ankunft der Römer im 3. Jahrhundert v. Chr. wurde die einheimische künstlerische Tradition nicht zerstört; iberische bemalte Tonarbeiten sind noch aus dem 1. Jahrhundert n. Chr. überliefert.

Unten: Freistehende Skulpturen von Stieren sind ein häufiges Thema iberischer Kunst. Dieser Stiermensch aus Balazote ist weitaus seltener (über den Ohren sind Ansätze von Hörnern zu erkennen). Die Meißelarbeit ist im Stil absolut iberisch, und ihre etwas plumpe Ausführung läßt auf eine frühe Zeit schließen. Das Thema scheint jedoch aus einem anderen Umkreis zu kommen. Es könnte phönizische Vorbilder haben (bizarre Halbmenschen waren eine fester Bestandteil orientalischer Religionen) oder griechische – die altertümliche griechische Figur eines Zentauren (Pferdemensch) fand man im spanischen Rollos. Fehlende Parallelfunde lassen vermuten, daß solche Stücke dem iberischen Geschmack nicht besonders entsprachen.

Die sogenannte Dama de Elche *(oben)* und die Dama de Baza *(rechts)* sind Grabstatuen. Letztere ist an ihrer ursprünglichen Stelle im Grab zu sehen, wie sie 1971 gefunden wurde. In einem Hohlraum auf der Rückseite beider Statuen befinden sich Totenurnen. Die Statuen waren ursprünglich mit einer feinen Gipsschicht überzogen und reich bemalt. Im Fall der Dama de Baza sind noch beträchtliche Teile der Bemalung erhalten. Die Statuen sind keine Porträts der Verstorbenen, wie die Kriegsausrüstungen als Grabbeigaben beweisen. Sie stellen möglicherweise eine iberische Göttin der Unterwelt dar oder vielleicht die phönizische Göttin Astarte.

Links: Die Votivfigur eines Kriegers aus Bronze ist typisch für viele iberische Statuetten. Der kleine Schutzschild *(caetra)*, Schwert und der breite Gürtel sollen möglicherweise die Ausrüstung eines iberischen Kriegers aus Andalusien darstellen. Aber das Stück wurde in einem religiösen Kontext gefunden, so daß Vorsicht geboten ist, wenn man es als Zeugnis für das iberische Leben bewerten will.

Unten: Die Bemalung iberischer Keramik kann Aufschluß über das Leben auf der Halbinsel geben. Hier ist eine Reihe von Kriegern zu sehen. Die Benutzung großer Schutzschilde und Speere ist eindeutig, aber die Interpretation ihrer unterschiedlich schraffierten Uniformen ist problematischer. Stellen sie verschiedene Arten von Kleidung dar, oder werden Rüstungen gezeigt?

Unten: Iberische Handwerker stellten Gold- und Silberschmuck von hoher Qualität her, wobei sie Techniken aus dem Orient und Griechenland übernahmen, die sie ihren eigenen künstlerischen Bedürfnissen anpaßten. Dieser Fund aus Jávea war wahrscheinlich die persönliche Schmucksammlung einer Frau. Das große Diadem zeigt, daß die Iberer über die Kunstfertigkeit orientalischer Filigranarbeiten verfügten, die Spiralmuster gehen auf die Kelten zurück, aber die pflanzlichen Motive und die Paneele, die der Goldschmied zur Darstellung benutzt, sind iberischer Herkunft.

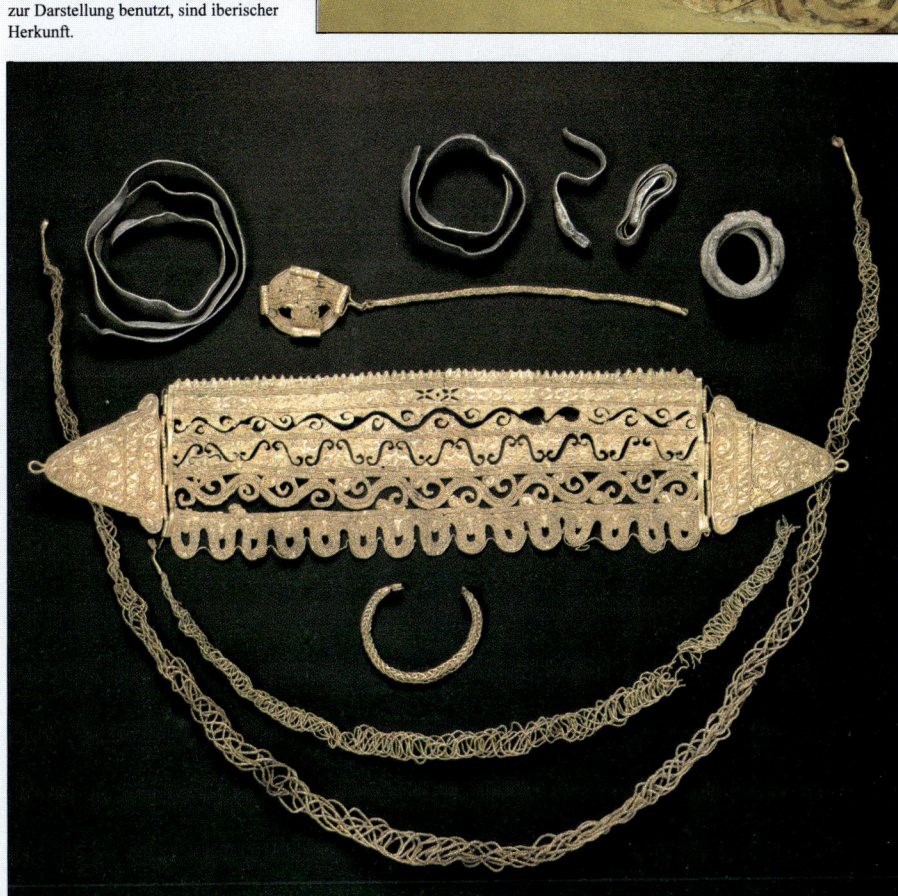

[Map of the Iberian Peninsula with numerous place names and legend]

Legend:

wichtige paläolithische Fundstätte
- menschliche Reste
- Höhlenkunst
- wichtige neolithische Fundstätte
- wichtige megalithische Kammergräber

Stammesgruppen, 1000 – 500 v. Chr.
- Kelten
- Tartessisch-Turdetanisch
- Iberisch
- Phönizisch
- Gebiet megalithischer Kammergräber

Kulturen des Bronzezeitalters
- Argar
- Motillas von La Mancha
- Südportugiesisch
- Valencianisch

- frühe tartessische oder phönizische städtische Ansiedlung
- **Vaccei** Hauptvölker

Maßstab 1 : 6 000 000
0 — 150 km
0 — 100 Meilen

Erweiterte Kontakte: Die Phönizier

Eine wichtige Entwicklung im kulturellen Leben der Halbinsel kam seit etwa 1300 v. Chr. im Südwesten in Gang. In der Alentejo-Region in Südportugal tauchte eine Kultur auf, die ihre Toten in steinernen Truhen beerdigte und die Grabstätten mit Grabstelen (in Stein gehauene Gedenksäulen) kennzeichnete. Auf ihnen sind hauptsächlich kriegerische Gegenstände – Speere, Schwerter und seltsame ankerförmige Objekte – dargestellt. Die Stelen treten in Richtung Osten nach Andalusien und Extremadura immer häufiger auf, und die dargestellten Gegenstände mehren sich. Darunter befinden sich Schutzschilde mit seltsamen Einkerbungen, die den Kampfwagen auf den Kriegervasen aus Mykene ähneln, und eine Lyra, die auf einem aus der Zeit zwischen circa 800 und 650 v. Chr. stammenden, in der nördlichsten Ecke des Verbreitungsgebiets der Stelen gefundenen Beispiel zu sehen ist. Daß diese Kultur des Bronzezeitalters nicht von anderen europäischen Gesellschaften isoliert war, wird durch den Fund eines Schiffswracks (etwa 800 v. Chr.) im Fluß Odiel bei Huelva belegt. Das Wrack enthielt mehr als 400 Gebrauchsgegenstände, die Hälfte davon Waffen. Viele von ihnen waren Schwerter in der »Karpfenzungen«-Form, deren Ursprung man im Loiretal in Zentralfrankreich vermutet.

Die bedeutendste Erweiterung der Außenkontakte war für die Iberische Halbinsel die Ankunft der Phönizier, semitische Kaufleute aus Tyrus im östlichen Mittelmeerraum. Cádiz, dessen Name sich aus dem phönizischen Gaddir herleitet und »befestigter Ort« bedeutet, war – davon geht man im allgemeinen

Links: Diese Grabstele aus Solana de Cabanos, die aus der Zeit zwischen 850 und 750 v. Chr. stammt, gehört zu einer Serie solcher Monumente, die den Beweis für die Existenz einer aristokratischen Kriegerelite im Südwesten der Iberischen Halbinsel liefern. Der Verstorbene ist hier von seinen Waffen umgeben, einem seltsam gezackten Schild und seinem Streitwagen. Viele dieser Stelen tragen Inschriften, die bisher noch nicht entziffert sind.

Rechts: Die Vielseitigkeit und das Geschick in der Metallbearbeitung der Iberer zeigt sich an diesen Goldgefäßen aus Villena in der Provinz Alicante. Der komplette Fund bestand aus 66 Metallgegenständen, von denen alle außer sechsen aus massivem Gold waren. Daß unter soviel Gold zwei kleine Stücke aus Eisen aufgenommen wurden, zeigt den hohen Wert, den die Iberer diesem Metall beimaßen. Der Schatz wurde gegen 730 v. Chr. sorgsam vergraben; er stellt vielleicht das Vermögen eines lokalen Häuptlings oder eine Kriegsbeute dar.

Die frühe Besiedlung Iberiens

Die frühesten Bewohner Iberiens mieden nach Möglichkeit die spröden Hochebenen der zentralen *meseta* und bevorzugten die gastlicheren Randzonen der Halbinsel, wie die Verteilung der megalithischen Monumente zeigt. Das iberische Bronzezeitalter brachte ein ganzes Mosaik verschiedener Kulturen hervor. Die bekannten Gebiete der vier wichtigsten sind hier abgebildet. Diese Gesellschaften beruhten vorwiegend auf Landwirtschaft – im Kulturgebiet der Argar waren bereits um 2200 v. Chr. Bewässerungstechniken im Gebrauch – und besaßen die Fähigkeit, Niederlassungen auf hartem Terrain zu errichten. Aus der Motillas-Kultur kennt man Stein-»Burgen« in den Ebenen von La Mancha. Landwirtschaft bestand hier wahrscheinlich in erster Linie aus Viehzucht. Es wurden auch Kupfer, Blei und Zinn abgebaut. Die Iberer waren in zahlreiche kleine unabhängige Stammesgruppen aufgeteilt. Unsere Kenntnisse (die sich oft auf den Namen beschränken) über diese Gruppen stammen aus Quellen der klassischen Antike und sind dann äußerst detailliert, wenn ein reger Kontakt mit der antiken Zivilisation der Mittelmeer- und der Südküste bestand. Derlei unterschiedliche Stammespopulationen muß es wohl auf der ganzen Halbinsel gegeben haben. Der erste große Bruch im Verlauf des Bronzezeitalters kam mit der Einwanderung Eisen bearbeitender keltischer Völker in den Norden und das Zentrum der Halbinsel und mit der Ankunft fremder Händler, besonders der Phönizier im Süden. Der Austausch mit der phönizischen Kultur brachte die spektakuläre einheimische tartessische Kultur mit dem Zentrum in Andalusien hervor.

aus – von phönizischen Siedlern im Jahr 1100 v. Chr. gegründet worden. Die frühesten archäologischen Belege für eine phönizische Niederlassung stammen jedoch aus dem 8. Jahrhundert v. Chr.; dies ist genau das Datum, zu dem offensichtlich andere phönizische Siedlungen an der Südküste der Halbinsel gegründet wurden, insbesondere in der Region um Málaga. Cádiz scheint ursprünglich nicht viel mehr als eine Handelsstation gewesen zu sein, aber einige dieser anderen Orte (z.B. Toscanos) waren wahrscheinlich von Beginn an als feste Niederlassungen geplant.

Die Tartessische Kultur

Die neue phönizische Präsenz regte wichtige Entwicklungen im einheimischen Bronze-Zeitalter der Region an. Das Endprodukt dieser »orientalisierenden« Periode war das Aufkommen der »Tartessischen« Kultur. Tartessus (dessen Name von griechischen Schreibern überliefert ist) wurde lange Zeit für eine große Stadt gehalten, und viele haben geglaubt, daß dort der Ursprung des Mythos um Atlantis zu suchen sei – jener sagenumwobenen Stadt, die der Legende nach im Meer versank. Nach vielen vergeblichen Versuchen, Tartessus zu lokalisieren, sprechen heutige Gelehrte lieber von einer »Tartessischen Kultur«.

Eine dynamische Mischung aus phönizischen und einheimischen Traditionen, breitete sich die Tartessische Kultur über weite Bereiche Südspaniens aus. Ihr Zentrum lag am unteren Guadalquivir und in den Tälern des Guadiana, aber ihr Einfluß reichte weiter in den Norden. In dieser zentralen Region lagen bereits bedeutende planvolle und befestigte Ansiedlungen wie zum Beispiel Niebla, Huelva und El Carambolo (Sevilla – wo ein spektakulärer Hort von Goldschmuck gefunden wurde). Tartessische Metallbearbeitung war von hoher Qualität und bezeugt ein gründliches Verständnis punischer (phönizischer) Techniken. Es entwickelte sich auch eine eigene Schrift, die sich

von beiden Versionen der bereits erwähnten iberischen unterschied. Seltsamerweise konzentrieren sich Beispiele dieser Schrift nicht im Kernland der Tartessischen Kultur, sondern in der Algarve in Südportugal.

Der Reichtum der Region beruhte auf Mineralvorkommen: Silber, Blei und Zinn aus der Sierra Morena und dem Gebiet des Río Tinto. Viele pflegen Tartessus mit dem Tarshish des Alten Testaments zu identifizieren; sie beziehen sich auf den Fernhandel, den die Region mit dem Nahen Osten unterhielt. Diese Gleichsetzung ist jedoch nicht mit Gewißheit nachweisbar. Die Kultur scheint aus unbekannten Gründen im 6. Jahrhundert v. Chr. verschwunden zu sein.

Die Griechen

Der Reichtum an Mineralien zog nicht nur die Phönizier an. Die frühen Griechen kannten die Region mit Sicherheit. Die in der Odyssee wiedergegebene Erzählung über den Eingang in die Unterwelt plaziert diesen Ort jenseits der Säulen des Herkules (die Straße von Gibraltar), anscheinend an der spanischen Küste. Ihre Erwähnung im Märchenland der Odyssee zeigt jedoch, daß Spanien zur Entstehungszeit der Dichtung (um 750 v. Chr.) für die Griechen ein quasi-mythischer Ort war. Dessenungeachtet sind es die *Historien* des Geschichtsschreibers Herodot (um 484 – um 420 v. Chr.), aus denen wir zum erstenmal den Namen Tartessus erfahren. Er erzählt die Geschichte eines griechischen Kaufmanns, Colaeus von Samos, der auf der Schiffsreise nach Spanien vom Sturm abgetrieben wurde; sein Handelspartner war König Argathonius von Tartessus. Argathonius bedeutet »Mann vom Silberberg« und spielt auf die reichen Mineralienvorkommen in diesem Gebiet an. Nach archäologischen Funden zu urteilen, unter denen sich ein bei Jerez gefundener zerschlagener korinthischer Helm befindet, konzentrierten sich die griechischen Interessen auf die Region um Huelva, wo eine

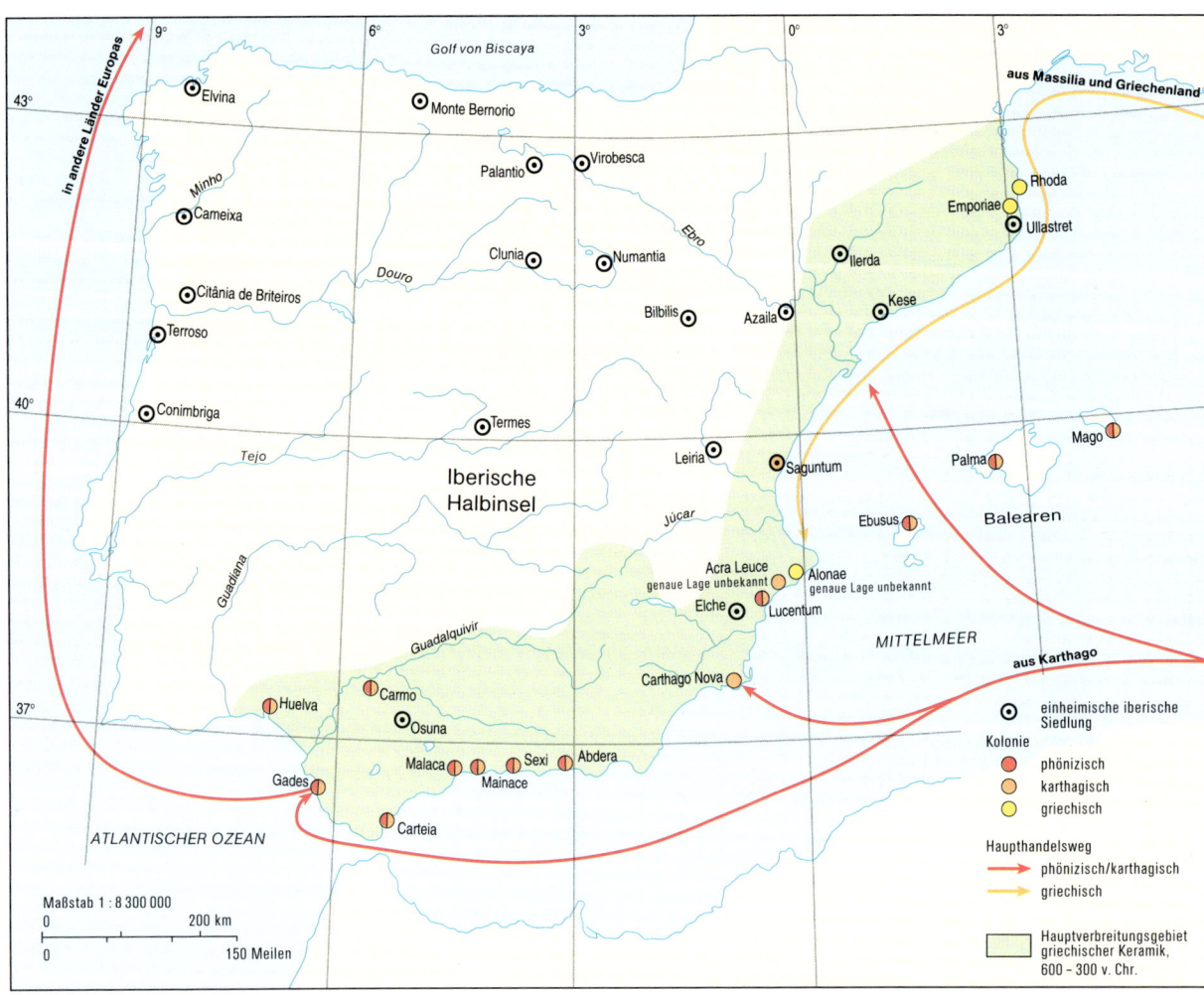

Der wichtigste fremde Einfluß auf das prärömische Iberien ging von den Phöniziern aus (möglicherweise stammt der Name »Spanien« letztlich aus dem phönizischen Wort für Kaninchen; das Überhandnehmen dieser Plage auf der Halbinsel wird von dem antiken Geographen Strabo erwähnt). Auch die Griechen kannten die Halbinsel: von den Phokäern und einem gewissen Colaeus, Händler aus Samos, wird berichtet, »Tartessus« an der spanischen Atlantikküste besucht zu haben, aber die Schließung des westlichen Mittelmeers für griechische Schiffe nach der Schlacht von Alalia 535 v. Chr. ließ nur einen minimalen griechischen Einfluß zu. Griechische Ware, besonders Keramik, wurde weiterhin gehandelt, aber weitgehend über phönizische Mittelsmänner. Eine griechische Besiedlung war die von der griechischen Stadt Massilia (Marseille) errichteten Kolonien im Nordosten beschränkt. Die phönizischen Siedlungen begannen als unabhängige Handelsniederlassungen, deren wichtigste Gades war. Um 250 v. Chr. wurden diese Städte in das von der Barciden-Dynastie gegründete karthagische Reich eingegliedert. Die Expansion beunruhigte Rom, und daher wurde der Ebro in Katalonien als Grenze für die karthagischen Besitzungen festgelegt. Sowohl der griechische als auch der phönizische Einfluß blieben auf die Mittelmeer- und die Südküste der Halbinsel beschränkt. Zwar drangen weiter nördlich einige verwegene Händler ein, doch waren sie nicht zahlreich genug, um irgendwelche Auswirkungen auf die einheimische Lebensweise zu hinterlassen.

---

große Menge griechischer Keramik gefunden worden ist. Es ist jedoch unmöglich, mit Bestimmtheit zu sagen, ob diese Gebrauchsgegenstände von den Griechen hierhergebracht waren oder von Kaufleuten anderer Herkunft, die mit griechischen Waren handelten.

Nach etwa 550 v. Chr. bricht das Vorkommen griechischer Keramik im Süden ab. Dies muß mit Sicherheit mit dem karthagischen und etruskischen Sieg über die Griechen bei Alalia vor der Küste Korsikas in Verbindung gebracht werden – ein Ereignis, das den westlichen Mittelmeerraum vom Kontakt mit den Griechen hermetisch abschirmte. Der griechische Einfluß im Süden Spaniens scheint zu keiner Zeit die kulturelle Blüte der einheimischen Gemeinschaft bewirkt zu haben, wie das nach der phönizischen Intervention der Fall war, und nach dieser Epoche war er verschwindend gering.

Eine bedeutendere griechische Unternehmung war die Gründung von Siedlungen an der Nordostküste bei Emporiae (Ampurias) um das Jahr 575 v. Chr. – der Name bedeutet »Marktplatz« – und bei Rhoda (Rosas) durch Siedler aus der griechischen Stadt Massilia (Marseille) in Südfrankreich. Große Mengen griechischer Keramik verbreiteten sich seither über den Rest der Halbinsel. Für die Verteilung scheinen aber, nach den punischen Aufschriften auf vielen dieser Gefäße zu urteilen, eher phönizische Mittelsmänner als Griechen verantwortlich gewesen zu sein. Besonders große Mengen griechischer Keramik fand man in der iberischen Stadt Ullastret, in enger Nachbarschaft von Emporiae. Tatsächlich wurde immer wieder versichert, der Aufbau der Stadt beruhe weitgehend auf griechischen Techniken. Doch ist hier Vorsicht geboten, da solche Einflüsse oft vom Standpunkt des Betrachters aus beurteilt werden. Ähnliches gilt für die griechische Kunst, deren Einfluß auf die iberische Kunst oft überschätzt worden ist. Es ist aber durchaus möglich, daß der phönizische Einfluß in diesem Gebiet unter-

schätzt worden ist und noch einer genaueren Bestimmung bedarf. Auch Siedlungen wie Maenace (Mainake) und Abdera (Adra) hielt man früher für griechisch, sie sind nach heutiger Meinung aber phönizischen Ursprungs.

Die Kriege zwischen Karthago und Rom

Die Halbinsel wurde zum Faustpfand in dem weit größeren Machtspiel zwischen Karthago, der von den Phöniziern gegründeten Stadt in Nordafrika und inzwischen dominanten Kraft im westlichen Mittelmeer, und Rom, das als aufstrebende Macht gerade seine Muskeln spielen zu lassen begann. Der Konflikt um die Vorherrschaft zwischen ihnen ist Historikern als Punische Kriege geläufig. Im ersten Krieg (264 – 241 v. Chr.) verlor Karthago seine Überseebesitzungen in Sizilien und Sardinien an Rom, worauf es beschloß, seine Macht mit der Errichtung eines neuen Reiches auf der Iberischen Halbinsel wiederzuerlangen. Wegen der bereits bestehenden phönizischen Siedlungen im Süden der Halbinsel lag diese Wahl für die damals in Karthago herrschende Barciden-Familie auf der Hand.

Im Jahr 237 v. Chr. landete Hamilkar Barkas (gest. 229/28 v. Chr.) mit einer Armee in Cádiz, und in den folgenden Jahren dehnte sich die karthagische Herrschaft entlang der Küste und nordwärts in das Innere der Halbinsel aus. Etwa 30 000 karthagische Siedler, die »Blastophönizier«, kamen in diesem Zeitraum nach Spanien und schufen an der Südküste jenen kulturellen Nährboden, der noch in der Periode des Römischen Imperiums etwa drei Jahrhunderte später wahrnehmbar war. Man war darauf bedacht, die strategisch entscheidenden Orte zu befestigen. Das Stadttor von Sevilla in Carmona, später von den Römern und den Arabern umgebaut, geht in seiner ursprünglichen Form auf diese Zeit zurück. Im Jahr 228 v. Chr. wurde Carthago Nova (»Neu-Karthago«, das heutige Cartagena) an der Südostküste als Hauptstadt des neuen Reichs gegründet, das

221 v. Chr. auf Hannibal (247–183 v. Chr.) überging. Er verfolgte eine energische Expansionspolitik, dehnte die karthagischen Domänen möglicherweise bis nach Salamanca im Westen der Halbinsel aus und heiratete eine Iberierin, Imilce aus Castulo (Cazlona) im Süden. Die karthagische Herrschaft war angeblich brutal, aber das erfahren wir lediglich aus römischen Quellen, und die Überlieferung sollte mit einer gewissen Vorsicht behandelt werden.

Die schnelle Ausbreitung der karthagischen Macht rief Rom auf den Plan, und 226 v. Chr. trafen die beiden Mächte ein Abkommen. Darin wurde der Ebro als Grenze für die karthagische Expansion festgelegt; innerhalb dieses Gebiets sollten die Karthager freie Hand behalten. Es war dann die Stadt Saguntum (Sagunto), die den zweiten Punischen Krieg (218–201 v. Chr.) provozierte. Damit begann auch Roms permanentes Engagement auf der Halbinsel. Saguntum, eine Stadt des iberischen Stammes Arsetani etwa 150 km südlich des Ebro, war entschlossen, nicht unter die Herrschaft der Karthager zu fallen, und verbündete sich mit Rom. Wenn man davon ausgeht, daß der Ebro im Abkommen zwischen Rom und Karthago derselbe Fluß war, der heute diesen Namen trägt, lag die Stadt weit innerhalb des Interessengebietes, das Rom den Karthagern zugestanden hatte. In seiner Absicht, die Stabilität der punischen Besitzungen in Spanien zu sichern, trieb Hannibal die Eroberung der Stadt voran; die Warnungen, nicht mit Roms Verbündeten in Konflikt zu treten, schlug er in den Wind.

Im darauffolgenden Krieg führte Hannibal eine Armee aus vielen iberischen Truppen und 37 Kriegselefanten über die Pyrenäen und die Alpen nach Italien, während Rom zwei Legionen unter Cnaeus Cornelius Scipio zu einem Feldzug nach Spanien entsandte. Zu Cnaeus, der sein Basislager in Tarraco (Tarragona, Katalonien) aufschlug, stieß 217 v. Chr. dessen Bruder Publius, und die nächsten fünf Jahre führten die »Zwillings-Donnerkeile«, wie sie später genannt wurden, erfolgreiche Feldzüge gegen die karthagischen Befehlshaber in Spanien und drangen im Süden bis zum Guadalquivir-Tal vor. Entscheidend für Rom war, daß Hannibal vom Nachschub aus Spanien abgeriegelt war.

Die Erfolgskette riß 211 v. Chr. ab, als Cnaeus in der Nähe von Cartagena getötet wurde, nachdem ihn die keltiberischen Streitkräfte in seiner Armee im Stich ließen (die Einheimischen der Halbinsel kämpften auf beiden Seiten). Einen Monat später starb auch Publius in einer Auseinandersetzung im Guadalquivir-Tal. Lange Zeit später sollten volkstümliche Vorstellungen einem etwas nördlich von Tarragona gelegenen Turmmausoleum die Grabstätte der beiden zuschreiben; man nennt es noch heute »Turm der Scipios«, doch ist diese Identifikation zweifellos falsch.

Die römischen Verluste wurden bald ausgeglichen, als der gleichnamige Sohn des Publius – der künftige Eroberer von Karthago, später als Scipio Africanus (236–184/83 v. Chr.) bekannt – das Kommando in Spanien übernahm. Er landete 210 v. Chr. mit einer 10 000 Mann starken Armee an der Küste Kataloniens, und trotz seiner Jugend und Unerfahrenheit demonstrierte er bald seine militärischen Fähigkeiten. 209 v. Chr. belagerte und eroberte er Cartagena. Danach verblaßte der Stern der Karthager in Spanien schnell. Von einer Serie militärischer Niederlagen immer weiter nach Süden gedrängt, überließen sie nach der Schlacht von Ilipa (vermutlich das heutige Alcalá del Río im unteren Guadalquivir-Tal) die Halbinsel den Römern.

Die römische Besiedlung Spaniens

Scipio siedelte einige der in der Schlacht von Ilipa Verwundeten in einem Dorf nördlich von Sevilla an, das er Italica nannte. Diese Niederlassung war der Beginn von Roms dauerhaftem Interesse an der Halbinsel. Die Gründe, warum Rom von Spanien nicht abließ und es seinen Übersee-Besitzungen zuschlug, waren wirtschaftlicher Natur. Von 205 bis 198 v. Chr. flossen der römischen Staatskasse etwa 2000 Kilogramm Gold und 200 Tonnen Silber aus Spanien zu. Im Jahr 197 teilte Rom seine iberischen Besitzungen in zwei Provinzen. Die größere von ihnen, *Hispania Citerior* (»Näheres Spanien«) erstreckte sich die Ostküste entlang von den Pyrenäen bis Linares im Süden; Verwaltungshauptstadt war die ehemalige karthagische Hauptstadt Cartagena. Die zweite Provinz, *Hispania Ulterior* (»Weiteres Spanien«) umfaßte den größten Teil der östlichen Hälfte des heutigen Andalusien und hatte das am Beginn des schiffbaren Teils des Guadalquivir gelegene Corduba (Córdoba) als Hauptstadt.

In den nächsten zwei Jahrhunderten dehnte sich die römische Herrschaft allmählich nach Norden und Westen aus. Die Gründe für diese Expansion sind umstritten. Nach Auffassung einiger Kommentatoren plante Rom von Anfang an, die ganze Halbinsel unter sein Szepter zu bringen; andere glauben, daß es aus der Notwendigkeit, die Reichsgrenzen zu sichern, zur immer weiteren Expansion gedrängt wurde. Es gibt jedoch auch eine andere Ansicht, die davon ausgeht, daß die Expansion weniger auf einen zentral gefaßten Plan zurückgeführt werden kann, als vielmehr das Werk einzelner Gouverneure war, die im Verlauf ihrer einjährigen Amtszeit Reichtum und Ruhm suchten, um ihre spätere politische Karriere in Rom vorzubereiten. Jedenfalls aber erwies sich die Iberische Halbinsel für Rom als schwer zähmbar. Im Gegensatz zu England, das innerhalb von 50 Jahren unterworfen war, benötigte Rom fast fünfmal so lange, um die Kontrolle über die ganze Iberische Halbinsel zu gewinnen.

Die Eroberung ist eine Geschichte von unablässigem Verrat und Barbarei. Fast unmittelbar nach der Errichtung der Provinzen verbreitete sich die Revolte in *Hispania Ulterior*. Sie sprang auch bald auf *Hispania Citerior* über, als den Iberern bewußt wurde, daß sie nicht befreit wurden, sondern neue Herren bekamen. Die Gewalt dieser Rebellion veranlaßte den römischen Konsul Cato (234–149 v. Chr.), persönlich an der Spitze einer Armee von 70 000 Mann in Spanien zu intervenieren. Er schlug die Rebellion nieder, strich dabei eine beträchtliche finanzielle Belohnung ein und erhielt eine Triumphparade in Rom. Die

Unten: Wie ihr Name (das griechische Wort für »Marktplatz«) bereits andeutet, wurde die Stadt Emporiae von den Griechen aus Massilia (Marseille) gegen 575 v. Chr. als Handelsniederlassung gegründet. Das Unternehmen wurde ein Erfolg, und die Stadt bekam bald ein einheimisches iberisches Viertel. Neben der ursprünglichen griechischen Stadt wurde eine römische gebaut, von der ein Teil des Forums hier abgebildet ist.

Revolte und die Grausamkeit ihrer Unterdrückung waren jedoch nur ein Vorgeschmack der Probleme, die Rom in Spanien viele weitere Jahre lang plagen sollten.

Der keltiberische Widerstand

Die keltiberischen Stämme Zentralspaniens überfielen ständig Roms Besitzungen und machten eine Stabilisierung der römischen Herrschaft fast unmöglich. Zwar wurde mit den Stämmen im Grenzbereich zu *Hispania Citerior* eine Abmachung erzielt, aber in *Hispania Ulterior* gewann das Problem an Schärfe. Um 150 v. Chr. war die Provinz Überfällen der Lusitanier aus der Extremadura ausgesetzt, die 151 v. Chr. in der Niederlage des Gouverneurs Sulpicius Galba und dem Verlust von 7000 Mann gipfelten. Galba reagierte durch den Zusammenschluß mit *Hispania Citerior*, um einen Zangenangriff gegen die Lusitanier zu landen. Sofort flehten diese um Frieden, und der verräterische Galba massakrierte daraufhin 9000 von ihnen und verkaufte weitere 20 000 in die Sklaverei.

Galbas Aktionen bewirkten einen Aufschrei in Rom. Cato forderte vergeblich, daß er den Lusitaniern ausgeliefert werden solle. Einmal mehr waren die Römer 141 v. Chr. der Gnade der Lusitanier – um einen Führer namens Viriathus geschart – ausgeliefert. Törichterweise ließ sich Viriathus dazu überreden, ein Abkommen mit Rom zu treffen, wonach Rom das lusitanische Territorium respektieren und Viriathus als »Freund des römischen Volkes« anerkennen würde. Das Abkommen wurde im nächsten Jahr gebrochen. Rom nahm den Angriff gegen die Lusitanier wieder auf, und Viriathus wurde ermordet; zwei von Rom bestochene Vertraute schnitten ihm die Kehle durch.

Nach dem Tod des Viriathus verlagerte sich der Brennpunkt des Widerstands gegen Roms Herrschaft weiter nach Norden, wo sich verschiedene keltiberische Stämme vereinigten, um die Stadt Segeda zu befestigen. Eine römische Armee wurde entsandt, um die Stadt zu zerstören, woraufhin die Einwohner in das benachbarte Numantia flohen, in der Nähe des heutigen Soria am Douro. Die folgende Belagerung dauerte fast 20 Jahre, bevor die Stadt 133 v. Chr. schließlich den römischen Waffen unterlag. Nach dem in Spanien allzu vertrauten Muster machte Scipio Aemilianus, der siegreiche römische Kommandeur, die Stadt dem Erdboden gleich und verkaufte die überlebende Bevölkerung in die Sklaverei. Die weitverzweigten Auswirkungen dieses Krieges waren langfristig vielleicht größer, als sich beide Seiten vorstellen konnten. Es geschah nämlich auf der Reise zu seiner Übernahme des Kommandos in Numantia, daß der junge Tiberius Gracchus (um 169–133 v. Chr.) sich wegen der Entvölkerung des ländlichen Norditalien beunruhigte; und diese Erkenntnis veranlaßte ihn später, eine Reihe von Reformen in Rom einzuleiten, die die Republik bis auf ihre Grundmauern erschüttern und schließlich zu ihrer Auflösung führen sollten.

Ein Kriegsschauplatz

Mit dem Fall von Numantia war das Rückgrat eines ernsthaften Widerstands gegen Rom gebrochen. Spanien wurde jetzt jedoch in Roms interne Streitigkeiten gezogen. 83 v. Chr. wurde Quintus Sertorius (um 123–72 v. Chr.) zum Gouverneur von *Hispania Citerior* ernannt. Als jedoch seine Fraktion im politischen Machtkampf in Rom ins Hintertreffen geriet, entfloh er seiner Provinz, wurde aber 81 v. Chr. von den Lusitaniern gebeten, ihr Führer zu werden, und kehrte auf die Halbinsel zurück. Sertorius war eine fähiger und charismatischer General. An der Spitze einer gemischten Streitkraft aus Keltiberern und geflohenen Römern gelang es ihm rasch, Spanien von der römischen Zentralmacht abzukoppeln. 77 v. Chr. war er der eigentliche Herrscher über Spanien und richtete in Huesca im Nordwesten seine Hauptstadt ein. Er war bei der einheimischen Bevölkerung der Halbinsel beliebt und bot dem ehrgeizigen lokalen Adel eine Erziehung nach römischem Muster. Sertorius war auch nicht abgeneigt, die einheimischen Bräuche für seine Zwecke einzuset-

zen – er erschien überall von einem zahmen Hirsch begleitet, was bei seinen einheimischen Anhängern den Eindruck erweckte, gleichen Geistes zu sein.

Wegen seiner militärischen Fähigkeiten konnte sich Sertorius zehn Jahre lang gegen die Armeen, die die zentralen Autoritäten in Rom gegen ihn entsandten, behaupten. Zu seinen Erfolgen gehörte auch, daß er dem ehrgeizigen jungen Pompeius (106–48 v. Chr.), der sich das Kommando gegen ihn sicherte, einige Niederlagen beibrachte. Doch wurde Sertorius allmählich zermürbt. Nachdem ihn viele seiner einheimischen Verbündeten im Stich ließen, wurde er von einem seiner eigenen Untergebenen, Perpenna, ermordet. Dieser trat seine Nachfolge an, es mangelte ihm aber an Charisma und den Fähigkeiten seines früheren Kommandeurs, und daher wurde er von Pompeius bald entlassen.

Zurück in den Armen Roms, dauerte es nicht lange, bis Spanien zum Schauplatz für die Bürgerkriege wurde, die die Republik zerrissen. 49 v. Chr. besiegte Julius Caesar (100–44 v. Chr.) bei Ilerda (Lérida) im Norden der Halbinsel die Streitkräfte, die Pompeius unterstützten. Dann durcheilte er ganz Spanien und setzte Beamte ein, auf deren Unterstützung er vertrauen konnte. Der Gouverneur jedoch, den er in *Hispania Citerior* ernannte, brachte durch sein rücksichtsloses Vorgehen die Provinz so sehr gegen sich auf, daß sie wieder die Partei des Pompeius ergriff. In der darauffolgenden Rebellion wurde Córdoba bis auf die Grundmauern niedergebrannt, und 45 v. Chr. kehrte Caesar persönlich wieder zurück, um bei Munda, einem Ort irgendwo in Andalusien, den Anhängern des Pompeius den endgültigen Schlag zu versetzen. Es war ein erbitterter Kampf, und Munda wurde danach in der römischen Welt zum Synonym für eine blutige Schlacht.

Die Auswirkungen der römischen Herrschaft in der Zeit der Republik

Gegen Ende der republikanischen Epoche (27 v. Chr.) hatte Rom außer der äußersten nordwestlichen Region die ganze Iberische Halbinsel unter seine Herrschaft gebracht. Deren Auswirkungen auf die einheimische Bevölkerung waren vielschichtig. Im Gegensatz zu den Imperien des 19. Jahrhunderts sah sich Rom nicht in der Rolle eines zivilisierenden Missionars; der Prozeß der Übernahme der römischen Kultur und der Anpassung wurde mehr von den Iberern selbst eingeleitet, als von oben auferlegt. Das römische Gesetz wandten die Römer lediglich im Umgang mit den einheimischen Bewohnern an – wie etwa in einem Fall in Botorrita im Jahr 87 v. Chr. Dieses Vorgehen zeigt jedoch lediglich Roms unnachgiebige Haltung gegenüber den unterworfenen Völkern, und es sollte in keiner Weise als stichhaltiger Beweis dafür aufgefaßt werden, daß sich unter der iberischen Bevölkerung jener Zeit ein Verständnis für lateinische Sprache und römisches Gesetz entwickelt hatte.

Mit der Ankunft der Römer war die iberische Kultur nicht ausgelöscht; ein großer Teil des gefundenen archäologischen Materials aus der Hand der Iberer stammt aus dieser »römischen« Epoche. Die massiv gebauten Stadtmauern von Tarragona waren lange für prärömisch gehalten worden. Jedoch hat sich jetzt gezeigt, daß sie zu Beginn der römischen Epoche errichtet wurden. Sie gelten als anschauliches Beispiel für die Verschmelzung unterschiedlicher Kulturen. Die Mauer ist nach iberischer Art mit riesigen Steinplatten gebaut, aber über einem der Eingangstore wurde eine Skulptur der römischen Göttin Minerva eingelassen; eine Gottheit als Wache an dieser Stelle zu plazieren war in Italien üblich. Bei näherer Betrachtung erkennt man jedoch, daß die Ägis oder das Symbol der römischen Göttin eine Abwandlung erfahren hat; aus dem sonst gebräuchlichen Haupt der Medusa ist ein iberischer Wolf geworden. Gebäude im römischen Stil aus der republikanischen Epoche gibt es im allgemeinen nur wenige. Ein Säulengang mit einer Struktur aus Lehmziegeln in Botorrita mag einen wachsenden römi-

schen Einfluß widerspiegeln, aber das Gebäude ist in seiner Form nur semirömisch.

In dieser Epoche tauchten auch die ersten iberischen Münzen auf, einige davon, die sogenannten iberischen *denarii* zum Beispiel, hielten sich auffallend an römische Vorgaben. Diese Münzen wurden vermutlich ausgegeben, damit die Bezahlung der für die Armee angeworbenen einheimischen Soldaten für Rom leichter meßbar war. Die Münzen zeigen wiederum eine Vermengung iberischer und römischer Elemente. Kulturelle Anleihen waren auch kein Prozeß in nur eine Richtung. Im Verlauf der Kriege, die Rom auf der Halbinsel führte, übernahm es das iberische Schwert als Modell für den *gladius* der Legionäre und deren Wurfspieß, das *pilum*, das auf eine iberische Waffe ähnlicher Form, das *soliferrum*, zurückging.

171 v. Chr. ersuchten die Einwohner der südlichen Stadt Carteia (nahe dem heutigen Algeciras) den römischen Staat erfolgreich, Teile des römischen Bürgerrechts verliehen zu bekommen – der einzige Fall dieser Art zu einem so frühen Zeitpunkt. Im allgemeinen wanderten nur wenig Römer nach Spanien aus, abgesehen von einflußreichen Gruppen von Kaufleuten (*conventus*), die sich in großen Städten wie Córdoba und Hispalis (Sevilla) niederließen. Die römischen Verwaltungsstrukturen waren nur selten zur Gänze übernommen worden. Zwar trifft es zu, daß Gades (Cádiz) am Ende dieser Epoche wie eine normale italienische Kommune organisiert und verwaltet wurde, aber wohl mehr aufgrund der Ambitionen der mächtigen phönizischen Balbi-Familie als einer starken »romanisierenden« Tendenz unter der Bevölkerung folgend. Die Balbis, die Caesars

Feldzüge finanzieren halfen, können mit einem anderen nichtrömischen Anhänger Caesars in Spanien verglichen werden, nämlich dem König Indo. Die beiden veranschaulichen das breite Spektrum an Reaktionen auf die römische Herrschaft in Iberien während der republikanischen Periode. Die Balbi gehörten zu den wenigen einheimischen Iberern, die sich in die römische Gesellschaft integrierten.

Nachdem Caesar seine Feldzüge in Spanien erfolgreich abgeschlossen hatte, siedelte er zahlreiche frühere Soldaten auf der Halbinsel in sogenannten *coloniae* an, Städte, die als verkleinerte Abbildungen Roms konzipiert waren; die engen Parallelen zwischen beiden demonstriert der lokale Gesetzeskodex einer solchen *colonia*, wie er in Urso (Osuna) eingraviert auf Tafeln fragmentarisch gefunden wurde. Diese Politik ist von manchen als visionärer Versuch betrachtet worden, die römische Welt zu vereinigen, sie dürfte aber eher von der Notwendigkeit in Gang gesetzt worden sein, die zahlreichen Truppen auszuzahlen und mit Land zu versorgen. Wegen seiner Kriege gegen Pompeius stieß Caesar in Spanien auf eine feindliche Haltung. Mit der Konfiszierung und Umverteilung von Land konnte er seine Truppen entlohnen und gleichzeitig seine Widersacher bestrafen. Die Politik wurde während der Herrschaft des Kaisers Augustus (27 v. Chr. – 14 n. Chr.) fortgesetzt, der ebenfalls zahlreiche Truppen zu verabschieden hatte und 26 *coloniae* in ganz Spanien errichtete, danach aber die Besiedlung sofort abbrach. Caesar verlieh auch einigen Städten die vollen römischen Bürgerrechte oder Teile davon. Wieder scheinen die Zuerkennungen aus pragmatischen und nicht aus ideologischen Gründen er-

Römisches Iberien

Die römischen Besitzungen in Iberien waren ursprünglich in zwei Provinzen oder Befehlsbereiche eingeteilt: *Hispania Ulterior* im Süden und *Hispania Citerior* im Norden. Während der Herrschaft des Kaisers Augustus wurde *Ulterior* in *Baetica* und *Lusitania* unterteilt und *Citerior* in *Tarraconensis* umbenannt; dieses wurde im 3. Jahrhundert n. Chr. wiederum dreigeteilt. Bis 298 n. Chr. waren die Provinzen vollkommen unabhängige Territorien. Jede hatte ihren eigenen Regenten und war in Verwaltungsdistrikte, die sogenannten *conventus*, unterteilt. Das lokale politische Leben war in den Städten konzentriert, die ihre eigenen Ratsversammlungen und das Recht der Jurisdiktion für geringfügige Fälle besaßen. Die Städte mit dem höchsten Status waren *coloniae*, normalerweise Siedlungen früherer römischer Legionäre mit vollen römischen Bürgerrechten. Zwar hatten Provinzgouverneure oft auch militärische Funktionen inne, doch waren auf der Iberischen Halbinsel nur wenige Truppen stationiert; die einzige Legionärs-»Garnison« war Legio im Norden. In der späteren römischen Periode wurden die fünf Provinzen zusammen mit Mauretania Tingitana in Nordafrika in die Diözese der spanischen Länder eingereiht, deren Verwaltungschef oder *vicarius* in Emerita Augusta saß. Diese Gruppe gehörte zur Präfektur des Westens (Gallien), die einem Prätorianer-Präfekten (*praefectus praetorio*) am Hof des Kaisers unterstand.

Vorhergehende Doppelseite: Italica, gleich nördlich von Sevilla, war die erste römische *colonia* in Iberien, gegründet von Scipio Africanus, um die Verwundeten aus der Schlacht von Ilipa unterzubringen. Später wurde es zur Geburtsstätte des Kaisers Hadrian (117–138 n. Chr.), der entschied, seine Heimatstadt mit dem Bau eines neuen luxuriösen Stadtteils zu ehren. Darunter befand sich eines der größten Amphitheater der römischen Welt. Die Arena und das *hypogaeum*, der unterirdische Bereich, in dem die Tiere vor ihrem Auftritt gehalten wurden, ist hier zu sehen. Das Amphitheater wurde in den Felsen über dem Hügel geschlagen und muß unter Überflutungen gelitten haben, nachdem es auf einer natürlichen Drainageführung gebaut worden war.

Unten: Das keltische Element der frühen Bevölkerung der Halbinsel belegt diese *castro*-Anlage im Nordwesten Spaniens. Die kreisförmig angeordneten Hütten heben sich deutlich von den im Süden gefundenen rechtwinkligen und geordneteren iberischen Orten ab. *Castro*-Siedlungen blieben noch weit in die Periode des römischen Reiches hinein besetzt.

folgt zu sein. Viele der auf diese Weise begünstigten Städte waren nicht unbedingt die »romanisiertesten« Ansiedlungen auf der Halbinsel, hatten aber bedeutende strategische Stellungen inne. In anderen Fällen, wie der Zuerkennung voller römischer Bürgerrechte für Cádiz, dem Sitz der Balbi, ist die persönliche Motivation Caesars klar.

Das imperiale Spanien

Kaiser Augustus' Aufstieg zur Macht im Jahr 31 v. Chr. und seine Errichtung des Prinzipats oder des römischen Imperiums ereignete sich gleichzeitig mit der endgültigen Eroberung des äußersten Nordwestens, des einzigen Teils der Halbinsel, der bisher noch nicht unter römischer Kontrolle gewesen war. Die Kriegsführung in diesem Gebiet übernahm zunächst Augustus sclbst. 24 v. Chr. erkrankte er und wäre beinahe gestorben, danach führte sein General Agrippa (um 63–12 v. Chr.) das Werk zu Ende. Augustus revidierte die administrativen Strukturen auf der Halbinsel, indem er die zwei republikanischen Provinzen durch drei neue ersetzte. *Hispania Ulterior* wurde in zwei separate Gebiete aufgeteilt. Die neue Provinz *Baetica*, die aus dem größten Teil des heutigen Andalusien und Teilen der Extremadura bcstand, hatte ihre Hauptstadt in Córdoba, während *Lusitania*, das etwa dem heutigen Portugal entsprach, die neue *colonia* Emerita Augusta (Mérida) am Fluß Guadiana zur Hauptstadt bekam. Der Rest der Halbinsel, etwa das Gebiet der Provinz *Hispania Citerior*, wurde zur Provinz *Hispania Tarraconensis* mit Tarragona als Hauptstadt. *Lusitania* und *Tarraconensis* wurden von *legati* regiert, direkt vom Kaiser nominierten

Beamten, *Baetica* andererseits von Prokonsuln, die der Senat ernannte.

Spanien stand jetzt eine Friedenszeit von zwei Jahrhunderten bevor. In dem Gebiet standen zahlreiche Rekruten und Einheiten für die römische Armee zur Verfügung. Nur eine Legion (im Gegensatz zu England, wo es später drei sein sollten) war auf der ganzen Halbinsel stationiert, die VII. Gemina mit dem Basislager in Legio (León). Obwohl Galba (Kaiser 69 n. Chr.), Gouverneur von *Tarraconensis*, von seiner Provinz aus einen erfolgreichen Staatsstreich gegen Nero (54–69 n. Chr.) unternahm, wurde Spanien deswegen nicht zum Kriegsschauplatz und entkam somit der Anarchie des Vierkaiserjahres.

Die wirtschaftliche Entwicklung variierte innerhalb der Halbinsel beträchtlich. Das reichste Gebiet war die Provinz *Baetica*, ihr Wohlstand beruhte zum Teil auf den Mineralien der Sierra Morena (der Name stammt vermutlich von Marianus, einem reichen römischen Inhaber der Minenkonzessionen) und der Region um Huelva. Die am reichsten sprudelnde Quelle des Reichtums war jedoch die Produktion von Olivenöl im Guadalquivir-Tal. Das enorme Volumen dieses Geschäftszweigs kann man daran ablesen, daß ein ansehnlicher Hügcl in Rom, der Monte Testaccio, nur aus Scherben des typischen knollenartigen Kruges, der Amphora, besteht, in dem das Öl nach Rom gebracht wurde. Doch selbst in *Baetica* verlief die Entwicklung nicht gleichförmig. In den Hochlandgebieten nördlich und südlich des Guadalquivir-Tals blieben viele Siedlungen von römischen Einflüssen abgeschirmt, und viele vorrömischen Orte, *recintos*, blieben nach wie vor ihre eigenen Herren.

Emerita Augusta (Mérida)

Emerita Augusta wurde während der Herrschaft von Kaiser Augustus 25 v. Chr. von Publius Carisius als *colonia* für entlassene Veteranen der V. Alaudae und X. Gemina Legion und als Hauptstadt für die neu gebildete römische Provinz Lusitania gegründet. An der Stelle einer kleinen einheimischen Siedlung errichtet, war Emerita mit allen Annehmlichkeiten einer typisch römischen Stadt ausgestattet – es gab einen zentralen Platz oder Forum, mehrere Tempel, Aquädukte, ein Theater, ein Amphitheater und eine Arena für Kampfwagen-Rennen. Diese Gebäude wurden in erster Linie zum Gebrauch und zur Unterhaltung der ehemaligen Legionäre gebaut. Allein ihr Ausmaß allerdings hätte den einheimischen Lusitaniern schon die Macht ihrer römischen Herren vor Augen geführt. Die Stadt blieb während der ganzen römischen Präsenz eine wichtiger Ort und auch noch darüber hinaus – für kurze Zeit war Mérida die Hauptstadt des suebischen Königreichs in Spanien und zwischen 549 und 555 n. Chr. des Westgotischen Königreichs auf der Halbinsel.

Unten: Trotz wiederholter Besetzung des Ortes sind im heutigen Mérida erstaunlich viele Zeugnisse der römischen Stadt erhalten. Zu den eindrucksvollsten Resten gehören die des Theaters, des Amphitheaters und des Aquädukts Los Milagros. Andere Aspekte des öffentlichen Lebens lassen sich im Tempel der Diana und dem Trajansbogen, dem Eingang des Forums, erkennen. Es wurden auch die Stellen ausgemacht, an denen zahlreiche spätrömische luxuriöse Privathäuser standen. Westgotische Reste sind in der Kirche Santa Eulalia und im maurischen Alcazaba zu sehen.

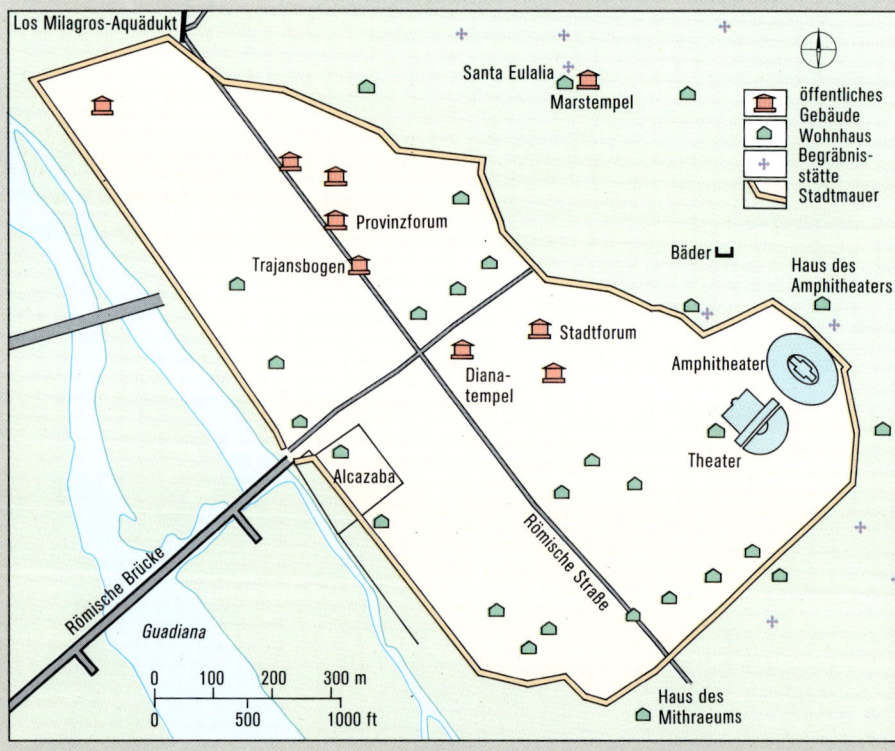

Die Disparität in der Verteilung des Reichtums und dem Grad der kulturellen Assimilation war in den beiden anderen Provinzen sogar noch größer. In Teilen waren beide zwar weitgehend romanisiert, andere Gebiete zeigten aber wenig Neigung zur Übernahme römischer Lebensweisen. Die alten Orte Kantabriens, die *castros*, auf einem Hügel kreisförmig angeordnete keltische Hütten, führten über den ganzen römischen Zeitraum hinweg ihr Eigenleben, und an der Südküste überlebte die punische Kultur unverändert – besonders in Cádiz, wo im großen Tempel des phönizischen Gottes Melqart, der während des ganzen Imperiums beträchtliche Verehrung genoß, die orientalischen Gewohnheiten beibehalten wurden. In anderen Küstenstädten wie in Adra waren während der Herrschaft des Kaisers Tiberius

(14–37 n. Chr.) noch Münzen mit punischen Inschriften im Umlauf. Die in den Fels gehauenen Gräber aus der frühen imperialen Zeit im Friedhof von Carmona zeigen ebenfalls die Beharrlichkeit der punischen Kultur.

Während der Regierung des Kaisers Vespasian (69–79) war der ganzen Halbinsel ein beschränktes römisches Bürgerrecht (das *ius Latii*) verliehen worden. Mit diesem Privileg bekamen die Magistrate der iberischen Städte neben verschiedenen Angehörigen ihrer Familien nach einer einjährigen Dienstzeit die volle römische Staatsbürgerschaft. Ihre Mitbewohner sollten auf den Status einer »lateinischen« Staatsbürgerschaft gehoben werden, womit sie eine Reihe von Rechten der vollen römischen Staatsbürgerschaft beanspruchen konnten. Weder die Motive

Unten: Das Theater in Emerita Augusta war kurz nach der Gründung der Stadt mit Geldern gebaut worden, die Augustus' führender General Marcus Agrippa zur Verfügung gestellt hatte. Das Gebäude bot 5500 Zuschauern einen Sitzplatz und blieb, mit einigen Abänderungen, bis ins 4. Jahrhundert n. Chr. in Betrieb. Die hier abgebildete Fassade stammt aus dem 2. Jahrhundert n. Chr. Das Theater ist ein typisches Beispiel für die Art und Weise, in der private Einzelpersonen der frühen römischen Epoche bereit waren, ihren Reichtum für den Bau öffentlicher Werke zu verwenden. Im spätrömischen Reich neigten die Bürger jedoch eher dazu, ihren Reichtum in den Bau eigener luxuriöser Privathäuser zu investieren. Diese waren reich mit Fresken und Mosaiken dekoriert. Auf einem der vielen Stadthäuser Emeritas dieser Epoche ist zum Beispiel *(links)* eine Weinlese dargestellt.

des Kaisers noch der Zeitpunkt der Erteilung sind klar. Es kann nicht seine Absicht gewesen sein, eine fortschreitende Romanisierung zu belohnen, denn die Art der Gewährung war so allgemein, daß die Rechte auch an Gebiete übertragen wurden, in denen nur wenig oder keine Bewegungen in diese Richtung stattgefunden hatten. Und nachdem Rom keine missionierende Ideologie verfolgte, scheint es auch unwahrscheinlich, daß es um Anreize zur Assimilierung ging. Höchstwahrscheinlich ist die Erteilung der Bürgerrechte aus pragmatischen Gründen vorgenommen worden. Zu Beginn seiner Herrschaft mag Vespasian noch die Notwendigkeit verspürt haben, Spanien ruhig zu halten, um sein Hinterland zu sichern, solange er mit der Rebellion in Gallien beschäftigt war (erwähnenswert in diesem Zusammenhang ist, daß Vespasian der einzige der vier Rivalen um den Kaiserthron war, der keine Beziehung zur Halbinsel unterhielt und ihr auch keine Konzessionen gemacht hatte).

Was auch immer die Gründe gewesen sein mögen, die iberischen Provinzen waren die einzigen im Imperium, die diesen privilegierten Status genossen. Das Gesetz, das die Übertragung mit einschloß, wurde erst von Vespasians Sohn, dem Kaiser Domitian (81–96), endgültig eingesetzt. Mehrere wesentliche Fragmente des Gesetzes, wiederum auf Bronzetafeln graviert, haben die Zeiten überdauert, alle aus Orten in *Baetica*. Das Gesetz selbst ist äußerst technokratisch gehalten, ein typisches Produkt römischen juristischen Denkens. Es wäre jedoch verfehlt, daraus zu schließen, auf der Halbinsel hätten ein hohes Niveau an lateinischer Bildung und Verständnis der römischen Rechtspraxis existiert. Wir wissen, daß das Gesetz im Zentrum ausgearbeitet wurde, und dies läßt vielleicht einfach vermuten, daß Rom nicht bereit war, Konzessionen an die einheimischen Bräuche zu machen. Ein Schreiben am Ende eines der am besten erhaltenen Exemplare des Gesetzes, der *Lex Irnitana*, zeigt, daß die wichtigen Heiratsvorschriften bald nach Inkrafttreten des Gesetzes gebrochen wurden.

In der frühen Kaiserzeit erlebte die römische Architektur einen enormen Aufschwung. Zu den Beispielen gehören die Entwicklung von Städten wie Belo und Conimbriga (Condeixa a Velha), der auf spektakuläre Weise terrassierte Tempel von Munigua (Castillo de Mulva) und der Aquädukt von Segovia, einer der eindrucksvollsten der ganzen römischen Welt. Die Finanzierung dieser Bautätigkeit kam meist nicht aus Rom, sondern von lokalen Persönlichkeiten – viele von ihnen begannen etwa in dieser Zeit, römische Namen anzunehmen –, die ihre Macht und ihren Reichtum den Mitbewohnern demonstrieren wollten. Die Verwaltung der Städte nahm nach der Übertragung des *ius Latii* eine streng römische Form an.

Die spanischen Provinzen trugen zum kulturellen Leben des Imperiums bei. Die literarische Seneca-Familie waren Einheimische aus Córdoba. Während der Philosoph und Schriftsteller Seneca der Jüngere (um 4 v. Chr.–65 n. Chr.) und der Dichter Lucan (39–65 n. Chr.) kaum einen Fuß auf die Halbinsel setzten, lebte jedoch Seneca der Ältere (um 55 v. Chr. – 39 n. Chr.), der Autor von Lehrbüchern über Rhetorik, in der Stadt. Quintilian (35 – um 96 n. Chr.), der den ersten Lehrstuhl für Rhetorik in Rom während Vespasians Herrschaft innehatte, war ursprünglich aus Calagurris (Calahorra), und der Dichter Martial (um 38 – 103) stammte aus Bilbilis (Calatayud), wo er auch seinen Lebensabend verbrachte. Die Spanien *(Hispaniae)*, wie die römischen Autoren die Provinzen nannten, brachten auch mindestens zwei Kaiser hervor, Trajan (98–117) und Hadrian (117–138), sein Adoptivsohn, beide ursprünglich aus Italica. Hadrian zeichnete für die umfassende Neuentwicklung seiner Heimatstadt verantwortlich, einschließlich des Baus eines massiven Tempels zu Ehren seiner Vorgänger und dem viertgrößten Amphitheater des Römischen Reiches. Wenn neueste Quellen, die die Spuren der Familie von Marcus Aurelius bis in die südliche Stadt Ucubi (Espejo) zurückverfolgen, richtig sind, kann man der Halbinsel eventuell einen dritten Kaiser zusprechen.

Wachsende Unruhen und Reorganisierung

Der Frieden auf der Iberischen Halbinsel kam im späten 2. und frühen 3. Jahrhundert abrupt zu einem Ende. *Baetica* war durch Invasionen von Mauren aus Nordafrika nach 170 und nochmals 210 verwüstet worden. Sie errichteten für kurze Zeit einen Stützpunkt in der Gegend von Málaga, bevor sie vom Procurator der nordafrikanischen Provinz Mauretania mit Waffengewalt aus dem Land gejagt wurden. Eine in Italica als Dank für diesen Offizier aufgestellte Inschrift läßt vermuten, daß der kriegerische Einfall der Araber ernsthafte Auswirkungen auf das ganze Guadalquivir-Tal hatte. Es war auch nicht das einzige Gebiet auf der Halbinsel, das in dieser Zeit zu leiden hatte. Im Nordosten Iberiens fielen Deserteure aus der römischen Armee in Katalonien ein; sie wurden aber von den Soldaten der VII. Gemina wieder vertrieben.

Zwischen 258 und 270 wurde die Halbinsel der Kontrolle der zentralen römischen Autoritäten entrissen, um – zusammen mit England und den gallischen Provinzen – das gallische Reich des Postumus (258–268) zu bilden. Fränkische Stammesangehörige streiften durch Postumus' Domäne, plünderten auf ihrem Weg nach Afrika Tarragona und andere Städte der Halbinsel und kehrten später als Piraten zurück, um 297 die Küsten von *Hispania* anzugreifen. Die Gewalttätigkeiten dieser Epoche fügten der Wirtschaft der Halbinsel irreparable Schäden zu. Der Handel schrumpfte schnell und blieb innerhalb der Grenzen der Halbinsel, und durch eine massive Abwertung der Währung erlitt die Wirtschaft weiteren Schaden.

Im Jahr 298 wurde die Verwaltung der Halbinsel im Zuge der Reformen, wie sie auch im Rest der römischen Welt stattfanden, neu organisiert. Die Provinz *Tarraconensis* wurde dreigeteilt: Der Norden und der Westen wurden zur neuen Provinz *Gallaecia* mit ihrer Hauptstadt Bracara (Braga), und im Süden wurde *Carthaginensis* mit Cartagena als Hauptstadt gebildet. Alle fünf spanischen Provinzen wurden mit der Provinz *Mauretania Tingitana* in Nordafrika zur Diözese aller Spanien zusammengelegt. Diese wurde von einem überprovinzialen, *vicarius* genannten Gouverneur geführt, dessen Hauptquartier in Mérida lag. Die Reformen verschafften den zentralen Autoritäten eine stärkere Kontrolle über die Region, allerdings um den Preis einer umfangreicheren und teureren Bürokratie. Die Lasten, die damit verbunden waren, wurden hauptsächlich von reichen lokalen Aristokraten getragen – genau die Schicht, auf die man in Rom schon früher wegen der Verdienste, die sie sich um die Regierung der Provinzen des Weltreichs erworben hatte, das ganze politische Vertrauen gesetzt hatte.

Die Auswirkungen dieser Erhebungen sollten die Landschaft der Region deutlich verändern. Die Städte wurden mit Wehrmauern versehen und verkleinert – in Condeixa a Velha durchschneidet die Stadtmauer aus dieser Zeit alte Wohnhäuser. Außerdem veränderte sich die Form der Städte sichtbar. Wie auch in anderen Teilen des spätrömischen Reiches bauten die Reichen größere und prächtigere Privathäuser – statt wie vorher ostentativ Mittel für kostspielige öffentliche Bauten aufzuwenden, die immer weniger Ehren einbrachten. Öffentliche Bauten wurden vernachlässigt. Um das Jahr 350 brannte die *basilica* (Rathaus) von Tarragona nieder, aber es wurden keine Anstrengungen unternommen, den Platz anderweitig zu bebauen oder den Bau zu rekonstruieren. Zur selben Zeit gerieten die Theater der Städte außer Gebrauch. Etwa 50 Jahre später kommentierte der Reisende Avienus die ruinöse Erscheinung der einst so blühenden Stadt Cádiz. In ganz Spanien wurden in dieser Zeit aufwendige Wohnhäuser gebaut, wie etwa in Mérida und Complutum (Alcalá de Henares). Was vielleicht wichtiger ist, die Epoche erlebte die Herausbildung großer Landgüter mit opulenten Villen im Zentrum wie beispielsweise die von Olmeda in der Nähe von Pallantia (Palencia) und Foz de Lumbier nahe Pompaelo (Pamplona). Die Reichen haben damit das urbane Ideal des klassischen Altertums preisgegeben.

Die Konversion zum Christentum

Die letzte große Veränderung in der spätrömischen Epoche war der Prozeß der Christianisierung. Die Theodosianische Familie, die letzte herrschende Dynastie im Römischen Reich, war spanischen Ursprungs. Der bekannteste Angehörige des Clans, Theodosius der Große (379–395), der letzte Kaiser, der über ein vereinigtes Reich herrschte, war für das Verbot des Heidentums in allen römischen Domänen verantwortlich.

Über die frühe Kirche in Spanien ist wenig bekannt. Der heilige Paulus schrieb über seine Absicht, nach Spanien zu reisen, aber es ist nicht bekannt, ob er seinen Wunsch in die Tat umsetzen konnte. Auch hat zwar der Apostel Jakob Spanien angeblich besucht, aber es gibt keinen Hinweis, daß dies mehr als eine Legende ist. Jedenfalls aber scheint das Christentum in Spanien schnell Fuß gefaßt zu haben. Gegen Mitte des 3. Jahrhunderts bestanden ansehnliche christliche Gemeinden in Mérida, León und Asturica (Astorga). Diese standen in Verbindung mit ihren Glaubensbrüdern in Afrika und Rom. Im Jahr 259 wurden der Bischof Fructuosus von Tarragona und zwei seiner Diakone im Amphitheater der Stadt verbrannt, weil sie sich weigerten, ihren Glauben zu widerrufen. Ihr Tod gleicht dem der beiden Töpferinnen Justa und Rufina aus Sevilla, und in nur wenigen spanischen Städten gab es keine Märtyrer. Die Stärke der frühen spanischen Kirche zeigt sich in der Tatsache, daß ein enger Vertrauter des Kaisers Konstantin (312–337) auf dessen Weg zum Kaiserthron der Bischof Hosius von Córdoba war.

Der Glaube verbreitete sich schnell, nachdem Konstantins Toleranzedikt 313 in Mailand verkündet worden war. Das spektakulärste christliche Monument dieser Epoche ist das Mausoleum von Centcelles bei Tarragona, vermutlich die Ruhestätte von Konstantins Sohn Constans (337–350), die gewölbte Hauptkammer ist mit Mosaiken dekoriert, die Szenen des Alten Testaments schildern. Das römische Spanien leistete einen bedeutenden Beitrag zur frühen christlichen Literatur. Die vielfältige Dichtung des Prudentius von Calahorra ist vielleicht das bekannteste Beispiel, aber er war nicht der einzige. Sein Landsmann Iuvencus schrieb eine Auslegung der Evangelien in lateinischen Versen, und im 5. Jahrhundert verfaßte Orosius von Braga, der Schüler des Hl. Augustinus, eine einflußreiche Geschichte der Welt aus christlicher Sicht. Egeria, deren lebendig geschriebener Bericht einer Pilgerfahrt, die sie von 381 bis 384 ins Heilige Land und nach Ägypten unternahm, einer der frühesten Beiträge zur Pilger-Literatur ist, war eine reiche Adlige aus *Gallaecia*.

Die Invasionen der Barbaren

Der Beginn des 5. Jahrhunderts erlebte den Zusammenbruch der spätrömischen Gesellschaft. Das Imperium selbst löste sich auf, als germanische Stämme, die von westwärts wandernden berittenen Nomaden wie Hunnen und Goten aus Zentralasien vertrieben wurden, rücksichtslos über die Grenzen drängten. 407 n. Chr. entsandte ein englischer Usurpator des Kaiserthrons, Constantin III., seinen Sohn Constans und den Oberbefehlshaber *(magister militum)* Gerontius zur Eroberung der Halbinsel. Dies gelang ohne weitere Schwierigkeiten. Constantin entfernte dann alle regulären Truppen aus der Region und überließ die Pyrenäen-Grenze der Bewachung einer Garnison von Barbaren-Söldnern, den sogenannten *honoriaci*. Diese ließen 409 n. Chr., sei es aus Inkompetenz oder in verräterischer Absicht, eine enorme Zahl germanischer Stammesangehöriger in die Halbinsel einströmen.

Zwei Jahre lang wurde nichts gegen die Invasoren unternommen, während sich Constantins Feldzüge in Südfrankreich allmählich erschöpften. In der Zwischenzeit hatte sich das römische Spanien verflüchtigt. Die Halbinsel zeigte sich nun als ein Mosaik barbarischer Ansiedlungen: *Baetica* war vom Stamm der Vandalen besetzt; *Gallaecia* teilten sich die Vandalen und Sueben, während Lusitania und Teile von *Carthaginensis* von

Unten: Ursprünglich ein keltischer Ort, wurde Conimbriga nach der Regierungszeit des Kaisers Augustus allmählich zu einer römischen Stadt. Ein wichtiger Anreiz zum Ausbau war gegeben, als sie – wie alle anderen Städte der Halbinsel – im Jahr 71 n. Chr. von Kaiser Vespasian partiell die römischen Bürgerrechte verliehen bekam. Neben öffentlichen Gebäuden gab es hier auch reiche Privathäuser. Das Foto zeigt einen Mosaikboden, der den zentralen Innenhof eines im 2. oder 3. Jahrhundert n. Chr. erbauten Brunnenhauses zierte.

Das westgotische Spanien

Als sich das Weströmische Reich im 5. Jahrhundert langsam auflöste, drangen verschiedene barbarische Stämme in die Iberische Halbinsel ein. Die Sueben siedelten sich ursprünglich im Nordwesten an, mit Bracara als Hauptstadt. Eine kurze Periode rascher Expansion erreichte unter König Rechila ihren Höhepunkt, als sich die ganze Halbinsel in den Händen der Sueben befand und in Mérida eine neue Hauptstadt errichtet wurde. Nach König Rechilas Tod (448) wurden die Sueben von dem anderen wichtigen barbarischen Stamm, den Westgoten, allmählich in den Nordwesten abgedrängt, obgleich noch bis 585 ein suebisches Rumpfkönigreich in *Gallaecia* existierte. Den Westgoten gelang es nie, sich die unangefochtene Kontrolle über die Völker der Kantabrischen Berge und der Basken zu sichern. Spanien war zuerst kaum mehr als ein Teil des viel größeren Westgotischen Königreichs mit dem Zentrum in Toulouse in Südfrankreich. Erst als diese Region unter dem Druck der Franken abfiel, wurde Spanien zum Protektorat des Ostgotischen Reichs in Italien, von dem sich die spanischen Westgoten erst nach langer Zeit unabhängig machen konnten. Selbst danach war die westgotische Politik immer turbulent; eine permanente Hauptstadt wurde von König Leovigild erst 569 in Toledo errichtet. Diese Instabilität machte sich der byzantinische Kaiser Justinian zunutze, der zwar nicht, wie er beabsichtigte, das ganze Weströmische Reich zurückgewinnen konnte, aber eine kleine Provinz im Südosten der Halbinsel wiedererrichtete. Die byzantinische Enklave überlebte mehr als 70 Jahre und wurde schließlich vom westgotischen König Sisebut 624 zerstört. Durch die politische Instabilität des Gebiets gewann die Kirche eine größere Bedeutung als je zuvor. Große Vermögen wurden in kirchliche Bauten investiert, und Zentrum des geistigen Lebens war die Kirche. Nachdem die Westgoten im Gegensatz zu ihren Untertanen eher Arianer als altgläubige Christen waren, gab es auf der Halbinsel zwei Amtskirchen. Mit der Konversion der Westgoten zur Orthodoxie im Jahr 589 unter König Reccared fand diese Zweiteilung ihr Ende.

den Alanen besetzt waren. Einige Gebiete entlang der Ostküste blieben dem Namen nach unter römischer Kontrolle, insbesondere die Provinzen von *Tarraconensis* und Teile von *Carthaginensis*.

Der Zustand der Dinge war höchst instabil, und indem sie die einzelnen barbarischen Mächte gegeneinander ausspielten, brauchten die römischen Autoritäten nicht lange, bis sie alle außer den Sueben vertrieben hatten. Letztere breiteten sich unter mehreren aufeinanderfolgenden Führern von ihrem damaligen Ausgangspunkt in *Gallaecia* rasch aus. Mérida wurde 439 eingenommen und zur Hauptstadt ihres expandierenden Königreichs gewählt, das 441 Sevilla erobert hatte. Von den übriggebliebenen zentralen römischen Autoritäten wurde 446 nochmals ein letzter Versuch unternommen, die Halbinsel zurückzuerobern, scheiterte aber.

Die Macht der Sueben war nicht von langer Dauer. Die Westgoten, die 410 Rom erbeutet hatten und sich in Teilen Galliens niederließen, wurden von den Römern als Gegengewicht zu den Sueben auf die Halbinsel gebeten. Sie besiegten diese 456 bei Astorga, setzten ihren Eroberungszug mit der Einnahme von Braga und Mérida fort und machten sich selbst zu den Herren der Halbinsel. Ausgenommen blieb lediglich ein Rumpf-Königreich der Sueben in *Gallaecia* und eine gleichermaßen reduzierte römische Provinz *Tarraconensis*. Nach 470 setzte der westgotische König Euric (466–484) der römischen Provinz ein Ende. Das suebische Königreich in *Gallaecia* sollte jedoch noch weitere 100 Jahre überleben.

Die Westgoten regierten ihre Besitzungen in Spanien und Südfrankreich von Tolosa (Toulouse) aus. Ursprünglich war dieses Königreich formal eine Erweiterung des Westgotischen Königreichs in Italien, das dem Weströmischen Reich nach dessen endgültigem Zusammenbruch im Jahr 476 gefolgt war. Nach 507 überrannten die Franken die westgotischen Länder in Frankreich, und 522 fiel das westgotische Spanien schließlich von Italien ab. Das neue Königreich war alles andere als stabil, und 552 konnte der römische Kaiser im Osten, Justinian

Westgotische und Asturische Kirchen

Unten: Nur der westliche Abschluß der Kirche San Miguel de Lillo in Oviedo blieb erhalten, Vierung und Kanzel sind im späten Mittelalter zerfallen. Die Streitfrage, ob die Kirche die Kapelle eines von Ramiro I. (842–850) gegründeten Palastkomplexes war oder ob sie in der vorangegangenen westgotischen Zeit erbaut wurde, ist noch nicht entschieden.

Im Vergleich zu den meisten anderen Teilen Westeuropas ist Spanien besonders reich mit Kirchen ausgestattet, die teilweise bis auf das 6. bzw. 7. Jahrhundert zurückdatiert werden können. Viele von ihnen, etwa San Juan de los Baños in Palencia, dessen Gründung im Jahre 661 in einer erhalten gebliebenen Inschrift dokumentiert ist, sind seit langem bekannt, andere dagegen sind erst in jüngster Zeit entdeckt oder dank archäologischer Untersuchungen auf diese Zeit zurückdatiert worden. Eine solche Arbeit fördert Elemente früherer Bauwerke in Kirchen zutage, die in späteren Jahrhunderten grundlegend umgebaut worden sind. Die westgotischen Kirchen variieren in ihrem Bauplan: sie sind alle geradlinig, ohne Apsis und ohne Gewölbe, einigen ist dagegen ein auffallend ungewöhnliches und hohes Querschiff hinzugefügt; der Grundriß von San Fructuoso de Montelios in Portugal zum Beispiel beruht auf einem gleicharmigen griechischen Kreuz. Die Ausschmückung variiert ebenfalls. In San Pedro de la Nave in Zamora sind die biblischen Szenen und die Apostelköpfe in den Säulen der zentralen Vierung besonders bemerkenswert. Die dekorativen Muster von San Juan de los Baños und anderen sind dagegen strikt nichtfigurativ und bestehen lediglich aus pflanzlichen Ornamenten und geometrischen Motiven an den Kapitellen und Friesen. Auch die arabische Eroberung von 711 setzte dem Kirchenbau auf der Halbinsel kein Ende, aber nur im christlichen Königreich von Asturien sind nennenswerte Spuren von Bauten der nächsten zwei Jahrhunderte erhalten geblieben. Eine besonders intensive Kirchenbautätigkeit fand unter Alfons III. (866–910) statt, und zahlreiche Bauten zeigen Spuren von vielleicht ehemals kunstvollen Fresken. Ihre Steinbildwerke wirken im allgemeinen jedoch schlichter als bei ihren westgotischen Vorgängern.

Oben: Daniel in der Löwengrube an einem Kapitell aus der Kirche San Pedro de la Nave aus dem 7. Jahrhundert. Das im Hauptschiff gegenüberliegende Kapitell stellt das Opfer Abrahams dar. Von den erhaltenen gemeißelten Figuren sind diese beiden die wunderbarsten Beispiele aus der westgotischen Periode.

Rechts: Die Kirche Santa Cristina de Lena in Asturien ist aufgrund wenig sicherer Hinweise auf das 9. Jahrhundert datiert worden. Im Mittelpunkt des Altarraums ist eine ältere Schranke aus westgotischer Zeit zu sehen, vermutlich aus einer früheren Kirche an derselben Stelle oder in der Umgebung.

Oben: Detail einer gemeißelten Fenstermaske aus der Kirche San Juan de Baños, das einzige bekannte westgotische Gebäude, dessen Ursprungsdatum dokumentiert ist. Es wurde von König Reccesuinth 661 als Opfergabe an Johannes den Täufer erbaut. In der Nähe liegt auch eine Heilquelle, die mit westgotischen Steinmetzarbeiten gefaßt ist.

Rechts: Diese Votivkrone, heute im Staatlichen Museum für Archäologie in Madrid, gehört zu den ausgezeichnetsten Beispielen westgotischen Schmucks. Es ist eine von acht Kronen, die 1858 zusammen mit anderen Stücken auf einem Gelände in Guarrazar bei Toledo, der früheren westgotischen Hauptstadt, gefunden wurden. Weitere vier Kronen wurden dort 1860 ausgegraben. Es wird angenommen, daß sie in der Zeit der arabischen Invasion vergraben wurden. All diese Kronen waren Weihegeschenke für liturgische Zwecke, die meisten waren kleindimensioniert. Diese große Krone mit 20,6 cm Durchmesser trägt den Namen des Stifters in hängenden Goldlettern: RECCESVINTH REX OFFERET (»König Reccesuinth stiftet [dies]«). Eine weitere königliche Gabe, eine von König Suinthila (621–631) gestiftete Krone, wurde 1921 gestohlen. Der Körper der Krone ist aus Gold und mit Granaten, Perlen, Saphiren und Bergkristallen besetzt.

Die beiden Bevölkerungen blieben jeweils für sich und hoben sich durch Dinge wie Kleidung, Religionsausübung und bestimmte gesetzlich verbriefte Rechte voneinander ab. Was die Religion betrifft, waren die Westgoten – im Gegensatz zu ihren hispano-römischen Untertanen, die an die Dreifaltigkeit glaubten – arianische Christen, die daran festhielten, daß Gottes Sohn nicht wesensgleich mit dem Vater ist, eine Doktrin, die die Kirche seit dem 4. Jahrhundert spaltete; die Lehre des alexandrinischen Presbyters Arius (gest. 336) war schon auf dem Ersten ökumenischen Konzil von Nicaea (325) als Häresie verurteilt worden, blieb aber noch jahrhundertelang ein kirchenpolitisch brisantes Problem. Eine rechtliche Unterscheidung drückte sich in zwei Gesetzeskodizes aus, die das existierende römische Recht übernahmen und in der frühen Phase der westgotischen Herrschaft erlassen wurden. Der erste, 475 von Euric eingeführt und danach von Leovigild ergänzt, betraf die Westgoten selbst; der zweite, von Alarik II. 506 erlassen, regelte die Rechte der Hispano-Römer.

Die Anfänge des westgotischen Zeitalters sind von dem Chronisten Hydatius aufgezeichnet worden. Um 400 in Galicien geboren, kann man Hydatius als den Vater der iberischen Geschichtsschreibung bezeichnen, da sich sein Werk auf die Ereignisse auf der Halbinsel allein konzentriert. Die herausragendste intellektuelle Figur im westgotischen Spanien war jedoch Isidor, Bischof von Sevilla von 600 bis 635. Der Universalgelehrte Isidor schrieb zahlreiche theologische und historische Werke; seine enzyklopädischen *Etymologiae* (»Ursprünge«), ein zwanzigbändiges Kompendium des antiken Wissens aller möglichen Gebiete vom Kriegswesen bis zur Lehre von Speise und Trank, galten lange als Standardnachschlagewerk im mittelalterlichen Europa. Der Kirchenlehrer war zwar der Sproß eines hispano-römischen Adelsgeschlechts, hegte aber eine tiefe Bewunderung für das westgotische Volk und fühlte sich der westgotischen Elite zugehörig. Seiner *Geschichte der Goten, Vandalen und Sueben*, mit der er trotz ihrer knappen Fassung eine wertvolle historische Quelle hinterließ, stellte er ein Lob auf das Land *(Laus Hispaniae)* voran. Der aufschlußreichste Bericht über das Leben im westgotischen Spanien, das *Leben der Väter von Mérida*, schildert eine Gesellschaft, die stark von kirchlichen Angelegenheiten geprägt war. Obwohl das öffentliche Bauwesen im allgemeinen vernachlässigt wurde, galt dies nicht für kirchliche Bauten. Zahlreiche Kirchen, darunter so stattliche Kathedralen wie die von Mérida, wurden neben Klöstern (vier davon allein in Toledo) und öffentlichen Spitälern gebaut. Die Kirche erfuhr während des westgotischen Zeitalters einen enormen Zuwachs an Macht und Einfluß auf der gesamten Iberischen Halbinsel.

Die Bekehrung von König Rekared (586–601) vom Arianismus zum Trinitarianismus beim dritten Konzil von Toledo im Jahr 587 war ein Zeichen, daß die westgotischen und hispano-römischen Oberschichten näher zusammenrückten. Rekareds Herrschaft erlebte die Anfänge eines Gesetzessystems, ein Prozeß, der während der Herrschaft von Reccesvinth (649–672) mit der Veröffentlichung des *Liber Iudiciorum* (654) zu Ende geführt worden war. Dies ist eine der besten Errungenschaften der westgotischen Periode, die das Überleben der römischen Rechtsprinzipien gesichert und gleichzeitig einige Elemente des germanischen Gewohnheitsrechts integriert hatte. Etwa zu dieser Zeit wurde auch das alte römische Provinzsystem aufgelöst und durch ein weitaus zentralistischeres Herrschaftssystem ersetzt.

Ob diese Veränderungen schließlich das Aufkommen einer vereinigten gotisch-römischen herrschenden Klasse und damit ein stabiles politisches System bewirkt hätten, kann heute unmöglich beurteilt werden. 711 wurde König Roderich (710–711) von einer arabischen Armee besiegt, die möglicherweise nach Aufforderung eines westgotischen Thronprätendenten die Straße von Gibraltar von Nordafrika aus überquert hatte und der westgotischen Herrschaft ein Ende bereitete.

(527–565), eine kleine Provinz unbekannter Größe an der Südküste Spaniens errichten, die bis 624 bestand. Schließlich wurde ein vereinigtes Westgotisches Königreich von König Leovigild (573–583) errichtet, der das suebische Königreich *Gallaecia* auslöschte und seine Hauptstadt nach Toledo verlegte. Diese sollte das Zentrum des Westgotischen Reichs bis zu seinem Fall im Jahr 711 bleiben.

Der westgotische Staat

Ebenso wie die Römer die älteren Kulturen auf der Halbinsel nicht zerstört hatten, löschte auch die westgotische Herrschaft die spätrömischen Bräuche nicht völlig aus. Die Westgoten, die als militärische Elite herrschten, wurden zahlenmäßig von ihren hispano-römischen Untertanen weit übertroffen. Die hispano-römische Aristokratie blieb mit den lokalen Tagesgeschäften betraut und war zumindest zum Teil für die Steuererhebung im Auftrag der Zentralmacht verantwortlich.

EROBERUNG UND RÜCKEROBERUNG 711 bis 1480

Der Zusammenbruch des westgotischen Staates

Gegen Ende April des Jahres 711 führte der islamische General Tariq eine kleine Streitkraft über die schmale Meerenge, die das heutige Marokko von Spanien trennt, um den vorgelagerten Felsen von Gibraltar einzunehmen; dieser bezieht seinen Namen aus dem historischen Moment: das arabische *Jebel-al-Tariq* bedeutet Berg des Tariq. Obwohl Tariq im Jahr zuvor schon in Spanien gewesen war, wissen wir nichts darüber, ob seine Absicht aus mehr als einem schnellen Überfall bestand. Wie auch immer, sein Erfolg war so schnell und eindrucksvoll, daß sein Befehlshaber Musa ibn Nasayr, Gouverneur von Ifriqija (Afrika, in etwa das Gebiet des heutigen Tunesien), bald eine größere Armee brachte, um sich ihm anzuschließen.

Roderich, der zu dieser Zeit mit einem anderen Edelmann namens Agila um die Kontrolle über das Westgotische Königreich wetteiferte, eilte von einer anderen Expedition zur Unterdrückung der baskischen Opposition vom Norden in den Süden, wurde aber am 19. Juli an einem Ort am Fluß Guadalete in der südwestlichen Ecke Spaniens von Tariq besiegt. Nachdem er eine weitere westgotische Armee bei Écija östlich von Sevilla besiegt hatte, sandte Tariq einen kleinen Trupp auf Streifzug nach Málaga, um dort nach dem Rechten zu sehen, während er sich nach Norden in die frühere westgotische Hauptstadt Toledo aufmachte und unterwegs Córdoba ohne Gegenwehr einnahm. Toledo selbst fiel auf ähnliche Weise, und Tariq setzte seinen Weg nach Norden fort, um Versuche christlichen Widerstands in der kantabrischen und asturischen Region zu brechen. Bereits 713 kehrte er wieder in den Süden zurück, um seinen vermeintlichen Befehlshaber Musa zu treffen, der 712 nach Spanien herüberkam und selbst mehrere Städte erobert hatte.

Im Laufe der nächsten drei Jahre fiel fast die ganze Iberische Halbinsel, mit Ausnahme der nördlichen Ränder der Atlantik- und Mittelmeerküste, an die Moslems. Das zukünftige Spanien und Portugal wurden somit von der sich rasch ausbreitenden Welt des Islam absorbiert, deren Expansion schon im frühen 7. Jahrhundert, von ihrem Ursprungsort irgendwo unter den nomadischen Völkern Arabiens ausgehend, begonnen hatte und inzwischen fast den ganzen Mittleren Osten und Nordafrika einschloß. Das islamische Spanien – den Arabern als al-Andalus (woher der Name Andalusien stammt) bekannt – sollte von einer Reihe von Gouverneuren regiert werden, die vom geistigen

Christen und Moslems im 8. und 9. Jahrhundert

Das christliche Königreich Asturien, das sich nach Pelayos Sieg in der Schlacht von Covadonga (718 oder 722) im Nordwesten der Halbinsel bildete, hatte erst Cangas de Onís zum Mittelpunkt, dann Pavía und seit etwa 790 schließlich Oviedo. Immer häufigeren Revolten im eigenen Territorium ausgesetzt, schwand die Macht der Omajjaden-Herrscher von al-Andalus; die Asturier konnten damit über die Berge nach Süden expandieren. Sie gründeten neue Städte, darunter Burgos, und besiedelten ehemalige römische Städte wie León wieder, das unter Ordoño I. (913/14 – 923) zur Hauptstadt des Königreichs wurde. Weiter östlich folgte einem kurzen und erfolglosen Raubzug Kaiser Karls des Großen ins Ebrotal (788) die Eroberung Barcelonas im Jahr 801 und die Errichtung einer fränkischen Grenzmark, woraus später Katalonien entstehen sollte. Im Süden blieb die Mehrheit der Bevölkerung, besonders in den ländlichen Bereichen, mindestens bis zum 11. Jahrhundert christlich. Was mit einer militärischen Besetzung der Araber und Berber begonnen hatte, wurde zu einer systematischen Besiedlung. Die Araber ließen sich eher in den reichsten und fruchtbarsten Gebieten nieder, in den Tälern des Guadalquivir und des Ebro, während die Berber an die Grenzdistrikte im Zentrum der Halbinsel abgedrängt wurden.

Oben: Dieses Banner aus dem andalusischen Baeza des 13. Jahrhunderts stellt den Heiligen Isidor dar, Bischof von Sevilla im 7. Jahrhundert, wie er mit Schwert und Bischofskreuz in die Schlacht reitet. Das Bild ist deswegen ungewöhnlich, weil der wirkliche Isidor, soweit wir wissen, keinerlei kriegerische Eigenschaften besaß. Seit den Zeiten Ferdinands I. (1037–1065) wurde ihm jedoch vom Königshaus León-Kastilien immer größere Verehrung entgegengebracht, und Alfons IX. von León (1188–1230) wählte ihn zum persönlichen Schutzpatron. Der Sohn des letzteren, Ferdinand III. (1217 bis 1257), gewann 1226 die Kontrolle über Baeza. Der Kult um Isidor, einem kriegerischen Heiligen, erwies sich als kurzlebig, ist aber ein Zeugnis für die Art, in der die Monarchien von Kastilien und León auf Symbole und Bilder der westgotischen Epoche zurückgriffen, um ihren politischen Bestrebungen Nachdruck zu verleihen.

und politischen Führer des gesamten Islam, dem Kalifen (»Führer der Gläubigen«) in Damaskus, ernannt wurden. Im späteren Gebrauch kannte man die moslemischen Einwohner der Iberischen Halbinsel als »Mauren«, ein Wort, das aus dem lateinischen Namen ihrer nordwestlichen Provinz in Afrika, Mauretanien, stammt. In der Sprache der spanischen und portugiesischen Geschichtsschreibung allerdings ist diese Bezeichnung äußerst problematisch, wie wir im folgenden gleich sehen werden.

Trotz der impliziten Schwächen ist der sichtlich rasche Zusammenbruch des westgotischen Staates immer noch schwer zu erklären. Es scheint, daß im entscheidenden Augenblick fast niemand bereit war, für die westgotischen Herrscher zu kämpfen. Der Glaube an eine starke Zentralregierung war eine bleibende Hinterlassenschaft aus den Jahrhunderten der römischen Herrschaft, und große Teile der weitgehend hispano-römischen Bevölkerung unterwarfen sich deshalb ohne großen Widerstand der moslemischen Herrschaft. Hinzu kommt, daß sich bereits in vorchristlicher Zeit Juden in Spanien niedergelassen hatten; sie kamen nun in größerer Zahl nach der Zerstörung des Tempels in Jerusalem 70 n.Chr. und der anschließenden Zerstreuung der Juden aus der römischen Provinz Palästina. Unter der westgotischen Monarchie waren sie gesetzlichen Beschränkungen unterworfen, die wegen der zweifellos ineffektiven weltlichen Autoritäten hauptsächlich von der katholischen Kirche erlassen wurden, der obersten Instanz, durch die die Westgoten ihre Macht ausübten. Bedenkt man die von der Kirche angedrohte Alternative, Zwangsbekehrung oder Tod, dann überrascht es kaum, daß sie die moslemischen Invasoren willkommen zu heißen schienen. Wie jene ebenfalls Monotheisten, sind sie anscheinend sogar mit der Bewehrung der neu eroberten Städte betraut worden.

Die Suche nach Sündenböcken, die man für das Debakel der Christen verantwortlich machen konnte, begann fast unmittelbar in jener Zeit und wurde seitdem nicht aufgegeben. Beim Versuch, die Schuldigen auszumachen, erfanden Spanien und

Portugal ihre Geschichte neu, legten sich Identitäten zurecht und schufen sich auf diese Weise viele der Probleme, von denen sie noch Jahrhunderte später verfolgt werden sollten. Als Ferdinand und Isabella, die Katholischen Könige, im Januar 1492 der moslemischen Herrschaft auf der Iberischen Halbinsel endgültig ein Ende setzten, hatten sich die traditionellen Erzählungen aus den frühen Tagen der moslemischen Eroberung und des christlichen Widerstands zu gängigen Mythen verfestigt. Wie deren italienischer Hofkaplan Peter Martyr d'Anghiera (1457–1526) 1502 dem Sultan von Ägypten erzählte, war Spanien aufgrund eines inneren Verrats gefallen. Angeblich hatte ein gewisser Graf Julian den Nordafrikaner Tariq herbeigerufen, um ihm dabei behilflich zu sein, sich an Roderich zu rächen, der angeblich Julians Tochter etwas angetan haben sollte. Irgendwann in den Jahren 718 oder 719 besiegte ein westgotischer Edelmann namens Pelayo moslemische Streitkräfte bei Covadonga in Asturien. In diesem kleineren Scharmützel, von dem später erzählt wurde, die christlichen Frauen hätten ihren Männern dadurch beigestanden, daß sie die moslemischen Invasoren mit Steinen bewarfen, sehen Historiker seit jeher die Anfänge der christlichen »Rückeroberung« Spaniens.

Die erste Phase islamischen Einflusses

Es ist heute schwer einzuschätzen, wie klein die moslemische Präsenz auf der Halbinsel war, besonders seitdem die großen moslemischen Denkmäler wie die Alhambra von Granada oder die große Moschee von Córdoba – heute eine Kathedrale – zu einem so wichtigen Teil touristischer Reiserouten geworden sind. Die Invasoren waren eine ethnisch gemischte Gruppe, die aus verschiedenen Teilen der islamischen Welt kam, darunter Arabien, Syrien, Ägypten und Nordafrika. Wie die Geschichte des islamischen Spanien zeigte, sollte der Konflikt zwischen den Arabern und ihren Anhängern auf der einen und den gerade erst konvertierten Berbervölkern Nordafrikas auf der anderen Seite die moslemische Herrschaft in weiten Teilen der Halbinsel aushöhlen. Aber zunächst waren die Moslems auf fremdem Boden und zahlenmäßig im Nachteil. In den Jahrzehnten vor Tariqs Invasion in Spanien war es jedoch einer kleinen und uneinheitlichen Gruppe von Moslems gelungen, die griechisch-römische Zivilisation im Nahen Osten und in Nordafrika zu überrennen, obwohl diese vielen Zeitgenossen weitaus verfeinerter erschien als die eigene. Es sah so aus, als hätte sich in Spanien zu Beginn des 8. Jahrhunderts dasselbe ereignet.

Wie die Westgoten regierten auch die Moslems die hispano-römische Bevölkerung auf der Halbinsel, indem sie sich der verbliebenen grundlegenden Institutionen des römischen Staates bedienten: Armee, die staatliche Bürokratie und das System der Landbesteuerung, das für den größten Teil der öffentlichen Einnahmen sorgte. Für die moslemischen Invasoren war dies kein Neubeginn. Denn die sozialen Strukturen der nomadischen Araber, unter denen Mohammed (um 570–632) die neue Religion des Islam begründete, erwiesen sich für die Aufgabe, die überfüllten kosmopolitischen griechisch-römischen Städte des östlichen Mittelmeers zu regieren, als ungeeignet. Und zur Zeit, als der Islam Spanien erreichte, hatte er seine sozialen und wirtschaftlichen Institutionen weitgehend angepaßt. Aufgrund des gemeinsamen Erbes glichen diese im allgemeinen den von den Moslems in Spanien vorgefundenen urbanen Strukturen. Folglich waren die Institutionen des moslemischen Spanien denen des früheren römischen Imperiums weit näher als die der christlichen Königreiche, die nördlich der Pyrenäen entstehen sollten, wo die katholische Kirche zunehmend das Zentrum politischer, sozialer und religiöser Gefolgschaft war.

Daten zur Bevölkerung sind aus islamischen Quellen nur schwer oder kaum zu erfahren, die Chronisten waren an solchen Themen nicht interessiert. Es scheint aber klar, daß zumindest bis zum 10. Jahrhundert der größte Teil der Bevölkerung von al-Andalus neben einer jüdischen Minorität christlich blieb. Viele

Die große Moschee in Córdoba

Unten: Plan der Moschee im heutigen Zustand. Ein Glockenturm hat das Minarett ersetzt, von dem aus der *muezzin* die Gläubigen zum Gebet rief. Die Gläubigen unterzogen sich im Hof einer rituellen Waschung, bevor sie die Gebetshalle betraten.

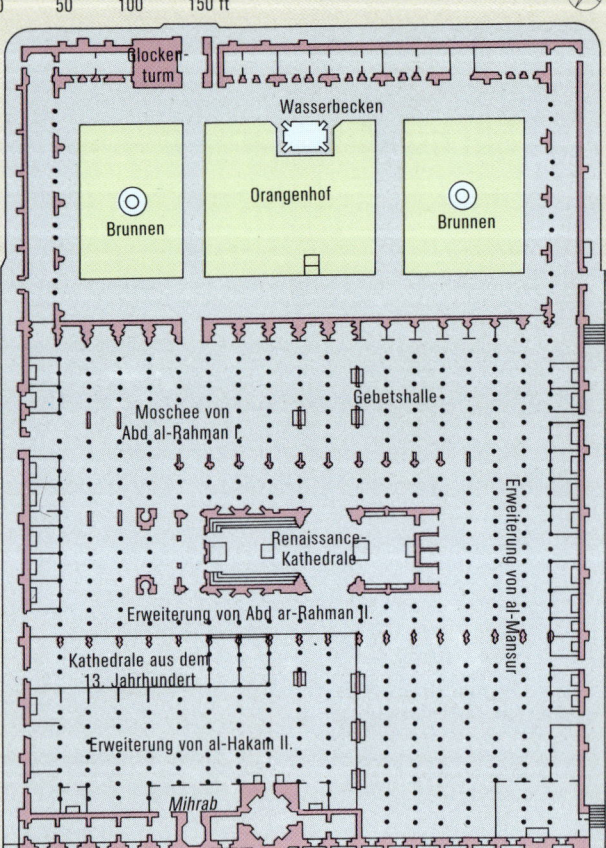

Unten: Ein Teil des filigranen Mosaiks, mit dem der *mihrab* dekoriert ist und das aus der Regierungszeit al-Hakams II. stammt. In das Muster sind Passagen aus dem Koran in goldenen Lettern und eine Referenz an al-Hakam eingewoben. Wie der *mihrab* wurde auch das Mosaik nach der christlichen Rückeroberung überdeckt, so daß es unversehrt überlebte, bis es im 19. Jahrhundert ans Licht gebracht wurde.

In der frühen islamischen Epoche besaß jede wichtigere arabische Stadt in Spanien eine Hauptmoschee *(mezquita)*, wo sich alle männlichen Mitglieder der moslemischen Gemeinde zum Freitagsgebet zu versammeln hatten. Mit wachsender Größe der Gemeinde mußten auch die Dimensionen der Moscheen erweitert werden. (Ab dem 9. Jahrhundert wurden in den größeren Städten kleinere lokale Moscheen als Alternative zur Lösung dieses Problems errichtet.) Doch die erste Moschee von Córdoba, angeblich zur Hälfte auf einer dem Hl. Vinzenz geweihten Kirche erbaut, wurde gegen Ende der Regentschaft von Abd ar-Rahman I. (756–788) durch eine neue, größer dimensionierte ersetzt. Diese wurde in der Zeit seines Urenkels Abd ar-Rahman II. (822–852) um einen Erweiterungsbau fast gleichen Ausmaßes vergrößert und von al-Hakam II. (961–976) um einen weiteren, gar noch größeren Abschnitt. Letzterer besticht durch die Qualität seiner Mosaikdekoration und durch seine muschelförmige Kuppel über dem Gewölbe des *mihrab* (die Gebetsnische, die in Richtung Mekka weist und so dem Gläubigen die Blickrichtung während seines Gebets zeigt). Schließlich war 978/79 vom *hajib* oder Kämmerer al-Mansur noch eine wesentliche Erweiterung des Gebäudes vorgenommen worden und damit eine der größten heiligen Stätten des Islam entstanden. Nach der Eroberung von Córdoba durch Kastilien im Jahr 1236 wurde in die frühere Moschee eine Kathedrale hineingebaut, und nach 1520 errichtete man eine noch größere und aufdringlichere Kathedrale im Renaissancestil genau in der Mitte des Gebäudes.

Oben: Die Kuppel des *mihrab* wurde 965 vollendet. Die Mosaikdekoration wurde von Werken zeitgenössischer byzantinischer Mosaikkünstler beeinflußt und ist mit den Mosaiken aus dem späten 10. Jahrhundert der Hagia Sophia in Konstantinopel vergleichbar (wenn nicht genauso exzellent). Der Iran, Byzanz und Armenien werden gleichermaßen als Ursprung der Rippengewölbe-Technik vermutet, die beim Bau der Kuppel angewandt wurde.

Ganz links: Der wenig einfühlsame Bau der Renaissance-Kathedrale mitten in der Gebetshalle versetzte Karl V. in Wut. Die offenen Bögen, die in die Gebetshalle führten, wurden nach der christlichen Übernahme des Gebäudes zugemauert, wodurch das Innere dunkler wurde, als es der ursprünglichen Absicht entsprach.

Links: Das vielleicht berühmteste Merkmal der Großen Moschee ist das System der Doppelbögen, die von 850 Marmorsäulen getragen werden und den Raum in 19 Kirchenschiffe gliedern. Dieser Abschnitt gehört zur letzten von al-Mansur vorgenommenen Erweiterung.

Oben: Ornamentale Muster aus geometrischen und pflanzlichen Motiven sind ein Merkmal der reichen Dekoration, die einen Seiteneingang in die Gebetshalle umgibt. Sie stammt aus der Zeit von al-Hakam II. und weist eine starke Ähnlichkeit auf zu der im Audienzsaal des Kalifen in der Palaststadt von Medina az-Zahra aus derselben Zeit, etwa acht Kilometer außerhalb Córdobas.

Christen teilten mehr oder weniger den Lebensstil ihrer moslemischen Herrscher. Unklarheit besteht noch über die Frage, welchen Begriff oder Begriffe man zur Beschreibung dieser »arabisierten« Christen benutzen soll, der gebräuchlichste ist »mozarabisch«, das sich aus dem arabischen Wort *musta'rib* herleitet und für jemanden steht, der arabische Bräuche angenommen hat. Viele von ihnen lernten Arabisch, und einige, die *mawlas* oder *muwallads*, konvertierten sogar zum Islam, um Zutritt zur multiethnischen Herrschergruppe (man kann sie kaum als Klasse bezeichnen) zu erreichen, die in religiösen und weltlichen Angelegenheiten dominierte. Nichtsdestoweniger war eine nicht unbedeutende Zahl von Nicht-Moslems, sowohl Christen als auch Juden, an der Regierung beteiligt, sogar noch nach der Errichtung eines vereinigten moslemischen Staates im frühen 10. Jahrhundert. Als im 11., 12. und 13. Jahrhundert christliche Siedler aus dem Norden nach Zentral- und Südspanien kamen, fanden sie viele noch intakte christliche und jüdische Gemeinden vor.

Das Kalifat von Córdoba

Als der Prophet Mohammed 632 starb, hatte er keinerlei geistige Vorsorge für eine Nachfolge getroffen, und seine ersten vier Nachfolger, von denen jeder den Titel eines Kalifen annahm, schienen die geistigen und politischen Aspekte der Führungsrolle erfolgreich miteinander verknüpft zu haben. In der Hauptströmung des Islam (später als »Sunni« bekannt) bekam jedoch die politische Seite das Übergewicht, als der damalige Gouverneur von Damaskus, Muawiyah, 661 das Amt des Kalifen übernahm und die Erbdynastie der Omajjaden begründete. Zumindest der Theorie nach herrschten seine Abkömmlinge über alle Territorien der islamischen Welt einschließlich der von den Moslems gehaltenen Teile Iberiens, bis die Omajjaden-Herrscher 750 von der aus Damaskus gekommenen Abbasiden-Dynastie gestürzt wurden. Zu diesem Zeitpunkt entkam einer der Omajjaden, Abd ar-Rahman I. (756–788), in den Westen und errichtete jene Herrschaft, die im 10. Jahrhundert schließlich ein neues Kalifat für den westlichen Islam in Spanien mit Córdoba als Hauptstadt werden sollte. Obwohl ihre wirkliche Macht nicht vor 929 Realität werden und danach bis 1031 dauern sollte, waren die Omajjaden von ihren abbasidischen Nachfolgern in Bagdad von Beginn an als Bedrohung (und als Kränkung und Eindringlinge) empfunden worden. Während des ganzen 8. und 9. Jahrhunderts versuchten die Omajjaden, die Vormacht über die anderen lokalen moslemischen Herrscher in Spanien zu gewinnen, und befanden sich immer wieder im Konflikt mit allen ihren islamischen Nachbarn.

Trotz der politischen Wirren in al-Andalus herrschte dort großer Wohlstand, der vorwiegend auf einer bemerkenswerten Ausweitung der Landwirtschaft basierte. Die Araber erschlossen neue Gebiete für die Kultivierung, indem sie den Einsatz der Bewässerungstechnik auf der Halbinsel forcierten. Das Wasserrad und unterirdische Kanäle wurden ebenso aus dem Osten eingeführt wie eine Reihe von neuen Feldfrüchten, darunter Reis, Hirse, Baumwolle und Rohrzucker neben Zitrusfrüchten und anderem Obst. Sie importierten auch die beträchtlichen mathematischen und wissenschaftlichen Kenntnisse, die sie von der griechisch-römischen intellektuellen Tradition des Nahen Ostens und Nordafrikas erbten (und weiterführten). Auch auf der Iberischen Halbinsel selbst konnten sie auf den von den Römern und deren westgotischen Nachfolgern zurückgelassenen Fundamenten aufbauen. Sie bereicherten die bereits existierenden Städte Spaniens mit architektonischen Monumenten wie Moscheen und Palästen in einem Stil, der das klassische Erbe mit Ornamenten und Techniken aus dem Nahen Osten verschmolz. Solche Gebäude und die schattigen, wasserreichen Gärten der islamischen Tradition waren auf der ganzen Halbinsel vorzufinden, aber die der Hauptstadt des Kalifen, Córdoba, darunter die große Moschee in der Stadt und der außerhalb

gelegene Palast von Medina az-Zahra, waren von besonderer Pracht. Das Kalifat erreichte seine größte politische Macht während der Herrschaft des Schatzmeisters al-Mansur (976–1002), der die ganze Regierungsgewalt in der Herrschaftszeit des Kalifen Hisham II. (976–1009) übernahm. Al-Mansur führte etwa 50 Feldzüge gegen den christlichen Norden. Auf einer dieser Expeditionen stahl er 997 sogar die Glocken aus dem großen Grabmal des Heiligen Jakob in Compostela und brachte sie zur großen Moschee in Córdoba, für deren Vollendung er verantwortlich war.

Trotz all dieser Errungenschaften war die jahrhundertelange Geschichte des Kalifats von Konflikt und permanenten inneren Auseinandersetzungen geprägt. Dafür gab es neben der bereits erwähnten ethnischen Unterschiedlichkeit viele Gründe. Die frühesten Traditionen des Islam besagten, daß Religion und Gesellschaft nicht getrennt werden könnten. Der Koran – die Mohammed geoffenbarten Heiligen Schriften – und die älteren traditionellen Kommentare dazu setzten voraus, daß Religion das Alltagsleben durchdringen müsse, andernfalls sei sie bedeutungslos. Als die Herrscher von al-Andalus den Titel eines Kalifen annahmen, verbanden sie explizit das Religiöse mit dem Politischen. Ihr Anspruch jedoch, geistige Autorität über den westlichen Islam auszuüben (der jedenfalls von den ursprünglichen Inhabern dieses Amtes in Bagdad und Damaskus bestritten wurde), konnte nicht erzwungen werden, nicht einmal durch Einsatz umfassender militärischer und ökonomischer Mittel. Obwohl die islamischen Herrscher der Maghreb-Staaten (heute Marokko, Tunesien und Algerien) zu verschiedenen Zeiten bereit waren, dem iberischen Islam Hilfe zu leisten, und mit der Halbinsel auch eine gemeinsame Handelszone bildeten, blieben sie untereinander uneins und verursachten oder verschärften ähnliche Probleme auch in al-Andalus selbst.

Im Grunde bewirkte die Teilung des Kalifats dessen Zerstörung, die um 1031 vollendet war. Der Zusammenbruch der Reste moslemischer Einheit auf der Iberischen Halbinsel begann mit dem Tod des mächtigen al-Mansur im Jahr 1002. Zwar regierte der Kalif dem Namen nach bis 1009 weiter, aber der islamische Staat mit Sitz in Córdoba begann von diesem

Zeitpunkt an zu zerfallen. Die Probleme wurden zum Teil durch Intervention von außen verursacht – hauptsächlich durch Berber aus Nordafrika und Christen aus dem Norden der Halbinsel – und zum Teil durch die dem Kalifat innewohnenden Schwächen selbst.

Der primäre Brennpunkt politischer Gefolgschaft in al-Andalus war natürlich, zumindest der Absicht nach, die Religion. Dies bedeutete Gehorsam gegenüber Allah und für alle Nicht-Moslems die Anerkennung der politischen, sozialen und kulturellen Vorherrschaft der moslemischen Elite, einschließlich des Gebrauchs der arabischen Sprache. Innerhalb der moslemischen Gemeinde (der *ulema*) wurden Status und Vorrang solchen Familien verliehen, die ihre Abstammung vom Propheten selbst nachweisen konnten, oder die in seinem oder im Schutz der heiligen Orte im heutigen Saudiarabien – Mekka und Medina – irgendeine Rolle gespielt hatten. Dies benachteiligte sowohl nicht-arabische Moslems als auch Christen und Juden ganz eindeutig. Im allgemeinen leistete man der einen oder anderen führenden arabischen Familie Gefolgschaft. Auf diese Weise bildeten sich große Gruppen, die nicht durch Blutsverwandtschaft, sondern durch persönliche, politische und soziale Bindungen zusammengehalten wurden. Diese waren höchst flüchtiger Natur, wenn man bedenkt, daß ethnische ebenso wie ganz gewöhnliche politische und dynastische Konflikte unvermeidlich waren. So verfiel die Autorität des Kalifats nach 1008/09 inmitten einer Woge von Fehden stetig, bis zum endgültigen Sturz im Jahr 1031, als al-Andalus sich in eine Ansammlung von Emiraten oder Klein-Königreichen, den sogenannten *taifas* (Stücke oder Teile), auflöste.

Der christliche Norden

Da der Islam bei seinem Vordringen die Iberische Halbinsel nie als Ganzes sichern konnte, war immer eine potentielle Ausgangsbasis für christliche Versuche gegeben, das an die Moslems verlorene Land zurückzugewinnen. Im Zeitraum bis etwa 1040 fiel etwa ein Drittel der Halbinsel an die Christen zurück. Der Ausgangspunkt dafür war ein kleines Gebiet um Cangas de Onís an der kantabrischen Küste im Norden, das 722 in die Hände der Christen fiel und sich im 8. und 9. Jahrhundert zum Königreich von Asturien entwickelte. In den westlichen Pyrenäen lag der Kern des späteren Königreichs von Navarra und weiter östlich um Jaca das aufkommende Königreich Aragón, das zu diesem Zeitpunkt bereits Konturen annahm.

In der Region waren auch fränkische Einflüsse spürbar. Im Nordosten Spaniens, dem südwestlichen Grenzgebiet zum Fränkischen Reich, gab es eine Ansammlung kleiner christlicher Territorien. Während des späten 8. und frühen 9. Jahrhunderts annektierte Karl der Große (742–814), der die Nachfolge der in Paris residierenden Merowinger angetreten und die fränkischen Territorien um fast ganz Deutschland und andere Teile Westeuropas erweitert hatte, einige dieser nordöstlichen spanischen Länder. Diese wurden später »Fränkische Mark« (Grenzgebiet) bezeichnet und bildeten eine Art Pufferzone zwischen dem christlichen Europa und dem islamischen Spanien. Später wurden sie zu den Kerngebieten Kataloniens, das zusammen mit Aragón eine wichtige Rolle in der ökonomischen und kulturellen Geschichte Spaniens der kommenden Jahrhunderte spielen sollte.

Ungefähr zur selben Zeit, als Karl der Große der moslemischen Herrschaft im Nordosten Grenzen setzte, begannen entscheidende Wanderungen aus den kantabrischen Bergen im Norden und Nordwesten auf das Hochland der nördlichen Meseta. Dadurch wurde die weitere Expansion der christlichen Herrschaft nach Süden in das zentrale Spanien erst ermöglicht, und in deren Verlauf konnten sich auch die Königreiche León und Kastilien herausbilden. Beide waren um das Jahr 1000 bereits deutlich zu erkennen.

Es wäre irreführend, diese christlichen Bevölkerungsgrup-

Links: Eine im Jahr 964 für den Kalifen al-Hakam II. (961–976) als Geschenk für seine Frau Subh zur Geburt ihres Sohnes, des zukünftigen Hisham II., hergestellte Elfenbein-Schatulle. Es handelt sich um eine von vielen erhaltenen Schatullen und Kästchen aus Elfenbein, die vermutlich in der Palaststadt Medina az-Zahra in der Nähe von Córdoba angefertigt wurden und aus dem späten 10. Jahrhundert stammen. Mehrere von ihnen tragen als Inschrift das Entstehungsdatum und den Namen des Auftraggebers; die Palastkunst des späten Omajjadenstaats fand in diesen kostbaren Behältnissen eine ihrer schönsten Ausformungen.

Rechts: Darstellung einer Ernte aus einer kolorierten Handschrift des *Kommentars zum Buch der Offenbarung*, geschrieben im späten 8. Jahrhundert von dem asturischen Abt Beatus von Liébana, ein Werk, das im christlichen Spanien sehr beliebt war und in vielen Versionen überliefert ist. Diese Handschrift wurde von einem Schreiber Facundus im Jahr 1047 für König Ferdinand I. und Königin Sancha von Kastilien-León geschaffen und ist eines der schönsten Manuskripte in der Reihe der Beatus-Kodizes. In seinem Stil sind die charakteristischen künstlerischen Traditionen erkennbar, der Gebrauch der Farbe etwa oder die Auflösung der Form, wie sie sich in den mozarabischen Gemeinden Spaniens entwickelten. Das Bildwerk ist zwar der Absicht nach allegorisch und apokalyptisch, aber Details wie die Weinpresse am unteren Bildrand sind für die Rekonstruktion des bäuerlichen Lebens der Zeit sehr aufschlußreich. Der Text auf diesem Bild bezieht sich auf *Offenbarung* XIV.20 und lautet: »Und die Kelter ward außer der Stadt gekeltert, und das Blut ging von der Kelter bis an die Zäume der Pferde.« (Übers. M. Luther)

Die Expansion der christlichen Königreiche

Die »Rückeroberung« als endlosen und ideologisch motivierten Konflikt zwischen Christen und Moslems zu betrachten wird einem komplexen Beziehungsgeflecht sowohl auf lokaler Ebene im jeweiligen Grenzbereich als auch auf gesamtstaatlicher Ebene keinesfalls gerecht. Die allmähliche Ausdehnung des Einflußbereichs der nördlichen christlichen Königreiche nach Süden fand eher in einer Serie von plötzlichen Ausbrüchen statt als in einem kontinuierlichen Prozeß. Gegen Ende des 9. Jahrhunderts hatte sich Asturien im Nordwesten bis zum Dourotal ausgebreitet – sowohl auf Kosten der lokalen christlichen Gemeinden Galiciens und des Baskenlands als auch der arabischen Herrscher. Im späteren 11. und frühen 12. Jahrhundert unterwarfen die leonisisch-kastilischen Nachfolger der asturischen Könige die Gebiete südlich des Guadarrama-Gebirges und nahmen 1085 Toledo ein. Die aragonesischen Könige gewannen mit der Einnahme von Huesca (1096) und von Saragossa (1118) die Kontrolle über den Großteil des Ebrotals. Der Gegenangriff der beiden nordafrikanischen Dynastien der Almoraviden und Almohaden setzte weiteren territorialen Gewinnen ein Ende, bis die Schlacht bei Las Navas de Tolosa (1212) die Christen wieder in Vorteil brachte. Gegen Mitte des 13. Jahrhunderts war der Großteil des Südens in kastilischen Händen, und Aragón hatte die Kontrolle über den Großteil der Mittelmeerküste gewonnen. Nur das Nasriden-Königreich von Granada blieb als tributpflichtiger Staat bestehen, bis der 1492 von Ferdinand und Isabella eliminiert wurde.

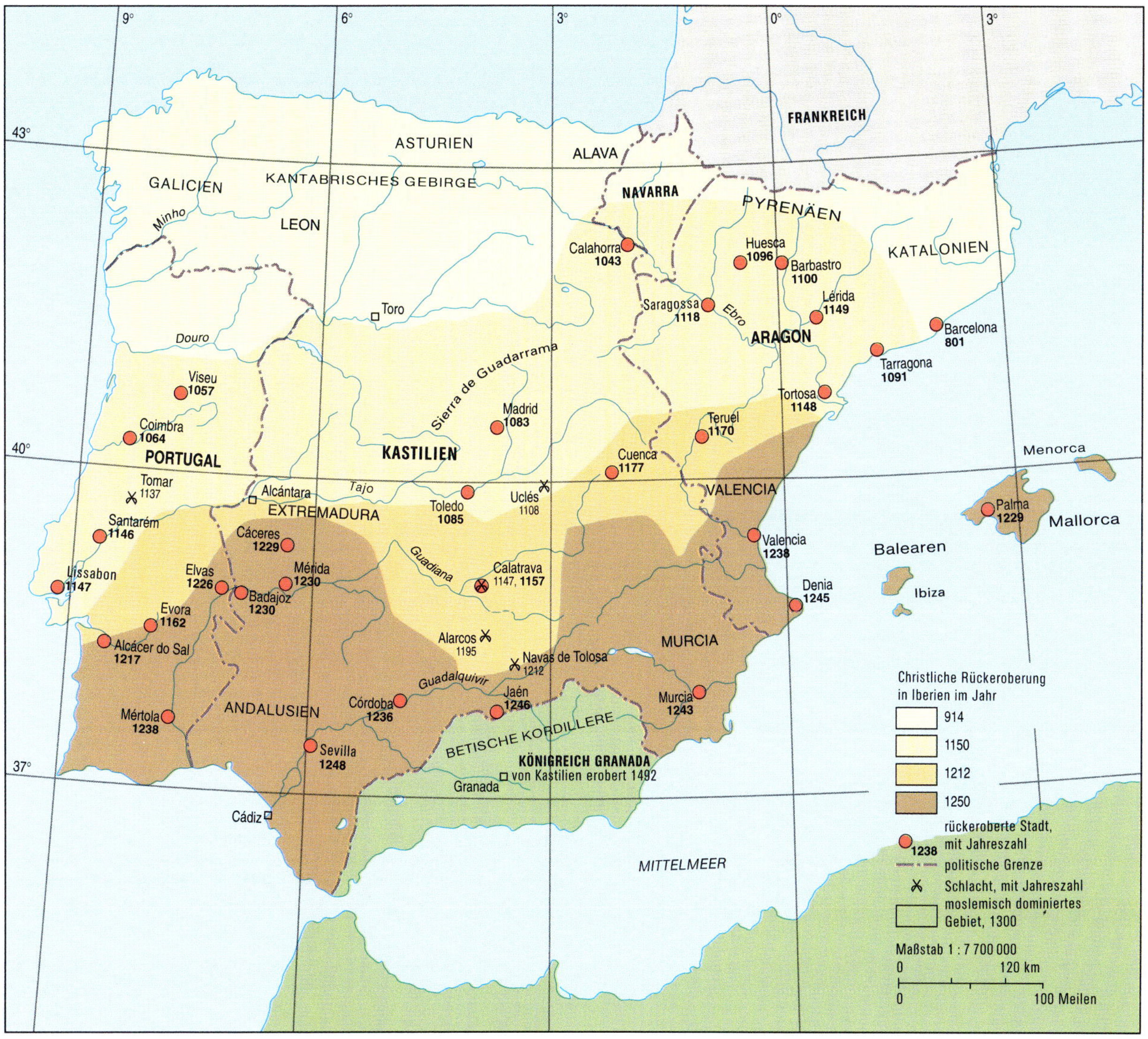

Karte:

Christliche Rückeroberung in Iberien im Jahr
- 914
- 1150
- 1212
- 1250

● **1238** rückeroberte Stadt, mit Jahreszahl

--- politische Grenze

✗ Schlacht, mit Jahreszahl

▭ moslemisch dominiertes Gebiet, 1300

Maßstab 1 : 7 700 000
0 — 120 km
0 — 100 Meilen

Städte auf der Karte: Calahorra 1043, Huesca 1096, Barbastro 1100, Lérida 1149, Barcelona 801, Saragossa 1118, Tarragona 1091, Tortosa 1148, Teruél 1170, Cuenca 1177, Valencia 1238, Palma 1229, Denia 1245, Viseu 1057, Madrid 1083, Coimbra 1064, Tomar 1137, Uclés 1108, Toledo 1085, Santarém 1146, Cáceres 1229, Calatrava 1147, 1157, Lissabon 1147, Elvas 1226, Mérida 1230, Badajoz 1230, Evora 1162, Alarcos 1195, Navas de Tolosa 1212, Alcácer do Sal 1217, Córdoba 1236, Jaén 1246, Murcia 1243, Mértola 1238, Sevilla 1248, Granada von Kastilien erobert 1492

ASTURIEN, ALAVA, FRANKREICH, GALICIEN, KANTABRISCHES GEBIRGE, NAVARRA, PYRENÄEN, LEON, KATALONIEN, ARAGON, PORTUGAL, KASTILIEN, Sierra de Guadarrama, EXTREMADURA, VALENCIA, Menorca, Mallorca, Balearen, Ibiza, MURCIA, ANDALUSIEN, BETISCHE KORDILLERE, KÖNIGREICH GRANADA, MITTELMEER, Minho, Douro, Tajo, Guadiana, Guadalquivir, Ebro, Toro

pen in einem so frühen Stadium schon als »Staaten« in einem modernen Sinn zu bezeichnen. Vielmehr waren dies zu jener frühen Zeit immer noch weitgehend »barbarische« Königreiche, in denen die Abkömmlinge germanischer Eindringlinge mit Hilfe der Reste römischer Infrastruktur herrschten. Obwohl ihre Herrscher und Chronisten sich als direkte Nachfahren der westgotischen Herrscher Spaniens begriffen und mit der Mission angetreten waren, den christlichen Staat, wie er vor 711 existiert hatte, wiederherzustellen, gab es in Wirklichkeit keine solche Verbindung zwischen diesen embryonalen nördlichen Königreichen und dem früheren westgotischen Staat.

Außerdem waren die christlichen Territorien in diesem Stadium im Vergleich zu ihren islamischen Nachbarn unbedeutend. Trotz all seiner politischen, wirtschaftlichen, sozialen und religiösen Probleme war al-Andalus im Frühmittelalter immer noch bei weitem das differenzierteste politische Gebilde in Europa westlich des Byzantinischen Reiches. Es hatte von den hispano-römischen Herrschern ein reiches Land und feste Institutionen geerbt, darunter auch die Möglichkeit, Armeen aufzustellen und sie mit den Mitteln aus einer Landsteuer zu finanzieren. Nichtsdestoweniger sollten die Institutionen und sozialen Gebilde, wie sie sich im Norden der Halbinsel etwa vor dem Jahr 1000 herausbildeten, in der Zukunft große Bedeutung erlangen. Zweifellos haben sich die Werte der mittelalterlichen und frühen modernen iberischen Gesellschaft – wie sie später auch auf die überseeischen Imperien Portugals und Spaniens übertragen wurden – unter vergleichsweise obskuren Adligen, Bauern, Händlern und Kirchenleuten herausgebildet, die gerade begannen, den Norden und das Zentrum der Halbinsel zu besiedeln.

Iberischer Feudalismus

Ein mittelalterlicher Herrscher hätte sich nichts darunter vorstellen können, wenn man ihn als »feudalen Monarchen« bezeichnet hätte. Trotzdem ist der heutige Begriff Feudalismus als Verbindungsglied zwischen Herrscher und adligen Landbesitzern und zwischen Landherr und Pächter zum Verständnis der sozialen, politischen und wirtschaftlichen Realität der Zeit durchaus nützlich. Feudale Strukturen basieren in fast ganz Europa auf der Notwendigkeit, die nicht mehr vorhandene oder sich auflösende Bürokratie des Römischen Reiches zu ersetzen, ohne die es für die Herrscher aussichtslos gewesen wäre, unter dem Schutz stehender Heere den auf Grundbesitz basierenden Reichtum zu besteuern. Auf der höchsten Ebene bestand der Wunsch, eine Art überstaatliche Autorität wiederherzustellen, durch politische Strukturen wie die des Fränkischen oder Heiligen Römischen Reiches, oder mittels eines gestärkten Papsttums, das aus seinem göttlichen Auftrag das Recht auf eine universelle geistige Autorität ableitet.

Auf einer unteren sozialen Ebene bestand primär die Notwendigkeit physischen Schutzes. In den Jahrhunderten bis zum Jahr 900 entwickelte sich die Vorstellung dreier sozialer »Stände« oder »Ränge«. Diese Ränge spiegelten die wichtigsten Belange der neuen, soeben geformten Gesellschaften wider, die die Menschen in »jene, die kämpften«, »die predigten« und in »jene, die arbeiteten« einteilten: in Soldaten, Kirchenmänner und Bauern. In dieser Gliederung, die die westeuropäische Gesellschaft über Jahrhunderte hinweg dominierte, war für Händler oder Nichtchristen wie Juden und Moslems kein passender Platz vorgesehen. Zwar kämpfte die Kirche zunehmend um die Sicherung und Erweiterung ihrer Rechte gegen die weltlichen Regierungen, sie mußte sich aber gleichzeitig in eine von Rittern und Königen dominierte Gesellschaft fügen, um ökonomische Unterstützung und Schutz zu gewinnen. Die Kriegerklasse wiederum verstärkte ihren Einfluß auf eine ehemals freie Bauernschaft und nutzte ihre militärische Kraft, um sich die Vorherrschaft über die damals existierenden Institutionen zu sichern.

In den Jahrhunderten zwischen der moslemischen Eroberung und etwa dem Jahr 1050 entsprach Spanien in vieler Hinsicht dem üblichen Bild des europäischen Feudalismus. Es war gerade der religiöse Imperativ des islamischen Widerstands, der den späteren Königreichen auf der Halbinsel ihre Gestalt verlieh; dazu kam die naheliegende Notwendigkeit, der militärischen Organisation und Aktion Vorrang einzuräumen, ganz einfach nur um den Status der Koexistenz zu erreichen, solange eine tatsächliche Eroberung moslemisch besetzter Territorien noch keine reelle Möglichkeit war. Die grundlegenden Elemente einer »feudalen« Gesellschaft waren von Beginn an gegeben. Die frühesten Herrscher, ob sie sich zu »Königen« (in Asturien, León, Navarra und Aragón) oder »Grafen« (in Kastilien, Portugal und Barcelona) stilisierten, waren im wesentlichen Krieger-Führer, die die allgegenwärtige Bedrohung moslemischer Angriffe aus dem Süden als Gelegenheit nutzten, ihren Rechten und denen ihrer Ritter Respekt zu verschaffen und Kirche und Bauernschaft in den Schranken des Gehorsams zu halten.

Besonders die Könige von Asturien teilten den Traum einer wiederbelebten römisch-imperialen Autorität vieler ihrer Herrscher-Kollegen nördlich der Pyrenäen. In Anlehnung an die karolingischen Kaiser versuchten sie, die äußeren Merkmale imperialer Macht auf ihren Palast in Oviedo zu übertragen, bauten sich ein prächtiges Mausoleum und andere Gebäude, anscheinend nach dem Modell des Aachener Palasts von Karl dem Großen. Auf diese Weise formten sie eine imperialistische Vorstellung von Monarchie, von der die Grafen und Könige späterer Epochen stark beeinflußt wurden, besonders jene, die vom 15. Jahrhundert bis ins sogenannte »Goldene Zeitalter« des 16. und 17. Jahrhunderts hinein die »Krone Kastiliens« verkörpern sollten.

Ein Grenzland

Zwischen den Städten des moslemischen Südens und den nördlichen Königreichen lag eine weiträumige Grenzzone, der die klar skizzierten Grenzlinien des heutigen Europa fehlten. Obwohl die Bevölkerung des moslemischen Spanien die der christlichen Staaten zahlenmäßig bei weitem übertraf, lebten relativ wenig Menschen in dieser Zone. Folglich trafen die Christen, die im 10. und 11. Jahrhundert allmählich südwärts zogen, auf einen weitgehend leeren Raum. Darüber hinaus herrschte ein reger Durchreiseverkehr über die Grenzen zwischen christlichen und moslemischen Territorien hinweg. Es waren nicht nur Räuberbanden und Viehdiebe, die die Grenze nicht als wirkliche Barriere empfanden, sondern auch Händler, Soldaten, Flüchtlinge, Sträflinge, Sklaven und die Geistlichen beider Glaubensrichtungen.

Eine solche Situation beeinflußte unweigerlich die Art von Feudalismus, die in den christlichen Staaten des Nordens im Entstehen war. Es gab während der einen oder anderen Phase der spanischen Rückeroberung erstaunlich wenig Belagerungskriege oder Mann-gegen-Mann-Kämpfe. Nach einem typischen Muster nahm eine Streitkraft aus dem Norden eine bereits evakuierte Ansiedlung ein, dann zogen Siedler ein, um ihren neuen Besitz auszubeuten und zu verteidigen. Vor dem 11. Jahrhundert wurden nur wenige Wehrburgen als Verteidigungsanlagen gebaut, dagegen war das Grenzland oft mit Wachtürmen versehen. Wachsamkeit gegenüber dem Feind vor Ort war oberstes Gebot. Folglich mußten berittene Einheiten Bewaffneter zur Stelle sein, die auf einen Alarm schnell reagieren konnten. Eine Bauernschaft, die für Pachtgelder und Arbeitsdienste aufkam, gab es nicht, somit hatten diese Kämpfer sich durch Landwirtschaft und Handel selbst zu unterhalten, eine Kombination von Rollen, die in keiner Weise der Theorie einer dreigliedrigen Feudalgesellschaft entsprach, wie sie im übrigen westlichen Europa vorherrschte.

Solche Kämpfer sollten in der sich entwickelnden kastilischen Sprache als *caballeros villanos* eingestuft werden – ein Begriff, der nirgendwo in Europa eine Entsprechung findet und die Schwierigkeit andeutet, eine allgemeine Terminologie des Feudalismus auf das iberische Beispiel anzuwenden. »Caballero« bedeutet Ritter, das heißt, ein Soldat, der zu Pferd kämpft, aber nicht notwendigerweise ein Edelmann ist. »Villano« andererseits ist im Kastilischen ein zweideutiges Wort, das entweder einen Stadtbewohner meint (jemanden, der in einer *villa* oder Stadt im spätrömischen Gebrauch lebt), oder einen »villein« – Leibeigenen, jemanden, der an die Scholle gebunden ist (der Begriff »villein« spiegelt den älteren Gebrauch von *villa* und bezeichnet das Herrenhaus eines Landguts). In der Begrifflichkeit des Feudalismus wäre die Beschreibung eines Mannes zugleich als Ritter und »villein« ein Widerspruch, aber die besonderen Umstände der spanischen Grenze machten die doppelte Bedeutung durchaus plausibel.

Obwohl der Status eines Ritters in Westeuropa gegen Ende des 13. Jahrhunderts im allgemeinen mit dem eines Adligen gleichgesetzt wurde, übte ein Ritter in den Grenzstädten des christlichen Spanien immer noch seine ursprüngliche Funktion des Kampfes zu Pferd aus. Permanente Wachsamkeit vor Räuberbanden und Viehdieben blieb im Süden noch bis in das 15. Jahrhundert hinein eine Notwendigkeit.

Die Rückeroberung als Kreuzzug

Während der ersten vier Jahrzehnte nach dem Zusammenbruch des Kalifats von Córdoba gab es auf christlicher Seite wegen mangelnder Kriegsstärke nur wenige Versuche, aus der moslemischen Schwäche durch direkte militärische Mittel Kapital zu schlagen. Statt dessen spielten die christlichen Herrscher die moslemischen *taifas* gegeneinander aus, indem sie unter Kriegsandrohung Abkommen erzwangen oder Geldzahlungen forderten, eine Art Schutzgeld, die sogenannten *parias*. Dann

Oben: Die Festung Montemor-o-Velho wurde im 11. Jahrhundert im Mondego-Tal in Zentralportugal zur Verteidigung Coimbras (das Ferdinand I. von Kastilien-León von den Arabern zurückerobert hatte) gegen Angriffe aus dem Süden erbaut. Meist wurden diese aus den Küstenebenen lanciert. Die Festung ist eines von zahlreichen Beispielen der Militärarchitektur aus dem 10. bis 15. Jahrhundert, die man in den meisten Regionen Spaniens und Portugals antrifft. Es sind steinerne Zeugnisse der Probleme, sowohl des offenen Krieges als auch lokaler Konflikte, die das ganze Mittelalter hindurch schwelten.

nahm im Jahre 1064 eine kleine Militärexpedition unter aragonesischer Führung die von den Moslems gehaltene Stadt Barbastro ein. Weil diese Aktion im voraus einen besonderen päpstlichen Segen erhielt, ist sie von einigen Historikern als Vorläufer der Kreuzfahrer-Bewegung gedeutet worden, und damit war der offiziell von Papst Urban II. proklamierte »Erste Kreuzzug«, der die heiligen Stätten im Nahen Osten von der moslemischen Herrschaft befreien sollte, um 30 Jahre vorweggenommen.

Ob nun ein echter Kreuzzug im technischen Sinne oder nicht, die Expedition gegen Barbastro markierte eine bedeutende Wende im Charakter der Kriegsführung zwischen Moslems und Christen in Spanien. Aus der zunehmenden päpstlichen Unterstützung für die Rückeroberung als Teil des weltweiten Kriegs gegen den Islam zogen die Herrscher Iberiens beträchtlichen Nutzen. Eine Reihe ausländischer Ritter wurde dadurch angeregt, gegen die Moslems zu kämpfen, mit der Aussicht, einen Kreuzfahrer-Ablaß zu erhalten oder den Erlaß jeglicher weltlicher Strafen für begangene Sünden. Wer den geistlichen Segen eines Kreuzzugs erlangen wollte, ohne tatsächlich zu kämpfen, konnte eine »Kreuzzugssteuer« als Gegenleistung für eine

päpstliche Ablaß-Bulle bezahlen. Das auf diese Weise aufgebrachte Bargeld war eine willkommene Ergänzung der königlichen Einnahmen, und ab Mitte des 13. Jahrhunderts wurde es zu einer beständigen und reich sprudelnden Geldquelle der spanischen Könige.

Neue religiöse Ritterorden, besonders die von Santiago (Hl. Jakob), Calatrava und Alcántara neben vielen anderen, spielten bei der Besetzung und Verteidigung der Grenze eine zunehmend wichtige Rolle. Diese Gruppe von Rittern, die nicht nur das ganze Zeremoniell des Rittertums durchlaufen, sondern auch die klösterlichen Weihen empfangen hatten, waren die lebende Verkörperung des vom Papst verfochtenen Kreuzfahrer-Ideals. Sie lebten in Kasernen, die zugleich klösterliche Einrichtungen waren, und legten das Ordensgelübde der Armut und Keuschheit sowie des Gehorsams ab. Unter zeitgenössischen Beobachtern galten sie als ausgezeichnete Streitkraft. Mit der Zeit jedoch verringerten die massiven Zuwendungen zur Unterstützung ihres Werks mehr und mehr ihren militärischen Eifer, und schließlich wurden sie zu weitgehend gewinnorientierten (und ausgabenfreudigen) Organisationen.

Frühe spanische Fresken

Etwa 2000 romanische Kirchen, die auf das 9. bis 12. Jahrhundert zurückgehen und eine der größten und vielfältigsten Ansammlungen solcher Bauten in ganz Europa darstellen, sind in den Pyrenäendörfern des nördlichen Katalonien erhalten. Die nachfolgende wirtschaftliche Rückständigkeit dieser Gebirgsgemeinden hatte den Effekt, daß relativ wenige dieser Kirchen im späteren Mittelalter umgebaut wurden und deshalb in überraschend vielen von ihnen Teile der ursprünglichen Freskomalereien erhalten geblieben sind. Die besten Beispiele wurden in das Museum für Katalanische Kunst in Barcelona gebracht; dort werden sie so ausgestellt, daß die bauliche Anlage der ursprünglichen Kirchen nachgebildet ist. Die Quantität und der gute Erhaltungszustand dieser Fresken ermöglichten es, die verschiedenen Schulen von Freskomalern in der Region zu untersuchen und die künstlerischen Einflüsse zu identifizieren, denen sie ausgesetzt waren. Einige Beispiele zeigen ein hohes Maß an technischem Geschick, das auf ein ausgefeiltes künstlerisches Mäzenatentum seitens der katalanischen Kirche und der lokalen Aristokratie deutet.

Ein Mäzenatentum gehobener Art kann man in den am besten erhaltenen Fresken des Königreichs León-Kastilien erkennen – es sind jene aus der königlichen Grabkammer (Pantheon der Könige), die der Kirche San Isidoro in León an ihrem westlichen Ende angefügt wurde. Sie wurde 1063 von König Ferdinand I. (1037–1065) gestiftet, aber die erhalten gebliebenen Fresken stammen aus der zweiten Hälfte des 12. Jahrhunderts. Sie schildern neben Szenen aus der Apokalypse die wichtigsten Ereignisse aus den Evangelien. Die Kirche birgt auch einen landwirtschaftlichen Kalender, der die Hauptaktivitäten in den einzelnen Monaten zeigt. Nur wenig andere romanische Freskenzyklen blieben aus León-Kastilien erhalten. Die von San Isidoro bezeugen die starken künstlerischen Einflüsse aus Regionen nördlich der Pyrenäen, denen das Königreich in dieser Epoche ausgesetzt war.

Oben: Die gewölbte Decke des Pantheons der Könige in der Kirche San Isidoro in León umfaßt eine Fläche von etwa acht Quadratmetern und ist bis in den letzten Winkel mit einem einheitlichen Freskenzyklus bedeckt, der vermutlich aus der Regierungszeit Ferdinands II. (1157–1188) stammt. Die Maler dieser Fresken schmückten die dargestellten Szenen mit einer Vielfalt an Ereignissen aus, wie man an dem Detail *(rechts)* der Decke sehen kann, das die Verkündigung mit den Hirten schildert. Es gibt eine Vorstellung von der hohen Qualität dieser Kunst. Weder Namen noch Herkunft dieser Freskenmaler sind bekannt, aber ihre Werke lassen einige Bezüge zu den Traditionen der Freskenmalerei in Südwestfrankreich erkennen.

Links: Dieses Fresko aus dem späten 11. oder frühen 12. Jahrhundert, das Christus als Pantokrator (Weltherrscher) zeigt, der über der Hl. Jungfrau und den Aposteln thront, kommt aus der Kirche Sant Pau at Esterri de Cardos im nordwestlichen Katalonien. Es wird in einer eigens nachgebauten Apsis im Museum für Katalanische Kunst in Barcelona ausgestellt.

Unten: Diese Darstellung eines sechs-
flügeligen Seraphim mit der Figur des
Propheten Jesaja auf der rechten Seite
ist Teil eines Freskos (11. Jahrhundert)
aus der Apsis der Kirche Santa María de
Esterri de Aneu hoch in den Pyrenäen.
Obwohl sehr beschädigt, ist diese Freskenmalerei mit der Arbeit jenes Künstlers in Verbindung gebracht worden,
dem die Fresken in der Kirche Sant

Quirze in Pedret (heute im Museum
für Katalanische Kunst in Barcelona)
zugeschrieben werden.

Unten: Ein anderes Fresko des
Museums für Katalanische Kunst
(ursprünglich in der Kirche Sant Juan
des Pyrenäendorfes Boi). Es stammt aus
dem 11. Jahrhundert, ist das Werk eines
als »Meister von Boi« bekannten Künstlers und stellt das Martyrium des Hl.
Stefan dar. Der Finger Gottes zeigt hier
vom Himmel herab auf den Heiligen,
den ersten christlichen Märtyrer.

Das wachsende päpstliche Interesse am iberischen Krieg gegen den Islam beschleunigte auch die Kirchenreform auf der Halbinsel. Etwa ab 1080 geleiteten Mönche, hauptsächlich aus Frankreich, die Ritter Europas nach Spanien. Sie nutzten ihren Einfluß, um die iberischen kirchlichen Institutionen zu reformieren und sie denen Nordwesteuropas, besonders Frankreichs, anzupassen, indem sie die Kontrolle von Laien über Kirche und klerikale Patronage begrenzten, den Zölibat innerhalb des Klerus erzwangen und die Geistlichen am Ämterkauf hinderten. Dem Kloster von Cluny in Burgund bekam diese Verbindung besonders gut. Während der Herrschaft von Alfons I. von Kastilien und León (um 1040–1109) war ein großer Teil der *parias*, die von den moslemischen Herrschern zur Abwendung christlicher Angriffe bezahlt wurden, an die Mönche von Cluny weitergereicht worden – ein Privileg, das sie sich noch einige Jahre danach bewahrten und das ihnen zweifellos half, ihre prächtige Abteikirche, eines der glänzendsten romanischen Bauwerke des mittelalterlichen Europa, auszugestalten.

Die Laufbahn des kastilischen Abenteurers Rodrigo Díaz de Vivar (um 1043–1099) macht dennoch klar, daß Pragmatismus und persönlicher Vorteil mindestens eine genauso große, wenn nicht größere Rolle im Krieg gegen den Islam spielten wie der Kreuzfahrer-Idealismus. Besser bekannt ist er als El Cid – das Wort stammt vom arabischen *as-sid*, »Herr« – ein Name, den er sich schon zu Lebzeiten erwarb. Im kastilischen Burgos beheimatet, wurde er von Alfons VI. verbannt, nachdem er 1081 einen militärischen Überfall auf Toledo anführte, das damals unter dem Schutz des Königs stand. El Cid bot dann seine Dienste dem moslemischen Herrscher von Saragossa an und kämpfte auf eigene Faust gegen sowohl christliche als auch arabische Gegner. 1094 leitete er erfolgreich eine Belagerung der von den Moslems gehaltenen Stadt Valencia. Obwohl er die Stadt im Namen des Königs in Besitz nahm, wurde er faktisch ihr unabhängiger Herrscher. Alfons entschied sich, die Stadt nach El Cids Tod nicht zu verteidigen. Sie wurde von den Almoraviden 1102 zurückerobert und blieb bis 1238 in moslemischen Händen. Als El Cids Leben im frühen 13. Jahrhundert, umrankt von legendären Taten, in dem epischen Poem *El Cantar de mío Cid* (»Der Cid«) besungen wurde, dem frühesten in der kastilischen Landessprache überlieferten Werk von Bedeutung, wurde er zu einem nationalen und christlichen Helden emporgehoben.

Der Fall Toledos

Begünstigt von der neuen Partnerschaft zwischen Kirche und Staat, führte Alfons VI. 1085 eine erfolgreiche Expedition zur Annektierung des *taifa*-Reiches von Toledo. Seine Streitkräfte bestanden nicht nur aus Truppen der ganzen Iberischen Halbinsel, sondern auch aus ausländischen Freiwilligen, hauptsächlich aus Frankreich. Die Einnahme von Toledo veränderte bei Christen und Moslems das Verständnis ihrer jeweiligen Rolle in der iberischen Gesellschaft. Zum erstenmal war eine bedeutende Stadt des moslemischen Spanien in die Hände einer christlichen Armee gefallen. Die Tatsache, daß viele Streiter auf christlicher Seite Neulinge aus Nordeuropa waren, erfüllt von religiösem Eifer für die Ausdehnung des Christentums auf Kosten des Islam, verschärfte den religiösen Aspekt des Krieges.

Auch bekam Frankreich dadurch vermehrt Gelegenheit, militärisch und kirchlich auf iberische Belange Einfluß zu nehmen. Ein französischer Mönch wurde als erster Erzbischof des wiedergewonnenen Erzbistums Toledo eingesetzt, auch in anderen Diözesen des Nordens wurden ähnliche Berufungen ausgesprochen. In dem Maße, wie der französische Einfluß im Norden zunahm, wuchs auch die Bedeutung von Santiago de Compostela als heilige Stätte der christlichen Welt. Immer mehr Franzosen siedelten sich entlang des Pilgerwegs *(camino de Santiago)* an, der von den Pyrenäen aus durch Nordspanien führte, und entlang genau dieser Schlagader fand der romanische Stil, wie man ihn an Gebäuden wie der Kathedrale von

Oben: Eine Holzschnittillustration aus einer frühen gedruckten Ausgabe der *Crónica del Cid* aus dem Jahr 1498. Diese war eine Prosabearbeitung des *Cantar de mío Cid,* jener epischen Dichtung vermutlich aus dem frühen 13. Jahrhundert, die eine äußerst phantasievoll ausgeschmückte Erzählung des Lebens von Rodrigo Díaz de Vivar (El Cid) liefert. Die hier illustrierte Erzählung, in der El Cids Töchter von ihren Ehemännern, den Erben der Grafschaft Carrión, erniedrigt werden, ist nicht historisch. Beide Töchter machten in Wirklichkeit gute Partien, als sie in navarresische und katalanische Herrscherfamilien einheirateten.

Jaca, der Kirche San Isidoro in León oder der Kathedrale von Compostela beobachten kann, im 11. und 12. Jahrhundert seinen Weg auf die Halbinsel. Im 13. Jahrhundert kam der neue französische gotische Stil auf, der in Spanien in den Kathedralen von León, Burgos und Toledo selbst seine größten Triumphe feierte.

In einem Sinne verlief die Einnahme von Toledo durchaus nach dem Muster früherer christlicher territorialer Gewinne. Eine Stadt wurde erobert und danach das umliegende Land unterjocht. Trotzdem müssen die Christen, die 1085 die Stadt betraten, einen regelrechten Kulturschock erlitten haben. Mitten in fruchtbarem Agrarland gelegen und von Gartenanlagen und Gärtnereien umgeben, unterschied sich Toledo vollkommen von früher eroberten Orten in den spärlicher besiedelten Ländern des Nordens. In Toledo fanden die Kastilier und ihre Verbündeten ein komplexes, höchst differenziertes städtisches Gemeinwesen vor. Für die christlichen Eroberer besonders verwunderlich war, daß hier nicht nur christliche und jüdische Gemeinden friedlich unter moslemischer Herrschaft lebten, sondern daß letztere auch die arabische Sprache und Kultur bis hin zu Kleidung und den Üblichkeiten des Lebensstils angenommen hatten – eine in christlichen Augen luxuriöse und dekadente Erscheinung. Mehr noch, sie schienen keinen großen Wunsch zu haben, die neuen Ideen des französischen Feudalismus oder die Ideen zur Kirchenreform, wie sie der Papst damals propagierte, kennenzulernen.

Die Entdeckung dieses dynamischen Zentrums der Gelehrsamkeit und des geistigen Austauschs zu einer Zeit, als die Kathedralen-Schulen in Frankreich und anderswo sich gerade zu Universitäten zu entwickeln begannen, sollte das intellektuelle Leben nördlich der Pyrenäen nachhaltig verändern. Als Toledo von den Christen erobert wurde, hatte Westeuropa im Vergleich zur moslemischen Welt ein ziemlich massives geistiges Defizit. Der größte Teil des bestehenden, in den Städten des Nahen Ostens überlieferten Corpus griechischer und römischer Wissenschaft, Mathematik und Philosophie war etwa im 9. Jahrhundert entweder in Damaskus oder Bagdad ins Arabische übersetzt worden. Islamische Gelehrte verbanden ihr Studium dieser Werke mit der Begeisterung für die wissenschaftliche Beobachtung. In der Medizin zum Beispiel ergänzten arabische Kommentatoren die Werke von Hippokrates und Galen um botanische, pharmakologische und diagnostische Informationen

Rechts: Die prachtvolle gotische Kathedrale von Burgos wurde 1221 begonnen und 1261 eingeweiht. Das direkte Vorbild dafür waren einige Kathedralen Nordfrankreichs und des Rheinlands, wo sich Bischof Moritz von Burgos 1219 auf einer diplomatischen Reise im Auftrag Ferdinands III. von Kastilien aufhielt. Die beiden westlichen Türme mit den durchbrochenen Helmen wurden im 15. Jahrhundert errichtet.

oder übersetzten die medizinischen Lehrbücher des Dioskurides ins Arabische. Der Geograph al-Idrisi (1100 – 1166), der in Córdoba ausgebildet wurde, nutzte sein eigenes Wissen über die Mittelmeerwelt, um die damals im Westen unbekannten Werke der griechischen Geographen Strabo und Ptolemäus abzurunden.

Es war gerade der Kontakt mit Moslems, größtenteils in Spanien, aber auch in Sizilien und anderen Teilen des östlichen Mittelmeers, über den das Wissen klassischer Gelehrsamkeit in den mittelalterlichen (und heutigen) Westen übermittelt wurde. Im 12. Jahrhundert wurde Toledo neben anderen Städten Spaniens und Südfrankreichs ein bedeutendes Zentrum für die Übersetzung von gelehrten Texten (und Dichtungen) aus dem Arabischen ins Lateinische. Viele dieser Werke waren ursprünglich in Griechisch geschrieben worden, aber nach der üblichen Vorgehensweise dieser Zeit wurde der arabische Text in die lokale Sprache – zum Beispiel Kastilisch, Katalanisch oder Südfranzösisch (Okzitanisch) – übersetzt, oft von einem spanischen Juden. Der Übersetzer gab dann seine einheimische Version an einen der Schulgelehrten in Frankreich, England oder Italien weiter, der sie ins Lateinische übersetzte, die universelle akademische Sprache der Epoche. Auf diese Weise erweiterte sich der intellektuelle Wissensvorrat Westeuropas auf spektakuläre Art. Nicht nur daß »heidnische« griechische oder römische Texte auf diesem Weg Eingang in die universitären Lehrpläne fanden,

gleiches galt auch für die Werke jüdischer und moslemischer Gelehrter. Mitte des 12. Jahrhunderts zum Beispiel gab der französische Cluniazensermönch Petrus Venerabilis (um 1092 bis 1156) sogar eine Übersetzung des Korans in Auftrag.

»Man kann die Geschichte Europas verstehen, ohne daß man die Bedeutung der Juden in den Vordergrund rückt«, resümiert der spanische Gelehrte Américo Castro, »die Geschichte Spaniens dagegen bleibt unbegreiflich, wenn man die Rolle der Juden nicht in Betracht zieht. Dabei darf man die entscheidend wichtige Funktion des Hispano-Hebräers nicht von der engen Beziehung trennen, die zwischen ihm und der hispano-maurischen Tradition bestand.« Ähnlich wie auch schon früher, als die Juden vor den eindringenden Almoraviden und Almohaden in christliche Gebiete flüchteten, nahmen auch die neuen christlichen Herren in den von den Moslems zurückeroberten Territorien die Juden als Ärzte, Wissenschaftler, Steuereinzieher und öffentliche Beamte in ihren Dienst. Sie waren keine Mauren und in Glauben und Moral dem Christentum näher, brachten aber gleichzeitig das Prestige der höheren islamischen Zivilisation in die christliche Lebensweise ein. Ohne das enge Geflecht des maurisch-christlich-jüdischen Zusammenlebens wäre der Fortschritt, zu dem die Juden für die christliche Welt beitrugen, nicht denkbar gewesen. Als im 12. Jahrhundert der Niedergang des Islam in Spanien einsetzte, ließ auch die schöpferische Kraft der Hispano-Hebräer nach.

Das mittelalterliche Toledo

An drei Seiten vom Fluß Tajo umgeben, liegt Toledo an einem natürlich geschützten Ort und wurde daher seit frühen römischen Zeiten kontinuierlich besiedelt. Als ehemalige Hauptstadt des Westgotischen Reichs war Toledo ein wichtiges Zentrum von Handel und Gewerbe während der ganzen Periode der arabischen Herrschaft (712–1085). Obwohl die vorwiegend christliche Bevölkerung oft gegen ihre arabischen Herrscher im Süden rebellierte, wurde sie gründlich arabisiert; sie sprach nicht nur Arabisch, sondern übernahm die ganze arabische Kultur. In der Stadt lebte auch eine bedeutende jüdische Gemeinde. Nach dem Zusammenbruch des Kalifats im Jahr 1031 geriet das *taifa*-Königreich von Toledo zunehmend in Abhängigkeit der Herrscher von León-Kastilien. Unmittelbar nach der Eroberung im Jahr 1085 wurde die Stadt zum Sitz eines Erzbistums mit Hoheit über die gesamte spanische Kirche restituiert. Die Erzbischöfe wurden bald zu den mächtigsten Herren der Stadt.

Die in Toledo nach 1085 erbauten Kirchen gehören zu den besten Beispielen der Mudéjar-Architektur in Spanien, an der man die Überlebenskraft der arabischen Stiltraditionen im christlichen Umfeld ablesen kann. Als jedoch Mitte des 13. Jahrhunderts die Arbeiten zu einer neuen Kathedrale an der Stelle der früheren Hauptmoschee der Stadt aufgenommen worden waren, erbaute man diese im gotischen Stil. Nur zwei der mittelalterlichen Synagogen der Stadt sind heute noch intakt, eine der beiden wurde vom jüdischen Kämmerer von König Peter dem Grausamen (1350–1369) erbaut. Solche Beispiele der *convivencia* sollten im frühen 15. Jahrhundert bald verschwinden, als sich die christlichen Angriffe gegen die lokale jüdische Bevölkerung verstärkten.

Oben: Die befestigte Brücke San Martín über den Tajo wurde vor 1165 erbaut. Die Wappenschilder über dem Tor am Ende der Stadt, hier durch den charakteristischen arabischen Hufeisenbogen am anderen Ende gesehen, sind die von Karl V. (1506–1556), der die Mauern von Toledo restaurieren ließ.

Links: Wie der Name schon andeutet (*arrabal* bedeutet »Vorort«), stand die Kirche Santiago del Arrabal außerhalb der Stadtmauern, als sie kurz nach 1085 gegründet wurde. Das größtenteils im Stil des 13. Jahrhunderts gehaltene Gebäude ist ein wunderbares Beispiel der Mudéjar-Architektur. Den künstlerischen Einfluß der Araber kann man am Fenster des Glockenturms (aus dem 12. Jahrhundert), den Blendarkaden neben dem Fenster des Querschiffs und dem Südtor erkennen. Das grandiose Neue Bidagra-Tor im Hintergrund wurde von Karl V. in die mittelalterliche Stadtmauer gebaut, die den Vorort in die Stadtgrenzen mit einschloß, wodurch ein neues imposantes Stadttor entstand.

Rechts: Die Kirche Santa María la Blanca war ursprünglich eine Synagoge, im 12. Jahrhundert erbaut und im 13. restauriert. Sie wurde von der christlichen Gemeinde vereinnahmt und 1405 nach einer hetzerischen Predigt des Hl. Vincent Ferrer zu einer Kirche umgebaut.

Oben: Diese Ansicht Toledos von
Südwesten zeigt mit großer Deutlich-
keit, wie stark die natürliche Vertei-
digungsposition der Stadt ist: Sie liegt
auf einem Hügel inmitten einer Schleife
des Flusses Tajo. Am höchsten Punkt
der Stadt ragt der im 16. Jahrhundert
errichtete, mehrfach zerstörte und wie-
dererbaute Alcázar empor, früher
Festung und Königsburg. Links erkennt
man die majestätische gotische Kathedrale (erbaut 1227–1493), ein Symbol
der machtvollen Präsenz der Kirche
in dieser Stadt seit 1085, dem Jahr der
Rückeroberung.

Rechts: Diese Mudéjar-Apsis aus
Ziegelstein wurde an eine 999/1000
heimlich gegründete Moschee angebaut,
als diese im 12. Jahrhundert in die
Kirche Cristo de la Luz umgewandelt
wurde.

Reform und Gegenangriff des Islam

Das Vordringen der Christen, das im Fall von Toledo seinen Höhepunkt erreichte, wurde in al-Andalus von vielen als Folge der Abweichung von den striktesten Vorschriften der islamischen Religion interpretiert. Die Almoraviden, eine orthodoxe Sekte aus Nordafrika, wurden deshalb von einigen *taifa*-Herrschern nach Spanien gerufen, um eine genauere Einhaltung der religiösen Gesetze zu erzwingen. Ein spezieller Gegenstand ihrer Mißbilligung war die in Spanien weit verbreitete Kultivierung der Traube zur Weinherstellung, zweifellos eine von den Römern und Westgoten geerbte Gewohnheit. Aber trotz aller Bemühungen wurden die Reformen der Almoraviden als unzureichend angesehen, und 1150 brach eine neue Welle islamischer Fanatiker, die ebenfalls aus Nordafrika stammenden Almohaden, herein.

Den Almohaden gelang es, den Debatten über religiöse und wissenschaftliche Fragen unter moslemischen, jüdischen und christlichen Gelehrten ein Ende zu bereiten. Diese waren in einem Klima gegenseitigen Respekts, wenn nicht gar einer gewissen Übereinstimmung ausgetragen worden, ein Kennzeichen des »goldenen Zeitalters« der *convivencia* (Koexistenz) im Spanien des 12. Jahrhunderts. Unter den Opfern ihrer Reformen befand sich Ibn Rushd (1126–1198), dessen Kommentare zu den Werken des Aristoteles die Aufmerksamkeit westlicher Kirchenmänner erregten, bei denen er als Averroës bekannt war. Die Werke von Ibn Rushd, der gleichzeitig Leibarzt des Emirs von Córdoba war, fielen unter den Bann, und 1195 war er gezwungen, nach Marokko ins Exil zu gehen. Ein ähnliches Schicksal ereilte den jüdischen Philosophen, Arzt und Theologen Moses Maimonides (1135–1204), die herausragendste Persönlichkeit des mittelalterlichen Judentums und ebenfalls in Córdoba beheimatet. Die Feindseligkeit der Almohaden zwang auch ihn, erst nach Marokko und dann nach Kairo zu fliehen.

1195 erzielten die Almohaden einen großen militärischen Sieg über die christlichen Streitkräfte bei Alarcos, etwas südlich von Toledo, aber ihr Triumph erwies sich als sehr kurzlebig. Denn schon 1212 wurden sie von den Armeen Kastiliens und seiner Verbündeten in einer Schlacht bei Las Navas de Tolosa in Nordost-Andalusien besiegt, in der Nähe jener Gebirgspässe, die eine Verkehrsverbindung nach dem Norden ermöglichten. Diese Schlacht erwies sich als Wendepunkt in der christlichen Rückeroberung Spaniens, denn sie öffnete den Weg ins Guadalquivir-Tal und somit zu den wichtigen islamischen Städten Córdoba und Sevilla.

Verschiebung des Machtgleichgewichts

Zwischen dem Fall Toledos im Jahr 1085 und der Schlacht von Las Navas (1212) gewannen die Christen fast ein Drittel der Halbinsel zurück. Wehrburgen und befestigte Wachttürme, heute noch ein vertrautes Bild in Iberiens Landschaften, wurden zur Verteidigung der neu erworbenen Territorien errichtet und die äußeren Mauern der Stadtbefestigungen verstärkt. Das politische Durcheinander, von dem all die kleinen islamischen Staaten in al-Andalus betroffen waren (obwohl die Wirtschaft noch ziemlich gut funktionierte), ähnelte in gewisser Weise der Situation im christlichen Norden in früheren Jahrhunderten. Aber die wichtigsten Veränderungen, die innerhalb der christlichen Königreiche seit dem Beginn der Rückeroberung stattgefunden hatten, bestanden gerade darin, daß sie ihre feudalen Nachbarn nördlich der Pyrenäen in bezug auf politische und militärische Organisation einholten. Im Verlauf des Jahrhunderts waren die alten unabhängigen, ziemlich anarchischen Gesellschaften der nördlichen Grenzregion unter die Kontrolle von Königen und feudalen Magnaten gebracht worden, und damit hatten sich die politischen Mitspieler – Kastilien-León, Portugal, Aragón-Barcelona und Navarra – für den Rest des Mittelalters formiert.

Im Westen war dieser Prozeß gegen Mitte des vorangegangenen Jahrhunderts abgeschlossen, als Afonso Henriques (1128

bis 1185) begann, die Grenzen der Grafschaft Portugal nach Süden zu verschieben, die zu dieser Zeit aus einem Gebiet nördlich des Douro bestand und nominell Kastilien unterstand. 1147 wurde Santarém und dann Lissabon den Moslems entrissen, letzteres mit Hilfe eine Kreuzfahrer-Armee aus französischen, flämischen und anglo-normannischen Soldaten, die sich vermutlich auf dem Weg ins Heilige Land befanden. 1179 stellte Afonso Henriques Portugal unter die Schutzherrschaft des Papstes und wurde dafür von diesem als König anerkannt.

Im Osten der Halbinsel entstand 1137 mit der Verlobung von Ramón Berenguer IV., Graf von Barcelona (1131–1162), mit Petronila, Erbin von Aragón, ein neues politisches Gebilde. Im vorangegangenen halben Jahrhundert hatte die Grafschaft Barcelona ziemlich genau Kataloniens heutige Gestalt angenommen. Es hatte auch eine lose Hegemonie über Südfrankreich errichtet und war bereits zur Handelsmacht im Mittelmeer avanciert. Die kulturellen Affinitäten zur Provence wurden in der engen Verwandtschaft der katalanischen und okzitanischen Sprache deutlich wahrnehmbar; im Gegensatz zu anderen christlichen Königreichen jener Zeit besaß Barcelona bereits einen schriftlich festgehaltenen Gesetzeskodex. Obgleich beträchtlich kleiner als Kastilien-León, war Aragón-Barcelona doch stark genug, einen nachhaltigen Führungsanspruch im christlichen Spanien zu erheben.

Die Rückeroberung Andalusiens

Die Einnahme Córdobas, der früheren Hauptstadt des Kalifats, durch Kastilien im Jahr 1236 scheint sich weitgehend eher zufällig ereignet zu haben. Die Stadt war in zwei separate, ummauerte Stadtviertel geteilt; eine Gruppe von Christen, anscheinend Banditen aus dem Gebiet nördlich der Stadt, wurde von ihren Glaubensbrüdern offensichtlich in die östliche, mehr gewerblich geprägte Hälfte eingelassen. Die königlichen Armeen unter Ferdinand III. von Kastilien (1201–1252) erreichten später den Schauplatz und übernahmen dann die weitere Initiative. Wie so oft in früheren Episoden der Rückeroberung, fanden nahezu keine Kämpfe statt, wenngleich die westliche Hälfte der

Stadt mit der Großen Moschee, dem Hauptmarkt und dem ehemaligen Palast des Kalifen kurze Zeit vorher an die Christen fiel.

Die Art der Eroberung und Besetzung Córdobas unterschied sich wenig von der anderer im Guadalquivir-Tal gegen Mitte des 13. Jahrhunderts eingenommene Städte wie Jaén (1246), Sevilla (1248) und Cádiz (1262). Zunächst wurde nur die Stadt selbst okkupiert. Der Großteil der moslemischen Bevölkerung zog weg und wurde durch neue, christliche Siedler ersetzt. In den Besatzungsarmeen dienten viele Ausländer, aber im allgemeinen kassierten sie schnell die vom kastilischen König versprochene Belohnung und verschwanden dann. Bald begannen königliche Beamte, die Neuverteilung des Eigentums zu organisieren, im allgemeinen aber erst, nachdem auch das Land in der Umgebung in christliche Hand gebracht worden war, meist durch Verhandlungen. Wurden die Städte von weitgehend christlichen Kolonisten neu besiedelt, hatte sich auf dem Land eine vorwiegend moslemische Bevölkerung den politischen und kirchlichen Institutionen des Nordens unterzuordnen. Diese sogenannten Mudéjaren zahlten an ihre neuen christlichen Landherren eine Pacht, behielten aber religiöse Freiheit.

Soweit wir Details aus Dokumenten, den sogenannten *repartimientos*, kennen, versuchte die Krone von Kastilien (so der spätere Name für die Territorien unter kastilischer Herrschaft), bei der Konzipierung der Siedlungen für die neu erworbenen Länder und Besitzungen in Andalusien jene Idee von Monarchie und gottgewollter Gesellschaftsordnung anzuwenden, wie sie in Spanien mit der Umformung der Rückeroberung in einen päpstlichen Kreuzzug entstanden war. Städtischer und ländlicher Haus- und Grundbesitz wurden nach den üblichen Vorstellungen des Vorrangs Berittener vor Fußsoldaten verteilt. Die neu gegründeten Orden der Dominikaner und Franziskaner wurden den Klosterbrüdern der älteren und etablierteren Benediktiner vorgezogen und in die Städte Andalusiens gesandt. Letztere wohnten in großen Klostergütern auf dem Land, während die mit dem Predigen des christlichen Glaubens und der Bekämpfung der Häresie betrauten Mönche meist in kleinen Gemeinschaften innerhalb der Städte lebten.

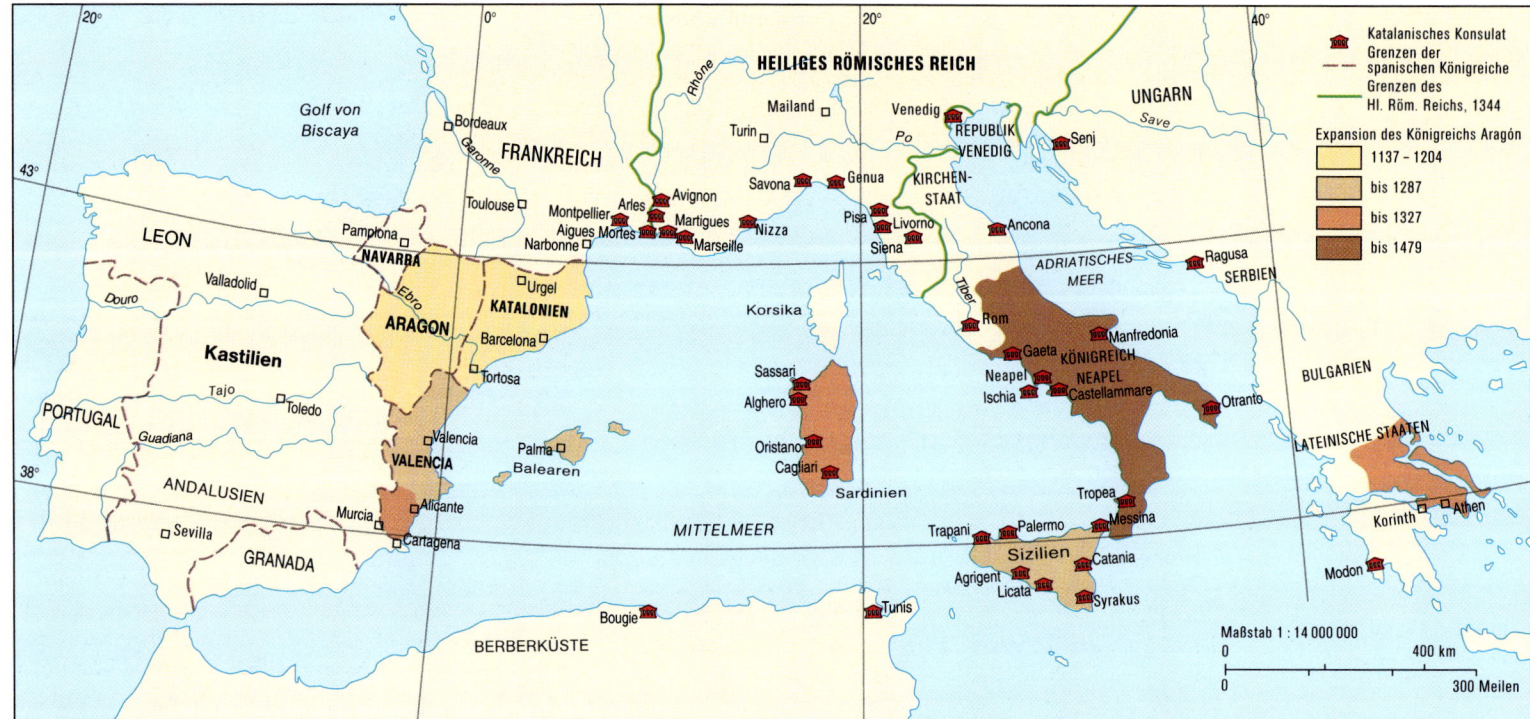

Das System der Verständigung und Koexistenz im ländlichen Andalusien funktionierte seit etwa 1260 nicht mehr. Teile der Bevölkerung begehrten in einer Reihe von Revolten dagegen auf, unter der Herrschaft einer fremden Religion zu leben, und die christlichen Autoritäten sahen sich daher zu der Schlußfolgerung veranlaßt, daß die Vertreibung der moslemischen Bevölkerung die einzige Antwort wäre. Danach verblieben nur noch kleine städtische Gemeinden von Moslems in diesen Territorien. Sie waren im allgemeinen in handwerklichen Berufen wie Maurerei und Bauarbeit, im Lederhandel und als Tierheilkundige beschäftigt. Als Kunsthandwerker verschmolzen sie spanische und arabische Stile, zu erkennen an der charakteristischen Mudéjar-Ornamentierung bei Keramik, Metallarbeiten und Textilien und – in der Architektur – am Gebrauch roter Ziegel sowie einer Vorliebe für Blendarkaden.

Paradoxerweise trug die Entvölkerung auf dem Land im südlichen Spanien zum Stillstand des Rückeroberungsprozesses bei, weil deren Folge ein akuter Mangel an Arbeitskräften zur Bestellung des Landes war. Um die Situation zu verbessern, versuchten die Adligen, die Land als Belohnung von der Krone erhalten hatten, Arbeitskräfte aus dem Norden anzulocken. Wenngleich ihr Erfolg begrenzt war, erregten sie durch ihre Rekrutierungsbemühungen doch den Unwillen der nördlichen Nachbarn. Schließlich fielen große Landstriche in Andalusien, die zuvor von den Moslems bearbeitet worden waren, nach 1260 als landwirtschaftliche Produktionsflächen gänzlich aus. An manchen Orten sahen diese Ländereien erst im 19. Jahrhundert wieder eine kultivierende Hand.

Die Vertreibung des Großteils der moslemischen ländlichen Bevölkerung aus dem christlichen Territorium hatte den weiteren Effekt, daß die Familie der Nasriden (eine bis dahin unbekannte politische Gruppierung in al-Andalus) von Jaén nach Granada wechselte. Hier errichteten die Nasriden – eine Seltenheit im mittelalterlichen Spanien – einen langlebigen Staat, der auf einer fast homogenen religiösen Einheit beruhte. Das spätmittelalterliche Königreich von Granada hatte den Vorteil einer natürlichen Verteidigungsanlage in Form eines Gebirges und war von einer Bevölkerung bewohnt, die größtenteils freiwillig unter dem Islam lebte. Es lebten auch einige Juden, aber außer Gefangenen nur wenige freie Christen im Königreich, dessen wirtschaftlicher Wohlstand weitgehend vom Handel über seine Mittelmeerhäfen Málaga und Almería abhing. Erst mit der neu-

en Stoßkraft der Kreuzzüge von Ferdinand und Isabella seit etwa 1480 fiel dieses letzte moslemische Bollwerk an die christlichen Angreifer.

»Ein Land dreier Religionen«

Alfons X. von Kastilien (1252–1284) nutzte sämtliche Vorteile aus Spaniens wachsendem Kontakt mit dem westlichen Europa, um all die damals besonders in Deutschland und Frankreich geläufigen, von der Idee des Kaisertums geprägten Vorstellungen über Monarchie zu übernehmen. 1257 brachte er sich sogar als Kandidat für die Wahlen zum Kaiser des Heiligen Römischen Reiches ins Spiel. Er sah sich als Stellvertreter Gottes auf dieser Welt, sein Land als potentielles Königreich des Himmels auf Erden und seine göttlich inspirierte Macht als absolut. Das Problem für Alfons und seine Berater bestand darin, daß seine führenden Untertanen immer noch hartnäckig am traditionellen Verständnis des Feudalismus festhielten, daß nämlich Könige ihre Adligen in militärischen und politischen Angelegenheiten zu konsultieren hätten. Als Alfons einen siebenteiligen Gesetzeskodex (die *Siete Partidas*), der all seine Überlegungen enthielt, einzuführen versuchte, wurde dieses Edikt vom kastilischen Parlament, so schwach es auch gewesen sein mag, abgewiesen. Im Verlauf seiner Herrschaft häuften sich die sozialen und politischen Konflikte. Es schien, als hätte zuvor nur der Krieg gegen einen gemeinsamen äußeren Feind die kastilischen Adligen dazu bewogen, die Ausdehnung der königlichen Macht zu akzeptieren, und als mit dem Stillstand der Rückeroberung im südlichen Andalusien die Feindseligkeiten ausblieben, glitt das politische Leben in Zänkereien und Revolten ab. Erst ein Jahrhundert später war ein aggressiverer und durchsetzungsfähigerer Herrscher, Alfons XI. (1312–1350), in der Lage, die *Siete Partidas* zu erlassen.

Trotz des Scheiterns seiner Kaiser-Pläne und trotz der Probleme mit seinen Adligen wurde Alfons X. von Kastilien als Alfons der Weise *(el Sabio)* bekannt. Dieser gelehrte König veröffentlichte eine eigene Sammlung von Liedern an die Jungfrau Maria (die *Cántigas de Santa María*), veranlaßte die Niederschrift einer allgemeinen historischen Chronik Spaniens und brachte Bücher über so verschiedenartige Themen wie Schach und Fluchwörter heraus. Vor allem aber erwarb sich Alfons den Ruf eines Weisen durch seine vergleichsweise aufgeklärte Herrschaftsausübung und sein echtes Bemühen, alle Völker seines

Die Herausbildung des aragonesischen Reichs

Als die weitere aragonesische Expansion innerhalb der Iberischen Halbinsel durch die kastilische Eroberung von Murcia im Jahr 1243 behindert wurde, ergriffen die Könige die Gunst der Stunde, die ihnen der Besitz von Barcelona und anderen Häfen an der katalanischen Küste bot; sie bauten eine Kriegsflotte auf und engagierten sich in der Politik des weiteren Mittelmeerraums. Die Eroberung der Balearen war 1287 abgeschlossen, aber noch dramatischer war die aragonesische Eroberung Siziliens (1282) gewesen, die nach einer Aufforderung zur Intervention gegen die unpopulären neuen Herrscher aus dem Hause Anjou erfolgte. Die Heirat Peters III. von Aragón (1276–1285) mit der Erbin der Hohenstaufendynastie, den früheren Herrschern der Insel, brachte ab 1283 einen Seitenzweig der aragonesischen Könige auf den Thron eines unabhängigen Königreichs Sizilien. Sardinien wurde durch die Eroberung von 1324 dem Königreich einverleibt. Das Engagement katalanischer Legionäre in Griechenland auf der Seite des Byzantinischen Reichs gegen die Türken führte 1324 zur Entstehung eines Herzogtums von Athen unter einem jüngeren Sohn des Königs von Sizilien; dieses währte allerdings nur bis 1387. Die Katalanen konnten ihr Flottenpotential auch wirtschaftlich zum Ausbau eines weitreichenden Netzwerks an Handelskontakten nutzen, die durch die von der Stadt Barcelona errichteten Konsulate repräsentiert wurden. Das 15. Jahrhundert erlebte einen raschen und ernsthaften Rückgang der katalanischen Handelsmacht und das Erlöschen des Hauptzweiges des königlichen Hauses im Jahr 1410. Eine erneute militärische Expansion unter den Trastamaran-Königen führte 1443 zur Eroberung des Königreichs von Neapel durch Alfons V. (1416–1458). Als dieser starb, war das aragonesische »Reich« endgültig gespalten: Alfons' Bruder Juan II. (1458 bis 1479) erbte das Königreich Aragón, während sein Sohn Ferrante (1458 bis 1494) die italienischen Besitzungen übernahm.

Machtbereichs zu verstehen und sie auch zu vertreten: Christen, Juden und Moslems. Das heißt nicht, daß er den Gedanken an die Rückeroberung der noch unter moslemischer Herrschaft verbliebenen Territorien in Spanien aufgegeben hatte oder daß er den Glauben an das Christentum als einzig wahre und letztlich triumphierende Religion verloren hätte. Nichtsdestoweniger sollten spätere Ereignisse in Kastilien und anderwärts auf der Halbinsel ein starkes Licht auf die Verdienste dieses Herrschers werfen.

Bis zu diesem Zeitpunkt war die Geschichte der iberischen Juden weitgehend von dem zwischen Christentum und Islam ausgefochtenen Kampf überschattet worden. Während des 13. Jahrhunderts jedoch brachte die relative »Aufgeklärtheit« der spanischen Könige, gepaart mit einem zunehmenden Einfluß des Papstes, die seit langem schwelenden Spannungen zwischen Christen und Juden ans Tageslicht. 1263 veranstaltete Jaume I. von Aragón (1213 – 1276), der Nachbar Alfons' X., in Barcelona einen theologischen Disput zwischen dem jüdischen Rabbi und Kabbalisten Moshe ben Nachman (um 1194 – um 1270) und einem vom Judaismus konvertierten Christen, Pau Cristià (Paul der Christ). Von beiden Seiten sind Berichte über die Diskussion überliefert, und es überrascht nicht, daß jeder sich als Sieger sah. Im Redestreit von Barcelona wurde aber in Wahrheit mehr über die Juden und das Judentum zu Gericht gesessen als ein echter Dialog über religiöse Fragen ausgetragen. Zwar wird die Zeit zwischen 1000 und 1350 in Spanien manchmal als »goldenes Zeitalter« des Judaismus betrachtet, dies trifft aber nur in dem Sinne zu, daß die iberische jüdische Gemeinschaft – die größte im westlichen Europa – mit ein paar Ausnahmen moslemisch regierter Gebiete während des 12. Jahrhunderts nicht aktiv verfolgt wurde.

Das Reich Aragón

Das 13. Jahrhundert erlebte wichtige Richtungsänderungen in den politischen und kulturellen Interessen der Krone von Aragón. Die Beziehungen zu Südfrankreich trübten sich, als die Kapetinger-Könige von Frankreich unter dem Vorwand eines päpstlichen Krieges gegen die Häresie ihre militärische Hoheit

Rechts: Detail eines Freskos aus dem 13. Jahrhundert, heute im Museum für Katalanische Kunst in Barcelona, das die Belagerung und Eroberung von Palma de Mallorca im Jahr 1229 durch Jaume I. von Aragón zeigt. Die Schlacht um die Stadt war kurz, aber blutig. Auf einem der Türme weht eine für die Almohadenzeit typische Flagge. Auf einem anderen Turm benutzen arabische Verteidiger Schlingen als Waffen. Interessanterweise ist diese Waffengattung als Besonderheit der balearischen Inselbewohner schon seit römischen Zeiten überliefert.

über die Grafen von Toulouse und andere lokale Herrscherfamilien behaupteten (Albigenser-Kreuzzug, 1208 – 1228). Die Tradition der Troubadour-Poesie und -Musik an den Höfen der Provence hatte sich im 12. Jahrhundert auch in Aragón-Katalonien verbreitet. Die davon inspirierte poetische Tradition beeinflußte wiederum das Schaffen Alfons' X. von Kastilien. Innerhalb der Halbinsel selbst eroberte Jaume I. 1238 Stadt und Königreich Valencia, wurde aber an einem weiteren Vormarsch gegen die Moslems durch eine kastilische Besetzung von Murcia abgehalten. Außerdem widersetzte sich die Mudéjar-Bevölkerung von Valencia, das als ein von der Krone von Aragón getrenntes Königreich mit eigenen Gesetzen und eigenem Parlament verwaltet wurde, zwischen 1247 und 1258 der christlichen Herrschaft in einer Reihe von grimmigen Revolten.

Weitgehend als Ergebnis dieser Entwicklungen wandten die Aragonesen ihre Energien Italien und dem östlichen Mittelmeer zu, wo sie an den von katalanischen Kaufleuten und Seefahrern längst betriebenen Seehandel anknüpften. 1229/30 half eine katalanische Armee, die Moslems von Mallorca und den Balearen zu vertreiben, die nach 1343 von den Aragonesen direkt regiert wurden. Dies war der erste Schritt zur Errichtung eines Machtstützpunkts im Mittelmeer. Weitere Überseeambitionen Aragóns wurden mit der Kontrolle über Sizilien im Jahre 1283 und Sardinien 1323 verwirklicht. Später erwarb Aragón auch Neapel (1442), was im 15. und 16. Jahrhundert zu einer endlosen und, in den Augen vieler, unseligen Einmischung in italienische Angelegenheiten führte. Die Krone von Aragón bewies eine bemerkenswerte politische und kulturelle Klugheit. Die verschiedenen von den aragonesischen Königen regierten Territorien funktionierten innerhalb einer Vielfalt von Sprachen und entwickelten im 13. und 14. Jahrhundert eine starke parlamentarische Tradition, die der spanischen Monarchie in den kommenden Jahrhunderten ein Dorn im Auge werden sollte.

Krisenjahre

Die Iberische Halbinsel scheint weitgehend von den Hungersnöten verschont geblieben zu sein, die zwischen 1315 und 1317 weite Teile des restlichen Europa dahinrafften, wurde aber vom Schwarzen Tod, der Beulenpest, die 1347 aus Asien nach Europa gelangte, hart getroffen. Diese Seuche hatte sich bis 1351 rasch über den ganzen Kontinent verbreitet und erreichte die Halbinsel fast am Ende des Zyklus. In den meisten Ländern hatte der Schwarze Tod nahezu die Hälfte der Bevölkerung getötet. Es wurde immer angenommen, daß in Spanien nur Katalonien so schwer gelitten hatte. Inzwischen sieht es aber so aus, daß die Verluste in Kastilien und ganz im Westen in Portugal mindestens ebenso hoch waren. Der massive Bevölkerungsrückgang führte in Spanien und Portugal wie überall in Europa unweigerlich zu neuen Anpassungsprozessen in den sozialen Beziehungen, hauptsächlich zugunsten der Starken und zum Nachteil der Schwachen.

Der Zeitraum zwischen 1350 und Isabellas Thronbesteigung in Kastilien im Jahr 1474 war auf der Iberischen Halbinsel eine Epoche politischer, wirtschaftlicher, sozialer und religiöser Krisen. Der Bürgerkrieg in Kastilien führte zur Ermordung von Peter dem Grausamen (1350 – 1369) im Jahre 1369 durch seinen unehelichen Halbbruder, der den Thron als Heinrich II. (Enrique II., 1369 – 1379) übernahm und damit die Trastamaran-Dynastie begründete, die bis zum Tod Ferdinands V. (Ferdinand II. von Aragón) im Jahre 1516 andauern sollte. Grenzstreitigkeiten zwischen Kastilien und Aragón, die sich durch Aragóns Einmischung in den kastilischen Bürgerkrieg verschlimmert hatten, verloren erst an Schärfe, als ein Trastamaran-Prinz den aragonesischen Thron bestieg (Ferdinand I., 1412 – 1416). Aus diesen Streitigkeiten ging in Kastilien eine neue Schicht zweitrangiger kastilischer Adliger hervor, die als Belohnung für ihre Unterstützung der Trastamaran-Dynastie großzügig mit Ländereien bedacht wurden.

Die Juden im mittelalterlichen Iberien

Um das Jahr 1200 lebten wahrscheinlich mehr als 200 000 Juden auf der Iberischen Halbinsel. Religions- und geistesgeschichtlich gesehen, war die Stellung dieser ansehnlichen Bevölkerungsgruppe einzigartig: an der Grenzlinie zwischen dem christlichen und dem moslemischen Spanien und zugleich als Mittler zwischen den Kulturen des lateinisch-katholischen Mittelalters und des arabisch-islamischen Nahen Ostens. Hebräisch war die Sprache des Glaubens und des Studiums, aber die Juden waren auch in Arabisch, Latein und den einheimischen romanischen Sprachen der Halbinsel versiert, und ihre Kultur und Gelehrsamkeit spiegelt diese Einflüsse wider. Auch ihr geistiges Leben bewies große Vitalität. Jedoch hatten die Juden während des ganzen Mittelalters kein eigenes Territorium und mußten immer unter der Herrschaft eines anderen Glaubens leben, der ihre Freiheit beschränkte. Als das Machtgleichgewicht auf der Halbinsel von den Moslems auf die Christen überging, fanden sich die Juden des christlichen Königreichs (nicht so im moslemischen Granada) in einer veränderten Situation wieder. Einst mehr oder weniger toleriert, waren sie jetzt einer zunehmend feindseligen Propaganda ausgesetzt, die von jenseits der Pyrenäen einströmte. Um 1300 waren sie (zumindest theoretisch) verpflichtet, unterscheidende Abzeichen zu tragen. Nach einer Serie von gewaltsamen Angriffen im Jahr 1391 konvertierten Tausende zum Christentum. Zwar waren jüdische Gelehrte im 15. Jahrhundert an der Herausgabe der Alba-Bibel beteiligt, aber ihr Schicksal war zu diesem Zeitpunkt schon besiegelt. Der verbliebene Rest der iberischen Juden wurde vertrieben, 1492 aus Spanien und 1497 aus Portugal.

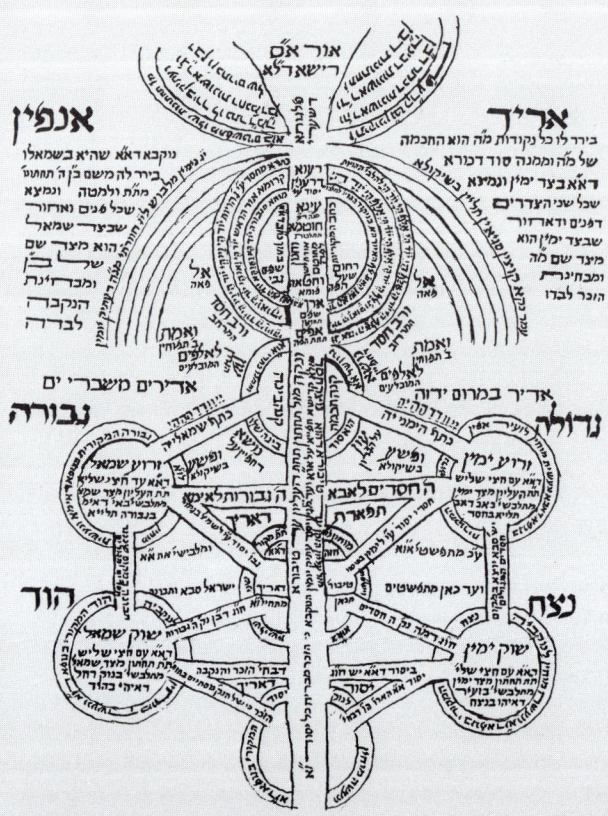

Oben links: Der vielleicht herausragendste Beitrag des mittelalterlichen Spanien zum Judentum war die als Kabbala bekannte mystische Bewegung. Zunächst im 13. Jahrhundert in Katalonien entstanden, versuchte diese, die verschiedenen in der Heiligen Schrift beschriebenen Attribute Gottes mit den Worten des heiligen Textes selbst zu verbinden. Diese Verbindungen wurden oft, wie hier zu sehen, in Form von Diagrammen dargestellt.

Oben: Einen der letzten Höhepunkte der sozialen und kulturellen Koexistenz (*convivencia*) von Juden, Christen und Moslems verkörpert die Synagoge del Tránsito in Toledo. Mitte des 14. Jahrhunderts von Samuel ha-Levi mit Unterstützung von König Peter dem Grausamen von Kastilien errichtet, wurde der Bau von moslemischen Handwerkern im islamischen Stil ausgeführt.

Links: Zur Zeit, als die Synagoge erbaut wurde, war die Propaganda, die die Juden als unerbittliche Feinde der Christen darstellte, bereits in vollem Gange. Diese spanische Illustration aus dem 14. Jahrhundert zeigt einen Juden, der das geweihte Brot der Kommunion aus einer Kirche stiehlt, um es zu zerstören.

Ganz links: Die Alba-Bibel, die 1422 von dem christlichen Gönner Don Luis de Guzmán in Auftrag gegeben wurde, ist ein für das 15. Jahrhundert seltenes Beispiel jüdisch-christlicher Zusammenarbeit. Diese Seite zeigt den inthronisierten Don Luis. Am unteren Rand sieht man, wie er das Manuskript von Rabbi Moses Arragel von Guadalajara in Empfang nimmt, einem der Gelehrten, die an der Edition beteiligt waren.

Der Aufstieg Portugals

Auch mit Portugal blieben immer wiederkehrende Konflikte nicht aus. Der portugiesische Vormarsch in die Algarve nach 1250 blockierte nicht nur Kastiliens Ambitionen, dieses Gebiet von Andalusien aus zu kolonisieren, er versperrte auch den Weg zu den wertvollen Ozeanhäfen an der atlantischen Küste. Die Spannungen setzten sich fort, wie die vielen Befestigungen und Wehrburgen zeigen. Als Ferdinand von Portugal (Fernão, 1367 bis 1383) starb, ohne einen Erben zu hinterlassen, nutzte Kastilien in dieser politischen Krise die Gunst der Stunde zur Invasion, wurde aber in der Schlacht von Aljubarrota (14. August 1385) von einer weitaus kleineren Streitmacht besiegt. Ihr Anführer Johann (João) de Avis (João I., 1385–1433) war von den Cortes in Coimbra schon früher im selben Jahr zum König gewählt worden. Das große Kloster von Batalha (Schlacht) wurde zum Gedächtnis an diesen Sieg gegründet, der João die feste Kontrolle über das Land sicherte. Durch die Heirat mit Philippa von Lancaster (1350–1415), Enkelin von Edward III. von England (1327–1377), festigte er seine Position und sein internationales Ansehen noch weiter.

Der Erfolg der Avis-Dynastie lag in der engen Zusammenarbeit mit den merkantilen Interessen Lissabons begründet, das Joãos Machtantritt unterstützte. Von den Moslems erworbene Fertigkeiten in der Seefahrt und im Schiffbau trugen zu Portugals Aufstieg als Seefahrer-Nation im 15. Jahrhundert bei. Großen Anteil am Erfolg in dieser Hinsicht hatte Heinrich der Seefahrer (1394–1460), der jüngste Sohn von João I. Er war in der Lage, die reichen Ressourcen des von ihm angeführten Christus-Ordens für die Erkundungs- und Kolonisierungsexpeditionen zu den Kanarischen Inseln, nach Madeira, auf die Azoren und die Kapverdischen Inseln zwischen 1419 und 1444 zu nutzen. Als er starb, hatten portugiesische Soldaten die afrikanische Küste bereits bis nach Sierra Leone erkundet. Mit wechselndem Erfolg wurde während der Herrschaft von Heinrichs Neffen Alfons V. (1438–1481) eine Reihe von Expeditionen nach Nordafrika unternommen, und 1471 wurde Tanger dem portugiesischen Königreich einverleibt.

Verfolgung und politische Wirren

Seit Mitte des 13. Jahrhunderts war Granada das letzte moslemische Territorium in Spanien. Aus all den Querelen und Kämpfen zwischen den christlichen Staaten konnten sich die Nasriden-Herrscher geschickt heraushalten. Nicht so die jüdische Gemeinschaft: Während des kastilischen Bürgerkriegs nach 1360 wurde die jüdische Bevölkerung, besonders diejenige in Toledo, von den Trastamaran-Rebellen angegriffen. Es bahnte sich an, was für das gesamte Spätmittelalter gelten sollte: die Behandlung der Juden wurde zum Barometer für das soziale Klima der iberischen Königreiche. Es war eine Tatsache, daß sich Christen ohne weiteres straflos an Juden vergreifen konnten, die keinen Schutz genossen. Wurden dagegen Moslems angegriffen, bestand immer die Gefahr der Vergeltung gegen Christen auf der Halbinsel selbst oder in moslemischen Ländern.

Inmitten der prekären sozialen und wirtschaftlichen Probleme, von denen im Frühsommer 1391 der größte Teil der Halbinsel betroffen war, brach eine Welle antisemitischer Verfolgungen los. Sie wurde in Gang gesetzt, als die Einwohner Sevillas mit nie dagewesenem Fanatismus und offener Gewalt auf einen der für damals üblichen Sermone gegen die Juden, gepredigt vom Erzdiakon Ferrán Martínez aus dem nahe gelegenen Écija, reagierten. Diese antijüdische Massenbewegung erfaßte ganz Andalusien, dann auch den Norden und Osten und befiel schließlich jede wichtigere Gemeinde in Spanien. Sie gipfelte schließlich in den Haßpredigten des durchs Land ziehenden Fanatikers Vicente Ferrer und seiner Flagellanten und deren zahlreichen brutalen Ausschreitungen gegen die Juden in den Jahren 1411–1413.

Oben: Eine Galeone unter vollen Segeln und beladen mit den Waffen des Königreichs Portugal, abgebildet auf einer glasierten Keramikschale aus dem 15. Jahrhundert. Der fortwährende Einfluß islamischer dekorativer Traditionen ist an den stilisierten Pflanzenmotiven der Randverzierung zu erkennen. Die Portugiesen sollten im Laufe des 15. Jahrhunderts in Navigation und Seefahrt enorme Fortschritte machen, besonders in der Entwicklung von hochseetüchtigen Schiffen, die den Winden und Strömungen des Atlantiks widerstehen konnten.

Die Obrigkeiten versuchten auf ziemlich unwirksame Weise, die Situation zu beruhigen, aber die meisten Juden nahmen die Angelegenheit selbst in die Hand. Alle, die ihren Glauben nicht aufzugeben bereit waren, verließen die großen Städte. Sie zogen in kleinere Städte und Dörfer, in denen die Hüter von Gesetz und Ordnung ihrer Aufgabe besser gewachsen waren. Ein Drittel oder mehr der iberischen Juden (das heißt etwa 200 000) wählte den anderen Weg und konvertierte zum Christentum. Ihnen sollten in den nächsten Jahrzehnten viele andere folgen. Die Konversion einer großen Zahl von Menschen in kurzer Zeit war ein einzigartiges Phänomen. Diese »neuen Christen«, innerlich ihrem jüdischen Glauben treu, sollten noch Jahrhunderte später die Inquisition beschäftigen.

In jener Zeit, und mehr noch nachdem Isabella 1474 den Thron Kastiliens bestiegen hatte, machte man Juden und konvertierte Juden (*conversos*) zum Mittelpunkt jedes Problems, an dem Spanien zwischen 1391 und 1480 krankte. Von den wirklichen Problemen des vorangegangenen Jahrhunderts einmal abgesehen, scheinen die Zustände indessen nicht so hoffnungslos gewesen zu sein, wie zeitgenössische Beobachter glaubten. Die internationale Reputation der spanischen Königreiche verbesserte sich beträchtlich durch ihre Bemühungen, zur Lösung des Großen Schisma (1378–1417) beizutragen – die Spaltung in der katholischen Kirche, die in den gegnerischen, jeweils in Avignon und Rom residierenden Päpsten gipfelte.

Selbst während des Bürgerkriegs, der die beiden Königreiche Kastilien und Aragón fast das ganze 15. Jahrhundert hindurch erschütterte, vergrößerte sich ihr Reichtum stetig. Während Könige und Adlige sich gegenseitig bekämpften, arbeiteten Handwerker und die wenigen Unternehmer, die die hinderliche vorherrschende Feudal- und Kreuzfahrerethik überwinden konnten, an der Weiterentwicklung der Wirtschaft, die – so schwach sie auch gewesen sein mag – zur Grundlage des spanischen Überseeimperiums im 16. Jahrhundert werden sollte. Das Problem sollte für Spanien wie auch Portugal darin liegen, ob sich ihre im allgemeinen mageren landwirtschaftlichen Ressourcen als ausreichend erweisen würden, um eine wirtschaftliche Basis für die künftige weltweite Expansion zu schaffen.

Der Flügelaltar des Heiligen Vinzenz

1 Hl. Vinzenz
2 Selbstporträt des Malers
  Nuño Gonçalves
3 Prinz Heinrich der Seefahrer

4 Dom João
5 König Alfons V.

6 Königin Isabella

7 Jude mit Tora

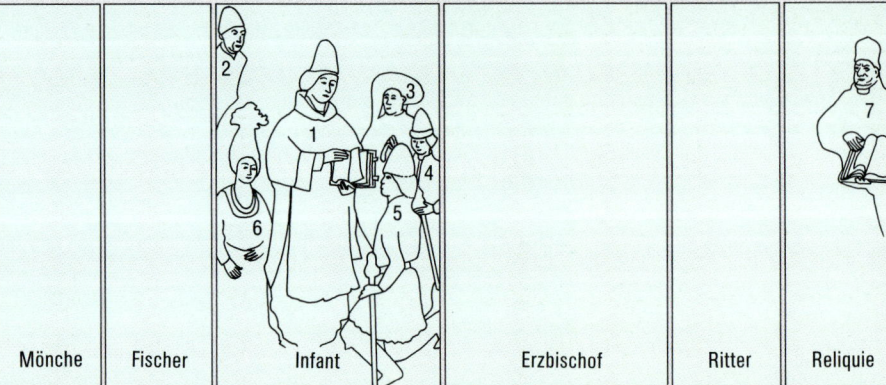

Mönche | Fischer | Infant | Erzbischof | Ritter | Reliquie

Nuño Gonçalves, Hofmaler des Königs Alfons V. von etwa 1450 bis 1472, war der führende portugiesische Maler seiner Zeit. Francisco de Holanda nannte ihn, wie er 1548 schrieb, einen »Adler der Malerei«, der es verdiene, mit Meistern wie Leonardo da Vinci und Michelangelo verglichen zu werden. Daß er heute kaum bekannt ist, liegt daran, daß der Großteil seines Werks beim Erdbeben von Lissabon 1755 zerstört wurde. Über ein Jahrhundert lang glaubte man, daß tatsächlich kein einziges Werk überlebt hätte. 1882 wurden dann einige schmuddelige Holztafeln im Konvent von São Vicente de Fora zu Lissabon entdeckt. Sie waren übermalt und durch jahrhundertelange Achtlosigkeit stark in Mitleidenschaft gezogen. 1902 wurden sie von dem Gelehrten José de Figueiredo nach Jahren gewissenhafter Forschung und Restauration als Werke von Gonçalves identifiziert (heute im Museu Nacional de Arte Antigua. Zuerst glaubte man, daß die Tafeln zu einem Altarbild des Hl. Vinzenz gehörten, das Gonçalves für die Kathedrale von Lissabon gemalt hatte. Viele Details weichen jedoch von der Beschreibung des Werkes ab, die Francisco de Holanda hinterließ, die einzige Informationsquelle über den Künstler, und heute ist man der Auffassung, daß es sich bei dem erhaltenen Flügelaltar um ein völlig anderes Werk handelt. Es enthüllt einen Meister der Komposition, den Reichtum seiner Porträtkunst und des Kolorits, Eigenschaften, die Gonçalves den großen Namen der Renaissancemalerei zuordnen. Sein Stil geht auf flämische und burgundische Maler zurück, und er war offensichtlich von Dieric Bouts (um 1400–1475) und Jan van Eyck (um 1395 – um 1441) beeinflußt. Die beiden mittleren Tafeln zeigen jeweils die Figur des Hl. Vinzenz, des Schutzpatrons von Lissabon und des

königlichen Hauses von Portugal. Er ist umgeben von führenden Persönlichkeiten des portugiesischen Hofes und der Kirche. Es handelt sich eindeutig um authentische Porträts, obwohl es beträchtliche Auseinandersetzungen darüber gab, wer darauf dargestellt ist. Viele von Figueiredos ursprünglichen Identifikationen wurden inzwischen in Frage gestellt oder berichtigt. Die Figur jedoch, die auf der sogenannten Tafel des Infanten vor dem Heiligen kniet, wird üblicherweise als Alfons V. identifiziert und der Junge hinter ihm als sein Sohn, der spätere João II. Wenn dies korrekt ist, dann kann das Bild auf etwa 1465 datiert werden; es ist möglicherweise vom König (dem man den Spitznamen »Alfons der Afrikaner« gab) zum Gedenken an seine Feldzüge in Marokko von 1458 bis 1464 in Auftrag gegeben worden, vielleicht in Erfüllung eines Gelübdes, das er gegenüber dem Heiligen ablegte.

Oben: Die Tafeln zeigen von links nach rechts die unterschiedlichen Stände der Gesellschaft. Die Religion ist durch den Zisterziensermönch von Alcobaça dargestellt, die Arbeit durch die Bruderschaft der Fischer und Seeleute, die Monarchie durch den königlichen Hof, die Kirche durch den Erzbischof, und der Kanon der Hl. Schrift und die Ritterorden werden vom Herzog von Bragança und anderen Teilnehmern am afrikanischen Krieg verkörpert. Die letzte Tafel zeigt die Reliquien des Hl. Vinzenz, die im Konvent aufbewahrt waren. Das Diagramm gibt die vermutliche Anordnung der Gemälde wieder, obwohl man annimmt, daß eine Statue des Hl. Vinzenz ursprünglich die beiden Mitteltafeln voneinander trennte.

Rechts: Die Gesellschaft, die sich um die Figur des Hl. Vinzenz versammelt, ist erfüllt von den großen Abenteuern der seefahrerischen Entdeckungsreisen und der überseeischen Expansion, die sich - im hier festgehaltenen Moment der Danksagung wirft sie bereits ihre Schatten voraus – im 16. Jahrhundert erfüllen sollte. Ebenso wie den König (5) und den Infanten Don João (4 und *ganz links*) zeigt die Tafel des Infanten – so nimmt man an - Alfons' Onkel Heinrich den Seefahrer (3, mit dem schwarzen Hut). Gegenüber von Alfons steht seine Frau Isabel (6). Wenn diese Identifikationen korrekt sind, wurden die Porträts von Heinrich und Isabel posthum ausgeführt. Er nahm sie mit auf, vielleicht um eine Anerkennung ihres Anteils am Erfolg Portugals auszudrücken. In der Figur in der oberen linken Ecke wird meist der Künstler selbst gesehen (2).

Ganz rechts: Der Hl. Vinzenz war auch der Schutzpatron der Bruderschaft der Fischer und Seeleute. Die Tafel der Fischer feiert Portugals Hinwendung zum Meer. Die zwei Figuren in der oberen Hälfte werden eingehüllt in ihre Fischernetze dargestellt. Der andere Fischer am unteren Rand hat sich in ein Gebet vertieft.

Links: Warum der Jude in die Reliquien-Tafel aufgenommen wurde, bleibt rätselhaft, aber im Kontext mit dem Porträt eines Moslems auf einer anderen Tafel scheint hier der Geist der Toleranz am Hof des Königs Alfons angedeutet zu sein.

Die Alhambra zu Granada

Die befestigte Palaststadt der Alhambra im Gebirgskönigreich Granada ist wahrscheinlich das bekannteste Monument des islamischen Spanien. Innerhalb seiner Mauern lagen einst die Häuser, Geschäfte, Moscheen und Bäder all jener Menschen, die in den Diensten der granadinischen Herrscher standen. Heute sind aber als einzige Bauten aus der islamischen Periode nur noch die Festung am westlichen Ende des Ortes, die teilweise aus der Zeit der Ziriden-Dynastie (1013–1090) stammt, und ein Großteil des Palastkomplexes erhalten, den die Nasriden, besonders Yusuf I. (1333–1354) und Mohammed V. (1354–1359; 1362–1391), errichteten. Größte Aufmerksamkeit verdienen vor allem die Audienzhalle (Mexuar), der Gesandtensaal mit dem anschließenden berühmten Myrtenhof und der Löwenhof, die beide einen Teil der Privatgemächer der Herrscher und ihrer weitläufigen Familien bildeten. Über alledem thront der Palast, den im 16. Jahrhundert Karl V. baute, dessen Interesse an den maurischen Hinterlassenschaften zu deren Erhaltung entscheidend beitrug.

1 Ruinen der maurischen Paläste
2 Partal-Gärten
3 Torre (Turm) de las Damas
4 Baños (Bäder)
5 Saal der Könige
6 Saal der Abencerragen
7 Löwenhof
8 Hof der Lindaraja
9 Myrtenhof
10 Torre de Comares
11 Saal der Gesandten
12 Cuarto Dorado (Goldenes Gemach)
13 Mexuar (Audienzhalle)
14 Palast Karls V

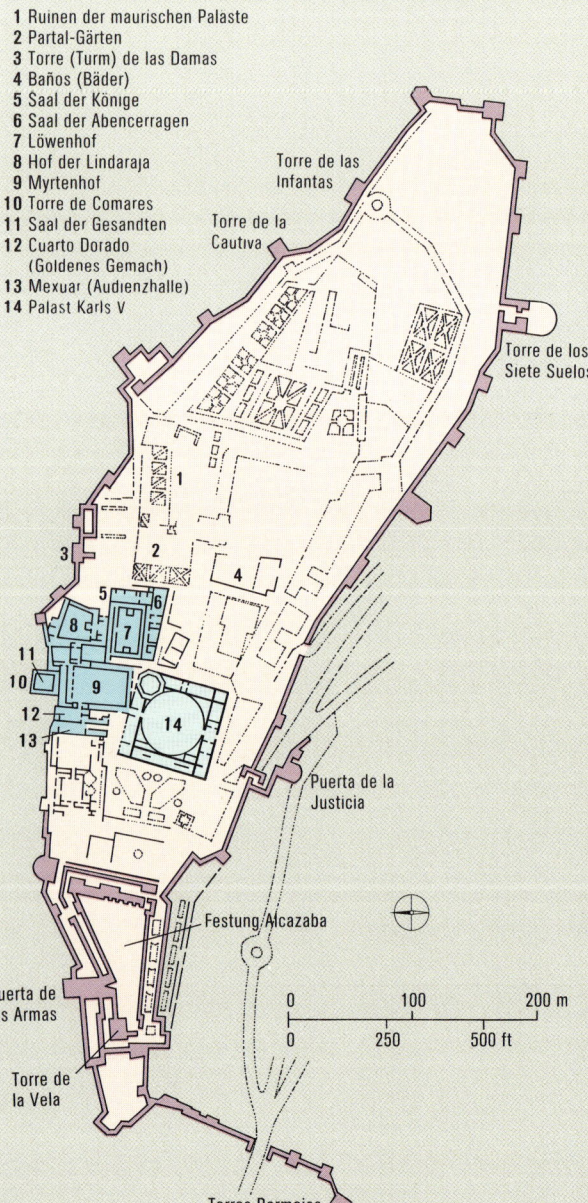

Oben: Diese Vase, die vermutlich aus dem 15. Jahrhundert stammt, ist aus glasiertem Ton hergestellt und mit Kobalt bemalt und poliert. Die Inschrift in der Mitte wünscht dem Besitzer Gesundheit und viel Glück. Das Stück ist typisch für die in Granada während der Nasridenzeit produzierten Luxuswaren hoher Qualität, die in den Palästen und adligen Häusern verwendet wurden.

Links: Der Lageplan zeigt, wie wenig – abgesehen vom Palastkomplex – vom Innern der maurischen Stadt erhalten geblieben ist. Die einzelnen Paläste, obwohl in enger Nachbarschaft zueinander, bildeten keine Einheit, sondern wurden unterschiedlich und zu verschiedenen Zeiten des Jahres benutzt. Der zur Erholung dienende Sommerpalast Generalife mit seinem berühmten Park wurde südöstlich auf dem Hügel über der Stadt erbaut.

Links: Der Name Alhambra bedeutet »Die Rote« und bezieht sich auf die Farbe der Gebäude. Diese Ansicht der ummauerten Stadt wurde von einem nördlich gelegenen Hügel, dem Albaicín, aufgenommen, der wahrscheinlich frühesten islamischen Siedlung in Granada. Auf der Spitze des Felsens befinden sich rechts die prächtigen Wehrmauern der Alcazaba, der Hauptfestung; links steht der massige Comares-Turm, der den Saal der Gesandten beherbergt – die Kulisse für formelle Hofanlässe wie den Empfang auswärtiger Botschafter. Der dahinterliegende Teil gehört zu dem im klassischen Renaissancestil erbauten und oft als Fremdkörper betrachteten Palast Karls V., im Hintergrund die Berge der Sierra Nevada.

Oben: Der Löwenhof (nach den Löwen benannt, die die Brunnenschale tragen) war das Zentrum des von Mohammed V. erbauten Palastes, ein Ort der Erholung und zwanglosen Unterhaltung seiner Familie. Der Saal der Könige, vermutlich der Speisesaal des Palastes, liegt am anderen Ende.

Ganz links: Detail eines Wandgemäldes aus dem frühen 14. Jahrhundert am Torre de las Damas, das eine Jagdszene darstellt. Es war von christlichen Malern für die Nasriden gemalt worden. Von christlichen Malern, die zu einer Gruppe gehörten, die an den Arbeiten im Papstpalast in Avignon beteiligt waren, stammen auch die drei Deckengemälde im Saal der Könige.

Links: Die Audienzhalle oder Mexuar wurde unter Ismail I. (1314–1325) begonnen, von Yusuf I. abgeändert und von Mohammed V. vollkommen umgebaut. Sie diente als Verwaltungs- und Rechtszentrum des Palastkomplexes und war der Versammlungsort der Räte des Wesirs.

DAS KATHOLISCHE WELTREICH
1480 bis 1670

Die Katholischen Könige und die Herrschaft des Rechts

Fünf Jahre bevor sie Königin von Kastilien werden sollte, heiratete die Infantin Isabella 1469 ihren Cousin Ferdinand, Erbe des Throns von Aragón. Anfangs sah alles nur nach einer weiteren dynastischen Allianz, dem gängigen Instrument der Diplomatie, aus. Aber dem Ereignis kam höhere Bedeutung zu, markierte es doch den Beginn einer einzigartigen Partnerschaft, zu der sich zwei der drei großen Königreiche der Halbinsel zusammenschlossen. Im nachhinein betrachtet, muß man anerkennen, daß mit dem historischen Zusammenschluß von Kastilien und Aragón »Spanien« geboren wurde und zur Reife gedieh. Aber es handelte sich um alles andere als um einen zwangsläufigen Prozeß. Ferdinand II. von Aragón (1479–1516; auch Ferdinand V. von Kastilien, 1474–1516) und Isabella von Kastilien (1474–1504) hatten nicht die Absicht, einen vereinigten Staat zu bilden, vielmehr beabsichtigten sie, ihre Ressourcen zusammenzuführen, zum Vorteil ihrer beider Königreiche; beide Regionen erhielten auch unterschiedliche staatliche und soziale Institutionen, verschiedene Traditionen, selbst verschiedene Sprachen noch bis ins 19. Jahrhundert hinein aufrecht.

Eines der ersten Ziele der *Reyes Católicos* (die »Katholischen Könige«; der Titel wurde Ferdinand und Isabella 1496 vom spanischen Papst Alexander I. verliehen) war die Einführung einer gesetzesmäßigen Ordnung. Die Sehnsucht nach innerem Frieden war nach all den Bürgerkriegsjahren nur natürlich, aber hinter diesem Wunsch verbarg sich auch ein starkes religiöses und politisches Motiv. Besonders Isabella betrachtete die Seelenrettung durch strikte Befolgung religiöser Praktiken als eine göttliche Mission. Nur durch eine Erweiterung der Macht der Krone und der physischen Sicherheit vor – besonders nichtchristlichen – Feinden konnten die Katholischen Könige hoffen, strenge religiöse Observanz, Gehorsam und Ordnung durchzusetzen, wo zuvor Chaos und mörderische Konflikte geherrscht hatten. Deshalb reformierten sie auch das System der Rechtsprechung durch eine Kodifizierung des Rechts, Stärkung des Königlichen Rats (Kastiliens oberstes Gericht) und durch Einsetzung abhängiger Gerichte *(chancillerías)* in Valladolid und Granada. Diese Vorgehensweise zwang die Katholischen Könige in eine Konfrontation mit den drei mächtigsten Gruppen ihres Landes: Kirche, Hochadel und Städte.

Von all ihren Reformen sollte die Errichtung der Inquisition die tiefsten und nachhaltigsten Auswirkungen auf die spanische Geschichte haben, besonders auf den Prozeß der inneren Vereinigung. Die Inquisition wurde 1478–1480 in Sevilla begründet und erlangte später in ganz Kastilien und Aragón Rechtsgewalt. Ihre ursprüngliche Aufgabe bestand in der Überwachung von christlichen Konvertiten aus den jüdischen und moslemischen Gemeinden – *conversos* bzw. *moriscos* –, doch später richtete sie ihr Hauptaugenmerk auf die Verfolgung von Abweichungen und Renegatentum bei den »alten« Christen. Die Inquisition übte eine gewaltige Macht aus. Alle Ernennungen der Mitglieder des Inquisitionsrats wurden von der Krone selbst vorgenommen; die Verfahren waren geheim und vertrauten weitgehend Informanten, Folter wurde oft – wenn auch unter genau festgelegten Bedingungen – angewandt, um Geständnisse zu erpressen. Verurteilte Häretiker wurden bei den überaus populären *auto de fe*-Zeremonien (wörtlich »Akt des Glaubens«) verbrannt, ihr Vermögen wurde konfisziert und unter der Krone, der Inquisition und den Informanten aufgeteilt.

Zwar kann man keinesfalls die Methoden der Inquisition verteidigen, sie waren selbst nach zeitgenössischen Maßstäben höchst fragwürdig; andererseits immunisierte sie Spanien von vornherein gegen die Reformation. Der Kardinal-Erzbischof von Toledo, Francisco Jiménez (oder Ximénez) de Cisneros (1436–1517), benutzte die Inquisition, um Reformen innerhalb des Klerus durchzusetzen, und machte damit die spanische Kirche zu der am wenigsten korrupten in Europa; zugleich wurde sie am widerstandsfähigsten gegen die Angriffe der neuen protestantischen Häresien des 16. Jahrhunderts. In diesem Zusammenhang war sie während der Herrschaft Philipps II. (1556–1598) sogar in der Lage, gegen den höchsten Kirchenmann in Spanien Bartolomé Carranza, den Kardinal-Erzbischof von Toledo (1503–1576), zu prozessieren. Die Inquisition ersparte auf diese Weise Spanien die endlosen und nicht weniger leidvollen Religionskriege Frankreichs und Deutschlands.

Die elementare Angst des einfachen Bürgers vor Häresie verlieh der Inquisition einen bei staatlichen Institutionen seltenen Status: sie erlangte eine echte, dauerhafte und im Volk verankerte Popularität. Jedoch war sie in Kastilien bereitwilliger akzeptiert als in Aragón, wo ihre Einführung von einer andauernden Opposition behindert wurde, zum Teil weil der dortige Inquisitionsrat (die *Suprema*) als ein Organ der kastilischen Regierung betrachtet worden war. Noch gegen Ende des 16. Jahrhunderts konnte die Inquisition in Aragón gewaltsame Proteste auslösen, wenn ihre Aktivitäten mit lokalen Gesetzen und Privilegien *(fueros)* in Konflikt gerieten. Im allgemeinen jedoch

Unten: Die Casa de las Conchas (»Haus der Muscheln«) in Salamanca ist von allen kastilischen Gebäuden den Herzogspalästen der italienischen Renaissance vielleicht am ähnlichsten. Doch ihr bizarrer Schmuck macht sie einzigartig. Der ursprüngliche Besitzer war so sehr davon entzückt, von den Katholischen Monarchen zum Ritter des Militärordens Santiago geschlagen worden zu sein, daß er die Muschel, das Pilgersymbol, als schmückendes Motiv anbringen ließ. Die gesamte Fassade ist mit aus Stein gehauenen Muscheln dekoriert und wirkt wie ein riesiger Schild, der sich dem Betrachter in Abwehrhaltung entgegenstellt.

Rechts: Dieses großartige Polyptychon, ein vielteiliges Altarbild, in der Kathedrale von Avila stammt von dem größten Maler der spanischen Frührenaissance, Pedro Berruguete (gest. 1504). In Valladolid geboren, studierte er – so nimmt man an – in Neapel, und es ist bekannt, daß er 1477 im Herzogspalast von Urbino in Mittelitalien arbeitete. Sowohl flämische als auch italienische Einflüsse sind in seinem Werk zu erkennen, aber nie wirkt er imitierend, zeigt vielmehr ein eindrucksvolles Gespür für Raum und Atmosphäre. Zur Zeit seines Todes arbeitete er in Avila, und dort malte er dieses Retabel im Konvent von San Tomás (1499–1503), vermutlich sein Meisterwerk. Sein Sohn Alonso (um 1488–1561) studierte bei seinem Vater, sollte aber mehr als Bildhauer im manieristischen Stil bekannt werden; berühmt sind seine Porträts gläubiger Menschen in geistiger Pein oder religiöser Ekstase. In seinem späteren Leben war er für die Ausgestaltung der Kathedrale von Toledo verantwortlich.

trugen Religion und der soziale Einfluß der Kirche zum Zusammenwachsen von Aragón und Kastilien bei. In den immer wiederkehrenden Konflikten des 15. Jahrhunderts verhielten sich viele Prälaten gegenüber der Krone illoyal, aber die Kirchenhierarchie war jetzt unter Kontrolle gebracht. Erreicht wurde dies zum Teil durch die königliche Mitsprache bei der Ernennung von Bischöfen, ein von Papst Alexander VI. gebilligtes Privileg. Es ist bezeichnend, daß während des *comunero*-Aufstands im Jahr 1520, als die Städte Kastiliens und später auch Aragóns gegen die Regierung Karls V. rebellierten, sich nur ein Bischof auf die Seite der Rebellen schlug; er wurde an der

Festungsmauer der Burg in Simancas rechtmäßig gehängt. Auch als die Krone die geistlichen Ritterorden mit ihrem riesigen Landbesitz vor allem in Neukastilien und Andalusien übernahm, stimmte Rom zu. Deren politische Rolle hatte in der Vergangenheit die soziale Unordnung des öfteren verschärft, aber die königliche Kontrolle über die Orden erschloß den Katholischen Königen jetzt eine reiche Quelle an Patronage und sozialem Prestige. Zusammen mit den wachsenden Mitteln der Inquisition sollte dies für die Bildung eines von der Krone abhängigen Militäradels entscheidend sein.

In der Zwischenzeit belebten die Katholischen Könige die

Isabella – Schirmherrin humanistischer Gelehrsamkeit

Im Alter von 31 Jahren – für die damalige Zeit fast schon jenseits der Lebensmitte - unterzog sich Isabella (1451–1504; Königin seit 1474) ernsthaft dem Lateinstudium und gründete an ihrem Hof Grammatikschulen für die Söhne des kastilischen Adels. Dieses lautere, wenn auch brüchige Beispiel weiblicher Initiative erklärt, warum Isabella zur nachhaltigsten geistigen Mentorin in diesem werdenden »Spanien« wurde. Als Ehefrau, Mutter, Regentin, Kriegerin, Gelehrte und fromme Gläubige schien sie in allem dem Ideal der Renaissance zu entsprechen. Alle propagandistische Überhöhung beiseite gelassen, war Isabella sicherlich eine Führungspersönlichkeit mit unbezähmbarer Energie und Wißbegierde. Schon in jungen Jahren war sie mit den Mendozas befreundet, jener Familie, die fast im Alleingang die humanistische Gelehrsamkeit in Kastilien begründete. Der Wortführer der frühen spanischen Humanisten, der Dichter und Lateingelehrte Iñigo López de Mendoza, Marqués de Santillana (1398–1458), hatte eine riesige private Bibliothek gesammelt, und seine beiden jüngeren Söhne, der eine Graf von Tendilla, der andere Erzbischof von Sevilla, wurden um 1470 zu Vertrauten und Beratern von Ferdinand und Isabella. Beide nahmen begierig das humanistische Denken auf; Ferdinand lud italienische Gelehrte an seinen Hof ein, während Isabella mit viel Aufwand das neue Universitätskollegium Vera Cruz in Valladolid gründete, der eigentlichen Hauptstadt der Katholischen Monarchen. Gelehrsamkeit und die neuen Drucktechnologien wurden den Zwecken der Dynastie entsprechend mobilisiert. Während Isabellas Herrschaft wurden in den meisten kastilischen Städten Druckerpressen mit beweglichen Satztypen installiert, viele davon von deutschen Technikern, die vom Königshaus bewußt für diesen Zweck in Spanien angesiedelt wurden. Noch vor Isabellas Tod erschien in Spanien das tausendste gedruckte Buch, und etwa 50 Prozent der Stadtbewohner konnten damals lesen. Die meisten Werke waren fromme Literatur, Übersetzungen klassischer Literatur, sogar Schöne Literatur in der einheimischen Sprache erschien unter einem nach 1490 eingeführten Lizenzierungssystem. In der Zwischenzeit übernahm die Königin die Leitung des Förderungswesens, traf sich mit ideenreichen Intellektuellen und erweiterte ihren eigenen geistigen Horizont, so daß sie in der Lage war, 1492 zumindest den Kern von Kolumbus' Vision zu erkennen.

Links: Zwar scheint der Mönchsgelehrte auf diesem Holzschnitt sein Buch eher Ferdinand als Isabella zu präsentieren, doch zweifellos übertraf das Interesse der Königin an der Wissenschaft das ihres Gatten. Sie unterstützte persönlich die Laufbahn junger Gelehrter, die ihr von den Mendozas oder von Kardinal Cisneros empfohlen wurden.

Oben: Die neue Universität von Alcalá de Henares wurde von Kardinal Cisneros gegründet und nach seinen Anweisungen von dem Architekten Pedro de Gumiel um die Wende zum 16. Jahrhundert erbaut. »Die Complutense« – unter diesem Namen wurde sie bekannt und international berühmt – wurde im 19. Jahrhundert nach Madrid verlegt, und hinter Gumiels herrlicher, im platteresken Stil erbauten Fassade verbirgt sich heute eine Bibliothek und das Regionalarchiv.

Rechts: Zu den Lehrern, die Cisneros für Alcalá gewinnen konnte, gehörte der führende spanische Gelehrte seiner Zeit, Antonio de Nebrija, hier Zentralgestalt einer Miniatur aus seinen *Institutiones Latinae.* Isabella war sehr an seiner Laufbahn interessiert, nachdem er 1473 aus Italien zurückgekehrt war. Isabella wollte auch, daß Nebrijas Tochter Doña Francisca Professorin in Alcalá werden sollte, womit ihr die Ehre zuteil wurde, neben Doña Lucía de Medrana aus Salamanca als erste Frau an einer europäischen Universität zu lehren.

Links: Letzten Endes war Maria, die Muttergottes, das Vorbild aller Frauen, und die Katholischen Monarchen wurden oft abgebildet (gelegentlich mit ihren Kindern und Bischöfen), wie sie die Himmelskönigin und ihr Kind verehren. In dieser Version erscheint Isabella allein, in Andacht versunken und um sie singende und spielende Engel; eine Illustration aus dem persönlichen Stundenbuch der Königin, auf der sie selbst am *prie-Dieu* (Betstuhl) kniend abgebildet ist.

kastilischen *hermandades* (»Bruderschaften«) wieder und weiteten sie aus, um mit lokalen Unruhen und organisierter Kriminalität fertig zu werden. Sie schlugen Dutzende privater Armeen nieder – oft lediglich Banden von Gesetzlosen, die von großen Adelsherren kontrolliert wurden – und beschränkten dadurch deren Fähigkeit, sich in die lokale Politik einzumischen, radikal. Sowohl die Wirtschaft als auch der königliche Haushalt Kastiliens profitierten von der Etablierung einer gesetzesmäßigen Ordnung. Straßen und Brücken wurden gebaut oder wiederhergestellt, die Burgen widerspenstiger Adliger wurden niedergerissen, und überall entstanden Zollstationen, um die Ausweitung des Binnenhandels auszunutzen. In Aragón und Katalonien blieb die königliche Autorität jedoch relativ schwach. Ferdinand unternahm klugerweise nichts, um die traditionellen *fueros* rückgängig zu machen, die zu respektieren er geschworen hatte. Folglich blieben die Adligen eine ansehnliche Macht, und ihre Plünderungen waren für die aragonesische Gesellschaft weiterhin eine Plage.

Die Vertreter der *hermandades* wurden aus dem niederen Adel *(hidalgos)* bestellt. Diese soziale Schicht war in Europa fast einzigartig und repräsentierte eine starke städtische Aristokratie, die zum Teil akademischer oder gar merkantiler Herkunft war. Einige *hidalgos* besaßen bescheidene, in anderen Gegenden gelegene Güter, aber ebensooft hatten sie die Verbindung zum Land verloren. Sie bildeten eine Elite städtischer Herren (*togados* oder »Toga-Träger«), die sich die Macht mit der Kaufmannsschicht teilte. Ihre relative Unabhängigkeit vom höheren Adel machte diese Männer für die Krone zu einem äußerst nützlichen Instrument. Sie leiteten nicht nur die *hermandades*, sondern bildeten auch einen Laienrang innerhalb der Inquisitionsbehörde, was ihren Familien Belohnung und Prestige einbrachte. Um 1480 wurden viele von ihnen zu *corregidores* (Berufsbeamte der Regierung) in den Städten ernannt. Ihre Aufgabe war es, die königlichen Dekrete durchzusetzen und die Stadtratsversammlungen zu beaufsichtigen. Die *corregidores* spielten in den 18 Städten, die Vertreter in das kastilische Parlament, die Cortes, entsandten, eine entscheidende Rolle. So konnten die Katholischen Könige nach und nach den Adel von der Regierung fernhalten und gleichzeitig eine Verwaltung aufbauen, die gänzlich von der königlichen Gunst abhängig war.

Das Jahr 1492 und der letzte Kreuzzug

Als Ferdinand und Isabella den Thron bestiegen, war »Spanien« noch nicht einmal ein eingeführter geographischer Begriff. Das glorreiche Jahr 1492 sollte dies ändern. Spanien wurde nicht nur zu einem wesentlichen geopolitischen Machtfaktor im Mittelmeerraum, sondern zur führenden Kreuzfahrernation und zu einer europäischen Vormacht. Drei monumentale Ereignisse fanden in jenem Jahr statt: Boabdil (Abu Abd Allah, gest. 1527), der letzte moslemische König, übergab Granada, die Inquisition ging gegen die Juden vor, und der Entdecker Christoph Kolumbus (1451–1506) landete auf den Westindischen Inseln.

Die Katholischen Könige begannen 1482 den Krieg gegen das moslemische Königreich Granada mit einer Armee, die weitgehend nicht die ihre war; sie wurde größtenteils mit freiwilligen Beiträgen aus städtischen und kirchlichen Quellen finanziert. Als der Krieg zehn Jahre später zu Ende war, kommandierten sie eine königliche Armee und konnten mit einem festen Steuereinkommen rechnen, das ihnen die Cortes von Kastilien garantierte. Der Krieg war der erste Kreuzzug gegen das moslemische Spanien seit dem Fall von Sevilla im Jahr 1284. Der Druck, den er auf die politische Gemeinschaft ausübte, hätte eine erneute Runde im Bürgerkrieg entfachen können. Tatsächlich aber hatte der andauernde Feldzug gegen einen gemeinsamen Feind eine einigende Wirkung, besonders da es sich um ein gemeinsames Unternehmen von Kastilien und Aragón handelte. Mehr noch, die politischen Reformen nach 1470 erwiesen sich als stabilisierender Faktor: Sie konsolidierten und

erweiterten die Regierungsinstitutionen sowohl auf zentraler wie auch lokaler Ebene. Die iberischen Errungenschaften begannen, Einfluß auf das christliche Europa als ganzem auszuüben. Die schließlich geglückte Rückeroberung von Granada im Jahr 1492 lieferte den heiß ersehnten Triumph, nachdem nur 40 Jahre zuvor Konstantinopel an die moslemischen Türken gefallen war. Der Krieg zog Hunderte von Kreuzfahrern von außerhalb der Halbinsel an, und seine erfolgreiche Beendigung wurde überall bejubelt.

Den besiegten Moslems in Spanien war ursprünglich religiöse Freiheit und das Recht zugesichert worden, sicher nach Afrika emigrieren zu können, wenn sie nicht Untertanen der Katho-

lischen Könige werden wollten. Innerhalb kurzer Zeit jedoch überredete Kardinal Cisneros, der Großinquisitor, Isabella, Massen-»Konversionen« zu erzwingen. Weniger als drei Monate nach dem Sieg in Granada wurde die Inquisition veranlaßt, Druck auf Spaniens andere nicht-christliche Gemeinschaft auszuüben. Alle Juden, die sich einer Bekehrung zum Christentum widersetzten, es waren etwa zwischen 100 000 und 150 000 von ihnen, wurden aus Spanien vertrieben, viele wanderten nach Portugal aus. Die Vertreibung wurde allenthalben als Triumph der katholischen Religion gesehen. Der Haupteffekt bestand jedoch darin, daß sich Kastilien einiger seiner wirtschaftlich bedeutendsten Bürger beraubte.

Die »Kastilisierung« Spaniens, 1480–1600
Ladino oder Sephardisch – eine Mischung aus Hebräisch und Kastilisch – war bis 1492 die Sprache der in den Städten Spaniens lebenden Juden. Nachdem sie aus Spanien vertrieben worden waren, gelangte mit ihnen ihr Mischidiom nach Lissabon (und dann auch nach Antwerpen und Hamburg), nach Nordafrika und auf den Balkan. Die *moriscos*, die eine iberische Form des Arabischen sprachen, waren hauptsächlich auf die ländlichen Gebiete im Süden und Osten der Halbinsel beschränkt. Nach der *morisco*-Revolte (1569–1571) wurden ihre Gemein-

vorherrschende Sprachen, um 1500

- Arabisch
- Bable
- Baskisch
- Kastilisch
- Katalanisch
- *Galego*
- Portugiesisch

--- Grenzen, um 1500

✡ Stadt mit hohem jüdischem Bevölkerungsanteil, 1490

⬭ Gebiet von Morisco-Aufstand, 1569 – 1571

⬤ Morisco-Siedlung in Spanien, 1571 – 1609

Maßstab 1 : 4 500 000

0   120 km

0   80 Meilen

schaften zwangsweise zerstreut, hauptsächlich nach Kastilien und in die Extremadura, und gegen 1609 lebten nur noch 25 000 von ihnen auf der Halbinsel. In der Zwischenzeit wurde das kastilische »Spanisch« zum generell akzeptierten Medium politischer Kommunikation und der Literatur.

Oben rechts: Diese Verzierung aus einem Gebetbuch stellt die gekrönten Initialen der Katholischen Monarchen (»Fernando« und »Ysabel«) auf beiden Seiten eines federgeschmückten Helms dar – ein Symbol, das ihren gemeinsamen Herrschaftsanspruch unterstreicht.

Die Neue Welt

Historisch gesehen, war das krönende Ereignis des Jahres 1492 die Atlantikreise des Genueser Seefahrers Christoph Kolumbus. Die Konsolidierung einer festen Regierung im eigenen Land gab der Krone von Kastilien zum erstenmal genügend Spielraum, ihre Ressourcen auf die Expansion nach Übersee zu konzentrieren und den Versuch zu unternehmen, Portugal die Führung in der Meereserkundung streitig zu machen. Nach Jahren fruchtloser Gesuche überzeugte Kolumbus Ferdinand und Isabella schließlich von der Notwendigkeit, seine Suche nach einer westlichen Route nach Indien zu unterstützen. Nach einer Reise von drei Monaten landete er im Oktober 1492 auf einer Insel in der Karibik, vermutlich San Salvador.

Während des darauffolgenden Jahrhunderts verließen Generationen von *conquistadores* die Halbinsel, um riesige Imperien in Amerika zu erobern und zu kolonialisieren. Von Beginn an stand Spanien wegen dieser neuen Territorien in einem Spannungsverhältnis zu Portugal. Den Katholischen Königen gelang es, den Einfluß von Papst Alexander VI. für die Protektion ihrer Interessen zu nutzen. So wurde er 1494 zum Schirmherrn des Vertrags von Tordesillas, in dem eine imaginäre Linie westlich der Kapverdischen Inseln den Atlantik teilte. Alle Länder westlich dieser Linie wurden darin Spanien zugesprochen, alle östlich davon gelegenen Portugal.

Bezeichnenderweise waren die *conquistadores* landhungrige Kleinadlige aus einigen der ärmsten Teile Spaniens. Sie betrachteten die Neue Welt als eine wilde und feindselige Umgebung, die nur danach verlangte, gezähmt zu werden. Ihre Rohstoffe – besonders Gold und Silber – warteten nur darauf, abgeholt zu werden. Die frühen *conquistadores* zogen soviel Reichtum aus dem Land, wie sie nur konnten, und verschifften diese Schätze nach Spanien. Isabella bestand darauf, daß Kastilien das Monopol auf den amerikanischen Handel innehabe und daß dieser über den Hafen von Sevilla abzuwickeln sei – Ursache für die Blüte der Stadt im frühen 16. Jahrhundert.

Neben ihrer Gier nach Reichtum und Macht wurden die Spanier von dem missionarischen Eifer angetrieben, die amerikanisch-indianischen Völker zu bekehren. Selbst diese rücksichtslosen und habgierigen Eroberer glaubten unterschwellig, daß ihnen der Himmel bei ihrer Arbeit beistehen und sie für die Seelenrettung im Namen Christi belohnen werde. Im allgemeinen waren sie deshalb offen für den Einfluß des Klerus. Dominikaner- und Franziskanermönche, die die Invasoren manchmal begleiteten, taten, was sie konnten, um die Grausamkeiten der Unterwerfung und Ausbeutung zu lindern. Sie errichteten bald Missionsstationen als Orte des Friedens und des Schutzes. Der bemerkenswerteste unter ihnen war der Dominikaner Bartolomé de Las Casas (1474–1566), der mutig die moralischen und gesetzlichen Probleme debattierte, die aus der kolonialen Herrschaft entstanden. Seine Anstrengungen sollten in den *Leyes Nuevas* (»Neue Gesetze«) von 1542 einige Früchte tragen. Obwohl allzuoft ignoriert, schufen sie zumindest einen Rahmen gesetzlichen Schutzes für die Indianer – was übrigens keine andere Kolonialmacht der Zeit auch nur annähernd erreichte. Aber keine menschliche Einrichtung konnte die Verbreitung europäischer Krankheiten unter der einheimischen Bevölkerung verhindern, die durch keine genetische Immunität geschützt war und durch die sozio-ökonomischen Umwälzungen der Eroberung nur noch anfälliger wurde. Eine Reihe verheerender Epidemien reduzierte die einheimische Bevölkerung Zentralamerikas im 16. Jahrhundert auf vielleicht ein Zehntel ihres vorkolumbischen Umfangs.

Im Jahr 1492 präsentierte der Latein-Gelehrte und Grammatiker Antonio de Nebrija (1441–1522), die herausragendste Renaissance-Persönlichkeit in Spanien, seiner Königin Isabella die erste Grammatik der spanischen Sprache. Darin stellte er die prophetische Behauptung auf, daß die »Sprache das wirkungsmächtigste Instrument des Reiches sei«. In der Tat schuf Nebrija mit der *Gramática castellana* und den 1517 erschienenen *Reglas de orthografía en lengua castellana* nach dem Vorbild

der lateinischen Sprachlehre zwei Regelwerke, die zur Verbreitung des Kastilischen in den Ländern der Neuen Welt entscheidend beitrugen. Innerhalb eines Jahrhunderts war »España« (Spanien) aller Welt als Sammelbegriff für die von den spanischen Monarchen regierten iberischen Territorien vertraut, deren kastilische und aragonesische Untertanen sich von anderen als »españoles« (Spanier) unterschieden. Kastilisch wurde zur bevorzugten Sprache für die Mehrheit der Aragonesen. Es war außerdem die *lingua franca* eines riesigen Übersee-Imperiums und in allen europäischen Ländern als Spanisch bekannt und akzeptiert.

Das Erbe der vereinigten Königsthrone

Als Isabella im Jahr 1504 starb, hatten die Katholischen Könige ihr Vorhaben erfolgreich abgeschlossen, die königliche Macht als oberste Autorität, weit über der jeder anderen Institution oder Gruppe im Lande, zu etablieren. Aber die beiden Königreiche waren immer noch weit davon entfernt, vereinigt zu sein. Viele wichtige Reformen zum Beispiel galten nur für Kastilien, Aragóns Institutionen blieben weitgehend unverändert. Was vielleicht die bedeutendste Errungenschaft der Katholischen Könige war, die vereinigte Regentschaft – basierend auf

einer Reihe von schriftlichen Abkommen, die die spezifischen Verantwortlichkeiten zwischen ihnen regelten – dauerte 35 Jahre, lange genug, um den mächtigen Gruppen beider Königreiche die Möglichkeit zu lassen, sich an die alltägliche Routine der Zusammenarbeit zu gewöhnen.

Isabella und Ferdinand waren in Valladolid verheiratet worden, einer wohlhabenden Stadt Altkastiliens mitten in einer an Getreide, Weinkultur und Schafzucht reichen Region. Obwohl nicht offiziell Hauptstadt, blieb es ihr wichtigstes Machtzentrum, eine von vielen Städten, die zur Blüte gelangten, weil sie die wirtschaftlichen Möglichkeiten des von den Katholischen Königen bewahrten Friedens zu nutzen wußten. In dieser Hinsicht erreichten die Herrscher, was sie sich vorgenommen hatten. In anderer Hinsicht waren sie weniger erfolgreich. Am Beginn ihrer Regentschaft beteten sie, daß Gott ihnen einen Sohn schenken möge, der beide Königreiche erben sollte. Die Nachfolge schien mit der Geburt ihres Sohnes Juan im Jahr 1477 gesichert zu sein. Als Juan 1497 plötzlich starb, gefolgt vom Tod seines eigenen Sohns, geriet die Politik wieder in Verwirrung. Die Nachfolge war unklar, und der Hochadel war noch nicht gänzlich gezähmt. Das Überleben des aufkommenden spanischen Staates war alles andere als gesichert.

Das Katholische Weltreich im 16. Jahrhundert

Zwischen 1519 und 1521 entdeckte Ferdinand Magellan (port. Magalhães), ein Portugiese, der unter kastilischer Flagge segelte, den Seeweg nach Südamerika und über den Pazifik zu den Philippinen. Dort wurde er getötet, aber seine Schiffe setzten ihre Reise nach Westen bis nach Spanien fort und führten so die erste Weltumsegelung zu Ende. Der Vertrag von Saragossa (1529) teilte den Pazifik zwischen Spanien und Portugal auf, wie bereits drei Jahrzehnte vorher der Vertrag von Tordesillas den Atlantik aufgeteilt hatte. Während des 16. Jahrhunderts bildeten sich unter Kronen Iberiens zwei weltumspannende Reiche heraus. Portugal machte den Handel zu seiner Sache; die geringe Bevölkerung setzte der Kolonialisierung Grenzen, und die Besiedlung der Überseegebiete beschränkte sich auf befestigte Stützpunkte und Handelsposten (um 1600 mehr als 50). Nur Kastilier hatten das Zugangsrecht zum »spanischen« Reich in Amerika. In der auf Cortés' Eroberung von Mexiko (1519–1520) folgenden Generation war

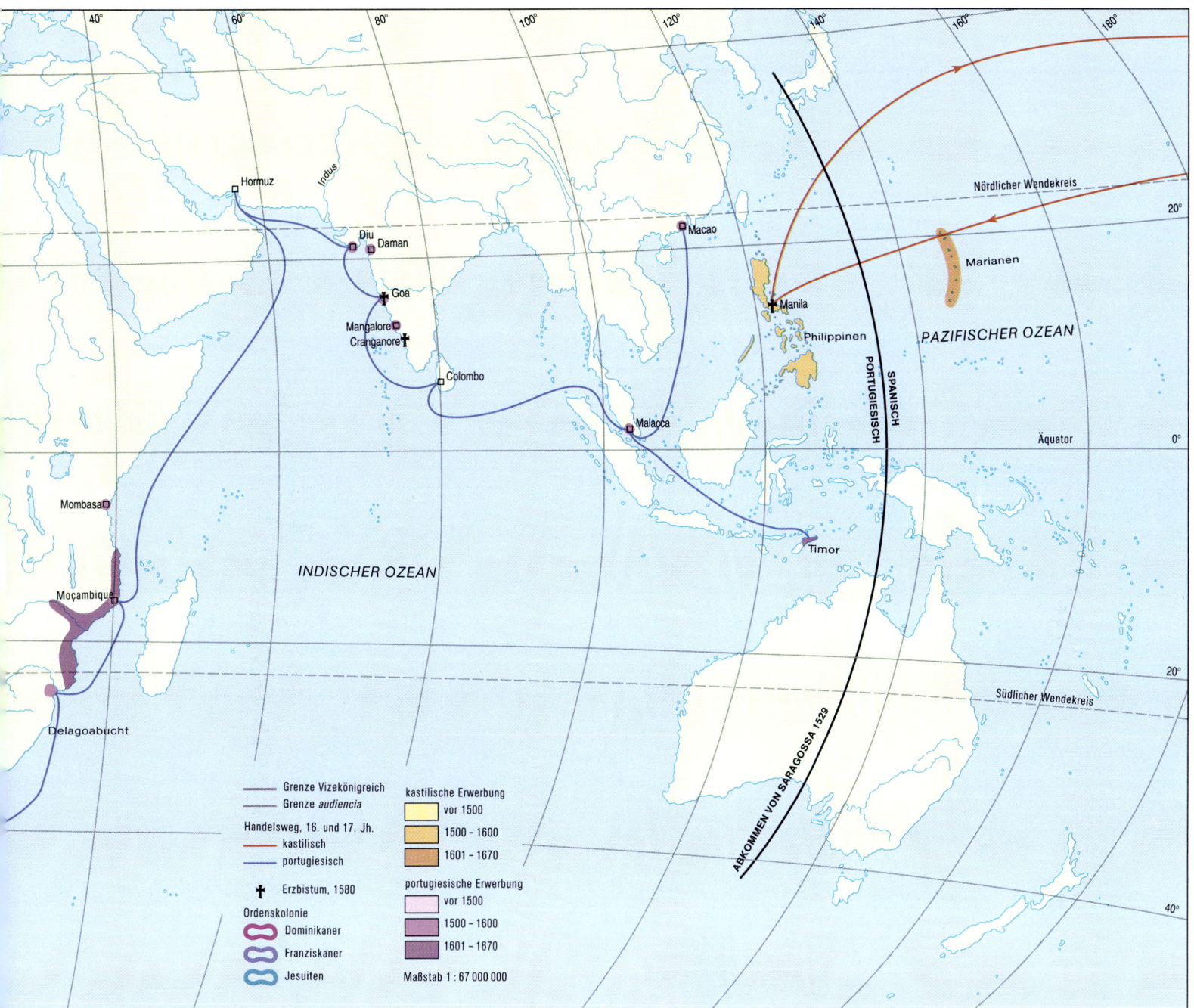

Grenze Vizekönigreich
Grenze *audiencia*

Handelsweg, 16. und 17. Jh.
kastilisch
portugiesisch

✝ Erzbistum, 1580

Ordenskolonie
Dominikaner
Franziskaner
Jesuiten

kastilische Erwerbung
vor 1500
1500 – 1600
1601 – 1670

portugiesische Erwerbung
vor 1500
1500 – 1600
1601 – 1670

Maßstab 1 : 67 000 000

---

ganz Zentralamerika besiedelt und wurde zum Vizekönigreich Neuspanien. Nach der Entdeckung von riesigen Silbervorkommen in Potosí nach 1540 wurde Peru – von Pizarro in den frühen dreißiger Jahren erobert – zum wichtigsten Vizekönigreich. Beide wurden in administrative Gerichtsbezirke, die sogenannten *audiencias*, eingeteilt. Ungemünztes Silber wurde über ein abgestimmtes und komplexes Routennetz zwischen Sevilla und Lima mit einer Verlängerung zu den Philippinen nach Spanien transportiert. Diese »Indien-Route« bestand fast zwei Jahrhunderte lang. 1580 wurden die beiden Reiche von Philipp II. vereinigt, aber nicht miteinander verschmolzen. Beiden war die missionarische Zielsetzung gemein, den Katholizismus bis nach Chile und Japan zu tragen. Die Orden der Dominikaner und der Franziskaner stellten in Amerika das Personal für die fünf Erzbistümer, und die Jesuiten arbeiteten in den Grenzregionen unter den Indianern. Um 1600 hatten ihre großen Missionen praktisch den Status autonomer Republiken innerhalb der *audiencias*.

Fortschritt in Portugal

Auch die Geschichte Portugals an der Wende vom 15. zum 16. Jahrhundert ist durch Rückschläge und Fortschritte gekennzeichnet. König Alfons' V. Billigung der Union der Krone von Kastilien und Aragón im Abkommen von Alcaçovas (1479) kennzeichnete einen Wendepunkt, denn er verzichtete damit auf seinen Anspruch, den Thron von Kastilien als Preis für die Wiederherstellung des Friedens zu erringen. Nach diesem Versagen fiel Alfons in eine tiefe Depression. Er war bereits fest entschlossen abzudanken, als er 1481 starb.

Nicht mehr in der Lage, sich in die kastilische Politik einzumischen, lag Portugals einzige Möglichkeit zur Expansion jetzt in Übersee. Doch sogar hier gab es Beschränkungen. In Alcaçovas wurde Portugal gezwungen, Spaniens Besitzanspruch auf die Kanarischen Inseln im Gegenzug für die Azoren, Kapverdischen Inseln und Madeira und für die Respektierung des eigenen Monopols auf das afrikanische Festland und die östlichen Passagen anzuerkennen. Fast unbemerkt zog die wachsende Macht von Kastilien-Aragón Portugal in ihre Einflußsphäre, zuerst in freier Zusammenarbeit, aber später mit zunehmenden Zeichen von Abhängigkeit und sogar Unterordnung.

João II. (Johann; 1481–1495) war ein entschlossener und fähiger Monarch, dessen erstes Ziel, ähnlich dem der Katholischen Könige, der Anspruch der königlichen Oberhoheit über einen zunehmend widerspenstigen Adel war. Er berief unverzüglich die Cortes ein und forderte einen Loyalitätseid, was den mächtigeren Adligen zutiefst mißfiel. Gleichzeitig versuchte er, den Bereich der königlichen Rechtsprechung zu erweitern und den der Adligen zu beschneiden. Aber wo Isabella und Ferdinand ihr Ziel erreichten, indem sie politische Unterstützung gewannen und penible gesetzliche Verfahrensweisen errichteten, erzwang João seine Forderung oft mit dem blanken Schwert. Mit seiner ungestümen Verfolgung von Feinden erreichte er in Wirklichkeit nur die Auslöschung mehrerer bedeutender Familien und eine Schwächung der herrschenden Klasse. Im großen und ganzen jedoch unterschied sich seine Politik wenig von der der Katholischen Könige. Um 1490 hatte die portugiesische Krone die Macht des Adels dramatisch beschnitten und war für größere Aufgaben gerüstet.

Die Übersee-Erkundungen und in deren Gefolge der Handel erhielten unter João II. neue Impulse. Entschlossene Anstrengungen zur Entdeckung eines Seeweges nach Indien wurden un-

Batalha

Die große Dominikanerabtei von Santa Maria da Vitória (Hl. Maria, die Siegreiche), die unter der schlichteren Bezeichnung Batalha bekannt ist, liegt in einem Tal etwa 160 km nördlich von Lissabon. Sie wurde 1388 in Gedenken an die Schlacht bei Aljubarrota gegründet. Hier war drei Jahre zuvor das kastilische Heer von einer kleineren portugiesischen Streitmacht unter João I. entscheidend geschlagen worden; Portugal sicherte sich damit zwei Jahrhunderte lang seine Unabhängigkeit. König João hatte mit dem Gelöbnis, ein Kloster zu errichten, Gottes Hilfe zum Sieg erfleht. Die Abtei wird als das prächtigste architektonische Monument Portugals bezeichnet. Die Anlage ist sicherlich ein Meisterwerk und birgt einige der bedeutendsten Beispiele des emanuelinischen Stils, der charakteristischen portugiesischen Dekorationsform, die den Übergang von der gotischen zur Renaissance-Architektur kennzeichnet. Das Gebäude wurde in einem hochgotischen Stil mit Reminiszenzen an einige englische Kathedralen (João I. war mit einer englischen Prinzessin verheiratet) begonnen, und die Arbeiten wurden dann 150 Jahre lang fortgesetzt, bis man den Bau Mitte des 16. Jahrhunderts aufgab. Die emanuelinischen Entwürfe des Königlichen Klosters und die unvollendeten Kapellen wurden während der Herrschaft von Manuel I. und seinem Sohn João III. ausgeführt. Die Abtei wurde 1840 zum Nationaldenkmal erklärt; seit 1921 beherbergt sie das Grabmal des Unbekannten Soldaten.

Unten: Die Kapelle des Gründers, zwischen 1426 und 1434 nach Entwürfen von Meister Huguet (vermutlich ein englischer oder irischer Baumeister) erbaut, besteht aus einer quadratischen Kammer mit einer aufwendigen achteckigen Kuppellaterne, die von acht Säulen gestützt wird. Unter dem Sternengewölbe sind die Denkmäler von König João I. und seiner Königin Philippa von Lancaster zu sehen; der Doppelsarkophag wird von acht Löwen getragen. An der südlichen Wand befinden sich die Gräber von Joãos vier jüngeren Söhnen, darunter auch Prinz Heinrich der Seefahrer. Drei andere Könige sind in der Abtei beigesetzt: Duarte, Alfons V. und João II.

Unten: Der ursprüngliche von Afonso Domingues mit Hilfe von Meister Huguet ausgeführte Entwurf der Abtei bestand aus der Kirche (3), der Kapelle des Gründers und dem königlichen Kloster (5) mit den dazugehörigen Gebäuden der Mönche. Die unvollendeten Kapellen (2) waren als Mausoleum für König Duarte geplant, und während der Herrschaft Alfons' V. wurde ein weiteres Kloster hinzugefügt.

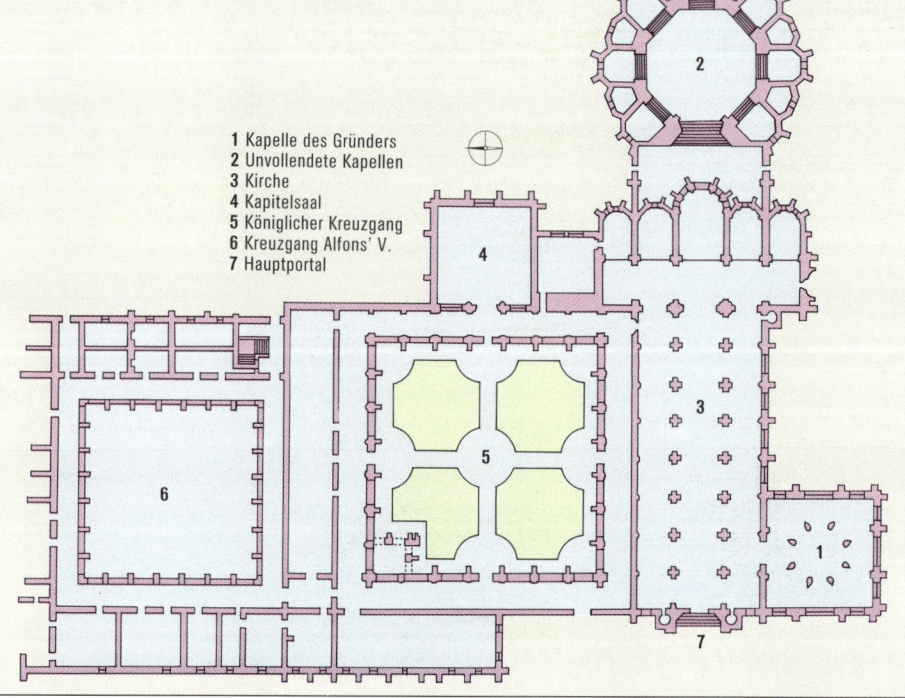

1 Kapelle des Gründers
2 Unvollendete Kapellen
3 Kirche
4 Kapitelsaal
5 Königlicher Kreuzgang
6 Kreuzgang Alfons' V.
7 Hauptportal

ternommen, um die Kontrolle über den regen arabischen Gewürzhandel zu gewinnen. Gegen 1482 waren portugiesische Forschungsreisende, die die Westküste von Afrika erkundeten, in den Kongo eingedrungen, und 1487/88 gelang es einer von Bartolomëu Diaz (um 1450–1500) geleiteten Expedition, das Kap der Guten Hoffnung zu umrunden, um an die Küste Ostafrikas zu gelangen. Zehn Jahre später folgte Vasco da Gama (um 1460–1524) derselben Route, setzte die Reise nach Osten fort und erreichte die Küste Indiens. Diese Entdeckung des direkten Seeweges von Europa nach Indien brachte Portugal enorme Gewinne aus dem Handel und legte den Grundstein für sein Übersee-Imperium im Osten.

Manuel »der Glückliche«

1490 stürzte Alfons, der Erbe des portugiesischen Throns, vom Pferd und starb. João II., der »vollkommene Prinz«, starb fünf Jahre später, ihm folgte Manuel I. (1495–1521). Der neue König, der den Beinamen »der Glückliche« bekam, erbte eine gefestigte Monarchie und ein wachsendes Kolonialreich. Obwohl nicht weniger auf seine Macht bedacht als João, korrigierte Manuel sein getrübtes Verhältnis zum Adel, indem er ihm Land und Besitztümer zurückgab. Er stärkte die Stellung der Krone, indem er den Städten neue oder verbesserte Freibriefe verlieh, den Befehl über die geistlichen Ritterorden übernahm, das Gesetz kodifizierte und zugleich die Verwaltung in die Hände einer Schicht von Berufsbeamten legte.

Während Manuels Regentschaft wurden aus den Übersee-Erkundungen Eroberungszüge. Mehr als 250 Seefahrten allein von Lissabon nach Indien wurden unternommen. Die Rundreise auf überfüllten Schiffen ohne jegliche sanitäre Vorkehrungen dauerte mindestens anderthalb Jahre, und Havarien waren keine Seltenheit. Schiffe, Burgen und Festungen wurden gebaut, um die neuen Übersee-Besitztümer und den Handel mit den dort produzierten kostbaren Gütern zu sichern: Gewürze aus dem Osten, Gold (und später Sklaven) aus Afrika, Zucker aus Madeira, São Tomé und schließlich Brasilien. Im Mutterland spiegelte sich das neuentdeckte Selbstbewußtsein der portugiesischen Gesellschaft im ornamental überladenen Manuelinischen Architekturstil, wie man ihn in den Klöstern von Batalha und Tomar und am Turm von Belém an der Mündung des Tejo vorfindet. Ähnlich dem zeitgenössischen platteresken Stil in Spanien verschmolz der Manuelinische Stil erfindungsreich arabische und christliche Details zu einer ganz eigenen kraftvollen Form; manche sehen in den üppigen Verzierungen sogar indische Einflüsse.

Manuel gab die Hoffnung nicht auf, die ganze Iberische Halbinsel unter der Avis-Dynastie zu vereinigen, und heiratete dreimal vergeblich in die kastilische Königslinie ein. Seine erste Frau Isabella war die älteste Tochter von Ferdinand und Isabella (nach ihrem Tod im Jahr 1498 heiratete er ihre Schwester Maria). Als Bedingung für ihre Zustimmung zur Heirat verlangten die Katholischen Könige von ihm die Vertreibung der Juden aus Portugal, von denen viele erst 1492 aus Spanien vertrieben worden waren. Im Oktober 1497 wurden die Juden, die wie in Spanien intellektuell und wirtschaftlich wichtige Mitglieder der Gemeinschaft waren, in Lissabon zur Einschiffung versammelt. Manche wurden zwangsweise bekehrt, ihnen war die Ausreise aus Portugal verboten; andere, die sich widersetzten, konnten das Land verlassen. Die Konvertiten oder »Neuen Christen« waren für die Krone zwar nützlich und wurden von ihr auch protegiert, im allgemeinen aber begegnete man ihnen mit Argwohn und Vorurteilen. Viele von ihnen fielen den antijüdischen Ausschreitungen zum Opfer, die im Jahre 1506 in Lissabon ausbrachen.

Eine prekäre Hinterlassenschaft

Nach dem Tod Isabellas von Kastilien im Jahr 1504 blieb Ferdinand der Herrscher über Aragón, seine älteste überlebende

Oben: Das Hauptportal der Kirche zeigt ein erlesenes gotisches Detail: Figuren von Heiligen und Propheten mischen sich unter betende, singende oder musizierende Engel, jede Figur steht auf dem Baldachin der darunterliegenden.

Oben links: Im Gegensatz dazu ist die überschwengliche Dekoration des emanuelinischen Stils in diesem Durchblick vom Kapitelsaal aus in den Königlichen Kreuzgang klar zu erkennen. Das Maßwerk der Arkaden ist u. a. mit Dornenzweigen, Armillarsphären, dem Kreuz des Christusordens von Heinrich dem Seefahrer und Lotusblüten verziert, vermutlich als Symbol von Portugals Missionsarbeit in Indien.

Links: Das große Portal zu den unvollendeten Kapellen wirkt im Stil fast orientalisch. Das spiralförmige Netzwerk mit Pflanzenmotiven zeigt deutlich den Einfluß von maurischen Mustern. Die wuchernde Überladenheit des Dekors ist nicht nach jedermanns Geschmack. Der englische Romancier William Beckford besuchte die Abtei 1894 und schrieb spöttisch über »Dom Emanuels Muscheln und Geschraubtheiten«.

Tochter Juana (Johanna) trat die Thronfolge in Kastilien an. 1496 hatte sie Philipp geheiratet, den Sohn des Kaisers Maximilian I. und über seine Mutter, Maria von Burgund, Herrscher über die Niederlande. Zweifel an der geistigen Stabilität Juanas veranlaßten Isabella, in ihrem Testament Ferdinand zum Regenten in Kastilien zu bestimmen, bis Juanas 1500 geborener Sohn (der spätere Karl V.) volljährig war. Unwillig, die Herrschaft eines aragonesischen Regenten akzeptieren zu müssen, unterstützten viele kastilische Granden den Anspruch Philipps auf den Thron, und Ferdinand wurde zur Abdankung gezwungen. Philipp I. von Kastilien (1504–1506) starb kurz nach seiner Thronbesteigung. Obwohl seine Witwe zu einer Herrschaft eindeutig unfähig war (in der Überlieferung wird sie »Johanna die Wahnsinnige« genannt), sperrten sich die Granden gegen eine Restitution von Ferdinands Autorität. In den 1505 in Toro (Provinz Zamora) erlassenen Dekreten hatte Juana die von Isabella eingeführte Kontrolle über die Vermögenswerte des Adels und die gesetzliche Erbfolge preisgegeben. Die Privatarmeen tauchten wieder auf, viele Städte füllten daraufhin ihre Waffenarsenale, um gegen Überfälle gerüstet zu sein.

In der Zwischenzeit unternahm Ferdinand Schritte, den Habsburgern die Kontrolle über Aragón streitig zu machen, und heiratete Germaine de Foix, eine französische Prinzessin. Als sie 1508 schwanger wurde, lag die geradlinige Nachfolge und somit die politische Realität eines »vereinigten« Spanien einmal mehr im ungewissen. Ihr Sohn überlebte jedoch nicht einmal den ersten Tag. Diese Tatsache und Johannas Entschluß, nicht wieder zu heiraten, bedeutete, daß nur die Präsenz Ferdinands und die Thronfolge des Infanten Karl die Ordnung in Kastilien gewährleisten konnten. 1507 kehrte Ferdinand auf Ersuchen der Cortes als Regent zurück und verlor keine Zeit, die wenigen oppositionellen Adligen kaltzustellen. 1510 statteten ihn die Cortes mit der Macht aus, eine bescheidene Berufsarmee zu unterhalten, die er 1512 dazu nutzte, das Königreich Navarra zu erobern, eine vorwiegend baskisch sprechende und mit Frankreich alliierte Region; der nördlich der Pyrenäen liegende Teil blieb unabhängig. Es war der erste territoriale Gewinn innerhalb der Halbinsel seit dem Fall von Granada und wertete das Prestige der kastilisch-aragonesischen Allianz gehörig auf.

Religion, Kultur und Bildungswesen

Die meisten der zeitgenössischen Beobachter betrachteten die Jahre der Gefahr und des Streits nach Isabellas Tod nicht als Krise in der Entwicklung eines vereinten Spanien, sondern als Rückkehr in sozusagen normale Verhältnisse. Doch einige Menschen besaßen jetzt ein vages Bewußtsein von Spanien oder der spanischen Herrscherdynastie als einem wünschenswerten und tatsächlich entstehenden politischen Gebilde, und sie halfen mit, die Integrität der monarchischen Autorität *per se* zu bewahren. Die bedeutendste dieser Gestalten war Kardinal Cisneros, langjähriger Erzbischof von Toledo, der größten und reichsten Diözese Kastiliens. Als kleiner Adliger, der Franziskaner geworden war, vereinigte Cisneros in sich die Vorzüge seiner geistlichen Berufung mit den besten Eigenschaften seines Zeitalters – den Hang zur Einfachheit des Bettelordens, den Instinkt für politische Belange in den Rängen des höheren Klerus und eine offene Lernbereitschaft, wie sie in der Kirche der Renaissanceepoche möglich war. Als junger Mann diente er im Maghreb, im mittleren Alter reformierte er seinen eigenen religiösen Orden, im Alter folgte er dem Ruf in die Regierung und wurde Isabellas engster Reformpartner. Später, als Ferdinands Minister, regierte er unparteiisch, aber streng, um die Reformen und die königliche Autorität zu bewahren.

Cisneros war selbst ein Gelehrter und ein Förderer von Gelehrten, dessen Lebenswerk ein Verbindungsglied zwischen den intellektuellen Strömungen des mittelalterlichen Spanien und der humanistischen, kritischen Einstellung der italienischen Renaissance bildete. Er gründete die Universität von Alcalá de

Henares in der Nähe von Madrid. Hier wurde auf Cisneros' eigene Kosten die Polyglotte Bibelausgabe herausgebracht, eine Gemeinschaftsarbeit hebräischer, griechischer und lateinischer Gelehrter, basierend auf den neuesten Erkenntnissen der frühen spanischen Renaissance-Gelehrsamkeit und des Buchdrucks; es war die letzte große Geste im Geiste der *convivencia*. Doch paradoxerweise war Cisneros auch Großinquisitor, zuständig für die Bewahrung der religiösen Orthodoxie; in diesem Amt überwachte er die Reform der kastilischen Kirche, führte eine Reihe von Verbesserungen ein, die die Reformen des Konzils von Trient (1545–1563) vorwegnahmen, und rief als Antwort auf den wachsenden Protestantismus in Nordeuropa zu einer Neubestimmung der katholischen Lehre auf.

Aktivitäten dieser Art erzeugten eine Atmosphäre, die einige der intellektuell hervorragendsten und politisch dynamischsten Kleriker im Europa des frühen 16. Jahrhunderts hervorbrachte: humanistische Denker wie Juan de Valdés (1490–1541) und Juan Luis Vives (1492–1546), Schüler und Kollege des Erasmus von Rotterdam (1467–1536); Rechtsgelehrte und Sozialkritiker wie Bartolomé de Las Casas und Organisationsgenies wie Ignatius von Loyola (1491–1556), der zum Asketen gewandelte Soldat und Theologe, der die Societas Jesu (Jesuiten) gründete. Der Jesuitenorden, obwohl in mancher Hinsicht von italienischen Modellen inspiriert, ist kaum auf den Einfluß der italienischen Renaissance zurückzuführen. Loyola selbst kam aus Navarra, einer Region Spaniens, der heute noch der fanatischste Katholizismus nachgesagt wird, und nach seiner »Bekehrung« ging er nach Paris, um an der vom Weltbild der Scholastik dominierten Sorbonne zu studieren. Seine Schüler fühlten sich einer asketischen Reformbewegung innerhalb und einer Gemeinschaft zur evangelialen Wiederbekehrung außerhalb der Kirche verbunden. Die Dynamik des Ordens bestand in äußerster Hingabebereitschaft und Disziplin, aber seine Entwicklung war so rasant, daß er nach etwa 1575 die spanischen Vorstellungen katholischer Praktiken in fast jedem Teil des europäischen Festlands verbreitet hatte, und zur Zeit der zweiten Sitzungsperiode des Reformkonzils von Trient beherrschten jesuitische Theologen nahezu alle wichtigen Debatten über dogmatische Abweichung und Weiterentwicklung in der katholischen Kirche.

Solche Männer waren zum Teil ein Produkt der spanischen »Renaissance«. In ihrem geistigen Zentrum, der Universität von Salamanca, herrschte zumindest in gewisser Hinsicht das Klima eines Florentiner Humanismus und künstlerischen Gespürs. Dessen berühmtester Repräsentant, Antonio de Nebrija, ein herausragender Anwalt des Humanismus, zog mehrere große Geister der Zeit aus Italien an, die er auf wichtige Lehrstühle an den Universitäten und als Hauslehrer an den Hof lancierte. So waren die Lehrpläne von Salamanca liberal und »fortschrittlich« geworden, eine Tendenz, die in der Zeit des Philosophen Luis de León (1527–1591) ihren Höhepunkt erreichte. Die neuen Gebäude der Universität waren ebenso wie die Neugründungen in Valladolid und Alcalá de Henares charakteristische einheimische Versionen der toskanischen Formensprache. So sehr Jesuiten und Dominikaner in anderen Angelegenheiten gespalten waren, in ihrem Argwohn gegen die antiklerikalen Aspekte des Humanismus waren sie sich einig. Vor allem der Dominikanerorden war in Salamanca und anderen akademischen Zentren besonders mächtig (und stellte natürlich auch Personal für die Inquisition). Die von Erasmus von Rotterdam repräsentierten unabhängigen kritischen Strömungen, deren Einfluß größer war als der jedes italienischen Denkers – zum Teil auf die engeren Verbindungen Kastiliens zu den Niederlanden zurückzuführen –, waren als besonders gefährlich betrachtet worden und sollten schließlich ausgemerzt werden. Aus diesen und anderen Gründen konnten sich die humanistischen Ideen und alle künstlerischen Bestrebungen nur im Schoß der katholischen Kirche entfalten, in einem Ausmaß, wie man es weder in Italien noch gar in Frankreich kannte. Deshalb war das »Goldene Zeitalter« der Musik, Literatur und Malerei, das gegen Mitte des 16. Jahrhunderts erblühen sollte, von einer tiefen religiösen Überzeugung inspiriert und von den Institutionen der Kirche selbst gefördert. Zwar mag dies nicht gerade der Entwicklung einer intellektuell pluralistischen Gesellschaft gedient haben, brachte dem spanischen Katholizismus aber sicherlich immense Kraftreserven.

Mehr als 20 Universitäten wurden in Kastilien im Laufe des 16. Jahrhunderts gegründet. Sie entwickelten sich zum Übungsfeld für Bürokraten ebenso wie für Gelehrte. Aus den Kandidaten (letrados) rekrutierte sich zunehmend das Beamtentum, und sie verdrängten nach und nach den höheren Adel. Um 1520 stieg Francisco de los Cobos (um 1477–1547), ein Günstling von Cisneros und Kleinstadt-Adliger aus Andalusien, stetig bis an die Spitze des kastilischen Adels auf. Seine Laufbahn verfestigte die Allianz aus niederem Adel und der Krone, deren politischer Ausdruck im wesentlichen der Kastilische Rat war.

Kriegerische und diplomatische Expansion

Obwohl oft vom Glück begünstigt, zeigten sich Ferdinands außergewöhnliche Talente als Politiker im internationalen Feld nicht weniger als im heimischen Bereich. Er erwarb sich Ansehen und Anerkennung in Europa, indem er seine Töchter in die königlichen Häuser von Burgund, Portugal und England verheiratete. Die Allianz mit Kastilien stärkte im großen und ganzen seine Herrschaft in Aragón, nicht zuletzt gegenüber den traditionellen Gegnern – dem Feudaladel und den kommerziellen Interessen Kataloniens. Aragóns Privilegien, die *fueros*, verpflichteten jedoch jeden Herrscher, den Verhandlungsweg einzuschlagen, und Ferdinand war sorgfältig darauf bedacht, seine Macht nicht voreilig auszuspielen und seine Gegner mit der militärischen Stärke Kastiliens zu bedrohen. Sobald der Krieg

gegen Granada beendet war, wurden seine größeren militärischen Reserven gerade in Regionen außerhalb der Halbinsel mobilisiert.

Nur Sardinien und Sizilien blieben von dem einst so weitläufigen aragonesischen Reich im Mittelmeerraum erhalten, aber 1493 stimmte Karl VIII. von Frankreich (1483–1498) – er plante gerade eine Invasion in Italien – einer Rückgabe des Roussillon nördlich der Pyrenäen (im katalanischen Bürgerkrieg nach 1460 verlorengegangen) an Aragón als Gegenleistung für den Schutz seiner südlichen Flanke zu. Ein Jahr später jedoch zögerte Ferdinand nicht lange, dem Ersuchen des Papstes nachzukommen, ihm in Italien gegen Frankreich beizustehen. Während der folgenden Feldzüge wurde die Armee von Kastilien-Aragón vom »Großen Hauptmann« Gonsalvo Fernández de Córdoba (1453–1515) zu Europas wirksamster Streitkraft geformt. Die Belohnung für Aragóns Intervention war das riesige Königreich von Neapel, das 1503 erworben wurde.

Ferdinand herrschte als Regent über Kastilien bis zu seinem Tod Anfang 1516. Nach typisch mittelalterlicher Art versuchte er alle Eventualitäten auszuschalten, indem er auf der Vor-

Oben: Die Katholischen Monarchen als gemeinsame Schirmherren der Neuen Gelehrsamkeit in Spanien erscheinen Seite an Seite an der Hauptfassade der Universität von Salamanca, die 1529 fertiggestellt wurde; über ihnen die gekrönten Waffen von Kaiser Karl V.; ganz oben der Papst auf seinem Thron. Die dekorative Anordnung ist ein ausgezeichnetes Beispiel für den *Plateresco*, den spanischen Stil des 16. Jahrhunderts, bekannt für seine schwere und überladene Oberflächenornamentierung, die mit heraldischen Wappenschildern und anderen Sinnbildern durchsetzt ist. Wörtlich bedeutet *plateresco* »silberschmiedartig«, Einflüsse sowohl aus der italienischen Renaissance wie auch des Manuelinischen Stils fließen hier zusammen.

mundschaft über seinen jüngeren Enkel und Namensvetter bestand, den er in Aragón unter Aufsicht hielt. Aber in seinem Testament vermachte er Aragón formell nicht seinem älteren Enkel Karl von Habsburg, sondern der direkten Erbin, der regierungsunfähigen Königin Johanna, wobei er seinem unehelichen Sohn Alonso die Regentschaft übertrug. Bis zu seinem letzten Atemzug war sich Ferdinand, der als der Gründer Kastiliens gilt, über das Wesen und die Zukunft seines Lebenswerkes unsicher.

Karl I. – eine unbequeme Nachfolge

Karl von Habsburg, der gesetzmäßige Erbe des kastilischen Thrones, blieb während der Regentschaft Ferdinands in seiner Heimat in den Niederlanden, obwohl er 1514 bereits mündig geworden war. Zwei Jahre später, nach Ferdinands Tod (1516), kam Karl, jetzt Karl I. von Spanien (1516–1556), zum erstenmal nach Spanien; er landete an der asturischen Küste. Der Tod des Kardinals Cisneros zur selben Zeit beraubte den neuen König eines erfahrenen Beraters. Jedoch wurde der Hauslehrer des Königs, Adrian von Utrecht (1459–1523), aus den Niederlanden vorausgesandt, um mit Cisneros und Francisco de los Cobos in Verbindung zu treten und die Kontinuität zur vorangegangenen Herrschaft zu sichern. Karl wurde sowohl von der aristokratischen als auch der städtischen Machtelite in Kastilien und Aragón begeistert begrüßt, und die Cortes beider Königreiche versammelten sich, um ihm Loyalität zu schwören.

Der vielversprechende Beginn wurde bald durch eine Reihe von Mißgriffen getrübt. Karls wallonische Berater wurden für ihre Dienste mit Ämtern belohnt, die sie auf Kosten des bestehenden Establishment erhielten. Die schlechte Stimmung verschlimmerte sich noch, als Abgaben erhoben wurden, um Karls Erfolg bei der Kaiserwahl nach dem Tod von Maximilian I. im Jahr 1519 zu sichern. Rechtmäßig zum Kaiser Karl V. gewählt, erforderten seine neuen Verantwortlichkeiten die Anwesenheit in Deutschland. Bevor er sich 1520 einschiffte, ließ Karl nach kurzfristiger Ankündigung die Cortes in Santiago versammeln. Die Delegierten wurden kurzerhand dazu gedrängt, enorme Erhöhungen kastilischer Steuern zu akzeptieren. Gleichzeitig wurde aber nichts unternommen, den Mißständen zu begegnen, die im Volk bereits Unbehagen hervorriefen. Als der neue König Spanien hinter sich ließ, glaubten viele, daß jetzt eine Epoche der Fremdherrschaft und Ausbeutung beginnen würde.

Die Ressentiments machten sich in einer Rebellion Luft. Der *comunero*-Aufstand begann in Toledo, wo das Amt des Erzbischofs dem Neffen eines wallonischen Ministers am Hofe Karls verliehen worden war, womit das Übergewicht der Fremden in der Regierung noch unterstrichen wurde. Der Aufstand sprang von einer Stadt auf die nächste über. Es herrschten Verstimmung wegen der Ämterplünderung, Ärger wegen der auferlegten Steuern für ausländische Zwecke und Verbitterung unter den Kommunen, die eine regelmäßige Anwesenheit ihres Herrschers erwarteten. Doch die Rebellion war nicht einfach ein Ausbruch des Chauvinismus, sondern nährte sich aus erbitterten Streitigkeiten unter lokalen Gruppen.

Die *corregidores* waren im allgemeinen unfähig, die Rebellion einzudämmen. Der Einfluß der loyalen *hidalgos* verhinderte aber trotzdem, daß sie sich in einigen Städten entfalten konnte, darunter Burgos, Palencia und Valladolid. Glücklicherweise hatte Karl seinen fähigsten Minister, Adrian von Utrecht, als Regenten zurückgelassen. Er war geschickt genug, den Granden Zugeständnisse zu machen. Als die Rebellion dann einen anti-aristokratischen Charakter anzunehmen begann, konnte er deren Unterstützung mobilisieren und die Rebellenarmee 1521 bei Villalar besiegen. In der Zwischenzeit entfachten wirtschaftliche und politische Unruhen in Valencia eine weitere Revolte. Der Aufstand der *germania* (»Bruderschaft«) war ein planloser Krieg zwischen aufständischen Banden aus den Handwerkerzünften einerseits und deren aristokratisch-bürgerlichen Herren andererseits. Von Valencia sprang die Revolte auf Mallorca über, bevor sie 1522 schließlich unterdrückt wurde.

Frieden und Stabilität in Spanien

Karl kehrte nach Spanien zurück, als die Rebellionen am Zusammenbrechen waren. Diesmal blieb er mehr als sieben Jahre, in denen er sich an Spanien gewöhnte und im Lande wachsendes Wohlwollen auf sich vereinigte. Er und seine Berater, der Kanzler Mercurino Gattinara (1465–1530) und der Sekretär Francisco de los Cobos (Adrian von Utrecht war mittlerweile zum Papst Hadrian VI. gewählt worden), bauten ein Konziliarsystem der Regierung auf. Erst richteten sie einen Staatsrat ein (1522), der die Angelegenheiten der verschiedenen spanischen Königreiche beaufsichtigen und koordinieren sollte, und dann einen Finanzrat (1527). Von der Ausweitung des königlichen Beamtenapparats profitierte die Schicht der *hidalgo-letrados* am meisten.

Die Fortschritte, die Karl in Spanien erzielte, erlaubten ihm, sich 1529 wieder seinen anderen Verpflichtungen im Ausland zuzuwenden. Während seiner Abwesenheit wurden die Regierungsgeschäfte von Francisco de los Cobos und Karls portugiesischer Frau Isabella (1503–1539), Schwester von João III., später von seinem Sohn Philipp (geb. 1527) effektiv weitergeführt. Obwohl Karl immer mehr kastilische Staatseinnahmen verlangte – allein im Jahrzehnt 1530/40 verzehnfachte sich die Besteuerung –, gab es anscheinend wenig Protest. Es heißt, unter Karl V., der nur 16 seiner 40 Regierungsjahre in Spanien verbrachte, habe »das Land fast keine innere Geschichte erlebt«.

Unten: Ein Familienporträt der Habsburger von Bernhard Strigel (um 1515) zeigt *(links)* den Kaiser des Heiligen Römischen Reiches Maximilian I. (gest. 1519) mit seinen unmittelbaren Nachfahren. Es sind hier die Hauptbeteiligten an der habsburgischen Übernahme Kastiliens nach dem Tod des letzten Trastámara-Monarchen Ferdinand im Jahr 1516 versammelt. Das Gegenüber Maximilians ist sein Sohn Philipp (*El Guapo* – »der Schöne«), aus dessen Ehe mit Ferdinands und Isabellas Tochter Johanna (*La Loca* – »die Wahnsinnige«) sowohl Karl V. *(unten Mitte)* als auch Ferdinand *(unten links)*, sein spanisch erzogener Bruder, dem er 1556 das Heilige Römische Reich übertrug, hervorgingen. Ihrer beider Vater ist hier der unzweideutige Name »Philipp I., König von Spanien« verliehen worden, was die Wahrscheinlichkeit erhöht, daß die Beschriftung erst nach 1556 vorgenommen wurde.

Der Escorial

Unten rechts: Die riesige Kirche San Lorenzo mit ihren Kuppeln im italienischen Stil erhebt sich über die schmucklosen Mauern des Klosterpalastes. Der Landsockel, auf dem er steht, war zum Teil beim Abbau von Eisenerz abgetragen worden, und der Name »Escorial« stammt von dem kastilischen Wort für Schlackenhalde, die den Ort bis zum Beginn der Bauarbeiten bedeckte.

Rechts: Von der Kirche aus am entgegengesetzten Ende des Komplexes liegt die Bibliothek. Diese weitläufigen Räume füllten gedruckte Bücher in den Landessprachen aller Teile Europas. Für ihre Zeit und ihren Ort ist die Bibliothek bemerkenswert weltlich. Der italienische Maler und Bildhauer Peregrino Tibaldi (1527–1596) war für die Deckenmalereien verantwortlich, auf denen die freien Künste gefeiert werden. Matronenhafte Figuren personifizieren die Grammatik, die Arithmetik, die Astronomie usw. und spiegeln die Fülle der intellektuellen Interessen am Hof wider. Viele internationale Künstler, darunter die Maler Tizian und El Greco, trugen zur Ausgestaltung des Escorial bei.

Unten: Kurz vor Philipps Tod – und erst 1654 abgeschlossen – begannen die Bauarbeiten zu einem Mausoleum mit vielen Kammern unter der Kirche. Die Angehörigen der spanischen Königsdynastien, beginnend mit Karl V., sind hier begraben.

Das weitverbreitete Bild von Philipp II. ist das eines seßhaften Monarchen, der seine Zeit damit verbrachte, Ränke zu schmieden, um von seiner Gebirgsfestung des Escorial mitten im Herzen Spaniens aus die Welt zu regieren. Doch die meiste Zeit seines Lebens war er äußerst aktiv. Die vernichtende Niederlage der Franzosen in Saint-Quentin (1557) hatte er persönlich erlebt (offiziell auch als Kommandeur) und war davon beseelt, Gott für diesen Sieg mit dem Bau einer Kirche unvergleichbarer Erhabenheit zu danken und sie dem Hl. Lorenz zu weihen, an dessen Namenstag die Schlacht ausgetragen worden war. Bei einem seiner regelmäßigen Jagdausflüge, oft so gefährlich wie der Krieg, entdeckte Philipp den idealen Ort für sein Weihegeschenk: auf einem nach Süden gerichteten Ausläufer der Guadarrama-Hügel ungefähr 40 km nördlich von Madrid. Hier wurde zwischen 1563 und 1584 der Bau von San Lorenzo de El Escorial verwirklicht - »ein unglaubliches Zusammenwirken von Planung, Arbeit, Leitung, Lärm, Geschicklichkeit, fabelhaftem Reichtum und universeller Kreativität«, wie es der Chronist José de Sigüenza beschrieb. Philipps ursprünglichem Plan zu nur einer Kirche wurden zwei neue Projekte – ein königlicher Palast und ein Kloster – hinzugefügt, und der Escorial entwickelte sich zu einem Mehrzweckkomplex von Gebäuden, einzigartig unter den Königspalästen – ein Ort der Andacht und Kontemplation, des Regierens, der Ruhe nach der Jagd, ein Ort, an dem Philipps riesige Sammlungen an Büchern, Manuskripten, Gemälden und heiligen Reliquien aufbewahrt werden konnten und die Gebeine seiner Vorgänger die letzte Ruhestätte fanden. Vor allem war der Escorial das Zentrum einer europäischen Hegemonie, die nicht nur rein politischer und militärischer Natur war, sondern ein facettenreiches Symbol spanischer Zivilisation.

Nach den Unruhen von 1521 gab es nur noch einen heilsamen inneren Frieden.

Das Anwachsen der zentralisierten königlichen Administration während dieser Jahre war zum Teil eine Reaktion auf die expandierende Wirtschaft. Die Landwirtschaft wurde auf mehreren Gebieten verbessert. Große Teile des Südens wurden für den Anbau von Wein (der unter den Moslems verboten war) und Oliven freigegeben, um die wachsende Nachfrage in Amerika und Europa zu befriedigen. Der ursprünglich von den Moslems eingeführte Reis setzte sich in Valencia als Plantagenpflanze durch. Die Ersetzung des Ochsen durch das Maultier als Zugtier trug zur Steigerung der Getreideproduktion und der landwirtschaftlichen Gewinne bei. Gegen Mitte des 16. Jahrhunderts unterhielt das Land fast fünf Millionen Schafe. Spanische Merinowolle war die begehrteste in Europa, allerdings mit dem Nebeneffekt, daß die heimische Wollindustrie mit einem enormen Preisauftrieb konfrontiert war. Trotzdem schossen um Segovia und Toledo blühende Manufaktur-Zentren aus dem Boden. Außer Wolle waren Salz (aus den größten Lagerstätten Europas), Leder, Seide und andere Luxuswaren Spaniens wichtigste Exportgüter.

Der anhaltende Auftrieb des atlantischen Handels förderte das fortdauernde Wachstum Sevillas, und die Häfen von Santander und Bilbao expandierten zu dieser Zeit ebenso durch Handel, Schiffbau und eine wachsende Fischerei-Industrie. Im Kernland von Kastilien, das vom Wirtschaftsleben traditionell am unberührtesten geblieben war, gab es damals in Medina del Campo und Burgos die frequentiertesten Handelsmessen Europas. Um 1550 war Kastilien über den großen Umschlagplatz Antwerpen in den Niederlanden wirtschaftlich eng mit Nordeuropa verbunden, während Aragón von seinen Beziehungen zu Italien profitierte. Ökonomisch, kulturell und politisch war Spanien ein integraler Bestandteil der weitläufigeren europäischen Gemeinschaft geworden, und gleichzeitig konnte es sein Reich jenseits des Atlantiks ausweiten. Es war ein goldenes Zeitalter im wahrsten Sinne des Wortes, mit einem verblüffenden Reichtum an Mineralien, die alljährlich aus Amerika herbeigeschafft wurden, riesigen Getreidefeldern, die für Wohlstand im Innern sorgten, und enormen Gewinnen aus der Schafzuchtindustrie. Kein Wunder, daß das Goldene Vlies zu Spaniens bekanntestem Symbol wurde, Karls elitärer Ritterorden, der sowohl seine spanischen als auch burgundischen Untertanen verband.

Krieg in Europa

Kaiser Karls V. einzigartige Sammlung von Territorien und Rechten außerhalb Spaniens, die er hauptsächlich durch diplomatische Voraussicht gewonnen hatte, mußte ständig durch kriegerische Aktivitäten verteidigt werden. Außerdem war Karl sehr auf seine Privilegien und Verantwortlichkeiten als christlicher Führer des weltlichen Europa bedacht. Die Expansion der Macht der Habsburger war besonders für Frankreich bedrohlich. Karl kontrollierte nicht nur Spanien an der Pyrenäen-Grenze, sondern auch die Lombardei im Südosten Frankreichs und Burgund an seiner nördlichen und östlichen Grenze. Der französisch-spanische Gegensatz war bereits während Ferdinands Regierungszeit in den Kriegen in Italien und den Scharmützeln um Navarra und andere Enklaven im Grenzland der Pyrenäen entstanden, aus denen Spanien als der große Beutemacher hervorzugehen schien. Verschärft wurde er durch die dynastische und persönliche Rivalität zwischen Karl V. und Franz I. (1515–1547), Frankreichs nicht weniger kriegerisch gesinntem König. Europas dritter großer Herrscher der Zeit, Heinrich VIII. von England (1509–1547), war traditionell ein Gegner Frankreichs und wurde außerdem durch die Heirat mit der Tante des Kaisers, Katharina von Aragón (1485–1536), der jüngsten Tochter von Ferdinand und Isabella, in Karls Lager gezogen.

Franz I. wurde in seinen permanenten Versuchen, die Macht der Habsburger zu schwächen, durch zwei zusammenfallende

Phänomene bestärkt: den ersten ernst zu nehmenden Riß im religiösen Gefüge Europas, die Lutherische Reformation, und die herandrängenden Machtgelüste der osmanischen Türken. Obwohl selbst streng orthodox, bot Franz den abtrünnigen deutschen Fürsten politische Unterstützung und finanzielle Hilfe an, wenn immer diese von Karl nach 1520 dazu gedrängt wurden, die Lutherische Reformbewegung zu verwerfen. Gleichzeitig eskalierte die osmanische Offensive unter Sultan Suleiman I. (der Prächtige, 1520–1566) mit der Niederlage des habsburgisch-ungarischen Heeres bei Mohács (1526) in beängstigender Weise. Riesige Landstriche Ost- und Südosteuropas fielen danach in die Hände der Ungläubigen. So war der Kaiser im Kampf um die Sicherung der östlichen Grenze zu Land jetzt auch aufgerufen, sich der Flut des türkischen Vormarschs im Mittelmeerraum entgegenzustemmen. Sein Triumph in Tunis im Jahr 1535 – in einem Feldzug, der als Prototyp eines vereinigten Kommandounternehmens gilt, wofür die Spanier berühmt wurden – verschärfte die Beanspruchung der Ressourcen von Karls Ländern und Untertanen; vor allem Spanien war davon betroffen.

Die Rivalität zwischen Karl und Franz ging auf die Kaiserwahl im Jahre 1519 zurück, bei der beide kandidierten. 1525 wurde Franz I. in der Schlacht bei Pavia von den spanischen *tercios* besiegt und in Madrid, mitten im Herzen Kastiliens, gefangengehalten. Erst nach Zahlung eines hohen Lösegelds und dem Versprechen, sich wohlzuverhalten, konnte die Freilassung erwirkt werden. Die so entstandene Feindschaft zwischen den beiden Königen spitzte sich zu, als Franz I. die königlichen Werften in Toulon für die Instandsetzung der osmanischen Flotte zur Verfügung stellte. Spanien sollte aus dieser Aktion auf Generationen hinaus politisches Kapital schlagen. 1541 bereitete der Kaiser eine weitere Expedition gegen Algier vor, Suleimans arabischem Hauptverbündeten, dessen Schiffe ständig die spanischen Küsten beschossen. Karl mobilisierte einige der größten Heerführer des Jahrhunderts, unter ihnen den Herzog von Alba (1507–1582) und den Genueser Kapitän Andrea Doria (1466–1560); sogar der Eroberer Mexikos, Hernán Cortés (1485–1547), erlebte ein letztes dramatisches Comeback. Das Unternehmen endete mit dem reinsten Desaster. Diese Erniedrigung legte Karl seinem französischen Kontrahenten persönlich zur Last, und obwohl Franz I. 1547 starb, wurde Frankreich auch für die gravierende Niederlage des Kaisers gegen die lutherische Fürstenverschwörung in Deutschland (1552) verantwortlich gemacht.

Philipp II.: Übergang und Wandlung

Im Jahr 1556 traf Karl V. die folgenschwere Entscheidung, als König von Kastilien und Aragón zugunsten seines Sohnes Philipp I. (1556–1598) abzudanken. Als Kaiser des Heiligen Römischen Reichs folgte ihm sein Bruder Ferdinand I. Damit gestand er ein, daß sein europäisches Reich eine politisch nicht praktikable Vision war. Statt dessen faßte er eine brüderliche Teilung der Führung zwischen zwei Zweigen der Habsburger Dynastie ins Auge: eine Doppelmonarchie, etwa nach dem Vorbild Aragón-Kastilien, nur im größeren Maßstab. Deshalb bevorzugte er die Lösung, die Niederlande, weitere Teile Burgunds und das Herzogtum Mailand dem Erbe Philipps zuzuschlagen, als diese Territorien dem deutschen Patrimonium des Heiligen Römischen Reichs zu überlassen. Er wollte Frankreich strategisch im Zaum halten, das durch seine Lage die Kontrolle der umliegenden Länder garantierte, aber seine Pläne bedachten auch die politischen Talente und seefahrerischen Begabungen seiner iberischen Untertanen und die kulturellen Gemeinsamkeiten, die sie mit den Niederlanden verbanden.

Aber ein anderer Faktor war für Karl von noch größerer Bedeutung. Er betrachtete es als sein größtes Versagen, daß er die Verbreitung des Protestantismus in Europa nicht zu verhindern wußte. Zu Lebzeiten war Karl ein selbstsüchtiger Dynast gewe-

Die spanischen Mystiker

Die geistliche Strömung der religiösen Mystik, die im 16. Jahrhundert in Spanien blühte, war im wesentlichen in Kastilien konzentriert. Ihre wichtigsten Anhänger waren Priester und Geistliche, meist mit einer der großen Universitäten oder religiösen Zentren Kastiliens verbunden. Ihre Schriften – in Kastilisch geschrieben – sind voller Bezüge zu Landschaft und Klima der *meseta*. Ihr Werk erwies sich außerhalb der regionalen Grenzen als schwer zu verbreiten, es war aber weder inhaltlich noch nach Absicht und Herkunft elitär. Es war gerade die herausragende Eigenschaft spanischer Mystik, daß ihre Spekulationen mit typischen Renaissanceelementen verschmolzen – mit dem säkularen Humanismus der Florentiner Schule und des Erasmus von Rotterdam einerseits, mit dem tiefgehenden Mystizismus der Niederlande des 15. Jahrhunderts und dem einheimischen Reformkatholizismus in der Tradition des Kardinals Cisneros andererseits. Eine immense Wirkung übte Luis de León von der Universität Salamanca aus – ein innovativer Lehrer, Theologe und Dichter. Die Sterne der Bewegung leuchteten am hellsten für Teresa von Avila (*Die innere Burg*, 1588) und den Karmelitermönch Juan de la Cruz (*Lebendige Liebesflamme*, um 1585), die in ihren poetischen Botschaften die profane Lyrik von Renaissance-Schriftstellern wie Garcilaso de la Vega in eine Art religiöser Ekstase umgestalteten. Ein Mystizismus der streng praktischen Art beflügelte Ignatius von Loyola, einen hartgesottenen Basken und früheren Soldaten, der den Jesuitenorden gründete. Die nächste Generation war sich der geistigen Leistungen Spaniens so bewußt, daß 1622 alle drei zusammen heiliggesprochen wurden, ein Ereignis, das Philipp IV. mit einer einwöchigen Fiesta in Madrid würdigte.

Ignatius' Botschaft war missionarisch und aktivistisch. Seine *Geistlichen Übungen* (1521–1548) waren – wie der Titel andeutet – als Anleitung gedacht, Körper und Geist zu schulen. Prägend für sein Leben war eine Zeit, die er zurückgezogen von der Welt in einer Höhle bei Manresa verbrachte, eine Episode, die *(unten)* Domínguez Martínez (1688–1749) im rührselig-frommen Stil spanischer Barockmalerei festhielt. Obwohl Teresa von Avila und Juan de la Cruz, die in der zweiten Hälfte des 16. Jahrhunderts schrieben, an die frühere Periode intellektueller Experimente anknüpften, aus denen auch Loyola schöpfte, waren ihre Werke metaphysisch und kontemplativ. Doch reformierte Teresa auch einen Orden – die Karmelitinnen –, und ihr Leben beweist, daß Frauen einen produktiven Einfluß auf die katholische Welt ausüben konnten. Über Jahrhunderte hinweg ließen sich Frauen mit Ambitionen zum Schreiben von dieser Statue *(rechts)* inspirieren. Teresas Prosa ist äußerst angenehm zu lesen. Menschliche Liebe und Mitgefühl waren für sie Metaphern für die ideale Beziehung der Seele zu ihrem Schöpfer, und sie integrierte in ihren Stil Alltagsredensarten und -ausdrücke, einschließlich dem ein oder anderen Witz. Die Poesie von Juan de la Cruz, ihrem engen Freund und Kollegen, wurde als etwas schwieriger betrachtet, selbst zu seiner Zeit. *Unten rechts:* Frontispiz aus der Ausgabe seiner Werke von 1649.

Oben: Die »Imperiale Stadt« Toledo war (und ist) der Sitz des Primas von Spanien und die kirchliche Hauptstadt des Landes. Nach seiner Zurückweisung bei Hofe fand El Greco hier breite Unterstützung unter der reichen klerikalen und städtischen Gesellschaft. Seit den sechziger Jahren des 16. Jahrhunderts lebte er in der Stadt und wurde zu einem hochgeachteten Toledano. Die berühmte Studie (1608) von der mauerbewehrten Stadt am Tajo, die unter der düsteren Bedrohung der verhängnisvollen Gewitterwolken erbebt und fast zu schmelzen scheint, wurde von einigen als gewagte Prophezeiung von Spaniens Niedergang gedeutet. Es ist jedoch weitaus wahrscheinlicher, daß es sich um eine von mehreren analogen Darstellungen handelt, in denen der Maler die Stadt Toledo als eine Art Bildmetapher für die heilige Stadt Jerusalem gesehen hat und die der Künstler als Teil einer Serie von malerischen Betrachtungen zum Leben Christi schuf.

sen, aber im Angesicht des Todes wollte er seinen Frieden mit Gott schließen. So wie er sich nach Buße sehnte, indem er seine letzten Tage in der bescheidenen Zuflucht eines spanischen Klosters verbrachte, hoffte er auch, daß Philipps vom Schandmal der Häresie geläutertes Erbe Gott gnädig stimmen würde.

Während Karl die schmerzliche Reise zu seiner letzten Wohnstätte in das Kloster San Gerónimo in Yuste (Estremadura) antrat (wo er 1558 starb), hielt sich Philipp II. in den Niederlanden auf, um seine Angelegenheiten zu regeln. Zu diesen gehörte auch der Sieg ganz in der Manier des Krieger-Kaisers über die Franzosen in der Schlacht von Saint-Quentin (1557). Als er 1559 nach Spanien zurückkehrte, waren sowohl sein Vater als auch seine kinderlose zweite Frau, Maria I. von England (1553–1558), tot. Nur wenige Monarchen haben ihrer Herrschaft so rasch ein persönliches Gepräge verliehen wie Philipp II. Sich seines sowohl katholischen als auch Habsburger Erbes bewußt, war er vor allem König von Spanien, genauer gesagt von Kastilien. Seine erste große Herrschergeste war die Errichtung eines permanenten Regierungssitzes in Madrid (1561). Seine Wahl verriet einen missionarischen Sinn: die neue Hauptstadt war fast exakt die geographische Mitte der Halbinsel. Bald danach begann er den Bau seiner ständigen Residenz, des Escorial, in den Ausläufern des Guadarrama-Gebirges nördlich von Madrid. Palast, Kloster, Verwaltungszentrum und Festung zugleich, symbolisierte der Escorial die dreifache Allianz von Krone, Kirche und Armee, in der sich die Machtinstrumente spanischer Größe miteinander verbunden hatten. Ein fester Hof bildete sich heraus, und die meisten Granden waren gezwungen,

dem König in Madrid ihre Aufwartung zu machen, um die unentbehrlichen Ehren und Gunsterweisungen zu erhalten.

Volkstümlicher Zeitvertreib und höfische Kultur

Philipp II. war kein Intellektueller, aber Reisen in seiner Jugend nach Italien und in die Niederlande hatten in ihm ein lebenslanges Interesse an der Kunst erweckt. Der Malerei – vielleicht die höfischste aller Künste – galt Philipps größte Begeisterung. Von seinem Vater erbte er die Bewunderung für Tizian (um 1488–1576), den zweifellos weltlichsten Maler der Spätrenaissance, dessen vornehmer Sensualismus den König anzog – und der den Herrscher als vornehmen Sensualisten malte. Dagegen war der König vom asketischen Manierismus des in Rom ausgebildeten Kreters Domenikos Theotokopoulos, bekannt als El Greco (1548–1625), abgestoßen. Aber trotz seines Scheiterns am Hof fand El Greco starke Unterstützung in der religiösen und adligen Gesellschaft Toledos, wo er sich niederließ.

Am erstaunlichsten war vielleicht Philipps Bewunderung für die Allegorien des flämischen Malers Hieronymus Bosch (um 1450–1516), dessen Schrecken aus Fleisch und Blut eine rigorose christliche Botschaft übermitteln. Während der Einfluß Tizians und anderer Italiener die frühen spanischen Maler-Schulen entscheidend prägte, war es der religiöse Mystizismus der Niederlande, der das spanische spekulative Denken und die Poesie der Zeit am meisten bereicherte. Am deutlichsten kommt dies in den Werken der Karmeliter-Nonne Teresa von Avila (Teresa de Jesús, 1515–1582) und ihres Freundes und Zeitgenossen Juan de la Cruz (1542–1591) zum Ausdruck. Beide wurden später heiliggesprochen. In ihrer dichten Lyrik existieren physische und metaphysische Gefühle nebeneinander, die »volkstümliche« Romanze verbirgt sich im strengen Gestus der religiösen Dichtung.

Ein ähnlicher Dualismus tritt in der Musik jener Epoche zutage, besonders im Schaffen des Tomás Luis de Victoria (um 1548–1611). Er nutzte die Lockerung der kirchlichen Vorschriften, um noch sinnlichere und schönere liturgische Kompositionen zu schaffen als sein italienischer Mentor Palestrina (um 1515–1594). Sogar schon vor Victoria hatte Antonio de Cabezón (1510–1566) eine authentisch einheimische Musikkultur hervorgebracht. Er führte die Variation *(diferencias)* in seinen Kompositionen für Tasteninstrumente zur ersten großen europäischen Blüte. Außerhalb der Kirchen wurden die ländlichen Romanzen und *canciones* (Balladen) von Komponisten wie Luis Milán (um 1500–1561) aufgezeichnet und adaptiert. Er arrangierte sie zu Versen aus der Feder städtischer Dichter. Entsprechend durchdrang populäre Musik die Welt des Theaters und der Literatur. In der nächsten Generation sollte der wichtigste Roman des Goldenen Zeitalters, *Don Quijote*, mit wohlbekannten musikalischen Themen durchsetzt sein.

Das künstlerische Leben wurde nicht nur vom königlichen Beispiel und der Herausbildung einer höfischen Residenz stimuliert, sondern auch zunehmend durch die Großzügigkeit kirchlichen Mäzenatentums; die wichtigste materielle Grundlage beider Tendenzen war das amerikanische Silber. In der Welt außerhalb der großen Paläste und der vornehmen Kirchen bewahrten die volkstümlichen Schauspiele ihre Vitalität. Viele von ihnen stammten weitgehend aus religiösen Feierlichkeiten, besonders das sich schnell entwickelnde Genre des Dramas. Der Pionier war hier der portugiesische Hofpoet Gil Vicente (um 1465 – um 1536), der 44 herausragende Stücke hinterließ, elf davon ganz (und weitere 17 zum Teil) in kastilischer Sprache; von ihnen sollten die wichtigsten Einflüsse auf die spanische Bühne ausgehen. Obwohl es später zu einer höfischen Kunstform werden sollte, war das Drama in der Zeit, als Philipp II. den Thron bestieg, noch eine Sache der Straße. In Tavernen und Höfen wurden Arenen *(corrales)* für Spektakel improvisiert, in die volkstümliche Lieder und Tänze spontan aufgenommen wurden. Eine Aufführung allein konnte von tausend oder mehr

Legende (Karte):

von Spanien kontrolliert, 1580–1660
- direkt
- Länder der österreichischen Habsburger
- andere Verbündete oder befreundete Staaten
- feindliche Staaten
- neutral

✗ *presidio*
wichtige von Spanien ausgetragene Schlachten gegen (mit Jahreszahl)
- Katalanen
- Holländer
- Engländer
- Franzosen
- Portugiesen
- Schweden
- Türken

✗ spanischer Sieg
✗ spanische Niederlage

wichtigste strategische Routen
- »Spanische Straße«, 1567–1602
- zu Land
- zur See

-- politische Grenze, 1648

zahlenden Besuchern gesehen werden. Während Philipps Herrschaft begann man neben den traditionellen *autos* (wörtlich »Akte«) auch weltlichere Stücke (*comedias*), meist mit historischen Handlungen, zu spielen.

Noch explosionsartiger verlief die Entwicklung von der genuin »volkstümlichen« mündlichen Tradition des Geschichtenerzählens – bei dem humoristische Geschichten und Plaudereien, meist mit einer handfesten Moral, miteinander verwoben wurden – zum Schelmenroman. Dieses original spanische Genre wurde nach dem zentralen Charakter des *pícaro* oder »Schelmen« benannt. Die erste und berühmteste Sammlung von Schelmenerzählungen, *Das Leben des Lazarillo von Tormes*, wurde 1554 anonym veröffentlicht. Darin wird das Leben eines gerissenen, unehelichen Jungen erzählt, der am Flußufer mitten in Salamanca geboren wurde und zum Ausrufer der Stadt auf-

steigt. Diese Erfolgsgeschichte sollte wie eine Kulisse den Hintergrund für eine erstaunliche Epoche vielfältiger und anschaulich dokumentierter sozialer und kultureller Wechselwirkungen in Spaniens Goldenem Zeitalter bilden.

Erneuerung des heiligen Krieges

Internationale Angelegenheiten dominierten Philipps Herrschaft. Bei seinem Antritt stand Spanien vor drei Herausforderungen: dem unentschiedenen Krieg gegen Frankreich, dem Vordringen des Protestantismus und der Expansion der osmanischen Macht. Frieden mit Frankreich wurde im Abkommen von Cateau-Cambrésis (1559) erreicht, in dem Spaniens Kontrolle über Italien bestätigt wurde und die Grenzen zu den Niederlanden unangetastet blieben. Frankreich war danach durch eine lange Folge von Bürgerkriegen paralysiert, die bis 1595 dauer-

Das spanische System in Europa 1560–1660
In seiner Rolle als Europas erste moderne Supermacht entwickelte Spanien ein komplexes geopolitisches Kommunikationssystem. Während der 80 Jahre dauernden Revolte in den Niederlanden (1567–1648) mußte die in Flandern stehende Armee regelmäßig mit Nachschub aus Spanien versehen werden. Der Seeweg von Nordspanien durch den Ärmelkanal war zunehmend vom Aufstieg der anglo-holländischen Seemacht bedroht. Der Landweg – die sogenannte »Spanische Straße« – war langsamer, aber im allgemeinen verläßlicher: Soldaten und Versorgung wurden in die von den Spaniern gehaltene Lombardei in Norditalien verschifft und nordwärts durch Territorien transportiert, die entweder von Spanien selbst kontrolliert

Rechts: Der deutsche Künstler Christof Welditz, der Spanien 1529 besuchte, war fasziniert von den *moriscos* der Halbinsel, von denen in jener Zeit in Granada noch sehr viele lebten. Die *moriscos* waren offiziell zwar katholisch, aber es herrschte ein beträchtliches Maß an Toleranz, besonders in abgelegenen Gebieten, und viele übten ihre Religion im geheimen aus. Welditz fertigte eine Serie von Zeichnungen an, auf denen er *moriscos* in moslemischer Kleidung darstellte, die ihnen immer noch zu tragen erlaubt war. Jedoch führte die wachsende Angst vor Verbindungen zwischen den *morisco*-Gemeinschaften und den osmanischen Türken und ihrer nordafrikanischen Verbündeten zu größeren Beschränkungen. Moslemische Kleidung wurde 1568 verboten, dem Jahr, in dem die *moriscos* von Granada sich gegen die kastilische Herrschaft erhoben.

wurden oder verläßlich freundlich gesinnt waren. Das System floß um die »Verkehrsinsel« Frankreich. Solange Frankreich schwach war, funktionierte diese Methode, aber die Beendigung der französischen Religionskriege und die wachsende Stärke der Bourbonen-Regierung enthüllten ihre Verwundbarkeit. Savoyen war in der Lage, eine prekäre Neutralität zu erlangen, indem es eine Macht gegen die andere ausspielte und Spanien zwang, ab 1602 eine längere und gefährlichere Route durch die Alpen zu errichten. Das Machtdreieck des Systems ergab sich aus den drei Zentren Madrid-Mailand-Brüssel, und es waren ununterbrochen diplomatische, militärische und Finanzagenten unterwegs, um die dazwischenliegenden Punkte »auf Linie« zu halten. Die Flotten der »Barbaren-Staaten« Nordafrikas bedrohten trotz der Errichtung der *presidios* (Küstenbefestigungen) ständig die Sicherheit der Route durch das Mittelmeer. Während des Dreißigjährigen Kriegs (1618–1648) wurden Truppen und Ausrüstung aus Spanien, Sizilien und Neapel in Mailand zusammengezogen, bevor sie auf die Schlachtfelder in Deutschland, Frankreich oder den Niederlanden geworfen wurden. Die geographische Verteilung der Schauplätze von Spaniens entscheidenden Schlachten in jener Zeit illustriert die geopolitischen Aspekte seines Kampfs um die Macht.

ten. Die Gefahr eines Imports protestantischer Häresie nach Spanien war ebenso im Handumdrehen gebannt. In einer Atmosphäre volkstümlicher Raserei merzte die Inquisition mehrere protestantische Zellen aus, am wirksamsten in einem *auto de fe* in Valladolid, dem der Monarch bei seinem ersten öffentlichen Auftritt als König beiwohnte. Der dritten Herausforderung war am schwierigsten zu begegnen. Im Mittelmeer kamen die Osmanen gefährlich nahe, als 1558 eine türkische Flotte in der Größe einer Invasionsarmee auf Menorca landete, Ciudadela zerstörte, die Insel plünderte und Tausende von Philipps Untertanen verschleppte. Plötzlich befand sich Spanien in der Frontlinie eines neuen islamischen heiligen Krieges.

Philipps Reaktion war nicht wohlüberlegt. Das katastrophale Mißgeschick seines Vaters in Algier (1541) nicht bedenkend, lancierte er hastig eine Expedition, die Djerba, in der Nähe des tunesischen Stützpunkts des wichtigsten arabischen Verbündeten der Türkei, einnehmen und befestigen sollte. Die Idee, das westliche Mittelmeer abzuriegeln, leuchtete ein, aber das Ergebnis war eine demütigende Niederlage. Doch Philipp lernte seine Lektion und bereitete in Zukunft jede Operation mit penibler Gründlichkeit vor. Die Jahre nach 1560 waren ganz dem Zurückdrängen der türkischen Flut gewidmet. Brennpunkt war Malta, das von moslemischen Streitkräften 1565 belagert wurde. Es folgte ein großangelegter Feldzug zur Rettung der Insel. All die kastilischen Reserven an Geld und Menschen und die maritime Erfahrung Kataloniens und Valencias kamen zum Einsatz. Hätten die Türken Malta gewonnen, so hätten sie ihre Aufmerksamkeit auf Aragóns Besitztümer im Mittelmeer, Sizilien und Neapel, gerichtet. Diese Königreiche leisteten deshalb ihren Tribut zum Bau einer großen Galeerenflotte. Um 1570 besaß Philipp über 100 Galeeren allein in der spanischen Flotte; Malta konnte gerettet werden, und eine »Heilige Liga« zwischen Spanien, dem päpstlichen Staat und Venedig wurde gebildet. Der verblüffende Sieg der Heiligen Liga über die osmanische Flotte bei Lepanto (1571) war die letzte große Ruhmestat

des Christentums, die mehr als zur Hälfte von Spanien bezahlt und primär mit spanischen Waffen gewonnen wurde.

Während der letzten Etappen dieses Feldzugs mußte sich Spanien eines plötzlichen Flankenangriffs erwehren. 1569 erhoben sich die in der entlegenen Bergregion der Alpujarras konzentrierten *moriscos* von Granada. Die lokale Autorität geriet ins Wanken. Arabische Verstärkungen begannen, die Straße von Gibraltar zu überqueren, und der offene Bürgerkrieg verbreitete sich über ganz Andalusien. Philipp begab sich nach Córdoba, um die Operationen zu beaufsichtigen, und ernannte seinen unehelichen Halbbruder Don Juan d'Austria (1547–1578) zum Kommandeur. Erst im Jahr 1571 war unter hohen Kosten und Mühen der Widerstand gebrochen. Einige Spanier forderten lauthals die Deportation aller *moriscos* von der Halbinsel, andere kritisierten die Methoden der Massenbekehrung und verlangten eine umfassende Assimilationspolitik. Ein Kompromiß wurde erzielt: die *moriscos* wurden ausgesiedelt und auf die Städte Kastiliens verteilt. Rund 80 000 wurden in Gebiete innerhalb der Grenzen Neukastiliens im Süden umgesiedelt – von wo sich viele ihrer Vorfahren während der Rückeroberung als Flüchtlinge nach Granada gerettet hatten. Die *moriscos* lebten jetzt unter dem wachsamen Auge christlicher Gemeinschaften, wurden oft vertraglich an christliche Herren gebunden und vor allem von ihren Glaubensbrüdern in Afrika isoliert.

Dynastische Probleme

Obwohl Ciudadela und Djerba – sogar Algier – gerächt worden waren, fühlte sich Philipp nicht in Triumphstimmung. Keiner der Minister seines Vaters hatte sein Vertrauen gewonnen. Er folgte in jedem Fall dem Rat Karls und war entschlossen, nicht einmal erfolgreichen Ministern allzuviel Macht zuzubilligen. Nachdem er regelmäßig die Ambitionen seiner Minister zurückstutzte, konnte Philipp die Regierungskontinuität nur dadurch sichern, daß er alles selbst erledigte. Zum Glück war Philipps Charakter der Aufgabe gewachsen, ein Weltreich zu regieren. Aber seine Veranlagung zur Genauigkeit war von einer Pedanterie behindert, die ihn immer wieder dazu führte, daß er seine Aufmerksamkeit kleinen, sogar trivialen Dingen widmete, manchmal auf Kosten bedeutenderer Angelegenheiten.

Des Königs tiefverwurzeltes Mißtrauen wurde durch das Verhalten seines Sohnes noch verschlimmert. Der Infant Carlos (geb. 1545) hatte schon besorgniserregende Charakterfehler gezeigt, noch bevor er bei einem Unfall einen Schlag gegen den Kopf erhielt und daran offensichtlich erkrankte. Seine tückischen Ausbrüche vergifteten die Atmosphäre am Hof und ließen selbst die Führung der Amtsgeschäfte nicht unberührt. Als Don Carlos sich dann sogar gegen sein Leben verschwor, war Philipp gezwungen, ihn wegen Verrats verhaften zu lassen. Der Prinz starb später im Hausarrest (1568).

Krise in den Niederlanden

Trotz dreier Ehen blieb nach dem Tod Carlos' Philipps Thron ohne einen männlichen Erben. Dynastische Krisen und die Bedrängnisse des Vormarschs der Moslems lenkten die Aufmerksamkeit des Königs von einem Problem ab, das später zum Fluch Spaniens werden sollte: die Niederlande. Philipp hatte seine uneheliche Halbschwester Margarete von Parma (1522–1586) als Gouverneurin in Brüssel gelassen. Sie war befähigt und regsam, aber es mangelte ihr an persönlicher königlicher Autorität, und schon die Komplexität ihrer Aufgabe hatte sie überwältigt. Der Konsens unter dem lokalen Adel brach auseinander. Männer, die Philipp in früheren Jahren hoch geschätzt hatte, wie Wilhelm von Oranien (1533–1582) und der Graf Egmont (1522–1568), wandten sich gegen ihn. Die Verbreitung des Calvinismus in den überfüllten Handelsstädten der Niederlande erregte schon bald das Mißtrauen der katholischen Herrscher. Aus Verärgerung über hohe Steuern wurden schließlich Haßgefühle gegen Spanien. Als die Inquisition eine Reihe von

Die portugiesischen Seefahrer

Die Begeisterung für die Abenteuer der Seefahrt, die portugiesische Seeleute auf den Weg um Afrika nach Indien führte, wodurch sich der Seeweg in den Fernen Osten öffnete, war zum großen Teil von einem Mann entfacht worden: Prinz Heinrich, bekannt als »der Seefahrer«. Seine Gründe dafür, das Vermögen des ritterlichen Christusordens der portugiesischen Seefahrt und der Meereserkundung zu widmen, scheinen gemischt gewesen zu sein. Einerseits schätzte er die Bedeutung von Handel und Kolonialisierung hoch ein, andererseits scheint ihn auch der Ehrgeiz beseelt zu haben, einen von den Portugiesen geleiteten Kreuzzug gegen den Islam zu führen, und er hoffte, seine Forschungsreisenden würden den mythischen christlichen Priesterkönig Johann finden, dessen Reich angeblich jenseits des Nils liegen sollte. Heinrich selbst kam auf seinen Seereisen nicht weiter als bis Tanger, und zum Zeitpunkt seines Todes waren portugiesische Seeleute gerade bis an die Küste von Sierra Leone gelangt. Aber es war sein Beispiel, das João II. und nach ihm Manuel I. dazu bewegte, die Reisen von Bartolomëu Diaz zum Kap der Guten Hoffnung (1488), von Vasco da Gama nach Indien (1497–1499) und von Pedro Alvares Cabral über den Atlantik nach Brasilien (1500) zu finanzieren. Nach dem Vertrag von Tordesillas (1494) hatte Portugal die Exklusivrechte für den Osten inne, und portugiesische Seeleute erforschten die Gewürzinseln, China und Japan. 1600 hatten die Portugiesen eine Handelsniederlassung in Macao gegründet und sicherten sich das Monopol auf den japanischen Handel.

Rechts: Auf dem Denkmal der Entdeckungen in Lissabon, das 1960 zum Gedenken an den 500. Jahrestag seines Todes errichtet wurde, steht Prinz Heinrich an der Spitze einer Schar von Seeleuten. In der Hand hält er ein Schiffsmodell. Unter den anderen idealisierten Porträtskulpturen befindet sich Manuel I. mit seinem Emblem, der Armillarsphäre, einer Art Astrolabium.

Unten: Portugal brachte viele geschickte Kartographen hervor; deren *roteiros* (Lotsenbücher) waren lange überaus geschätzt worden (Kolumbus beschuldigte man, 1492 auf seiner Fahrt nach Amerika ein gestohlenes Lotsenbuch verwendet zu haben), und ihre Portolankarten oder Navigationstabellen für die Küstenlinien waren ebenso begehrt. Diese prächtige Weltkarte mit wehenden Winden aus allen vier Ecken der Erdkugel gehörte zu einem Atlas, der 1519 von Lopo Homem angefertigt wurde.

Oben: Die Entdeckungsreisen hatten großen Einfluß auf den emanuelinischen Stil der architektonischen Ornamentik, wie dieses weltberühmte Fenster zum Kapitelsaal des Christusritterklosters in Tomar zeigt. Der wuchernde Dekor besteht aus einer Fülle von Gegenständen der Seefahrt, einschließlich Seilen und Kabeln, Seetang, Korallen und Ankerketten, und all dies ist mit dem Kreuz von Prinz Heinrichs Christusritterorden gekrönt.

Ganz oben: Ende des 16. Jahrhunderts waren portugiesische Schiffe in Japan zu einem vertrauten Anblick geworden. Ein einheimischer Künstler hat eines davon auf diesem Gemälde festgehalten.

Rechts: Der Seeweg nach Asien wurde zuerst von Vasco da Gama entdeckt. Seine Pionierfahrt um das Kap der Guten Hoffnung zur Küste von Indien und zurück dauerte mehr als zwei Jahre.

ungeschickt betriebenen Nachforschungen anstellte, begannen vom erzürnten Adel organisierte Protestaktionen, bei denen Kirchen entweiht und heilige Bilder zerstört wurden. Solche abscheulichen Herausforderungen an Autorität und Religion zwangen Philipp, wenn auch verspätet, das Problem aufzugreifen. Ein neuer Gouverneur wurde ernannt, der draufgängerische Herzog von Alba (1507–1582), ein spanischer General und Hardliner, der die Rebellionen mit großer Brutalität niederschlug. Im Jahr 1572, als die Ordnung schon wiederhergestellt zu sein schien, begann im Norden der Niederlande eine stärkere Widerstandsbewegung und verbreitete sich unter den Fischerorten der Provinzen Holland und Seeland; Alba reagierte darauf beim Massaker von Haarlem (1573) gewaltsamer als je zuvor.

Regierungsmacht aus einer derart großen Distanz auszuüben und die abwechselnde Folge von Zugeständnis und Unterdrückung – dies waren die Rezepte für Spaniens Scheitern in den Niederlanden. Trotz der Schaffung eines Systems militärischer Verbindungswege – der transalpinen »Spanischen Straße« von Italien herüber und des Seewegs von Spanien durch den Ärmelkanal –, finanziert mit Darlehen internationaler Geldverleiher, konnten nie genügend Mittel zur Unterdrückung der Rebellion mobilisiert werden. Tausende von Bürgern aus Brügge, Gent und Antwerpen im Süden der Niederlande entrannen der religiösen Verfolgung oder der Besteuerung, indem sie nach Utrecht oder Amsterdam im Norden flohen. Kapital, industrielle Fertigkeiten und Handelserfahrung wanderten aus den vermeintlich unterwürfigen südlichen Provinzen ab. Durch die militärische Situation vom Meer abgeschnitten, stürzte Antwerpen in den Niedergang, und all die Verbindungen wirtschaftlicher Zusammenarbeit zwischen Spanien und den Niederlanden erlahmten. 1575 zwangen Ausmaß und Umfang des Engagements die Krone, den Bankrott zu erklären. Vier Jahre später bildeten die Provinzen Holland und Seeland unter der nominellen Herrschaft Wilhelms von Oranien die Union von Utrecht, die nach vielen Wechselfällen als Basis eines unabhängigen holländischen Staates überlebte.

Der Preis für Portugal

Obwohl in Nordeuropa gescheitert, war Philipp im Begriff, einen größeren Gewinn im Süden zu machen. 1581 erfüllte sich der lang gehegte Wunsch der Habsburger Dynastie, Portugal ihren Besitzungen hinzuzufügen. Er hätte diesen Preis zu keinem günstigeren Zeitpunkt gewinnen können. Portugal prosperierte seit dem Tod von Manuel I. (1521) ohne Unterbrechung. Im Abkommen von Saragossa (1529) regelten Spanien und Portugal verbliebene Streitigkeiten über koloniale Rechte. João III. (1521–1557) entschied, im folgenden Jahr Brasilien zu besetzen, und garantierte portugiesischen Siedlern riesige Gebiete an Küstenland. Der Kolonialhandel erbrachte enorme Reichtümer, von denen dank der Monopolrechte das meiste direkt der Krone zukam. Außer für den Bau größerer Schiffe oder die Entsendung größerer Flotten nach Ostindien gab es kaum Anlässe für Investitionen. Daher blühten Architektur und Kunst, Lissabon wurde eine der größten Städte Europas.

Es überrascht wenig, daß sich die Portugiesen in der Herstellung von Land- und Seekarten und in anderen Bereichen der Navigation auszeichneten. Der berühmte Kosmograph und Mathematiker Pedro Nunes (um 1502–1578) bemühte sich um die Entwicklung des Astrolabiums als Präzisionsinstrument. Das Zeitalter der Entdeckungen stimulierte auch eine reiche literarische Tradition, von botanischen Abhandlungen über die Pflanzen Indiens bis zu Abenteuergeschichten wie der *Peregrinaçao (Pilgerfahrt)* von Fernão Mendes Pinto (um 1510–1583). Eine Schilderung seines Lebens als Händler und Seefahrer in China und dem Osten, ist das Werk zugleich eine überbordende Mischung aus Satire, Beobachtung des sozialen Lebens und Phantasie. Der berühmteste Dichter jener Zeit ist Luís de Camões

(1524–1580). Als Angehöriger des alten verarmten Adels erhielt Camões eine gründliche Bildung in klassischer Gelehrsamkeit und Philosophie. Als junger Mann schlug er die Militärlaufbahn ein und erwarb sich einen gewissen Ruf für sein wildes Leben. Vom König 1553 wegen seiner Beteiligung an einer Straßenschlägerei begnadigt, schiffte er sich nach Indien ein, verbrachte dann 17 Jahre im Osten und kehrte 1570 nach Portugal zurück. Sein episches Gedicht *Os Lusíadas (Die Lusiaden)*, der Titel bezieht sich auf Portugals römischen Namen, wurde zwei Jahre später veröffentlicht. Das Gedicht, das die Reisen Vasco da Gamas nacherzählt, ist eine prächtige Verherrlichung portugiesischer Geschichte und Seefahrt, in der sich Anspielungen auf das klassische Wissen mit realistischen Beschreibungen von Stürmen, Schlachten und sinnlicher Liebe die Waage halten. Es ist das berühmteste Werk des Dichters (er schrieb auch Stücke und lyrische Gedichte) und bis heute ein Symbol für den portugiesischen Nationalstolz.

Spaniens Einfluß in Portugal intensivierte sich während der Herrschaft von João III., einem mißtrauischen und frommen Mann, der von seiner Frau Katharina (1507–1575), Schwester Karls V., dominiert wurde. Von Katharina und seinem mißgünstigen Bruder Heinrich, Kardinal-Erzbischof von Évora (1512–1580), angetrieben, erreichte João die Zustimmung des Papstes, um 1536 die Inquisition in Portugal einzuführen. Das erste *auto da fé* wurde 1540 veranstaltet, demselben Jahr, in dem die Jesuiten in Portugal auftauchten. Diese gewannen bald die Kontrolle über das portugiesische Bildungswesen und erwarben sich auch großen Einfluß durch ihre Missionierung in den portugiesischen Kolonien, bei der sie auf dem Werk des Hl. Franz Xaver (Francisco Xavier, 1506–1552) aufbauten, einem von Loyolas ersten Gefolgsleuten, der eine Mission in Goa an der Westküste Indiens leitete.

Lissabon, das Nervenzentrum des Imperiums und die politische und kulturelle Hauptstadt des Landes, wuchs immer rascher und erreichte 1557 eine Bevölkerungszahl von 100 000. Sklaven aus den Kolonien machten etwa zehn Prozent der Bevölkerung aus, während viele andere Einwohner ländliche Zuwanderer waren, die von den Nachrichten über den großen Wohlstand angelockt worden waren. Eine weitverbreitete Ent-

völkerung des Landes verursachte einen ernsthaften Mangel an landwirtschaftlichen Arbeitskräften, und auf den großen Gütern betrieben die abwesenden Landherren eine hoffnungslose Mißwirtschaft. Folglich konnte das Land nicht genügend Nahrungsmittel produzieren und war gezwungen, Fleisch, Getreide und Milchprodukte zu importieren. Der Gegensatz zwischen grenzenlosem Wohlstand am Hof und zunehmender Stagnation in den Regionen schwächte im Ganzen gesehen die wirtschaftliche und politische Lebensfähigkeit des Landes über Jahrhunderte hinweg ernsthaft.

Afrikanisches Desaster

Von den zehn Kindern Joãos III. überlebte nur eines, sein Namensvetter, der Johanna, die Tochter Karls V., heiratete und 1554 starb. Johanna gebar ihrer beider Sohn Sebastian (Sebastião) wenige Tage nachdem sie Witwe geworden war. Der König selbst starb drei Jahre später; Erbe war der Infant Sebastião, *o Desejado*, der »Erwünschte« (1557–1578). Der junge König, der von priesterlichen Hauslehrern umgeben aufwuchs und sich in Ritterromane vertiefte, war vom Gedanken eines Kreuzzugs besessen. Fanatisch religiös und äußerst starrköpfig, war er davon überzeugt, daß Gott ihn erwählt habe, Jerusalem zu befreien. Im Juni 1578, im Alter von 24 Jahren, segelte er nach Marokko, entschlossen, sich bis ins Heilige Land durchzuschlagen. Er wurde von einer ziemlich widerwilligen Armee von 16 000 Mann begleitet, unter ihnen praktisch alle erwachsenen männlichen Angehörigen des portugiesischen Adels. Am 4. August wurde etwa die halbe Armee einschließlich ihres Königs bei El-Ksar-el-Kebir (Alcazarquivir) getötet. Es war mehr ein Massaker als eine Schlacht, Tausende gerieten in Gefangenschaft, und nur ein paar Hundert entkamen.

Portugal war von der Niederlage erschüttert. Zu Lebzeiten war Sebastião meist als prahlerisch und unfähig betrachtet worden, sein Tod hatte ihn zum nationalen Helden erhoben. Die Mythen sprossen lebhaft; viele Portugiesen glaubten, der König wäre noch am Leben und würde die Nation eines Tages zum Sieg führen. Der spanische Anspruch auf den frei gewordenen Thron bedrohte unmittelbar Portugals Unabhängigkeit. In einem verzweifelten Versuch, dem Unvermeidlichen zuvorzukommen, trat Sebastiãos ältlicher Onkel, der Kardinal und Großinquisitor Henrique (1578–1580), die Nachfolge an. Obwohl Rom ihn von seinem Keuschheitsgelübde entband, starb der alte Mann, bevor er einen Nachfolger zeugen konnte, und es blieb nur noch Philipp II. von Spanien als einziger wirklich ernsthafter Kandidat. Dom António (1531–1595), der uneheliche Sohn eines Bruders von João, gewann etwas Unterstützung, aber Philipps Angebot, das immense Lösegeld zu bezahlen, das die Marokkaner für die Freilassung der portugiesischen Gefangenen verlangten, änderte das Meinungsbild allmählich zu seinen Gunsten.

Einheit der Halbinsel und der Krieg gegen England

Philipp setzte seinen Anspruch auf Portugal rasch in die Tat um. In einem Bilderbuch-Unternehmen marschierte der Herzog von Alba auf Lissabon, während eine vom Marquis von Santa Cruz (1526–1588) befehligte Flotte die Mündung des Tejo blockierte. Dom António war zur Flucht gezwungen, als die spanischen Truppen Lissabon betraten. Nach wiederhergestellter Ordnung traf Philipp in Lissabon ein und berief im nahen Tomar die Cortes ein, vor denen er schwor, die Rechte und Privilegien seiner neuen Untertanen zu achten. Er würde alle ernannten Beamte beibehalten, freie Posten mit Portugiesen besetzen und auch weiterhin die Cortes berufen. Justiz, Währung und militärische Organisation sollten selbständig bleiben. Als Gegenleistung gewann Philipp das ansehnliche Einkommen der erloschenen Avis-Dynastie und die Flottenausrüstung einschließlich zwölf riesiger Kriegs-Galeonen. Das Prestige von Portugals Imperium ging nun auf Spanien über. Im selben Jahr wurde im Pazifik eine

Links: Die im 19. Jahrhundert entstandene Kopie eines Porträts des portugiesischen Dichters Luís de Camões von Fernão Gomes (1548–1612), die auf einem Stich in der 1572 veröffentlichten ersten Ausgabe von Camões' Epos *Os Lusíadas* beruht; als Datum für dieses Porträt ist das Jahr 1570 angegeben, kurz nachdem der Dichter aus Indien nach Portugal zurückgekehrt war. Gomes, der in der Extremadura geboren war, ließ sich in Lissabon nieder, nachdem er in den Niederlanden studiert hatte. 1594 wurde er zum Hofmaler Philipps II.; berühmt wurde er vor allem für seine manieristische Malerei religiöser Allegorien.

Rechts: Anonymes Porträt des elfjährigen Königs Sebastian aus dem Jahr 1565. Sein unheilvoller Kreuzzug gegen die Moslems stürzte den portugiesischen Thron in eine Krise. Der Mythos, daß er das Gemetzel von Al-Ksar-el-Kebir überlebt hätte, brachte den Kult des *sebastianismo* hervor – die unerschütterliche Hoffnung, daß der König zurückkehren und den portugiesischen Thron wieder einfordern würde. Um 1590 brach eine Reihe von spontanen Erhebungen aus, als die Menschen gewissen Hochstaplern nachliefen, die sich für Sebastian ausgaben.

neue spanische Kolonie gegründet und mit einem angemessenen Namen versehen – die Philippinen. Spaniens katholische Monarchie und ihr Imperium erstreckte sich nun über die ganze damals bekannte Welt.

Gestärkt durch diese neuen Besitzungen, konnte Philipp umfassendere Pläne zur Bereinigung der Situation in den Niederlanden schmieden. 1583 hatte dort sein neuer Gouverneur und Neffe Alexander Farnese, Herzog von Parma (1545–1592), begonnen, die spanische Kontrolle erneut zu behaupten. Seinen Plänen verbesserter Beziehungen mit den südlichen Provinzen vertrauend, begann Parma, den Norden schrittweise – zwei bis

drei Schlüsselstellungen pro Jahr – zurückzuerobern. Besorgt über die Aussicht eines gänzlichen Sieges der Spanier, sandte Königin Elisabeth I. von England 1585 jedoch den Holländern eine Expeditions-Streitkraft zu Hilfe. Im selben Jahr landete Sir Francis Drake (um 1540–1596) ohne weitere Umschweife mit einer Flotte einschließlich zweier königlicher Kriegsschiffe und 1500 Soldaten in Galicien und plünderte die Stadt Vigo. Die Herausforderung konnte nicht übergangen werden. Der offene Krieg war unvermeidlich und bedurfte nur noch Philipps penibler Vorbereitung.

Im Jahr 1588 setzte die spanische Armada mit 130 Schiffen,

Die Spanische Armada

Philipps Entsendung einer großen Kriegsflotte (oder *Armada*) gegen England im Jahr 1588 war Teil einer größeren »Unternehmung«: Es war beabsichtigt, sich mit einer Invasionsstreitmacht aus Flandern unter der Führung des Herzogs von Parma zu vereinigen und ihr beizustehen. Die Flotte, die im Juli unter dem Kommando des Herzogs von Medina-Sidonia (1550–1619) La Coruña verließ, bestand aus mehr als 130 Kriegsschiffen, nahezu 20 000 Soldaten und 10 000 Seeleuten – die größte, die je durch die Gewässer Nordeuropas segelte. Doch trotz einer zweijährigen Planung hatten sowohl die Flotte als auch der Plan für den Feldzug ernsthafte Mängel. Mehrere Geschwader waren technisch schlecht ausgestattet und unterbesetzt; außerdem schloß die Küstentopographie zu beiden Seiten des Ärmelkanals die Möglichkeit aus, die Barkassen mit Truppennachschub zum Schutz gegen feindliche Schiffe von Galeonen begleiten zu lassen. Philipp, der die Niederlande kannte, mußte sich dieser Tatsache bewußt gewesen sein, aber man muß fairerweise sagen, daß die Expedition in vieler Hinsicht ein Abenteuer ins Unbekannte war – die Begegnung, die am 9. August vor Gravelines stattfand, war die erste Artillerieschlacht, die je zwischen massiert aufkreuzenden Kriegsschiffen ausgefochten wurde. Doch die Armada segelte »in der vertrauensvollen Hoffnung auf ein Wunder« los, wie ein spanischer Kapitän sagte – schließlich leitete Gott Kolumbus in die Neue Welt und verlieh Cortés und seinen paar Leuten und Pferden die Kraft, ein riesiges Reich niederzuwerfen. Philipp und seine Untergebenen hatten alles Menschenmögliche getan, um den Kreuzzug zum Erfolg zu führen. Schließlich kam die Flotte in der Konfrontation schlecht weg, aber ein Wechsel der Windrichtung ermöglichte der Armada, in die Nordsee zu entkommen. Nur etwa 80 Schiffe wetterten einen fürchterlichen Sommersturm ab, um die englischen Inseln zu umrunden und den Weg zurück nach Spanien zu nehmen.

Rechts: Dieses Bildnis zeigt Philipp II. als »Herr der Armada«, gerüstet für den Krieg und in der Haltung des Befehlshabers. In der einen Hand liegt sein Schwert, die andere umfaßt den Marschallstab; um seinen Hals hängt das höchste Ritteremblem – der Orden des Goldenen Vlieses. Das Werk entstand in der Zeit, als Philipp II. kraft seiner Heirat mit Maria I., der Katholischen, sowohl König von England als auch von Spanien war. Diese gescheiterte Allianz wird auf seltsame Weise von einer Belagerungskanone *(unten rechts)* symbolisiert, die aus der vor dem nordöstlichsten Punkt Irlands gestrandeten spanischen Galeone *La Trinidad Valencera* geborgen wurde. Die Kanone, die die Invasionsstreitkräfte im Falle einer erfolgreichen Landung unterstützen sollte, trägt das Datum ihrer Entstehung – 1556 – und in vier Feldern die Wappen von England und Spanien.

Unten: Auf dem »Greenwich Cartoon« ist eine der Galeeren der Armada dargestellt. Die Rolle dieser Ruderschiffe ist in jüngster Zeit neu bewertet worden. Die bemerkenswerte Serie von Karten *(ganz rechts)*, mit deren Anfertigung Robert Ademas von Admiral Howard, dem siegreichen englischen Kommandeur, beauftragt wurde, zeigt deren Funktion, die Flotte in einer unbezwingbaren Halbmondformation zu halten; Nachzügler sollten angetrieben und Versprengte in die Linien gewiesen werden. In der hier abgebildeten Phase des Feldzugs ist die in Plymouth losgesegelte englische Flotte der Armada in die Flanke gefallen, um eine Position in ihrem Rücken zu gewinnen.

Rechts: Diese gedruckte Liste legt Schwadron für Schwadron die ganzen Ressourcen der Armada dar – Anzahl und Tonnage der Schiffe, Mannschaftsstärke der Soldaten und Besatzung, Menge der Artillerie, mitgeführtes Pulver und Geschosse. Fast am Ende dieses Aufgebots sind über 2000 Galeerensklaven *(gente de remo)* registriert, die auf die Galeeren und Galeonen verteilt wurden.

SVMARIO
GENERAL DE TODA
EL ARMADA.

	Numero d'Nauios	Toneladas	Géte d'guerra	Géte d'mar	Numero d'todos	Pieças de artilleria	Peloteria	Poluora	Plomo quintales	Cuerda quintales
Armada de Galeones de Portugal.	12.	7.737.	3.330.	1.293.	4.623.	347.	18450.	789.	186.	150
Armada de Vizcaya, de que es General Iuan Martinez de Ricalde.	14.	6.567.	1.937.	863.	2.800.	238.	11.900.	477.	140.	87
Galeones de la Armada de Castilla.	16.	8.714.	2.458.	1.719.	4.171.	384.	23.040.	710.	290.	309
Armada de naues del Andaluzia.	11.	8.762.	2.325.	780.	3.105.	240.	10.200.	415.	63.	119
Armada de naos de la Prouincia de Guipuscua.	14.	6.991.	1992.	616.	2.608.	247.	12.150.	518.	139.	109
Armada de naos leuantiscas.	10.	7.705.	2.780.	767.	3.523.	280.	14.000.	584.	177.	141
Armada de Vrcas.	23.	10271.	3121.	608.	3729.	384.	19.200.	258.	142.	215
Pataches y zabras.	22.	1.221.	479.	574.	1.093.	91.	4550.	66.	20.	13
Galeaças de Napoles.	4.		873.	468.	1.341.	200.	10.000.	498.	61.	88
Galeras.	4.			362.	362.	20.	1.200.	60.	20.	20.
	130.	57.868.	19295.	8050.	27365.	2.431.	123790.	4.575.	1.232.	1.151

Gente de remo.

En las Galeaças. 1.200. De mas de la dicha poluora se lleuà de respecto para si se ofre ciere alguna bateria 600. qs. 600.
En las Galeras. 888.
2.088.

Por manera que ay en la dicha armada, segun parece por este sumario, ciento y treynta nauios, que tienen cincuenta y siete mil ochocientas y sessenta y ocho toneladas, y diez y nueue mil dozientos y nouenta y cinco soldados de Infanteria, y ocho mil y cincuenta y dos hombres de mar, que todos hazen, veyntisiete mil trezientos y sessenta y cinco personas, y dos mil y ochenta y ocho remeros, y dos mil y quatrocientas y treynta y vna pieças de artille ria, las mil quatrocientas y nouenta y siete de bronze, de todas suertes en que ay muchos caño nes, y medios cañones, culebrinas, y medias culebrinas, y cañones pedreros, y las nouecientas y treynta y quatro restantes de hierro colado de todos caliuos, y ciento y veyntitres mil cien to y nouenta balas para ellas, y cinco mil ciento y setenta y cinco quintales de poluora, y mil y dozientos y treynta y ocho de plomo, y mil ciento y cincuenta y vn quintales de cuerda: y los generos de los nauios son en esta mane ra.

etwa 8000 Matrosen und 18 000 Infanteristen die Segel zu einer Invasion Englands. Nie zuvor war eine große Flotte kanonenbestückter Segelschiffe ausgesandt worden, um in feindlichen Gewässern gegen eine andere Armada zu kämpfen. Aber die Schlacht wurde zum Desaster. Nur etwa die Hälfte der Armada kehrte in den spanischen Hafen zurück. Das »Unternehmen England« kostete Philipp ein ganzes Jahresbudget und unwiederbringliche Verluste an Schiffen und Mannschaften. Gleichwohl strebte er trotz dieser Niederlage danach, wieder eine moderne Seestreitmacht aufzubauen. Und als Philipp 1598 starb, war Spanien immer noch in den Zweikampf mit England verwickelt.

Die Leistungen Spaniens in der Krise

Spaniens Wirtschafts- und Bevölkerungsentwicklung befand sich über ein Jahrhundert in einer Wachstumsphase; gegen Ende von Philipps Herrschaft erreichte es eine Bevölkerung von acht Millionen. In Kastilien gab es etwa 30 Städte mit über 10 000 Einwohnern (in England im Vergleich dazu nur drei). Die aufsteigende Gesellschaft brachte die ersten Schulen für ökonomische und politische Theorie an Universitäten wie Salamanca hervor, wo die Ideen des polnischen Astronomen Kopernikus (1473–1543) und anderer fortschrittlicher Denker auf dem Lehrplan standen. Seinen Rivalen war Spanien auf vielen Wissensgebieten überlegen – Kosmologie, Navigation und Kartographie. Kastilien leitete auch wichtige Entwicklungen in den Sozialwissenschaften ein, sowohl theoretisch wie praktisch. Städtische Behörden arbeiteten mit der Kirche zusammen, um ein Spektrum an Sozialdiensten für Arme und Kranke bereitzustellen, von denen selbst Minoritäten wie moriscos und Zigeuner profitierten.

Philipp II. war kein absoluter Despot. Er herrschte, wie es seine Rechte erlaubten, suchte aber auch nach dem Konsens. Wie Elisabeth I. mußte er mit den Parlamenten um Steuerzugeständnisse feilschen, und er mußte auch innerhalb der durch zahllose fueros festgelegten Grenzen operieren. Der Anblick von Untertanen, die vor ihrem vorbeiziehenden Monarchen auf die Knie fallen – wie es bei den Engländern und Königin Elisabeth der Fall war –, wäre den Spaniern zuwider gewesen, und der Gedanke göttlicher Rechte für den König wäre für die zeitgenössischen Theoretiker, die hartnäckig konstitutionelle Grundsätze verteidigten, reine Blasphemie gewesen. Unter Philipp war Spanien zum ersten bürokratischen Weltreich geworden, mit ausgefeilten Informationssystemen, einem Beamtenapparat noch nie dagewesenen Umfangs und professionellem Niveau und den größten und effizientesten Streitkräften seit dem römischen Imperium.

Trotzdem hinterließ Philipp ungeachtet der zahlreichen Errungenschaften seiner Regierungszeit so viele Probleme, daß sein Tod oft als der Beginn von Spaniens unaufhaltsamem Abstieg betrachtet wurde. Wenn auch noch nicht im Niedergang begriffen, litt Spanien doch an chronischen Problemen in Gesellschaft, Wirtschaft, Regierung und Finanzen. Nur die wenigsten davon waren auf Fehler Philipps zurückzuführen, aber seine Nachfolger standen der Situation hilflos gegenüber. Die geopolitischen Verhältnisse, besonders der beschränkte Umfang fruchtbaren Landes und dessen geringe Leistungsfähigkeit, bedeuteten für Spanien, daß es die im 16. Jahrhundert erreichte Bevölkerungszahl nicht halten, geschweige denn das für einen erfolgreichen Wettbewerb im 17. Jahrhundert notwendige Wachstum erzielen konnte. Darüber hinaus beeinträchtigten im späten 16. Jahrhundert klimatische Veränderungen die Landwirtschaft der Halbinsel. Das Bevölkerungswachstum verlangsamte sich. Spanien wurde zu einem Importeur von Nahrungsmitteln, sogar schon vor einer Serie von Mißernten um 1595. Vier Jahren Hungersnot (1591–1594) folgten fünf Jahre Seuchen (1596–1600). Diese Katastrophen reduzierten die Bevölkerung um etwa zehn Prozent und leiteten eine Phase von Subsistenzkrisen und Epidemien ein, die bis 1680 andauerte.

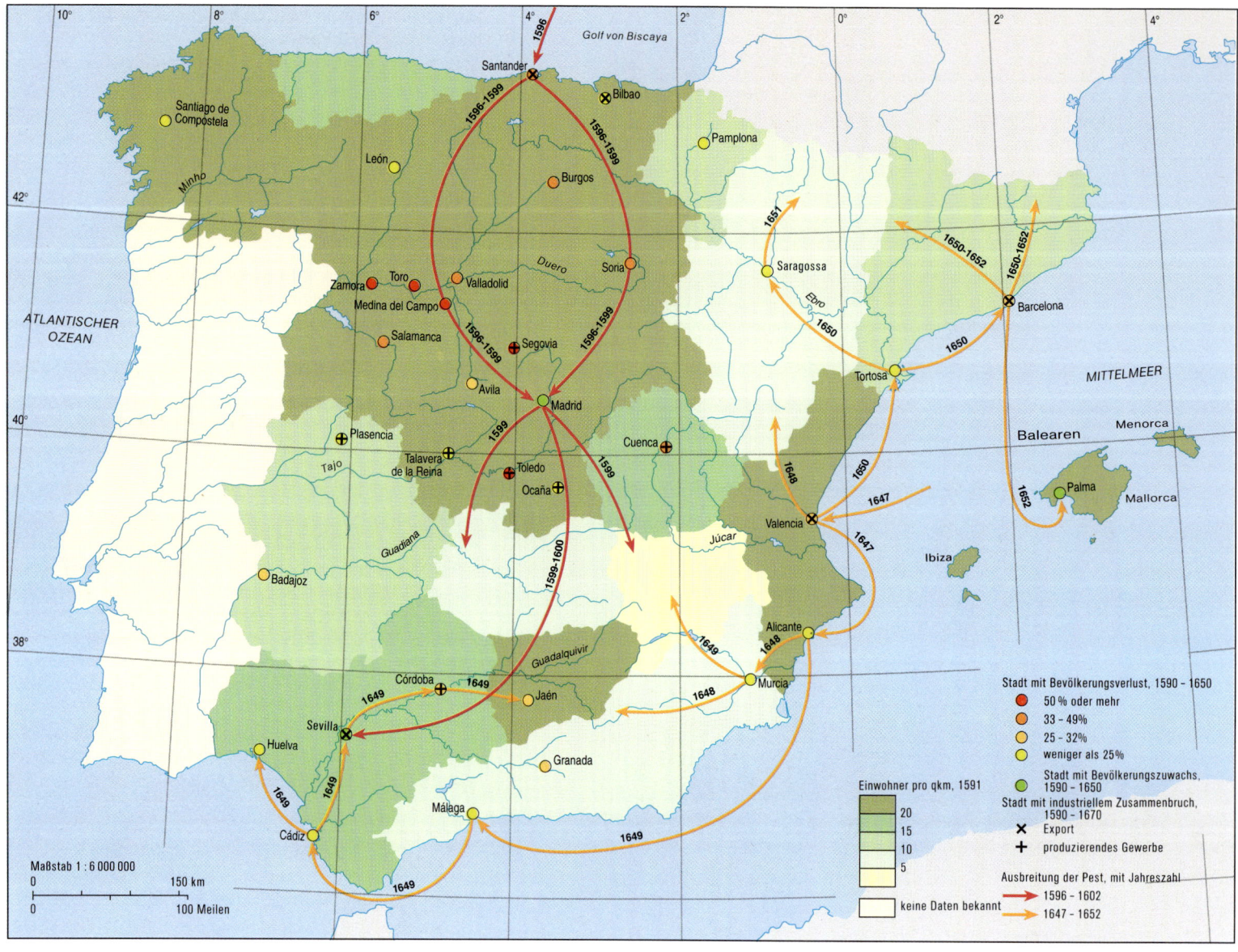

Außerdem führten die epidemischen Krankheiten in Kastilien zu einem Mangel an Arbeitskräften und zu erheblichen Lohnsteigerungen – in einer Situation, in der eine Kostenreduktion zur Sanierung der kastilischen Wirtschaft nötig gewesen wäre. Die Situation wurde ferner durch die Tatsache verschlimmert, daß der amerikanische Markt für spanische und europäische Waren die ersten Anzeichen von Sättigung zeigte. In Mexiko und Peru waren autarke Ökonomien entstanden, und die rückläufige Nachfrage nach europäischen Produkten verringerte auch den als fiskalische Reserve eingeplanten Rückfluß des Silbers aus der Bezahlung dieser Importe.

Inzwischen bestand der absolute politische Imperativ zur Verteidigung des katholischen Reichs nur noch in der Beanspruchung schwindender Ressourcen. Die Verteidigung der Interessen der Krone in Nordeuropa erzwang eine rücksichtslose Erhöhung der Besteuerung; die konstitutionelle Unabhängigkeit der spanischen Königreiche schloß aber eine Einnahmenerhöhung aus nicht-kastilischen Quellen aus. Folglich fiel die Hauptlast der Verteidigung dem krisengeschüttelten Kastilien zu, das diese immer weniger ertragen konnte.

Im Prinzip sah Philipp die Notwendigkeit ein, die Kriegslasten zu verringern. Die Schwierigkeit lag im Abschluß eines »gewissenhaften Friedens« – ein diplomatischer Kompromiß ohne unannehmbare Verluste in der religiösen Führung, an Territorien und an internationalem Ruf. Erst 1598, im Jahr seines Todes, akzeptierte Philipp II. einen Frieden mit Heinrich IV. von Frankreich (1589–1610).

Ein Satellitenkönig

Philipp III. (1598–1621) hatte wenig vom Geist oder den Talenten seines Vaters geerbt. Eine gewisse Zeit versuchte er – mit etwas Erfolg –, die Verwirrung in der Regierung zu beruhigen, die die Krankheit seines Vaters am Ende hinterlassen hatte. Er setzte seine Friedensbemühungen fort und schloß Abkommen mit England (1604) und den rebellischen Holländern (1609) – obgleich letzteres lediglich ein Zwölf-Jahres-Waffenstillstand war und keine wirkliche Unabhängigkeit gewährte. Trotzdem spürten viele Spanier, daß der Waffenstillstand von Antwerpen kein gewissenhafter Friede gewesen war, eine Ansicht, die der König schließlich selbst teilen sollte.

Nach diesen anfänglichen hektischen Aktivitäten zog sich Philipp aus den direkten Regierungsgeschäften zurück. Ermöglicht wurde ihm dies durch Francisco de Sandoval, Herzog von Lerma (1553–1621) und Günstling (valido) des Königs, an den er die alltägliche Machtausübung delegierte. Bis etwa 1612 vertraute Philipp Lerma vorbehaltlos. Der König war eine verdrießliche Persönlichkeit und rettungslos vom Trost der Religion und der Unterstützung sowohl von seiner Frau Margarita (1584–1611) als auch von Lerma selbst abhängig. Überwältigt von Gedanken an den Tod und das Seelenheil und von den Problemen des Regierens, suchte er Zuflucht in der Jagd, ein unter iberischen Herrschern beliebter Trost.

Obwohl er einen glanzvollen barocken Hof in Madrid errichtete, der während seiner Herrschaft architektonisch stark verbessert wurde, verbrachte Philipp relativ wenig Zeit in der

Wirtschaftliche Rezession, 1590–1650

Die Belege für eine wirtschaftliche Rezession im frühen 17. Jahrhundert sind nur allzu deutlich. Der Prozeß begann mit einer Reihe von Mißernten kurz nach 1590. Das Bevölkerungswachstum, ohnehin schon im Rückgang, kam abrupt zum Erliegen; Flüchtlinge aus den Hungergebieten strömten in die überfüllten Städte. 1596 brach in Santander eine Seuche aus und verbreitete sich ins Landesinnere; gegen 1602 waren in Kastilien 500 000 Menschen gestorben – ein Zwölftel der Bevölkerung –, und Tausende emigrierten in die Neue Welt. Die Landwirtschaft brach zusammen, die Abhängigkeit Kastiliens von Getreideimporten verschärfte sich auf lange Sicht. Fischerei, Gewerbe und Exporthandel, vom Krieg in den Niederlanden bereits in Mitleidenschaft gezogen, wurden 1596 zusätzlich vom katastrophalen Bankrott der Krone betroffen. Explodierende Kosten wurden durch eine zügellose Geldinflation und (besonders zwischen 1620 und 1640) von einer erdrückenden Steuerpolitik verschlimmert und verursachten den Zusammenbruch des Gewerbes. Schafhaltung und gewisse strategische Unternehmensbereiche wie Schiffbau, Bergbau und Metallurgie konnten aufgrund staatlicher Protektion überleben. Weitere Epidemien gegen 1650 machten eine kurzfristige demographische Erholung wieder zunichte.

Oben: Francisco de Sandoval y Rojas, Herzog von Lerma, begründete unter Philipp III. das »Amt« des *valido* (Günstling des Königs und erster Minister). Er raffte durch Patronage ein beispielloses Vermögen zusammen; heute würde man dies Unterschlagung im großen Stil nennen, und als ihn damals sein politisches Glück verließ, entkam er der Enteignung auch nur dadurch, daß er vom Papst den Kardinalshut annahm. Diese Skulptur – von Pompeo Leoni (1533–1608), dem italienischen Bildhauer und Medailleur, der nach 1556 sein Haus in Madrid baute – aus vergoldeter Bronze ähnelt auffällig den Figuren der Habsburger Königsfamilie, die derselbe Künstler für die Kapelle des Escorial schuf.

konnten sie viel vom verlorengegangenen Prestige der Habsburger wieder zurückgewinnen.

Es war der Krieg gegen die Holländer – der mit der endlosen und blutigen Belagerung von Ostende (1602–1604) auf einem Höhepunkt angelangt war –, der zur Heraufbeschwörung der ersten Finanzkrise der Regierungszeit beitrug. Die lähmenden Kosten der Kampagne zwangen Madrid, die Finanzen zu überdenken. Eine neue höhere Steuer, die *millones*, war erst kürzlich eingeführt worden, brachte aber nicht die erwarteten Einnahmen. Die Krone suchte verzweifelt nach Einnahmequellen, ohne das Parlament konsultieren zu müssen, konnte man so doch die Cortes umgehen, die das Recht besaßen, neue Steuern zu blockieren, oder das Ansinnen als Hebel zum Aushandeln weiterer Zugeständnisse benutzten. Die Regierung wählte als Lösung die Abwertung des Münzgeldes durch die Ausgabe einer minderwertigeren Währung aus einer Metallegierung *(vellón)*. Für den Aussteller zwar höchst gewinnträchtig, rächte sich der *vellón* aber mit Verheerungen in Handel und Industrie. Möglicherweise hätten sich die Handels- und Produktionssektoren von der durch Krieg und Staatsbankrott verursachten Depression ohne diesen Schlag erholt. Aber wie die Dinge lagen, erstickten hohe Löhne und Geldinflation die Wirtschaft. Ein dramatischer Rückgang der Silberimporte aus Amerika zwang die Regierung 1607, erneut den Bankrott zu erklären.

Trotzdem war der Mangel an Bargeld nicht der Hauptgrund, ein Ende des Konflikts mit den Niederlanden zu suchen. Ausschlaggebender war die Befürchtung, Heinrich IV. von Frankreich könnte, mit Holländern und Türken verbündet und im geheimen Bund mit den iberischen *moriscos*, den Krieg erklären; eine Furcht, die erst mit der Ermordung Heinrichs im Jahr 1610 aus der Welt geschafft war. Dieser Verdacht ließ die lange aufgeschobene Entscheidung, die Mauren von der Halbinsel zu vertreiben, schließlich Wirklichkeit werden. Die Massendeportation fand von 1609 bis 1614 statt; für die Durchführung dieser Maßnahme wurden viele wegen des Waffenstillstands von Antwerpen von der nördlichen Front entlassene Soldaten und Schiffe eingesetzt. Als ein Akt ethnischer Säuberung, der Spaniens religiöse und rassische Probleme endgültig löste, wurde die Vertreibung von den Spaniern einhellig als Philipps III. größte Leistung begrüßt, deren Glanz allerdings über die Tatsache hinwegtäuscht, daß das Land über 300 000 Bürger verlor. Wachsende Unzufriedenheit mit dem holländischen Waffenstillstand und die zunehmende Opposition gegen Lerma zwangen Philipp, seinen Günstling 1618 zu entlassen. Er übergab die Macht einer reformfreundlichen Gruppe, die von Baltasar de Zúñiga (um 1561–1622) und seinem Neffen Gaspar de Guzmán, Herzog von Oliváres (1587–1645), dem Hauslehrer und Hofmarschall des Königssohns, angeführt wurde.

Geist und Phantasie

Bei all der heimischen Misere und den außenpolitischen Fehlschlägen war das Spanien Philipps III. Schauplatz einer triumphalen geistigen Produktivität. Werke der Geschichte, Philosophie, Ökonomie, Politik und Literatur strömten aus den Druckerpressen der spanischen Städte. Die Verbindungen zwischen Religion, Politik und Literatur waren eng. Viele Schriftsteller gehörten religiösen Orden an, einige waren Universitätsprofessoren, die meisten strebten einen Regierungsposten an. Tirso de Molina, Autor der ersten dramatischen Bearbeitung der Don-Juan-Legende, war in Wirklichkeit der Bettelmönch Gabriel Téllez (um 1584–1648). Miguel de Cervantes (1547–1616), der Autor des *Don Quijote*, war ein Veteran der Schlacht von Lepanto – er verlor im Kampf seine linke Hand. Lope de Vega (1562–1635), mit 1800 Stücken unter seinem Namen und weiteren 431 ihm zugeschriebenen der fruchtbarste Dramatiker der Weltliteratur, segelte ebenfalls in der Armada. Ein anderer Romancier, Mateo Alemán (1547–1610), war eine gewisse Zeit der Leiter der königlichen Quecksilberminen in

Stadt. Einige Jahre lang verlegte er die Hauptstadt praktisch nach Valladolid, hauptsächlich aus Gefälligkeit gegenüber Lerma, dessen Güter und Verbindungen dort lagen. Lerma war an Staatsangelegenheiten genauso wenig interessiert wie sein Herr und mit den Dingen dieser Welt ebenso beschäftigt wie der König mit den jenseitigen. Sein Hauptinteresse lag in der Kontrolle der Patronage. Er häufte durch Philipps direkte Übertragungen von Land und Titeln riesige Reichtümer an und schöpfte die Gewinne eines weitgespannten Klientel-Systems ab. Lerma regierte über eine »Familie« von Verwandten und Stellvertretern, die er in die wichtigsten Posten in Kirche und Staat lancierte. Die höchsten Ämter der königlichen Hofhaltung behielt er sich selbst vor. So konnte er den Zugang zum König überwachen und besaß damit soviel Macht, daß er mehrere Angriffe abwehren konnte; einer davon (1608) wurde sogar von der Königin mitgetragen. Obwohl erfolglos, enthüllte dieses Ereignis doch die Korruptheit der wichtigsten Mitarbeiter des Königs und höhlte auch Philipps Vertrauen aus.

Obwohl in einer tiefen sozio-ökonomischen Krise und von einem abwesenden König und einem inkompetenten Günstling geführt, erlangte Spanien in diesen Jahren unbestreitbar seine höchste Geltung im europäischen Kräftespiel. Die entscheidenden Außenposten Neapel und Mailand waren in den Händen fähiger, unter Philipp II. ausgebildeter Gouverneure. In den südlichen Niederlanden hatte Philipps Tochter Isabel (1566–1633) die Oberherrschaft mit ihrem Gatten und Cousin Albert (1559–1621) geteilt; in ihrer gemeinsamen Regierungszeit

Die Rolle der Plaza Mayor

Während des langen Friedens im Innern, der von etwa 1520 bis 1640 anhielt, wurden in Kastilien Aspekte des Städtebaus entwickelt, die sowohl Planung und Funktion als auch Schönheit und Pracht bedachten. Im Zentrum dieses Prozesses stand die *Plaza Mayor* oder »Großer Platz«. Anders als die *piazzas* in Mittelitalien sind die spanischen Plazas im Entwurf einheitlich, jeweils das Werk eines einzelnen Architekten und fast immer rechteckig in der Form. Sie unterscheiden sich auch in der Verwendung der Kolonnaden, die das überstehende Stockwerk der seitlichen Gebäudeflügel stützen. Diese ließen von Sonne und Regen abgeschirmte Räume entstehen, in denen bequem Geschäfte abgewickelt und verderbliche Waren sicher ausgestellt werden konnten. Darüber lagen die Balkonreihen, von denen aus eine privatere Beobachtung des Geschehens möglich war und wo delikatere Geschäfte stattfanden. Sie sind vielleicht der Ursprung der Theaterlogen, mit ihrer berüchtigten Doppelfunktion von Privatheit und öffentlicher Zurschaustellung. In Fällen, in denen sich die *Plaza* vor einer Kathedrale ausbreitet oder den Vorplatz eines Rathauses *(ayuntamiento)* bildet, scheinen sie jedoch näher an den italienischen Beispielen zu liegen.

Die *Plaza Mayor* wurde zum Herzstück des lokalen Stolzes und bürgerlichen Glanzes. An Festtagen wurde der gepflasterte offene Innenraum zum Schauplatz religiöser Prozessionen und manchmal von *autos de fe*, abgehalten von den regionalen Tribunalen der Inquisition. Hier erhielten auch die *hermandades* ihre militärische Grundausbildung und Reitunterricht. Die früheste *Plaza Mayor* wurde auf Veranlassung von Philipp II. in Valladolid, seinem Geburtsort, erbaut. Die *Plaza Mayor* von Salamanca ist für ihre klassischen Proportionen bekannt und im reinsten Stil der spanischen Renaissance verschönert, und die von Madrid ist mit Abstand die größte und imposanteste städtebauliche Anlage dieser Art.

Oben: Philipp III. ist hier zu sehen, wie er die große *Plaza Mayor* in Madrid betritt, die auf seine Anordnung gebaut wurde. Er war in Madrid geboren, verbrachte aber die meiste Zeit fern von Madrid, zwischen 1601 und 1606 verlegte er sogar die Hauptstadt nach Valladolid. Eine lange und kostspielige Kampagne war vonnöten, um den König zur Rückkehr nach Madrid zu bewegen. Der Platz wurde 1620, kurz vor seinem Tod, offiziell eröffnet und kann vielleicht als Symbol für Madrids endgültigen Status als Hauptstadt gesehen werden.

Unten: Die neue Plaza bot eine beachtliche Arena für höfische Spiele wie Ritterturniere und Schaukämpfe. Vor allem mit den häufig veranstalteten und beliebten Stierkämpfen *(corridas de toros)* wurden religiöse Festtage, königliche Anlässe und militärische Triumphe begangen.

Unten: Dieses Gemälde von Francisco Rizi zeigt das letzte *auto de fe*, das 1683 auf der Madrider *Plaza Mayor* abgehalten wurde und dem Karl II. und seine Königin als Teil ihrer hochheiligen Pflichten beiwohnten. Keiner der Verurteilten wurde bei dieser Gelegenheit verbrannt. Das *auto de fe* war in der Hauptstadt tatsächlich ein sehr seltenes Ereignis, und selbst wenn es stattfand, dann auch nicht immer auf der *Plaza Mayor*. Die berüchtigte Verbrennung von fünf »neuen Christen« im Jahr 1632, die angeblich in das Judentum zurückgefallen waren, wurde in sicherer Distanz in der Nähe des später von König Karl III. errichteten Triumphbogens vorgenommen. Aber die *Plaza Mayor* war Kulisse anderer gerichtlicher Schrecken wie 1621 der Hinrichtung des unglückseligen (wenn auch sicherlich korrupten) Ministers Rodrigo Calderón, der eine riesige Menge beiwohnte.

Oben: Auf dieser Luftaufnahme hebt sich der große, offene und rechteckige Raum der Madrider *Plaza Mayor* deutlich von den umliegenden Straßenschluchten ab. Der Platz wurde im späten 18. Jahrhundert restauriert und verbessert. Diesmal wurde die Reiterstatue Philipps III. angemessen in der Mitte des Platzes aufgestellt. Während der Unruhen, die 1931 den Umsturz der Monarchie begleiteten, wurde die Statue heruntergeholt und beschädigt. Ihre Wiedererrichtung bedeutete, daß Spanien zumindest ein Denkmal für einen ansonsten wenig denkwürdigen Monarchen bewahrt.

Rechts: Wie auch in anderen Städten ist Madrids *Plaza Mayor* immer noch Schauplatz für manch soziale Aktivität. Menschen treffen sich zum Unterhalten, Essen, Trinken in den Bars und Cafés (die in der Mitte sind meist den Touristen vorbehalten) und um Freilufttheater, Konzerte, Kunstausstellungen zu genießen und auf Büchermärkten zu schmökern. Sonntags kommen viele unter die Kolonnaden, um an den Ständen von Briefmarken- und Münzhändlern nach Seltenheiten zu suchen. Nachts spielen die *tuna*-Gruppen in ihren seltsamen Trachten, die auf die Studentenkleidung der ursprünglichen Gruppen zurückgehen, Serenaden »traditioneller« kastilischer Musik und *zarzuela*-Potpourris.

Almadén, in denen Verurteilte brutale Sklavenarbeit leisteten. Autoren mit besseren Verbindungen erhielten einträgliche Posten in der königlichen Hofverwaltung, Juan Ruíz de Alarcón (1580–1639) etwa oder der Ökonom Pedro de Navarrete (1574–1633) neben zahllosen anderen.

Der Hochadel begann ebenfalls, das Sozialprestige und den politischen Vorteil zu schätzen, den ein geschickter Schriftsteller als Mitglied des eigenen Hofstaats mit sich brachte. Kleinere Blutrache-Affären und wichtigere politische Angelegenheiten wurden nicht nur mit dem Schwert ausgefochten, sondern auch mit gedruckten Spottgedichten und Plakaten. Francisco de Quevedo (1580–1645), Sekretär und Lohnschreiber des Herzogs von Osuna, war auch ein gefürchteter Mann des Degens. Osunas Feind, der Herzog von Villamediana, war selbst Satiriker, Dramatiker und seinerzeit ein berüchtigter Exponent des Duellierens.

Unter diesen Umständen überrascht es nicht, daß der politische und soziale Kommentar zum literarischen Stoff wurde, obwohl viele Bücher sich immer noch mit religiösen Themen beschäftigten. Von fast 1000 in der Periode von 1500 bis 1700 identifizierten Autoren publizierten mehr als 400 Arbeiten über den einen oder anderen religiösen Aspekt. Der um 1550 langanhaltend geführte Disput zwischen dem Jesuiten Luís de Molina (1535–1600) und seinen dominikanischen Gegenspielern über die Rolle der göttlichen Gnade in der Erlösungslehre wurde von Tausenden von Lesern aufmerksam verfolgt. Ein anderer Jesuit, Juan de Mariana (1536–1624), verfaßte 1595 die erste bedeutende vollständige Geschichte Spaniens. Lesen und Schreiben war in jener Zeit nur den oberen Schichten vorbehalten, in der Gesellschaft insgesamt war etwa ein Drittel der Bevölkerung lesekundig.

Einige frühe spanische Schriftsteller erwarben sich auch außerhalb des Landes einen Ruf, aber es war Cervantes' Roman *Don Quijote de la Mancha* (Teil I, 1605; Teil II, 1615), der den europäischen Geist unwiderstehlich anzog. Die Abenteuer eines idealistischen, von Armut heimgesuchten niederen *hidalgo*, dessen Verstandeskräfte durch das übermäßige Lesen von seichten Ritterromanen getrübt worden waren, konnten nur in einer Gesellschaft entstehen, in der Literatur und Schreibfähigkeit wachsende Bedeutung erreichten. Die Kombination von psychologischer Beobachtung und beißend scharfen Kommentaren über soziale Zustände nimmt bereits den modernen Roman vorweg. Seine Behandlung von universellen und ewig gültigen Themen macht den Roman zu einem der glänzendsten frühen Beispielen des Genres. Cervantes erforscht den Unterschied zwischen Schein und Sein anhand des geistreichen Wechselspiels zwischen dem verträumten, sich selbst täuschenden Ritter und seinem schlauen und eigennützigen Diener Sancho Pansa. In ähnlicher Weise war bereits die komische Rolle des pfiffigen Bediensteten oder naiven Bauern, der die Ansprüche der verkünstelten Stadtleute bloßstellt, auf den spanischen Bühnen des 17. Jahrhunderts enorm populär.

Cervantes stand intellektuell den *arbitristas* nahe – eine Schriftsteller-Schule, deren Mitglieder die sozio-ökonomische Reform befürworteten –, weil seine Nostalgie für die großen Taten der Vergangenheit von seinem Bewußtsein über die gegenwärtigen Mißstände geschärft war. Ein paar Jahre vor der Veröffentlichung des *Don Quijote* kommentierte der Ökonom González de Cellorigo (1565 ?–1615 ?), Spanien sei »eine Gesellschaft zauberhafter Wesen, die außerhalb der natürlichen Ordnung der Dinge leben«. Diese Worte treffen genau den Geist des *Don Quijote* und Cervantes' eigene tiefe Betroffenheit über den Zustand seines Landes. Doch die Stimmung der Desillusionierung *(desengaño)*, die gegen Ende des 16. Jahrhunderts öfters über Spanien lag, mag überzeichnet sein. Wie viele Satiriker war auch Cervantes ein Moralist und ein Patriot. Er glaubte an die Größe Spaniens, die Wahrheit seiner Religion und das Schicksal seines Volkes. Die *arbitristas*, die ebenfalls unver-

besserliche Optimisten waren – einige von ihnen nicht weniger fanatisch als *Don Quijote* –, arbeiteten für die Wiederherstellung von Spaniens Größe. Als Geistliche glaubten sie, daß Spanien durch Moralität ebenso wie durch praktische Reformen die Belohnung des göttlichen Beistands für all seine Unternehmungen erlangen könnte.

Oliváres und die Reform

Eine neue Regentschaft und eine neue Regierung bereiteten sich auf die bevorstehenden Herausforderungen vor. Philipp III. hinterließ drei Söhne, Königin Margarita hatte in nur zwölf Jahren Ehe acht gesunde Kinder hervorgebracht. Das war ein Rekord für die Habsburger Dynastie und stand in einem bizarren Kontrast zur Trägheit des Königs in anderen Staatsangelegenheiten. Der neue König, Philipp IV. (1621–1665), war ein Teenager, ebenso weltlich wie sein Vater fromm, unterschied sich aber von diesem durch seine Intelligenz und gute Vorbereitung auf die Regierungsgeschäfte, obwohl letztere nicht seinem persönlichen Geschmack entsprachen. Doch vertiefte er sich in seine Aufgaben als Monarch und versuchte den Methoden seines Großvaters, Philipps II., nachzueifern. Anders als sein Vater hatte er auch Glück mit seinem obersten Berater. Seit er 14 Jahre alt war und bis zu seinem 40. Lebensjahr wurde seine Persönlichkeit vom Grafen (später: Herzog) von Oliváres geformt, dem größten Staatsmann, den Spanien während seiner Weltmachtära hervorgebracht hat. Ein ausgereifter Geist und eine feste Hand waren zweifellos vonnöten. Es war die einzige längere Regierungszeit eines spanischen Monarchen, die vollständig vom Krieg geprägt sein sollte. Der Dreißigjährige Krieg (1618–1648), der Konflikt zwischen Protestanten und Katholiken, der in Deutschland seinen Ausgang nahm und allmählich zu einem europäischen Krieg geworden war, hatte bei Philipps Regierungsantritt bereits begonnen. Für Spanien sollte er sich zu einer fortgesetzten Serie von Konflikten entwickeln, die 50 Jahre dauerte und erst nach Philipps Tod endete.

In den letzten Jahren der Regierung Philipps III. hatte Oliváres' Onkel, Baltasar de Zúñiga, eine regelrechte Palastrevolution initiiert, als er sich 1621 weigerte, den Waffenstillstand von Antwerpen unter den ursprünglichen Bedingungen zu erneuern, die die neue Regierung als unannehmbar betrachtete. Er forderte eine gründliche Reform der Regierung und der Finanzen, um Spanien für eine ökonomische Erneuerung im Innern und eine erfolgreiche Außenpolitik zu rüsten. Es war dies das letzte Bündel von Reformen, das Oliváres aufgriff, als er 1622 die Nachfolge seines Onkels als oberster Minister antrat. So energisch er es auch leugnen mochte, war Oliváres ebenfalls ein *valido*, der sich wie Lerma einen Machtstützpunkt bei Hofe und in der Regierung errichtete. Er kontrollierte die Patronage und hatte alleinigen Einfluß auf den Monarchen. Er beeindruckte Philipp mit seinem tiefen Sinn für königliche Verantwortung, doch strebte er nach Unersetzbarkeit in der Regierung. Im Gegensatz zu Lerma jedoch suchte Oliváres nicht die Macht, um sich zu bereichern, sondern eher zur Verherrlichung von König und Monarchie und um deren überaus wichtige *reputación* (Ruf) wiederherzustellen.

Oliváres war der erste europäische Staatsmann von Format, der mit einem ausgearbeiteten Reformprogramm an die Macht kam. Er war für die Ideen nicht selbst verantwortlich, auch nicht für den anfänglichen Schwung, aber seine Begabung lag in der Kraft seiner Beharrlichkeit, seinem analytischen Verständnis und seiner politischen Vision. Seine wichtigsten Einflüsse waren die Schriften der *arbitristas*, aber er wollte auch die erfolgreichen Innovationen der Feinde Spaniens, besonders der Holländer, nachahmen. Er hatte zwei Hauptziele. Erstens wollte er Philipp zum »echten König von Spanien« machen statt zum Herrscher eines Dutzends verschiedener Patrimonialstaaten, um den Druck auf Kastilien zu lindern, der durch die Verteilung der Steuerlasten entstanden war. Zweitens wollte er »aus

Erfolg im Ausland, Krise im Innern

Die frühen Jahre von Philipps Herrschaft erlebten eine spektakuläre Siegesserie. Allein im Jahr 1625 wurde Frankreich in Norditalien geschlagen; Breda, der Familiensitz der rebellischen Prinzen von Oranien, wurde eingenommen; die holländische Fischereiflotte wurde zerstört; eine holländische Invasion Brasiliens wurde von einer portugiesisch-kastilischen Expedition zurückgeschlagen; und ein zu einem Angriff auf Cádiz entsandter anglo-holländischer Kampfverband wurde von der lokalen andalusischen Miliz in die Flucht geschlagen. 1626 flehte Frankreich um Frieden, und vier Jahre später gab Karl I. von England (1625–1649) klein bei, nachdem seine Flotte ausmanövriert worden war. Inzwischen zogen die zu Lande und zu Wasser angegriffenen Holländer größere Zugeständnisse für eine Friedenssicherung in Betracht. Oliváres beanspruchte für sich, selbst die Leistungen Philipps II. übertroffen zu haben. Dichter, Dramatiker und Maler wurden beauftragt, den Glanz der spanischen Waffen zu feiern.

Die frühen Triumphe wurden von heimischen Krisen überschattet. Auch andere europäische Völker litten unter einer hohen Todesrate und ökonomischen Einbrüchen, aber jene, von denen Kastilien heimgesucht wurde, waren die häufigsten, schlimmsten und langwierigsten. Der Landwirtschaft fehlte die Flexibilität und Spannkraft, um den widrigen Bedingungen zu trotzen. Kaum eine Generation nach der ersten großen Subsistenzkrise wurden die zentralen Regionen um 1625 von einer weiteren geschüttelt. Langen Wintern, die die Ernteerträge verringerten, folgten ausgedehnte Überschwemmungen fruchtbaren Landes. Die pure Not bedrückte das Leben auf dem Land; Provinzstädte wie Salamanca und Medina del Campo waren von Hungersnot geschlagen. Lokale Epidemien brachen aus und griffen auf die Bevölkerung über. Während spanische Infanteristen in ihren Quartieren bei der Belagerung von Breda hungerten, erlitten ihre Frauen und Kinder zu Hause in ihren Hütten nicht weniger Entbehrungen. Flüchtlinge drängten nach Madrid, das während der Habsburger Ära seine höchste Bevölkerungszahl erreichte, vielleicht bis zu 300 000 Menschen. Kein Wunder, daß das System extensiver Nahrungsmittel-Requisitionen der Hauptstadt 1630 zusammenbrach und die Einwohner hungern mußten.

Spanien hatte es immer an ausreichend Ressourcen gefehlt, die für ein Weltreich wesentlich sind: fruchtbares Land zur Nahrungsmittelproduktion, Wälder für den Schiffbau und eine solide Bevölkerungszahl, damit Menschen als Arbeitskräfte und Soldaten verfügbar sind. Die Krise von 1627 bis 1631 erschöpfte die Reserven des Landes tiefgreifend. Die wirtschaftliche Depression erschwerte die Entschlossenheit der kastilischen Landbesitzer, sich den Reformen zu widersetzen. Mit dem außer Kontrolle geratenen Kriegsbudget und einem weiteren 1627 erklärten Bankrott war Oliváres zum Kompromiß gezwungen. Er nutzte die Gelegenheit zur Neuorganisation der staatlichen Finanzierung der Kriegskosten, indem er mit einer Gruppe christianisierter portugiesischer Juden bessere Bedingungen aushandelte.

Opportunismus war wieder eindeutig im Spiel, diesmal auf verhängnisvolle Weise, als Oliváres 1628 in Italien intervenierte. Seine Aktion erlaubte Frankreich, unter dem Vorwand, die Freiheit zu verteidigen, in die Lombardei einzudringen, und die Spanier erlitten in den darauffolgenden Kämpfen ernsthafte Verluste. Im selben Jahr wurde die jährlich aus Amerika erwartete Schatzflotte zum erstenmal verloren und fiel bei Matanzas in Kuba in holländische Hände. Sein Ansehen verspielt, das Volk in Hungersnot, die Streitkräfte in Italien, Flandern und im Atlantik im Rückzug, verlor Philipp allmählich das Vertrauen in Oliváres. Er war fast das ganze Jahr 1629 über in Ungnade gefallen, aber der König wußte, daß kein anderer ein vergleichbares Engagement für die Regierung aufbringen konnte.

Oben: Angeblich wurde Velázquez' herrliches Reiterbild von Philipps IV. *valido* Gaspar de Guzmán, Herzog von Oliváres, zur Feier des Sieges über die Franzosen in der Schlacht von Fuenterrabia im Jahr 1638 gemalt. In Wirklichkeit war ihm zwar sicherlich die Organisierung des Triumphs zu verdanken, aber da er nicht Soldat war, blieb er der Schlacht fern. Darüber hinaus war er zu dieser Zeit schon zu schwergewichtig, um noch in den Sattel steigen zu können. Liegt nicht vielleicht eine Anspielung auf zunehmende politische Isolation und Verwundbarkeit im besorgten Blick des *valido*, als wollte er sich vergewissern, daß sich seine Truppen hinter ihm versammelt haben? – ein Gedanke, der Velázquez durchaus inspiriert haben könnte.

den Spaniern Geschäftsleute machen«. Seine Absicht war, die staatlichen Pfandscheine *(juros)* durch Umwandlung in einen Ablösungsfonds zu konsolidieren, um so einheimisches Kapital anzulocken. Die Einrichtung einer Zentralbank sollte den Staat mit Krediten zu günstigeren Zinsen als bei den privaten Genueser Banken versorgen, Investitionen in Handel und Gewerbe sollten die Wirtschaft ankurbeln. Vor allem sollte das chaotische Fiskalsystem abgeschafft und durch eine einzige Steuer *(medio universal)* ersetzt werden.

Um 1625 waren in all diesen Belangen Fortschritte erzielt worden, und die Situation schien vielversprechend. 1624 schlug Oliváres eine »Union der Waffen« vor, eine Reserve-Armee, die von allen spanischen Territorien im Verhältnis zu ihren Ressourcen finanziert werden sollte. Der Plan war außerhalb Kastiliens durchweg unpopulär, weil er angestammte Freiheiten verletzte und zu Recht als ein Versuch gewertet wurde, lokale Autonomie einzuschränken. Am Ende wurden nur wenige von Oliváres' Reformen je ganz in die Tat umgesetzt, der Widerstand von rechtmäßig erworbenen Interessen zwang ihn immer wieder, Kompromisse zu schließen.

Die Kunst des Diego Velázquez

Die kometenhafte Laufbahn von Diego Velázquez, der von seiner bescheidenen Herkunft aus Sevilla zum größten Maler des 17. Jahrhunderts in Spanien aufstieg, bleibt ewig faszinierend. Mit 24 Jahren bereits bestallter Hofmaler, war seine Vorliebe für die längere Bezeichnung von Diego de Velázquez y Silva (sein Nachname mütterlicherseits ist die vage Verbindung zu vornehmeren portugiesischen Vorfahren) nicht nur reine Überheblichkeit. Wie seine Zeitgenossen Rubens und van Dyck durchlief er eine dynamische Phase, während der sich der Künstler vom Handwerksgesellen zu einer Art Adeligem wandelte. Hierin war seine lebenslange persönliche Freundschaft mit König Philipp IV., der selbst gerne Maler gewesen wäre, von entscheidender Bedeutung. Am Ende trugen die Anforderungen seines königlichen Mäzens zur Beendigung seines Lebens bei. Nach dem Pyrenäenfrieden war Velázquez 1659 mit der Inszenierung des Treffens zwischen Philipp und dem französischen König Ludwig XIV. betraut worden. Es war ein glänzender Erfolg, und er stellte alles in den Schatten, was der Sonnenkönig zu bieten hatte, aber die damit verbundenen Anstrengungen und Mühen beschworen seinen Tod ein Jahr später bereits herauf.

Velázquez' Werk zeigt eine erstaunliche Vielfalt an Stilen und Themen. Obwohl zum religiösen Künstler ausgebildet (wie alle seinesgleichen), schenkte er diesem Thema im Laufe der Jahre das geringste Interesse und bevorzugte statt dessen die Wiederbelebung von Themen aus der klassischen Mythologie. Seine Vorliebe für den sogenannten »Genre«-Stil – direkte Beobachtung der unbekannten Gesellschaft, aus der er stammte – ließ nie nach, und er zeigt immer mitreißende Ehrlichkeit und Mitgefühl. Am anderen Ende des Spektrums war er der vollendetste Porträtist des barocken Hofes, in der Lage, echte Größe und die Fehlbarkeit des Menschen auf einer Leinwand gleichzeitig darzustellen.

Rechts: Die Jahre nach 1630 waren der Höhepunkt der Jagdleidenschaft der Habsburger. Besonders die wilden Tiere in den Sierras um Madrid waren bevorzugte Ziele – Wolf, Hirsch und der gefährliche Keiler mit seinen Eckzähnen *(jabali)*. Mehrere Tage verbrachte man manchmal auf der Jagd, wofür große Jagdhäuser gebaut werden mußten, deren Wände mit entsprechenden Bildern geschmückt wurden. Für eines von ihnen malte Velázquez dieses Porträt von Philipp IV. – eines von 15 bis 20, die erhalten geblieben sind. Es ähnelt fast einem zufällig aufgenommenen Schnappschuß und ist nahezu identisch mit anderen Studien des Königs, von dessen Bruder Don Fernando (1609–1641) und seinem Sohn und Erben, dem Infanten Baltasar Carlos (1629–1646).

Links: Bevor Philipp IV. 1621 den Thron bestieg, war Sevilla das Zentrum der Verehrung der Unbefleckten Empfängnis – der Glaube, daß Maria, die Mutter Jesu, ohne den Makel der Erbsünde geboren worden war. 1617 erklärte der Papst nach heftigem Drängen Spaniens, daß der Glaube unter Katholiken zwar zulässig, aber nicht bindend sei. Velázquez' eigene Hommage an diesen Kult feiert dieses Ereignis möglicherweise sogar und ist eines der heitersten Produkte seiner Lehrzeit in religiösen Themen. Es war sicherlich das Vorbild für Tausende von Imitationen. Das Modell ist als einfaches, ungeziertes Bauernmädchen vollkommen überzeugend. Möglicherweise war es eine Bedienstete im Haus seines Sevillaner Gönners, andere nehmen an, daß es Velázquez' Frau, die Tochter seines Lehrers Pacheco, wäre. Die Figur vereinigt die Schwere einer Skulptur mit einer Leichtigkeit in der Erscheinung. Die ziemlich dunkle und formale Landschaft ist übersät mit emblematischen Andeutungen an den Kult der Jungfrau.

Links: Dies ist Velázquez' frühestes datiertes Gemälde (1618) und typisch für seine Reife schon während der kurzen Zeit, in der er in seiner Heimatstadt arbeitete. Die Szene scheint eine Episode aus dem zeitgenössischen Schelmenroman *Guzmán de Alfarache* von dem Sevillaner Schriftsteller Mateo Alemán darzustellen. Der Begriff *bodegón* (der später die Bedeutung »Stilleben«, Studien von unbelebten Gegenständen, bekommen sollte) wird immer noch zur Beschreibung dieser Gemälde benutzt, die »Requisiten« so sehr in den Vordergrund stellten. Die dargestellten Utensilien scheinen in mehreren zeitgenössischen Werken wiederzukehren, die Modelle der alten Frau und des Jungen etwa, was andeutet, daß sie beim Experimentieren eher eine untergeordnete Rolle spielten, während die intensive Verwendung des *chiaroscuro* den Einfluß von Caravaggio vermuten läßt, der über das von Spanien beherrschte Neapel nach Sevilla kam.

Rechts: Las Meninas (Die Hoffräulein), Mitte der fünfziger Jahre des 17. Jahrhunderts gemalt, ist das berühmteste von Velázquez' höfischen Porträts und sein gefeiertstes Werk. Wie auf so vielen Gemälden fängt Velázquez die Unterbrechung eines komplizierteren übergeordneten Ereignisses ein; denn hier arbeitet er an einem riesigen Doppelporträt des Königs und seiner zweiten Gemahlin Mariana, als ihr einziges Kind, die Infantin Margarita, auftaucht, um ihr neues Kleid vorzuführen – möglicherweise an ihrem Geburtstag. Das königliche Paar selbst ist für den Betrachter (und für die beiden selbst) in dem Spiegel zu sehen, der am Ende der Werkstatt des Künstlers steht. Mancher Experte betrachtet *Las Meninas* als das größte Meisterwerk der Weltmalerei. Pablo Picasso malte nicht weniger als 40 Variationen, und es ist zum Thema berühmter Gedichte, Romane und selbst eines Dokumentarfilms geworden.

Kultur und Propaganda

Das Oliváres-Regime war vielleicht die erste europäische Regierung, die Kunst als Mittel offener Propaganda nutzte. Es war eine Antwort auf die rasende Atmosphäre des Krieges und der Krise in Madrid: »Bis zum Sieg sind Nation, König, Königin und alles andere Nebensache«, wie Oliváres darlegte, als er 1635 Frankreich den Krieg erklärte. Es traf sich, daß Malerei und Theater die intellektuellen Lieblingsvergnügen des Königs

waren. 1623 wurde Diego de Velázquez (1599–1660), wie Oliváres aus Sevilla stammend und von ihm entdeckt, zum wichtigsten königlichen Porträtmaler. Seine frühen Studien von König und Günstling brachten den erwünschten Eindruck ernsthaften Bestrebens, von Autorität und Leistung ohne Zurschaustellung oder Pomp hervor. Seinem Beispiel folgten Dutzende anderer Maler, die sich in Madrid aufhielten, wo ein reger Kunstmarkt aus dem Boden schoß. Velázquez war der wahre

Oben: Velázquez' *Übergabe von Breda* – eine der bedeutendsten Kriegsszenen der Weltmalerei – verewigt einen Moment des Jahres 1625: Der spanische Kommandeur in den Niederlanden, der Genuese Ambrogio Spinola (1571 bis 1630), ist gerade vom Pferd gestiegen, um von dem holländischen Führer Justin von Nassau, einem Nachkommen Wilhelms des Schweigers, die Schlüssel der Stadt Breda entgegenzunehmen.

Gründer einer spanischen Malschule. Obwohl mehrere seiner Zeitgenossen wie Francisco de Zurbarán (1598–1664) und Bartolomé Murillo (1618–1682) herausragende und ganz spezifische Begabungen besaßen und im Ausland berühmter waren, war Velázquez allein der Aufgabe gewachsen, der Welt die Bilder einer imperialen Hauptstadt auf ihrem Höhepunkt zu übermitteln. Diese Dekaden waren der Gipfel des europäischen barocken Hoflebens, ein schillerndes Phänomen, das sich in der bestimmenden Sprache des gegenreformatorischen Katholizismus ausdrückte. In Architektur, Bildhauerei und Musik kam Rom und dem Jesuitenorden die führende Rolle in der Entwicklung ihres triumphalen, reich verzierten Stils zu, aber in der Malerei war der Antwerpener Peter Paul Rubens (1573–1640), Freund und Berater Philipps IV., der begabteste Vertreter.

Das Theater war für einige Zeit in den weiteren Umkreis des königlichen Universums abgetrieben und entwickelte sich zunehmend zu einer überladenen Kunstform mit komplizierten Handlungen, Kostümen und Inszenierungen. Der führende Dramatiker der Zeit, Pedro Calderón de la Barca (1600–1681), übermittelte in seinen Stücken oft patriotische Botschaften. Malerei und Theater trafen sich in einem großen neuen Palastprojekt, dem Buen Retiro, das in den dreißiger Jahren des 17. Jahrhunderts vorangetrieben wurde. Das Gebäude war als königliche Vorzeigearchitektur für politische Gegenspieler, kleinmütige Patrioten und ausländische Besucher entworfen worden. In der Haupthalle wurden die Wappen von Philipps IV. zahlreichen Herrschaftsgebieten ausgestellt und zwölf enorme Gemälde von Spaniens neuesten militärischen Siegen zu Land und zu Wasser. Velázquez' Beitrag war »Die Übergabe von Breda« (»Las Lanzas«), ein Thema, das vorher schon Calderón auf der Bühne behandelt hatte. In einem anderen Flügel des Palastes war das Coliseum untergebracht, Spaniens erstes Theater als Zweckbau und Kulisse für viele allegorische Darstellungen zum Lob eines großen Königs und seines weisen Günstlings. Eine andere Dimension brillanter Selbstdarstellung lag in den Spektakeln unter freiem Himmel, von denen viele im Umkreis des Palastes organisiert wurden: Stierkämpfe, Wildschweinrennen, Reiterturniere, Aufmärsche und Prozessionen vor einem riesigen und geblendeten Publikum.

In Malerei, Architektur und Dekor übertraf der Barockstil während des 17. Jahrhunderts alles vorher Dagewesene. Hunderte von Pfarreikirchen und andere religiöse Einrichtungen, besonders in den Städten, wurden nach dem Modell der ursprünglichen Jesuitenkirche in Rom (Chiesa del Gèsu, 1562) gebaut oder umgebaut. Viele von ihnen vereinigten ein zurückhaltendes, edles, oft strenges Äußeres mit einer überraschenden und manchmal ausschweifend verzierten Innendekoration. Das Genre sollte gegen Ende des Jahrhunderts einen eher bedrückenden und gequälten Ausdruck annehmen, vorher wirkte es jedoch oft fröhlich und befreiend. Vor allem die darstellenden Künste feierten eine erstaunliche Plastizität, eine Betonung der Bewegung, wie sie eigentlich für die Musik wesentlich ist.

Diktatur, Krieg und Rebellion

In den Jahren nach 1630 wurde die spanische Monarchie von einer in dieser Intensität vorher nie dagewesenen Konfliktspirale erfaßt. Zur Vorbereitung einer Kraftprobe mit Frankreich entschlossen, dehnte Oliváres das Vorrecht des Königs, jeder gesellschaftlichen Gruppe Steuertribute aufzuerlegen, immer weiter aus. Die neue Offensive begann mit weiteren sensationellen Siegen, die 1634 mit der Vernichtung der schwedischen Armee bei Nördlingen in Bayern ihren Höhepunkt erreichten. Der volle Krieg gegen Frankreich setzte ein, aber Oliváres' Plan, den Gegner durch gleichzeitige Angriffe in drei verschiedenen Teilen Frankreichs kampfunfähig zu machen, schlug fehl. Spanien befand sich bald auf dem Rückzug, und 1639/40 erlitt es gegen die Holländer schmähliche Niederlagen zur See. Seither wurden alle Reformversuche hintangestellt, und Oliváres war mit größ-

ter Energie bemüht, Kapital aus allen denkbaren Quellen zu beschaffen, um die Kriegsmaschine zu füttern. Er verpaßte den Cortes einen Maulkorb, unterwarf die Staatsräte dem Gehorsam, plünderte den Reichtum des Hofadels, kränkte viele Granden-Familien und entfremdete die Kirche. Darüber hinaus wurden andere grundlegende Spaltungen virulent, die bisher von der verbindenden Herrschaft der Habsburger und Kastiliens Reichtum aus den Kolonien beschönigt worden waren.

Die Vereinigung Kastiliens mit den anderen Königreichen beruhte immer noch auf Respekt und einer losen Herrschaft der Zentralregierung. Die Machtbalance war heikel: 1631 zum Beispiel protestierten die Basken gewaltsam gegen einen Plan zur Besteuerung von Salz. Aragón und Valencia ließen sich trotz der Bedrohung ihrer *fueros* auf die Union der Waffen ein, aber Katalonien weigerte sich, auch nur einen Finger zu krümmen. Für Oliváres waren der Ruf der Krone und die Anforderungen der übergeordneten Gemeinschaft vorrangig: »Zum Teufel mit den Verfassungen«, wie er sich ausdrückte. Für die anderen war Spanien als solches von der Aufrechterhaltung der Verfassungen abhängig. Oliváres versuchte, Katalonien in die Knie zu zwingen, und entsandte Truppen an die Grenze. Die Plünderungen der Soldaten veranlaßten die Bauern, mit den Magistraten von Barcelona gemeinsame Sache zu machen, obwohl die Aufrechterhaltung der Standesprivilegien der Magistrate – was die *fueros* in Wirklichkeit darstellten – eigentlich nicht in ihrem Sinne war. Im Juni 1640 weitete sich ein blutiger Aufstand in Barcelona zur offenen Rebellion in ganz Katalonien aus.

Unabhängigkeit Portugals

Portugals drei spanische Könige in der Zeit von 1580 bis 1640 respektierten zuerst die in Tomar gewährten Garantien, die Rechte und Privilegien der Portugiesen zu achten, vernachlässigten sie dann und ignorierten sie schließlich. Philipp II. hielt seine Versprechen penibel genau ein. Er blieb drei Jahre lang in Portugal, erließ Anordnungen für sein neues Königreich und

Rechts: Francisco de Zurbarán – ein erstaunlich schulbildender Künstler während der Regierungszeit Philipps IV. – wurde mit seinen Bildern aus dem religiösen Leben berühmt. Dieses Porträt der Hl. Margaret – mit einem Blick, als wäre sie auf dem Weg zum Markt – ist typisch für seine entwaffnend naiven Studien von Heiligen und Märtyrern.

unterwarf rebellische Inseln des Azorenarchipels, die sich für António als portugiesischen Thronprätendenten aussprachen. Im Februar 1583 reiste er schließlich wieder ab und ernannte einen Gouverneur, seinen Neffen Albert von Österreich (1559–1621), und drei portugiesische Berater. Obwohl Philipp II. institutionelle Verbindungen zwischen Spanien und Portugal förderte, besonders durch eine Einflußerweiterung der Inquisition und des Jesuitenordens, ernannte er doch – wie versprochen – während seiner ganzen Herrschaft Portugiesen, wenn hohe Ämter zu besetzen waren.

Die Union zwischen Portugal und Spanien war anfänglich ein für beide Seiten zweckdienliches und weitgehend produktives Arrangement. Bis 1630 war die Bilanz der Verteidigungsausgaben zum Vorteil von Portugal, und die Habsburger setzten hervorragende und talentierte Vizekönige ein, die die Ausgaben des Hofes beschränkten und das ungesunde Wachstum Lissabons zugunsten der Provinzen bremsten. Vernachlässigtes Land wurde nutzbar gemacht und die Bauern von einigen ihrer Verpflichtungen gegenüber dem Adel befreit. Im Gegensatz zu anderen Regionen der Halbinsel, besonders zu Kastilien selbst, wuchs Portugals Bevölkerung zwischen 1580 und 1640 um

Spaniens Außenpolitik hatte für den portugiesischen Handel ernsthafte Folgen. Nach der Niederlage der Armada schloß Philipp II. portugiesische Häfen für alle englischen Schiffe und enthielt damit Portugal große Handelsgeschäfte vor. 1594 dehnte er den Boykott auf die Holländer aus. Folglich begannen diese, eigene Reisen in den Osten zu unternehmen, gründeten 1602 die Holländische Ostindische Kompanie und übernahmen allmählich das portugiesische Monopol im Gewürzhandel. Der Verlust des Osthandels war nicht so problematisch, wie es im frühen 16. Jahrhundert gewesen wäre, denn ab etwa 1550 wurde die portugiesische Wirtschaft zunehmend von den Gewinnen aus den Zuckerplantagen Brasiliens gestützt. Während Philipps III. Herrschaft begannen die Holländer, auch in diesem Bereich Ehrgeiz zu entwickeln, bildeten die Westindische Kompanie, die Raubzüge gegen die iberische Schiffahrt unternahm, und eroberten schließlich Bahia, die Hauptstadt Brasiliens mit ihren Zuckerplantagen. Eine vereinigte spanisch-portugiesische Expedition warf die Eindringlinge 1625 wieder hinaus.

Philipp III. versäumte es, bei seinem Regierungsantritt 1598 in Portugal die Cortes einzuberufen, setzte Spanier auf wichtige Posten und besuchte das Land nur einmal gegen Ende seiner

Unten: Velázquez' Gemälde *Die Reitschule* zeigt den jungen Thronerben Prinz Baltasar Carlos (1629–1646) bei der Unterweisung in der Reitkunst. Rechts übergibt Oliváres einem Lehrer eine Lanze – wahrscheinlich, um sie seinem Schüler zu reichen –, während im Hintergrund die stolzen Eltern von einem Balkon aus zusehen. In einer nach Oliváres' politischem Sturz in der Werkstatt des Künstlers angefertigten Kopie *(unten links)* ist er aus dem Bild entfernt worden – sicherlich absichtlich. Der Vorgang erinnert an Leo Trotzki, der auf allen während der Stalin-Diktatur veröffentlichten Fotos der Bolschewistischen Revolution von Lenins Seite entfernt wurde.

zehn Prozent. Aber die Unzufriedenheit Portugals mit der Union nahm im Laufe der Zeit immer mehr zu. Der innere Frieden wurde durch regelmäßige Tumulte gestört, oft angestiftet von »wieder auferstandenen« Sebastiãos, die in Wahrheit schlaue Hochstapler waren.

Obwohl sich Portugals Wirtschaft gesund entwickelte, gelang es dem Land kaum, an der intellektuellen und künstlerischen Blüte teilzuhaben, die für Spanien zu dieser Zeit so wesentlich war. Zum Teil bestand der Grund darin, daß der Reichtum gleichmäßiger verteilt war als zuvor, während die Kunst noch nicht zu einem Feld der Patronage oder des Mäzenatentums – weder für die städtische noch für die ländliche Mittelklasse – geworden war. Aber die Beseitigung des Königshauses der Avis – vorher eine Quelle großzügiger Förderung – forderte ihren Tribut, ebenso wie der drastische Rückgang der Zahl adeliger Familien und Paläste nach der katastrophalen Schlächterei von El-Ksar-el-Kebir. Andere portugiesische Adelige fühlten sich vom Glanz des Madrider Hofs angezogen. Außerdem gaben die portugiesischen Schriftsteller um 1620 ihre Muttersprache auf und flüchteten sich in den Gebrauch des Kastilischen.

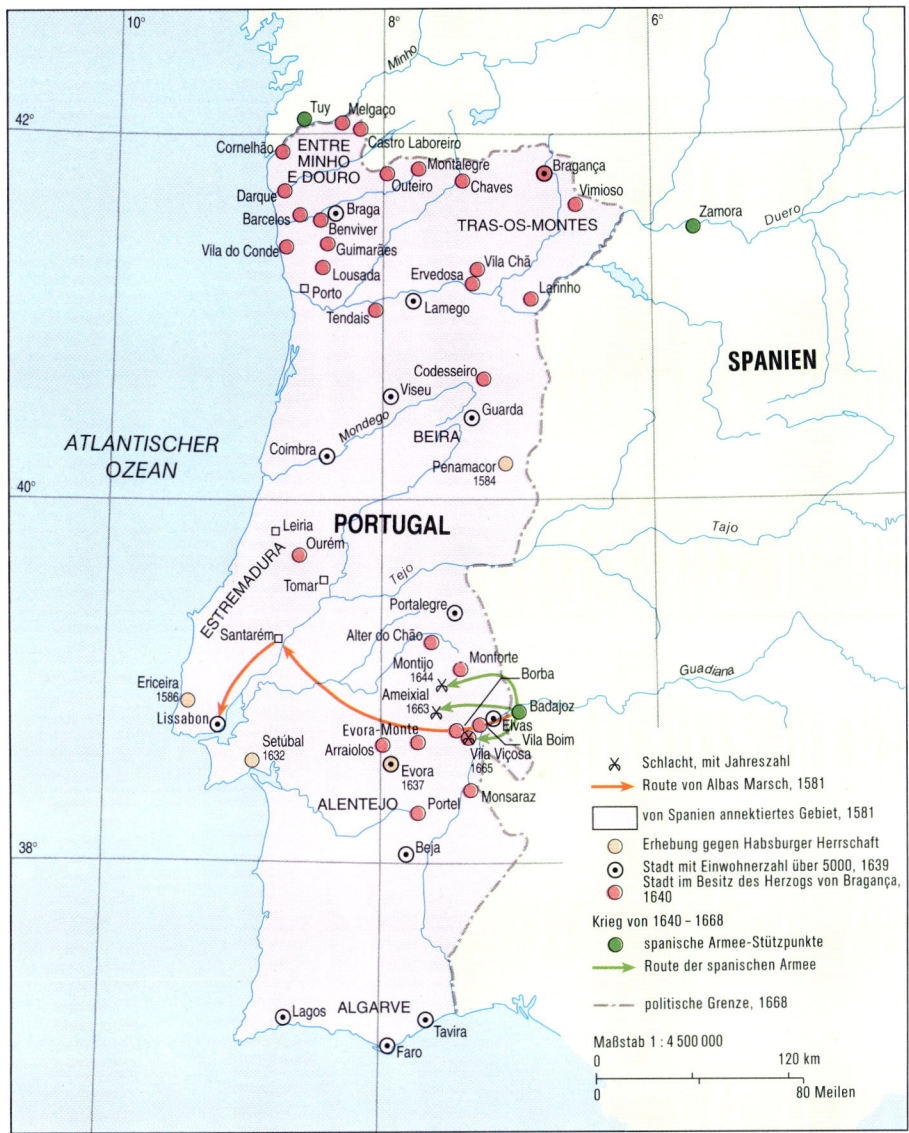

Portugal unter den Habsburgern. Map showing Portugal and western Spain with cities, battles, and military routes during the period 1580–1668.

Legend:
- ✕ Schlacht, mit Jahreszahl
- → Route von Albas Marsch, 1581
- ▢ von Spanien annektiertes Gebiet, 1581
- ○ Erhebung gegen Habsburger Herrschaft
- ⊙ Stadt mit Einwohnerzahl über 5000, 1639 Stadt im Besitz des Herzogs von Bragança, 1640

Krieg von 1640–1668
- ● spanische Armee-Stützpunkte
- → Route der spanischen Armee
- ·—·· politische Grenze, 1668

Maßstab 1 : 4 500 000

0 — 120 km
0 — 80 Meilen

Portugal unter den Habsburgern

Der Feldzug des Herzogs von Alba zur Erzwingung von Philipps II. Anspruch auf den portugiesischen Thron im Jahr 1580 stieß auf wenig Widerstand. Philipp verpflichtete sich, die portugiesischen Rechte zu respektieren, und während der ersten 20 Jahre der Habsburger Herrschaft genoß Portugal Stabilität und relativen Wohlstand. Der Waffenstillstand mit den Holländern (1609) führte jedoch zu einem verschärften Wettbewerb mit der holländischen Ostindien-Gesellschaft und machte Portugals Handel mit den Gewürzinseln und Indien zunichte. Nach 1621 war Portugal – zusammen mit den anderen spanischen Königreichen – aufgerufen, noch größere Beiträge zur Finanzierung des erneuten Krieges in den Niederlanden zu leisten. Zwar teilte Kastilien die Kosten zur Verteidigung Brasiliens, doch betrachtete Portugal dies als reinen Egoismus: Die Habsburger unternahmen nichts gegen den Niedergang von Portugals asiatischen Interessen. Unzufriedenheit kam auf und führte 1640 zu einer offenen Rebellion. Der portugiesische Thronprätendent, der mächtige Herzog von Bragança, führte den Sezessionskrieg an, und nach einer Reihe von Siegen war die portugiesische Unabhängigkeit gesichert. Gleichzeitig gelang es den Portugiesen, die Holländer aus Brasilien zu vertreiben, das seit 1630 zum großen Teil gewaltsam besetzt worden war.

Regentschaft. Lermas Plan, die so sehr benötigten Einnahmen durch den Verkauf von Privilegien an Portugals Neue Christen zu steigern, erweckte bei den Portugiesen eine starke Opposition. Schließlich sollten alle den Neuen Christen garantierten Privilegien widerrufen werden, soweit nicht vorher beträchtliche Geldsummen an Kastilien gezahlt worden waren.

Die Unzufriedenheit der Portugiesen steigerte sich während der Herrschaft Philipps IV. zur regelrechten Rebellion. Oliváres' Reformen standen im direkten Widerspruch zum Abkommen von Tomar und führten in den Jahren 1634 und 1637 zu unzusammenhängenden Erhebungen. 1640 kam das Faß zum Überlaufen, als Oliváres von den Portugiesen Geld und Truppen zum Kampf gegen die ebenso unzufriedenen Katalanen anforderte. Eine Verschwörergruppe überzeugte den Herzog von Bragança, Portugals reichsten und einflußreichsten Adligen, den ruhenden Anspruch auf den Thron wiederzubeleben. In einem Staatsstreich wurde der Herzog am 1. Dezember 1640 zum König João IV. (1540–1556) erklärt. Obwohl Portugal den Beginn seiner Unabhängigkeit auf dieses Datum festlegt, war diese Tatsache bei weitem nicht gesichert. Philipp IV. fühlte sich durch den Verlust des von Philipp II. gewonnenen Territoriums erniedrigt und widmete den Rest seines Lebens der Wiedererlangung Portugals. So entwickelte sich ein bis zur Erschöpfung geführter Krieg, der 30 Jahre lang dauerte und das Land an der kastilisch-portugiesischen Grenze schwer verwüstete.

João wurde durch gelegentlichen Beistand der Franzosen unterstützt, aber seine militärischen Reserven wurden von einem großangelegten Feldzug zur Rettung Brasiliens vor den Holländern bis an die Grenzen beansprucht. Er war auch mit der Aussicht einer spanischen Invasion konfrontiert, als die katalanische Revolte mit dem Fall Barcelonas (1652) endete, und verpfändete auf der Suche nach Verbündeten den Reichtum seines Landes. 1654 sicherte er sich eine entscheidende Übereinkunft mit dem Protektorat von Oliver Cromwell (1653–1658). Ab diesem Zeitpunkt wurde England der beständigste Verbündete Portugals, eine Situation, die beiden Ländern wirtschaftliche und strategische Vorteile einbrachte. Nach der Wiederherstellung der Monarchie (1662), schloß Karl II. (1660–1685) mit Portugal eine dynastische Allianz, indem er Joãos Tochter, Katharina von Bragança (1638–1705), heiratete. Als Gegenleistung für eine riesige Mitgift, einschließlich der Übergabe von Bombay und Tanger an England, entsandte er englische Truppen, die den Portugiesen zum Sieg über die Spanier (1663–1665) verhelfen sollten.

Abstieg und Ernüchterung

Die Rebellionen in Katalonien und Portugal bedeuteten das Ende für Oliváres' Weg. Die Mehrheit der herrschenden Klasse Kastiliens hatte ihre Unterstützung zurückgezogen. Nur seine eigenen Abhängigen – darunter einige fähige Minister – blieben ihm treu. Zu Philipps IV. Schrecken war die Basis der Regierung, die er unter Einbeziehung von Kräften aus allen Teilen der Monarchie hatte festigen wollen, auf eine Fraktion geschrumpft, die gar noch kleiner war als die von Lerma. Die Katalanen besiegten die Armee, die ausgesandt worden war, um sie in die Schranken zu verweisen, und unterstellten sich lieber französischer Herrschaft, als sich auszuliefern. Philipp bestand darauf, das Kommando in Katalonien persönlich zu übernehmen. Er saß gut im Sattel, im wahrsten Sinne des Wortes, während sich Oliváres, einst ein guter Reiter, aber jetzt zu fett und zu krank zum Reiten, in seinem Troß umherfahren ließ. In seiner Abwesenheit von Madrid spaltete sich Oliváres' Fraktion. Der König besann sich schließlich und entließ ihn 1643.

Französische Truppen blieben bis 1659 in Katalonien, als die Kämpfe mit dem Pyrenäen-Abkommen zu einem Ende kamen und das Roussillon auf Dauer Frankreich überlassen wurde. Die spanische Niederlage bei Ameixial (1653) war der Wendepunkt im portugiesischen Krieg, aber für Philipp bedeutete ein Friede, der Portugal Unabhängigkeit verlieh, schlichtweg ewige Verdammnis. So hielt er an einem Kampf fest, der Kastilien ausblutete und indirekt Spaniens Kräfte erschöpfte. Während des Konflikts erreichte Spaniens Bevölkerung ihren absoluten Tiefstand, was auch für den Zufluß des amerikanischen Silbers zutraf. Philipp starb inmitten der aufgebrachten Gleichgültigkeit seines Volkes im September 1665, ein paar Wochen nachdem seine letzte Rückeroberungsarmee bei Vila Viçosa zerschmettert worden war.

Philipp machte seine Witwe Mariana (1634–1696) zur Regentin für ihren Sohn Carlos (geb. 1661). Sie akzeptierte die Unabhängigkeit Portugals. Sie stand unter dem Einfluß der Engländer, auf deren Hilfe sie angewiesen war, um Ludwig XIV. von Frankreich (1643–1715) davon abzuhalten, die Spanischen Niederlande zu annektieren. Ein weiterer Preis für die englische Unterstützung war die Anerkennung der Besetzung Jamaikas (1667–1670) durch die Engländer. Spaniens Rivalen marodierten jetzt offen in der Karibik; 1670 eroberte der walisische Abenteurer Henry Morgan (1635–1688) Panama, das Zentrum von Spaniens globalem Kommunikationsnetz. Minister Karls II. von England verschworen sich mit Ludwig XIV. in einem Abkommen, wonach Frankreich alle spanischen Territorien erben, während England das atlantische Imperium übernehmen sollte. Obwohl die Verschwörung nicht zustande kam, zeigt sie doch, wie weitgehend Spanien den Respekt der Staatenwelt verloren hatte. Mit dem Tod Philipps IV. war das von Ferdinand und Isabella ins Leben gerufene und von Philipp II. vollendete katholische Imperium praktisch erloschen.

DYNASTIEN UND PRAGMATISMUS
1670 bis 1812

Das Verlöschen der spanischen Habsburger

Philipps IV. Nachfolger, Karl II. (1665–1700), der letzte Habsburger König in Spanien, war das Endprodukt dreier aufeinanderfolgender quasi-inzestuöser Ehen. Er war chronisch krank. Seine grotesk übergroße »Habsburger Unterlippe« und Zunge hinderten ihn am Kauen, und er konnte seine Nahrung nicht richtig verdauen. Als Jugendlicher hatte sich sein Immunsystem soweit zerstört, daß er bei jedem Virusbefall ernsthaft erkrankte. Immer wenn die Ärzte ihm erlaubten, das Bett zu verlassen, verbrachte Karl seine Zeit lieber auf den Knien vor dem Altar als mit seinen Studien. Ein verkrüppelter Körper und verkümmerter Geist sind unter solchen Umständen nicht überraschend, aber Karl war nicht der katatonische Idiot, als der er manchmal porträtiert wurde. Spätestens zu der Zeit, als sein unehelicher Halbbruder Juan José (1629–1679) starb, war klar, daß Karl nie Kinder zeugen und somit der letzte seiner Linie sein würde. Die österreichischen Habsburger erwarteten täglich die Einlösung ihres Erbanspruchs in Spanien, wurden aber ständig enttäuscht. Entgegen allen Erwartungen dauerte Karls Regentschaft 35 Jahre, was noch über der europäischen Norm der Zeit lag, und viele, die seinen frühzeitigen Abgang prophezeit hatten, wurden vorher von ihm verabschiedet, darunter auch seine Frau Marie Louise von Orléans (1662–1689). Zwar war Karl bis in seine spätere Lebenszeit meist im Besitz seiner Sinne und manchmal sogar in der Lage, in die Regierungsgeschäfte einzugreifen, konnte ihnen aber nie auf Dauer seine Aufmerksamkeit entgegenbringen. Vor allem ließ er sich von jeder starken Persönlichkeit, die regelmäßig Zugang zu ihm hatte, beeinflussen.

Philipp IV. hatte die Interessen seines 1661 geborenen Sohnes zu schützen versucht, indem er seine Witwe mit Exekutiv-Vollmachten unter Beteiligung eines von ihm ernannten Regentschaftsrats ausstattete. Mariana jedoch war es leid, einem Komitee mächtiger Granden vorzustehen, und suchte statt dessen die Ratschläge ihres Beichtvaters, des österreichischen Jesuiten Everard Nithard (1607–1681). Als erster Ausländer, der Spanien seit dem frühen 16. Jahrhundert wieder regierte, war Nithard ziemlich unpopulär. Nach Androhungen gewaltsamer Intervention des Don Juan José wurde Nithard 1669 entlassen und ins Exil geschickt. Nach einem kurzen Zwischenspiel trat ein junger andalusischer Abenteurer, Fernando de Valenzuela (1630–1692), seine Nachfolge an, ein ganz anders gearteter Charakter, der Mariana – und eine Zeitlang – auch Karl in seinen Bann zog.

Valenzuela war, verglichen mit früheren Günstlingen wie Lerma, eine unbedeutende Figur. Aber da Mariana den König kontrollierte, konnte niemand seinen Aufstieg zu – wenngleich zweifelhafter – Berühmtheit und großem Reichtum aufhalten. Als er 1677 schließlich in seinen Beziehungen zum Hofadel die ihm gesetzten Grenzen überschritt, waren sie schweren Herzens gezwungen, Don Juan José zu berufen. Schon zu seinem 14. Geburtstag im November 1675 hatte der junge König den Versuch unternommen, Juan José zum ersten Minister zu machen, doch war ihm seine Mutter zuvorgekommen. Jetzt forderte Juan José nichts weniger als die höchste Macht als Preis für die Wiederherstellung der politischen Glaubwürdigkeit. Aus alldem sollte jedoch nichts werden. Don Juan José starb nur zwei Jahre später an einer unheilbaren Krankheit.

In einem kurzen und in seiner Geschichte einzigartigen Zeitraum wurde Spanien jetzt von Angehörigen der traditionellen

Aristokratie regiert. Dem Ratschlag seiner Mutter und seiner frankophilen ersten Frau folgend, ernannte Karl nacheinander zwei Minister: den Herzog von Medinaceli (1680–1685) und den Grafen von Oropesa (1685–1691); beide betrieben die Angelegenheiten der Monarchie auf kompetente Weise. Während der Schlußdekade seiner Herrschaft und des Jahrhunderts war Karl stark von seiner zweiten Frau beeinflußt, Maria Anna von Neuburg (1667–1740), eine führende Agentin der österreichischen Interessen in Spanien. Die politische Macht wurde den Regionen übertragen, personifiziert in bedeutenden landbesitzenden Granden wie der Velasco-Familie in Altkastilien und der Enríquez-Familie in Andalusien, die als Statthalter fungierten. Der Staatsrat wurde vom Herzog von Montalto dominiert, dem »Herrscher« von Neukastilien von 1691 bis 1696, aber eigentlich hatte die Zentralregierung aufgehört zu existieren – mit dem Ergebnis, daß Madrid als Stadt und Hof zeitweise viel an politischer Bedeutung eingebüßt hatte.

Oben: Claudio Coello (1561–1627) war der führende Hofmaler in der Generation nach Velázquez. Trotz des starken Einflusses, der von dessen Spätwerk ausging, entwickelte Coello einen persönlichen Stil, wenn auch einen reichlich düsteren. Sein gefeiertstes Werk, *Die Heilige Hostie,* zeigt Karl II. vor der geweihten Hostie knieend – der Moment, der im Mittelpunkt der katholischen Meßfeier steht. Selbst der militärische Triumph ist in die Verehrungsszene integriert: Denn die Bezüge zu Velázquez' *Die Übergabe von Breda* in dem Gefolge der Höflinge hinter ihm und der Kerzenreihe im Hintergrund sind unverkennbar. In der Kapelle des Escorial (Sakristei) kann man heute eine überlebensgroße Reproduktion (ebenso wie das Original) sehen, die sich nach unten windet, um in exakter Perspektive die wirklichkeitsgetreue physische Anordnung der dargestellten Szene wiederzugeben.

Komplexe Machtverhältnisse

Sosehr die Regentin Mariana, eine Habsburgerin sowohl durch Geburt als auch Heirat, die legitime Autorität der Dynastie repräsentierte, zeigte die Cliquen-Politik in der Zeit von Karls Herrschaft, daß Spanien damals nicht ohne das Wohlwollen der Granden regiert werden konnte. Diese gehörten etwa 40 Elite-Familien an (reduzierbar auf vielleicht ein Dutzend miteinander verbundener Interessen), deren Abstammung auf das Mittelalter zurückging. Aber trotz ihrer regionalen Macht und ihrer höfischen Würden waren viele bankrott, und ihr Überleben hing größtenteils von der Patronage und dem Schutz der Krone ab. Wenngleich durch historische, aber nichtsdestoweniger bittere Blutfehden zerstritten, waren die Granden eng zusammengerückt, um 1643 gemeinsam die Entfernung von Oliváres zu betreiben. Ihnen war jeder königliche Günstling verdächtig, und speziell Marianas jeweilige Wahl war – um das mindeste zu sagen – unglücklich: ein überheblicher ausländischer Priester und ein zügelloser, ehrgeiziger Emporkömmling, der durch seine Forderung nach immer größeren Zuwendungen die Granden von ihren lukrativen Posten zu verdrängen drohte, die diese als ihre eigenen, durch Erbrecht garantierten Pfründen betrachteten. Die Tatsache, daß 1677 eine Mehrheit von Granden Unterstützung für Don Juan José gelobte, der ihnen mißfiel und dem sie mißtrauten, deutete ihre Verzweiflung an. Innerhalb eines Jahres nach seiner Amtsberufung hatten viele Adlige dann aber ihre Gewissensbisse wegen ihres Vorgehens zum Ausdruck gebracht und schlossen insgeheim ihren Frieden mit Mariana.

Zwischen 1677 und 1691 experimentierte Spaniens aristokratische Regierung mit Reformen, die denen von Oliváres 50 Jahre vorher nicht unähnlich waren. Don Juan José leitete den Prozeß ein; er verringerte die Steuerlast besonders für die Armen Madrids und beauftragte ein Komitee, über die Lage des Handels zu berichten (1679). Seine Nachfolger machten sich an die immens schwierige Aufgabe, die Währung zu stabilisieren, und begannen die Kirche mit dem Ziel zu untersuchen, die Zahl der Berufungen einzuschränken. Die Tendenz zur Regionalisierung der politischen Macht – von Juan José initiiert, der als Vizekönig von Aragón 1669 freie Hand forderte – wäre weniger nach Oliváres' Geschmack gewesen. Die Reformen selbst hatten nur marginale Bedeutung und bildeten sicherlich nicht Teil irgendeines klaren Programms für eine Wende. Gleichwohl, die Bereitschaft, sich auf Bereiche des nationalen Lebens einzulassen, die nichts mit dem Krieg zu tun hatten, selbst wenn man möglicherweise die unantastbaren Privilegien der Korporationen herausforderte, stellte einen wichtigen Schritt in Richtung eines gründlicheren Reformismus dar, der sich im nächsten Jahrhundert durchsetzte.

Im großen und ganzen hatten die Granden keine gemeinsame politische Ideologie, aber die meisten waren in dem Wunsch vereinigt, das Katholische Reich intakt zu halten. Sie stemmten sich dem Verlust Portugals entgegen und waren darauf bedacht, sowohl die Versuche Frankreichs abzuwehren, die Niederlande zu beherrschen, als auch die anglo-holländischen Ambitionen, die amerikanischen Länder zu plündern. Karl II. stimmte mit dieser Haltung überein und reagierte immer wieder mit Verteidigungsfeldzügen, als Ludwig XIV. von Frankreich den Plan verfolgte, durch militärische Macht und politisches Ränkespiel das spanische Erbe nach dem Tod des kinderlosen Karl für Frankreich zu gewinnen, und schon frühzeitig versuchte, Teile davon an sich zu reißen. Ludwig hatte sich bereits die *reputación*, die Franzosen nannten es *la gloire*, erworben, der Liebling des katholischen Europa zu werden, während Karl wegen mangelnder Geldquellen gezwungen war, sich hinter dem Schutz von Armeen und Flotten zu verschanzen, die er in den protestantischen Staaten England, Holland und Schweden angeheuert hatte.

Wirtschaft und Gesellschaft

In den fünfziger Jahren war der Tiefpunkt der wirtschaftlichen Depression im Spanien des 17. Jahrhunderts erreicht. Einige Regionen jedoch hatten bereits den Weg zu einer Wiederbelebung gefunden. In den nördlichen Küstenregionen zum Beispiel hatten sich das Niveau der landwirtschaftlichen Produktion und die Bevölkerungszahl zu heben begonnen, und das trotz der anhaltenden Erfordernisse des Kriegs gegen Katalonien und Portugal, und Bilbao befand sich bereits in seinem großen Zeitalter des wirtschaftlichen Wachstums. Selbst einige der früher etwas zurückgebliebenen Städte in León und Altkastilien erzielten nach 1640 kleine Zuwächse. Weitaus spektakulärer war die Wiederbelebung an der Mittelmeerküste, besonders in Katalonien. Nach der Versöhnung von Katalonien und Kastilien war eine von Philipp IV. initiierte und von Don Juan José nach 1650 zu Ende geführte dynamische Phase der kommerziellen Entwicklung in Barcelona und Tarragona auf den Weg gebracht worden. Angeregt durch die Einführung neuer Anbaupflanzen aus Zentralamerika wie Mais und stimuliert durch neue Techniken, wuchs auch die landwirtschaftliche Produktion. Zwischen 1650 und 1700 nahm Kataloniens Bevölkerung von weniger als 250 000 auf über 400 000 zu. Um 1690 wurde eine katalanische Bank über ein Jahrhundert lang zum ersten einheimischen Makler der Krone.

Ein solches Wachstum war jedoch hauptsächlich auf die peripheren Zonen des Landes beschränkt. Das agrarische Kernland stagnierte weiterhin, und die einst so florierende Textilherstellung ebenso wie die metallurgischen Industrien in Cuenca, Segovia und Toledo brachen um 1670 fast vollständig zusammen. Das folgende Jahrzehnt war eine Dekade der Katastrophen: der Südwesten war von Mißernte und Hungersnot betroffen und gleich darauf von Influenza- und Typhus-Epidemien. Als der berühmte englische Tagebuchschreiber Samuel Pepys (1633 – 1703) 1684 eine Woche in Sevilla in einem unaufhörlichen Platzregen verbrachte, schien ihm die Hauptstadt Andalusiens der ärmlichste und elendste Ort des ganzen Christen-

Unten: Bis er 1682 bei einem Erdbeben ums Leben kam, lebte und arbeitete Bartolomé Murillo meist in Sevilla. Dieses 1673 vollendete Gemälde zeigt die Hl. Elisabeth von Ungarn, wie sie gerade einen Kranken heilt, und wurde vom städtischen Hospiz *La Caridad* in Auftrag gegeben. Es hängt in der Barockkapelle des Hospitals, wo noch heute mittellose ältere Gebrechliche von Nonnen gepflegt werden. Die Komposition zeigt Anflüge von verhaltener Sentimentalität, die bei vielen der späteren Nachahmer Murillos in Rührseligkeit abgleitet.

tums. Gegen Ende des Jahrhunderts stellte sich auch eine Verbesserung des amerikanischen Handels ein, die Silberimporte stiegen an, und ausländische Unternehmer strömten scharenweise in die Hafenstädte, aber die Wiederbelebung war dürftig und beschränkt. Beim Tod Karls II. sollten die Habsburger Spanien weder wohlhabender noch ärmer verlassen, als sie es vorgefunden hatten.

Die Auswirkungen des Weltreichs

Während des ganzen 17. Jahrhunderts setzte Spanien die Erforschung und Kolonialisierung Amerikas fort und expandierte nordwärts von Mexiko bis nach Texas und Kalifornien und im Süden nach Chile und das Becken des Río de la Plata. Es bestand eine hohe Nachfrage nach Kolonisten, um so mehr, als die einheimische amerindische Bevölkerung oft durch eingeschleppte Krankheiten, gegen die sie keine Immunkräfte besaß, dezimiert wurde. Offiziell war eine Emigrationsrate von 2000 Personen pro Jahr zugelassen, aber höchstwahrscheinlich haben weitaus mehr Menschen Spanien heimlich verlassen, besonders in den schlimmsten Zeiten wirtschaftlicher Rezession. Da die Emigranten meist erwachsene männliche Personen waren, blieb der spanischen Bevölkerung ein Wachstum versagt.

Die Auswirkungen der amerikanischen Entdeckungen auf die spanische Gesellschaft und Kultur waren sehr begrenzt; für die meisten einfachen Leute, die von einer Teilhabe am kolonialen Reichtum ausgeschlossen und an den intellektuellen Herausforderungen des Zeitalters uninteressiert waren, blieb der Einfluß Amerikas fast bedeutungslos. Nur ein paar Importe wie Mais hatten überhaupt einen anhaltenden und wesentlichen Effekt. Zwar haben viele kastilische Worte sicherlich ihren Ursprung in ansonsten ausgestorbenen amerindischen Sprachen, aber der Beitrag der Kolonien war mehr in speziellen Arbeiten in den Bereichen Navigation, Kartographie, Botanik und Anthropologie zu finden. Echte oder angebliche Nachkommen des letzten Azteken-Kaisers Montezuma stellten sich gelegentlich bei Hofe vor, exotisch herausgeputzt und die Hand nach Almosen ausgestreckt. Eine wesentlichere Gestalt, Garcilaso de la Vega (1540–1616), Sohn einer peruanischen Adligen und eines gefeierten *conquistador*, erlangte Ruhm als kastilisch schreibender Chronist der Kultur und Geschichte seines Heimatlandes. Doch trotz der anhaltenden akademischen Debatte über die Natur »der Indianer« im 16. Jahrhundert war die erste literarische Behandlung eines amerikanischen Themas ein Theaterstück von Lope de Vega, *Brasil Restituido* (1625) – aufgeführt, um den Sieg von Fadrique de Toledo über die Holländer zu feiern, mit dem der Verlust von Bahia verhindert wurde.

Die Auswirkungen des Weltreiches waren in Andalusien am heftigsten spürbar, dessen Wirtschaft von der amerikanischen Nachfrage sowohl geformt als auch in Gang gehalten wurde. Obwohl der erste große wirtschaftliche Zusammenbruch nach 1640 begann, in dessen Verlauf Sevilla schließlich sein Monopol auf den Amerikahandel an Cádiz verlor, spiegelte Andalusiens Kultur weiterhin die lange und fruchtbare Verbindung mit den amerikanischen Kolonien wider. Die einheimische Musik Andalusiens, die wir heute als Flamenco kennen, wurde von den aus Hispaniola und Kuba importierten Tanzrhythmen stark beeinflußt. Diese vermischten sich sowohl mit den volkstümlichen Liedern als auch mit der höfischen Musik. Gerade in der zweiten Hälfte des 17. Jahrhunderts wandelte sich die spanische Laute zu der uns vertrauten Gitarre. Der erste große Exponent des neuen Instruments, Gaspar Sanz (um 1640– um 1690), transponierte lateinamerikanische Tanzrhythmen in eine vom Salon akzeptierte Musik. In Madrid gab Sanz sowohl Don Juan José als auch dem englischen Botschafter Lord Sandwich Gitarren-Stunden. Auf seinen Reisen durch Italien paßte er seine neuen Rhythmen den Hauptströmungen der europäischen Musik an, mit dem Ergebnis, daß das Repertoire der Kunstmusik an den aufgeklärten europäischen Höfen des 18. Jahrhunderts Formen wie die Chaconne, Pavane und Folla enthielt, die alle ihren Ursprung in der Folklore-Musik der präkolumbischen Kariben hatten.

Links: Zwar waren die spanischen Eroberer von Mexiko vom exotischen Glanz und dem Reichtum, von dem Montezuma umgeben war, beeindruckt, doch schauderte ihnen vor Entsetzen angesichts der Religion und der Bräuche der Azteken. Der spanische Schreiber, der dieses nachkolumbische Aztekenmanuskript kommentierte, auf dem ein Zauberritus dargestellt ist, erklärt, daß die Figur oben, ein Anführer oder Häuptling, die abgezogene Haut des Sklaven trägt, der unter ihm abgebildet ist; die Figur rechts hat sich das Fell eines Jaguars für einen Kriegstanz übergezogen.

Fragen der Thronfolge

In Portugal war die Zukunft der wiederhergestellten Bragança-Dynastie gesichert, als Spanien 1668 die Unabhängigkeit des Landes schließlich anerkannte. Nach dem Tod von João IV. agierte seine Witwe bis 1662 als Regentin für den schwachsinnigen Alfons VI. (Afonso; geb. 1643; reg. 1656–1683). Wie Karl II. von Spanien war Alfons körperlich gebrechlich, anfällig für die Hofintrigen und kinderlos. Die intriganten Höfe beider Könige waren vollauf damit beschäftigt, die Nachfolge ihres jeweiligen Königshauses zu sichern. Ab 1662 regierte der Graf von Castelo Melhor (1636–1720) kompetent zugunsten von Alfons, wurde aber 1667 aufgrund einer Intrige zwischen dessen französischer Frau Maria Francisca von Savoyen-Nemours (1646–1683) und seines Bruders Pedro (geb. 1648) entfernt.

Sobald man Castelo Melhor aus dem Weg geschafft hatte, war Alfons der Gnade des Hofes ausgeliefert. Maria Francisca zog sich in ein Kloster zurück und bat um Annulierung ihrer Heirat und die Erlaubnis, nach Frankreich zurückzukehren – zusammen mit ihrer großen Mitgift. Aufgeschreckte Berater überzeugten Alfons, zugunsten seines Bruders abzutreten, um die königliche Nachfolge zu sichern. Der unglückselige König wurde praktisch zum Gefangenen, fast unmittelbar nachdem er das Abkommen unterzeichnet hatte, das seinen Bruder zum Prinzregenten machte. Im Januar 1668 unterstützten die drei Stände der portugiesischen Cortes in Lissabon die Entfernung des Königs, baten aber Maria Francisca zu bleiben, »sowohl wegen der großen Liebe, die diese Königreiche ihren großen Tugenden entgegenbringen, als auch wegen der Notwendigkeit der Thronfolge« – vielleicht war auch die Aussicht, ihre Mitgift zurückzahlen zu müssen, ein zwingenderes Motiv.

Sowie Alfons' Heirat annulliert war, heiratete Pedro prompt Maria Francisca. Die portugiesische Thronfolge war 1669 mit der Geburt ihrer Tochter Isabel gesetzlich gesichert. Im selben

Oben: Den größten Teil des 17. Jahrhunderts hindurch blieb die spanische Musik höchst konservativ und an der Kirche orientiert. Erst in der Zeit König Karls II. begannen sich Anzeichen von – sogar gewagten – Innovationen zu regen; in Bühnenwerken und anderen Formen weltlicher Unterhaltung wurden Volkstänze und -lieder verarbeitet. Gerade Gaspar Sanz popularisierte das neue Instrument, die Gitarre. Dieses Gemälde, auf dem ein Hofmusiker Anfang des Jahrhunderts gerade die Continuo-Begleitung für einen Kirchenchor einstudiert, stellt vielleicht Mateo Romero dar, Philipps IV. *maestro de capella,* oder seinen Orgellehrer Mateo de Avila.

Jahr wurde Alfons, der zuvor in seinen Lissaboner Räumen arretiert war, auf die Azoren verschifft. Nach der Aufdeckung einer Verschwörung, die seine Wiedereinsetzung zum Ziel hatte, wurde er 1674 jedoch wieder nach Portugal zurückgebracht, wo er für den Rest seiner Tage als armseliger Gefangener im Königspalast zu Sintra lebte. Nach seinem Tod im Jahr 1683 wurde sein Bruder schließlich König Pedro II. (1683–1706). Maria Francisca starb drei Monate später, und 1687 heiratete Pedro wieder. Seine zweite Frau schenkte ihm 1689 einen männlichen Erben, den zukünftigen João V., und hatte bis zu ihrem Tod 1699 vier weitere Kinder. 1697 wurden die Cortes aus dem schlichten Anlaß einberufen, João als Thronerben anzuerkennen. Danach wurden sie nicht wieder einberufen: das Zeitalter des portugiesischen Absolutismus hatte begonnen.

In Spanien standen die letzten Jahre der Herrschaft Karls II. im Zeichen der fieberhaften Suche nach einer Lösung der Nachfolgefrage. Der leerstehende Thron war außerhalb Spaniens von gleicher Tragweite wie innerhalb, denn andere europäische

Staaten sahen ihre Chance herannahen, die eigene Macht auszuweiten oder bei der möglichen Aufteilung des spanischen Weltreichs zumindest nicht leer auszugehen. Nach dem Tod von Don Juan José, dem Favoriten Großbritanniens und Hollands, die beide jeglicher Ausweitung der französischen oder österreichischen Macht gleichermaßen entgegentraten, blieben zwei Kandidaten im Rennen: der Bourbone Philipp von Anjou (1683–1746), der jugendliche Enkel Ludwigs XIV. von Frankreich, und der Habsburger Erzherzog Karl von Österreich (1685–1740), zweiter Sohn des Kaisers des Heiligen Römischen Reiches Leopold I. (1640–1705). Nach einem lebenslangen Widerstand gegen die französischen Prätentionen kapitulierte Karl schließlich und überließ sein gesamtes Erbe Philipp von Anjou. Er fällte seine Entscheidung aus plausiblen Gründen. Philipps Anspruch war gesetzmäßig kaum weniger begründet als der des Erzherzogs Karl, Frankreich war aber durch seine große militärische Stärke und geographische Nähe zu Spanien viel besser als Österreich dafür gerüstet, den Abfall der spanischen Besitzungen in Europa zu verhindern und die Integrität des Weltreichs zu bewahren. Karl hatte keine Illusionen; er wußte, daß sein Nachfolger aus allen Richtungen wild bekämpft werden würde.

Krieg in Europa

Karl starb im November 1700. Philipp wurde in Versailles sofort zum König proklamiert, überquerte kurz danach die Pyrenäen, um als Philipp V. von Spanien (1700–1746) seinen neuen Thron in Besitz zu nehmen. Seine Camarilla (Kabinett) aus französischen Beratern erschöpfte schnell den Vorschuß an gutem Willen, den man ihm entgegengebracht hatte. Spaniens herrschende Klasse vor allem hatte eine Allianz von Gleichen erwartet und nicht eine totale Übernahme durch ihre alten Widersacher.

Ludwig XIV. jedoch betrachtete Spanien als eine Erweiterung Frankreichs, das indirekt von Versailles aus zum politischen und wirtschaftlichen Vorteil Frankreichs regiert werden sollte. Er weigerte sich, Philipp aus der französischen Thronfolgelinie auszuschließen. Die durch seine expansionistischen Ambitionen heraufbeschworene Bedrohung zog einen Großteil Westeuropas in den daraus folgenden Spanischen Erbfolgekrieg (1701–1713), der hauptsächlich in Deutschland, den Niederlanden und Italien ausgefochten wurde. Portugal versuchte zuerst, in dem Konflikt Neutralität zu bewahren, doch als die Große Allianz von England, Österreich und den Niederlanden Frankreich den Krieg erklärte, war Pedro II. gezwungen, seine Haltung zu überdenken. Im Abkommen von Methuen (1703) schlug sich Portugal auf die Seite der Großen Allianz als Gegenleistung für britische und holländische Garantien, das Land gegen einen französischen Angriff zu verteidigen. Das Abkommen legte auch den Austausch von Portwein gegen britische Textilien fest, was zur Grundlage des portugiesisch-englischen Handels werden sollte.

In Spanien blieb Kastilien seinem neuen König ergeben. Katalonien dagegen betrachtete die zentralistische Politik der Bourbonen mit wachsamer Skepsis. Als Armeen der Großen Allianz in Katalonien und Portugal landeten und das von den Bourbonen gehaltene Zentrum der Halbinsel von zwei Flanken aus bedrohten, entsandte Philipp seine eigenen Truppen und ließ sie durch Aragón nach Katalonien marschieren. Nach dieser anmaßenden Verletzung seiner alten *fueros* schlug sich Aragón auf die österreichische Seite. Obwohl sich andere spanische Regionen um Philipp scharten, konnten ihn nur französische Waffen auf dem Thron halten – Kastilien hatte keine militärischen Reserven mehr. Als Gegenleistung für die Hilfe erwartete Ludwig XIV., Herr über die spanische Bourbonenpolitik zu werden, sowohl im Inneren wie außenpolitisch.

In den frühen Jahren seiner Herrschaft war Philipp V. in politischen Angelegenheiten von seiner Frau Maria Luisa von Savoyen (1688–1714) beeinflußt. Sie war von ihrer engsten Vertrauten, der gefürchteten französischen Prinzessin des Ursins (1642–1722) manipuliert, die wiederum von dem französischen Botschafter Jean-Jacques Amelot (1689–1749) beraten wurde, einem dynamischen Karrieristen niederer Herkunft. Alle drei wurden direkt von Ludwig XIV. kontrolliert. Ludwig verdankte einen Großteil seines Erfolgs der Reduzierung des französischen Adels auf eine rein dekorative Rolle und war im Hinblick auf die Habsburger davon überzeugt, ihr erbärmlicher Abstieg sei darauf zurückzuführen, daß sie nicht ebenso gehandelt hatten. Sein erstes Ziel war deshalb, Spanien mit einer effektiven zentralistischen Verwaltung nach französischem Modell auszustatten; dies war nicht weniger als eine sozialpolitische Revolution – zumindest an der Spitze. Tatsächlich hatte Spaniens Adel unter der Herrschaft Karls II. erst kürzlich wirkliche Macht erlangt, und in den Augen der Adelsherren war das nur eine verspätete Wiederherstellung der eigentlichen Ordnung der Dinge. Unter aktiven Autokraten wie Philipp II. und Philipp

IV. hatten sie vorher ihre Rechte zur Beratung und Zustimmung nur beschränkt durch ihre Mitgliedschaft in den königlichen Räten ausgeübt. Ludwig XIV. waren diese Körperschaften verhaßt, er hielt ihre schwerfälligen nachmittelalterlichen Prozeduren für unvereinbar mit einer effizienten Regierung.

Die wichtigsten Architekten der Reform neben Amelot waren Jean-Henri-Louis Orry (1652–1719), ein inspiriert arbeitender Finanzminister, und Melchor de Macanaz (1670–1760), ein spanischer Rechtsanwalt. Die Granden wurden durch Amelots politische Reformen zutiefst erniedrigt. Die Ratsversammlungen wurden unterdrückt und durch ein Kabinett mit Staatssekretären ersetzt, das direkt dem König unterstand. Doch gleichzeitig erwartete man von den Granden die Zahlung riesiger Steuerbeiträge, die sich Orry zur Finanzierung der Kriegsanstrengungen ausgedacht hatte. Verständlicherweise geriet ihre Loyalität ins Wanken. Als der Erzherzog 1705 in Barcelona landete, sprangen mehrere Dutzend Granden ab und schlugen sich auf dessen Seite, unter ihnen der Admiral von Kastilien, die Herzöge von Infantado und Medinaceli und der Graf von Oropesa. Außer ihren illustren Namen trugen diese Männer aber wenig zur Sache der Habsburger bei; mit ihrer Abtrünnigkeit nutzten sie vielmehr unbeabsichtigt der Sache Philipps. Obwohl er klugerweise von einer totalen Konfiszierung ihrer Paläste und Güter absah, sah sich der König durch ihre Abwesenheit doch ermächtigt, an mehreren kritischen Punkten des Konflikts sich frei ihres Reichtums zu bedienen.

Das Kriegsglück wendete sich mehrfach. Zweimal marschierten die Streitkräfte der Großen Allianz in Madrid ein und proklamierten die Wiedereinsetzung der Habsburger, waren aber sofort wieder gezwungen, sich zurückzuziehen. Selbst nach Philipps Sieg über Aragón in der Schlacht von Almansa (1707), oft als Wendepunkt des Krieges betrachtet, setzte Katalonien den hartnäckigen Kampf gegen die franco-kastilischen Armeen fort. Die Abwehr eines Übergriffs am 11. September 1711 durch die Katalanen wird immer noch als Nationalfeiertag eines autonomen Katalonien gefeiert (La Diada). Der wirkliche Wendepunkt im Krieg war jedoch nicht militärischer, sondern politischer (und zufälliger) Natur: der Tod des Kaisers Joseph I. (1678–1711). Sein Nachfolger war sein Bruder, der Erzherzog Karl, der jetzt als Kaiser Karl I. regierte, eine Tatsache, durch die sich die internationale Situation vollkommen veränderte. Für Britannien und Holland war ein von Österreich dominiertes Europa nur ein unwesentlich kleineres Übel als Frankreich in der gleichen Rolle. Sie zogen ihre Unterstützung für Karls spanischen Anspruch zurück und überließen Katalonien, jetzt ohne Verbündete, sich selbst. Die Armeen Philipps V. drangen ein und rissen die Verteidigung trotz grimmigen Widerstands in Stücke.

Regionale Opposition gegen die zentralisierende Politik Madrids sollte in der spanischen Geschichte ein geläufiges Thema werden. Trotz der tragischen Überwältigung Kataloniens war der Krieg nicht grundsätzlich aufgrund interner Differenzen entbrannt – die Halbinsel wurde zur Arena für politische Kämpfe, die ihren Ursprung an den weit entfernten Höfen Europas hatten. Während die Spanier einst ihre gefürchteten *tercios* auf Streifzüge durch Europa sandten, biwakierte jetzt Europas Soldateska in den zerfallenen Burgen Kastiliens. Im Frieden von Utrecht (1713) behielt Philipp V. das ganze spanische Mutterland unter der Bedingung, daß er auf seine Rechte auf den französischen Thron verzichtete und Spanien seine übrigen europäischen Besitzungen aufgab. Frankreich festigte seine früheren Erwerbungen, die Franche-Comté und das Elsaß, Österreich eignete sich die Spanischen Niederlande und Luxemburg, Mailand, Sardinien und Neapel an, während Britannien die entscheidenden strategischen Stützpunkte Gibraltar und Menorca gewann. Sosehr sich Philipp und seine Nachfolger auch weigerten, es zu akzeptieren, die spanische Hegemonie in Europa war so gut wie eine Sache der Vergangenheit.

Oben: Dieses Porträt Philipps V., des Begründers der spanischen Bourbonenlinie, ist ein adäquater Kompromiß aus französischen und spanischen Stilelementen der Porträtmalerei. Es stammt von dem französischen Maler Hyacinthe Rigaud (1659–1743), der viele prunkhafte Studien von Ludwig XIV. schuf. Dagegen kontrastiert der neue König von Spanien in dem bescheidenen schwarzen Mantel und dem fast klerikalen Kragen seiner Habsburger Vorfahren – ein eklatanter Unterschied zum französischen Stil; und doch wirkt seine Körperhaltung standhaft und lebendig, wie es seinem Beinamen entspricht: *El Animoso* (»Der Lebhafte«).

Die Nueva Planta – Neuaufbau der Monarchie

Philipp V. und seine Minister waren über Aragóns Rebellion gegen die zentrale Autorität in Wut geraten. Als die Rebellen 1707 in Almansa besiegt waren, nutzte Philipp die Gelegenheit, die *fueros* zu unterdrücken, die der Madrider Regierung so viele Unannehmlichkeiten verursacht hatten. Er schaffte die Provinzkörperschaften ab und bestimmte per Dekret, daß die Königreiche Aragón und Valencia künftig auf derselben Basis wie Kastilien regiert werden würden (wo die Cortes seit 1665 nicht mehr einberufen worden und praktisch hinfällig waren). 1716, zu einem Zeitpunkt, zu dem ihm Katalonien entkräftet zu Füßen lag, nutzte Philipp seine Überlegenheit, um die *Nueva Planta* (»Neuaufbau«) der Regierung bekanntzumachen, die eine Beseitigung wirtschaftlicher und rechtsförmiger Verschiedenheiten zwischen Kastilien und seinen besiegten Nachbarn vorsah. Für den Aufbau eines allgemeinen politischen Gerüsts wurde in ganz Spanien das französische System der königlichen *intendants* (Amtsträger, die zur Überwachung der Amtsausübung lokaler Beamter ernannt wurden) eingeführt. Hunderte von kastilischen Verwaltungsbeamten zogen in die städtischen und lokalen Administrationen der zurückeroberten Provinzen ein. Sie besaßen Entscheidungsvollmacht in militärischen wie auch fiskalischen Angelegenheiten und waren somit weitaus mächtiger als die alten kastilischen Beamten, die *corregidores*.

Spanien war – zumindest theoretisch – zu einem von Madrid aus regierten Einheitsstaat geworden. Während die *Nueva Planta* jedoch einen langen Weg bis zur Realisierung des Zentralstaatskonzepts zurückzulegen hatte, das als wesentlich für die Wiederherstellung von Spaniens Macht und Reichtum erachtet wurde, blieb die Abschaffung der Königreiche und deren Angliederung an Kastilien auf der Strecke: im streng konstitutionellen Sinn gab es immer noch keinen »König von Spanien«. Mehr noch, als die Beseitigung wirtschaftlicher Grenzen 1720 auf das Baskenland und Navarra ausgedehnt wurde, löste dies einen so heftigen Widerstand in der Bevölkerung aus, daß Philipp nachgeben mußte. Die sogenannten »exemten Provinzen« behielten ihre eigenen Zollposten und andere fiskalische Rechte bis nach 1870 und wurden auf diese Weise zu Bastionen antizentralistischer Stimmung. Die Zerstörung der lokalen Freiheiten hielt in den zeitgenössischen und nachfolgenden Generationen von Katalanen bittere Ressentiments wach.

Nach dem Tod von Maria Luisa im Jahr 1714 nahm Philipp die willensstarke Isabella Farnese von Parma (1692–1766) zur zweiten Frau. Bereits davor waren die Verbindungen zwischen Versailles und Madrid schon am Abbröckeln. In dem Maße wie der französische Einfluß auf das neue Regime immer schwächer wurde, schwand auch die Motivation für eine radikale Reform. Ein Opfer dieser Tendenzwende war Macanaz, der von der Inquisition verurteilt und ins Gefängnis geworfen worden war. Sein Geist und seine Energie brachten Philipp in früheren Tagen den Beinamen *El Animoso* (»der Lebhafte«) ein, aber im Laufe der Jahre nahmen die Phasen seiner Passivität zu, und besonders in den letzten 20 Jahren wurde er von Hypochondrie, religiöser Manie und Apathie übermannt. 1724 dankte er (im Alter von 40 Jahren) sogar zugunsten seines ältesten Sohnes ab, der rechtmäßig als Ludwig I. zum König von Spanien proklamiert wurde. Nach einer Herrschaft im Stil einer komischen Oper, die keine acht Monate dauerte, fiel er den Pocken zum Opfer, und Philipp wurde widerwillig überzeugt, die Krone wieder zu übernehmen.

Philipp war jederzeit bereit, die Regierungsgeschäfte Isabella zu überlassen, die den stärksten Einfluß auf die Auswahl der Minister hatte. Ihr Favorit war der italienische Kardinal Giulio Alberoni (1664–1752), der ihr bei den Heiratsverhandlungen mit Philipp beigestanden hatte. Er hatte ein energisches Team von Ministern mit unterschiedlicher nationaler Herkunft, aber ausnahmslos vom gewaltigen Orry geschult, an seiner Seite. Die frühe Bourbonen-Regierung war beweglich und pragmatisch, vielleicht eine Reaktion auf die Starre des Habsburger Systems. Von dem einen Minister vorgenommene politische Richtungsänderungen wurden sehr oft von seinem Nachfolger außer Kraft gesetzt. Die Titel und Funktionen von Regierungsbeamten änderten sich so häufig, daß die Regierungspolitik von dem Wunsch beseelt zu sein schien, eher die kurzlebige Position eines einzelnen Amtsträgers zu stärken, als einen zusammenhängenden Reformplan durchzusetzen. Das ganze 18. Jahrhundert über gab es keinen anerkannten »ersten Minister«, obwohl über lange Zeiträume hinweg der überwiegende Einfluß eines einzelnen Beraters festgestellt werden kann. Alberoni selbst hatte niemals einen Posten in der Regierung inne, obwohl er als oberster Regierungsbeamter fungierte. Die in königlicher Gunst stehenden Kabinettssekretäre konnten sich erlauben, ihre Einflüsse und Initiativen quer durch die Ressorts geltend zu machen. Minister der ersten Stunde wie Melchor de Macanaz und José Patiño (1667–1736) – beide hatten die nützliche Erfahrung als regionale *intendants* gemacht – führten ein neues Niveau an Professionalismus und Verantwortlichkeit in die Regierungsarbeit ein. Zwar konnten auch sie einige lang anstehende Probleme nicht lösen, besonders das antiquierte Steuersystem, sie stellten aber die Atmosphäre her, in der sich Spanien von den Kriegsverheerungen erholte.

Dynastische Ambitionen und der Mittelmeerraum

Der Friede von Utrecht (1713) beschnitt die spanische Monarchie um einen Großteil ihrer früheren Macht in der internationalen Politik. Philipp, der die Bedingungen des Abkommens unter Druck akzeptiert hatte, blieb von seinem unveräußerlichen moralischen Recht überzeugt, diese zu revidieren, wenn nötig mit Gewalt. Folglich war seine Herrschaft von zeitweiligen Kriegen und wechselnden Loyalitäten unterbrochen. Die religiösen Impulse, die den spanischen Expansionismus während des vorangegangenen Jahrhunderts angetrieben hatten, verblaßten als Motiv für politisches Handeln. Im Spanien der Bourbonen ersetzten Souveränitätsdenken und dynastische Ambitionen den Kreuzzugsfanatismus als neues, aber ebenso mächtiges Motiv für territoriale Erwerbungen.

Spaniens aggressive Politik in Italien war weitgehend von Isabella diktiert. Sie hatte eine wachsende Familie zu plazieren – Spanien war für die Kinder ihres Ehemanns mit seiner ersten Frau reserviert – und plante unermüdlich, italienische Königreiche und Fürstentümer für ihre Söhne zu gewinnen. Man kann behaupten, daß Süditalien, das so lange mit Aragón assoziiert war, ebenso »spanisch« wie »italienisch« war, sicherlich gab es aber keinerlei historische oder kulturelle Verwandtschaft mit seinem neuen Herrscher Österreich. Jedenfalls unterstützte Philipp aktiv die italienische Politik, wenn er nicht gar die Haupttriebkraft war. Der König war ein Veteran der harten Italienfeldzüge im Spanischen Erbfolgekrieg, und in seinen mittleren Jahren schien er sich aus seiner Trägheit nur durch den Sti-

mulus von Sex und Krieg reißen zu können – offensichtlich in dieser Reihenfolge.

Alberoni leitete 1717 die neue Phase der Außenpolitik mit Marineexpeditionen ein, bei denen Sardinien erobert wurde und eine entscheidende Landung in Sizilien gelang. Das Haupthindernis für einen Neuauftritt Spaniens in Europa wurde sofort offensichtlich: Ohne die Zustimmung Britanniens waren keinerlei Modifikationen der im Frieden von Utrecht getroffenen Abmachungen erreichbar. Die britischen Besitzungen Gibraltar und Menorca und die Überlegenheit der Flotte machten aus dem westlichen Mittelmeer eine »britische See«. Diese Tatsache wurde besonders deutlich, als die Briten Alberonis neue Flotte 1718 am Kap Passaro an einem einzigen Tag zerstörten.

Krieg, Wirtschaft und Gesellschaft

In seinen Bestrebungen nach einer aktiven Außenpolitik gab es für Spanien nur diese Alternative: entweder mit Frankreich zusammenzuarbeiten, zwar unvermeidlicherweise aus einer untergeordneten Position, aber mit der Chance, mit einer vereinigten Flotte die britische Seestreitmacht zu besiegen oder neutralisieren zu können, oder die Briten allein herauszufordern. Die Bourbonen-Regierung schwankte zwischen diesen beiden Strategien, arbeitete aber mit Energie und Ausdauer am Aufbau einer schlagkräftigen Kriegsflotte. Dieses Vorhaben war so bedeutend, daß es die Wirtschafts-, Steuer- und Militärpolitik gleichermaßen bestimmte. Die Ressourcen des Staates wurden weiterhin größtenteils für Kriegszwecke ausgegeben. Wie schon unter den Habsburgern diktierten die internationalen Beziehungen nicht nur das Tempo der innenpolitischen Ereignisse, sondern sie wurden auch zur wichtigsten Triebkraft für den sozialen und wirtschaftlichen Wandel.

Unten: Eine Serie von dekorativen Kacheln aus dem Katalonien des 18. Jahrhunderts stellt das Alltagsleben auf dem Land dar und zeigt daneben auch Handwerksberufe wie Faßbinden und Korbflechten.

Oben: João V. baute in Anlehnung an den Escorial seinen marmornen Klosterpalast in Mafra. Der Eingang zur Kirche bildet das Zentrum der 244 m langen Westfassade. Der weitläufe rechteckige Block ist ein Monument des Reichtums, der im frühen 18. Jahrhundert von den Goldminen Brasiliens nach Portugal floß. Das Ausmaß der Anlage ist überwältigend; Glanzstück ist die Rokoko-Bibliothek mit ihren Tausenden von Bänden. Der französische Philosoph Voltaire ließ sich aber nicht davon abhalten, das gewaltige Architekturdenkmal mit seinem rationalistischen Spott zu übergießen.

zurück. Gegen Mitte des Jahrhunderts bildete sich eine klar umrissene, zunehmend vom lokalen Adel und vom Einfluß des Klerus unabhängige Mittelklasse heraus. Sie entstammte dem sozialen Umfeld von Kaufmannsfamilien und der akademischen Schicht, vor allem dem Juristenstand. In wichtigen Hafenstädten wie Bilbao und Barcelona erweiterten die Kaufmannsgilden nicht nur die geschäftlichen Aktivitäten, sondern sie begannen auch zunehmend Einfluß auf Kultur und Bildung zu nehmen. Solche Gruppen bildeten oft die lokalen Filialen einer landesweit verbreiteten Organisation, der »Wirtschaftsgesellschaft von Freunden der Nation«, die in mäzenatischer Absicht den Fortschritt in vielen Wirtschaftsbereichen und im Bildungswesen förderte.

Friede und Wohlstand

Die portugiesische Wirtschaft hatte bereits unter der Herrschaft von Pedro II. begonnen, sich von den Anstrengungen des Krieges mit Spanien zu erholen. Sein Finanzminister, der Graf von Ericeira (1632–1690), ergriff Maßnahmen zur Ausgabenkontrolle und baute landesweit Industrien zur Produktion von Glas, Textilien und Salz auf. Nach Ericeiras Tod wurde die Notwendigkeit solcher ökonomischer Vernunft durch die Entdeckung großer Goldvorkommen in den *Minas Gerais* in Brasilien beiseite geschoben. Das Gold und nach 1728 auch die Diamanten Brasiliens waren die finanzielle Grundlage einer Ära großen Wohlstands in Portugal, der den Herrschern riesige Einkünfte und eine völlige Unabhängigkeit von den Parlamenten und einheimischen Steuern bescherte. Die Aristokratie unternahm nichts, um dem Anwachsen der königlichen Macht Einhalt zu gebieten, und stritt statt dessen in kleinlichen Intrigen um diplomatische Titel und Würden. Außerdem gab die im Methuen-Abkommen vereinbarte feste Allianz mit Britannien dem Land militärische Sicherheit, die faktisch Frieden und Wohlstand zugleich garantierte.

Im Gegensatz zu Spanien waren in Portugal die Kräfte regionaler Abspaltung nie besonders stark. João V. (1706–1750), Pedros Nachfolger, befand sich in der glücklichen Rolle eines absoluten Herrschers, der nicht nur reich, sondern auch allgemein akzeptiert war. Er formte seinen Hof nach dem Vorbild von Ludwig XIV. von Frankreich. Doch im Gegensatz zu Ludwig war João ein zurückhaltender, frommer Mann, wenn auch nicht ohne Eitelkeit, der sich damit zufriedengab, friedlich im eigenen Land zu regieren und Gott und der Bragança-Dynastie Monumente zu errichten. Jedoch ging er nicht davon aus, daß seine Dienste für die Kirche vom Papst unbelohnt bleiben würden. 1716 wurde der Erzbischof von Lissabon zum Patriarchen gemacht und nach vielen Intrigen und einem kurzzeitigen Bruch mit Rom zum Kardinal. João selbst wurde in Anerkennung des portugiesischen Beitrags zum Sieg über die moslemischen Türken in der Schlacht von Matapan (1717) der Titel »Seine gläubigste Majestät« verliehen.

Aus der Allianz Portugals mit Österreich während des Spanischen Erbfolgekriegs entstand 1708 die Ehe Joãos mit Maria Anna von Österreich (1683–1754). Als deren Sohn im Alter von zwei Jahren starb, gelobte der König, ein großes Kloster zu errichten, das den Escorial in Spanien noch übertreffen sollte, wenn Gott ihm einen Erben schenken würde. 1712 wählte er Mafra, einen Ort auf dem freien Land nordwestlich von Lissabon. Die Arbeiten an diesem prachtvollen Projekt, das wie der Escorial einen Palast ebenso wie ein Kloster und eine Kirche einschloß, begannen schließlich im Jahr 1717 und dauerten 18 Jahre. Der Bau verschlang riesige Summen an Geld, die Arbeiter blieben oft monatelang unbezahlt, und die mehr als 1000 Räume wurden verschwenderisch ausgestattet. Symmetrische Gärten umgaben das glanzvolle Barockgebäude.

Die Freigebigkeit des Königs war nicht nur auf religiös motivierte Stiftungen beschränkt. Er ließ auch die ornamental überladene Bibliothek der Universität von Coimbra erbauen und

Die Kriege der Bourbonen jedoch waren kürzer, weniger heftig und umfassend als die der Habsburger. Zum Teil aus diesem Grund war die Wirtschaft besser imstande, die Kriegskosten zu verdauen und sogar so etwas wie einen Aufbau zustande zu bringen. Den pro-Habsburger Granden wurde die Rückkehr aus dem Exil bis etwa zum Jahr 1725 verwehrt, und in der Zwischenzeit hatte die Krone Tausende von Pachtverträgen vergeben, was fruchtbares Land (das vorher größtenteils für die Jagd reserviert gewesen war) unter den Pflug brachte. Die geplante Abschaffung der Privilegien der mächtigen Schafzüchter-Zunft, der *Mesta*, war zwar gegen Ende des Jahrhunderts immer noch nicht abgeschlossen, vergrößerte aber ebenfalls die Flächen an kultiviertem Land. An der Peripherie der Getreideflächen der Meseta wurde eine Vielfalt von Nutzpflanzen wie Reis, Mais und Zitrusfrüchte geerntet und der Viehbestand erweitert. Seit mehr als einem Jahrhundert konnte sich Spanien wieder selbst mit Nahrungsmitteln versorgen. Trotzdem waren die ländlichen Gebiete immer noch Schauplatz großer Armut, besonders in Andalusien.

Die Abschaffung der Zollbarrieren (die *puertos secos* oder »trockenen Häfen«) innerhalb Kastiliens und zwischen Kastilien, Katalonien, Aragón und Valencia belebte den wirtschaftlichen Aufbau durch die Öffnung neuer Binnenmärkte. Davon profitierten auch die großen Marktstädte der zentralen Meseta und gewannen viel von ihrem verlorengegangenen Wohlstand

gründete eine Königliche Akademie für Geschichte. Während seiner Herrschaft erschienen größere Sammlungen zur portugiesischen Grammatik, Dichtung und Geschichte, und Portugiesen wurden zu Studien im Ausland angeregt. Neue Hospitäler und Fabriken wurden erbaut, aber die eindrucksvollste Glanzleistung der Ingenieurkunst war der Aquädukt »Aguas livres« (»Freie Wasser«). Er wurde von Lissabons Stadtvätern zwischen 1732 und 1748 in Auftrag gegeben, um Trinkwasser von den Hügeln außerhalb der Stadt heranzuführen, überspannte 109 Bögen und war 18,5 Kilometer lang. Viele Straßenbrunnen der Hauptstadt stammen ebenfalls aus dieser Zeit.

Ein Jahrzehnt des Friedens in Spanien

In Spanien brachte die Herrschaft von Philipps V. Sohn Ferdinand VI. (1746–1759) ebenfalls eine Periode der Stabilität. 1748 beendete der Friede von Aachen den Krieg um die österreichische Erbfolge (1740–1748) und stärkte Spaniens Position in Italien. Jedenfalls teilte Ferdinand in keiner Weise das Vergnügen seines Vaters am Krieg. Er heiratete Barbara von Bragança (1711–1758), die Tochter Joãos V., und teilte die Liebe seiner portugiesischen Königin zur Kunst, besonders der Musik. Der gefeierte Opern-*castrato* Carlo Farinelli (1705–1782), im Besitz einer Gesangsstimme, die fast einhellig als die schönste je gehörte betrachtet wurde, war ein unzertrennlicher Begleiter des spanischen Königspaars. Ihr gemeinsames Mäzenatentum stimulierte eine imposante nationale Wiederbelebung der Musik. Barbara von Bragança war eine vorzügliche Musikerin und Freundin von Domenico Scarlatti (1685–1757), dem in Neapel geborenen Komponisten. Er begleitete sie von Lissabon nach Madrid und schrieb die meisten seiner Klavier-Sonaten für sie. Diese gehörten zur fortschrittlichsten Musik ihrer Zeit, in der volkstümliche Tanzrhythmen verarbeitet sind und sogar der Klang der Gitarre auf das Cembalo übertragen wurde. Scarlattis Schüler, der Katalane Antonio Soler (1729–1783), führte diese Entwicklungen noch weiter und schuf so eine Verbindung zwischen dem spanischen Barock und der klassischen europäischen Musik.

Ferdinand hatte – mangels Intelligenz und öffentlicher Bedeutung – kein Interesse am Regierungsgeschäft. Trotzdem brachte seine Herrschaft Spanien ein wohltuendes Jahrzehnt des Friedens. In diesem Klima setzte sein Minister, der Marquis von Ensenada (1702–1781), eine Reihe von Reformen in Gang, die auf eine verbesserte Organisation und durchgängige Effizienz des bourbonischen Staates zielten. Diese Veränderungen unterschieden sich wesentlich von denen der vorangegangenen Herrschaft, deren Ziele eine zentrale Regierung, regionale Verwaltung und die Organisation der Streitkräfte waren. Ensenada, dessen kohärentes und umfassendes Programm – das erste seit Oliváres – dem König 1746, kurz nach seiner Thronbesteigung, vorgelegt wurde, bereitete zuerst eine Erfassung der nationalen Ressourcen vor. Zu diesem Zweck ordnete er 1749 ein *catastro* (oder Steuer-Zensus) an. Durch die landesweite Erfassung der unterschiedlichen Bevölkerungsdichte und Besitzverteilung hoffte Ensenada fiskalische Reformen einführen zu können, die auf dem persönlichen Einkommen beruhen und sich nicht aus der Ausgabenpolitik herleiten sollten. Dies würde verpfändetes Kapital an der Spitze freisetzen und produktive Arbeit an der gesellschaftlichen Basis anregen.

Obwohl der Zensus ordnungsgemäß durchgeführt wurde, stieß die beabsichtigte einheitliche Steuerstruktur auf den Widerstand der althergebrachten Interessen des Adels und des Klerus und wurde aufgeschoben. Trotzdem war die Belebung der Wirtschaft für die Einnahmen der Krone von Vorteil. Bemerkenswerte Investitionen in strategisch wichtige Industrien wurden vorgenommen – Herstellung von Waffen und Uniformen, Schiffswerften für die Kriegsflotte und vor allem Schiffbau. Naturgemäß profitierten davon die peripher gelegenen Regionen der Halbinsel am meisten, besonders die drei staatlichen Arsenale Ferrol, Cádiz und Cartagena. Einige Verbesserungen im Verkehrsnetz – Straßen, Brücken und Kanäle – kamen jedoch auch dem Landesinneren zugute.

Ein Historiker hat Ensenadas Reformen als »Spaniens erstes Modernisierungsprogramm« bezeichnet. Zweifellos lag sein größter Erfolg im Aufbau einer Kriegsflotte, die technologisch mit potentiellen Gegenspielern Schritt halten konnte und auch einen zureichenden Umfang besaß. Doch trotz wichtiger Fortschritte im staatlichen Bereich und bei der Organisation der Staatskasse erreichte Ensenada im Hinblick auf eine Verbesserung der Steuereinnahmen wenig, und eine wirksame Sozialreform lag selbst 1754 bei seinem Sturz kaum im Bereich des Möglichen.

Ensenadas Zensus hatte einen wesentlichen Bevölkerungszuwachs – weitgehend ein Ergebnis der Friedensperiode – konstatiert, besonders in den wirtschaftlich tragenden Regionen Katalonien und Baskenland. Am Ende von Ferdinands Herrschaft überstieg die Bevölkerungszahl sogar die im späten 16. Jahrhundert erreichte bisherige Höchstmenge. Gleichzeitig hatte der Zensus die Existenz einer riesigen Unterschicht (mehr als ein Viertel der Bevölkerung) von landwirtschaftlichen Arbeitern am Rande des Subsistenzminimums aufgedeckt. Im Nordwesten hatten Erb- und Besitzrechte die extreme Aufteilung des Landbesitzes in winzige Flecken *(minifundia)* bewirkt, die kaum die Familien ernähren konnten, die sie bearbeiteten. Das andere Extrem waren die riesigen ineffizienten Güter *(latifundia)* des Südens in den Händen von größtenteils abwesenden Landherren. Die *latifundia* sicherte ihr Überleben, indem sie mit nur einem kleinen festen Personalbestand arbeitete und eine riesige Armee landloser Saisonarbeiter ausbeutete. Außerhalb der arbeitsintensiven Zeiten lebten ländliche Gemeinden buchstäblich am Rande des Hungertods. Die großen Landbesitzer nahmen sich das beste Land und zwangen die bäuerlichen Landwirte auf Parzellen am Rande, wo sie häufige Mißernten und hohe Pacht erdulden mußten.

Cliquengeist und Macht

Gegen die bourbonischen Reformer stand der tief verwurzelte und erzkonservative Einfluß des alten Adels. Obwohl er jeglichen Erbanspruch auf Regierungsposten verloren hatte, eignete er sich weiterhin Ämter an, vorgeblich kraft seiner Bildung. Dies hieß nicht, daß aus dem alten Adel eine intellektuelle Elite geworden war, und noch weniger, daß die königliche Verwaltung eine für Begabungen offene Laufbahn war. Die meisten Angehörigen der mittleren und höheren Ebenen des Staatsdienstes waren Absolventen der *Colegios Mayores* (»Höhere Schulen«), der Universitäten von Salamanca und Alcalá de Henares, die mehr soziales als akademisches Prestige genossen. Ursprünglich hatten viele dem niederen Adel *(hidalguía)* angehört, aber als die *hidalgos* in der gesellschaftlichen Hierarchie aufstiegen, waren sie von der über ihnen rangierenden Schicht der Granden fast nicht mehr zu unterscheiden. Größtenteils von Jesuiten ausgebildet und wiederum Jesuiten als Beichtväter wählend – hatte sich der Adel seit dem späten 17. Jahrhundert zu einer geschlossenen Gruppe geformt, die fest mit den Interessen der enorm mächtigen Jesuiten in Spanien verbunden war.

Ihre politischen Gegenspieler, die Männer der *Nueva Planta*, waren in einer Hinsicht nichts anderes als eine neue, frische Generation von *hidalgos*. Im Gegensatz zu früheren Generationen jedoch entstammten die neuen Männer oft einer rein bürgerlichen Schicht, und sie waren instinktiv gegen kollektive und private Privilegien eingestellt. Mehr und mehr identifizierten sie die Kirche, die Jesuiten im besonderen, als Hüter einer hinfälligen Ordnung. Natürlich wehrte sich keiner der neuen Männer gegen die Adelung und den Wohlstand, den die königliche Gunst mit sich brachte. Zwischen beiden Gruppierungen bauten sich während Ferdinands Herrschaft Spannungen auf, die sich in dem Machtkampf zwischen Ensenada – einem zum Marquis

Rechts: In der großen Zeit der Bildungsreisen, als die Crème der jungen Aristokratie aus den Meeresanrainern Nordeuropas scharenweise nach Südfrankreich und Italien strömte, wurde die Iberische Halbinsel vollkommen ignoriert. Ein Grund dafür war der fürchterliche Zustand der Landstraßen und Verkehrswege. Trotz sporadischer Versuche, die Dinge zu verbessern, blieben die Wege häufig unpassierbar, und die Bewirtung an den Landstraßen war primitiv – vor allem in Bergregionen wie dem Baskenland. In diesem Gemälde von Leonardo Alenza wandert ein armseliger Reisender auf nächtlichen Fußpfaden und nähert sich am Ende einer ermüdenden Tagesreise gerade der Sicherheit einer typischen baskischen *venta* (Landgasthaus).

aufgestiegenen Bürgerlichen – und José de Carvajal y Lancaster (1698–1754), einem kastilischen Granden, der seine Abstammung vom englischen Königshaus von Lancaster herleitete, entluden. Die Protagonisten symbolisierten das, was allmählich zu einem Kampf um grundsätzliche politische Haltungen und Überzeugungen wie auch zu reinen Gruppeninteressen werden sollte. Der König weigerte sich, Partei für eine der beiden Gruppen zu ergreifen, aber nachdem er selbst einen für seine Orthodoxie bekannten Jesuiten zum Beichtvater hatte, waren die konservativen Sympathien des Königs offenkundig. Beide Minister schieden 1754 aus dem Amt (Carvajal durch seinen Tod, Ensenada wurde wegen seiner antijesuitischen Neigungen abgesetzt), die Angelegenheit blieb offen und harrte einer

Lösung in der nun folgenden Regierungszeit König Karls III. (1759–1788).

Die Unterdrückung der Jesuiten

Karl war ein reifer, tatkräftiger und gemäßigter Mensch, der als Reform-König von Neapel und Sizilien schon seit 1734 Regierungserfahrungen gesammelt hatte. Schließlich hatte sich die Bewegung für politische Reformen die Führung im Zentrum gesichert. Noch auf seinem Weg nach Madrid machte Karl 1760 den Bürgern von Katalonien und Aragón Konzessionen, die einige der umstrittensten Aspekte des früheren Zentralismus abschwächten. In der Hauptstadt eingetroffen, entfernte er den Günstling Farinelli vom Hof und entließ den ehemals führenden

Reformer Melchor de Macanaz aus dem Gefängnis. Im Zentrum der Reformbewegung standen nun wieder die politischen und legalistischen Aspekte des spanischen Lebens und weniger die umfassenderen Visionen, wie sie Ensenada projektiert hatte. Außerdem wurden die Reformen, als Karls Herrschaft begann, vom heftigen Kampf gegen die Jesuiten verzerrt.

Karl selbst war kein liberaler, sondern ein paternalistischer, willensstarker Puritaner, der die Jesuiten haßte, weil sie angeblich lasche moralische Vorstellungen unter den Adligen bestärkten und weil er sie verdächtigte, die unveräußerlichen Rechte des absoluten Königtums auszuhöhlen. Doch war er im Vergleich zu den meisten seiner Vorgänger ein gewandter Politiker. Dies zeigt sich vielleicht am deutlichsten darin, daß er gewillt war, langfristig Vertrauen zu zwei aufeinanderfolgenden kompetenten und hart arbeitenden obersten Ministern seines Kabinetts aufzubauen: dem Marquis Grimaldi (1720–1786) von 1766 bis 1777 und dem Grafen von Floridablanca (1728–1803) von 1777 bis 1792.

Die erste Krise von Karls Herrschaft entwickelte sich im März 1766, als in Madrid unvermittelt Krawalle ausbrachen, die, oberflächlich betrachtet, Anzeichen einer unausgegorenen Französischen Revolution an sich hatten. Am wahrscheinlichsten ist, daß der inflationäre Druck von Krieg und Besteuerung in Verbindung mit einer Reihe ungewöhnlich schlechter Ernten von 1760 bis 1763 Unzufriedenheit erzeugt hatte. Es ist bezeichnend, daß die Revolten im Frühjahr stattfanden, als die Nahrungsmittelpreise unter den Bedingungen des vorindustriellen Europa am höchsten waren. Doch der Groll des Mobs betraf fast ausschließlich den unglückseligen Marquis von Squillace (um 1741–1785). Dieser verhaßte Ausländer, der Karls wichtigster Reformführer in Neapel gewesen war, hatte törichterweise versucht, den Madrider Bürgern Vorschriften über Kleidung und andere Alltagssitten zu machen. Insbesondere verbot er den breitkrempigen Sombrero und die lange *capa*, die man in Madrid als Schutz gegen Sonne und Wind trägt; er war überzeugt, beides würde kriminellem Verhalten Vorschub leisten.

Diese Beleidigung war vielleicht der Funke, den irgendeine finster gesinnte Gruppe benutzte, um den Zunder des Grolls in Brand zu setzen – der antireformistische Adel, Anhänger des gestürzten Ensenada oder (indirekt) sogar jesuitische Intriganten. Wie auch immer, nur Squillaces Haus und die königlichen Paläste waren das Ziel des Mobs, und als sich die Unruhen auf mehrere Provinzhauptstädte ausbreiteten, richtete sich der Protest nur in einer von ihnen (Saragossa) gewaltsam gegen Eigentumsverhältnisse. Der fast einhellige Ruf war das ewige »Lang lebe der König, aber nieder mit seinen üblen Ministern«. Die Krise wurde durch schnelle Maßnahmen zur Behebung der Nahrungsmittelknappheit beigelegt, begleitet von Vorkehrungen gegen weitere Unruhen (Truppen mit 20000 Mann wurden in die Hauptstadt gebracht). Squillace kehrte nach Neapel zurück. Die Madrider Tumulte waren wohl nur eine bizarre Episode, aber sie lieferten Karls neuem Minister Grimaldi und seinem wichtigsten Mitstreiter Pedro Rodríguez de Campomanes (1723–1803) einen Grund zu Reformen und einen Knüppel, um deren Widersacher zu schlagen. Öffentlich angeklagt, die Erhebungen unterstützt zu haben, wurden die Jesuiten 1767 aus allen Territorien Spaniens ausgewiesen, und 1773 hatte man den Papst zu dem Entschluß gebracht, den Orden offiziell aufzulösen.

Campomanes war ein wirklich aufgeklärter Minister, der auch dafür sorgte, daß der Vertreibung der Jesuiten die Nutzung ihres Vermögens für soziale und Bildungszwecke und eine akademische Reform der Universitäten folgten. Grimaldis und Campomanes' Stern verblaßte um 1775 mit dem Aufstieg des begabten José Moñino, Graf von Floridablanca, der dann praktisch Karls III. leitender Minister in den späteren Jahren seiner Herrschaft wurde. Unter seiner Leitung wandelten sich die Re-

formen mehr zu einem kontinuierlichen Steuerungsprozeß der Wirksamkeit und Erhaltung absolutistischer Herrschaft, als die politischen Bedingungen oder die wirtschaftlichen Grundlagen der spanischen Gesellschaft zu verändern.

Eine traditionelle Form des Regierens versuchte Karl nicht zu verändern – Krieg zu führen als Mittel der Politik und zur Mehrung des Ruhms. Innerhalb weniger Jahre nach seiner Thronbesteigung riß er Spanien in den Siebenjährigen Krieg (1756–1763), die weitreichende Auseinandersetzung zwischen Frankreich und England um die koloniale Vorherrschaft einerseits und zwischen Österreich und Preußen um die Dominanz in Deutschland andererseits. Nach dem Frieden von Paris, der den Krieg beendete, verbrachte Karl viel Zeit damit, Pläne zu schmieden, wie er die Spanien beigebrachte Schmach rächen könnte. Er und Floridablanca errangen 1783 schließlich ihren Triumph, als sie die Baleareninsel Menorca und Florida zurückgewannen (letzteres war im Frieden von Paris England zugesprochen worden), allerdings unter so gewaltigen finanziellen Belastungen, daß das wirtschaftliche Reformwerk zunichte gemacht wurde.

Unten: Der große venezianische Maler Giambattista Tiepolo (1696–1770) hatte sich in Europa bereits den Ruf des phantasiereichsten Dekorationsmalers seiner Zeit erworben, als er von Karl III. 1762 nach Madrid eingeladen wurde, um sich zu einem Team internationaler Künstler zu gesellen, die an den Bauprojekten des Königs arbeiteten. Decken waren Tiepolos Spezialität. Über dem enormen Haupttreppe des neuen Königspalastes, damals kurz vor der Vollendung, malte er eine Himmelsallegorie, die *Die Apotheose der spanischen Monarchie* darstellt, eines von drei Deckenfresken, die er für den Palast entwarf und mit Hilfe seiner Söhne Domenico und Lorenzo auch ausführte.

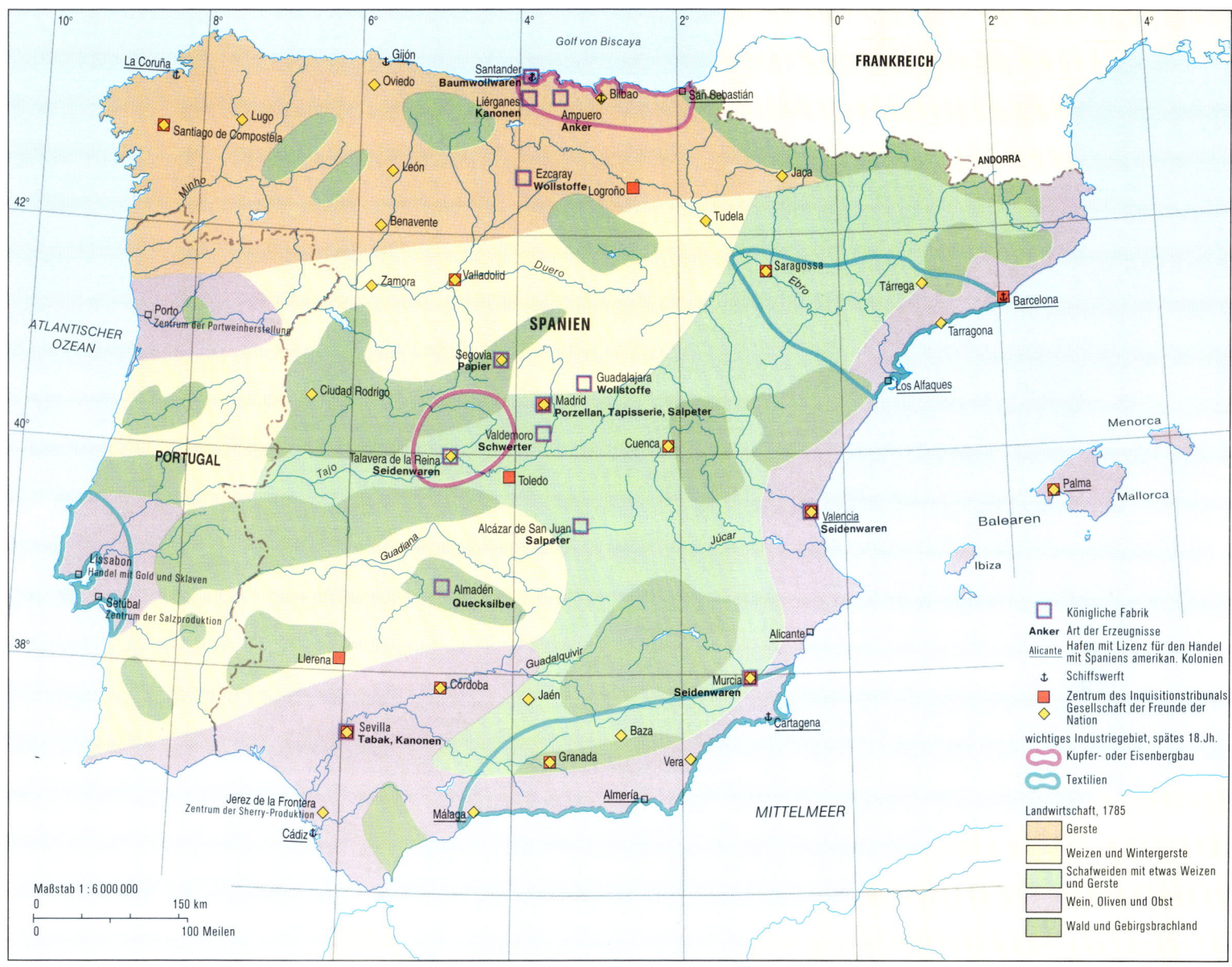

Maßstab 1 : 6 000 000

0   150 km
0   100 Meilen

Legende:

□ Königliche Fabrik
Anker Art der Erzeugnisse
Alicante Hafen mit Lizenz für den Handel mit Spaniens amerikan. Kolonien
⚓ Schiffswerft
■ Zentrum des Inquisitionstribunals
◇ Gesellschaft der Freunde der Nation
wichtiges Industriegebiet, spätes 18.Jh.
Kupfer- oder Eisenbergbau
Textilien

Landwirtschaft, 1785
Gerste
Weizen und Wintergerste
Schafweiden mit etwas Weizen und Gerste
Wein, Oliven und Obst
Wald und Gebirgsbrachland

Wirtschaftliche Erholung im 18. Jahrhundert

Getreide und Wolle blieben zwar weiterhin die Grundlage der Landwirtschaft, jedoch weitete sich auch der Weinbau aus, vor allem mit dem Aufkommen des Sherry in Andalusien und des Portweins in Portugal. In den landwirtschaftlichen Küstenregionen gab es eine beträchtliche Vielfalt an Anbaufrüchten, was zum Teil auf die wachsende Nachfrage nach Wein, Olivenöl und Zitrusfrüchten zurückzuführen war, nachdem regionale Zollbarrieren gefallen waren. Das produzierende Gewerbe blieb kleindimensioniert und lokal, wie im Fall der Textilherstellung. Die Krone investierte jedoch direkt in kriegsbezogene Industrien (Schiffbau, Waffen, Uniformen) und andere Gewerbezweige wie Tabakverarbeitung (Sevilla) und Bekleidung (Guadalajara). Die Lizenzierung besonderer spanischer Portweine für den direkten Handel mit den amerikanischen Kolonien kurbelte die regionalen Ökonomien an, und das Handelsvolumen mit Nordeuropa nahm ebenfalls zu. Die »Wirtschaftsgesellschaften der Freunde der Nation«, die in den Hafenstädten bald aus dem Boden schossen, weiteten sich rasch auf die Städte des Landesinneren aus und sollten bald die Zahl der Inquisitionstribunale übertreffen; daran wird sichtbar, daß sich in Spanien um 1800 eine Epochenwende vollzog.

Eine brüchige Aufklärung

Karls Minister kleideten viele ihrer Reformen in die modische Rhetorik der Aufklärung, der europäischen Bewegung des 18. Jahrhunderts, die rationale, wissenschaftliche und humanitäre Überzeugungen gegen Aberglaube, Privilegien und religiöse Intoleranz setzte. Obwohl die Reformer von den konservativen Katholiken als Häretiker und Verräter hart angegriffen wurden, berührten die Ideen der Aufklärung die spanische Gesellschaft insgesamt kaum. Die voluminösen rationalistischen Schriften des galicischen Mönchs Benito Feixó (1675–1764) hatten zu ihrer Zeit wenig Einfluß. Obwohl nicht völlig auf der Höhe der französischen Avantgarde-Ideen, hatte Feixó doch die Werke von René Descartes (1596–1650) und von John Locke (1632–1704) gelesen und war einer der ersten katholischen Denker, die für den Wert objektiver Vernunft eintraten. Im Jahr 1720 veröffentlichte er eine Enzyklopädie, in der dargelegt wird, wie Aberglaube und von Vorurteilen geprägtes Denken in der spanischen Gesellschaft zu bekämpfen sind. Feixó akzeptierte sogar, daß selbst Wunder als Phänomene des christlichen Glaubens zum Thema wissenschaftlicher Untersuchungen gemacht werden sollten, und dies muß irgendwie der Aufmerksamkeit der Inquisition entgangen sein; er lebte bis ins hohe Alter in seinem Kloster in Oviedo im entlegenen Asturien. Die Inquisition mußte ohnehin einen gewissen Machtverlust akzeptieren, zumindest soweit es die herrschenden Schichten betraf. Ein Meilenstein in der spanischen Geschichte war 1701 gesetzt

worden, als Philipp V. sich weigerte, dem _auto de fe_ beizuwohnen, das traditionsgemäß aus Anlaß seiner Thronbesteigung stattfand. Trotzdem wurde noch 1776 Pablo Olavide (1725 bis 1802), der antiklerikale Verwaltungschef von Sevilla, von der Inquisition eingesperrt.

Obwohl Karl und seine Minister die Möglichkeit von sozialem und intellektuellem Fortschritt vorgeführt hatten, blieb die spanische Aufklärung weitgehend auf kleine Gruppen von Regierungsbeamten beschränkt, die zugleich immer anfällig für die Kräfte der Reaktion waren. Als Karl III. 1788 starb, schwebte Spanien bedenklich zwischen zwei Epochen: dem alten System von Privilegien und Patronage und dem neuen Zeitalter liberaler Demokratie, das die Französische Revolution (1789) einleitete. Die Zeit sollte zeigen, daß die Errungenschaften der Herrschaft Karls unvollständig und in ihrer gesellschaftlichen Durchdringung begrenzt waren. Besonders im ultrakonservativen Kastilien galten radikale Veränderungen immer noch als gefährlich und erschreckend, gleichbedeutend mit Ausländern und Häretikern.

Pombal: Der große Diktator

Die Reformen König Karls III. waren nicht nur von seinen italienischen Erfahrungen und französischen Ideen beeinflußt, sondern auch von einem viel näherliegenden Reformbeispiel – nämlich Portugal. In den letzten Jahren seiner Herrschaft war João V. krank und apathisch geworden und überließ den Groß-

Pombal und der Wiederaufbau Lissabons

Am 1. November 1755, dem Allerheiligenfest, waren die Kirchen von Lissabon voll von Andächtigen. Die Stadt befand sich damals auf der Höhe ihres Reichtums, mit dem das 18. Jahrhundert so gesegnet war. Aber all das änderte sich innerhalb von zehn Minuten, als kurz nach neun Uhr dreißig vormittags ein Erdbeben noch nie dagewesener Heftigkeit einsetzte und die meisten größeren Gebäude der Stadt zerstörte. Der Tejo sprengte seine Uferbankette und überflutete die Ruinen. Der Flut folgte das Feuer. An einem einzigen Tag wurde die Stadt in Schutt und Asche verwandelt, und etwa 50 000 Menschen kamen um. Desaster eines derart massiven Ausmaßes waren im damaligen Europa unbekannt, und der gewaltige Eindruck, den die Katastrophe im Denken des 18. Jahrhunderts hinterlassen hatte, kann in den Schriften so verschiedenartiger Autoren wie Voltaire, Goethe und Samuel Johnson zurückverfolgt werden.

Die unmittelbare Situation wurde jedoch durch die Aktionen von Sebastião de Carvalho (später Marquis von Pombal), dem ersten Minister Josephs I., gelindert. Als er von dem verzweifelten König gefragt wurde, was getan werden müsse, soll Pombal gesagt haben: »Die Toten beerdigen und die Lebenden füttern«, und das war es, was er mit seinem typischen Flair und seiner großen Energie auch tat. Es wurde Hilfe für die Verletzten mobilisiert, Unterkunft für die Obdachlosen und Nahrung für die Hungernden. Außerdem hatte er innerhalb eines Monats einen Plan für den Neuaufbau Lissabons vorbereitet. Mit der

Hilfe von fünf Architekten und einem Ingenieur gestaltete er das Zentrum der Stadt so um, daß man heute von einem klassischen Beispiel aufgeklärter Stadtplanung spricht. Die Ruinen des königlichen Palastes am Tejo schufen Raum für einen von Arkaden gesäumten Platz, der in ein elegantes Raster enger Straßen übergeht. Ganz Lissabon wurde wiederaufgebaut, außer der Carmo-Kirche, deren Ruinen als Gedenkstätte belassen wurden.

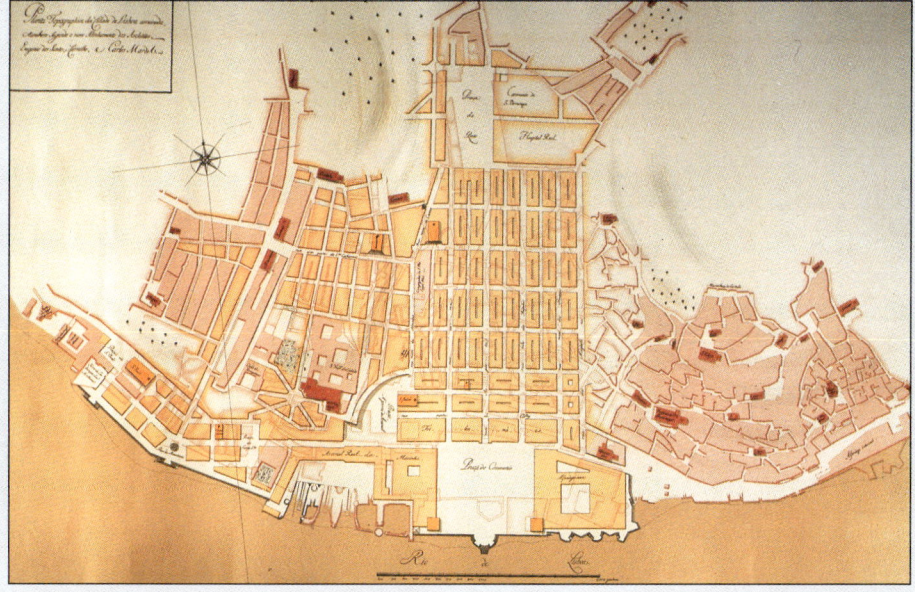

Oben links: Lissabon hatte unter dem Erdbeben und seinen Nachwirkungen extrem zu leiden. »Die Angst, die Sorgen und Klagen der armen Bewohner waren unaussprechlich«, schrieb ein Augenzeuge des Desasters, »alle baten sich gegenseitig um Verzeihung, umarmten sich, schrien ›Vergib mir, Freund, Bruder, Schwester! Oh, was soll aus uns werden! Weder Wasser noch Land wird uns schützen, und das Feuer scheint uns jetzt mit der vollkommenen Vernichtung zu drohen.‹ Wie es sich dann auch ereignete.« Dieser zeitgenössische Stich zeigt die Schrecken der Katastrophe; Menschen ergreifen die Flucht, als brennende Häuser um sie herum zusammenstürzen.

Links: Das Herz der Stadt ist größtenteils so geblieben, wie es von Pombal und seinen Architekten nach dem Erdbeben geplant worden war, wie aus dem Vergleich einer Luftaufnahme mit Pombals ursprünglichem Plan *(oben)* ersehen werden kann. Ein neuer offener Raum direkt am Fluß, bezeichnenderweise Praça de Comércio (Handelsplatz) benannt, ist durch ein gleichmäßiges Netzwerk enger Straßen mit dem Rossio (dem Hauptplatz) verbunden. Diese wurden in Pombals organisatorischer Art nach speziellen Geschäftszweigen oder Berufen aufgeteilt: Goldschmiede sind heute noch in der Rua Aurea und Silberschmiede in der Rùa da Prata anzutreffen.

Ganz oben: Sebastião José de Carvalho e Mello, Marquis von Pombal, war der eigentliche Diktator während der ganzen Regentschaft von Joseph I. (1750–1777) und während eines Großteils dieser Zeit der meistgehaßte Mann des Landes. Die brutale Rücksichtslosigkeit seiner Regierung schmälert jedoch nicht die ungewöhnliche Fähigkeit, mit der er die zerstörte Hauptstadt wiederaufbaute. Hier ist er auf dem Höhepunkt seiner Macht porträtiert, wie er zufrieden die Aufmerksamkeit auf die Pläne und die Realität des neuen Lissabon, seine größte Leistung, lenkt.

teil der Regierungsgeschäfte unfähigen Kirchenmännern und Ministern. Das Land wurde vernachlässigt, weite ländliche Flächen lagen brach, die Straßen waren verrottet, Industrie und Handel verfielen. Zwar sicherte der immer noch fließende Reichtum an Mineralien aus Amerika weiterhin das finanzielle Überleben der Krone, doch komplizierte eine Krise im Goldhandel die hausgemachten wirtschaftlichen Probleme zusätzlich. Die meisten zugänglichen Goldminen in Brasilien waren erschöpft, und die Erschließung neuer erforderte hohe Kosten. Der neue König Joseph I. (José; 1750–1777) war sich der Notwendigkeit entschlossenen Handelns bewußt, obwohl er selbst wenig Neigung zum Regieren verspürte und die Jagd, das Kartenspiel, Musik und Theater den Verantwortlichkeiten des Königtums vorzog. Es fügte sich, daß jemand zur Stelle war, willens und in der Lage, die Pflichten des Königs zu übernehmen: Sebastião de Carvalho, später Marquis von Pombal (1699–1782), weitgehend ein Selfmademan mit überwältigendem Charisma und Selbstvertrauen. Der König delegierte jegliche Autorität über sein Imperium an Pombal und blieb auch später trotz Pombals äußerst fragwürdiger Methoden und seiner Unbeliebtheit stets bei diesem Entschluß. Während der ganzen Regentschaft Josephs war Pombal der brillante, tüchtige und oft brutale Herrscher Portugals.

Pombal war von seiner Zeit als portugiesischer Gesandter in London (1740–1744) zutiefst beeinflußt worden. Während seiner ganzen Laufbahn kämpfte er darum, in Portugal Bedingungen für eine Blüte von Handel und Gewerbe herzustellen, wie er dies in London beobachtet hatte. Eine seiner ersten Maßnahmen bestand darin, daß er den Kaufleuten erlaubte, ein Schwert zu tragen, womit sie zumindest in dieser Hinsicht den Adligen sozial gleichgestellt waren. Er versuchte, Handel und Industrie zu reformieren, regte die Herstellung von Seide, Wollerzeugnissen, Keramik und Glas hauptsächlich durch privilegierte Neugründungen von Unternehmen sowohl zu Hause als auch in den Kolonien an. Diese kollidierten jedoch oft mit althergebrachten Interessen. Pombals Aufstieg zur Macht hatte den Hochadel des Landes gekränkt, jene kleine hochexklusive Gruppe, die eifersüchtig ihre Privilegien hütete. Er hegte auch eine unversöhnliche Feindseligkeit gegenüber den Jesuiten, von denen er überzeugt war, daß sie in Südamerika gegen die Interessen der Krone agierten. All diese reformerischen Ansätze provozierten bald aktiven Widerstand.

Wie in Spanien hatte die Gesellschaft Jesu enge Verbindungen zur Aristokratie, und als Pombal die Jesuiten-Missionen in Südamerika unterdrückte, begannen Ordensmitglieder mit bestimmten Adligen in Portugal zu intrigieren. Gleichzeitig predigten sie, daß das Lissaboner Erdbeben eine Gottesstrafe für Leute gewesen sei, die den atheistischen Usurpator Pombal unterstützten. 1758 waren zwei der vornehmsten portugiesischen Adelsfamilien in einen fehlgeschlagenen Anschlag gegen den König verwickelt. Die Beweise gegen sie waren fragwürdig, aber im Laufe der dreisten und rücksichtslosen polizeilichen Untersuchungen wurden dem Herzog von Aveiro, dem Marquis von Távora, dem von Alorna und anderen Edelleuten unter Folter Geständnisse abgepreßt; sie wurden im Turm von Belém hingeschlachtet. Als ein prominenter Jesuit, der betagte Pater Malagrida (1689–1761), einen schriftlichen Appell an den Papst richtete, ergriff Pombal die Gelegenheit, den Orden zu verbieten. Die meisten seiner Mitglieder wurden nach Rom verschifft, aber gegen Malagrida rief Pombal die Inquisition an, von der er in einem *auto-da-fé* garrottet und verbrannt wurde.

Trotz der Brutalität seiner Methoden war Pombal in vieler Hinsicht ein aufgeklärter Despot. Nachdem er die Jesuiten entfernt hatte, setzte er eine wahre Revolution des Bildungswesens in Gang. Neue Sekundarschulen wurden in Lissabon und einigen Provinzstädten eingerichtet, deren beste Schüler das Vorrecht eines Studiums an der Universität von Coimbra erhielten. Hier führte er einen mit europäischen Standards vergleichbaren

Lehrplan mit vielen neuen Disziplinen, besonders in den Naturwissenschaften, ein; er legte damit den Grundstein für Coimbra als künftiger Keimzelle des Liberalismus. Obwohl Pombal selbst keine Sympathien für liberale politische Gedanken hegte, waren viele seiner anderen Reformen der liberalen Tradition zuzurechnen. Er reduzierte die Inquisition auf eine rein staatliche Behörde, stoppte die Veranstaltung von *auto-da-fés* (obwohl er nicht zögerte, sie für seine eigenen Zwecke einzusetzen), verbot die Sklaverei in Portugal und hob die gesetzliche Unterscheidung von Christen und Konvertiten auf. Sein Versuch jedoch, den blühenden Sklavenhandel zwischen der portugiesischen Kolonie Angola und Brasilien neu zu organisieren, war mehr von dem Wunsch beseelt, Gewinne an den Lissaboner Zwischenhändlern vorbei in seine eigenen neuen Unternehmen zu leiten, als von humanitären Motiven.

Gegen Ende der Herrschaft König Josephs I. faßte Pombal für den König seine eigenen Errungenschaften zusammen: eine höhere Alphabetisierungsrate, eine expandierte Industrie, ein blühendes künstlerisches und literarisches Leben und Wohlstand (besonders sichtbar am Neuaufbau Lissabons). Das war keine eitle Prahlerei. Pombal tat viel zur Beseitigung von Privilegien und zur Modernisierung staatlicher Institutionen. Seine wirtschaftlichen Reformen waren vielleicht am wenigsten erfolgreich, denn viele seiner Bemühungen wurden von dem anhaltenden Verfall der brasilianischen Goldproduktion und dem plötzlichen Schrumpfen des Zuckerhandels, der einst so verläßlichen Quelle kolonialen Wohlstands, zunichte gemacht. Trotzdem legten sie den Grundstein für den bescheidenen Wohlstand in der nächsten Regentschaft.

Nach dem Tod Josephs I. im Jahr 1777 wurde Pombal rasch aus seinem Amt entfernt; ohne die passive Unterstützung des Königs war er machtlos. Auf Joseph folgte seine Tochter Maria I. (1777–1816). Sie hatte den Bruder des Königs geheiratet, ihren Onkel, der mit ihr als Peter III. (Pedro; 1777–1786) regierte. Hunderte von Pombals Gegenspielern wurden aus dem Gefängnis entlassen, kurz nachdem sie den Thron bestiegen hatte, und die überlebenden Mitglieder der Távora-Familie bekamen auf das insistierende Drängen der Königin einen neuen Prozeß. Alle bis auf einen wurden freigesprochen. Pombal selbst wurde gewisser Vergehen beschuldigt. Er verteidigte sich heftig, und man ließ ihn schließlich bis ins hohe Alter in der Abgeschiedenheit des Dorfes Pombal leben. Die Königin, deren Gewissen von der Távora-Affäre sehr belastet worden war, wurde nach dem Tod ihres Mannes im Jahr 1786 und ihres ältesten Sohnes, der zwei Jahre später starb, zunehmend depressiv und gab nach 1792 die Regierungsgeschäfte auf. Ihr zweiter Sohn João regierte nach dem Rückzug Königin Marias in ihrem Namen und wurde 1799 Prinzregent.

Das Ende des *Ancien Régime*

Es gibt gute Gründe zu der Annahme, daß das bourbonische Regime in Spanien die Herrschaft Karls IV. (1788–1803) – trotz deren Unzulänglichkeit – überlebt hätte, wäre diese nicht so fatal mit der Französischen Revolution zusammengefallen. Das ganze konservative Europa blickte mit wachsendem Schrecken auf die Ereignisse, die sich in Frankreich nach dem Sturm auf die Bastille im Jahr 1789 anbahnten. Die spanischen Bourbonen unternahmen Vermittlungsversuche zur Rettung des französischen Königs und ergriffen Maßnahmen, um die Halbinsel gegen die Infiltration revolutionärer Propaganda abzuschirmen. Ein Grund, warum das *Ancien Régime* in Spanien gesicherter war, lag auf den ersten Blick vielleicht darin, daß hier dem Bürgertum der Zugang zur Regierung schon früher eröffnet wurde als in Frankreich. Dieser Prozeß erreichte mit dem Aufstieg von Manuel Godoy (1767–1851) um 1790 seinen Höhepunkt. Godoy war zwar kein Grande, aber wohl auch kaum ein Repräsentant der Mittelklasse; zutreffender wäre vielleicht, ihn einen der letzten *validos*, der königlichen Günstlinge, zu nennen. Er kam

Portugiesische Kacheln

Dekorative Kachelarbeiten fanden ihren Weg auf die Iberische Halbinsel über die islamische Kultur: Das spanische und portugiesische Wort für Kachel – *azulejo* – stammt nicht, wie man sich vielleicht vorstellt, von ihrer vorwiegend blauen *(azul)* Farbe, sondern von dem arabischen *az-zulayi*, »kleiner Stein«. Portugal war das Land, in dem die Kachel-Tradition in Architektur und bildnerischer Darstellung ihren vollen künstlerischen Glanz entfaltete. Noch fast ein Jahrhundert nach der Vertreibung der Moslems wurden Kacheln importiert, aber etwa um 1550 gelang es den Portugiesen mit Hilfe flämischer Künstler, *azulejo*-Werkstätten in Lissabon zu errichten. Gegen Mitte des 17. Jahrhunderts konnte der Gewerbezweig die Nachfrage befriedigen, und in den nächsten 200 Jahren erreichten die *azulejos* den Höhepunkt der Popularität. Komplizierte bildhafte Entwürfe und Schriften ergänzten die traditionellen Kachelmuster, und in den Händen von geschickten Künstlern und Handwerkern wurden die *azulejos* zu einer bedeutenden portugiesischen Kunstform, deren Tradition sich bis zum heutigen Tag fortgesetzt hat.

Rechts: In der Barockzeit des frühen 18. Jahrhunderts wurde die Verwendung von *azulejos* in den großartigen Gebäuden der Aristokratie zu einem Medium der privaten Zurschaustellung – ein Prunk, der durch den zunehmenden Goldfluß von Brasilien nach Portugal möglich wurde. Die Muster der Kacheln gerieten immer theatralischer, es entstanden wunderbare *trompe-l'œil*-Effekte und verschwenderische klassische Landschaften. Dieser herrliche bewaffnete Torwächter befindet sich an dem imposanten Treppenaufgang des Palasts Santo Antão de Tojal in Loures.

Links: Diese Kacheln stammen aus der Ära Pombal (1760–1780), als Lissabon nach dem großen Erdbeben von 1755 wiederaufgebaut wurde. Sie zeigen die Anmut und die Kultiviertheit der *azulejo*-Muster des 18. Jahrhunderts: Die Verzierungen sind schlicht und fließend und halten sich auffallend streng an pflanzliche Motive, im Unterschied zum Paneel *unten links*, das in der ersten Hälfte des 17. Jahrhunderts entstand. Die üppige und dicht gemusterte Ornamentierung beruht auf importierten orientalischen Textilien. Paneele wie dieses wurden zur Verkleidung von großen Wandflächen an sowohl weltlichen als auch religiösen Gebäuden verwendet.

Unten: Viele *azulejo*-Muster des 18. Jahrhunderts waren in den Farben Blau und Weiß gehalten. Dieses Paneel aus der Zeit um 1760 stellt den gekreuzigten Christus innerhalb eines eleganten muschelförmigen Rokoko-Rahmens dar, darunter befinden sich die Figuren des Hl. Marcellinus, des Schutzheiligen, der vor Feuer bewahrt, und des Hl. Antonius von Lissabon, des Schutzpatrons von Haus und Familie. Ursprünglich die Fassadenverzierung eines Privathauses, kann dieses Paneel als Beschwörung des himmlischen Schutzes vor Naturkatastrophen gesehen werden – ein beliebter und verständlicher Lissaboner Brauch nach dem großen Erdbeben.

Ganz unten: Das späte 19. Jahrhundert erlebte eine Wiedergeburt der traditionellen Kachelarbeiten zur äußeren Verzierung öffentlicher und privater Gebäude. Dieser Entwurf von José da Silva stammt aus der Zeit um 1870 und sollte ursprünglich die Fassade des Geschäftshauses einer Keramikfabrik schmücken.

aus der Extremadura, der entlegenen Region mit rauhem Klima und kleinen Marktflecken, die die meisten der *conquistadores* des 16. Jahrhunderts hervorgebracht hatte. Seine geringe Herkunft – und einige ebenso niedrige Aspekte seines Charakters – können vielleicht mit denen seines unendlich berühmteren Zeitgenossen Napoleon Bonaparte (1769–1821) verglichen werden. Wie er war Godoy von großem Ehrgeiz beseelt. Aber er hatte keine von Bonapartes Begabungen. Er war lediglich der couragierte Liebhaber der spanischen Königin María Luisa (1751–1819). Als solcher von Karl anerkannt, konnte es sich der Günstling allmählich erlauben, die Minister aus der Zeit Karls III. aus dem Amt zu drängen und die Kontrolle der Regierung an sich zu reißen.

Nach der Hinrichtung des französischen Königs Ludwig XVI. im Jahr 1793 erklärte Spanien Frankreich den Krieg. Im folgenden Jahr landete Frankreich eine Invasion in Spanien und eroberte die Grenzstädte Bilbao, San Sebastián und Figueras. Nach anfänglichem Widerstand gab Godoy auf und erntete von seinen königlichen Gönnern den euphemistischen oder gar blasphemischen Titel »Prinz des Friedens«. Bald danach jedoch ging Godoy, in der Überzeugung, der wahre Feind Spaniens sei England, eine Allianz mit Frankreich ein. Wie schon während der Ära des bourbonischen »Familienpakts« segelten wieder spanische und französische Kriegsflotten gegen England, um in der Schlacht bei St. Vincent (1797) vernichtend geschlagen zu werden. Darüber hinaus wurde bald deutlich, daß, nachdem Bonaparte an der Macht war, Spanien als der eigentliche Verlierer in dieser franco-spanischen Allianz dastand. Während des italienischen Feldzugs von 1796/97 besetzten Bonapartes Armeen eine Reihe von spanischen Territorien, und innerhalb kurzer Zeit bestimmte Bonaparte sogar die Politik in Madrid und reduzierte Spanien auf kaum mehr als einen französischen Satellitenstaat. Obwohl er Schritte unternahm, seine »revolutionä-re« Verläßlichkeit unter Beweis zu stellen, wurde Godoy auf Anordnung Bonapartes 1798 entfernt.

Krieg auf der Halbinsel

Portugal war der Schlüssel zu den explosionsartigen Ereignissen, die sich jetzt anbahnten. Sein Schicksal wurde von England kontrolliert, das Lissabon als wichtigen Marinestützpunkt gegen Frankreich nutzte. Frankreich war entschlossen, die anglo-portugiesische Allianz zu brechen, und setzte Portugal unter starken Druck. 1801 wurde Godoy zurückgerufen, um eine Invasion Portugals zu leiten. Der Name dieses Feldzugs, »Der Krieg der Orangen«, erinnert eher an eine komische Oper. Als Godoy Portugal betrat, pflückte er ein paar Orangen und sandte sie seiner königlichen Liebhaberin mit der Botschaft: »Es fehlt mir an allem, aber mit nichts gehe ich nach Lissabon.« Der Krieg wurde auf dem Verhandlungsweg rasch und fast ohne Kampftätigkeit beendet. Portugal verlor die Stadt Olivenza und mußte eine Entschädigung zahlen; was aber wichtiger war, die anglo-portugiesische Allianz war zeitweise verletzt worden.

Weitere und blutigere Kriege zeichneten sich am Horizont ab. Französische Truppen, die sich unter dem Vorwand, eine Reserve für die spanische Armee in Portugal zu bilden, auf der Halbinsel aufhielten, besetzten jetzt Teile Nordspaniens und erzwangen die Einhaltung von Napoleons Direktiven. Godoy und seine königlichen Gönner überlebten noch ein paar Jahre, indem sie Tribute an Napoleon (seit 1804 Kaiser von Frankreich) bezahlten und eine spanische Armee entsandten, die an der Seite Frankreichs in Deutschland kämpfte. Godoy rechnete damit, bald in Lissabon gekrönt zu werden, wenn nicht von Frankreich, dann von den Engländern, mit denen er gleichzeitig intrigierte. Seine Stellung konnte er nur so lange halten, wie Napoleon anderweitig beschäftigt war.

Um 1807 kontrollierte Napoleon den Großteil des europäi-

Links: Goyas Gruppenporträt der »Familie Karls IV.«, 1808 am Vorabend des Desasters gemalt, erweckt wenig Vertrauen in die Bourbonen für die kommende Auseinandersetzung mit den Franzosen. Das kaum verhehlte maliziöse Vergnügen des Künstlers, das aus seiner Darstellung der obersten Angehörigen der dem Untergang geweihten Dynastie spricht, geht sicherlich über einen reinen »Realismus« hinaus, der nichts beschönigen will. Die Komposition ist lässig, vielleicht mit Absicht: eine kunterbunte Ansammlung von Leuten, die den Eindruck erwecken, als seien sie im letzten Moment in den Rahmen hineingedrängt worden. Auf der linken Seite hat sich Goya an der Staffelei stehend selbst mit ins Bild aufgenommen – eine eindeutige Referenz an Velázquez und *Las Meninas.*

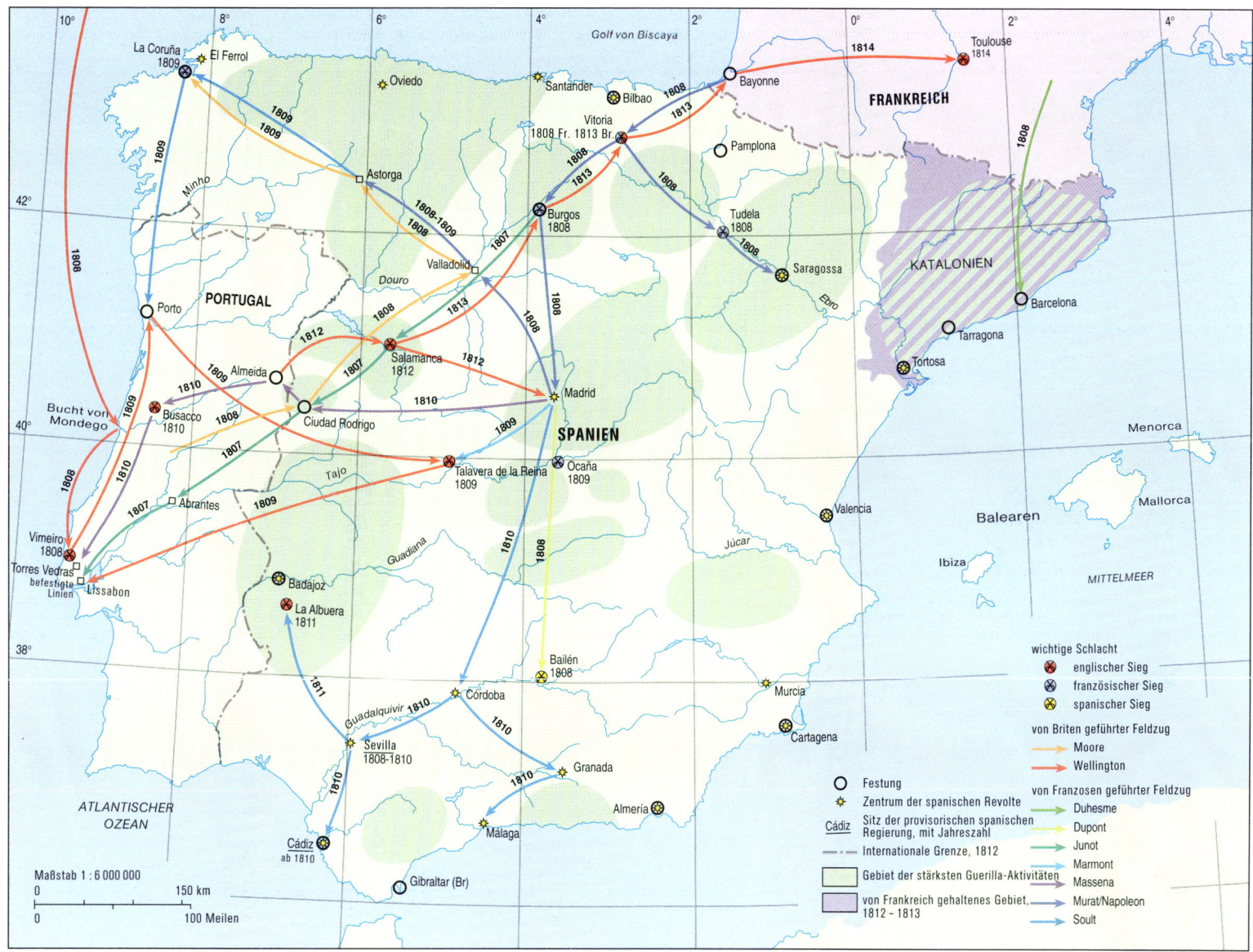

Der Unabhängigkeitskrieg
1808–1814

Der Madrider Aufstand vom Mai 1808 gegen die französischen Besatzungstruppen entfachte den Widerstand in den Städten ganz Spaniens. Trotz des frühen Erfolgs bei Bailén und des darauffolgenden Marsches auf Madrid war die wenig disziplinierte spanische Armee nicht in der Lage, gegen die überlegenen Franzosen anzukommen, die Madrid im Dezember wieder besetzten. Eine provisorische Regierung (Zentrale Junta) errichteten die Spanier in Sevilla, und der darauffolgende Krieg gegen die Franzosen nahm die Form terroristischer Aktionen an, die von lokal organisierten Guerrilla-Gruppen ausgeführt wurden. 1813 dominierten sie bereits den Großteil des Landes außerhalb der Städte; Schätzungen zufolge verursachten sie zehn- bis zwanzigmal mehr Zusammenstöße mit den Franzosen als Wellingtons Armeen. Es war Napoleons Entscheidung, 1812 Truppen aus Spanien für den Feldzug in Rußland abzuziehen, worauf Wellington seinen Durchbruch von Portugal nach Madrid und dann nach Toulouse starten konnte.

schen Festlandes. Nur die Engländer widerstanden noch. Nach dem britischen Flottensieg in der Schlacht von Trafalgar (1805), die vor der Südwestküste Spaniens ausgetragen wurde, errichtete Napoleon seine »Kontinentalsperre«, eine Seeblockade, die Englands Wirtschaft lahmlegen sollte, indem alle Häfen der verbündeten oder neutralen Länder Europas für die englische Schiffahrt geschlossen wurden. Seit dem Krieg der Orangen hatte Portugal versucht, neutral zu bleiben, bewahrte sich aber eine enge Verbindung mit England. Napoleon ergriff jetzt die Initiative. Ohne die Formalitäten eines Abkommens abzuwarten, setzte er seine Streitkräfte quer durch Spanien in Marsch, um Portugal zu besetzen. Im November 1807 floh der königliche Hof nach Brasilien, mit einer von englischen Kriegsschiffen begleiteten Flotte. Andoche Junot (1771–1813), Napoleons General in Portugal, erklärte die Monarchie für abgesetzt, und alle Symbole königlicher und nationaler Souveränität wurden entfernt. England antwortete mit der Entsendung einer Armee nach Portugal, die von Sir Arthur Wellesley, dem späteren Herzog von Wellington (1769–1852), kommandiert wurde. Im August 1808 in Portugal eingetroffen, führten seine schnellen Erfolge zum Rückzug von Junots Streitkräften.

Aufstand und Unabhängigkeit

Die überwiegende Mehrheit der einfachen Menschen in Spanien verachtete Karl IV. wegen seiner Kapitulation vor Napoleon. Die antiklerikalen Exzesse der Revolutionäre, besonders die Massaker an Priestern in Paris und während der konterrevolu-

tionären Kämpfe in der Vendée (Westfrankreich), gepaart mit dem arroganten, areligiösen Verhalten der französischen Armee während ihres Einfalls in Spanien, hatten im ganzen Land Signale der Panik ausgelöst. Der spanische Patriotismus war entflammt. Unter der Führung des niederen Klerus und von Angehörigen des traditionellen Adels begann sich die konservative Opposition wieder zu sammeln. Der Argwohn gegen vereinzelte Gruppen liberaler Intellektueller und lokaler Politiker verhärtete sich, und bald wurden sie mit dem geringschätzigen Etikett *afrancesados* (»Französisch Gesinnte«) gebrandmarkt.

Jetzt, nachdem der Großteil Spaniens von französischen Truppen okkupiert war, setzten Katholiken und Patrioten auf den Thronerben Ferdinand (Don Fernando; geb. 1784) – *El Deseado*, »der Erwünschte« – eine unglaubwürdige Erscheinung, in der die volkstümliche Phantasie den heroischen Retter zu erblicken glaubte. Im März 1808 hatte die königliche Gefolgschaft Zuflucht in ihrer Sommerresidenz in Aranjuez südöstlich von Madrid gesucht. Dort zwang ein verärgerter Mob Karl IV., Godoy zu entlassen, der als liberal und quasi-atheistisch, als Anstifter der spanischen Schmach und als Marionette Frankreichs betrachtet wurde. Der Macht enthoben, sollte er – wie Napoleon – im Exil sterben, aber in Paris und 30 Jahre später.

Zwei Tage nach diesen Ereignissen war Karl selbst gezwungen, zugunsten seines Sohnes abzudanken. Der neue König Ferdinand VII. (1808–1833) ging nach Madrid, um sich bei Joachim Murat (1767–1815) einzuschmeicheln, Napoleons militärischem Befehlshaber in Spanien; dieser zeigte ihm aber die

Die Königspaläste

Nahezu alle königlichen Paläste liegen in Madrid - permanente Hauptstadt Spaniens seit dem 17. Jahrhundert – oder in der unmittelbaren Umgebung. Die einzigen Ausnahmen sind der unvollendete Renaissance-Palast Karls V. in Granada und der kleine »Palast« La Magdalena in Santander, der in einer späteren Epoche entstand, als es am Hof Sitte wurde, den Sommer an der Nordküste zu verbringen. Zwar gab der Hof unter Philipp II. sein Umherwandern auf, der gedrängte Terminkalender, der eine ständige Beweglichkeit forderte, blieb aber bestehen. Die über die Landschaft um Madrid verstreuten Paläste dienten als Zuflucht vor der erdrückenden Sommerhitze der Stadt und den Regierungsgeschäften, denen der Monarch dort ausgeliefert war. Zweifellos wollten auch die Bourbonen die überfüllte und hektische Hauptstadt aus denselben Gründen meiden, aus denen Ludwig XIV., ihr Vorbild und Patriarch, Versailles in sicherer Distanz zu Paris erbaute. Aber der Hauptgrund lag im Wunsch nach Entspannung und vor allem im aristokratischen Vergnügen an der Jagd.

Die königlichen Haushalte wuchsen unaufhaltsam sowohl im Umfang als auch der Zahl nach, und unter den Bourbonen, die in ihrer Ausgabefreudigkeit alle ihre Vorgänger in den Schatten stellten, stiegen auch die Kosten ins Unermeßliche. Sie bauten die Paläste der Habsburger, speziell die Gärten, in und um Madrid im französischen Stil des 18. Jahrhunderts aufwendig um und änderten sogar die Innendekoration in einem Flügel des Escorial, obwohl ihnen Philipps II. nüchterner und klösterlicher Palast in seiner Strenge und Düsternis überhaupt nicht zusagte. In La Granja ließ Philipp V. einen Landsitz nach dem Modell von Versailles bauen. Der Hof verlegte seinen Sitz immer wieder in diesen »zauberhaften Kreis« luxuriöser Wasserspiele, und die Könige selbst verließen ihr angenehmes Ambiente oft für lange Zeit nicht. So ist es auch wenig verwunderlich, daß die zunehmend bedauerliche Gleichsetzung der Monarchie mit Kastilien zu einem tiefverwurzelten Charakteristikum der spanischen Politik wurde.

Unten: Dieser Salon im Madrider Königspalast (auch unter dem Namen Palacio de Oriente bekannt) wird von König Juan Carlos heute immer noch für formelle Anlässe benutzt. Das Gebäude steht an der Stelle einer ehemaligen maurischen Burg (oder *alcázar*), später wurde es von den Habsburgern erweitert und 1734 vom Feuer zerstört. Die Arbeiten an dem neuen Palast an derselben Stelle wurden 1738 unter der Leitung des italienischen Architekten Juan Battista Sacchetti (1690–1764) aufgenommen, 30 Jahre später wurde er für Karl III. vollendet. Das schwere, doppelte Treppenhaus im Stile Palladios *(unten links)*, das zum Barockgarten führt, vermittelt einen Eindruck von dem Hochbarockstil in der Gebäudegestaltung.

Unten rechts: Das Gelände des Buen-Retiro-Palasts in Madrid ist heute ein öffentlicher Park, den labyrinthische Wege kreuz und quer durchziehen, unterbrochen von kühlenden Brunnen. Vom Palast selbst, der um 1630 für Philipp IV. erbaut wurde, ist wenig erhalten. Italienische Landschaftsgärtner, zu denen auch Cosmo Lotti gehörte, der an den Boboli-Gärten in Florenz mitgearbeitet hatte, entwarfen die ursprünglichen Lustgärten.

Oben: Die Jagd auf riesigen Flächen war der Grund dafür, daß Aranjuez – etwa 30 km südlich von Madrid an der Straße nach Toledo – zunächst gebaut wurde. Das ursprüngliche Jagdhaus wurde von Philipp IV. erweitert, und normalerweise verbrachte dort der königliche Hof im Frühling eine kurze Zeit. Es war einer der wenigen Habsburger Paläste, die die Zustimmung ihrer bourbonischen Nachfolger fanden, die die Fassade im Rokoko-Stil umgestalteten.

Rechts: La Granja, elf Kilometer südöstlich von Segovia, ist weniger bescheiden, als der Name (»Der Bauernhof«) vermuten läßt. Es spiegelt die modische Vorliebe für den französischen Geschmack wider, den Philipp V., der erste Herrscher der Bourbonendynastie, in Spanien einführte.

kalte Schulter. Im April folgte die ganze Bourbonen-Familie Napoleons Ruf, ihm in Bayonne im südwestlichen Frankreich ihre Aufwartung zu machen; dort brachte er sie dazu, daß sie sich öffentlich vor seiner amüsierten Dienerschaft miteinander balgten. Die Geschicke der einst so stolzen spanischen Monarchie, Hüterin der nationalen Ehre, schienen am absoluten Tiefpunkt angelangt zu sein. Napoleon ergriff die Gelegenheit, Ferdinand zur Abdankung zu zwingen und die Krone an seinen Vater zurückzugeben. Karl überreichte sie dann dem Kaiser, der seinen eigenen Bruder Joseph Bonaparte (1768–1844) zum König von Spanien krönte.

In Madrid übernahmen jetzt die Massen die Kontrolle der Ereignisse. Am 2. Mai 1808 erhoben sich in der Hauptstadt die Bürger gegen die französischen Besatzungstruppen und griffen sie an der Puerta del Sol, dem kommerziellen Zentrum der Stadt, an. Um den 4. Mai hatte sich Asturien der Revolte angeschlossen, und innerhalb einer Woche stand ganz Spanien in Flammen. Wenn die Französische Revolution der Katalysator gewesen war, so sollte nun die spanische Nation in Waffen – und nicht Napoleons Grande Armée – das Schicksal Spaniens entscheiden. Noch nie vor 1808 – und vielleicht nie mehr seitdem – zeigte sich die Nation geschlossener und homogener als in den ersten drei Monaten des Unabhängigkeitskrieges (1808–1814). Ihren größten Erfolg errangen die Spanier im Juli, als eine in Andalusien operierende französische Armee mit 23 000 Mann bei Bailén kapitulierte. Die spanische Armee marschierte dann auf Madrid und zwang die französische Streitmacht zum Rückzug.

Die nationale Erhebung wurde von Kastiliern, Basken, Aragonesen, Valencianern und Katalanen mit gleicher Intensität getragen. Zum erstenmal agierte das spanische Volk als eine zusammenhängende politische Kraft. Vor 1808 hatten viele Dorfbewohner gewaltsam dagegen protestiert, zum Kampf für die Franzosen eingezogen zu werden; jetzt schlossen sie sich scharenweise auf lokaler Ebene rekrutierten Guerilla-Banden an, um gegen die wohlorganisierte und disziplinierte Besatzungsarmee zu kämpfen (es war dieser Krieg, der das militärische Vokabular um den Begriff *Guerrilla*, wörtlich »Kleiner Krieg«, bereicherte). Zwar waren alle in dem Ziel, die Franzosen hinauszuwerfen, vereinigt, aber die Widerstandsbewegung war in ihrer Motivation und Organisation zu lokal orientiert. In einer gefeierten Episode erklärten der Bürgermeister und der Dorfgemeinderat von Móstoles, einem kleinen Dorf südlich von Madrid, kraft des Rechts der alten Privilegien des Dorfes einseitig den Krieg gegen Frankreich. Überall kehrten die Menschen uralte, fast vergessene Formen der Selbstverwaltung hervor, um Milizen aufzustellen und Gerechtigkeit zu üben. Viele Geschichten lokalen Widerstands sind überliefert. In Saragossa erhoben sich die Bürger, um die Jungfrau Pilar vor den Franzosen zu schützen, und die Kanonaden, die die Invasoren zurückdrängten, wurden von der Wäscherin Augustina organisiert. Solche Mythen sollten den zukünftigen Verkündern des spanischen Anarchismus leuchtende Beispiele liefern.

Trotz ihrer berechtigten Skepsis gegenüber Ferdinand, dem »König des Volkes«, galten die Sympathien der meisten Liberalen eher der Nation als dem imperialistischen »Befreier« Napoleon Bonaparte. Nur eine Handvoll *afrancesados* vertraute ihre Geschicke wirklich Joseph Bonaparte an. Altgediente Liberale wie Floridablanca waren plötzlich wieder als Führer der Unabhängigkeitsbewegung auf der Bühne. In einem so lange andauernden, verwirrenden und oft brutalen Konflikt gab es natürlich auch lokale Kollaborateure und verwerfliche Vergeltungsmaßnahmen. Einige liberale Bürgermeister wurden vom fanatischen katholischen Mob umgebracht, noch bevor sie die Chance hatten, sich für eine Seite zu entscheiden.

Nach der Niederlage von Bailén führte Napoleon persönlich eine Streitkraft von 300 000 Mann nach Spanien, um Madrid zurückzuerobern. Die Niederlage einer englischen Armee unter

Goya

Francisco de Goya y Lucientes wurde 1746 in Fuendetodos, einem kleinen Dorf in Aragón, geboren. Nach einer intensiven künstlerischen Ausbildung in Saragossa, Madrid und Italien begann er seine Laufbahn in Madrid als Maler religiöser Themen. Seinen ersten großen Auftrag bekam er 1785: eine Serie von Kartons für Wandteppiche, die in der königlichen Teppichfabrik von Santa Bárbara gewoben werden sollten und volkstümlichen Zeitvertreib und Szenen aus dem Landleben darstellen. 1786 wurde er zum Hofmaler ernannt, eine Position, die er unter vier aufeinanderfolgenden Königen behalten sollte. In dieser Eigenschaft malte er viele Porträts von Personen bei Hofe und aus der Gesellschaft, die wegen ihrer durchdringenden Charakterisierung berühmt sind. Seine Produktion an Gemälden, Zeichnungen und Stichen war enorm. Als heftiger Sozialkritiker attackierte er die Mißstände seiner Zeit in einer Serie von satirischen Radierungen, Los Caprichos (1799), die gleich nach wenigen Tagen aus dem Verkauf genommen wurden. In der Zeit nach der Napoleonischen Invasion blieb er als Hofmaler für Joseph Bonaparte in Madrid, hinterließ aber ein aufrüttelndes Zeugnis der Schrecken des Krieges: sein monumentales Der 2. Mai 1808 und Der 3. Mai 1808, nach der Restauration im Jahr 1814 zum Gedenken an den Volksaufstand in Madrid gemalt. Sein späteres Werk bringt zunehmend Zynismus und Verzweiflung zum Ausdruck: Die rätselhaften »schwarzen Bilder«, mit denen er die Wände seines Landhauses dekorierte, sind höhnische Porträts von Hexerei und Gewalt. 1824 verließ er Spanien, taub und verbittert angesichts des Scheiterns der liberalen Ideen, und ging nach Bordeaux ins Exil, wo er bis zu seinem Tod (1828) im Alter von 82 Jahren weiterarbeitete. Sein künstlerischer Einfluß auf die spätere Malerei des 19. Jahrhunderts ist kaum zu überschätzen.

Rechts: Goyas Sozialkritik war in seiner Kupferstichsammlung *Los Caprichos* von 1799 ans Tageslicht gekommen. In seinem vielleicht berühmtesten Stich zeigt uns Goya das Gegenbild der Aufklärung mit ihrem Glauben an Vernunft und die Fähigkeit zur Vervollkommnung des Menschen: »Der Schlaf der Vernunft erzeugt Ungeheuer«.

Unten: In der Kupferstichserie mit dem Titel *Die Schrecken des Krieges* zeigt Goya seine entsetzte Reaktion auf die Brutalitäten der Napoleonischen Invasion von 1808 und des anschließenden Guerrillakriegs. In der Bildunterschrift zu diesem Stich, auf dem die Leichen von Zivilisten in den Trümmern eines durch einen französischen Überfall zerstörten Hauses kauern, heißt es: »Die Verwüstungen des Krieges.«

Unten links: Goya war ein überragender Porträtmaler. Den erstaunlichen Realismus und das Pathos, zu dem er fähig war, kann man an dem *Selbstporträt mit Dr. Arrieta* (1820) studieren. In einer Komposition, die an Rembrandt erinnert, wird der Künstler als krankes Wesen gezeigt, der von Arrieta, seinem Arzt und Freund, gepflegt wird. Die Aufschrift dankt dem Arzt »für die Geschicklichkeit und Hingabe, mit der er mein Leben während einer in meinem 73. Lebensjahr erlittenen gefährlichen Krankheit bewahrt hat«.

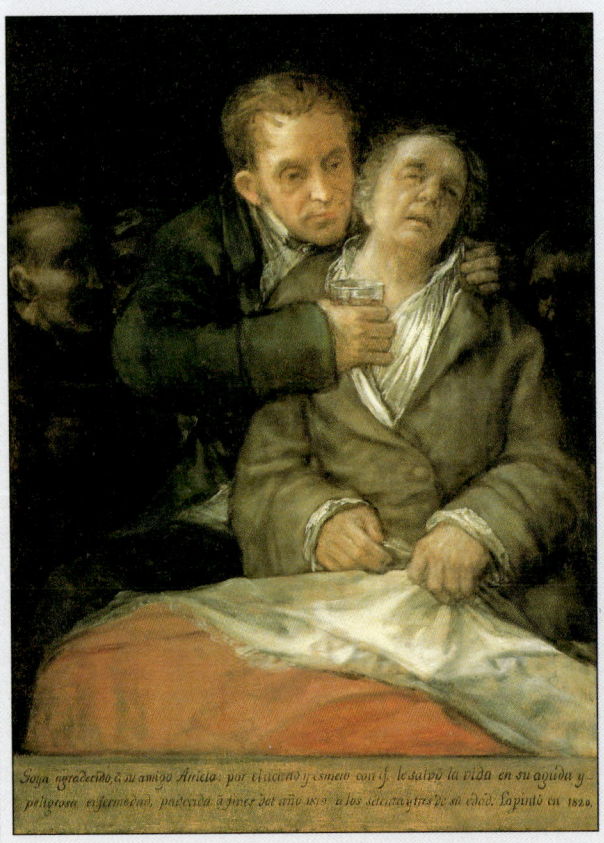

Rechts: Gegen Ende von Goyas Leben bewegten ihn die Desillusionierung und Verzweiflung zur alptraumhaften Gewaltsamkeit der berühmten »schwarzen Gemälde« (1820–1824). Das vielleicht überwältigendste Werk aus diesem Zyklus ist *Saturn verschlingt seinen Sohn*, ein Thema aus der griechischen Mythologie. Die Figur, die blindlings das Fleisch des Kindes zerreißt, ist als Allegorie der Zeit oder auch der Reaktion interpretiert worden, kann aber auch als Beispiel für Goyas morbiden und zynischen Humor gesehen werden: Das Bild war für sein Speisezimmer gemalt.

Unten: Die letzte von Goyas Zeichnungen für die Königliche Teppichmanufaktur, *El Pelele (Die Strohpuppe)*, war 1791 und 1792 gemalt worden, kurz bevor ihn eine ernsthafte Krankheit traf, die ihn vollkommen ertauben ließ. Die meisten der Kartons für Teppiche sind schlichte, unzweideutige Genremalereien, aber hier spüren wir zum erstenmal eine düsterere Gegenströmung: eine groteske Attrappe schleudert ihre Gliedmaßen gegen einen gespenstisch beleuchteten Himmel, während vier Mädchen verschmitzt nach oben lächeln.

Sir John Moore bei La Coruña im Januar 1809 öffnete den Franzosen wieder den Weg für eine Invasion Portugals. Aber noch im selben Jahr errang Wellington einen entscheidenden Sieg gegen die Franzosen bei Talavera in Spanien, bevor er sich nach Portugal zurückzog. Nachdem seine Truppen bis Lissabon zurückgeworfen waren, errichtete er eine Verteidigungslinie um Torres Vedras etwas nördlich der Hauptstadt. 1810 war jedoch eine weitere Armee unter dem Kommando des Marschalls Masséna ins Land gesandt worden, die aber von Wellington in Bussaco in der Nähe von Coimbra vernichtend geschlagen wurde. Die Franzosen belagerten dann Torres Vedras, aber nach vier Monaten war ihre hungernde und demoralisierte Armee zum Rückzug gezwungen. 1811 zogen sie sich schließlich aus Portugal zurück. Ein Jahr später ergab sich für Wellington – nachdem französische Truppen für den Feldzug in Rußland abgezogen worden waren – erneut eine Gelegenheit, nach Spanien vorzudringen. Madrid wurde befreit, und im Juni 1813 floh Joseph Bonaparte nach der Schlacht von Vitoria aus Spanien. Wellington eroberte dann Toulouse, und 1814 kehrte Ferdinand VII., aus seinem Hausarrest im französischen Valençay entlassen, zurück, um seinen Thron wieder zu besteigen.

Auf dem Höhepunkt der Kämpfe hatte sich die spanische Junta Central nach Cádiz geflüchtet und hielt sich dort verborgen. 1812, am Vorabend der spanischen Unabhängigkeit, proklamierte diese semi-repräsentative Versammlung Spaniens erste liberale Verfassung und schaffte die Inquisition ab. Weder der König noch das konservative Spanien akzeptierten jedoch die Verfassung von Cádiz. Wellington, selbst ein unerschütterlicher Konservativer, verhinderte radikale Veränderungen; auch die meisten Guerilla-Führer wollten den spanischen Boden von einheimischen Liberalen ebenso säubern wie von ausländischen Invasoren. Einige befürworteten auch die Wiedereinführung der Inquisition oder die Wiederbelebung der feudalistischen Rechtsprechung, die in einem der letzten Akte der alten kastilischen Ratsversammlung beseitigt wurde. Gerade noch in einer gemeinsamen Sache vereinigt, hatte sich Spanien einmal mehr in sich gespalten.

Goya und die Schrecken des Krieges

Alle wesentlichen Ereignisse der spanischen Geschichte von der Thronbesteigung König Karls V. bis zum atavistischen Chaos des Guerilla-Krieges wurden von der größten Persönlichkeit der spanischen Aufklärung der Nachwelt überliefert: dem Maler Francisco de Goya y Lucientes (1746–1828). Mit dem monumentalen Zyklus von 82 Radierungen, die das Thema der »Schrecken des Krieges« (»Los Desastres de la Guerra) in einzigartiger Schonungslosigkeit darstellen, trug Goya zur Entstehung des Mythos vom spanischen Nationalbewußtsein bei – geboren aus dem Geist des Kampfes gegen Napoleon. In Wahrheit aber sympathisierte er in seinem sozialen Empfinden weit mehr mit den Ideen der Französischen Revolution. Zwar vermied er jede eindeutige Parteinahme für die Franzosen, aber seine Angriffe gegen die Grausamkeiten der Inquisition und gegen alle Formen von Klerikalismus waren – da sie in Kupfer gestochen vorlagen – für jedermann erkennbar. Die blindwütige Reaktion des Königs Ferdinand VII. nach 1813 zwang ihn schließlich ins Exil nach Bordeaux, wo er eine Serie visionärer Prophezeiungen über die Zukunft Spaniens schuf.

Die tiefgreifenden politischen Wirren in der Zeit des Unabhängigkeitskrieges und danach trieben auch zwei große Talente des spanischen Musiklebens ins französische Exil nach Paris: Fernando Sor (1778–1839), den »Mozart der Gitarre«, und Juan Crisóstomo de Arriaga (1806–1826). Arriaga, der u.a. eine Oper hinterließ, starb in Paris noch vor seinem zwanzigsten Geburtstag; und Sor lebt nur noch in der Musikgeschichte fort, da Berlioz als einziger bedeutender Musiker des 19. Jahrhunderts von ihm die Faszina-tion für die spanische Gitarre übernahm.

KONSTITUTIONALISMUS UND REAKTION
1812 bis 1974

Restauration

Mit dem Ende der Napoleonischen Kriege fand in ganz Europa eine Restauration von Monarchie, Hierarchie und alter Ordnung statt. Nach Spanien zurückgekehrt, wurde Ferdinand VII. teils mit Schmeicheleien, teils mit Verachtung begrüßt. Jene, die traditionelle Ordnung und Hierarchie ersehnten, hießen ihn willkommen; die anderen, die auf liberalen Fortschritt vertrauten, hofften, der »Geist von Cádiz« würde mit dem Despotismus des Königs aufräumen. Letztere waren schnell enttäuscht: Innerhalb von zwei Monaten machte die restaurierte Monarchie die Verfassung von 1812 rückgängig, hob die liberale Opposition aus und begann damit, ein – sechs Jahre dauerndes – Regime per königlichem Dekret zu etablieren.

Vom Standpunkt der Liberalen aus gesehen, schien die Situation in Portugal ein wenig aussichtsreicher. 1810 waren die wenigen radikalen Intellektuellen des Landes auf die Azoren und nach England deportiert worden, wo sie jetzt mit ihren spanischen Gesinnungsbrüdern zusammentrafen. Der Krieg gegen Frankreich hat der Halbinsel einige ihrer schillerndsten liberalen Mythen beschert, aber die lange militärische Aktion hatte die iberischen Staaten an den Rand des Bankrotts gebracht. Diese einst so glorreichen imperialen Mächte galten nun als verarmte Außenseiter; seit 1810 revoltierten auch die durch die Napoleonischen Kriege von Spanien abgeschnittenen spanischen Kolonien in Amerika. Weder Spanien noch Portugal konnten in dieser offensichtlich schwachen Verfassung einen

Das Erbe des Weltreichs

Im Laufe des 19. Jahrhunderts verloren sowohl Spanien als auch Portugal ihren Rang als große Kolonialmächte. Schon zu Beginn des Jahrhunderts gelang es den Unabhängigkeitsbewegungen Zentral- und Südamerikas, das iberische Kolonialjoch abzuschütteln. Sie waren sowohl von den Parolen der Französischen Revolution von 1789 als auch von der bemerkenswerten Laufbahn Simón Bolívars (1783–1830) inspiriert, der die Befreiungsarmeen von Venezuela bis nach Bolivien führte. Linguistische und kulturelle Verbindungen verschwanden jedoch mit dem Verlust der Territorien nicht. In den Nachwehen der Unabhängigkeit übernahmen die Vereinigten Staaten einige Territorien

Zeichenerklärung:

1974 Jahreszahl der Unabhängigkeit oder Ende des Kolonialstatus
--- Grenze zur Zeit der Unabhängigkeit oder Entkolonialisierung
--- heutige internationale Grenze

früheres Weltreich von
- Portugal
- Spanien

- dauerndem spanischem Kolonialeinfluß unterworfen
- frühere Kolonie mit mehrheitlich röm.-kath. Bevölkerung

äquatorialer Maßstab 1 : 67 000 000

Platz unter den »Großmächten« beanspruchen, die beim Wiener Kongreß (1815) zusammentrafen und die zukünftige Gestalt Europas entschieden.

Aus dem Unabhängigkeitskrieg ging Portugal praktisch als englisches Protektorat hervor. Die portugiesischen Repräsentanten in Wien wurden zum Beispiel weitgehend ignoriert. João VI. ließ nicht die Absicht erkennen, alsbald aus Brasilien zurückzukehren, und überließ die Verwaltung Portugals einer Regentschaft, die kaum dem Namen nach existierte, und William Carr Beresford (1768–1864), dem Oberbefehlshaber der portugiesischen Streitkräfte. Dieser uneheliche Sohn eines irischen Adeligen war mehr für seine administrativen als seine strategischen Begabungen bekannt. Er reorganisierte die gesamte portugiesische Armee (die sich wegen der Unzulänglichkeiten ihrer Offiziere im Feld nie zu einer schlagkräftigen Institution entwickelte), machte sich aber mit seiner rigorosen Modernisierung viele Feinde. Ohne Rücksicht auf bestimmte Familienverbindungen hatte Beresford Offiziere entlassen, Deserteure erschossen, die Wehrpflicht eingeführt und Disziplin bei den Soldaten erzwungen, die angeblich von seinem blinden linken Auge verschreckt waren, das er als Junge bei einem Schießunfall unwiederbringlich verloren hatte.

Beresford stieß auch auf Vorbehalte, weil er Ausländer war. Doch die über Ferdinand VII. überlieferte Legende ist weitaus schwärzer als die des britischen Marschalls. Denn der liberale Mythos schildert Ferdinand als lasterhaften Tyrannen, dessen sadistische Herrschaft Spaniens historischen Fortschritt aufhielt. Doch war der König nicht ohne Anhänger. Er betrat im Jahr 1814 Spanien, nicht ohne zu wissen, daß zumindest eine Fraktion der Armee die monarchischen Rechte vollauf unterstützen würde. Die konservative Opposition der Cortes von Cádiz, die sogenannten *serviles*, verlangte, die Verfassung von 1812 durch eine »traditionelle« Regierung zu ersetzen. Zwar war der König nur allzu bereit, der Ablehnung der Verfassung zu entsprechen, aber sein Wunsch war nicht die Wiederherstellung der »Tradition«, sondern der Kabinettsregierung, wie sie ihm aus den Zeiten vor 1808 in Erinnerung war. Aber er erinnerte sich auch an Godoy und zeigte ein obsessives Bedürfnis nach privater Mauschelpolitik. Der Kauf neuer russischer Schiffe für die Flotte zum Beispiel wurde sogar vor dem Flottenminister geheimgehalten. Ferdinand mißtraute den regierenden Klassen immer. Bestärkt von der Erinnerung an das massenhafte Willkommen, das ihm in Madrid 1808 bereitet worden war, blieb er überzeugt, daß er Unterstützung im Volk fände, und

von Mexiko. Das bedeutete, daß spanischsprachige, katholische Gebiete in Kalifornien und Texas von der englischsprachigen, vorherrschend protestantischen Kultur Nordamerikas absorbiert wurden. Im 20. Jahrhundert haben Wanderungsbewegungen vom Süden in den Norden das hispanische Profil in den Vereinigten Staaten wieder gewaltig erweitert. Um die Mitte des 21. Jahrhunderts wird Schätzungen zufolge die Hälfte der Bevölkerung der USA spanisch sprechen. Spanien hatte gegen Ende des 19. Jahrhunderts seine wenigen verbliebenen Besitzungen im Pazifik und in der Karibik verloren, eignete sich aber afrikanische Kolonien in Äquatorialguinea, Marokko und Westsahara an. Portugals Zögern, die afrikanischen Kolonien aufzugeben, führte zu zunehmend bitteren und kostspieligen Kämpfen und schließlich zum Sturz des Salazar-Regimes.

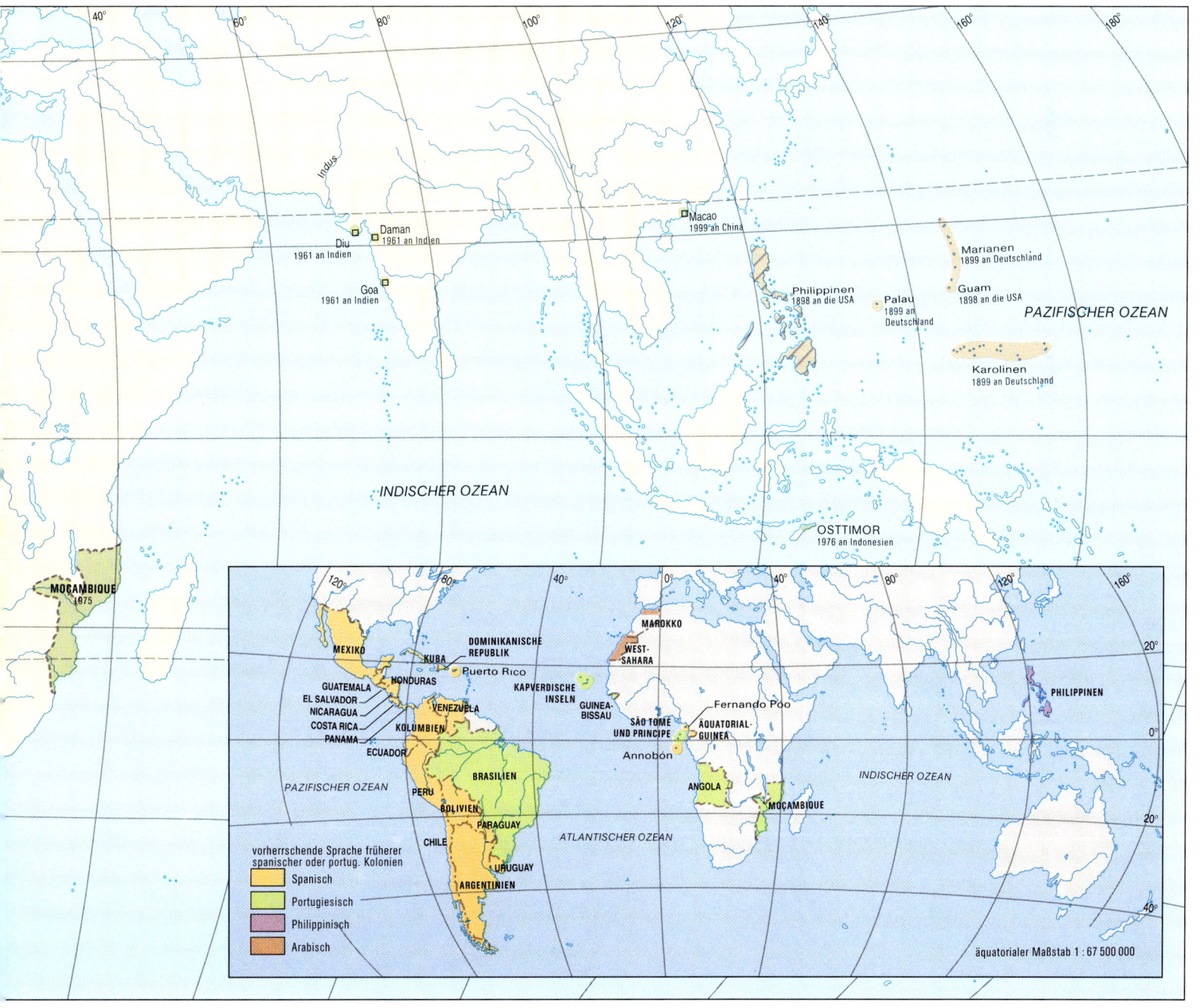

benutzte seine Geheimpolizei, um die Stimmung der Massen zu taxieren. Launenhaft in seiner Machtausübung, war er entschlossen, das alte, imperiale Spanien neu zu erfinden, fest davon überzeugt, daß die Wiedererlangung Spanisch-Amerikas in Reichweite lag.

Aber Südamerika konnte nicht ohne eine Armee zurückerobert werden, und das Militär war Ferdinands Verderben. Vor der französischen Invasion der Halbinsel hatten weitgehend lokale Milizen die nationale Verteidigung getragen; nach den Napoleonischen Kriegen war ein stehendes Heer zur Normalität im Leben des Landes geworden. Sowohl in Spanien wie auch in Portugal hatte der Krieg Armeen hinterlassen, aufgebläht an Zahl, aber knapp bei Kasse und mit Offizieren, die zunehmend empfänglich für liberale Ideen waren, was besonders für jene galt, die mit der Freimaurerei verbunden waren.

Die Revolten von 1820

Im Januar 1820 erhoben sich mehrere Bataillone der spanischen Armee zugunsten der Verfassung von 1812. Die rebellierenden Bataillone, die für die amerikanischen Kriege eingeschifft werden sollten, kampierten außerhalb von Cádiz; der Bestimmungsort war unpopulär, die Bezahlung knapp, und einige der Soldaten hatten schon seit 1818 in Andalusien darauf gewartet, daß die Krone genügend Mittel auftreiben würde, um sie auf den Weg zu schicken. Liberale Offiziere, die man bei der Beförderung übergangen hatte, und Soldaten, die der Reise über den Atlantik entkommen wollten, schlossen sich der zivilen Opposition an und rebellierten erfolgreich gegen die Krone. Ferdinand war gezwungen, die Verfassung von 1812 wieder zu installieren, und als seine liberalen Gegenspieler aus dem Exil und dem Kerker zurückkehrten, leitete das »Kabinett der Knastbrüder« eine neue Regierungsphase in Spanien ein.

Die spanische Revolution von 1820 hatte Rückwirkungen auf ganz Europa. Das konservative System, wie es beim Wiener Kongreß entworfen worden war, stand vor seiner ersten echten Herausforderung. Das Echo des spanischen Liberalismus war bei russischen dekabristischen Revolutionären ebenso zu vernehmen wie bei piemontesischen Armee-Offizieren und neapolitanischen Konstitutionalisten. Die lauteste Resonanz war jedoch in Portugal zu spüren. Seit der Verurteilung vor einem Schnellgericht und der anschließenden Hinrichtung einer Gruppe von liberalen Verschwörern im Jahr 1817 waren starke Ressentiments gegen Beresford aufgekommen. Die britische Einmischung in brasilianische Angelegenheiten, besonders in den Handel, trug auch dazu bei, daß sich die Kolonie immer mehr und immer deutlicher vom Mutterland unabhängig machte. Der Dissens konnte nicht mehr niedergehalten werden, nicht einmal von einem so rigorosen Zuchtmeister wie Beresford, und im August 1820 folgte die Garnison von Porto dem Beispiel ihrer spanischen Kameraden und inszenierte einen liberalen Staatsstreich. João trat schließlich seine Rückreise aus Brasilien an und hinterließ dort seinen Sohn Peter (Pedro) als Regenten. 1822 akzeptierte der König eine Verfassung, die sich eng an das Cádiz-Dokument von 1812 anlehnte.

Der Zusammenbruch des Konstitutionalismus

Die portugiesische Verfassung von 1822 hatte nur eine kurze Lebensdauer. Im folgenden Jahr veranlaßte João nach einer von seinem zweiten Sohn Miguel (1802–1866) angeführten Revolte der Reaktion, der sogenannten *Vilafrancada*, die Verfassung zurückzuweisen und die absolute Herrschaft des Königs wieder einzuführen. Miguel wurde ins Exil geschickt. Trotz dieser drakonischen Maßnahmen zum Schutz des bedrohten Thrones war João ein relativ milder Monarch, dessen despotische Periode im Gegensatz zum »verhängnisvollen Jahrzehnt« stand, das Spanien zwischen 1823 und 1833 durchlebte.

Im April 1823, einen Monat vor der *Vilafrancada*, marschierte eine französische Armee in Spanien ein, um die abso-

lute Autorität König Ferdinands VII. wiederherzustellen. Ihre Gegenwart bestärkte zweifellos Miguels Rebellion, obwohl der britische Einfluß gewährleistete, daß keine ausländischen Truppen die portugiesische Grenze überschritten. Im Gegensatz zur letzten französischen Armee, die spanischen Boden betreten hatte, stießen die »hunderttausend Söhne des Hl. Ludwig« auf keinerlei Widerstand des Volkes, als sie die Pyrenäen überquerten. Die Revolution von 1820 war von der Armee gemacht worden; jetzt, da die Liberalen in die Gemäßigten und die radikalen *exaltados* gespalten waren, die Massen seit drei Jahren unter Dürre, Überschwemmungen und Gelbfieber litten und eine ausländische Armee Spanien besetzte, suchten die Generäle nach einem Frieden mit ihrem König. Die »drei Jahre der Verfassung« waren an ihr Ende gelangt.

Weder in Spanien noch in Portugal war das parlamentarische Experiment von 1820 bis 1823 ein Erfolg. Der Druck der Regierung hatte die Liberalen beider Länder in die Spaltung getrieben; mit Ausnahme von Kuba und Puerto Rico waren die zentral- und südamerikanischen Kolonien einschließlich Brasilien ein für allemal verloren; und die verfassungsmäßige Regierung war von der monarchistischen Reaktion beendet worden. In Spanien trieb Ferdinands grausame Repression, so kurzlebig sie auch war, aufs neue eine Generation von Liberalen ins Exil.

Die wirklichen Beschränkungen des königlichen Absolutismus waren finanzieller Natur. Die Staatskasse war leer, die

Oben: 1831 führte General Torrijos eine schlecht vorbereitete Invasion seines Heimatlandes an. Der liberale General und seine Gefährten hofften, den Funken einer Volkserhebung gegen den despotischen König Ferdinand VII. zu entzünden, aber ihr Vorhaben war kläglich gescheitert. Die liberalen Invasoren wurden gefangengenommen und in Málaga erschossen und Torrijos zum Märtyrer gemacht. 1865 wurde seiner Hinrichtung in einem Gemälde von Antonio Gisbert (1835–1901) gedacht; er war ein bedeutender spanischer Künstler des 19. Jahrhunderts, der sich auf historische Themen spezialisiert hatte und für die Qualität seiner Kompositionen berühmt war.

Revolte der Regionen im 19. Jahrhundert

Mitte des 19. Jahrhunderts war die Iberische Halbinsel von Revolte und Rebellion beherrscht. In vieler Hinsicht entwickelten sich zwei verschiedene Kulturen: Der Norden blieb konservativ, katholisch und in Opposition gegen die Zentralregierung, während sich der Süden (vor allem in Spanien) zunehmend radikal gebärdete. In Katalonien waren beide Traditionen virulent. Das Landesinnere hing der konservativen karlistischen Sache an, während jenseits der parallel zum Meer verlaufenden Gebirge die Textilstädte entlang der Küste zu Hochburgen des Republikanismus wurden. Beide Traditionen leisteten dem regionalen Separatismus Vorschub. Im Baskenland und in Navarra verkörperte der Karlismus auf ähnliche Weise lokale Autonomiebestrebungen. Der Miguelismus, das portugiesische Gegenstück zum Karlismus, hatte keine eindeutige territoriale Identität – obgleich die Maria-da-Fonte-Revolte in der Minho-Region die Stärke des ländlichen Widerstands gegen die Einmischung der Zentralregierung in lokale Bräuche offenbarte. Unterstützung für die Versuche zur Machtergreifung der Septembristen, der radikaleren der beiden Parteien in Portugal, in den Jahren 1846 und 1847 kam aus dem ganzen Land.

royalistische Opposition verhinderte eine Reform des archaischen Steuersystems, und liberale Bankiers blockierten Versuche, ausländische Anleihen aufzunehmen. Gegen 1825 schienen sich Versuche zu einer Versöhnung anzubahnen, als der König gemäßigtere Minister ernannte. Mäßigung jedoch paßte den verdrängten extremen Royalisten, den *apostólicos*, nicht. 1827 führten frühere royalistische Armee-Offiziere, die in Ferdinands gesäuberten Streitkräften keinen Platz mehr gefunden hatten, zusammen mit Angehörigen des niederen Klerus in den Bergen Kataloniens eine Rebellion an. Die »Revolte der Gekränkten« war vorwiegend eine lokale, bäuerliche Bewegung, die auf dem Glauben beruhte, daß der Wille des Königs von bösen Beratern verfälscht werde. Die Rebellen forderten eine Restaurierung der traditionellen Regierung, die Rückkehr der Inquisition und eine Säuberung der Armee – Forderungen, die später den Kern des Karlistischen Programms im Bürgerkrieg der dreißiger Jahre bilden sollten. Obwohl sich der Bruder des Königs, Don Carlos (1788–1855), noch weigerte, die Rebellen anzuführen, war diese Revolte der Gekränkten praktisch bereits die erste Karlistische Rebellion.

Die Miguelistischen und Karlistischen Kriege in Portugal und Spanien

Sowohl in Spanien wie auch in Portugal eskalierte der Konflikt von Liberalismus und Legitimismus bis zum Bürgerkrieg. Die Anhänger dieser beiden gegensätzlichen Credos begründeten ihre Kontroverse hartnäckig mit den Ansprüchen rivalisieren-

der Dynastien, deren beider Thronfolge unklar wurde. Ferdinands VII. Tod im Jahr 1833 überließ den Thron seiner noch im Kindesalter befindlichen Tochter Isabella (1843–1868). Ihr Anspruch war weder für ihren Onkel, Don Carlos, noch für jene Traditionalisten akzeptabel, die eine weibliche Thronfolge ablehnten. Die Opposition der Karlisten sicherte die Unterstützung der Liberalen für die Sache Isabellas. Obwohl ihre Mutter, die Regentin María Cristina, wenn überhaupt, nur wenige Sympathien für die Liberalen hegte, bewilligte das Königliche Statut von 1834 eine gemäßigte Verfassungsreform. So stand eine mit Konsens regierende liberale Monarchie gegen einen absolutistischen Prätendenten, Don Carlos, dessen Ansprüche auf den Thron sich auf göttliches Recht stützten. Der Bürgerkrieg, der über sechs Jahre wütete, brach etwa mit Ferdinands letztem Atemzug aus.

Auch Portugal hatte eine Mädchenkönigin. Als João VI. 1826 starb, bestieg sein ältester Sohn, zu jener Zeit Kaiser von Brasilien, als Peter IV. (Pedro) den Thron (März bis Mai 1826). Nachdem er nicht nach Portugal zurückkehren wollte, dankte er als portugiesischer König zugunsten seiner sieben Jahre alten Tochter Maria II. (1826–1853) ab. Sie wurde formal mit ihrem Onkel Dom Miguel verlobt, unter der Bedingung, daß dieser eine Verfassungsurkunde unterzeichnete, die eine parlamentarische Regierung garantierte. Peter kehrte nicht aus Brasilien zurück – die hastig entworfene und ziemlich konservative Urkunde wurde Lissabon durch einen britischen Gesandten überreicht –, aber die konstitutionelle Monarchie gab den Libe-

ralen neuen Mut. Die freudigen Demonstrationen in den Straßen von Lissabon und Porto konnten die Schwäche der neuen Regierung jedoch kaum verschleiern. Noch bevor Dom Miguel in sein Heimatland zurückgekehrt war, hatten auf dem Land bereits militärische Aktionen zu seinen Gunsten begonnen. Seine spanische Mutter, Carlota-Joaquina (1775–1830), erhielt Unterstützung von ihrem Bruder, Ferdinand VII., dessen Truppen 1826 in Portugal einzufallen begannen. 1828 widerrief Miguel die Urkunde und usurpierte den Thron, womit er den »Krieg der zwei Brüder« (1828–1834) auslöste.

Die Unterstützung vom Volk kam sowohl für den Miguelismus wie für den Karlismus von den ländlichen Gebieten, besonders im Norden. Beides waren klassische Formen der Konterrevolution; Miguelisten und Karlisten kämpften in ihren Augen für den wahren König und die wahre Religion. Legitimismus und Katholizismus erwiesen sich als mächtig genug, die Klagen der frommen Bauern des Nordens in einem Chor zu vereinen, denn es gab unter ihnen viele, die den Wohlstand der Städte mit Neid sahen. Die Bewegungen zogen jene an, deren traditionelle Lebensweisen bedroht waren. In Katalonien zum Beispiel, wo die Marktwirtschaft am weitesten entwickelt war, verwüsteten karlistische Banden Fabriken und plünderten gärtnerische Großbetriebe. Wie sein portugiesischer Vorläufer war der Karlismus im wesentlichen eine rudimentäre Protestbewegung, direktes Erbe einer langen Tradition von Bauernaufständen gegen die Übergriffe der Regierung – eine Ursache des Argwohns besonders unter den spanischen Basken. Ihre Forderung nach traditionellen regionalen Rechten, den legendären *fueros*, gingen in den karlistischen Ruf »Gott und die alten Gesetze« ein. Selbst nach der Niederlage wurde die Sache des Prätendenten in den Bergen von Navarra weiterhin hochgehalten. Es war nur eine separatistische Tradition, die den Karlismus die Siege der Regierung im frühen 19. Jahrhundert überleben ließ. Der Miguelismus andererseits, der kein solches territoriales Kernland besaß, überstand die Niederlage nicht lange.

Im Gegensatz zu diesen ländlichen Formen der Reaktion war der Liberalismus ein städtisches Phänomen und weitgehend den Gebildeten vorbehalten. In Spaniens Provinzen existierte eine Tradition des Radikalismus, der in den Städten Andalusiens und der Mittelmeerküste, besonders in Barcelona, zu Hause war. In Portugal jedoch war der Liberalismus auf Lissabon und Porto begrenzt, die einzigen Städte nennenswerter Größe und die einzigen Industriestandorte des Landes. Nach der Unterdrückung einer Militärerhebung in Porto im Jahr 1828 kontrollierte Miguel ganz Portugal. Nur die weit entlegenen Azoren, ein Lieblingsziel liberaler Exilanten, blieben der jungen Maria treu.

Wenn er Miguel absetzen wollte, hatte Peter keine andere Wahl, als eine Invasion Portugals zu versuchen. Seine Neigung dafür bekam neue Nahrung nach 1831, als ihn eine Revolution in Brasilien zwang, zugunsten seines Sohnes abzudanken. Der Ex-König verließ Amerika und landete im März 1832 auf der Azoreninsel Terceira. Dort stellte er eine kunterbunte Flotte unter dem Kommando eines englischen Kapitäns zusammen. Neben Söldnern und exilierten portugiesischen Liberalen befanden sich unter Peters 7500 Mann auch mehrere Hundert englische und französische Freiwillige, die wegen der Neutralität ihrer jeweiligen Länder und der angeblich guten Dienste Lord Beresfords für den Usurpator unter einem Vorwand zum Waffendienst gezwungen wurden. Peter und seine »Siedler für Brasilien« landeten in Porto, wo sie sofort belagert wurden. Nach einem Jahr wurde weitgehend auf Betreiben des exzentrischen britischen Admirals Charles Napier (1786–1860) eine Streitmacht in die Algarve entsandt, die sich prompt für Peter aussprach. Napiers Flotte besiegte Miguels Schiffe vor dem Kap São Vicente. »Wir hatten 176 Kanonen gegen 372, und sie bekamen ihre Prügel«, erinnerte sich der General später. Lissabon fiel, die britischen und französischen Regierungen erkannten Peter als König an, und obwohl Miguel in ländlichen

Gebieten noch auf Unterstützung rechnen konnte, war der Ausgang des Krieges jetzt klar. Am 26. Mai 1834 kapitulierte der Usurpator in Evora-Monte.

Mit Miguels Niederlage ging die Verteidigung des legitimistischen Prinzips auf Spanien und die Sache von Don Carlos über. Die oberen Befehlsebenen der Armee, der Bürokratie und Regierung waren der Königin-Regentin treu geblieben, also mußte der Prätendent eine alternative Verwaltung wie auch Truppen aufbauen – im Gegensatz zu Miguel, der den ganzen Staatsapparat kontrolliert hatte. Unter diesen Umständen erzielte Carlos beachtliche Erfolge. Vieles verdankte er seinem schillernden baskischen Kommandeur Tomás de Zumalacárregui (1788–1835), der den Karlistischen Krieg von einer Serie lokaler Aufstände zu einem offenen Feldzug ausweitete, der ganz Nordspanien überrannte. Seine Stärken waren die eines Guerilla-Kommandeurs, und gerade in den Bergen des Nordens, wo irreguläre Streitkräfte von einer sympathisierenden Bevölkerung unterstützt wurden, war der Karlismus am erfolgreichsten. Während die Bewegung wegen ihres ländlichen *guerrillero*-Charakters schwer zu besiegen und unmöglich auszurotten war, blieb sie gerade deswegen auch auf ein unzugängliches Kernland beschränkt. Die Loyalitäten in den Bergen fanden keinen Widerhall auf dem flachen Land und schon gar nicht in den Städten, die liberale Hochburgen blieben. Die Belagerung von Bilbao zum Beispiel, wie sie die Karlisten im Sommer 1835 unternahmen, war eine Verschwendung von Ressourcen und führte zum Tod von Zumalacárregui während der Kampfhandlungen.

Frieden und parlamentarische Politik

Don Carlos' Männer erreichten im September 1837 die Außenbezirke von Madrid, aber den spanischen Staat konnten sie nicht besiegen. Die Liberalen konnten sich der regulären Armee bedienen, der Regierungsmaschinerie, und nach der Vierer-Allianz von 1835 der Unterstützung von Portugal, England und Frankreich. Der Karlismus konnte zwar solch überlegenen Kräften nicht lange widerstehen, hinterließ aber ein lange fortdauerndes Erbe. Unter den Lasten des Krieges reifte die Unruhe in den Städten, und der Liberalismus wurde zunehmend radikaler. Tumulte fielen oft mit der Sommerhitze zusammen: Im

Oben: Im Jahr 1833 wurde die gerade geborene Infantin Isabella II. Thronerbin. Ihr Vater Ferdinand VII. sagte, sein Tod würde »den Korken aus der Bierflasche springen lassen«, womit er recht behielt. Diese zeitgenössische französische Karikatur zeigt die Kindkönigin am Gängelband, wie sie versucht, das Gewicht eines riesigen Szepters zu ertragen. Sie wird von ihrer Mutter, der Regentin María Cristina, geführt. Sie hat einen konservativen Mob gegen sich, die Anhänger ihres Onkels, Don Carlos, dessen Festhalten an der Lex Salica (die Frauen von der Thronfolge ausschloß) einer Weigerung gleichkam, die Königin als Monarchin zu akzeptieren. In der Karikatur zerren England und Frankreich heftig an den Karlisten, während ein französischer Waffenhändler in Erwartung fetter Gewinne aus dem Bürgerkrieg mit hoffnungsvollem Blick zusieht. Dieser dauerte von 1833, dem Todesjahr Ferdinands, bis zum Sieg der Liberalen im Jahr 1840.

Oben: Portugals »Krieg der beiden Brüder« (1828–1834) war vordergründig ein Konflikt zwischen Reaktion und Liberalismus. Anhänger des Usurpators Miguel weigerten sich, die Mädchenkönigin Maria II. anzuerkennen. Schließlich wurde der Thron von ihrem Vater Dom Pedro zurückgefordert, der seinen Bruder Miguel mit Hilfe einer liberalen Armee, ausländischen Freiwilligen und dem englischen Admiral Charles Napier besiegte. Wie diese Karikatur zeigt, war Portugal kein Land, das sein eigenes Schicksal bestimmte. Die beiden streitenden Brüder sind als kindliche Puppen dargestellt, deren Handlungen von ausländischen Mächten dirigiert werden. Pedro wird von John Bull, dem Engländer, angestachelt, während Miguels Aktionen vom absolutistischen Spanien bestimmt werden.

Rechts: Viele der militärischen Erfolge, die die Karlisten während des Bürgerkriegs (1833–1840) errangen, verdankten sie ihrem General Tomás Zumalacárregui (1788–1835). Er machte eine kleine unausgebildete Streitkraft zu einer extrem effektiven *guerrilla*-Armee, die er mit großem Erfolg im baskischen Gebirgsland einsetzte. Erst als die Karlisten ihre *guerrilla*-Taktik zugunsten konventioneller Kriegsführung aufgaben, wurden ihre Schwächen offensichtlich. Die Belagerung der befestigten Stadt Bilbao im Jahr 1835 kostete Zumalacárregui das Leben und schwächte die Stärke der Rebellen beträchtlich.

Juli 1834 entstand in Madrid beim Ausbruch der Cholera das Gerücht, die Jesuiten hätten die Brunnen vergiftet, und führte zu Angriffen des verärgerten Mobs auf die Klöster. Der Kontrast zu den frommen Karlisten konnte nicht pointierter zum Ausdruck kommen. Klerikalismus und Antiklerikalismus wurden jetzt praktisch zum beherrschenden Kontrapunkt der Politik auf der Iberischen Halbinsel – eine Auseinandersetzung, die ihren apokalyptischen Höhepunkt ein Jahrhundert später im Spanischen Bürgerkrieg von 1936 bis 1939 erreichen sollte.

Der Sommer 1835 erlebte eine neue Welle der Unruhen. In Barcelona brachen Tumulte aus, und eine Flut kleinerer radikaler Revolten schwappte durch die Städte des Südens. 1836 herrschte in Spanien die offene Revolution. Málaga rebellierte im Juni, andere Provinzstädte folgten seinem Beispiel, und am 13. August zwang die Meuterei eines Sergeanten die Regentin María Cristina, die Verfassung von 1812 wieder einzuführen. Die Progressiven, die Erben der früheren radikalen Gruppierung, der *exaltados*, gewannen jetzt die Oberhand.

In demselben Jahr 1836 entriß Portugals September-Revolution den konservativen Konstitutionalisten die Macht, die seit dem Ende des Bürgerkriegs regiert hatten. Die Verfassung von 1822 wurde restauriert, obwohl wie in Spanien bald eine neue Verfassung folgte. Die siegreichen Parteien versuchten, ihr radikales Programm mit den Realitäten des Regierens in Übereinstimmung zu bringen, aber weder die spanische Verfassung von 1837 noch die portugiesische von 1838 sollten lange überleben. Die regierenden Klassen beider Länder waren nun in zwei große Lager geteilt, beide stammten aus der historischen Spaltung des Liberalismus in Radikale und Gemäßigte: in Portugal standen sich »Septembristen« und »Chartisten« gegenüber, in Spanien »Progressive« und »Gemäßigte«.

In beiden Ländern sollte die weniger radikale Gruppe die Oberhand gewinnen. In Portugal war es ein allmählicher Prozeß; die Septembristischen Verwaltungen wehrten einige Chartistische Herausforderungen ab, wurden aber selbst zunehmend autoritär. Ab 1839 lag die Macht beim Justizminister António Bernardo de Costa Cabral (1803–1889). Er restaurierte 1842 die Verfassung und leitete eine Phase konstitutionellen Despotismus ein. Der Wunsch nach einer starken Regierung zur Beseitigung der Kriegsverwüstungen war stark.

Eine ähnliche Lösung war in Spanien erzielt worden. 1841 war General Baldomero Espartero (1793–1879) zum Regenten anstelle von María Cristina proklamiert worden. Als eine Militärrevolte 1843 zu seinem Sturz führte, ging die Regierung auf die Gemäßigten über und führte in eine seit langem notwendige Phase der Erholung. Ein neues Zeitalter parlamentarischer Politik war im Entstehen, aber es war allen klar, daß die Armee letztendlich der Herr und Gebieter war.

Die romantische Ära

Unter den Soldaten, die 1832 mit König Peter dem Befreier in Porto einmarschierten, befand sich der Dichter Almeida Garrett (1799–1854). Ins englische Exil gezwungen, nachdem Miguel den portugiesischen Thron eroberte, war er zu einem Kenner englischer Sprache und Literatur geworden und hatte – über die Werke Sir Walter Scotts (1771–1832) – den Enthusiasmus für alles Mittelalterliche übernommen. Garretts neugestalteter Romantizismus beruhte auf der Überzeugung, daß »nichts national sein kann, wenn es nicht volkstümlich ist«. Er erlangte nach der liberalen Restauration große Berühmtheit, wurde Abgeordneter, Außenminister (1852) und schließlich in den Adelsstand erhoben.

Garrett trug viel zur Wiederbelebung der portugiesischen Literatur bei und bewirkte ein Wiedererwachen des nationalen Geistes und der einheimischen Kultur. Der Historiker Alexandre Herculano (1810–1877), ebenfalls ein Veteran der königlichen Befreiungsarmee, dessen große Studie über das mittelalterliche Portugal in klerikalen Kreisen heftige Wut provozierte, stand ihm bei dieser Aufgabe zur Seite. Im Gegensatz zu seinen Zeitgenossen suchte Herculano nicht nach heroischen Mythen einer glorreichen Vergangenheit. Er schätzte die Legenden von göttlichem Beistand bei der Gründung der Nation nicht besonders und setzte sich den Nachforschungen der Inquisition aus, als er die Gründe für Portugals Rückständigkeit erforschte. Er verteidigte seine Werke energisch, suchte aber schließlich Zuflucht in der Fiktion. In seiner Jugend ein Poet, war er am Ende seines Lebens der herausragendste Autor von historischen Romanen auf der Iberischen Halbinsel.

Der Reisende in Spanien

Bis Ende des 18. Jahrhunderts war die Iberische Halbinsel in Nordeuropa kaum bekannt. Zwei Ereignisse veränderten diese Tatsache. Europäische Zeitungsleser, die die Feldzüge der Napoleonischen Kriege verfolgten, wurden auf diese Weise mit der Topographie der Halbinsel vertraut gemacht. Gleichzeitig verherrlichte die aufkommende romantische Bewegung die Anziehungskraft des Pittoresken und Entlegenen. Einer der ersten Besucher Portugals und Spaniens war Lord Byron (1788–1824), der 1809 die Halbinsel bereiste; seine epische Dichtung *Don Juan* (1819–1821) verlieh der Geschichte des ruchlosen Verführers einen neuen Ausdruck. Sie wurde ursprünglich von dem spanischen Dramatiker Tirso de Molina (1571–1641) verfaßt und lieferte Mozart den Stoff für seine Oper *Don Giovanni* (1787). Ein weiterer Besucher war der amerikanische Schriftsteller Washington Irving (1783–1849). Ab 1822 der amerikanischen Gesandtschaft in Sevilla angehörend, vertiefte er sich immer weiter in Andalusiens maurische Vergangenheit und veröffentlichte dann eine Sammlung von Legenden und Erzählungen unter dem Titel *Die Alhambra*. Prosper Merimée veröffentlichte 1845 *Carmen*, ein Inbegriff der spanischen romantischen Erzählung. Es war jedoch der englische Schriftsteller Richard Ford, der die Reize der Halbinsel dem einfachen Reisenden nahebrachte. Fords *Handbuch für Reisende in Spanien*, 1845 veröffentlicht, basiert auf den umfassenden Notizen und Skizzen, die er auf Expeditionen zu Pferd durch das Land machte, als er und seine Frau in den dreißiger Jahren für längere Zeit in Sevilla und Granada lebten. Es gab dem Leser einen großen Reichtum praktischer Informationen an die Hand, und sein angenehmer Stil machte es sofort zu einem Bestseller. Von vielen Liebhabern der Landschaften Iberiens wird es immer noch als der beste Reiseführer über Spanien, der je geschrieben wurde, betrachtet.

Links: Dieses Porträt Fords im andalusischen Kostüm, das er während seiner Reisen zu Pferd trug, malte der Sevillaner Künstler Joaquín Bécquer, der sich mit dem Engländer während seines Aufenthalts in der Stadt anfreundete. Fords große Gabe war seine Neugier, die ihn mit Spaniern aller Gesellschaftsschichten zusammenbrachte und die seine Schriften so lebendig machte.

Unten links: Es war Washington Irving, der den Fords vorschlug, während ihres Aufenthalts in Granada sich in der Alhambra einzuquartieren. Harriet Fords Skizze des Mexuar, im Sommer 1831 gezeichnet, zeigt das Fenster, das sich zu ihrem Ankleidezimmer öffnete. Die Alhambra jener Tage war heruntergekommen und vernachlässigt. Im *Handbuch* beschreibt Ford den Mexuar als »ein Bild. Es wurde ein Schafpferch daraus gemacht ... und dann ein Hühnerhof: an einer Fassade sind noch die ursprünglichen Ornamente erhalten, und das Dachgebälk gehört zu den schönsten Exempeln der Alhambra«.

Unten: Ford war ein geschickter Aquarellmaler und machte während seiner Reisen viele Skizzen. Diese Gouache *Sevilla von der Cartuja aus* zeigt den Guadalquivir, die Giralda, die Kathedrale und den Torre del Oro.

Die romantische Bewegung ergriff die ganze Halbinsel, obwohl in Spanien kein Dichter oder Schriftsteller die Bedeutung Garretts oder Herculanos erreichte. Am nächsten kam ihnen vielleicht der von Byron beeinflußte José de Espronceda (1808–1842), Autor herrlicher Lyrik und einer virtuosen Versfassung der Don-Juan-Legende. Aber Romantizismus und Liberalismus waren nicht nur eine Sache von Intellektuellen, sondern auch von Bürgern und Geschäftsleuten der prosperierenden Handelsstädte Porto und Barcelona, wo die Entwicklung einer Textilindustrie – die Produktion katalanischer Baumwollwaren verdreifachte sich nahezu zwischen 1830 und 1840 – die erste Industriebourgeoisie hervorbrachte. Die Städte der Halbinsel wurden zur Heimat eines wachsenden Publikums von Theatergängern und Romanlesern, das begierig die Kunst der Romantik aufnahm.

Die Stückeschreiber stillten dieses Bedürfnis. Neue Theater führten die poetischen Dramen von Francisco Martínez de la Rosa (1787–1862) auf, einem Veteranen der Cortes von Cádiz, der 1833 aus dem Exil zurückgekehrt war, um Premierminister zu werden, von Duque de Rivas (1791–1865) und von José Zorilla (1817–1893). Im Gegensatz zu den bedeutenderen Stücken von Almeida Garrett werden die Werke dieser spanischen Romantiker heute jedoch als bunte historische Theaterstücke der Zeit betrachtet. Garrett spielte eine wichtige Rolle in der Wiederbelebung des portugiesischen Dramas und trug zur Errichtung eines Nationaltheaters (1842) bei. Camilo Castelo Branco (1825–1890) griff portugiesische Themen und Schauplätze auf, besonders den Minho und seine Heimat Trás-os-Montes, weswegen seine Romane auch eine Chronik des ländlichen Lebens sind. Der Romantizismus war in Portugal in der Tat so dominant, daß er in einen sterilen Akademismus verfiel, der bis nach 1870 vorherrschte.

Spanien sollte bald selbst zu einem Darsteller des romantischen Dramas im Europa des frühen 19. Jahrhunderts werden, einem Lieblingsziel für Reisende aus dem Norden auf der Suche nach dem Ursprünglichen und Pittoresken. Von einer Reise nach Spanien im Jahre 1830 wurde der französische Schriftsteller Prosper Merimée (1803–1870) zu seiner Novelle *Carmen* (1845) inspiriert. Dreißig Jahre später machte Georges Bizet (1838–1870) seine erfolgreiche Oper daraus und verewigte damit das beliebte Klischee des andalusischen Lebens.

Die Entdeckung »des Volkstümlichen« war nicht nur auf Ausländer beschränkt. Almeida Garrett brachte in den vierziger Jahren die erste systematische Sammlung portugiesischer Balladen heraus, im gleichen Jahrzehnt wurde in Spanien ein Institut für folkloristische Studien gegründet. Fernán Caballero (1796–1897) – das Pseudonym der Tochter des preußischen Konsuls in Cádiz – sammelte andalusische Volkslieder und flocht sorgfältige Beobachtungen des südlichen Lebens in ihre Romane ein, eine als *costumbrismo* bekannte Schreibweise. In der Malerei wirkte Goyas Erbe nachhaltig: einige Maler fanden in der Landschaft neue Inspiration; andere, wie die Bécquer-Familie aus Sevilla – Joaquín (1805–1841), sein Bruder José und sein Sohn Valeriano (gest. 1870) –, schilderten andalusische Folklore und Szenen aus dem Volksleben.

Der spanische Romantizismus erstickte bald unter dem Gewicht so vieler Kostüme, obwohl sein Erbe länger nachwirkte. Regionaler Wortschatz und Dialekt wurden von Romantikern in die Literatur eingeführt und später von Schriftstellern wie dem lyrischen Dichter Gustavo Adolfo Bécquer (1836–1870) akzeptiert, der wie seine ganze Familie stark von seiner Heimatstadt Sevilla geprägt war. Bécquers Zeitgenossin Rosalía Castro (1837–1885) schrieb vorwiegend in der Sprache ihrer Heimat Galicien *(galego)*, und innerhalb von zwei Jahrzehnten waren einige ihrer Gedichte zu traditionellen Liedern der Region geworden. Die beiden größten Dichter Spaniens im 19. Jahrhundert waren so direkte Nachfahren des Romantizismus. Castros *galego*-Lyrik trug auch zu einer Wiederbelebung

der galicischen Literatur bei, ebenso wie mit der Veröffentlichung der romantischen Ode »La Pàtria« in einer Barceloner Zeitung 1833 eine gründliche Renaissance der katalanischen Sprache und Literatur begann.

Konsolidierung des Liberalismus

Der Sieg einer konstitutionellen Regierung sowohl in Portugal als auch in Spanien ließ schließlich die Entwicklung einer liberalen Gesellschaft auf der Halbinsel zu. Die obsiegenden Regierungen räumten mit den verbliebenen staatlichen Anachronismen des *Ancien Régime* in einer Reihe von grundsätzlichen Reformen auf. Liberale Gesetzgeber entfernten interne Zollbarrieren, führten das Dezimalsystem ein, reformierten das Postwesen, kodifizierten Gesetze und eine vereinheitlichte Besteuerung. Ein großer Teil dieser Gesetzgebung war eine Imitation des nachrevolutionären Frankreich: besonders deutlich wirkte das Beispiel der französischen Zentralisierung in der Reform der inneren Verwaltung. 1833 wurden Spaniens historische Regionen durch 50 gleich große Provinzen ersetzt, an ihrer Spitze jeweils ein zentral ernannter Zivilgouverneur – ein Äquivalent zum französischen Präfekten. Demselben Modell folgte ein Jahrzehnt später Portugal, als das Land in 17 (später 18) Distrikte eingeteilt wurde. Zwar wurden die Distriktverwalter von der Krone ernannt, doch blieb die Zentralisierung im Portugal des 19. Jahrhunderts umstritten; zwischen 1835 und 1878 fanden Versuche statt, mehr lokale Autonomie einzuführen.

Die Reformen jedoch, waren sie administrativer oder sonstiger Art, kosteten ihren Preis. Die Bürgerkriege hatten bei den iberischen Staaten einen dringenden Finanzbedarf hinterlassen; die Kassen mußten aufgefüllt und der wirtschaftliche Wohlstand vergrößert werden, wenn die Herausbildung moderner staatlicher Strukturen nicht ernsthaft behindert werden sollte. Da die Landwirtschaft die vorrangige Quelle des Wohlstands war – und Land das wertvollste Gut –, richteten die liberalen Regierungen Spaniens und Portugals bei ihren Bemühungen um Staatseinnahmen ihre Aufmerksamkeit auf den Agrarsektor. Alle Gesetzmäßigkeiten liberaler Wirtschaft besagen, daß die Landwirtschaft nicht gedeihen kann, wenn sie von archaischen Gesetzen wie Zehnt und Erblehen gefesselt wird, die jede Verfügungsgewalt über das Land beschränken. Die konstitutionellen Regimes machten sich also daran, einen freien Markt für Grund und Boden zu etablieren. Im Jahr 1834 löste die portugiesische Regierung alle Konvente und Klöster auf und bot ihren Grundbesitz zum Verkauf an, während alles verbliebene kirchliche Vermögen der Steuerpflicht unterworfen wurde. Zwei Jahre später wurden auch in Spanien ähnliche Maßnahmen ergriffen, als die Regierung unter Juan Alvarez Mendizábal (1790–1853) allen klösterlichen Grundbesitz verstaatlichte. In den folgenden Jahrzehnten wurde kirchliches, königliches und in Spanien gemeindliches Land von der Regierung auf dem offenen Markt verkauft. Dies brachte den nationalen Staatskassen beträchtliche Einnahmen, obwohl bei der hastigen Beschaffung von Finanzmitteln viel Vermögen unter Wert verschleudert wurde.

In gesetzlicher und politischer Hinsicht waren die Verkäufe von Grundbesitz revolutionär, ihre Auswirkungen auf die Sozialstruktur der Halbinsel waren weniger weitreichend. Grundeigentum konnte nur von kapitalkräftigen Interessenten erworben werden. Da Land die wichtigste Quelle des Wohlstands war, gelangten viele von der Erbfolge befreite Landflächen in die Hände von bereits existierenden Grundbesitzern. In der Mitte des 19. Jahrhunderts vergrößerte sich praktisch der Grundbesitz der adligen Familien, die bereits die ausgedehnten *latifundia*-Güter im Süden kontrollierten. Trotzdem erweiterten die Säkularisierung und der Verkauf von Grundbesitz die landbesitzende Schicht. Einige der größten kirchlichen Pachtgüter waren von Finanziers und Politikern aus Madrid aufgekauft worden. Regionale städtische Eliten wie die katalanische Industrie-

Oben: Die Fords besuchten Spanien, weil Harriet sich gesundheitlich erholen wollte. Ihre Schönheit war unumstritten. Auf diesem Gemälde nach einem Druck von J. F. Lewis trägt sie den »herrlichen Maja-Reitanzug … in Schwarz mit unzähligen Tressen und Bändern und mit reichlich Filigranknöpfen aus Silber«, wie Richard Ford 1833 beschrieb.

Bourgeoisie und die Sherry-Familien von Jerez ergriffen die Gelegenheit, die Güter der Umgebung zu kaufen. Auf unterer Ebene tätigten wohlhabende bäuerliche Hofbesitzer, besonders im Norden Spaniens, bescheidene Erwerbungen im eigenen Dorf. In der kastilischen Provinz Valladolid gehörte die Hälfte aller Käufer zu diesem Typ, sie kauften aber nur 14 Prozent des zum Kauf angebotenen Landes.

Die Auswirkung dieser massiven Übertragung von Land hatte zwei Seiten: Einerseits führte sie die staatliche Revolution in dem Sinne zu Ende, daß durch die Anerkennung des persönlichen Eigentums und somit der Gleichheit des Bürgers vor dem Gesetz die Prinzipien des modernen liberalen Staates realisiert wurden. Jedoch diente die Säkularisierung auch dazu, aus den neu aufgekommenen städtischen und industriellen Eliten Landbesitzer zu machen. In Wirklichkeit waren diese dynamischen sozialen Schichten von der alten landbesitzenden Klasse zu Partnern gemacht worden; ihre Interessen wurden auf Landbesitz umgeleitet. Anstatt die Macht der Aristokratie herauszufordern, waren die neuen ökonomischen Eliten nun daran interessiert, sie zu erhalten. Anstatt bestehende soziale und wirtschaftliche Strukturen zu verändern, wurden diese von der Säkularisierung eher verstärkt oder gar verschlimmert.

Kirche und Staat

Die Aneignung des Kirchenlandes war in erster Linie eine fiskalische Maßnahme, weniger eine antiklerikale. Jedoch überrascht es nicht, daß die Beziehungen zwischen Kirche und Staat – in beiden Ländern bereits gespannt – ernsthaft geschädigt wurden. Die Verkäufe von Grundbesitz hatten bereits ihre Vorläufer. Kirchliches Eigentum war 1798 unter Karl IV. enteignet worden, aber Liberalismus und Katholizismus schienen jetzt endgültig auseinanderzustreben. Solch ein Eindruck war jedoch nicht ganz zutreffend. Obwohl zeitgenössische Liberale die religiösen Orden oft als Hochburgen der Reaktion betrachteten, waren die Konstitutionalisten im großen und ganzen nicht antikatholisch. Im Gegensatz zu ihren republikanischen Nachfolgern teilten sie oft den Glauben und die transzendentalen Postulate ihrer Gegenspieler. Aber Liberale waren unversöhnliche Gegner von Aberglaube und Privilegien, und die wohlhabenden klösterlichen Häuser schienen ihnen beides zu verkörpern.

Die Kirche war in den Augen der Liberalen auch durch ihre allzu enge Bindung an den Absolutismus diskreditiert. Dies galt besonders für Portugal, wo Don Miguels Regime sogar vom Papst anerkannt worden war. Während der Bürgerkriege in Spanien verhielt sich die Hierarchie etwas vorsichtiger, obwohl viele Angehörige des niederen Klerus der karlistischen Sache anhingen, besonders im Norden. Alte Gefolgschaften konnten nicht ohne weiteres beseitigt werden. 1846 entwickelte sich in Katalonien aus den Scharmützeln karlistischer Banden ein regionaler Guerilla-Krieg, der bis 1849 dauerte. Der »Krieg der Frühaufsteher« – der Name stammt von der frommen Gewohnheit, der frühen Morgenmesse beizuwohnen – zeigte, daß die Interessen auf dem Land nicht immer mit denen der Regierung übereinstimmten. Dasselbe galt auch für die »Maria-da-Fonte-Unruhen«, die 1846 in großen Teilen Nordportugals ausbrachen. Die Männer und Frauen des Minho – unter ihnen vermutlich Maria da Fonte selbst – erhoben sich aus Protest gegen die Regierung, die ihnen die traditionelle Praxis von Beerdigungen innerhalb von Kirchen verbot. Die Maßnahme war aus Gründen der öffentlichen Gesundheit erlassen worden, ohne antiklerikale Absicht, aber die Regierung hatte den Auswirkungen auf die volkstümlichen Verehrungspraktiken kaum Beachtung geschenkt. Angeheizt vom lokalen Klerus und Adel, viele von ihnen noch Anhänger von Miguel, marschierten die ländlichen Massen in die Städte des Minho, verbrannten die offiziellen Personenstandsregister und alles, was mit staatlichem Eingriff in das lokale Leben in Zusammenhang gebracht wurde. Obwohl die Unruhen sofort wieder abflauten, sobald das Gesetz zurückgenommen worden war, war die Maria-da-Fonte-Revolte doch eines der ersten Beispiele einer Spaltung zwischen den liberalen Städten und dem katholischen Land.

Die Kirche mußte innere Reformen akzeptieren, wenn sie mit dem Liberalismus koexistieren wollte, aber es war im 19. Jahrhundert keine Rede von ihrer Abschaffung. Sowohl in Spanien als auch in Portugal war der Katholizismus Staatsreligion, die Kirchenhierarchie war im Senat vertreten, und die Dynastien der Bourbonen und Bragança behielten sich das Recht der Ernennung ihrer eigenen Bischöfe vor (obwohl die verschlechterten Beziehungen zu Rom wegen des Verkaufs von kirchlichem Land keine Approbation der Bischofsernennungen mehr zuließen). Die Verkäufe aber einmal als *fait accompli* akzeptiert, war eine Übereinstimmung mit dem Vatikan bald wieder erreicht. Portugal unterzeichnete Konkordate mit dem Heiligen Stuhl in den Jahren 1848 und 1857, Spanien 1851.

Links: Trotz der im 19. Jahrhundert zwischen Kirche und Staat tobenden Auseinandersetzungen um das Recht zur Gesetzgebung spielte im gesellschaftlichen Leben die Religion eine wichtige Rolle. Dieses Gemälde von Manuel Cabral aus dem Jahr 1862 stellt den Karfreitag in Sevilla dar, an dem schwere Altäre mit der Kreuzigungsszene von Büßern mit Spitzhüten durch die Straßen getragen werden. Angehörige der Bruderschaft, die sich hinter der Anonymität der Roben und spitzen Hüte verbergen, dirigieren die Prozession durch die von Zuschauern gesäumten Straßen. Der Anschein von Pietät kann jedoch täuschen. Trotz seiner berühmten Karwochenprozessionen lag Sevilla in der Statistik der Kirchgänger ganz hinten.

Rechts: Zwar blieben öffentliche Wohlfahrtseinrichtungen im Spanien des 19. Jahrhunderts eine rudimentäre Erscheinung, doch die Medizin entwickelte sich nach europäischem Standard. Dieses realistische Gemälde von Luis Jiménez Aranda zeigt einen Arzt bei der Stationsvisite. Er hört die Brust eines Tuberkulose-Patienten ab; Tuberkulose war bis weit ins 20. Jahrhundert hinein eine der häufigsten Todesursachen und stand im Zentrum medizinischer Aufmerksamkeit. Der Arzt wird von einer Gruppe von Medizinstudenten beobachtet, einer von ihnen ist eine Frau. Spaniens erste Ärztin schloß ihr Studium 1865 ab.

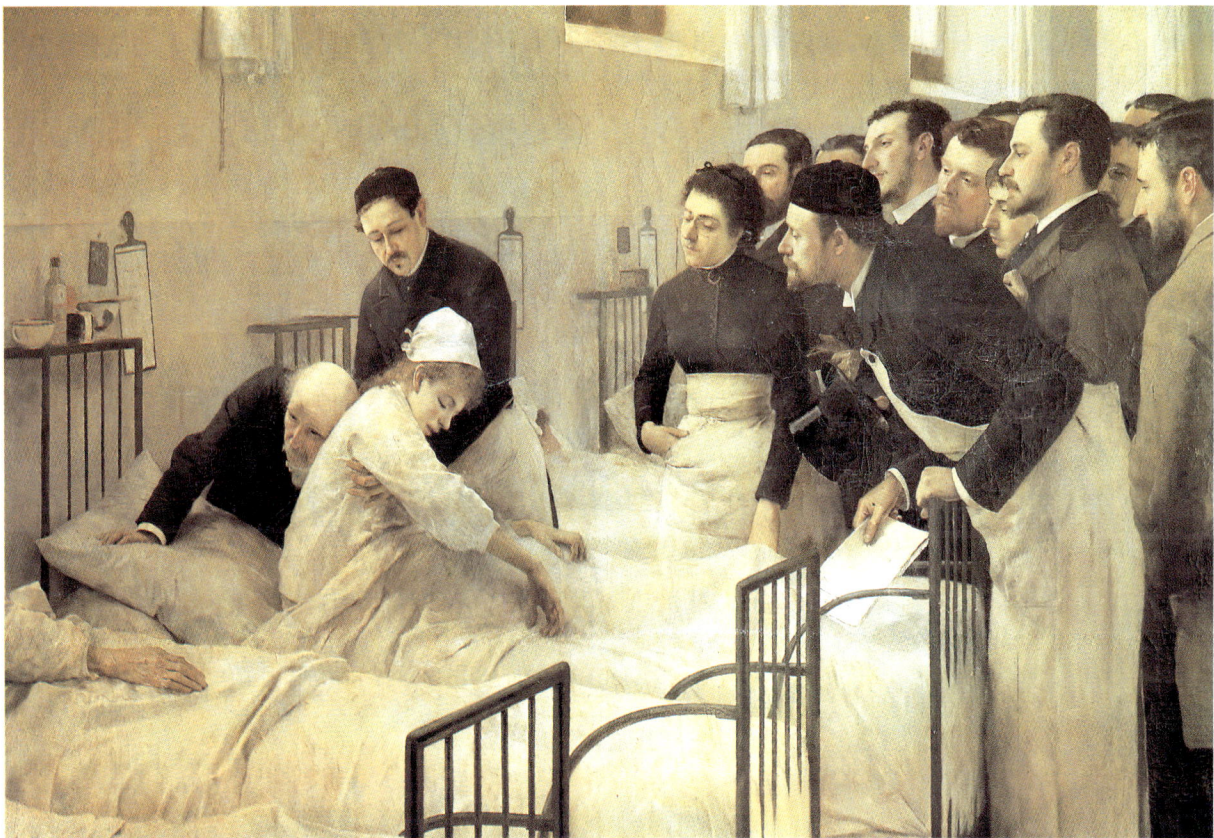

Die regierenden Schichten

In beiden Ländern existierten die Institutionen des modernen Staates neben traditionellen Sozialstrukturen. Wohlstand war weitgehend an Land gebunden, und die landbesitzende Klasse war auch die regierende Klasse. Obwohl in bestimmten landwirtschaftlichen Gebieten kapitalistische Methoden eingeführt wurden – vorwiegend bei den Obst- und Gemüsebauern der spanischen Mittelmeerküste und den Herstellern der gehaltvollen Weine von Porto, Jerez und Madeira –, war die Landwirtschaft im allgemeinen rückständig. Die landwirtschaftliche Ineffektivität in Spanien war teilweise auf die abweisende Natur der Bodenverhältnisse und des Klimas zurückzuführen, aber staatlicher Protektionismus in beiden Ländern schirmte wettbewerbsunfähige Produkte, besonders den Weizen, mit hohen Schutzzöllen ab.

Die gescheiterte durchgreifende Modernisierung der Landwirtschaft verzögerte auch die industrielle Entwicklung auf der Halbinsel. Beschränkungen in der Nahrungsmittelproduktion – sowohl Spanien als auch Portugal waren im 19. Jahrhundert Nettoimporteure von Getreide – wirkten als Bremse der städtischen Entwicklung. 1850 zum Beispiel war Spaniens städtische Bevölkerung proportional nicht zahlreicher als 1750. Der Mangel an landwirtschaftlichem Reichtum reduzierte auch den Umfang des einheimischen Marktes und verminderte somit gravierend die Nachfrage nach industriellen Gütern – ein Problem, das durch die Transportschwierigkeiten im Innern der Halbinsel noch erschwert wurde. Nur in Katalonien gedieh ein landwirtschaftlicher Markt, und selbst hier war die Nachfrage weitgehend auf Waren des Grundbedarfs beschränkt.

Unter diesen Umständen blieb die industrielle Entwicklung auf spezielle Gebiete an der Peripherie der Halbinsel und auf bestimmte Sektoren, vorwiegend Textilerzeugnisse, beschränkt. Im 19. Jahrhundert war – trotz des Wohlstands in Handelszentren wie Porto und Valencia – Barcelona die einzige Industriestadt auf der Halbinsel und Katalonien die einzig wirkliche Industrieregion. Die Industrie-Bourgeoisie, soweit man davon sprechen kann, setzte sich aus lokalen Fabrikanten-Eliten zusammen. Diese »guten Familien« dominierten die kommunale Politik, aber auf nationaler Ebene blieben die wohlhabenden, nichtadeligen Schichten fragmentarisch und gering an Zahl.

Überall in Europa war die Einführung parlamentarischer Regierungen mit dem Aufkommen der Bourgoisie verbunden. In Spanien und Portugal waren die Handels- und Industriebürger nicht zahlreich oder mächtig genug, um liberale Institutionen zu entwickeln und zu besetzen. Obwohl ein begrenztes Wahlrecht existierte und Wahlen abgehalten wurden, konnten sich keine politischen Institutionen herausbilden, wie das in England, Frankreich oder den USA der Fall war. Die konkurrierenden politischen Gruppen – die Progressiven und Moderaten in Spanien, die Regenerationspartei und die Historische Partei in Portugal – repräsentierten eigentlich unterschiedliche Gruppen innerhalb der landbesitzenden Elite, die im Grunde genommen beide eher zusammenschweißte als trennte. Das Stimmrecht zum Beispiel war durch hohe Eigentumsqualifikationen beschränkt; die radikalen Verfassungen, wie sie in Spanien 1812 und in Portugal 1822 erklärt worden waren und allen des Lesens und Schreibens kundigen männlichen Bürgern eine Stimme gegeben hatten, waren nur von kurzer Dauer gewesen.

Die Grenzen des liberalen Staates

Bildung war ein Bereich, in dem der sich modernisierende Staat an seinen Erwartungen auf seltsame Weise scheiterte. Obwohl die liberalen Regierungen beider Länder die Bildung als eine staatliche Aufgabe betrachteten, führten knappe Finanzmittel dazu, daß die Versorgung mit Schuleinrichtungen kläglich blieb. Freie Pflichtgrundschulerziehung wurde in Spanien 1857 eingeführt, aber die von der Zentralregierung zur Verfügung gestellten Mittel blieben minimal – kaum mehr als ein Prozent des Haushalts zwischen 1850 und 1875. Noch 1890 konnten in Portugal 76 Prozent der Bevölkerung über sieben Jahre nicht lesen und schreiben. Obwohl die von den Pfarreien unterhaltenen Schulen und – soweit sie erlaubt waren – religiöse Kongregationen das Defizit etwas linderten, war die Versorgung mit Bildung in beiden Ländern noch ganz und gar unzureichend.

Ähnliche Mängel herrschten auch bei den Wohlfahrtseinrichtungen. Waisenhäuser, Asyle, Hospize und Fürsorgeeinrichtun-

Die Armee im Zeitalter der Pronunciamientos

Unten: Isabella II., hier in einer Armee-zeitschrift abgebildet, war schwankend und unpopulär. Ihr Hof war skandal-umwittert. Sie lebte weitgehend getrennt von ihrem Mann Francisco de Asís, der neben ihr reitet. Die Generäle O'Donnell, Espartero und Narváez, eine Gruppe im Hintergrund des Bildes, bildeten die eigentliche Macht hinter dem Thron. Es war Narváez, Führer der Gemäßigten, der Espartero 1843 absetzte. O'Donnell befand sich an der Spitze der Revolte, die Espartero 1854 wieder an die Macht brachte, und er selbst übernahm 1856 die Kontrolle der Regierung. Er war Isabellas unerschüt-terlichster Anhänger. Unfähig, ohne militärische Unterstützung zu überle-ben, dankte sie 1868 nur wenige Mona-te nach seinem Tod ab.

Der Lauf der spanischen Geschichte des 19. Jahrhunderts wurde immer wieder von Militärrebellionen unterbrochen. Die Armee erhob sich regelmäßig im Namen eines Generals, der dann gegen die von schlechten monarchischen Beratern oder im spä-teren Jahrhundert von »anti-nationalen« parlamentarischen Politikern verursachte Verderbnis einschreiten werde. Unter Ferdinand VII. nahmen die militärischen Erhebungen eine feste Form an: Offiziere und Feldwebel wurden für die Vorhaben gewonnen und alle Konspirateure auf die Sache eingeschworen. Schließlich rief der Anführer zu den Waffen, hielt eine Rede vor den versammelten Truppen, und dann begann die Revolte. Eine erfolgreiche Offiziersrevolte würde dann sowohl einen politi-schen Wechsel herbeiführen als auch eine Beförderung der tri-umphierenden Rebellen.

Der erste Karlistische Krieg von 1833 bis 1840 stärkte die Macht der Armee. Ein neuer Schlag von Soldaten-Politikern tauchte auf, bereit, die Zügel der Regierung selbst in die Hand zu nehmen. So benutzten politisch ambitionierte Generäle diese *pronunciamientos*, um Positionen als permanente Parteiführer aufzubauen. Ihre ständige Einmischung in die Politik schwäch-te die Krone und machte die Entwicklung einer parlamentari-schen Demokratie nahezu unmöglich.

Oben: General Baldomero Espartero war Spaniens erster Soldatenpolitiker. Nachdem er die karlistischen Rebellen besiegt hatte, wurde er 1841 zum alleinigen Regenten für die Mädchen-königin Isabella II. Obwohl 1843 aus dem Amt entfernt, kehrte er an der Spitze der Progressiven von 1854 bis 1856 nochmals kurz an die Macht zurück. Casado del Alisals prächtiges Porträt spiegelt die Hochachtung wider, die Espartero genoß. Nach Isabellas Abdankung im Jahr 1868 wurde ihm sogar der vakante spanische Thron angeboten, er lehnte aber ab.

Rechts: Kasernenrevolten, an denen keine höheren Offiziere beteiligt waren, wurden im Handumdrehen unterdrückt. Am 22. Juni 1866 erhoben sich die Artillerie-Feldwebel der San-Gil-Kaser-ne in Madrid gegen ihr elitäres Offi-zierskorps, das eine Beförderung in höhere Ränge verweigerte. Professio-nelle Mißstände spielten in praktisch allen Militärrebellionen eine Rolle, aber nur selten verloren die Offiziere die Kontrolle über ihre Mannschaften. Nach der niedergeschlagenen San-Gil-Meute-rei wurden 60 Feldwebel wegen offener Widersetzlichkeit erschossen.

gen entstanden eher zufällig und wurden auf freiwilliger Basis unterhalten. Trotz der Bemühungen von so beherzten Reformern wie Concepción Arenal (1820–1893) – die 1868 Spaniens erste Inspektorin der Frauengefängnisse wurde und später das nationale Rote Kreuz anführte – verdankten die meisten wohltätigen Institutionen der Halbinsel ihre Existenz persönlicher Philanthropie. Eine Vorsorge auf nationaler Ebene, so wenig verbreitet sie auch sein mochte, gab es eher im medizinischen als im sozialfürsorglichen Bereich. Die Entwicklung von medizinischen Fakultäten an den Universitäten führte zur Errichtung öffentlicher Lehrkrankenhäuser in den größeren Städten. Ärzte erhielten eine zunehmend gründliche Ausbildung, aber es fehlte an einer parallelen Entwicklung auf verwandten Gebieten wie der Krankenpflege. In Spanien wurde dieses Defizit von religiösen Gemeinschaften, vor allem den Barmherzigen Schwestern (den Vinzentinerinnen), wettgemacht. Ihre umfassende Wohltätigkeitsarbeit bewahrte sie sogar vor der Auflösung der religiösen Orden durch Mendizábal in den Jahren 1835/36. In Portugal konnte nicht einmal Nächstenliebe die Schwestern retten. Es wurde ihnen zuerst befohlen, die Verbindung mit der Superiorin in Paris abzubrechen, und dann im Jahre 1861, die portugiesische Gemeinschaft aufzulösen. Ohne die Bemühungen der Nonnen blieb Wohlfahrt in Portugal sogar noch rudimentärer als in Spanien.

Im sozialen Bereich war die Diskrepanz zwischen liberaler Rhetorik und staatlichem Handeln akut; in der Politik war das Mißverhältnis weniger offensichtlich, aber ebenso real. Zwar war das Regieren nicht mehr eine Angelegenheit von Autokraten und Aristokraten, es blieb aber immer noch einer Elite vorbehalten. Wahlergebnisse waren eher von der wahlberechtigten Minderheit ausgehandelt als ein Resultat der freien Stimmabgabe. In Spanien – und noch akuter in Portugal – ging die geringe Zahl der regierenden Klasse mit der Knappheit der staatlichen Ressourcen einher, und dieser Zusammenhang kulminierte in Parteigeist und ganz besonders in Personalismus. Parteien waren kaum mehr als Interessengruppen, die aus kaum einem anderen Grund existierten, als den individuellen Bedürfnissen zu dienen. Politische Gefolgschaften wechselten rasch und regelmäßig in der Hoffnung auf Funktionen, Einfluß und Positionen.

Unter solchen Umständen war die parlamentarische Demokratie zu einer nur kümmerlichen Existenz verurteilt, nicht zuletzt, weil es sich als unmöglich erwies, stabile Parteigefolgschaften aufrechtzuerhalten. Weder die spanische noch die portugiesische Verfassung war der Entwicklung eines repräsentativen Regierungssystems dienlich, weil beide durch die »gemäßigte Macht« der Krone beträchtlich an Einfluß verloren. Ein echtes Zweiparteiensystem existierte nicht, so »machte« der Monarch einfach eine Regierung, indem er einen Minister aufforderte, eine Regierungsmehrheit zu bilden. Wie ihre Mutter, die Regentin María Cristina, begünstigte auch Isabella II. von Spanien (Isabel; 1843–1868) ständig die Moderaten gegenüber ihren parlamentarischen Gegenspielern und versäumte es wiederholt, die Progressiven zur Regierungsbildung aufzufordern. Jedoch erwiesen sich – vielleicht als Reaktion auf ihre aufdringliche Mutter María II. – sowohl der sanfte Peter V. von Portugal als auch sein Bruder Ludwig I. nach iberischen Maßstäben als beispielhafte konstitutionelle Monarchen. Dies mochte teilweise auf ihren Vater Ferdinand von Sachsen-Coburg-Gotha (1816–1885) zurückzuführen gewesen sein, der 1837 als Ferdinand II. zum Prinzgemahl gemacht wurde und von 1853 bis 1855 als Regent für Peter V. die Herrschaft ausübte.

In einer Situation zersplitterter regierender Schichten und der Parteilichkeit der Krone war die Armee bei weitem die stärkste Macht in den liberalen Staaten Iberiens. Interventionen des Militärs wurden geradezu zu einem Element des parlamentarischen Systems, vor allem deshalb, weil die Politiker auf eine Stützung des Heeres angewiesen waren. Generäle intervenier-

ten, um Regierungen auszutauschen, oder, mit fortschreitendem Jahrhundert, sie auch anzuführen. Formalisierte Staatsstreichaktionen, bei denen gewöhnlich eine militärische »Proklamation« *(pronunciamiento)* den Wechsel der Regierung ankündigte, ersetzten das königliche Vorrecht. In Portugal gewann das Wort »Revolution« *(revolução)* praktisch die Bedeutung eines militärischen Putsches, der im Auswechseln der zivilen Führung endete. Radikale Umstürze wurden eher als »politische Wende« *(reviralho)* bezeichnet.

Die Armeen von Spanien und Portugal hatten ihre erste Intervention in die zivile Politik im Jahr 1820 unternommen. Eine Kasernenrevolte sicherte den Erfolg der portugiesischen September-Revolution von 1836, eine andere hätte 1846/47 möglicherweise die Septembristen wieder an die Macht gebracht, was aber auf Ersuchen von Königin Maria durch die Intervention einer anglo-spanischen Marineeinheit verhindert wurde. Ähnlich leitete 1843 eine Militärrevolte in Spanien die Herrschaft der Moderaten ein, und die Armee zettelte auch die Revolution von 1854 an, um sie schließlich wieder zu beenden.

Ein solcher Pseudoparlamentarismus konnte nicht ewig andauern. Angesichts der entscheidenden Rolle der Armee war es unvermeidlich, daß Militärkommandeure schließlich auch als politische Parteiführer agierten. General Ramón María Narváez (1800–1868) zum Beispiel wurde nach 1840 Führer der spanischen Moderaten und im Mai 1844 Ministerpräsident. In Portugal drapierte sich in den letzten Jahren von Marias Herrschaft Peters IV. ältlicher General João Carlos Saldanha (1790–1876) mit der Schärpe des Soldatenpolitikers und gelangte nach mehreren Anläufen 1851 an die Macht. Saldanha führte den Begriff der »Erneuerung« (»Regeneration«) in die Politik der Halbinsel ein. Seine Administration strebte einen Neubeginn an, indem sie das Große und das Gute in einer Regierungskoalition zusammenbrachte, die von 1851 bis 1856 die Macht innehatte.

Die Erste spanische Republik

Die spanische Revolution von 1868 schuf für die Politik auf der Iberischen Halbinsel einen neuen Präzedenzfall. Sie wurde von der Marine begonnen, aber in diesem Falle blieben die Dinge nicht in den Händen der Offiziere. Verhandlungen mit Zivilpolitikern waren der Militäraktion vorausgegangen. Revolutionäre *juntas* bestanden bereits in allen größeren Städten; die andalusischen Städte war reif für eine Revolte, und Barcelona war ohnehin durch und durch republikanisch. Die Kombination aus Militärschlag und Volksrebellion erwies sich als unwiderstehlich. Königin Isabella II., »diese unmögliche Frau« – berüchtigt für ihre Extravaganz, sexuelle Unmoral und Günstlingswirtschaft –, wurde ins Exil nach Frankreich getrieben.

Obwohl nur wenige dem Verschwinden der Königin nachtrauerten, hatte nur eine kleine Minderheit der Revolutionäre von 1868 eine Republik im Auge. General Juan Prim (1814–1870), Kopf der nach Isabellas Flucht gebildeten Übergangsregierung, war entschlossen, die Nation vor den Extremen einer radikalen Demokratie zu schützen. Nachdem jedoch die lokale Verwaltung noch weitgehend in den Händen der *juntas* lag, mußte einigen demokratischen Forderungen nachgegeben werden. In einem Versuch, eine von breiten Schichten akzeptierte revolutionäre Ordnung zu schmieden, führte die Übergangsregierung das allgemeine Wahlrecht (für Männer über 25 Jahre) ein, Gerichtsverfahren vor Geschworenen, freie Religionsausübung, Presse- und Vereinigungsfreiheit. Republikanische Forderungen wurden jedoch verworfen. Statt dessen erstrebte Prim die Errichtung einer konstitutionellen Monarchie, die traditionelle Werte der Ordnung und Hierarchie verkörpern und gleichzeitig nach Recht und Gesetz regieren sollte.

Die Suche nach einem geeigneten Monarchen führte Prim durch die Königshäuser Europas, einschließlich dem von Bragança. Ludwig I., der die Literatur der Politik vorzog und Shakespeare ins Portugiesische übersetzte, verweigerte den spanischen Thron mit den Worten: »Als Portugiese bin ich geboren, als Portugiese will ich sterben.« Die Geste trug einiges dazu bei, daß er sich den Spitznamen »der Volkstümliche« einhandelte. Sein Vater, Ferdinand II., war der Hoffnungsträger der Pan-Iberisten (darunter auch der betagte Marschall Saldanha) auf der Halbinsel. Aber seine Kandidatur scheiterte sowohl an Prims Vorbehalten gegen einen portugiesischen König als auch an Englands Einwänden gegen eine iberische Union. Ein Plan, den vakanten Thron mit einem Angehörigen der deutschen Hohenzollerndynastie zu besetzen, scheiterte, als die Kandidatur des Erbprinzen Leopold von Hohenzollern-Sigmaringen zum Auslöser des Deutsch-Französischen Krieges (1870/71) wurde. Unter diesen Umständen eines bedrohten Friedens in Europa wurde der 26 Jahre alte Amadeo von Savoyen 1871 König von Spanien. Als er die Segel für die Reise in sein neues Königreich setzte, fiel sein Mentor, General Prim, in Madrid einem Mordanschlag zum Opfer – der erste, aber bei weitem nicht der letzte führende Politiker im modernen Spanien, der einen gewaltsamen Tod finden sollte.

Amadeo I. (1871–1873) war ein liebenswürdiger, wenn auch unintelligenter Mann mit den besten konstitutionellen Absichten. Aber Prims Tod beraubte ihn seiner wichtigsten Stütze, und als die revolutionäre Koalition verfiel, erwies sich niemand bereit, den neuen König durch das nun folgende Chaos zu leiten. Wäre die Verfassung stärker gewesen, Amadeo wäre möglicherweise ein beispielhafter Monarch geworden. Wie die Lage war, ließen seine Minister dieses »Kind mit Bart« oder, etwas gröber, »diesen Idioten« fallen. Die Presse schmähte ihn als »Macarronini I.«, vielleicht weil er eine Mischung aus Italienisch und Spanisch sprach, und das Opernpublikum buhte ihn aus, wenn er die königliche Loge betrat. Die Wahl eines republikanisch dominierten Parlaments im Jahr 1872 überstieg seine Kräfte. Amadeo nutzte einen militärischen Skandal als Vorwand, um dem zu entfliehen, was er als »Irrenhaus« der spanischen Politik bezeichnete. Die Erste Republik wurde an dem Tag ausgerufen, an dem er abdankte.

Die spanische Revolution vom September 1868 hatte auch einen Aufstand in Kuba entfacht. Dieser entwickelte sich zu einem zehn Jahre andauernden Unabhängigkeitskrieg. Die Schwierigkeiten des Kolonialkriegs spürte die Madrider Regierung bereits, als die Proklamation der Republik zu einem Wiederaufleben der karlistischen Sache führte. Die Anhänger des Prätendenten (zu diesem Zeitpunkt der dritte in der Linie) setzten ihren bewaffneten Kampf bis 1876 fort, obwohl der zweite karlistische Krieg im Gegensatz zum ersten weitgehend auf Navarra, das pyrenäische Kernland des Prätendenten, begrenzt blieb. Obwohl die Pietät einer Armee, die bei Sonnenuntergang beim Beten des Rosenkranzes anzutreffen war, bei Katholiken Anklang fand, die entsetzt waren über die Klosterbrandstiftungen der Radikalen im Süden, blieb die karlistische Sache unvermeidlich mit einem provinziellen Obskurantismus behaftet.

Das Zusammentreffen des kubanischen Krieges mit der Revolte in Navarra erwies sich für die kurzlebige spanische Republik als fatal. Angesichts einer grenzenlos überforderten Armee und einer zerrissenen Regierungskoalition glitt die Revolution in den Radikalismus ab und gab den Einheitsstaat zugunsten einer föderalistischen Struktur auf. In ihrem kurzen Dasein hatte die Erste Republik nicht weniger als vier Präsidenten, von denen der katalanische Föderalist Francesc Pi y Margall (1824–1901) der einflußreichste war, aber kaum vier Monate lang, zwischen April und Juli 1873, regierte. Als Veteran der Revolution von 1854 war Pi ein Freidenker und überzeugter Demokrat, der sowohl Kirche als auch Monarchie als Hindernisse für den Fortschritt betrachtete. Er war Spaniens erster Theoretiker des Regionalismus, der sich für einen Föderalismus aussprach, der auf Konsens und gegenseitigem Zusammenschluß beruht und nicht auf dem von der Staatsmacht erzwungenen Zusammenhalt.

Pi lehnte jede Art von diktiertem Föderalismus ab, wie er auch eine zentralistische Regierung zurückwies. Er bestand auf einer staatlichen Lösung von Spaniens Verfassungsproblemen und trat zurück, als er diese nicht zustande brachte. Obwohl seine Gedanken von katalanischen Nationalisten unterstützt worden sein sollen, kann seine Regierungszeit nicht als Erfolg gewertet werden. Seine Hoffnungen auf eine nationale Mehrheit für eine föderale Republik wurden zwischen jenen, die einen Einheitsstaat wollten, und den Revolutionären in den Provinzen, die auf eine sofortige Einlösung drängten, zerrieben. Die Republik verfiel im Sog dieses Konflikts. Die Disziplin der Armee brach zusammen, und im Süden wurden voreilig zahlreiche unabhängige Bezirke geschaffen. Die Macht fiel wieder an die Generäle zurück. Die Konservativen des ganzen Landes hießen die Militärintervention willkommen, die schließlich die Moral der Truppe wiederherstellte, die Kantonsbildungen unterdrückte und 1875 einen Bourbonen-König, Alfons XII. (1875–1885), den ältesten überlebenden Sohn von Isabella II., wiedereinsetzte.

Restauration und Rotationismus

Die überlebensgroße Figur von Antonio Cánovas del Castillo (1828–1897) wachte über die Restauration der Monarchie. Der glänzende Redner Cánovas beabsichtigte die Bildung einer stabilen parlamentarischen Demokratie in Spanien, den wirtschaftlichen Fortschritt zu stimulieren und das Land von der Sterilität des Bürgerkriegs zu befreien. Sein Ideal war das englische Zweiparteiensystem. Er hatte die Reden der englischen Parteiführer Gladstone und Disraeli auswendig gelernt und bestand darauf, daß der König die Werke des englischen Konstitutionalisten Walter Bagehot lese. Cánovas' erstes Ziel war die Bildung einer Monarchie, die sich weitgehend aus den parlamentarischen Angelegenheiten heraushielt. Da der neue König ein sechzehnjähriger Kadett war, der frisch von der englischen Militärakademie in Sandhurst kam, erwies es sich als relativ einfach, die Monarchie von der Politik fernzuhalten. Als Alfons 1885 an Tuberkulose starb, wurde die Nachfolge auf den noch nicht geborenen Alfons XIII. (1902–1931) übertragen. Dessen Mutter María Cristina (1858–1929) erwies sich als willfährige Regentin.

Unter der ständigen Bedrohung einer Militärintervention konnte keine Hoffnung auf eine stabile parlamentarische Regierung aufkommen. Die Armee innerhalb ihrer Kasernen zu halten war Cánovas' vielleicht dringendste Aufgabe. Er förderte den Kult der Loyalität für den Soldatenkönig – die Überbleibsel sind vielleicht heute noch zu beobachten –, während der sich ausweitende Krieg in Kuba (der 1895 erneut ausbrach) die Armee in Übersee beanspruchte. Nach der Erfahrung der Ersten Republik war die Armee zunehmend um das Problem der sozialen Ordnung besorgt gewesen, obwohl sie bereit war, sich im Hintergrund zu halten, solange die zivilen Politiker imstande waren, die Aufrechterhaltung der Ordnung zu sichern.

Cánovas bewunderte am englischen Regierungssystem das Prinzip der Repräsentation, bei dem das parlamentarische Unterhaus in seiner Zusammensetzung vom Willen einer größer werdenden Wählerschaft abhing. Trotzdem mißtraute der spanische Staatsmann zutiefst dem allgemeinen Wahlrecht, das er als »Auflösung der Gesellschaft« bezeichnete. Bis 1890 war die Stimmabgabe bei spanischen Wahlen Besitzenden und Steuerzahlern vorbehalten, aber Cánovas fürchtete immer noch die Unbeständigkeit der Wähler. Obwohl sein Wunsch nach einem parlamentarischen System, das die Wählerschaft an den Rand drängte, paradox erschien, existierte solch ein System bereits in Portugal, wo man schon seit langem versuchte, die englische politische Stabilität nachzuahmen.

Trotz einer weiterhin bestehenden Tradition militärischer Interventionen war Portugal seit den vierziger Jahren von größeren Konflikten verschont geblieben. Die wichtigsten politischen Kräfte, die Regenerationspartei und die Historische Par-

Bevölkerungszuwachs der Provinz-
hauptstädte in Prozenten
Spanien 1857 – 1900,
Portugal 1864 – 1900

- mehr als 200
- 101 – 200
- 50 – 100
- weniger als 50

verlegte Eisenbahnstrecken
— im Jahr 1870
— 1871 – 1890

Kanal, mit Jahreszahl

Einwohner pro qkm, 1870
- 100
- 50
- 20

Maßstab 1 : 6 000 000
0   150 km
0   100 Meilen

Transportwege

Die Transportschwierigkeiten auf der Iberischen Halbinsel behinderten hartnäckig das industrielle und städtische Wachstum. Keiner der beiden wichtigsten Flüsse ist komplett schiffbar, und alle sind starken Schwankungen von Überflutung und Trockenheit ausgesetzt. Pläne zum Bau von Kanälen wurden erstmals im 18. Jahrhundert ernsthaft erwogen, aber die Schwierigkeiten und die enormen Kosten angesichts langer Strecken durch gebirgiges Gelände erwiesen sich als nicht zu bewältigende Hürden. Überlandreisen dauerten lange und waren teuer. Bis spät ins 19. Jahrhundert hinein mußten Fuhrleute und Maultiertreiber bezahlt werden, die Reisende und Waren über die armseligen Pfade leiteten und vor Schmugglern und Banditen beschützten. Transport wurde deshalb bis zur Einführung der Eisenbahn hauptsächlich über das Meer abgewickelt. Obwohl die spanische Regierung die Baukosten des landesweiten Eisenbahnnetzes mit etwa 30 Prozent subventionierte, waren die Gesellschaften im Besitz ausländischer Geldgeber. Die Schienenstränge verliefen sternförmig von Madrid aus, das zwar Hauptstadt, aber kein wirtschaftliches Zentrum war. Obwohl lokale industrielle Erfordernisse wie der Transport für die Kupferminen um Huelva befriedigt wurden, konnte das Netz die Integration der nationalen Märkte nicht leisten.

tei, hatten seit den fünfziger Jahren mehr oder weniger alternierend die Macht inne. Nach 1871 wurde dieses System der Machtteilung unter António Maria Fontes de Pereira de Melo (1819 – 1887) formalisiert. Eine neue Partei, die Reformisten, war in den sechziger Jahren aufgekommen, sie vereinigte sich aber 1876 mit den Historischen und wurde zur Fortschrittlichen Partei. Fortan wechselten sie sich einfach mit Fontes' Regenerationspartei in der Macht ab. Der Rotationismus, wie das Verfahren in Portugal genannt wurde, war in Spanien von Cánovas' Liberalkonservativen (den späteren Konservativen) und der Liberalen Partei von Práxedes Sagasta (1825 – 1903) kopiert worden. Beide Männer waren Pragmatiker; einer regierte gewöhnlich so lange, wie er eine Mehrheit hinter sich hatte, um die Macht dann an seinen Rivalen zu übergeben. Keiner anderen Partei war es gestattet, im Parlament vertreten zu sein.

Dieses »friedliche Karussell« – wie es in Spanien nach 1876 genannt wurde – war der Kern des rotationistischen Systems. Wahlen wurden ganz einfach nur abgehalten, um eine Regierungsmehrheit und gleichzeitig eine angemessene Zahl von Sitzen für die Opposition zu erhalten. Der tatsächliche Ausgang der Wahlen wurde im voraus und im Zentrum entschieden. Solch ein System hing natürlich von einem ausgeprägten Klientelismus ab – dem traditionellen Weg auf der Halbinsel, die Dinge zu regeln. Abgeordnete wurden ins Amt gebracht, um Vorteile für ihre Wähler zu erlangen; waren sie nicht in der Lage, die versprochenen Belohnungen zu erbringen, übertrugen ihre Klienten die Gefolgschaft auf jemanden, dem sie in dieser

Hinsicht mehr zutrauten. Politik wurde somit über eine Reihe von persönlichen Kontakten abgewickelt. Praktisch nahm der Personalismus eine fortgeschrittene Form parlamentarischer Fassade an.

Waren die Wahlen anberaumt, wurde das gewünschte Ergebnis gewöhnlich von den lokalen Standespersonen – in Spanien *caciques* genannt – festgelegt. Diese kamen aus dem Kleinadel und dem landbesitzenden Bürgertum. Als Landeigner hatten sie Verbindungen mit den Kommunen vor Ort und der Parteimaschinerie. Zu Wahlzeiten begann auf nationaler Ebene ein reger Handel mit Begünstigungen als Belohnung für jene, die auf eine bestimmte Weise gewählt hatten oder einem bestimmten Kandidaten den Weg erleichterten. Ein politisches Amt wurde ganz einfach zur Quelle einer Patronage. Der parlamentarische »Futtertrog« war riesig, nicht zuletzt, weil jede neue Administration ihre eigene Bürokratie mit einbrachte. Da der Dienst in der Regierung für die Mittelklasse die wichtigste Beschäftigungsquelle war, entwickelten sich parallele Bürokratien. Diese rotierten zusammen mit den Politikern. Diejenigen, die momentan nicht im Amt waren, die *cesantes*, vertrieben sich gewöhnlich die Zeit in den Cafés von Lissabon und Madrid, knüpften neue Kontakte und vereinbarten Begünstigungen für die nächste Runde im Spiel um die Macht.

Der Rotationismus führte auf der Halbinsel zu einer Periode stabiler konstitutioneller Herrschaft, frei von königlichen Launen und militärischen Interventionen. Er war jedoch im wesentlichen ein Mittel, die alte landbesitzende Oligarchie an der

Macht zu halten. Spaniens Konservative und die liberale Partei zum Beispiel repräsentierten weitgehend die Weizenbauern des Nordens und die Oliven- und Weinproduzenten des Südens; in ihrem System gab es keinen Platz für katalanische Industrielle noch für die zunehmend wichtigen Eisenhüttenbesitzer der baskischen Region.

Die rotationistische Stabilität brachte wirtschaftlichen Fortschritt, aber mit der Entwicklung von Industrie und Transportwesen tauchten auch neue politische Kräfte auf, die mit dem Kunstgriff des »friedlichen Karussells« nicht mehr ferngehalten werden konnten. Selbst solange das System funktionierte, hätten in den großen Städten, wo die Kräfte der Massenpolitik bereits am Werk waren, die Wahlen nicht »gemacht« werden können. Hier wurde der Klientelismus durch Zwang und Fälschung ersetzt. Halsabschneidereien waren an der Tagesordnung, gläserne Wahlkabinen nicht unbekannt, und bei zahlreichen Gelegenheiten erwiesen sich die Bewohner der lokalen Friedhöfe als verläßliche Wähler. Die Interessen der Wähler wurden dem reibungslosen Lauf der Politmaschine geopfert. Das zunehmend korrupte und in Mißkredit geratene System erzeugte Apathie und Entfremdung, und es gab immer mehr Menschen, die sich außerparlamentarischen politischen Bewegungen wie Separatismus, Sozialismus und Anarchismus zuwandten.

Realismus und Urbanismus

Das Verlangen nach einer Wende während der »sechs revolutionären Jahre« (1868–1874) war nicht nur auf die politische Sphäre begrenzt, auch die künstlerischen Bestrebungen auf der Halbinsel gediehen in dieser Periode des Friedens und des relativen Wohlstands. Während des späten 19. Jahrhunderts herrschte im literarischen Leben die Prosa vor, sei es fiktive, polemische oder essayistische. Zeitgenössische Poesie war fast nicht wahrzunehmen. Das Theater, zwar beliebt wie immer, war von der *zarzuela* besetzt, einer idiomatischen Form der Operette; Komponisten wie Tomás Bretón (1850–1923) und Francisco Asenjo Barbieri (1823–1894) schrieben großartige Werke dieses Genres, wobei sie auch Volkslieder und regionale Tänze verwendeten.

Ab den fünfziger Jahren begannen professionelle Sänger traditioneller Musik, des *fado* in Portugal und des Flamenco in Spanien, in den Cafés von Lissabon und Sevilla aufzutreten. Das Erbe des Romantizismus war allerdings nicht nur auf die Musik beschränkt. Der *costumbrismo*, die detaillierte Beobachtung des lokalen Lebens, ebnete dem regionalen Roman in Spanien den Weg. José María Pereda (1833–1906) zum Beispiel verlegte einen Großteil seines Werkes in die Berglandschaft seiner Heimat Santander, wobei er oft die Auswirkungen neuer Ideen auf alte Lebensweisen untersuchte. Valencia lieferte Vicente Blasco Ibáñez (1867–1929) den Hintergrund für seine besten Romane und später für seine Laufbahn als föderalistischer Politiker. Leopoldo Aras' *La regenta* (1884/85) befaßte sich mit dem Ehebruch in einer stickigen Provinzstadt – ein klassisches Thema realistischer Literatur, seit Gustave Flaubert sein Meisterwerk *Madame Bovary* (1857) geschaffen hatte.

Die ungewöhnlichste Gestalt der spanischen Regionalliteratur war eine galicische Gräfin, Emilia Pardo Bazán (1851–1921). Sie schrieb in Spanisch statt in *galego* und war weit mehr als nur eine provinzielle Figur. Zwar eine fromme

Unten: Die *zarzuela*, eine einheimische Variante der Operette mit gesprochenen Dialogen, war die charakteristische musikalische Unterhaltung in Spanien um die Jahrhundertwende. Madrids *Teatro de la Zarzuela* war ganz dieser Form gewidmet – ein Indiz für die Popularität des Musiktheaters. Wie die zeitgenössische spanische klassische Musiktradition machten die *zarzuelas* reichlich Gebrauch von Volksliedern und regionalen Tänzen. Viele spielten auch in einer regionalen Szenerie; diese Kulisse stammt aus der 1912 aufgeführten Operette »Molinos del viento« (»Windmühlen«) von Pablo Luna.

Oben: Im späten 19. Jahrhundert erwies sich Spaniens regionales Leben als reiche Motivquelle für Maler wie auch Romanschriftsteller. Genreszenen waren bei Künstlern und Publikum gleichermaßen beliebt. Joaquín Sorolla y Bastida (1863–1923) bezog seine Inspiration zum großen Teil aus den Fischergemeinden seiner Heimat Valencia. Dieses Bild, *Valencianische Fischerfrauen* (1903), ist typisch für sein Werk. Seine Beobachtung der Natur an der Mittelmeerküste führte ihn zu einer intensiven Auseinandersetzung mit dem Licht – der sogenannte »Luminismus« –, eine Vorwegnahme des spanischen Impressionismus.

Katholikin, war sie aber trotzdem von den naturalistischen Techniken Emile Zolas (1840–1902) beeinflußt, dessen Werk – 1877 erstmals ins Spanische übersetzt – von ihren Glaubensschwestern in Frankreich verschmäht wurde. Die Feministin Bazán schrieb Literaturkritik ebenso wie erzählende Literatur und wurde 1916 als erste Frau zur Professorin an der Universität Madrid ernannt.

Romane über das Leben in der Provinz wurden so beliebt, weil das spanische Lesepublikum die darin porträtierten Welten wiedererkannte. Lesen war im wesentlichen eine Beschäftigung der Mittelklasse. In der konstitutionellen Sicherheit des späten 19. Jahrhunderts entwickelte sich in Madrid und Lissabon unverkennbar ein Bürgertum, ebenso in Porto und Barcelona. Die Bevölkerung der Hauptstädte setzte sich aber immer noch hauptsächlich aus Zuwanderern zusammen. Der bedeutendste Chronist im Madrid des 19. Jahrhunderts, Benito Peréz Galdós (1843–1920), war auf den Kanarischen Inseln geboren. Der portugiesische Autor José Maria Eça de Queiroz (1845–1900), dessen diplomatische Laufbahn ihn von Lissabon nach Kuba, England und Frankreich führte, kam ursprünglich aus dem nordportugiesischen Dorf Póvoa de Varzim.

Mit Galdós und Eça brachte die Iberische Halbinsel zwei der größten europäischen Romanciers des Realismus hervor. Die Werke beider verfolgten einen moralischen Zweck. Mehrere von Galdós' Romanen erforschen den Konflikt von Fortschritt und Obskurantismus, während Eça sich darum bemühte, den Portugiesen ihre ärmliche Situation bewußt zu machen. Sowohl Eça als auch Galdós betrachteten die nationale Selbsttäuschung

als gefährlich. Sie beschrieben die soziale Realität als eine sich rasch verändernde Welt, und obwohl einige Romane beider vom Leben in der Provinz handeln, porträtieren ihre bedeutendsten Werke das Bürgertum der Hauptstädte. Besonders für Galdós war die Stadt mehr als eine Kulisse. Wie Dickens' London oder Balzacs Paris ist Galdós' Madrid ein menschlicher Organismus, der Schauplatz wichtiger historischer und sozialer Veränderungen. Gerade die Sprache der Stadt mit ihrer Mischung aus Dialekt und der Umgangssprache der einfachen Leute wird in seinen Büchern abgebildet.

Eine moderne städtische Gesellschaft bildete sich auf der Iberischen Halbinsel erst in den letzten Jahrzehnten des 19. Jahrhunderts heraus. Als Zuwanderer aller sozialen Schichten scharenweise in die neuen städtischen Zentren strömten, wurden die mittelalterlichen Stadtmauern eingerissen und elegante Vororte für die Mittelklasse erbaut, während für die Arbeiter überfüllte Slums aus dem Boden schossen. Die aufkommende Disziplin der Stadtplanung bekam mit den Folgen der Cholera-Epidemien von 1855, 1865 und 1885 neue Impulse. Zusammenhängende Entwürfe wurden als Planungen für die Erweiterung Madrids und Barcelonas im Jahr 1860 angenommen, für Bilbao 1876. Die Pläne reichten vom Funktionalen bis zum Phantastischen. Der Madrider Architekt Arturo Soria (gest. 1920) zum Beispiel entwickelte das Konzept einer geradlinig angelegten »Gartenstadt« mit niedrigen Wohnhäusern, die mit Straßenbahnen und Elektrobussen miteinander verbunden sind. Die krönende Leistung städtischer Planung war zweifellos Barcelona, zu dessen Architektur der Jahrhundertwende bedeuten-

141

Barcelonas modernistische Architektur

Zwischen 1857 und 1930 stieg Barcelonas Bevölkerung von 178 000 auf über eine Million. Der industrielle Reichtum zog Tausende von Zuwanderern an und finanzierte auch die Neugestaltung und Erweiterung der Stadt, nachdem die mittelalterlichen Stadtmauern 1854 abgerissen worden waren. Das neue Barcelona sollte eine wirklich europäische Hauptstadt werden, ein angemessenes Zentrum für die katalanische Nation. Historische Bezüge zur spanischen Vergangenheit wurden von Ildefons Cerdà (1815–1876) verweigert; er war ein Bauingenieur, der Pläne für eine Stadt entwarf, in der alle Bürger den gleichen Zugang zu Licht, Raum und Luft haben würden. Die *Eixample*, der einzige Stadtteil, der Ähnlichkeiten mit seiner ursprünglichen Vision aufweisen sollte, wurde jedoch zu einem Schaukasten für die luxuriösen Villen der neuen industriellen Bourgeoisie. Gegen Ende des Jahrhunderts hatte die expandierende Stadt das Örtchen Gracià geschluckt, das Barcelonas elegantestem Boulevard den Namen gab. Die Straße wurde auch zum Austellungsraum für das Werk der großen katalanischen Architekten Lluís Domènech i Montaner (1850–1923), Antoni Gaudí (1852–1926) und Josep Puig i Cadafalch (1867–1956).

In ihrem Werk kommt die als *Modernisme* (1880–1910) bekannt gewordene katalanische Bewegung in der Architektur und der Dekoration zum Ausdruck. Wie die Art Nouveau machte der *Modernisme* das Spiel mit der Asymmetrie, mit geschwungenen Linien und dynamischen Formen zu seinem Credo. Keramiken, Mosaiken und bemaltes Glas verzierten die privaten Villen und öffentlichen Gebäude, deren kostspielig dekorierte Fassaden ein bemerkenswertes Niveau verraten. Die naturalistischen Motive und Muster, die die Gebäude zierten, setzten sich von der Industrie ab, die sie finanziert hatte, obwohl die dabei verwendeten Materialien noch aus der Tradition des 19. Jahrhunderts stammten. In der phantasiereichen Modellierung des öffentlichen Raums konnte Barcelona nun mit Paris oder Wien rivalisieren.

Oben: Gaudís luxuriöses Wohnhaus Casa Milá (1905–1911) ist eines der bekanntesten Gebäude Barcelonas. Die erstaunlich geschwungene Fassade wurde durch eine Stahlkonstruktion ermöglicht, die jedes Stockwerk von der Beschränkung tragender Wände befreite. Das asymmetrische Äußere verkörpert in der Gestalt einer »gefrorenen Welle« eine Metapher des Meeres. Die geschmiedeten Balkone ähneln Seegras und Korallen, Seesterne und Oktopoden dekorieren die türkisfarbenen Pflastersteine auf dem Passeig de Gracià.

Links: Auf der anderen Straßenseite steht Puig i Cadafalchs Casa Amatller (1898–1900). Der gotische Stil beschwört absichtlich Barcelonas mittelalterliche Kaufmannspaläste.

Ganz oben: Vielleicht die beste Synthese von Kunsthandwerk und Architektur des *Modernisme* war mit der Casa Lleó Morera (1905) von Domènech i Montaner erzielt worden. Das Gebäude selbst wurde 1943 wenig sorgfältig umgestaltet, und dabei ging ein Großteil der äußeren Dekoration verloren. Vom Interieur jedoch blieb vieles intakt, darunter Steinmetzarbeiten, Keramiken, Mosaiken und bemalte Fenstergläser. Der hier abgebildete Reichtum an Farben und Mustern des geschwungenen Fensters mit neun Paneelen demonstriert die stilisierte Verwendung organischer Formen; ein immer wiederkehrendes Thema der Modernisten, besonders im Werk von Domènech, dessen großzügiger Gebrauch von floralen Ornamenten als Gegengewicht zur Rationalität der Architektur gedacht war.

Rechts: Gaudís Casa Battló (1905 bis 1907) steht neben der Casa Amatller auf dem Passeig de Gracià; der Raum ganz oben links wurde eingerissen, so daß die beiden Gebäude miteinander verbunden sind. Gaudís außergewöhnliche, fließende Skyline steht im vollkommenen Gegensatz zu Cadafalchs gotischen Zinnen. Die Fassade des bestehenden Gebäudes wurde mit Mosaiken aus zerbrochenen Fliesen und Platten mit einem fließenden Farbenspektrum von ganz Weiß am Erdgeschoß bis zu Blau, Grün und Ocker oben belebt – eine charakteristische Palette, die nur Gaudí verwendete. Das Haus sollte ein religiöses und patriotisches Symbol werden. Der gezackte Dachfirst und die glänzenden Schuppen stellen den Drachen dar, den der Hl. Georg besiegte, Kataloniens Schutzpatron, dessen Lanze als halbrunder Turm emporragt.

Das Café »Die vier Katzen«

Zwischen 1897 und 1903 war »Els Quatre Gats« oder das Café »Die vier Katzen« die Bühne der Bohemiens von Barcelona um die Jahrhundertwende. Gegründet wurde es von den Malern Santiago Rusinyol und Ramón Casas, beide führende Gestalten der modernistischen Bewegung, und untergebracht war es in Josep Puig i Cadafalchs Casa Martí, wo es sowohl als Treffpunkt als auch als Biersaal für die künstlerische und intellektuelle Gemeinde der Stadt diente. Sein Name stammt aus einem Wort der Umgangssprache, das soviel wie »nur ein paar Leute« bedeutet; als die »vier Katzen« galten jedoch Rusinyol, Casas, der Folklorist und Puppenspieler Miquel Utrillo und der exzentrische Betreiber des Cafés Pere Romeu, ebenfalls Maler, wenn auch nicht sehr erfolgreich.

Die gesellige Intimität des Cafés war schon seit langem eine feste Einrichtung im städtischen Leben Spaniens. Madrid hatte mehrere berühmte literarische Cafés, etwa das Café Gijón, wo sich Schriftsteller, Politiker und Intellektuelle regelmäßig zu informellen Diskussionsgruppen *(tertulias)* trafen. Aber nur »Die vier Katzen« sollte als iberische Entsprechung der Bohemien-Cafés am linken Seineufer in Paris international bekannt werden – zum Teil spiegelt sich darin das heftiger vibrierende Leben in jener Epoche des intellektuellen und künstlerischen Aufbruchs der katalanischen Hauptstadt wider.

Das Leben im »Vier Katzen« war eine endlose *tertulia*. Zu den regelmäßigen Gästen gehörten neben den »vier Katzen« selbst die Künstler Pablo Picasso und Isidre Nonell. Ausstellungen und Lesungen wurden dort abgehalten; Musiker, darunter Enrique Granados und Isaac Albéniz, gaben Konzerte, und mit dem Café assoziierte Künstler und Schriftsteller gaben ihre eigene illustrierte Zeitschrift, *Pèl i Ploma (Papier und Feder)*, heraus. Kunst war für diese Männer eine Möglichkeit zur Überwindung des Materialismus im modernen, industriellen Barcelona. Rusinyol glaubte an die »Religion von Kunst und Wahrheit, die die niedere und profane Welt beherrschen soll«. Zu diesem Zweck gründete er das »Vier Katzen«. Obwohl bereits eine künstlerische Legende, war es jedoch kein kommerzieller Erfolg. Nach nur sechs Jahren schloß das Café, und seinen Platz in der Casa Martí übernahm der Künstlerzirkel St. Lukas – eine Vereinigung, die gegründet wurde, um all das zu bekämpfen, was das »Vier Katzen« darstellte.

Links: Santiago Rusinyol, der Sohn eines Textilfabrikanten, setzte sein beträchtliches Privatvermögen ein, um künstlerische Bemühungen einschließlich des »Vier Katzen« zu finanzieren. Wie sein Freund Ramón Casas – der diese Skizze von ihm anfertigte, auf der er in einem der enormen runden Kandelaber sitzt, die er für das Café kaufte – hatte Rusinyol in Paris gelebt, wo er mit Casas und Utrillo eine katalanische Künstlerkolonie gegründet hatte.

Oben: Die Künstler, die im »Vier Katzen« ausstellten, trugen auch zur Dekoration des Cafés bei. Das gemalte Metallsignet der starrenden Katzen wird Pablo Picasso zugeschrieben, der im Jahr 1900 dort erstmals ausstellte und auch das Cover für die Speisekarte zeichnete – eine Reverenz an das Café Chat Noir in Paris. Picasso war nur einer von vielen jungen Künstlern, die vom intellektuellen Leben des »Vier Katzen« profitierten.

Oben: Der Architekt Puig i Cadafalch entwarf im gotischen Stil das Interieur des »Vier Katzen« (hier auf einer um 1899 aufgenommenen Fotografie zu sehen) und den Großteil der pseudomittelalterlichen Möbel. In den schmiedeeisernen Werken spiegelt sich Rusinyols Interesse an diesem traditionellen katalanischen Handwerk wider. Das riesige Gemälde von Casas, das die Wände dominiert, zeigt ihn selbst zusammen mit Pere Romeu auf einem Tandem. Radfahren war eine Lieblingsbeschäftigung Romeus, aber hier inspiziert er, als hochaufgeschossene Figur dargestellt, das Café vom hinteren Sitz aus, während Casas auf dem vorderen für zwei schuftet.

Ganz links: Zu den wichtigsten Hinterlassenschaften des »Vier Katzen« gehören die Porträtskizzen der Stammgäste aus der Hand von Casas und Picasso. Diese Kohlezeichnung von Picasso ist eine von Hunderten ähnlicher, die Casas in den neunziger Jahren des vorigen Jahrhunderts anfertigte.

Links: Casas malte auch dieses Plakat für ein Puppenspiel (eine Art Kasperltheater). Sowohl Romeu (hier abgebildet) als auch Utrillo hatten im Chat Noir als Puppenspieler gearbeitet und veranstalteten avantgardistische Schattenpuppenspiele über Dinge, die sie dort erfahren hatten. Aber die Handpuppenaufführungen in der lokalen Tradition des spanischen Kasperltheaters zogen ein größeres Publikum an. In Katalanisch dargeboten, belebten sie eine alte Volkskunst in der Metropole.

de Gebäude der modernistischen Architekten wie Domènech i Montaner (1850–1924) und Antoni Gaudí (1852–1926) gehören.

Die Plätze, Cafés und Einkaufsbereiche dieser neuen Städte fanden nicht nur Eingang in die Romane. Die Stadtleute haben auch die Aufmerksamkeit von Malern auf sich gelenkt. Zum Teil war dies eine Reaktion auf den Markt. Das Bürgertum kaufte Bilder – oder Drucke und andere billigere Reproduktionen –, wie es auch Romane kaufte. Die zunehmende Nachfrage nach zeitgenössischen Themen führte zu attraktiven, wenn auch nicht sonderlich bemerkenswerten Genre-Bildern. Werkstätten wie die der Bordalo-Pinheiro-Familie – Manoel-Maria (1815 bis 1880), seine Schwester Maria Augusta und sein Sohn Columbano (1857–1929) – in Lissabon befriedigten einen wachsenden Markt.

Der französische Impressionismus hatte zwangsläufig eine starke Auswirkung auf die bildende Kunst der Halbinsel. Maler von Landschaften und ländlichen Szenen schilderten ihre Themen auf eine neue Art und Weise. Der Spanier Joaquín Sorolla (1863–1923) sprach von »Luminismus«, und seine Strandszenen – meist an der Küste seiner Heimat Valencia – konzentrieren sich auf das Licht. Andere Künstler, vor allem in Katalonien, stellten die Szenen städtischen Lebens mit neuen Techniken dar. Santiago Rusinyol (Ruisiñol; 1861–1931) und vor allem Ramón Casas (1866–1932) hinterließen Zeugnisse des Boheme- und bürgerlichen Lebens in Barcelona – das eine gewisse Zeit mit Paris als künstlerisches Zentrum rivalisierte. Casas und Rusinyol malten sich gegenseitig, ihre Freunde, die Cafés, in denen sie saßen, und das Straßenleben der Stadt, einschließlich der zwielichtigen Welt der Dirnen und Morphium-Abhängigen.

Die Krise des Rotationismus

In seinem Meisterwerk, *Die Maias* (1880), beobachtet einer von Eça de Queiroz' Protagonisten, daß man seit dem Tod von João VI. im Jahr 1826 keine Neuigkeiten mehr aus Lissabon gehört hätte. Zwar ist im Portugal des 19. Jahrhunderts weitaus mehr passiert, als Eça besorgt andeutete, aber die mittleren Jahre des Jahrhunderts waren nicht sehr ereignisreich gewesen. Zumindest hatte die oligarchische Politik dem Land eine konstitutionelle Stabilität gebracht, und entgegen allen Erwartungen ist Portugal eine Kolonialmacht geblieben. In den siebziger Jahren begann die portugiesische Regierung unter João de Andrade Corvo (1824–1890; Außenminister 1871–1877 und 1878/79) wieder von einer Expansion in Übersee zu träumen – beliebte Entschädigung für eine gescheiterte Entwicklung im eigenen Land. Der Blick auf die Landkarte zeigte, wie Afrika zwischen den europäischen Mächten aufgeteilt wurde, und so erhob auch Portugal seinen Anspruch auf mehr Kolonien. 1886 zeichneten portugiesische Expansionisten eine »rosafarbene Landkarte«, die einen großen Streifen portugiesischer Territorien im südlichen Afrika zeigte, der die Kolonien Angola und Moçambique verbinden würde. Der Vorschlag war nicht nur unrealistisch, sondern tangierte auch englische Pläne für Rhodesien. Im Januar 1890 forderte der englische Premierminister Lord Salisbury (1830–1903) Portugal auf, sein Personal aus den umstrittenen Territorien zurückzuziehen.

Die portugiesische Regierung hatte keine andere Wahl, als die englischen Forderungen zu erfüllen, und dabei wurde ihre Außenpolitik als Schwindel entlarvt. Das koloniale Gehabe konnte nicht mehr die mangelnde reale Macht dahinter verschleiern, gerade jetzt, als im eigenen Land der bevorstehende Regierungsbankrott die repräsentative Fassade des Rotationismus niederzureißen drohte. Intellektuelle der verschiedensten Couleurs, darunter Eça und der zukünftige Präsident der Republik, Teófilo Braga (1843–1924), forderten jetzt, die Nation solle sich »sehen, wie sie ist« und die Notwendigkeit einer Modernisierung eingestehen. Andere rieten zu einer aktiveren Reaktion. Die 1878 gegründete Republikanische Partei war eine wachsende Kraft, die nach der Krise von Lord Salisburys Ultimatum ebenfalls auf eine neue Orientierung des nationalen Lebens drängte. Unter Druck geraten und mit anhaltenden finanziellen Spannungen konfrontiert, begann die regierende Partei zu zerfallen. Nicht einmal eine vorübergehende Regierung per Dekret und der folgende Aufschub der Wahlen im Jahr 1894 konnten die Regenerationspartei vor der Spaltung retten. Die Partei teilte sich 1901, und nur eine Flucht in autoritäre Taktiken erlaubte den Überbleibseln des rotationistischen Systems, noch bis 1910 dahinzuvegetieren.

Die nationale Bewußtseinskrise, die Portugal nach 1890 plagte, fand in Spanien mit dem »Desaster« von 1898 eine Parallele. In diesem Jahr spitzten sich die seit langem schwelenden kubanischen Probleme zu, als die Vereinigten Staaten in ihrem Drang nach der Hegemonie im karibischen Raum Spanien den Krieg erklärten. In den darauffolgenden militärischen Auseinandersetzungen wurde die spanische Flotte ausradiert. Es war eine Sache von Wochen, in denen die alte Imperialmacht gezwungen war, ihre paar verbliebenen nichtafrikanischen Besitzungen an die Vereinigten Staaten abzutreten.

Der Krieg von 1898 machte Spaniens restliche Prätentionen auf einen Großmachtstatus zunichte; und mit der Zerstörung des imperialen Image in der Öffentlichkeit wurde die Niederlage zur tiefen nationalen Demütigung. Wie in Portugal war der Nationalstolz bereits durch wirtschaftlichen Rückgang und politische Unredlichkeit getrübt. Im Sog des moralischen Desasters trug jetzt das politische System die Verantwortung für die Niederlage. »Alles ist zerbrochen in diesem unglückseligen Land: keine Regierung, keine Wähler, keine Parteien, keine Marine, keine Armee. Alles ist Ruin, Dekadenz«, so faßte ein kastilischer Beobachter die Situation zusammen.

Der Appell zur nationalen Erneuerung wurde von den Intellektuellen aufgegriffen. Der Jurist und Polemiker Joaquín Costa (1846–1911) verlangte nach einem »eisernen Chirurgen«, um die Fäulnis der Korruption zu entfernen. Der Aufruf, Spanien modernen europäischen Einflüssen zu öffnen, fand sein Echo beim prominentesten Wissenschaftler des Landes, Santiago Ramón y Cajal (1852–1934), Nobelpreisträger des Jahres 1906, und bei einer unter der Bezeichnung »Generation von 1898« bekannt gewordenen heterogenen Gruppe von Schriftstellern. Obwohl nie eine kohärente oder organisierte Gruppe, begriff die »Generation von 1898« das Unbehagen ihrer Zeit. Der Name wurde von dem Schriftsteller Azorín (José Martínez Ruíz; 1874–1967) populär gemacht, der wie der Dichter Antonio Machado (1876–1939) und der Romancier Pío Baroja (1872–1956) dazu beitrug, die Hauptthemen der intellektuellen Diskussion zu formulieren: das nationale Problem zu analysieren und das Wesen der spanischen Seele zu charakterisieren. 1898 war Erneuerung das gemeinsame Ziel. Artikuliert wurde es von dem Philosophen Miguel de Unamuno (1869–1936) als die Versöhnung neuer Ideen mit den ewigen Traditionen Spaniens. Unamuno, Rektor der Universität von Salamanca, überbrückte die Unterschiede zwischen den Männern von 1898 und jüngeren Gelehrten wie José Ortega y Gasset, dessen »Aufbau und Zerfall Spaniens« (1921) die Kluft zwischen europäischen und spanischen Erfahrungen untersuchte.

Das Entstehen der Arbeiterklasse

Noch im 19. Jahrhundert setzte sich das Proletariat der Halbinsel weitgehend aus den Landarbeitern Andalusiens und Südportugals zusammen. Die industrielle Entwicklung fand verzögert und nur an bestimmten Standorten statt, so daß die Zahl der Fabrikarbeiter klein blieb: 1917 zählte die portugiesische Arbeiterschaft nur 130 000 Menschen – 25 Prozent davon waren Frauen und 15 Prozent Minderjährige. Es gab lediglich 25 Fabrikbetriebe mit mehr als 500 Beschäftigten. Und obwohl sich die Fabrikproduktion in Spanien schon weiter ausgebreitet hatte, war die ländliche Arbeiterschaft allein in Andalusien um

1900 so groß wie Spaniens gesamtes Industrieproletariat jener Zeit. Unter diesen Umständen überrascht es nicht, daß der Anarchismus – der politische Glaube, daß alle Formen von Regierungsautorität unnötig seien und eine Gesellschaft auf freiwilliger Zusammenarbeit und dem freien Zusammenschluß der Individuen beruht – auf der Halbinsel zur Blüte gelangte. Die erste anarcho-kollektivistische Föderation, 1869 in Spanien errichtet, war der Zerstörung der Staatsmacht durch die Revolution der Arbeiterklasse gewidmet. Bald darauf für illegal erklärt, ging die Föderation in den Untergrund, um dann unter einem anderen Namen wieder aufzutauchen. Es war der Beginn eines Zyklus von Repression und Toleranz, der bis ins 20. Jahrhundert andauern sollte.

Die spanischen Anarchisten wurden zu begeisterten Verfechtern der »Propaganda der Tat«. Die anarchistische direkte Aktion umfaßte traditionelle Formen des ländlichen Sozialprotests – Aufstände, Zerstörung von Eigentum und die Verstümmelung des Viehbestands –, in südlichen Regionen die einzig mögliche politische Willensäußerung von halbverhungerten landlosen Arbeitern, die sich dessen bewußt waren, daß die Arbeit knapp war und es Arbeiter im Übermaß gab. Der Anarchismus setzte sich zuerst im Süden fest, und es hatte sich erwiesen, daß die utopische Vision einer kommenden Welt auf diese unterdrückten, analphabetischen und abergläubischen ländlichen Arbeiter eine besondere Anziehungskraft ausübte.

Der anarchistische Millenarismus war nicht auf die *latifundia*-Gebiete des Südens begrenzt. Dramatische – oft höchst symbolische – Herausforderungen an die Staatsmacht wurden in dem Glauben angezettelt, daß sie unmittelbar in die Revolution münden würden. Cánovas fand 1897 den Tod von der Hand eines anarchistischen Attentäters, zwei andere Ministerpräsidenten, José Canalejas (1854–1912) und Eduardo Dato (1856 bis 1921), starben auf dieselbe Weise. 1906 wurde eine Bombe auf den Hochzeitszug Alfons' XIII. geworfen, genauso wie Anarchisten 1897 die Fronleichnamsprozession in Barcelona in die Luft jagten, womit sie nicht nur eine Zeremonie angriffen, mit der sich der Staat schmückte, sondern gleichzeitig den Glauben an die sakramentale Gegenwart des katholischen Gottes.

Barcelona war zwar ein Brennpunkt der sozialen Unruhen in den städtischen Zentren, aber es war eher keine anarchistische Hochburg. Nichtsdestoweniger wurde Spaniens wohlhabendste Industriestadt zum Zentrum der anarcho-syndikalistischen Gewerkschaft, der 1910 gegründeten Confederación Nacional de Trabajo (CNT; Nationale Arbeitervereinigung). Für die Anarcho-Syndikalisten würde die Verweigerung der Arbeit irgendwann zur Revolution, zur Zerstörung des Staates und zum Aufkommen einer neuen sozialen Ordnung führen. Mit einer stabilen Organisation innerhalb des »revolutionären Dreiecks« zwischen Barcelona, Valencia und Saragossa ausgestattet, blühte der Anarchismus. Abendschulen und andere Bildungsinitiativen ließen eine eigenständige anarchistische Subkultur entstehen.

Die CNT war eine vielgesichtige Gemeinschaft, aber ihre Anziehungskraft auf die Industriearbeiter ist schwer zu erklären, es sei denn mit dem im Vergleich dazu gescheiterten Sozialismus in Spanien. Zwar war die Sozialistische Partei bereits 1879 und die entsprechende Gewerkschaft, die Unión General de Trabajadores (UGT; Allgemeine Arbeitergewerkschaft), 1888 gegründet worden, sie kam aber bis 1914 wenig voran, als die UGT bei den Gießerei-Arbeitern im Baskenland und den Minenarbeitern in Asturien Überläufer gewann. Die sozialistische Organisation war zentralistisch, bürokratisch und fest in Madrid verankert. Die Gewinnung von Anhängern war auf Industriearbeiter begrenzt – in einem Land mit wenig Industrie; die Masse der Arbeiter war ausgeschlossen, weil sie auf dem Land arbeitete. Erst mit großer Verspätung wurde 1931 die sozialistische Landarbeitergewerkschaft aufgebaut. Das geringe Potential der spanischen Industrie-Arbeiterschaft wirkte als Bremse für alle gewerkschaftlichen Aktivitäten.

Industriezentrum, 1850 – 1950

Industriezweig
- Chemie
- Eisen und Stahl
- Papier
- Schiffbau und -reparatur
- Textilien

Fluß, begünstigt Industriestandorte

Wichtige Mineralvorkommen
- Kohle
- Kupfer
- Eisen
- Blei
- Quecksilber
- Wolfram
- andere (Silber, Zink usw.)

landwirtschaftl. Arbeitskräfte in Prozenten
(Spanien 1950, Portugal 1960)
- 70
- 50
- 20

Industrialisierung und Verstädterung
Die industrielle Entwicklung verlief bruchstückhaft. Wie in vielen unterentwickelten Ökonomien war der Bergbau ein äußerst wichtiger Sektor. Portugal war Europas Hauptproduzent von Wolfram, während Spanien reiche Mineralvorkommen, darunter Kupfer und im Norden Kohle, besaß. Jedoch nur in den Küstenregionen des Nordens und Nordostens (Textilherstellung) und in Portugal in den Gebieten um Lissabon und Porto fand eine intensive Industrialisierung statt. In Spanien war noch nach 1960 und in Portugal in den achtziger Jahren die Mehrheit der Arbeiterschaft in der Landwirtschaft beschäftigt.

Als neutrale Macht profitierte Spanien wirtschaftlich vom Ersten Weltkrieg. Der Export von Kohle, Eisen und Stahl und sogar dem teuren kastilischen Weizen boomte; die Zahl der Textilarbeiter verdoppelte sich. Der wirtschaftliche Erfolg war jedoch von einer wuchernden Inflation begleitet, die die sozialen Unruhen steigerte. Die separatistischen Bestrebungen erreichten in Katalonien ihren Siedepunkt. Das Bürgertum wollte eine regionale Regierung und nicht selten sogar eine Republik; das Proletariat erstrebte die anarcho-syndikalistische Revolution; bei aller politischen Gegensätzlichkeit waren sich beide darin einig, nicht von Madrid regiert werden zu wollen.

Seit 1917 beherrschten Streiks, Unruhen und Rebellionen in Spanien alle Bereiche des Lebens. Mit der eskalierenden Krise konfrontiert, sah die Regierung als einzigen Ausweg die Anwendung von Gewalt. Die wichtigste Polizeitruppe, die Guardia Civil, war 1844 gegründet worden und wurde 1878 zu einem integralen Bestandteil der Armee. Ihre Mitglieder lebten abgeschirmt von der lokalen Bevölkerung in Kasernen und dienten niemals in ihrer Heimatregion. 1854 wurde die Aufgabe der Truppe »als vollständige militärische Besatzung des gesamten nationalen Territoriums« beschrieben, und als 1917 Truppen mit Maschinengewehren auf Streikende in den Straßen von Barcelona feuerten, war klar, daß nur der rohe Einsatz von Gewalt einen revolutionären Ausbruch verhindern konnte.

Die portugiesische Republik

Ein früher republikanischer Rebell sagte während seines Prozesses dem Richter, daß er »nicht wußte, was eine Republik ist, aber ich konnte nicht anders, als zu glauben, daß es etwas Heiliges sein muß«. Solche verschwommenen Überzeugungen trugen viel zur anfänglichen Popularisierung der portugiesischen Republik bei, die mit der Revolution von 1910 eingeleitet wurde. Die Vision einer besseren, ja utopischen Zukunft öffnete sich allen, die sich von der Monarchie vernachlässigt sahen, und sie begrüßten das neue Regime als Heilmittel für sämtliche Übel.

Die portugiesische Republik war teilweise durch die anhaltenden Drangsale des Hauses Bragança zustande gekommen. Die Ermordung von König Karl I. (Carlos I; 1889–1908) und seines Erben Ludwig Philipp (Luis Felipe) in einer Straße Lissabons am 1. Februar 1908 stürzte das Land in einen Bruderzwist. Weit entfernt, eine Welle der Sympathie für die Monarchie zu erzeugen, führte der erste Königsmord in der portugiesischen Geschichte zu einem vom Volk unterstützten Hilfsfonds für die Familien der Mörder. Karls Nachfolger Manuel II. (1908–1910) – in der Geschichte als »Manuel der Unglückliche« bekannt – regierte weniger als zwei Jahre.

Manuel II. dankte ab, als er einsehen mußte, daß eigentlich niemand mehr da war, der seinen Thron verteidigen würde. Im Oktober 1910 entfachte eine Meuterei der Marine rasch eine breitere Revolte. Im Norden marschierte die Bauernschaft – ohne deren Unterstützung in Portugal keine Revolution auf Erfolg hoffen konnte – in die ländlichen Städte, jedoch existierte keine klare Vorstellung von der »Republik«, für die sie kämpfte. In den Städten waren die Arbeiter unter den ersten, die in den Ruf nach einer Republik einstimmten. Obwohl eine Portugiesische Sozialistische Partei 1871 gegründet worden war und seit der Jahrhundertwende anarchistisch orientierte Arbeiterunruhen immer alltäglicher wurden, war die Klasse der Industriearbeiter fast verschwindend klein. Unter diesen Umständen wurde Republikanismus zu einem Allerweltsbegriff, der sich an unzufriedene Arbeiter wandte, aber ebenso an verarmte Bauern und nervöse Soldaten und außerdem an das Kleinbürgertum der Städte. Von allen Vorteilen der Machtausübung durch die regierende Oligarchie ausgeschlossen, waren diese kleinen Kaufleute und Akademiker das Rückgrat der republikanischen Bewegung und damit die neue politische Klasse.

Die portugiesische Republik sollte ein absoluter Bruch mit der Vergangenheit werden. Eine neue Flagge wurde eingeführt, und die Nationalhymne – die vorher die Tugenden der Verfassung von 1826 gepriesen hatte – wurde durch ein Lied voller Sehnsüchte nach der Gloriole der ruhmreichen Seefahrervergangenheit ersetzt: »Oh Helden der See, oh edle Menschen ... erneuert wieder den Glanz Portugals ... mag Europa der ganzen Welt verkünden: Portugal ist nicht tot.«

Mit diesem Traum von der Wiederauferstehung ging eine neue politische Ordnung einher, die den Grundstein für Modernität und Stärke legen sollte. Das alte Regime sollte ausradiert und durch eine parlamentarische Demokratie ersetzt werden. Zu diesem Zweck trennten die Republikaner Kirche und Staat und führten Religionsfreiheit ein. Einige Bischöfe wurden abgesetzt, andere verbannt, religiöse Unterweisung wurde aus den Lehrplänen der Schulen gestrichen, öffentliche Kultdarstellungen einschließlich dem Tragen geistlicher Kleidung wurden verboten und alle religiösen Gemeinschaften aufgelöst. Katholische Feiertage wurden durch nationale ersetzt, zivile Trauung und Scheidung wurden eingeführt und selbst die Friedhöfe säkularisiert. Eine neue soziale Ordnung wurde per Gesetz ins Leben gerufen, und eine von der Regierung veranlaßte Propaganda predigte Wissenschaftlichkeit und warnte vor den Gefahren des »Aberglaubens«. Weltlichkeit, Agnostizismus und sogar Atheismus wurden aktiv angeregt.

Die Maßnahmen der Regierung stießen auf erbitterten Pro-

Links: Als sich in Barcelona eine Industriearbeiterklasse bildete und die anarchistische Bewegung an Stärke gewann, wurden Arbeiterunruhen zunehmend zur Alltäglichkeit. Streiks und Proteste wurden stets brutal unterdrückt. Ramón Casas' Bild *Der Angriff* zeigt einen verhaßten Polizisten der Guardia Civil, der einen zu Boden gestürzten wehrlosen Arbeiter niederreitet. Andere Wachleute verfolgen mit gezogenem Säbel die Menge unbewaffneter, panisch fliehender Demonstranten. Casas malte dieses Bild 1899, aber später änderte er das Datum auf 1903 und den Titel in *Barcelona 1903* – ein politisches Manifest, das dem Generalstreik jenes Jahres galt.

test. Obwohl die neuen verfassungsmäßigen Anordnungen wenig praktische Auswirkungen auf die große Masse der portugiesischen Katholiken gehabt hätten, fühlte sich die fromme Bauernschaft des Nordens von der staatlichen Einmischung in traditionelle Verehrungspraktiken zutiefst gekränkt. Unter den neuen Gesetzen wurden Kirchenglocken abgedämpft, Prozessionen verboten, und für die Beerdigung der Toten mußten neue Rituale entwickelt werden. Die Republikaner erwiesen sich auch als unfähig, das Kirchenpersonal in der Erziehung und Sozialarbeit zu ersetzen; Menschen, die auf katholische Schulen oder religiöse Barmherzigkeit angewiesen waren, fanden oft keinen Ersatz vor.

Nach der anfänglichen Euphorie nährte die Republik Konflikt und Zwietracht, genauso wie es die Monarchie getan hatte. So konnte die Republik nur enttäuschen. Ihr revolutionäres Programm blieb weitgehend auf die Abschaffung der Monarchie und die Ausrottung des Katholizismus beschränkt; letzteres war alles andere als ein unstrittiger Erfolg. Das Fehlen jeglichen Sozialprogramms in Kombination mit weiterhin bestehenden wirtschaftlichen Problemen heizte die eskalierenden sozialen Unruhen nur weiter an. Als die Arbeiter- und die Gewerkschaftsbewegungen an Stärke gewannen, sah sich die Regierung in der Konfrontation mit den städtischen und ebenso mit den ländlichen Arbeitern des Nordens und Südens.

Die gravierendsten Konsequenzen hatte das Scheitern der Republik, als es nicht gelang, eine Demokratie in Portugal zu errichten. Den Frauen wurde nie das Stimmrecht gegeben, vermutlich wegen ihrer engeren Bindung an die Kirche, und das Wahlrecht blieb beschränkt. Das Versprechen, den Provinzen Macht zuzugestehen, verlief sich unter der zentralisierten und bürokratisierten Regierung im Nichts. Pressezensur war üblich, und in der beweglichen Politik, die den Regimewechsel gekennzeichnet hatte, blühten Personalismus und Gruppeninteressen wie nie zuvor. Die portugiesische Republik hatte in weniger als 16 Jahren 45 Regierungen. Ministerpräsidenten wurden nicht durch das Votum der Wähler ausgewechselt, sondern von der Armee, deren häufige Aufstände eine der wenigen Konstanten im politischen Leben nach 1910 waren.

Auf einen Schimmer internationaler Reputation bedacht und mit Rücksicht auf die alte Allianz mit England trat die portugiesische Regierung 1916 an der Seite der Alliierten in den Ersten Weltkrieg ein. Die Republik war jetzt weniger radikal und zeig-

Rechts: Als 1910 die portugiesische Republik ausgerufen worden war, hatte das Königshaus Bragança praktisch jegliche Unterstützung aus dem Volk verloren. Wie dieses republikanische Pamphlet zeigt, wurde die Königsdynastie – zumindest in einigen Zirkeln – als kunterbunte Ansammlung von Hahnreien, Vielfraßen, Snobs und Idioten betrachtet. Portugals letzter König Manuel II. (1903 – 1910) dankte ab, als klar war, daß ihn niemand mehr unterstützen würde. Er starb 1932 in Twickenham (London) im Exil und hinterließ keine Kinder.

Als sich zu den sozialen Unruhen militärische Verschwörung und eine innere politische Krise gesellten, flüchteten sich einige in Träume vom messianischen Retter. Solche Leute sahen in Sidónio Pais (1872 – 1918) den heroischen Sebastião der Nationallegende. Sidónios Staatsstreich im Dezember 1917 brachte Europas ersten modernen republikanischen Diktator hervor. Als höchst charismatische Gestalt erhielt Sidónio mit seinem politischen Präsidialstil wenig Unterstützung aus der Administration. Zum Zeitpunkt seiner Ermordung im Dezember 1918 befand sich die Neue Republik bereits in der Krise. Jedoch hinterließ Sidónio ein wichtiges Erbe, denn seine Herrschaft veranlaßte die Konservativen, den Monarchismus aufzugeben. Als sich die katholischen Parteien nach 1917/18 wieder sammelten, überließen sie das Haus Bragança seinem Schicksal und konzentrierten sich statt dessen darauf, die politische Macht für sich selbst zu gewinnen.

Chaos und die Avantgarde

Die portugiesische Republik endete wie Spaniens Restaurationsmonarchie im Aufruhr. In beiden Fällen wurden die Jahre der konstitutionellen Sterilität durch autoritäre Interventionen beendet. 1923 inszenierte General Miguel Primo de Rivera (1870 – 1930) in Spanien mit der Zustimmung von Alfons XIII. einen Militärputsch. Mit seiner Herrschaft als Diktator beendete er einen sechs Jahre währenden Bruderzwist, in dem der katalanische Nationalismus die dynamischste Kraft gewesen war. Drei Jahre später beseitigte die portugiesische Armee die Demokratie und installierte eine provisorische Regierung unter der Führung von General Oscar Carmona (1869 – 1951), der 1928 zum Präsidenten gewählt wurde. Sowohl in Spanien wie auch in Portugal bewirkten die Unterdrückung der Demokratie und die Herrschaft der Armee eine extreme politische Instabilität. Trotz dieser wenig ermutigenden politischen Umstände

te sich versöhnungsbereiter, besonders in den Beziehungen zwischen Kirche und Staat. Jedoch führte der Kriegseintritt zu wirtschaftlichen Härten, und die Rekrutierung von Truppen für den Kampf in Frankreich erwies sich als hoffnungslos unpopulär. Eine neue Periode sozialer Tumulte folgte; eine Woge von Streiks rollte 1917 durch das Land, und in Lissabon wurde offen gekämpft.

Rechts: Die demokratische portugiesische Republik sollte mit der korrupten monarchischen Vergangenheit vollkommen brechen. Das neue Regime machte sich sofort daran, eigene Mythen und Symbole zu bilden. Diese Montage einer Gedenkszenerie zeigt die allegorische Figur der Republik, die sich über den Staatsmännern und Politikern, die die neue Regierung bildeten, erhebt. Die umgebende Szene betont den Ursprung des Regimes aus dem Volk und gedenkt der Marinemeuterei, die die allgemeine Revolte auslöste. Die vom Klerus verkörperten Kräfte der Reaktion werden auf dem Bild von bewaffneten zivilen Verteidigern der Republik abgeführt.

Federico García Lorca

Federico García Lorca (1898–1936) ist Spaniens berühmtester Dichter des 20. Jahrhunderts. Er wurde in eine wohlhabende und herzliche Landbesitzerfamilie der südlichen Stadt Granada geboren, aber sein Genie und seine Homosexualität stellten ihn außerhalb der konventionellen bürgerlichen Gesellschaft. Lorca, damals ein junger Universitätsabsolvent in Madrid, lernte 1923 Salvador Dalí kennen, und es entwickelte sich eine leidenschaftliche Freundschaft. Die Beziehung war für Lorcas Leben von prägendem Einfluß, aber mit dem Surrealismus flirtete er höchstens: seinen frühen Erfolgen – ein Stück, *Mariana Pineda* (in Barcelona 1927 uraufgeführt), und eine Gedichtsammlung, *Zigeunerromanzen* (1928) –, die ihm plötzlichen Ruhm einbrachten, liegen mehr die Geschichten, die Sprache und Bilderwelt seiner Heimat Andalusien zugrunde als die schockierenden Inszenierungen des Surrealismus. Das Verbot seines nächsten Stückes *Don Perlimpín* fiel mit der Abreise Dalís nach Paris zusammen, und Lorca geriet in eine ernsthafte

Depression. 1929 verließ er Spanien in Richtung New York. Ein direktes Ergebnis seines Aufenthalts in den Vereinigten Staaten war der Gedichtband *Dichter in New York* (1929/30), der einen radikalen Neubeginn in seiner Dichtung darstellte. Aber ein Beobachter kommentierte, daß Lorca jetzt spanischer und andalusischer sei als je zuvor. 1930 kehrte er über Kuba nach Spanien zurück und begann, sich auf das Stückeschreiben zu konzentrieren. Das liberale Klima der Zweiten Republik war auch seiner Laufbahn förderlich. Er sympathisierte mit dem neuen Regime und produzierte seine großen Stücke in dem Zeitraum, in dem es an der Macht war. Sein Republikanismus führte direkt zu seinem Tod: Beim Ausbruch des Bürgerkriegs im Juli 1936 fiel Granada in die Hände der rebellierenden Generäle. Am 19. August 1936 wurde Lorca in Víznar, einem Dorf außerhalb Granadas, erschossen, seine Leiche wurde nie aufgefunden. Die Umstände seiner Ermordung blieben jahrzehntelang völlig unaufgeklärt.

Links: Lorcas dunkle Haare und sein Teint kennzeichneten ihn als echten Andalusier. Wie dieses Porträt von Federico Toledo vermuten läßt, experimentierte er mit seinem Erscheinungsbild, aber der makellos gekleidete Dichter wirkte im Gegensatz zu Salvador Dalí nie provozierend. Sein Bemühen um die Einhaltung der Konventionen erklärt vielleicht, warum er stets bemüht war, seine Homosexualität zu verbergen. Sie blieb sogar seiner katholischen Familie ein Geheimnis, der er sehr nahestand, und sie scheint eine ständige Quelle der Beängstigung für ihn gewesen zu sein, nicht zuletzt wegen der extremen Intoleranz der damaligen spanischen Gesellschaft. Homosexualität stieß selbst in liberalen intellektuellen Kreisen auf Ablehnung.

Oben: Alle bekannteren Dramen Lorcas entstanden in dem kurzen, aber aufregenden Zeitraum zwischen seiner Rückkehr nach Spanien im Jahr 1930 und seinem Tod 1936. Der deutsche Künstler Siegfried Baumann, der in Spanien zur Neugestaltung der Bühnenbildkunst beitrug, arbeitete mit Lorca an der Inszenierung der 1930 aufgeführten *Wundersamen Schustersfrau.*

Rechts: Das Plakat zur Uraufführung von *Yerma* (1934), eine von Lorcas drei elegischen und eindringlichen Tragödien mit andalusischer Thematik – die anderen beiden sind *Bluthochzeit* (1933) und *Das Haus der Bernarda Alba.* Sie sind nicht nur ihrer hochpoetischen Sprache wegen bemerkenswert, sondern beeindrucken auch durch ihre starken weiblichen Protagonisten.

Links: 1932 gründete Lorca ein Wandertheater, La Barraca, Teil einer Initiative, Kultur und Demokratie zu den Menschen zu bringen. Die Schauspieler waren alle Amateure, Studenten der Madrider Universität. Obwohl Lorcas eigene Stücke in dieser Zeit immer bekannter wurden, basierte das Repertoire der Gruppe auf den spanischen Klassikern. Das Emblem von La Barraca, eine Maske innerhalb eines Rades, war von Lorcas Freund Bejamín Palencia entworfen worden.

YERMA MARGARITA XIRGU F. GARCIA LORCA

brachten die ersten Jahrzehnte des 20. Jahrhunderts besonders in Spanien einige bemerkenswerte künstlerische Leistungen hervor. Am offensichtlichsten erforschten bildende Künstler neue Wege, die Welt darzustellen. Kunst wurde wieder zu einer elitären intellektuellen Beschäftigung mit einem internationalen Markt. In dieser Welt war Paris die Metropole, und nach 1900 lebten und arbeiteten alle großen modernen spanischen Künstler dort zumindest für eine Weile.

Einer von jenen, die für immer nach Paris gingen, war Pablo Picasso (1881–1973). Er stammte aus Málaga, studierte in Barcelona, wo er mit Ramón Casas und dem jungen Maler Isidre Nonell (1873–1911) zusammenkam, dessen herausragende Bilder von Zigeunern und verelendeten Menschen Picasso in seiner blauen und rosa Phase (etwa 1901–1905) beeinflußten. Nach seiner Übersiedlung nach Paris wurde Picasso zur treibenden Kraft in der neuen kubistischen Bewegung. Die Kubisten, zu denen Picassos Landsmann Juan Gris (1887–1927) und der Franzose Georges Braque (1882–1963) und andere weniger bedeutende Exponenten wie der Portugiese Amadeu de Sousa Carodos (1887–1918) gehörten, experimentierten mit Form und Perspektive, wobei sie vor allem mehrere Ansichten desselben Objekts gleichzeitig darzustellen versuchten. Die spanischen Bildhauer Pablo Gargallo (1881–1934) und Julio González (1876–1942) arbeiteten ebenfalls mit den Kubisten in Paris zusammen. Beide bevorzugten als Material Metall und bezogen sich auf sehr weit zurückreichende spanische Traditionen in der Arbeit mit Feinmetall und Eisendraht. Die kubistischen Darstellungen vereinigten nicht nur die Welten der Pariser Künstler und der iberischen Kunsthandwerker, sondern gaben auch der spanischen Bildhauerei eine neue Richtung.

Es war unvermeidlich, daß die kubistische Bewegung eine Gegenströmung hervorrief. Der katalanische Künstler Joan Miró (1893–1983) sagte, daß er immer »die Gitarre der Kubisten zertrümmern« wollte, obwohl auch er von den kubistischen Bildern Picassos beeinflußt war. 1924 setzte Miró seinen Namen unter das Manifest einer anderen selbstbewußt modernen Künstlergruppe – der Surrealisten. Von der Psychoanalyse stark beeinflußt, benutzten die Surrealisten scheinbar widersinnige Bilder und versuchten so, die Welt des Unterbewußten darzustellen. Im Gegensatz zu seinem katalanischen Landsmann, dem genialen Selbstdarsteller Salvador Dalí (1904–1989), oder dem Spanier Oscar Domínguez (1906–1958) blieb Miró ein Individualist, dessen Werk eine große Vielfalt an Stilen und Einflüssen aufweist. Außerhalb der Galerien hinterließ der Surrealismus im Film seine deutlichen Spuren. Dalí arbeitete beispielsweise mit dem spanischen Filmemacher Luis Buñuel (1900–1983) an den surrealistischen Filmen *Un chien andalou* (1929) und *L'Age d'Or* (1931) und später mit dem englischen Regisseur Alfred Hitchcock (1899–1980) an den Traumsequenzen in *Spellbound* (1945) zusammen.

Dalí und Buñuel waren auch mit dem Dichter Federico García Lorca befreundet, den sie in den frühen zwanziger Jahren kennenlernten, als alle drei in Madrid studierten. Lorca gehörte der »Generation von 27« an, einer bemerkenswerten Gruppe von Dichtern, darunter Rafael Alberti (geb. 1902), Vicente Aleixandre (1898–1984) und in den dreißiger Jahren Miguel Hernández (1910–1942), dessen Werk schon während der Diktatur von Primo de Rivera anerkannt wurde. Diese bemerkenswerte Blüte spanischer Dichtung hatte keine Parallele in anderen Zweigen der Literatur. Viele der »Generation von 27« waren Andalusier und teilten miteinander das Gespür für die spanische Geschichte, das sich in der Wiederentdeckung von Luis de Góngora (1561–1627), dem Dichter des Goldenen Zeitalters, ausdrückte. Diese andalusischen Wurzeln zusammen mit einem Bewußtsein für die Vergangenheit besaß auch Manuel de Falla (1876–1946), der größte Komponist der Halbinsel im 20. Jahrhundert.

De Falla, ein enger Freund García Lorcas, war Schüler des

katalanischen Musikologen Felipe Pedrell (1841–1922). Pedrell, der Begründer der modernen spanischen Musik, regte die Kenntnis und das Verständnis traditioneller Musik an. Er war der Überzeugung, daß jede echte nationale Musik einheimische Wurzeln haben müsse. Die ersten beiden bedeutenden Exponenten dieser neuen Musik waren, ironischerweise vielleicht, beide Katalanen. Isaac Albéniz (1860–1909) – ebenfalls Schüler von Pedrell – und Enrique Granados (1867–1916) dominierten um die Jahrhundertwende die Musik auf der Halbinsel. Beide nahmen stilisierte Volkslieder und populäre Tanzrhythmen in ihre Werke auf und werden heute am meisten wegen ihrer Klavierwerke geschätzt, in denen lokale Tönungen feinsinnig verarbeitet sind.

Die Einbindung traditioneller Musik in moderne Kompositionen führten unter anderen Joaquín Turina (1882–1949) und aus der jüngeren Generation de Fallas Schüler Ernesto und Rodolfo Halffter (1905–1989 und 1900–1987) weiter. Keiner aber erreichte die Leistungen de Fallas selbst, der außerhalb Spaniens mehr Ansehen erlangte als jeder andere iberische Komponist. Seine beliebtesten Stücke sind das andalusische Ballett *El sombrero de tres picos* (»Der Dreispitz«) und besonders *El amor brujo* (»Der Liebeszauber«), in dem die Flamenco-Kunst zur Steigerung der Dramatik eingesetzt wird – jene Volkskunst, die de Falla wiederzubeleben versuchte. In Granada beheimatet, verband de Falla eine starke Zuneigung zu seiner Heimatregion mit einem tiefen und asketischen Katholizismus. Seine letzten Jahre verbrachte er mit der Komposition einer Oper, *Atlántida*, die er nach seinem Tod im argentinischen Exil unvollendet hinterließ.

Zweifellos sind die künstlerischen Leistungen im frühen 20. Jahrhundert auf der Halbinsel vorwiegend der spanischen Kultur zuzurechnen. Jedoch war vielleicht die herausragende literarische Figur der Epoche der portugiesische Dichter Fernando Pessoa (1888–1935). Zwar in Lissabon geboren, war er in Durban (Südafrika) erzogen worden und schrieb seine ersten Gedichte in englischer Sprache. Sein Beitrag zur portugiesi-

schen Literatur war ungewöhnlich, nicht zuletzt, weil seine Literatur nicht das Produkt eines einzigen Menschen war, sondern von vier Autoren stammte. Seine metaphysischen Gedichte schrieb Pessoa unter seinem eigenen Namen, für die anderen Werke erfand er drei »Heteronyme«: Albert Caeiro, Alvaro de Campos und Ricardo Reis, jeder von ihnen schrieb in einem anderen Stil. Caeiro war ein logischer Positivist, für den Erscheinung die einzige Realität war, Campos war ein futuristischer Verfasser von enthusiastischen Versen, während Reis ein klassischer Humanist war.

Pessoa bestritt hartnäckig, daß diese Heteronyme reine Pseudonyme gewesen wären, und behauptete, daß es sich um Darstellungen der multiplen Persönlichkeiten handle, wie sie in jedem menschlichen Wesen vorzufinden seien. Sie waren so wirklich, daß jede von ihnen eine eigene Biographie, Erscheinung und intellektuelle Persönlichkeit besaß. Ricardo Reis war angeblich 1897 in Porto geboren, von Jesuiten erzogen und wurde später nach seinem Medizinstudium praktischer Arzt. In seiner Freizeit schrieb der Freidenker und Fatalist Gedichte, und als Monarchist ging er lieber ins Exil, als sich der Republik unterzuordnen. Zwar fand er zu Lebzeiten wenig Anerkennung, doch seit seinem Tod wird Pessoa als der größte portugiesische Dichter seit Camões gepriesen. Sein Einfluß auf jüngere Schriftsteller war nachhaltig, und seine außergewöhnliche literarische Persönlichkeit wurde sogar zur Hauptfigur eines portugiesischen zeitgenössischen Romans, nämlich José Saramagos *Das Todesjahr des Ricardo Reis* (1984).

Die Zweite spanische Republik

Gegen 1929 war die anfängliche Begeisterung für General Primo de Riveras Diktatur nahezu spurlos verschwunden. Obwohl der General nie all die Gruppen, die ihn zum Zeitpunkt seines Putsches unterstützten, hätte zufriedenstellen können, hatte er sich am Ende doch von allen entfremdet. Selbst die Armee – schockiert von Primos Versuch, mit harter Hand längst notwendige Reformen einzuführen – hatte ihre Unterstützung zurückgezogen.

Am Ende des Jahrzehnts schien nur noch Alfons XIII. unpopulärer zu sein als Primo. Der Monarch handelte ungesetzlich, als er Primo zum Regierungschef bestimmte, und wurde weitgehend für die Konsequenzen verantwortlich gemacht. Gerade als das Land begann, die Auswirkungen der Weltwirtschaftskrise der dreißiger Jahre zu spüren, gewann die historisch zersplitterte republikanische Bewegung neue Kraft und war auf dem Weg, sich zu einigen. Schließlich beschlossen sie die Zusammenarbeit mit den Sozialisten, um eine demokratische Republik in Spanien zustande zu bringen. Im April 1931 wurden als Vorläufer zu einem konstitutionellen Regime Gemeindewahlen abgehalten. Ihr Ausgang brachte einen triumphalen Sieg für die Republikaner, die 45 von 52 Provinzhauptstädten gewannen. Die monarchistische Rechte zerfiel, und selbst der König gestand die Niederlage ein. Obwohl er formal nie abdankte, verließ Alfons Spanien am 13. April 1931. Die Zweite Republik wurde ins Leben gerufen, ohne daß ein Schuß abgefeuert wurde.

Wie die portugiesische Republik war auch die neue spanische Republik von einer Flutwelle des Optimismus an die Macht getragen worden. Sie war die erste Republik auf der Halbinsel, die mit dem Stimmzettel ans Ruder kam, und wie ihr portugiesisches Gegenstück verkörperte sie einen revolutionären Bruch mit der Vergangenheit. Die äußeren Symbole des alten Regimes wurden von der neuen Regierung entfernt – die traditionelle rot-goldene spanische Flagge ersetzte man durch eine rot-gold-lilafarbene *Tricoleur* – und von den Massen angegriffen. Nach weniger als einem Monat seit der Einführung der Republik brannten die Kirchen in den Städten quer durch das Land.

Die provisorische Regierung hatte gute Gründe, die Symbole des republikanischen Triumphes herauszustellen, denn der Wunsch nach einem demokratischen Regime war eigentlich das einzige gemeinsame Ziel ihrer Anhänger. Als die Parlamentswahlen im Juli abgehalten wurden, bekam die republikanisch-sozialistische Koalition sämtliche Karten in die Hand. Erst nachdem die Koalition fest im Sattel saß, wurde klar, daß es wenig Einhelligkeit über die Form der neuen Republik gab.

Schließlich definierte die Verfassung von 1931 das neue Regime als »eine Republik von Arbeitern aller Klassen« – eine Formel, die den Kompromiß zum Ausdruck bringt zwischen dem liberal-republikanischen Wunsch nach einer im europäischen Verständnis parlamentarischen Demokratie mit Garantie des Privateigentums und den sozialistischen Bestrebungen nach einem radikaleren System, das Kollektivierungen zuläßt. Eben dieses Spannungsverhältnis beeinträchtigte jeden Artikel der Verfassung. Eigentlich wollte die gesamte Linke eine säkulare Republik – die Vorstellung war für ihre rechten Gegenspieler ein Fluch Gottes –, ein Teil wollte dagegen ein antiklerikales System, ein anderer lediglich die Trennung von Kirche und Staat. Am Ende glichen die erlassenen Maßnahmen denen der portugiesischen Republik: Trennung von Kirche und Staat, Einführung von Zivilehe und Scheidung, Ausschluß von religiösem Personal aus den Bildungseinrichtungen und Verbot aller öffentlichen religiösen Kulthandlungen. Wie in Portugal hatte dies alles den Effekt, das die Gläubigen sich der Republik entfremdeten und den Rechten ein Reizthema geliefert wurde, um das sie sich sammeln konnten. Von nun an erhielt der Kampf gegen die Republik die Weihen eines Glaubenskampfes für die Sache Christi, zumindest in den Augen jener, die die Rechte zum Sieg führen wollten.

Zwar war man bereits in Portugal Zeuge eines Angriffs gegen die katholische Kirche geworden, in anderen Bereichen aber entwickelten sich die beiden Regimes unterschiedlich. In Spa-

nien hatte der regionale Separatismus zum Beispiel eine feste Tradition; dem mußte sich die neue Regierung stellen. Wieder wurde ein Kompromiß erzielt, den nur wenige als völlig zufriedenstellend empfanden. Die Verfassung von 1931 sah vor, bestimmte Rechte an die Regionen zu übertragen, das hieß aber nicht: Separatismus. Das Statut für Katalonien von 1932 verlieh der Region einen gewissen Grad an Autonomie, einschließlich eines eigenen Parlaments, aber keine souveräne Macht. Die begrenzte Selbstverwaltung provozierte die wachsende Unruhe der katalanischen Nationalisten, während die Armee gleichzeitig über jedes Anzeichen eines Angriffs auf die territoriale Integrität des spanischen Staates entsetzt war.

Die Agrarfrage

Die erbittertsten Schlachten wurden über die Frage des Eigentums ausgefochten. Die mächtige Präsenz der Sozialistischen Parteien in der Regierung und die sichtliche Stärke der außerparlamentarischen anarchistischen Bewegung deuteten bereits an, daß die Republik nicht einfach das uneingeschränkte Recht auf Privateigentum bestätigen würde. Die Agrarfrage war tatsächlich so akut, und die Ungleichheiten in der Verteilung des Grundbesitzes waren so groß, daß nur wenige in der Regierung, selbst in den bürgerlich-liberalen Parteien, bereit waren, die Angelegenheit unberührt zu lassen.

Die Agrarreform ist der Problembereich, der von Historikern am häufigsten als eigentlicher Grund für die extreme politische Polarisierung ausgemacht wird, die zum Ausbruch des Bürgerkriegs führte. Die parlamentarischen Debatten zur Agrarfrage waren besonders erbittert, nicht zuletzt wegen der unversöhnlichen Opposition der Rechten, die sich im großen und ganzen weigerten, überhaupt eine Reform der Bodengesetze zu erwägen. Sogar als einer der Minister der Rechten selbst 1934/35 Vorschläge zu einer Agrarreform einbrachte, wurden sie von der eigenen Seite abgelehnt. Für die Republikaner war das Problem nicht weniger einfach. Das Agrargesetz vom September 1932 gestattete eine Enteignung von ländlichen Gütern ohne Entschädigung – ein Vorschlag, der bereits zum Rücktritt einiger Mitglieder des betreffenden Ausschusses führte und gegen die Vorstellungen der meisten liberalen Republikaner gerichtet war –, konnte aber nicht die steigende Spirale von Unruhe und Gewalt unter den Landarbeitern verhindern.

Die Unruhe auf dem Land war zum Teil das Ergebnis von sich verschlimmernden wirtschaftlichen Bedingungen, besonders unter dem Druck der Weltwirtschaftskrise, auf die die Regierung wenig Einfluß hatte. Einige Grundbesitzer jedoch reagierten auf die neuen Gesetze mit Aussperrungen oder ließen ihren Boden sogar brachliegen. Genausowenig stellte die Agrarreform der Republik die Bedürfnisse und Erwartungen der landwirtschaftlichen Arbeiter zufrieden. Das Gesetz tat nichts für die kastilischen Kleinbauern, es war einzig im Blick auf die landlosen Arbeiter in den südlichen *latifundia*-Gütern beschlossen worden. Selbst im Süden konnte die Agrarreform den revolutionären Furor auf dem Land nicht mäßigen und noch viel weniger die Feindseligkeit der konservativen Landbesitzer beschwichtigen. In den Worten des UGT-Führers Francisco Largo Caballero (1869–1946) waren die Maßnahmen »Aspirin, um eine Blinddarmentzündung zu kurieren«.

Das Abgleiten in den Bürgerkrieg

Das Scheitern der republikanisch-sozialistischen Regierung, die es nicht vermochte, den enormen Erwartungen gerecht zu werden, bewirkte unvermeidlich einen Rückschlag. Als im November 1933 die nächste Runde der Parlamentswahlen abgehalten wurde, halbierte sich die Zahl der sozialistischen Abgeordneten; die Gruppe der Republikaner verschwand fast völlig. Die Macht ging auf eine Regierung aus einer Mitte-Rechts-Koalition über, die entschlossen war, die Rechtsverletzungen, die sie in der Verfassung von 1931 konstatiert hatte, wieder wettzuma-

Unten: Zwar fand er zu seinen Lebzeiten wenig Anerkennung, doch gilt der portugiesische Dichter Fernando Pessoa (1888–1935) heute als eine der herausragendsten literarischen Gestalten des 20. Jahrhunderts. Der Großteil seines Werks wurde erst nach seinem Tod veröffentlicht, und seine rätselhafte Persönlichkeit hat viel Aufmerksamkeit erregt. Zwischen 1913 und 1915 schuf sich Pessoa drei »Heteronyme« oder *Alter egos*, die unter ihrem eigenen Namen Gedichte schrieben. Dieses Gemälde aus dem Jahr 1978 von Costa Pinheiro stellt die Heteronyme als Pessoas Schatten dar. Tatsächlich hatte jedes einzelne eine eigene physische Erscheinung, einen eigenen Namen, eine eigene Lebensgeschichte und einen eigenen Prosastil. Alberto Caeiro zum Beispiel, das erste Heteronym, war blond und glattrasiert; er besaß blaue Augen, war nicht sehr gebildet und schrieb schlechtes Portugiesisch.

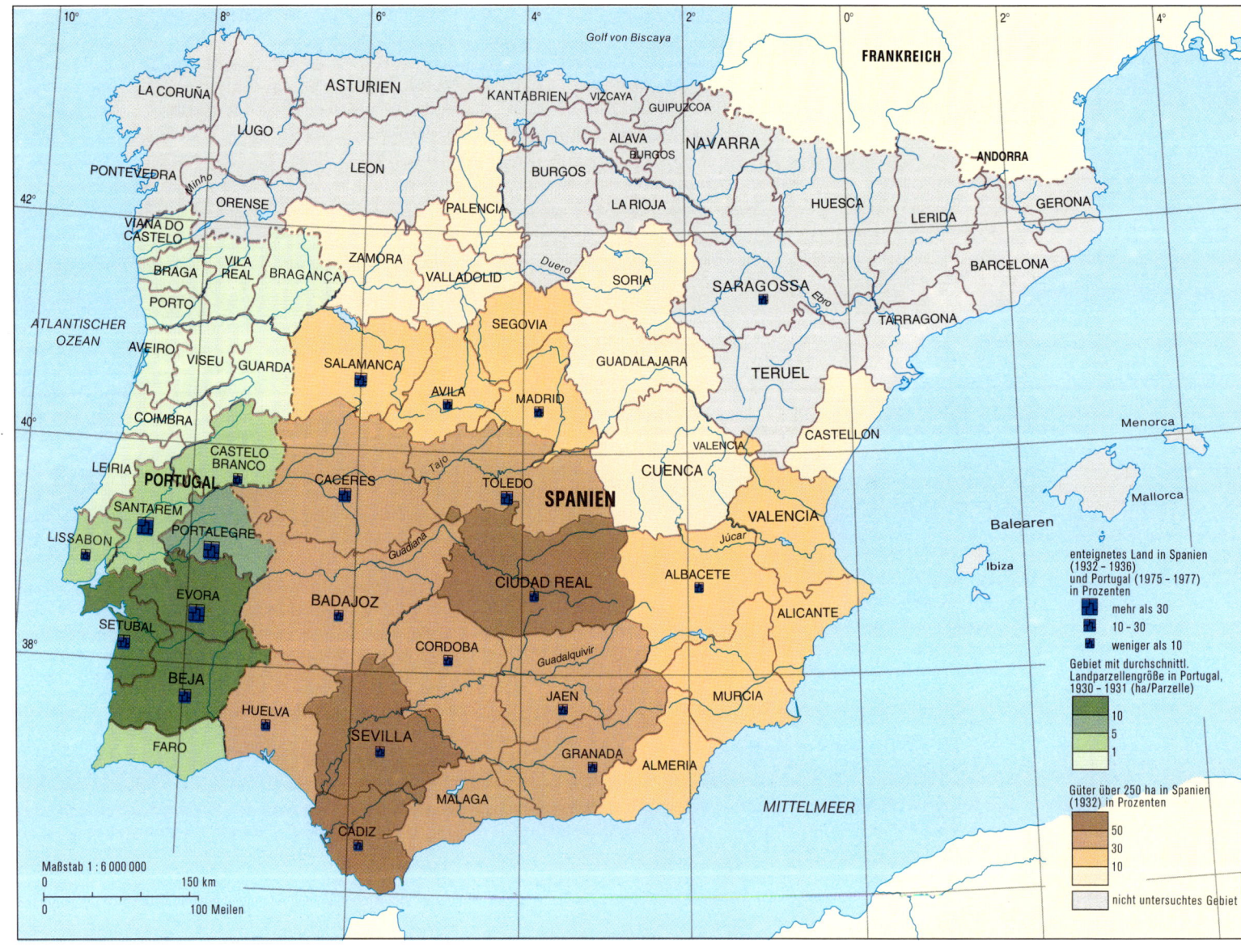

FRANKREICH

Golf von Biscaya

ANDORRA

ATLANTISCHER OZEAN

PORTUGAL

SPANIEN

MITTELMEER

Menorca

Mallorca

Balearen

Ibiza

enteignetes Land in Spanien (1932–1936) und Portugal (1975–1977) in Prozenten

mehr als 30

10–30

weniger als 10

Gebiet mit durchschnittl. Landparzellengröße in Portugal, 1930–1931 (ha/Parzelle)

10

5

1

Güter über 250 ha in Spanien (1932) in Prozenten

50

30

10

nicht untersuchtes Gebiet

Maßstab 1 : 6 000 000

0   150 km

0   100 Meilen

chen. Die Gesetzgebung zu Fragen der Religion wurde eingestellt, die Maßnahmen zur regionalen Autonomie wurden verleugnet, und die Arbeitsgesetze wurden ignoriert, als Unternehmer und Großgrundbesitzer den Wahlsieg dazu benutzten, Löhne zu kürzen, Pächter gewaltsam zu vertreiben und Pachterhöhungen zu erzwingen.

Die Wirkung solcher Maßnahmen auf Arbeiter und Bauern, die von den augenscheinlich unangemessenen republikanischen Reformen bereits in die Gewalt getrieben wurden, war der unvermeidliche offene Konflikt, vor allem nachdem die jetzt parlamentarisch machtlose Linke begann, in revolutionären Taktiken Zuflucht zu suchen. Die sozialistische Führung hatte immer mehr Schwierigkeiten, ihre Anhänger zurückzuhalten, vor allem in der Jugendorganisation, während die »Bolschewisierung« von Largo Caballero, der eine Schwäche für revolutionäre Rhetorik entwickelt hatte, angeheizt wurde.

Im Laufe des Jahres 1934 wurde klar, daß Gewalt nicht mehr nur eine Option der Linken war. Eine kleine faschistische Partei, die sogenannte Falange (oder »Phalanx«), wurde im selben Jahr von José Antonio Primo de Rivera (1903–1936), dem Sohn des letzten Diktators, gegründet. Ihre Mitglieder prügelten sich oft mit linken Jugendlichen. Die karlistische Bewegung, die seit der Errichtung einer säkularisierten Republik Morgenluft witterte, bildete in den Bergen von Navarra Milizen aus, um auf einen zukünftigen gewaltsamen Umsturz der Republik vorbereitet zu sein. Selbst die größte rechtsorientierte Partei im Parlament, die katholische Confederación Española de Derechas

Autonomas (CEDA: Spanische Konföderation der autonomen Rechtsparteien), verfügte über eine faschistoide Jugendbewegung, deren Mitglieder sich mit Anhängern der Linken Straßenschlachten lieferten.

Die Dinge spitzten sich schließlich im Herbst 1934 zu, als die UGT zu einem Generalstreik aufrief, der in Katalonien in einen mißlungenen separatistischen Aufstand ausartete und in den nördlichen Minenregionen Asturiens zu einer bewaffneten Erhebung führte. Die Minenarbeiter behaupteten sich mehrere Tage lang gegen die Armee, indem sie das Dynamit aus den Minen als Hauptwaffe einsetzten. Ihrer Niederlage folgte die blutige Unterdrückung, als spanische Truppen die Region besetzten, als handle es sich um feindliches Territorium. In der folgenden Vergeltungskampagne wurde die sozialistische Führung – nicht nur in Asturien – zusammengetrieben und ausgehoben, politische Gefangene wurden ohne Prozeß festgehalten, alle sozialistischen Parteilokale geschlossen und das Statut für Katalonien aufgehoben.

Diese Maßnahmen bewirkten allerdings eine Stärkung des Solidaritätsgefühls unter allen Gruppierungen der Linken, wie man es seit dem Frühjahr 1931 nicht mehr gekannt hatte. Der zukünftige Präsident der Republik, Manuel Azaña (1880–1940), führte neben dem sozialistischen Führer Indelacio Prieto (1883–1962) den Wahlkampf für eine erneute republikanisch-sozialistische Koalition. Diese nahm als Spanische Volksfront in den Jahren 1935 und 1936 Gestalt an. Überall in Europa war die Volksfront eine kommunistisch inspirierte

Grundbesitz und Landwirtschaft
Spanien und Portugal brachten ihre ungerechte Landverteilung in unreformierter Form mit ins 20. Jahrhundert. Der Süden der Halbinsel war von weitläufigen *latifundia*-Gütern von mindestens 250 Hektar dominiert, meist im Besitz von abwesenden Gutsherren und von Gutsverwaltern geführt. Arbeiter wurden nur gelegentlich angeheuert und erhielten oft nur Hungerlöhne: mehrere Monate im Jahr war praktisch keine Beschäftigung zu bekommen. Im Norden dagegen mühten sich Kleinbauern ab, ihren kleinen Parzellen den Lebensunterhalt abzutrotzen. Als sich Spaniens republikanische Regierung in den dreißiger Jahren anschickte, das Agrarproblem durch die Enteignung der großen Güter und die Umverteilung des Landes zu lösen, blieb die Armut der nördlichen Kleinbauern weitgehend unbeachtet. Die portugiesische Revolution von 1974 erzeugte ein ähnlichen Druck zur Umverteilung des Landes im Süden, obwohl wiederum die Probleme des Nordens weitgehend ungelöst blieben. Als 1975 Spanien wieder demokratisch wurde, hatte sich die Gesamtsituation grundlegend verändert. Spaniens Wirtschaft war inzwischen nicht mehr agrarisch geprägt, und viele landwirtschaftliche Regionen waren jetzt prosperierende Gewerbezentren mit Agro-Business anstelle der Subsistenzlandwirtschaft der Vergangenheit.

Initiative, in Spanien dagegen war die Kommunistische Partei so winzig, daß sie in der Koalition nur eine marginale Rolle spielte.

Als die Wahlen für Februar 1936 ausgerufen wurden, präsentierte sich die Volksfront absichtlich als die politische Plattform der gemäßigten Kräfte und rief in erster Linie zur Restitution der republikanischen Verfassung auf. Die Rechten jedoch stellten die Wahlen als einen Kampf zwischen Christentum und Kommunismus dar und behaupteten, sie würden die Konfrontation zwischen Spanien und »Anti-Spanien« entscheiden. Nicht zuletzt, weil die Abstimmung in einer so apokalyptischen Perspektive gesehen wurde, war die Rechte überaus siegesgewiß. Doch die Volksfront gewann, wenn auch knapp. Für die parlamentarische Rechte war das Ergebnis katastrophal. Sie war darin gescheitert, die Kontrolle über die Republik mit legalen Mitteln zu erlangen, und im Sog des Siegs der Volksfront fiel die CEDA auseinander. Ihr Parteivermögen wurde Verschwörern in der Armee zur Verfügung gestellt, und die Jugendbewegung lief en masse zur Falange über. Der Triumph der Volksfront machte einen gewaltsamen Aufstand gegen die Republik unausweichlich.

Spanien spaltet sich

Am 18. Juli 1936 erhob sich eine Gruppe von Generälen gegen die Republik. Eigentlich die ganze Armee und die überwältigende Mehrheit der Guardia Civil folgten ihrem Aufruf zu den Waffen. Gebiete wie Navarra und Altkastilien erhoben sich ebenso zur Revolte, aber die Rebellion scheiterte in Madrid, Katalonien und dem Baskenland. Obwohl die Rebellen rund ein Drittel des nationalen Territoriums kontrollierten, hatten sie den erwarteten überwältigenden Erfolg nicht erreicht. Weit von einem raschen Staatsstreich entfernt, mußten sich die nationalistischen Aufständischen auf einen Eroberungskrieg einlassen. Sowohl die Marine als auch die Luftwaffe hielten der Republik die Treue. Einer der wichtigsten Truppenteile der Aufständischen – die spanische Fremdenlegion in Afrika – wurde unter dem Kommando von General Francisco Franco (1892–1975) von Spanisch-Marokko aus an Land gebracht. Das Problem konnte nur mit ausländischer Hilfe bewältigt werden. Nach hastigen Annäherungen an Europas faschistische Diktatoren, Adolf Hitler und Benito Mussolini, brachten italienische Flugzeuge die Afrika-Armee über die Straße von Gibraltar und machten damit aus einem wackligen Putsch einen lang andauernden und brutalen Bürgerkrieg.

Sowie Francos Truppen auf dem Festland waren, marschierten sie nach Norden und überließen die Eroberung Andalusiens General Queipo de Llano (1875–1951), der in den ersten Stunden der Erhebung Sevilla eingenommen hatte. Gleichzeitig befanden sich die Streitkräfte des Generals Emilio Mola (1887–1937) von Navarra aus auf dem Marsch nach Süden. Die beiden Kolonnen trafen sich am 10. August 1936 in Mérida (Estremadura), und ihre vereinten Streitkräfte nahmen dann Badajoz ein. Die grausame Repression, die dem Fall der Stadt folgte, bezeugte der amerikanische Journalist Jay Allen, der

Unten: Nach dem Ausbruch des Bürgerkriegs strömten Reporter und Fotojournalisten scharenweise nach Spanien, um über den ersten »Medienkrieg« der Welt zu berichten. Für die Republik jedoch waren jene Ausländer am wichtigsten, die bereit waren, mitzukämpfen. Die Internationalen Brigaden erreichten Madrid im Oktober 1936 und stärkten Moral und Kampfgeist. Dieses Bild des Amerikaners ungarischer Abstammung Robert Capa (1913–1954) und seiner deutschen Begleiterin Gerda Tarro (1911–1937) zeigt Brigadesoldaten, die ihre Stellung hinter einer behelfsmäßigen Barrikade verteidigen. Capa machte sich mit seinen ungewöhnlichen Fotos vom Spanischen Bürgerkrieg einen Namen als Kriegsfotograf. Er unterstützte die republikanische Sache, und in seinen Fotos sind die Kriegsanstrengungen etwas heroisch dargestellt, aber er versuchte nicht, die allgegenwärtige Präsenz des Todes zu verschleiern. Diese Düsterkeit in Capas Werk verstärkte sich, nachdem Gerda Tarro im Juli 1937 an der Brunete-Front umkam – die erste Fotoreporterin, die im Krieg starb.

Kollektivierung nach Provinzen,
1936 – 1939

170
100
40
5

Anteil der Kollektivierung
durchgeführt von

Anarchisten (CNT)

Sozialisten (UGT)

Anarchistische Sozialisten
(CNT-UGT)

andere

Luftangriffen
ausgesetzte Städte

Gewinne der Faschisten im

Juli 1936

März 1937

Juli 1938

April 1939

Maßstab 1 : 6 000 000

0   150 km

0   100 Meilen

über die Abscheulichkeit in der *Chicago Tribune* berichtete. Trotz gegenteiliger öffentlicher Darstellung konnte der unerbittliche Vormarsch der Rebellenarmee in Richtung Madrid nicht gestoppt werden. Ab Oktober war Madrid unter Belagerung.

Bedroht von einer disziplinierten regulären Armee, schienen die republikanischen Milizen, die die Hauptstadt verteidigten, wenig Aussichten auf Erfolg zu haben. Die Aufständischen wurden von italienischem Nachschub und deutschen Experten unterstützt – vor allem aus der Luft –, während sich die republikanischen Versuche, internationale Hilfe zu organisieren, als aussichtslos erwiesen. Besonders die britische Regierung war entschlossen, jede Eskalation des spanischen Konflikts, die in einen europäischen Krieg hätte münden können, zu vermeiden. Auf britische Veranlassung wurde von der französischen Volksfront-Regierung eine Politik der Nichteinmischung vorgeschlagen und von 27 Ländern formal anerkannt. Der Nichtinterventionsbeschluß behandelte beide Seiten als gleichermaßen verwerflich, obwohl es sich bei einer von ihnen um eine legale Regierung handelte und bei der anderen um Rebellen. Trotz

ihrer Rhetorik der Neutralität standen sowohl Deutschland als auch Italien – beide unterzeichneten das Nichtinterventionsabkommen – Franco offen bei. Die legitime republikanische Regierung besaß nach internationalem Gesetz das Recht, Waffen zu kaufen, aber die Verweigerung von Lieferungen bedeutete eine Hilfe für die Rebellen.

Mit dem bevorstehenden Fall von Madrid konfrontiert, scharte sich die Linke um die spanische Sache. Internationale Freiwillige machten sich auf den Weg über die Pyrenäen, um die belagerte Republik zu verteidigen. Die ersten Kontingente der Internationalen Brigaden erreichten am 8. November 1936 Madrid, nur drei Wochen nachdem die ersten Waffensendungen aus der Sowjetunion eingetroffen waren. Die sowjetische Hilfe, wie Hitlers Hilfe an die Rebellen zu Beginn, veränderte sowohl den Verlauf als auch das Wesen des Spanischen Bürgerkrieges. Die Lieferungen retteten Madrid, aber die Sowjets forderten Mitsprache mit dem Ziel, die Kommunistische Partei nach oben zu bringen; bei der Verteidigung Madrids übernahm sie eine zunehmend herausragende Rolle.

Der Spanische Bürgerkrieg
Die Rebellion der Generäle vom 18. Juli 1936 gewann die Unterstützung des größten Teils der Armee und der Bevölkerung von Navarra und Altkastilien. Truppen wurden über eine Luftbrücke aus deutschen und italienischen Flugzeugen über die Straße von Gibraltar herangeführt, um die Eroberung vom Süden aus zu beginnen. In den nächsten drei Jahren gewannen die Nationalisten allmählich an Boden. Es war der erste Krieg mit anhaltenden Luftbombardements gegen die Zivilbevölkerung.
In der republikanischen Zone wurde durch den Bürgerkrieg das revolutionäre Fieber entfacht, das zur Bildung von landwirtschaftlichen Kollektiven führte und in Katalonien zur Verstaatlichung von Industrie und Dienstleistung.
Ab November 1936 geriet die Regierung zunehmend in Abhängigkeit von sowjetischer Hilfe. Die Anarchisten verloren ihre Macht an die Kommunisten, die den utopischen Zielen vom Beginn der Revolution ein Ende setzten.

Rechts: Capas Foto einer Frau, die 1936 aus Spanien flüchtet, symbolisiert die vom Krieg verursachten individuellen Leiden der Menschen. Jetzt, nachdem ihre Pferde tot sind, kann sie nur noch retten, was sie auf ihren Schultern tragen kann.

Die spanische Revolution

Der Ausbruch des Bürgerkriegs entfachte in vielen republikanischen Gebieten eine weitverbreitete soziale Revolution. In Barcelona wurde das Regionalparlament von der anarcho-syndikalistischen Gewerkschaft, der CNT, übernommen. Es fanden massenweise Kollektivierungen statt – sogar die Schuhputzer wurden kollektiviert und ihre Stände mit den anarchistischen Farben Rot und Schwarz bemalt. Trinkgelder waren verboten, Frauen trugen keine Hüte mehr, und die übliche Form, sich anzusprechen, war »Kamerad«. In den Worten des englischen Schriftstellers George Orwell (1903–1950) war Barcelona »eine Stadt, in der die Arbeiterklasse im Sattel saß«.

In anderen Teilen der republikanischen Zone jedoch hatte die Revolution keinen solchen Vorrang. In Madrid herrschte eine düstere Kriegsstimmung, Valencia erlebte keinen größeren Aufruhr, und in Bilbao ging das Leben weiter wie immer. Die frommen Basken ließen ihre Kirchen geöffnet, im deutlichen Gegensatz zur katalanischen Hauptstadt, wo Kirchen und Klöster verbrannt und geplündert wurden.

Wo sie stattfand, war die spanische Revolution gewaltsam. Im Gefolge einer Rebellion wurden Gesetz und Ordnung nahezu völlig beseitigt und Gerichte durch revolutionäre Tribunale ersetzt. Obwohl die Regierung Schritte einleitete, irreguläre Hinrichtungen zu stoppen, hatten ihre Maßnahmen in den ersten Wochen wenig Erfolg. Verdächtige faschistische Sympathisanten wurden allesamt erschossen, Hunderte von Kirchen verbrannt – oft auf eine distanzierte und emotionslose Art und Weise –, und in Barcelona wurden die Körper von Nonnen ausgegraben und zur öffentlichen Belustigung ausgestellt. Der wütende Antiklerikalismus wurde zu einem Kampf auf Leben und Tod: in den ersten Monaten des Krieges verloren 12 Bischöfe, 4184 Priester, 2365 Mönche und 283 Nonnen in den republikanischen Zonen ihr Leben, die meisten von anonymen bewaffneten Erschießungskommandos ermordet.

Wenn es einen Unterschied in den in beiden Zonen begangenen Abscheulichkeiten gibt, dann den, daß die Tötungen der Republikaner weitgehend – aber nicht immer – das Werk von unkontrollierbaren Elementen in einer Zeit der Unordnung waren, während die Untaten der Nationalisten von den Autoritäten angeordnet waren. Nichtsdestoweniger wurde die spanische Revolution auf lokaler Ebene größtenteils mit Gewalt durchgesetzt. Die landwirtschaftlichen Kollektive von Aragón zum Beispiel waren keineswegs spontane Gründungen der Landarbeiter, sondern von anarchistischen Organisationen eingerichtet worden. Selbst wenn die Kollektive installiert waren, mußten die Revolutionäre gegen die Beschränkungen des Krieges ankämpfen. Die zwingende Notwendigkeit zur Einheit auf republikanischer Seite führte sogar dazu, daß die Anarchisten im November 1936 dreimal der Regierung beitraten.

Die Ernennung eines anarchistischen Ministers – die zur Spaltung der anarchistischen Bewegung führte – wurde zum Auslöser für einen ernsthaften Machtkampf mit den Kommunisten. Der Konflikt betraf im wesentlichen die Frage, ob man vorrangig den Krieg gewinnen oder die Revolution zu Ende führen müsse – oder ob tatsächlich die Schaffung einer neuen sozialen Ordnung der einzige Weg zum Sieg sei. Die Anarchisten, einige linke Sozialisten und die abweichende Partido Obrero de Unificación Marxista (POUM; Arbeiterpartei der Marxistischen Einheit) waren für die Weiterführung der Revolution und verwiesen darauf, daß gerade die anfängliche spontane Begeisterung der Massen der Republik die Stärke zum Widerstand gegen den Putsch verliehen hatte. Im Gegensatz dazu bestanden die Kommunisten, unterstützt von gemäßigten Sozialisten und Republikanern, auf »Disziplin, Hierarchie und Organisation«. Der Forderung, die Volksmilizen durch eine disziplinierte Armee zu ersetzen, wurde schließlich nachgegeben, als die von Milizen verteidigte Stadt Málaga im Süden des Landes am 3. Februar 1936 innerhalb von Stunden in die Hände der Aufständischen fiel. Allerdings gibt es kaum Gründe für die Annahme, daß revolutionäre Begeisterung den Sieg über Franco gebracht hätte, der inzwischen unbestrittener Führer der Nationalisten war: Die Republik verlor in den ersten zehn Monaten mehr an Territorium als in den verbleibenden 33.

Immer noch hafteten den Methoden, mit denen die Kommunisten ihre Ziele verfolgten, Zwietracht und Verbitterung an. Den Anordnungen des sowjetischen Diktators Josef Stalin (1879–1953) folgend, sprach sich die Partei für die Unterstützung kleiner Grundeigentümer aus, die von den anarchistischen Kollektivierungen abgeschreckt waren, und wurde mit diesen im Kern bürgerlichen Mitgliedern zum erstenmal in ihrer Geschichte eine Massenpartei. In diesem Sinne spiegelte sich im Sieg der Kommunisten über die Anarchisten die Gültigkeit des Grundsatzes, daß die erste Priorität im Gewinnen des Krieges liegt. Einmal an der Macht, zielten die Kommunisten auf die Ausschaltung jeglicher Opposition. Die »Maitage« von 1937 in Barcelona – als POUM, Anarchisten und Kommunisten sich mit der Waffe in der Hand in den Straßen bekämpften – waren ein Bürgerkrieg im Bürgerkrieg. Danach setzten die Kommunisten die Unterdrückung der Revolution und die Zerstörung der POUM fort, und das oft mit brutaler Gewalt. Parteimitglieder wurden als »Trotzkisten« diffamiert und fielen den »Säuberungen« zum Opfer. Der neue Ministerpräsident der Republik, Juan Negrín (1892–1956), war davon überzeugt, daß die einzige Hoffnung auf einen Sieg in militärischer Disziplin und in den sowjetischen Waffen lag. Nach dem Mai 1937 bestimmten die Kommunisten den Kurs der Kriegsanstrengungen alleine – so wie sie es für richtig erachteten.

Von nun an wurde der spanische Konflikt zum blutigen Zermürbungskrieg. Trotz erbitterten Widerstands kamen die nationalistischen Truppen langsam, aber unaufhaltsam voran, unterstützt von reichlichem Nachschub und einer vollkommenen Luftüberlegenheit. Im April 1938 erreichten Francos Leute die Ostküste und isolierten Katalonien vom Rest des republikanischen Territoriums. Barcelona fiel im Januar 1939, und im April marschierte der triumphierende *generalísimo* in Madrid ein.

Franco und Salazar

Eine der beständigsten Stützen Francos während des Spanischen Bürgerkriegs war der portugiesische Führer António Oliveira Salazar (1889–1970). Der im Priesterseminar geschulte Professor für Ökonomie war 1928 Finanzminister der Neuen Republik unter General Oscar Carmona geworden. In seinem ersten Amtsjahr bewältigte der neue Minister die bis dahin für unmöglich gehaltene Aufgabe, den Staatshaushalt auszugleichen. Die Zahlungsunfähigkeit war lange Zeit eine nationale Sorge gewesen, und Salazars Erfolg brachte ihm immenses Prestige ein. Ab 1929 hatte er praktisch die Regierungsverantwortung inne, offiziell blieb Carmona an der Spitze. Als er 1932 Ministerpräsident wurde, nahm er den Prozeß der gesetzlichen Fundierung des portugiesischen »Neuen Staates« in Angriff, die ein Jahr später erfolgte.

Salazars Neuer Staat war in mancher Hinsicht ein eindeutiger Vorläufer des Frankismus. Als »einheitliche und korporative Republik« definiert, legte das portugiesische Regime den Schwerpunkt auf die Idee des Nationalismus und eine starke Regierung als Mittel, aus dem Chaos der Vergangenheit eine neue Ordnung aufzubauen. Klassenkonflikte und andere auflösende Kräfte hatten in dem neuen Staat keinen Platz. Unternehmer und Arbeitnehmer hatten unter den neuen korporativen Strukturen zusammenzuarbeiten, die eine Kooperation im nationalen Interesse herbeiführen sollten.

Wie im nationalistischen Spanien – wo all diese Elemente nach 1937 eingeführt wurden – bedeutete eine starke Regierung eine repressive Regierung. Korporatismus war nie mehr als eine bürokratische Fassade, vielmehr beruhten beide Regimes uneingeschränkt auf Zensur. Die Polizeikräfte, besonders die Geheimpolizei, wurden zu einem wesentlichen Werkzeug des Staates, und nicht autorisierte politische Betätigung war verboten. Als einzige politische Formation war in Francos Spanien die vom Regime künstlich geschaffene Massenpartei, die »Bewegung«, erlaubt, die keine portugiesische Parallele hatte. Auf Anordnung Francos wurden die faschistische Falange und die traditionalistischen Karlisten im April 1937 zwangsweise zu einer Einheitspartei verschmolzen. Obwohl der Gründer der Falange, José Antonio Primo de Rivera, der in einem republikanischen Gefängnis hingerichtet worden war, zum offiziellen Märtyrer des neuen Regimes wurde, war seine Partei – wie die der Karlisten – kastriert worden; die neue Bewegung war ohne ideologische Kohärenz, und eine autonome Rolle, die die vorrangige Stellung Francos hätte bedrohen können, war ihr nicht gestattet. In Wirklichkeit war Francos Regierung, wie diejenige Salazars, ein persönliches diktatoriales Regime.

Zwar entwickelten sich im portugiesischen Neuen Staat unter dem Einfluß sowohl des Spanischen Bürgerkriegs als auch des Zweiten Weltkriegs faschistische Elemente, doch war Salazars Diktatur nie so brutal wie die Francos. Die Ursprünge des spanischen Regimes lagen in einem erbitterten Bürgerkrieg, der über eine Million Menschen das Leben kostete und eine weite-

re halbe Million ins Exil trieb. Tausende starben in den vierziger Jahren an Hunger oder an den Repressionen, mit denen das siegreiche neue Regime ehemalige Republikaner verfolgte. Franco war jedoch kein Ideologe. Er war vielmehr ein dienender Offizier der spanischen Armee, der politische Opposition als zivile Entsprechung der Meuterei betrachtete. Das Wohl des Vaterlandes kam vor allem anderen: der Bürgerkrieg rettete Spanien vor dem »Anti-Spanien«, und düstere Einflüsse – in der Regel als Verschwörung von Kommunisten, Freimaurern und Juden verstanden – mußten in Schach gehalten werden.

Der Spanische Bürgerkrieg hatte den Katholizismus vor dem Kommunismus gerettet. Antikommunismus wurde zur Parole sowohl des spanischen als auch des portugiesischen Staates. Die moralischen Normen des Katholizismus herrschten in beiden Ländern, besonders im Hinblick auf öffentliche Aufführungen, Filmzensur und Frauenmode. Religiöse Erziehung wurde wieder eingeführt. In Portugal jedoch unterblieb der Versuch, Kirche und Staat wieder zu vereinigen, und Zivilehe und Scheidung wurden nicht aus dem Gesetzbuch gestrichen. Im Gegensatz dazu herrschte in Spanien der »nationale Katholizismus«. Die Kirche wurde wiederaufgebaut, und die Rhetorik des triumphierenden Katholizismus stellte Spanien als das »geistige Refugium des Westens« dar und Franco als seinen Retter.

Die Ideologie sowohl der spanischen als auch der portugiesischen Diktatur war zutiefst nostalgisch. Starr gegen Modernisierung eingestellt, bauten die Diktatoren ihr höchst konservatives Regime gegen das vorangegangene »Chaos« auf. Die »wahre« Nation ersteht dann aus dem Bild einer mythischen Vergangenheit wieder auf. Dies bedeutete jedoch nicht, daß das Regime nicht wandlungsfähig gewesen wäre. Ab 1943 zum Beispiel, als die Niederlage von Nazi-Deutschland unvermeidlich schien, distanzierten sich die spanische wie auch die portugiesische Regierung von den Achsenmächten (Deutschland, Italien, Japan). Gegen Ende des Zweiten Weltkriegs stand Portugal auf der Seite der Alliierten, wogegen Spaniens Bündnis mit den Achsenmächten zu einer Ächtung durch die internationale Gemeinschaft nach dem Krieg führte.

Die sowjetische Besetzung Osteuropas und der Beginn des Kalten Kriegs bewogen den Westen, der Iberischen Halbinsel als antikommunistischem Bollwerk bald größeres Wohlwollen entgegenzubringen. In den frühen fünfziger Jahren wurde Francos Spanien von den Vereinigten Staaten rehabilitiert. 1953, demselben Jahr, in dem die Franco-Regierung ein Konkordat mit dem Vatikan unterzeichnete, wurden in Spanien amerikanische Luftwaffenstützpunkte installiert; und 1955 wurde Spanien schließlich der Beitritt zu den Vereinten Nationen erlaubt. Alles andere als ein Paria, war Franco jetzt ein respektiertes Mitglied der internationalen Gemeinschaft.

Diese Fähigkeit, sich den Erfordernissen der Zeit anzupassen, trug zweifellos zur Langlebigkeit der iberischen Diktaturen bei. Franco wie Salazar lebten bis ins hohe Alter und starben friedlich im Bett. Ihr jeweiliges Regime entfaltete sich international in einem gewissen Ausmaß. Obwohl beide Diktaturen letztlich auf Repression beruhten, überdauerte die Brutalität von Spaniens »hungrigen vierziger Jahren« nicht das Jahrzehnt. Es fanden Experimente mit begrenzter Redefreiheit statt und in Portugal sogar Ansätze zu einer kontrollierten Opposition. Spanien erfuhr mit dem Touristenboom der sechziger Jahre eine wirtschaftliche Liberalisierung und schließlich eine ökonomische Modernisierung – eine Politik, die von der katholischen Laiengruppe Opus Dei eingeleitet und überwacht worden war. Kurzfristig trug der neu erlangte Wohlstand zur Bildung einer großen, entpolitisierten Gesellschaftsschicht bei, die bereit war, politische Freiheiten zugunsten eines höheren Lebensstandards zu opfern. Doch bald machte sich eine akute Funktionsstörung zwischen dem reaktionären System und der immer dynamischeren Gesellschaft bemerkbar. In den letzten Jahren des Franco-Regimes war Spanien ein zutiefst unzufriedenes Land.

Plakate aus dem Spanischen Bürgerkrieg

Der Spanische Bürgerkrieg war nicht zuletzt ein mit allen Mitteln geführter Propagandakrieg. Zum erstenmal wurde das Radio als Waffe eingesetzt, und die Zeitungen im In- und Ausland waren voll mit Informationen und Desinformationen. Die unendliche Spirale von Anklage und Dementi erreichte ihren Höhepunkt, als die deutsche Legion Condor Guernica bombardierte (1937), wofür die Nationalisten eine auf dem Rückzug befindliche »Rote« Armee verantwortlich machten. Graphiker beteiligten sich an diesem Propagandakrieg mit den eindringlichsten bildlichen Darstellungen, die ein Konflikt je hervorbrachte.

Die meisten republikanischen Künstler arbeiteten in Madrid und Barcelona. In der katalanischen Hauptstadt war eine lange Tradition der graphischen Künste zu Hause: Der industrielle Wohlstand hatte eine Nachfrage für Werbung erzeugt. Unter der Republik war Plakaten eine politische Bedeutung zugekommen. Die Wahlpropaganda setzte erstmals systematisch plakativ konfrontierende Bilder ein, und der von den Parteien der Linken ausgelöste Kampf um soziale Fragen wurde auf Plakaten eindringlich unterstrichen. Der Einfluß der Künstler der Russischen Oktoberrevolution auf diese Kunstform der politischen Propaganda war nicht zu übersehen.

Die Kriegsplakate geben sowohl von der in Barcelona ausgebrochenen spontanen Revolution als auch von den Nöten und dem Heroismus der langwierigen Verteidigung Madrids, Bilbaos und anderer Städte beredtes Zeugnis. Die Plakatkunst des Bürgerkriegs erwies sich als ein vitales Mittel der Kommunikation zwischen den Kriegsparteien und dem Volk wie auch als herausragende künstlerische Leistung.

Links: »Spanien – geeint, groß und frei.« Dieses falangistische Plakat verkörpert den berühmtesten Slogan des frankistischen Spanien. Verglichen mit der republikanischen Propagandakunst waren die nationalistischen Plakate höchst konventionell. Hier steht die Figur des Soldaten auf dem zerbrochenen und bestialischen Körper des Anti-Spanien. Das Bild hat eine religiöse Note: ein neuzeitlicher Kreuzfahrer besiegt die teuflische kommunistische Bedrohung. Trotz der klischeehaften Figuren zieht das Plakat wegen der kühnen Linien und Farben die Aufmerksamkeit auf sich. Für subtilere Dinge ist hier kein Platz; Gut und Böse werden als absolute Begriffe dargestellt, die halbabstrakte Figur des siegreichen Soldaten kontrastiert zur detaillierten und häßlichen Zeichnung des überwältigten roten Monsters.

Rechts: »Arbeiter! Bauern! Vereinigt Euch für den Sieg!« Kühnheit und Originalität kennzeichneten die in Barcelona entstandenen Bürgerkriegsplakate. Die einfache Zeichnung von Jacint Bofarulls Plakat in katalanischer Sprache ist ein eindrucksvoller Appell an die Geschlossenheit. Der Arbeiter im Overall und der Bauer mit der Sichel verschmelzen zu einer Gestalt. Der betont muskulöse männliche Körper suggeriert Einheit als Stärke. Die Sichel in der Hand des Bauern symbolisiert sowohl den Kommunismus als auch die Landwirtschaft, und die erhobene Faust des Arbeiters erinnert an den marxistischen Gruß. Der Kommunismus, wie er hier dargestellt ist, hatte eine große Anhängerschaft; das Plakat wurde für die anarchistische CNT-FAI hergestellt.

Ganz rechts: »Der Kommissar, Rückgrat unserer Volksarmee.« In Valencia für die Kommunistische Partei entworfen, wiederholt dieses Plakat von Josep Renau das Bild der geballten Faust. Der politische Kommissar unter kämpfenden Soldaten – in den Bataillonen der Kommunistischen Partei eine vertraute Figur – wird in dieser Fotomontage durch die inmitten einer Reihe von Stahlbajonetten emporgereckte Faust symbolisiert.

Oben: »Analphabetismus blendet den Geist. Soldat, bilde Dich.« Die Schaffung einer schulisch ausgebildeten Armee wurde von der republikanischen Regierung als eine Priorität betrachtet. In der ganzen republikanischen Zone wurden Alphabetisierungskampagnen organisiert, einige davon direkt für Soldaten, andere für jedermann. Dieses Plakat erschien im Auftrag des Ministeriums für Öffentlichen Unterricht im Namen der »Kulturmilizen«. Es setzt eine besonders intensive bildliche Darstellung ein, um seine Botschaft einer Bevölkerung zu vermitteln, die noch 1930 aus 30 Prozent Analphabeten bestand.

Links: Der Sieg auf dem Schlachtfeld hing von einer ununterbrochenen industriellen Produktion ab. Eisen und Stahl waren für einen kontinuierlichen Nachschub von Kriegsausrüstung und Artillerie unerläßlich. Dieses Plakat, das den ersten von der sozialistischen Gewerkschaft (UGT) organisierten Kongreß der Hüttenarbeiter ankündigt, ruft zu einer »mächtigen Kriegsindustrie« auf. In Katalanisch geschrieben und an die Arbeiter von Barcelona gerichtet, läßt es die Originalität der früheren, in der Stadt produzierten Graphiken vermissen. Die Darstellung ist rein figurativ, und die sozialrealistische Zeichnung offenbart nur wenig Erfindungsgeist. Gegen Ende 1938, als dieses Plakat erschien, war die anarchistische Revolution längst zu Ende, und die Republik wurde an allen Fronten zurückgedrängt. Die Niederlagen waren zum Alltag geworden, und es verbreitete sich allgemein das Gefühl, daß der ganze Krieg wahrscheinlich schon verloren war.

DIE NEUEN DEMOKRATIEN

Die portugiesische Revolution

Am 25. April 1974 betrat die portugiesische Armee wieder einmal die politische Bühne. 25 Minuten nach Mitternacht strahlte die katholische Radiostation Rádio Renascença das vereinbarte Signal aus – ein Protestlied, »Grândola, Vila Morena«, das später zur Hymne der Revolution werden sollte. Auf das Signal hin marschierten Einheiten der Armee im ganzen Land zu den strategisch wichtigen Gebäuden, besetzten Regierungsbüros, militärische Einrichtungen und den Präsidentenpalast. Der Neue Staat brach zusammen, ohne daß ein Schuß abgefeuert worden wäre.

Die Unzufriedenheit des Militärs mit dem Neuen Staat war schon einige Male laut geworden. Nach 36 Jahren Amtszeit als Ministerpräsident erlitt Salazar am 6. September 1968 einen Schlaganfall und wurde aus dem Amt genommen. Er starb zwei Jahre später am 27. Juli 1970 in dem Glauben, immer noch Regierungschef zu sein. In Wirklichkeit jedoch war das Amt an Marcello Caetano (1906–1980) übergeben worden, der bis zu seiner Absetzung durch die Streitkräfte im April 1974 regierte. Sein Amtsantritt war ursprünglich von allen mit dem Salazar-Regime Unzufriedenen begrüßt worden. Caetano war eine stattliche Erscheinung, Familienvater, und sein Regierungsstil hob sich deutlich vom strengen Asketismus Salazars ab. Er führte eine gewisse Ungezwungenheit in die portugiesische Regierung ein; er inszenierte vom Fernsehen übertragene »Plaudereien am Kamin«, lockerte Zensurgesetze und suchte eine breitere Unterstützung für das System. 1971 jedoch war Caetanos Politik der »Evolution innerhalb der Kontinuität« an ihre Grenzen gestoßen. Die antidemokratischen Institutionen waren von dem Reformprozeß unberührt geblieben, vielleicht wegen der unverminderten Stärke der unverbesserlichen Salazaristen in der Regierung, wahrscheinlich aber eher, weil Caetanos eigene Neigungen nicht die eines Demokraten waren. Seine Politik war zaudernd und befriedigte weder das Establishment noch die zunehmend lautstarke Opposition.

Das Schlüsselproblem, an dem das Regime scheiterte, war seine Entschlossenheit, Portugals Überseekolonien aufrechtzuerhalten, trotz des Trends zur Entkolonialisierung, der sich seit 1960 überall in Afrika abgezeichnet hatte. Diese Politik war äußerst kostspielig; das Ergebnis war, daß eines der kleinsten und ärmsten Länder Europas in den längsten Kolonialkrieg verwickelt wurde, der von einem westlichen Land seit 1945 ausgetragen wurde. Ab 1961 war die portugiesische Armee, die seit dem Ersten Weltkrieg keinen aktiven Dienst mehr erlebt hatte, mehr oder weniger ununterbrochen auf dem afrikanischen Kontinent in Angola, Moçambique und Guinea engagiert. Obwohl Portugal 1949 als Gründungsmitglied der NATO beigetreten war – und damit Zugang zu militärischem High-Tech-Gerät hatte –, blieb die Kommandostruktur der Armee entschieden vormodern. 1960 war Portugal das einzige europäische Land, das spezialisierte Stabsoffiziere unterhielt, die nie aktiven Dienst ausübten, deren Schreibtischtätigkeit aber besser belohnt und mit schnellerer Beförderung verbunden war. Die in Lissabon ausgegebenen Operationspläne für den afrikanischen Kriegsschauplatz waren oft ungenau und kamen meist zu spät: 1973 unternahm der Verteidigungsminister einen drastischen Schritt und ordnete für alle Stabsoffiziere an, künftig um neun Uhr vormittags zum Rapport zu erscheinen und nicht wie gewohnt um zwei Uhr nachmittags.

Beförderung sowohl für Stabs- als auch Kampfoffiziere hing mehr von der Dauer des Dienstes als von fachlicher Kompetenz ab. Ranghohe ältere Semester in Lissabon verbanden mit ihren militärischen Pflichten oft lukrative Aufsichtsratsposten und geschäftliche Verpflichtungen; die unteren Ränge gehörten dagegen zu den schlechtest bezahlten Militärs in Europa. Die wachsende Zahl der Kriegstoten förderte die Moral auch nicht gerade. Ein Gesetzesdekret vom 13. Juli 1973, das zur schnelleren Behebung des personellen Defizits erlassen wurde, hatte entscheidende Auswirkungen. Es bestimmte eine Gleichstellung von einberufenen wehrpflichtigen Offizieren mit Berufssoldaten, was sofort heftigen Groll bei all jenen auslöste, die Jahre mit Ausbildung und Kampfeinsätzen verbracht hatten, bevor sie gerade den Rang eines Hauptmanns erreichten.

Im September 1973 machte sich die militärische Unzufriedenheit Luft, als etwa 140 jüngere Offiziere das Movimento das Forças Armadas (MFA; Bewegung der Bewaffneten Streitkräfte) ins Leben riefen. Pläne, die Regierung zu stürzen, eine friedliche Entkolonialisierung einzuleiten und die Ehre der Armee wiederherzustellen, begannen ernst zu werden. Am 25. April 1974 wurde ein erfolgreicher Putsch inszeniert, und General António Ribeiro Spínola (geb. 1910) wurde als Interims-Regierungschef eingesetzt (ab Mai 1974: Staatspräsident). Zwar hatte er von vornherein zugestimmt, die Verschwörer grundsätzlich zu unterstützen, an den Aktionen selbst war er aber nicht beteiligt gewesen; diese waren von Offizieren der mittleren Ränge geplant und ausgeführt worden. Als das MFA die Macht ergriff, wurden etwa 90 ältliche Brigadegeneräle und Generäle sofort ihrer Pflichten enthoben.

Spínola regierte mit Hilfe der »Junta de Salvação Nacional« (JSN; Junta der nationalen Rettung). Es war jedoch das Programm des MFA – es sah demokratische Wahlen vor, eine Amnestie für politische Gefangene, Versammlungsfreiheit und eine Säuberung von hochrangigen Beamten des alten Regimes –, das von der neuen Regierung jetzt übernommen wurde – eine Entwicklung, die den Mangel einer ideologisch-politischen Vorbereitung des Coups offenbarte. Bald entstanden Spannungen zwischen den beiden Gruppen, den höheren Militärs der JSN, die zur Vorsicht mahnten, während die rangniedrigeren Offiziere des MFA ihre Erfolge zu konsolidieren versuchten und sich dabei rasch nach links bewegten.

Viele spätere Kommentatoren gingen von der Annahme aus, daß Inhalt und Programm des MFA marxistisch geprägt waren; sie verwiesen auf die Radikalisierung der portugiesischen Revolution und stellten Kontinuitäten zwischen den Aktionen des MFA und denen des späteren Revolutionären Rates fest. Einzelne Offiziere mögen vielleicht von den Werken marxistischer Schriftsteller wie Che Guevara (1928–1967) beeinflußt gewesen sein, in Wirklichkeit aber entsprach das MFA einer Soldatengewerkschaft, deren Hauptinteresse beruflicher Natur war. Die Aktion vom 25. April 1974 hatte als Auslöser für die Revolution gedient, indem sie die portugiesische Politik in eine extreme Verwirrung stürzte. Unter diesen Umständen erreichte die Kommunistische Partei Portugals (PCP; Partido Comunista Português) bald eine herausragende Stellung, nicht zuletzt, weil sie die einzige organisierte politische Kraft in Portugal war und eine klare Vorstellung ihres Programms und ihrer Identität hatte. Ihr Führer Álvaro Cunhal (geb. 1913) hatte die Partei seit 1946 geleitet (als er 1992 zurücktrat, war er der dienstälteste Par-

teiführer der westlichen Welt), und seine Glaubwürdigkeit als Oppositioneller, wenn nicht sogar als Demokrat war unbestreitbar. Die Kommunisten hüteten sich, gegen das MFA zu arbeiten, aber ihre durchorganisierten Strukturen befähigten sie, einen Großteil der lokalen Verwaltungen und der Medien zu kontrollieren und ehemalige Anhänger des Neuen Staates zu verdrängen.

Radikaler Druck wurde auch von unten ausgeübt. Der Sommer 1974 erlebte Streikwellen, die trotz der kommunistischen Opposition durch das ganze Land rollten. Obwohl Gesetz und Ordnung nie völlig zusammenbrachen, verschwanden Polizisten praktisch aus dem Straßenbild, und die politische Situation wurde zunehmend weniger beherrschbar. Spínola legte am 30. September 1974 sein Präsidentenamt nieder, versuchte aber am 11. März 1975 nochmals, die Macht zu ergreifen; der Putsch war schlecht vorbereitet, und Spínola floh. Der zeitliche Ablauf war vielleicht von *agents provocateurs* beeinflußt: das ganze Debakel wurde von einem kommunistischen Filmteam im Fernsehen übertragen.

Die Revolution trat nun in ihre radikalste Phase. Die Schlüsselindustrien einschließlich Banken und Versicherungsgesellschaften wurden verstaatlicht, und landlose Arbeiter besetzten die *latifundia*-Güter, auf denen sie arbeiteten, und wandelten sie in riesige landwirtschaftliche Kollektive um. Als die zunehmende Verwicklung der Kommunisten immer offensichtlicher wurde, brach als Reaktion darauf in vielen Teilen des Nordens während des »heißen Juli« desselben Jahres Gewalt aus. Kleine Grundbesitzer und selbständige Bauern griffen die Wohnhäuser der Parteiaktivisten an; in Braga wurde das PCP-Hauptquartier niedergebrannt. Die Unruhen weiteten sich auf die Azoren und Madeira aus, als die Inselbewohner sich vom, wie sie glaubten, kommunistisch unterwanderten Festland lossagten.

Eine Revolte der Landbevölkerung in diesem Ausmaß hatte Portugal nie zuvor erlebt. Nur der tiefe Süden blieb weitgehend

verschont. Die Gegner der Revolution wurden durch die Wahlen vom 25. April ermutigt, bei denen die zersplitterte extreme Linke eine gründliche Niederlage erlebt hatte. Dagegen errangen die Sozialistische Partei (PS: Partido Socialista) und die Demokratische Volkspartei (PPD: Partido Popular Democrata) mehr als zwei Drittel der Stimmen bei einer Wahlbeteiligung von 90 Prozent. Da sich die heftige Periode anarchischer Unordnung den Sommer über fortsetzte, begannen die Kommunisten an Unterstützung zu verlieren, und Mário Lopes Soares (geb. 1924) stellte sich an die Spitze einer umfassenden Mehrparteienkoalition. Unruhen und Ungewißheit kamen jedoch erst im November 1975 zu einem Ende, als das MFA den Staatsnotstand erklärte und alle meuternden militärischen Einheiten auflöste, um Versuchen der Kommunisten und unzähliger anderer linker Gruppierungen, die Unruhen für sich auszunutzen, entgegenzutreten. Die Revolution war in eine neue, gemäßigtere Phase getreten.

Das Ende des Franco-Regimes

Im Herbst 1975 zog der langwierige Todeskampf Francos die Aufmerksamkeit der Nation auf sich. Sein Leben wurde von der modernen Wissenschaft um Tage verlängert. Sein Körper wurde an die neueste verfügbare medizinische Technologie angeschlossen, während seine Hand den unversehrten Arm der Hl. Teresa von Avila umklammerte, eine Reliquie, der er immer große Verehrung entgegengebracht hatte. Francos Sterbelager diente als Metapher für die Geschichte seines Regimes in der letzten Phase. In den sechziger Jahren erlebte Spanien eine nie gekannte Periode wirtschaftlicher Modernisierung innerhalb eines autoritären politischen Systems. Mit größerem Überfluß und materieller Bedürfnisbefriedigung beabsichtigte man, dem Wunsch nach politischer Liberalisierung vorzubeugen; zum Zeitpunkt von Francos Tod schien es, als sei sein Staat von Säkularisierung und Pluralismus unberührt geblieben.

Die Revolution der Nelken

Die Armee-Rebellion vom 25. April 1974 markierte den Beginn eines echten revolutionären Prozesses in Portugal, der bis zum November 1975 dauerte. Die ersten Tage, besonders in Lissabon, waren voller Euphorie. Nicht ein Schuß fiel zur Verteidigung des diktatorischen Regimes, als die Soldaten die Straßen in Besitz nahmen, von der jubelnden Menge als Helden begrüßt. Beobachter kommentierten die vielen glücklichen Gesichter in den Straßen, und die Entlassung politischer Gefangener war Anlaß zu ungezähmter Freude. Im ganzen Land wurde die Aussicht auf Demokratie und auf ein Ende der unpopulären Kolonialkriege offen begrüßt.

Innerhalb von kaum zwei Monaten schossen in Portugal mehr als 50 politische Parteien aus dem Boden. Das Militär behielt sich die Kontrolle der Exekutive vor, aber die zukünftige Richtung der Revolution war alles andere als klar. Eine Streikwelle rollte im Sommer 1974 durch das Land, und die zunehmend herausragende Stellung der Kommunistischen Partei erfüllte viele mit Unbehagen. Die Unterstützung für die wichtigsten politischen Parteien – die Kommunisten, Sozialisten und die Zentrumspartei der Volksdemokraten – nahm in den Jahren 1974 und 1975 phänomenal zu, aber im Sommer 1975 waren in den ländlichen Gebieten soziale Unruhen als Reaktion auf die immer weiter nach links driftende Revolution ausgebrochen. Überall dort, wo reiche Landwirte die lokale Wirtschaft beherrschten, machte sich Aufruhr breit. Die meisten Tumulte ereigneten sich gerade 120 km von Lissabon entfernt in dem landwirtschaftlichen Gebiet nördlich der Stadt. Die ländliche Revolte änderte den Verlauf der Revolution. Im November 1975 gewannen dann gemäßigte Kräfte aus dem Spektrum der bürgerlichen Parteien wieder die Kontrolle über das Militär, und die Revolution war damit zu Ende.

Oben: Die Rückkehr der Armee in die portugiesische Politik im April 1974 wird in Lissabon mit spontaner Begeisterung begrüßt. Die Karnevalsatmosphäre der frühen Tage der Revolution wurde nur durch einen vereinzelten Gewehrschützen unterbrochen, der vor dem Hauptquartier der Geheimpolizei in die Menge feuerte und vier Menschen tötete. Überall in der Hauptstadt zeigten die Menschen ihre Freude über die Wende der Ereignisse und hießen die rebellierenden Soldaten mit Essen, Trinken und frischen Blumen willkommen.

Unten: Mário Soares, Führer der Portugiesischen Sozialistischen Partei, in einem Wahlkampf im Jahr 1975. Seit 1969 im Exil, kehrte Soares in sein Heimatland zurück, um seine Partei in fünf der sechs Übergangsregierungen zu führen, die während der Revolution die Geschicke Portugals lenkten. Aus den ersten demokratischen Wahlen (25. April 1975) gingen die Sozialisten als klare Sieger hervor – ein persönlicher Triumph für Soares, der von 1976 bis 1978 und nochmals von 1983 bis 1985 als Ministerpräsident amtierte. 1986 wurde er Portugals erster gewählter ziviler Präsident seit 60 Jahren.

Links: »Nieder mit den *latifundios*«: Bauern im Distrikt Beja fordern eine Bodenreform der riesigen landwirtschaftlichen Güter im südlichen Portugal. Ab März 1975 drangen landlose Arbeiter in die *latifundios* ein, besetzten das Land und nahmen eine Umverteilung vor. Die Interimsregierung bestätigte dann die Übertragung des Besitzrechts von den abwesenden Land-

besitzern auf die neuen landwirtschaftlichen Kollektive, die sich stolz Namen im Sowjet-Stil wie etwa »Roter Stern« zulegten. Einige Betriebe widersetzten sich, aber andere hatten Erfolg, und die Distrikte des Südens waren die einzigen, die von den ländlichen Unruhen im »heißen Juli« 1975 verschont blieben.

Ganz oben: Der 1. Mai, jahrzehntelang als internationaler Tag der Arbeit anerkannt, wurde zu einem Anlaß für Massendemonstrationen, die 1974 eher Freudenfeste als Proteste waren. Die wiedererlangte Freiheit wurde in den Straßen Lissabons gefeiert, als die revolutionären Versprechen der Befreiung zu einer realen Erfahrung wurden. Autos, Demonstranten und Gebäude wurden mit roten Nelken festlich geschmückt. Zunächst huldigte die Menge den aufständischen Soldaten nur aus saisonalen Gründen gerade mit diesen Blumen, aber ihre Allgegenwart machte sie bald zu einem Symbol der Aprilrevolution.

Oben: Alvaro Cunhal, der Führer der Portugiesischen Kommunistischen Partei seit 1946, an der Spitze einer Massenversammlung. Die PCP erwies sich praktisch als die einzige politisch organisierte Kraft in den ersten Monaten der Revolution. Ihre Glaubwürdigkeit als Opposition war blütenrein: Die 247 PCP-Kandidaten, die bei den Wahlen von 1975 ins Feld geschickt wurden, verbrachten in der Zeit des Salazar-Regimes zusammen angeblich 440 Jahre im Gefängnis. Aber die Partei von Marx und Lenin und der Gruß mit der geballten Faust gerieten beim Übergang in eine moderne Demokratie bald außer Mode.

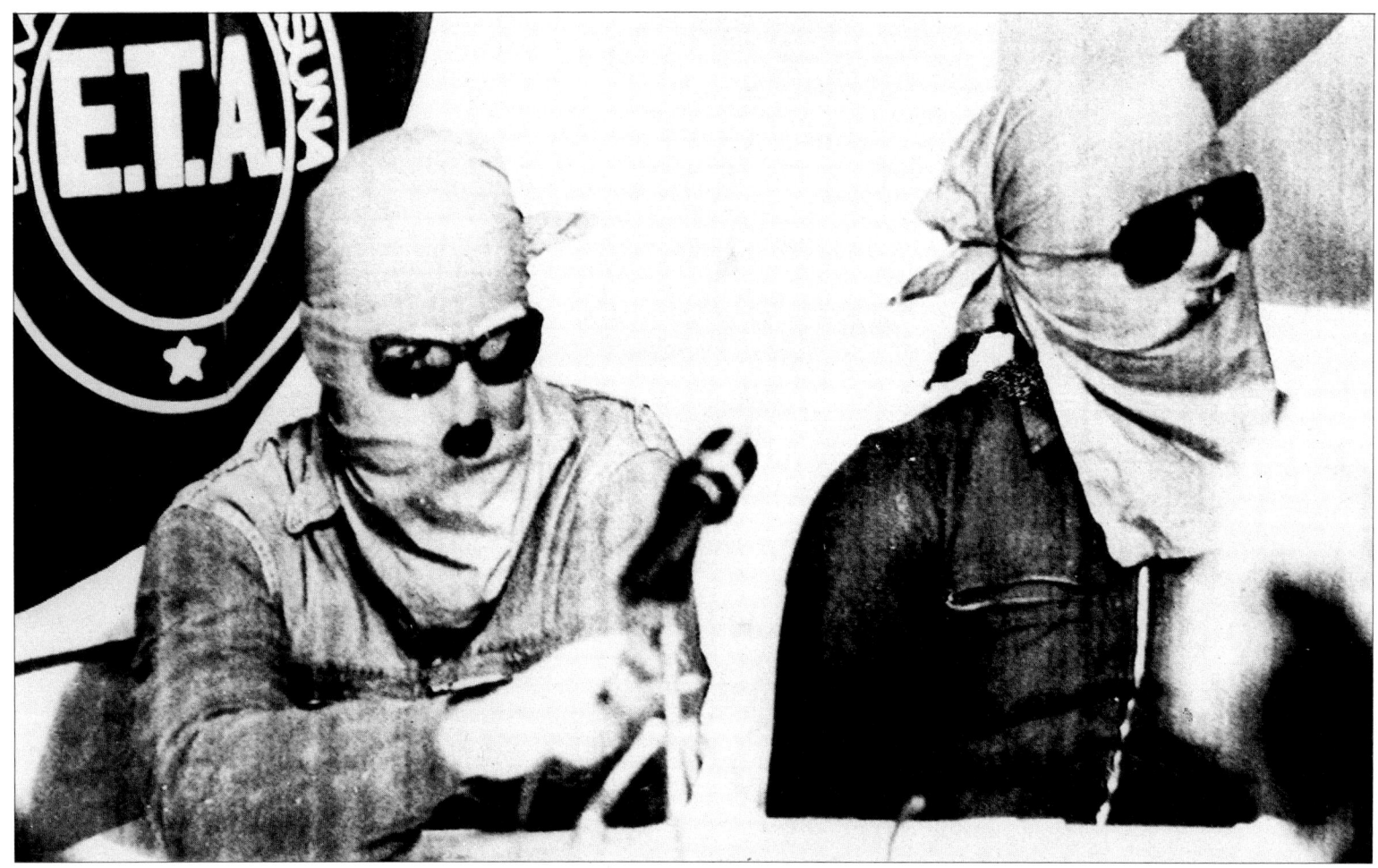

Zwischen 1960 und 1974 wuchs die spanische Wirtschaft durchschnittlich um 6,6 Prozent jährlich, eine Rate, die nur Japan erreichte. Dieser neu erlangte wirtschaftliche Reichtum – vom Tourismus geschürt – mag kurzfristig die Zufriedenheit mit dem Regime gefestigt haben, aber langfristig gesehen vertiefte sich die Kluft zwischen dem erdrückenden, reaktionären Regime und der von ihm beherrschten Gesellschaft sichtbar. Die ideologischen Konstrukte des Frankismus hatten das ländliche Leben idealisiert und seine Stabilität, moralische Tugend und religiöse Gläubigkeit betont. Doch das schnelle Wachstum der sechziger Jahre zerstörte die agrarische Grundlage der spanischen Wirtschaft und brachte statt dessen eine Dienstleistungswirtschaft hervor. In dem Maße wie die landwirtschaftliche Beschäftigung zurückging, wuchsen die städtischen Zentren, und die Arbeiterklasse nahm an Zahl wie auch an Stärke zu. Zwischen 1964 und 1974 erlebte Spanien etwa 5000 Streiks; 1975, im letzten Jahr von Francos Herrschaft, fanden mehr als 3000 Arbeitsniederlegungen statt. Außerdem waren 45 Prozent der Streiks nach 1967 politischer Natur, im Gegensatz zu den gerade vier Prozent in den Jahren 1963 bis 1967.

In den späten sechziger Jahren errangen geheime Gewerkschaften – allen voran die kommunistisch organisierten Arbeiterkommissionen (CCOO: Comisiones Obreros) – bei der zu Bewußtsein gekommenen Arbeiterschaft ansehnliche Erfolge. Diese waren jedoch nicht die einzigen Gruppen, die politische Konzessionen verlangten. Die Studenten spielten eine wichtige Rolle in der Anti-Franco-Opposition, oft machten sie mit den Gewerkschaften gemeinsame Sache. Die universitären Unruhen von 1968 hatten in Spanien einen direkten politischen Charakter; gegen Ende des Jahrzehnts waren die Hochschulen fast permanent von der Polizei besetzt. Studenten und Arbeiter kamen in katholischen Jugendgruppen zusammen, die unter den Vereinbarungen des 1953 mit dem Vatikan geschlossenen Konkordats einen privilegierten Status genossen. Zu Beginn der siebzi-

ger Jahre waren diese Gruppen zu einem festen Bestandteil der Opposition geworden.

Bedenkt man die enge Identifikation von Kirche und Staat, die Spanien in den vierziger und fünfziger Jahren charakterisiert hatte, kam die Distanzierung vieler Katholiken vom Regime in den sechziger und siebziger Jahren überraschend. Der Wandel war zum Teil generationsbedingt. Am Vorabend des Zweiten Vatikanischen Konzils (1960–1965) waren die meisten spanischen Bischöfe über 75 Jahre alt, aber der Klerus war einer der jüngsten in der Welt. Diese jungen Katholiken, die zwar nicht im Bürgerkrieg gekämpft hatten, aber trotzdem in seinem Schatten lebten, fühlten sich zutiefst von der universellen Kirche der Päpste Johannes XXIII. (1958–1963) und Paul VI. (1963–1978) mit deren Sprache der Menschenrechte, der Demokratie und der Ökumene angezogen. Das Zweite Vatikanische Konzil initiierte eine außergewöhnliche *apertura* (»Öffnung«) in der spanischen Kirche, und diesmal konnte ihre Resonanz von den staatlichen Zensoren nicht gedämpft werden. Junge katholische Militante zum Beispiel, die immer schon mit sozialen Fragen beschäftigt waren, gerieten durch ihre Beteiligung an Lohnstreitigkeiten und Streikaktionen in direkten Konflikt mit dem Staat.

Die Sprache der Menschenrechte war auch unter jenen jungen Basken zu vernehmen – viele von ihnen Katholiken –, die 1959 die Bewegung Freiheit für das Baskenland (ETA: Euskadi Ta Askatasuna) als revolutionäre Abspaltung von der Baskischen Nationalpartei (PNV: Partido Nacionalista Vasco) gründeten. Diese separatistische Terrorgruppe wurde zum spektakulärsten und zweifellos wirksamsten aller oppositionellen Franco-Gegner. Angefangen mit ihrem ersten Attentat auf einen Polizei-Folterer im August 1968, zerstörte die ETA allmählich den Mythos der Unverwundbarkeit des Regimes. Wegen der breiten Unterstützung der Organisation im Baskenland, gepaart mit der Unzugänglichkeit des heimischen Terrains vieler Terro-

Oben: Zwei maskierte ETA-Mitglieder bei einer Pressekonferenz im März 1979, auf der sie ankündigten, eine Serie von Bombenanschlägen gegen Touristenziele zu unterbrechen, nachdem der Tod von sechs Zivilisten weithin öffentlich verurteilt war. ETA – eine Terroristengruppe, die für einen unabhängigen Baskenstaat kämpft – fand unter dem repressiven Franco-Regime im Baskenland große Unterstützung. Sie setzte auch nach dem Ende des Frankismus und der Rückkehr zur Demokratie ihre gewalttätigen Kampagnen fort; die Mehrheit der Basken akzeptierte allerdings die Gewährung einer Teilautonomie und verweigerte sich mehr und mehr den separatistischen Zielen der ETA. Heute richten sich ihre Anschläge hauptsächlich gegen Polizisten und Militärs.

Oben: In den Monaten nach Francos Tod fand Spanien weder Frieden noch Demokratie. Zwar begannen in politischen Kreisen unmittelbar die komplizierten Vorbereitungen für den Übergang zu einer konstitutionellen Regierung, aber auf den Straßen war die Repression so offensichtlich wie immer. Demonstrationen waren an der Tagesordnung, in den Universitäten brodelte die Unzufriedenheit, und die Brutalität der Polizei nahm überhand. Hier mißhandelt ein »Sonderpolizist« einen Demonstranten während eines Protests von wissenschaftlichen Angestellten der Madrider Universität. Er wird zum »Verhör« abgeführt – in jener Zeit noch oft ein Euphemismus für Folterungen.

risten, war es schier unmöglich, die ETA auszumerzen. Franco war gezwungen, auf Maßnahmen des »Staatsnotstands« zurückzugreifen.

Angesichts der Repression konnte die ETA auf beträchtliche Sympathien der Öffentlichkeit zählen. Einen eindrucksvollen Beweis dafür lieferte 1970 ein Verfahren in Burgos, bei dem 16 ETA-Mitglieder von einem Militärgericht verurteilt wurden. Die Angeklagten, im Durchschnitt 21 Jahre alt, zeigten deutliche Spuren von Folterungen durch die Polizei; als sechs von ihnen zum Tode verurteilt wurden, war der Protest sowohl innerhalb als auch außerhalb des Landes so heftig, daß Franco schon aus Gründen der internationalen Reputation genötigt war, die Strafen in lebenslängliche Haft umzuwandeln.

Die größten Wirkungen erzielte die ETA im Dezember 1973, als sie das Auto, in dem Admiral Luis Carrero Blanco (1903–1973) saß, auf dem Weg zur Messe in die Luft jagte. Kurz vorher zum Ministerpräsidenten ernannt, galt er als Francos wahrscheinlicher Nachfolger. Das Attentat sollte tiefe Nachwirkungen zeigen, denn es erzeugte unmittelbar ein Machtvakuum in der Regierung, die schon zuvor in gegensätzliche Lager zerfallen war. Die einen begünstigten eine weitere Liberalisierung, um einer revolutionären Sintflut zuvorzukommen, und andere – wie Carrero Blanco – glaubten, daß die Modernisierung bereits ein unerwünschtes Maß an Zugeständnissen bewirkt hätte, die nur durch härtere Polizeimaßnahmen zu kontrollieren wären.

In dem durch und durch unzufriedenen Land boten sich nur wenige politische Lösungen an. Die Erhöhung des Ölpreises von 1973 traf Spanien hart, und mit Energiekrise und wirtschaftlicher Rezession konfrontiert, kündigte Carlos Arias Navarro (1908–1989) am 12. Februar 1974 die demokratische »Öffnung« des Regimes an. Die Spirale sozialer Unruhe wurde durch die verschlimmerte wirtschaftliche Situation eher noch vorangetrieben. In der zersplitterten Gesellschaft schienen sich

Abgründe aufgetan zu haben. Als am Abend des 20. November 1975 Arias Navarro im Fernsehen der Nation weinend den Tod Francos verkündete, war in Barcelona wahrscheinlich der Champagner ausgegangen.

Übergang zur Demokratie

Im Herbst 1975 schienen sich sowohl Portugal als auch Spanien am Rande des Chaos zu bewegen. Doch bereits nach etwas mehr als einem Jahrzehnt traten die iberischen Staaten im Januar 1986 formal der Europäischen Gemeinschaft (EG) als funktionierende liberale Demokratien mit stabilen parlamentarischen Systemen bei. Die Geschwindigkeit und der Erfolg des Demokratisierungsprozesses – besonders in Spanien – kamen für viele überraschend und waren für alle eine Erleichterung. Aber obwohl Spanien und Portugal in den späten siebziger Jahren den gleichen Weg verfolgt haben, vollzog sich der jeweilige Übergang zur Demokratie auf ziemlich unterschiedliche Weise.

Portugals Demokratisierungsprozeß wurde von einer Militärrebellion initiiert, die als Auslöser für eine Sozialrevolution diente. Spaniens bewaffnete Streitkräfte dagegen lehnten eine demokratische Zukunft weitgehend ab. Anders als viele Angehörige der politischen Elite blieb das Militär seinem frankistischen Erbe treu. Obwohl sich die Armee anfänglich korrekt zurückhielt, während ehemalige Frankisten das Regime von innen her demontierten, war die Gefahr eines militärischen Putsches weiterhin virulent und beschränkte jegliche politische Strategie. Spaniens neues Staatsoberhaupt, König Juan Carlos (geb. 1938), der Enkel von Alfons XIII., 1969 von General Franco zu seinem Nachfolger ernannt, spielte bei der Kontrolle des Militärs eine entscheidende Rolle. Die Tugenden von Hierarchie, Disziplin und Loyalität gegenüber dem Monarchen wurden nicht nur von der Zivilregierung, sondern auch vom König selbst herausgestellt. Am 23. Februar 1981 nahmen Zivilgardisten unter dem Kommando von Oberstleutnant Antonio Tejero

Links: Am 23. Februar 1981 stürmte Antonio Tejero, ein Offizier der Guardia Civil, mit gezückter Pistole in Spaniens Parlamentsgebäude und nahm alle im Plenarsaal befindlichen Abgeordneten als Geiseln. Hier ist er mit dem Präsidenten der Cortes und Regierungsmitgliedern zu sehen. Obwohl Tejero sich als kleinmütige und lächerliche Figur herausstellte, war sein Putschversuch doch der brüchigste Moment der neuen spanischen Demokratie. Sein Vorgehen wurde weitgehend durch das mutige Verhalten des Königs vereitelt.

in einem spektakulären Angriff auf die Demokratie die Angehörigen der Cortes in Madrid als Geiseln; gleichzeitig donnerten Panzer der Armee durch die Straßen von Valencia. Der König reagierte sofort mit einem Fernsehauftritt, bei dem er die Soldaten an ihren Treueid erinnerte und rundweg erklärte, daß die Krone keinerlei Unterbrechung des demokratischen Prozesses dulden würde. In dieser Situation, in der praktisch die gesamte politische Klasse in den Cortes gefangengehalten wurde, waren die Aktionen von Juan Carlos entscheidend. Der Veteran General Jaime Milans del Bosch (geb. 1915) zog seine Truppen aus Valencia ab, als der König zu verstehen gab, daß ihn die Rebellen nur mit Gewalt zum Schweigen bringen könnten. Die Abgeordneten wurden am 24. Februar um Mitternacht aus den Cortes freigelassen, und am darauffolgenden Wochenende nahmen drei Millionen Menschen an Pro-Demokratie-Kundgebungen teil.

Zwar war Juan Carlos' Anteil am Fehlschlag des »23-F« (wie Tejeros Putschversuch genannt wurde) entscheidend, die Demokratie leitete er aber nicht eigenhändig ein. Spaniens Übergang zur parlamentarischen Regierung war das Produkt einer Serie von Beschlüssen und Verhandlungen, in denen der König nur ein einflußreicher Protagonist unter anderen war. Der anfängliche Prozeß, bei dem sich die Abgeordnetenkammer des Diktators auflöste, wurde von einem früheren frankistischen Apparatschik, Adolfo Suárez (geb. 1932), ausgehandelt. Zum Zeitpunkt von Francos Tod waren die Säulen des Regimes bereits am Abbröckeln. Innerhalb der wirtschaftlichen und finanziellen Eliten verbreitete sich wegen der Unbeweglichkeit des Regimes wachsende Unzufriedenheit, und viele gelangten zu der Überzeugung, daß eine liberale Demokratie der erfolgreichere Weg sei, sowohl um ein immer ungestümeres Land zu regieren, als auch um wirtschaftliche Vorgänge besser handhaben zu können. Im Verlauf des Jahres 1976 löschte Suárez die Existenz des Frankismus per Gesetzgebung aus und legalisierte in Vorbereitung für die Wahlen vom 15. Juni 1977 die politischen Parteien im Lande.

Alle an der Gestaltung und Leitung von Spaniens Übergang zur Demokratie Beteiligten waren besonders darauf bedacht, jenen entgegenzukommen, die vom Franco-Regime profitiert hatten. Besondere Behutsamkeit war geboten, um die Armee ruhig zu halten. Die Legalisierung der kommunistischen Partei zum Beispiel – eine höchst sensible Frage – wurde erst wenige Wochen vor den Wahlen von 1977 vorgenommen. Selbst in Portugal, wo eine radikale Sozialrevolution stattgefunden hatte, blieb die alte politische Klasse beteiligt, indem sie an der Gestaltung des Übergangs mitwirkte, selbst wenn einzelne Landbesitzer, Finanziers und Industrielle beträchtliche Verluste erlitten. In beiden Fällen gewährleistete die Fülle der Exekutivmacht, in Spanien vom König und in Portugal vom Präsidenten ausgeübt, die Garantie für Stabilität und hielt radikale Exzesse in Grenzen. Die Zusammensetzung von Spaniens Übergangsregierungen rechts von der Mitte erwies sich ebenfalls als besänftigender Faktor, während in Portugal die öffentliche Ordnung dem Militär anvertraut blieb.

Im Gegensatz zu Portugal erlebte Spanien keine Säuberungen, die mit der Diktatur in Zusammenhang standen. Obwohl dies für die Kontinuität der politisch-gesellschaftlichen Verhältnisse zweifellos von Vorteil war, erzeugte die Ungewißheit um die Loyalität einiger Diener des neuen Regimes ihre eigenen Probleme. Die vermittelnde Taktik von Adolfo Suárez' Union der demokratischen Mitte (UCD: Unión Centro Democrático), einer *ad-hoc*-Allianz grundverschiedener Interessengruppen, die sich 1981/82 wieder auflöste, erwies sich bei der Gestaltung des Übergangs als erstaunlich erfolgreich und war gleichzeitig in der Lage, das Problem der Regionen zu umgehen. Jedoch scheiterte sie daran, die Armee zu versöhnen oder zu kontrollieren. Auch die ETA wurde nicht pazifiziert. Die Gewalt im Baskenland setzte sich nach Francos Tod fort, selbst nach dem positiven Referendum zur demokratischen Verfassung im Jahr 1978 und der Einführung regionaler Autonomie für Katalonien und das Baskenland im Jahr 1980. Die absolut konträre Haltung von ETA einerseits und dem spanischen Militär andererseits erwies

Rechts: Adolfo Suárez (geb. 1932) – hier bei einer Rede an die Cortes im Jahr 1980 - war von König Juan Carlos mit der Aufgabe betraut, den Übergang zur Demokratie reibungslos zu gestalten. Verhandlungen zwischen dem König und Suárez hatten zwar schon vor Francos Tod begonnen, doch für viele kam seine Ernennung überraschend. Jung, telegen und administrativ erfahren, erwies sich Suárez als geschickter Staatsmann, der das alte frankistische Parlament dazu überredete, sich selbst abzuwählen. Als Wahlkämpfer war er jedoch weniger erfolgreich; die von ihm angeführte Zentrumspartei, die UCD, brach 1982 zusammen, nachdem Suárez sie verließ, um eine Konkurrenzpartei zu gründen.

sich als eines der zentralen Themen des Übergangs; obwohl bittere Feinde, stellten die beiden Gruppen jeweils für sich eine ernsthafte Gefahr für die Sicherheit der Demokratie dar. Es war die Absicht der ETA, das Militär zu einer Intervention zu provozieren, in der Überzeugung, daß ein Putsch eine revolutionäre Erhebung entfachen würde. Als die Maßnahmen zur regionalen Autonomie im Baskenland zu wirken begannen, ging praktisch auch die Unterstützung für die ETA zurück, obwohl die Terroristen immer auf eine kleine separatistische Minderheit zählen konnten.

Zwar ließ in Portugal die Armee zu keinem Zeitpunkt eine Rückkehr zum aufrührerischen Chaos des Jahres 1975 zu, die gerade flügge gewordene Demokratie des Landes erlebte aber ebenso ihre Momente extremer Zerbrechlichkeit. Die Verfassung von 1976, der alle außer einer Partei in der verfassunggebenden Versammlung zugestimmt hatten, wurde nicht dem Volk zur Abstimmung vorgelegt. Sie stärkte die Exekutive, und es war darin vom »Übergang zum Sozialismus« die Rede; die Kollektivierungen von 1975 wurden als »irreversibel« bezeichnet. Wie in Spanien wurde ein Verhältniswahlsystem eingeführt, das normalerweise einer Partei, die über 42 Prozent der Stimmen gewinnt, die absolute Mehrheit verliehen hätte, um die Stabilität der jeweiligen Regierung zu erhöhen. Das war auch tatsächlich selbst zwischen Juli 1976 und Juli 1987 der Fall, als Portugal acht verschiedene Regierungen hatte. Die Unfähigkeit aller Parteien, eine verläßliche Regierung zu bilden, zwang den Präsidenten, General António Ramalho Eanes (geb. 1935; Präsident von 1976 bis 1986), drei aufeinanderfolgende nicht parteigebundene Regierungen zu ernennen. Wie Spaniens »23-F« wurde dieser riskante Augenblick auf dem Verhandlungsweg überwunden; die portugiesischen Wahlen von 1976 waren die ersten, die in einer friedlichen Amtsübernahme durch die Opposition endeten. Dieses potentiell kritische Ereignis wurde in Spanien erst im Oktober 1982 bewältigt, als die Sozialistische Partei 48 Prozent der Stimmen errang und damit ein Jahrzehnt ihrer Regierungsmehrheit einleitete.

Demokratische Konsolidierung

Gegen Ende der achtziger Jahre schienen die iberischen Demokratien gefestigt zu sein. Die erste Partei, die in Portugal einen absoluten Wahlsieg erzielen sollte, war die Sozialdemokratische Partei (PSD: Partido Social Demócrata, früher PPD) von Aníbal Cavaco Silva (geb. 1939), die auf etwas über 50 Prozent der Abstimmung vom Juli 1987 kam. Das parlamentarische System hatte sich jedoch bereits stabilisiert; von 1976 bis 1985 war die Macht unter vier Hauptparteien aufgeteilt worden: den Sozialisten, den Sozialdemokraten, den Kommunisten und dem Sozialdemokratischen Zentrum (CDS: Centro Democrático Social). Während bei Wahlen die Stimmanteile jeder Partei relativ konstant blieben, sorgten deren wechselnde Allianzen für eine ansehnliche Variation an Regierungen.

Die Präsidentschaftswahlen vom Februar 1986 leiteten eine neue Phase der portugiesischen Demokratie ein. Eine der bemerkenswertesten Errungenschaften der achtziger Jahre sowohl in Spanien als auch in Portugal war die Rückkehr des Militärs in die Kasernen. 1982 wurde Portugals Verfassung ergänzt, um die Legislative zu stärken. Der Revolutionsrat, eine verfassungsmäßige Institution, die die Rolle des Militärs als Wächter der Revolution wie ein Heiligtum hüten sollte, wurde abgeschafft, und die Armee gab ihre institutionelle Präsenz ohne Widerstand preis. Vier Jahre später war der charismatische und erfahrene Mário Soares, der 1976 Portugals erste sozialistische Regierung angeführt hatte, mit überwältigender Unterstützung des Volkes der erste gewählte zivile Präsident Portugals seit 1926.

Die Situation in Spanien schien komplizierter. Im Gefolge von Tejeros Putschversuch im Februar 1981 hatte die UCD-Regierung hastige Verhandlungen mit der NATO aufgenommen, in der Überzeugung, daß eine Mitgliedschaft zur Entpolitisierung und Demokratisierung der Streitkräfte beitragen würde. Spanien trat der Allianz am 30. Mai 1982 bei, gegen beträchtlichen Widerstand im eigenen Land, nicht zuletzt von der Sozialistischen Partei. Im Oktober desselben Jahres bildeten die spanischen Sozialisten zum erstenmal in ihrer langen Geschichte eine Regierung. Mit den anscheinend unzähmbaren Problemen militärischer Subversion und ETA-Terrorismus konfrontiert, kündigte der neue Premier Felipe González (geb. 1942) eine Umkehrung der NATO-Politik der Regierung an. Als die Frage im März 1986 verspätet einem Referendum ausgesetzt wurde, betrieb die Regierung, die sowohl von seiten der Vereinigten Staaten als auch der EG-Mitgliedsstaaten unter beträchtlichen Druck geraten war, einen lebhaften Wahlkampf für die weitere Mitgliedschaft und gewann. Zwar verschreckte sie viele sozialistische Anhänger, doch trug die abrupte Kehrtwendung zur Verbesserung der Beziehung zwischen Militär und Politik bei. Das Niveau der Verteidigungsausgaben war gestiegen. Einer der Gründe für die Umkehr in der NATO-Politik der Sozialisten war der Wunsch nach einer Umstrukturierung der spanischen Industrie, die um die Komponente einer hochtechnologischen Rüstungsfabrikation erweitert werden sollte. Außerdem hatte das Ende des nationalen Isolationismus durch die Mitgliedschaft in der NATO und der EG, der Spanien 1986 beitrat, tiefe Auswirkungen auf die Haltung des Militärs.

Ein bedeutender Teil des frankistischen Erbes der Armee war ihre bedingungslose Verpflichtung zur Verteidigung der territorialen Integrität Spaniens. Das regionale Problem war somit unentwirrbar mit dem militärischen verknüpft; schließlich mußte eine politische Lösung gefunden werden. Obwohl das Baskenproblem nie vollkommen gelöst worden ist, wurde die drohende Explosion regionalistischer Forderungen – durch die Repression während Francos letzten Jahren noch angeheizt – in den achtziger Jahren durch die Verhandlungen der Sozialisten mit den gemäßigten baskischen und katalanischen Parteien weitgehend entschärft. Die Spannungen flauten ab, besonders nach einem Auslieferungsabkommen mit Frankreich, das zu einer neuen Offensive gegen die ETA führte, doch das Regionalproblem verflüchtigte sich nicht.

Zwar betonte die Verfassung von 1978 die Integrität des spanischen Staates, doch nahm Spanien nun doch die Gestalt eines quasi-föderalen Systems an, indem das nationale Territorium in 17 autonome Regionen eingeteilt wurde, jede mit Vollmachten ausgestattet. Katalonien, Galicien und das Baskenland – die Regionen mit klaren historischen und linguistischen Identitäten – bewegten sich am weitesten in Richtung eines autonomen Status; 1983 war dieser allen Regionen garantiert worden. Der Autonomiestatus hat sicherlich die nationalistischen Gefühle in den Regionen gestärkt. Jede von ihnen hat heute eine eigene Flagge, Hymne und lokale Institutionen. In Katalonien, wo die separatistischen Forderungen am lautesten erhoben werden, schürten der Zusammenbruch der Sowjetunion (1989–1992) und besonders die Anerkennung der unabhängigen baltischen Republiken (1991) Forderungen der Bevölkerung nach Loslösung. Solche Forderungen fanden jedoch bei den wichtigsten politischen Entscheidungsträgern kein Echo, und die blutigen Konflikte, die ab 1990 nach dem Zusammenbruch Jugoslawiens folgten, dämpften die nationalistische Begeisterung. Selbst im Baskenland, wo Herri Batasuna – der politische Flügel der ETA – noch beachtliche Unterstützung in der Bevölkerung findet, folgten 1987 nur 17 Prozent den Forderungen der Partei nach Unabhängigkeit. Acht Jahre später waren 32 Prozent für einen baskischen Nationalstaat.

Portugal kennt kein Regionalproblem größeren Ausmaßes, obwohl die Frage lokaler Autonomie nach wie vor auf der politischen Tagesordnung steht. Die Verfassung von 1976 erklärt Portugal zum Einheitsstaat, und regionale Parteien wurden von den Wahllisten verbannt. Doch traf die Regierung Vorkehrungen für neue Vereinbarungen zu Regionalregierungen (die in den frühen neunziger Jahren eingeführt werden sollten), während die Inselregionen Madeira und die Azoren einen beachtlichen Grad an Autonomie einschließlich einiger Steuerhoheiten gewannen.

Demokratisches Defizit

Zwar ist Herri Batasuna die einzige Anti-Systempartei in Spanien wie auch Portugal, die über ein beträchtliches Maß an Unterstützung aus der Bevölkerung verfügt, doch begann die spanische Wählerschaft schon in den späteren achtziger Jahren eine gewisse Ernüchterung vom nationalen Parteiensystem zu zeigen. Die Einführung lokaler Autonomie brachte eine neue Generation regionaler Parteien hervor, aber deren Aufschwung in der Wählergunst spiegelte eine Unzufriedenheit mit der herrschenden Sozialistischen Partei, die sich – obwohl sie bei den Wahlen von 1993 einen deutlichen Stimmenverlust hinnehmen mußte – von 1982 bis 1993 fast unangefochten ihrer Macht erfreute.

Das auf der gesamten Iberischen Halbinsel gebräuchliche Wahlsystem bildet große Wahlkreise mit großen Wählerzahlen, deren Vertreter nach einem Listenwahlsystem ausgewählt werden. In Portugal gibt es praktisch keine Verbindung zwischen den Abgeordneten und denen, die sie vertreten; die Kandidaten sind mit ihren Bezirken oft nicht vertraut, und viele zeigen wenig Neigung, dort zu erscheinen, nachdem sie einmal gewählt sind. Das Listenwahlsystem bedeutet auch, daß die Kandidaten von der Parteibürokratie aufgestellt werden und nicht vom Wahlbezirk. Im Endeffekt hängen politische Karrieren mehr von Parteifunktionären ab, die festlegen, welche Abgeordnete wieder aufgestellt werden, als von den Wählern. Konformismus ist an der Tagesordnung; Unabhängige bleiben unbekannt, und Individualisten sind rar.

Das Übergewicht der Parteieliten wird durch die Stärke der Angehörigen der Exekutive noch vergrößert. Selbst unter den gänzlich demokratischen Bedingungen genießen sie beträchtlich mehr Autorität als die Mitglieder der Legislative. Die langen Jahre der Diktatur haben auch ein Erbe an staatlichem Interventionismus hinterlassen, das der Regierungspartei eine ansehnliche Macht über die zivile Gesellschaft zugesteht. Viele Beobachter führten den Erfolg der Sozialisten im NATO-Referendum vom März 1986 auf die mehr oder weniger offene Manipulation des spanischen Fernsehens zurück, über dessen Kontrolle die Regierung damals das Monopol besaß. Drei Jahre später, im Januar 1989, war der von der Regierung ernannte Leiter der spanischen Rundfunkgesellschaft (RTVE) zum Rücktritt gezwungen, nachdem man ihn des politischen Eingriffs in das Programm beschuldigt hatte. Obwohl sich die Situation nach der verspäteten Einführung privater Fernsehgesellschaften 1990 etwas beruhigte, machte sich die Sozialistische Partei nach Bekanntwerden ihrer Einflußnahme auf das Fernsehen in den achtziger Jahren einen Großteil der Druckmedien zu erbitterten

Oben: Im Oktober 1982 gewann die Spanische Sozialistische Partei zum erstenmal in ihrer Geschichte die absolute Mehrheit bei Wahlen. Felipe González wurde im Alter von 42 Jahren neuer Ministerpräsident; das Durchschnittsalter seines Kabinetts betrug ganze 40 Jahre. Für viele Spanier stellte die neue Regierung schließlich einen vollkommenen Bruch mit der Vergangenheit dar. Unter den Sozialisten trat Spanien formell der Europäischen Gemeinschaft bei und nahm seinen Platz als kommende europäische Großmacht ein. Das Fehlen einer effektiven Opposition bewirkte, daß González ein Jahrzehnt später immer noch an der Macht war. In den neunziger Jahren jedoch hatte sich die Euphorie von 1982 verflüchtigt.

Die autonomen Regionen
(oben rechts)
Im Wortlaut der Verfassung von 1978 wurde den spanischen Regionen der Autonomiestatus versprochen, mit der Aussicht auf eigene gewählte Vertretungskörperschaften. Dem Baskenland und Katalonien wurde dies rasch gewährt, beide hatten unterschiedliche kulturelle Identitäten und eine lange Geschichte regionalistischer Ansprüche. 1983 waren in Spanien einschließlich der Kanarischen Inseln 17 autonome Regionen gebildet worden. Diese haben verschiedene Befugnisse und Verantwortlichkeiten im Verhältnis zur Zentralregierung: nur das Baskenland und Navarra besitzen ein unabhängiges Besteuerungsrecht. Ein deutlicher Indikator für die Stärke der regionalen Aktivitäten ist die Zahl der Gesetze, die von jeder der Regionalversammlungen in den zehn Jahren nach 1982 verabschiedet wurde – sie reicht von 232 in Katalonien bis zu 43 in der Extremadura. Portugal ist ein Einheitsstaat, obwohl es auch hier Vorkehrungen zur Einführung der ein oder anderen Form föderaler Regierung gibt: die Azoren und Madeira besitzen bereits ein gewisses Maß an Autonomie. Das Festland ist in 18 Verwaltungsdistrikte eingeteilt, und Regionalparteien bleiben von Wahlen ausgeschlossen.

Rechts: Unter Franco war jeder Ausdruck katalanischen Nationalbewußtseins verboten, sogar Volkstanz. Heute haben die Katalanen ihr kulturelles Erbe zurückgefordert. Hier führen Einwohner von Barcelona auf dem Platz vor der Kathedrale die *sardana*, ihren traditionellen Tanz, vor.

Karte Spanien und Portugal

La Coruña
LA CORUÑA
Santiago de Compostela (Apr 81)
99
GALICIEN
LUGO
Lugo
Pontevedra
PONTEVEDRA
ORENSE
Orense
Minho

Oviedo (Dez. 81)
ASTURIEN 92
Santander (Dez. 81)
KANTABRIEN 72
VIZCAYA
Bilbao
BASKEN-LAND 134
Vitoria (Dez. 79)
ALAVA
BURGOS
GUIPUZCOA
San Sebastián
Golf von Biscaya
FRANKREICH

VIANA DO CASTELO
Viana do Castelo
BRAGA
Braga
Bragança
BRAGANÇA
VILA REAL
Vila Real
ZAMORA
Zamora
VALLADOLID (Febr. 83)
Valladolid
LEON
León
KASTILIEN UND LEON 80
Duero
Burgos
Burgos
Logroño (Jun. 82)
LA RIOJA 30
SORIA
Soria
NAVARRE 199
Pamplona (Aug. 82)
ANDORRA

ATLANTISCHER OZEAN
PORTO
Porto
AVEIRO
Aveiro
VISEU
Viseu
GUARDA
Guarda
SALAMANCA
Salamanca
SEGOVIA
Segovia
Avila
AVILA
MADRID 88
Madrid (Febr. 83)
GUADALAJARA
Guadalajara
CUENCA
SARAGOSSA
Saragossa (Aug. 82)
ARAGON 78
TERUEL
Teruel
HUESCA
Huesca
Lérida
LERIDA
KATALONIEN 232
BARCELONA
Barcelona (Dez. 79)
TARRAGONA
Tarragona
GERONA
Gerona

COIMBRA
Coimbra
CASTELO BRANCO
Castelo Branco
LEIRIA
Leiria
PORTUGAL
SANTAREM
Santarém
PORTALEGRE
Portalegre
CACERES
Cáceres
CIUDAD REAL
Toledo (Aug. 82)
TOLEDO
SPANIEN
KASTILIEN-LA MANCHA 51
CUENCA
Cuenca
VALENCIA 90
Valencia (Jul. 82)
CASTELLON
Castellón de la Plana
Júcar
Menorca
Palma (Febr. 83)
Mallorca
BALEAREN 88
Ibiza

LISSABON
Lissabon
EXTREMADURA 43
Mérida (Febr. 83)
Badajoz
BADAJOZ
Guadiana
Ciudad Real
ALBACETE
Albacete
ALICANTE
Alicante
SETUBAL
Setúbal
Evora
EVORA
BEJA
Beja
HUELVA
Huelva
Sevilla (Dez. 81)
SEVILLA
ANDALUSIEN 76
CORDOBA
Córdoba
JAEN
Jaén
GRANADA
Granada
MURCIA 90
Murcía (Jun. 82)
ALMERIA
Almería
FARO
Faro
Guadalquivir
MALAGA
Málaga
CADIZ
Cádiz
MITTELMEER

Maßstab 1 : 6 000 000
0 — 150 km
0 — 100 Meilen

Legende

- autonome Region mit eigenständiger Steuerhoheit
- **90** Zahl der verabschiedeten Gesetze 1982 – 1992
- ■ Landeshauptstadt
- ■ Hauptstadt autonome Region der Gewährung des Autonomie-Statuts
- ■ Distrikt- oder Provinzhauptstadt
- – · – internationale Grenze
- – – – Grenze autonome Region
- —— Distrikt- oder Provinzgrenze

von Regionalparteien gewonnene Stimmen bei Wahlen zwischen 1989 und 1992 in Prozent
- 50
- 20
- 10
- keine Regionalparteien anerkannt

Gegnern. 1990 sprachen Zeitungen regelmäßig von Felipe González als »Cäsar«.

In beiden Ländern spielt Patronage eine wichtige Rolle im politischen Leben. Die regierende Partei versucht nicht nur alle staatlichen Institutionen zu übernehmen, sondern auch andere Bereiche des öffentlichen Lebens zu bestimmen, etwa die Bürokratie, die Medien und selbst die Universitäten. In Portugal ist dieser Prozeß durch die Erfordernisse der Gewaltenteilung (besonders vor 1987) gehemmt worden, aber im Spanien der achtziger Jahre war die Sozialistische Partei in der Lage, Sympathisanten in praktisch allen Bereichen des öffentlichen Lebens unterzubringen. Aber diese Vorgehensweise zeigte auch, daß es gänzlich unterlassen wurde, noch unter Franco bestallte Beamte und Opportunisten auszusondern. 1982 mußte die neue sozialistische Regierung deswegen umfassende politische Ernennungen vornehmen, um die Durchsetzung ihrer Politik zu sichern. Ähnlich wurde in Portugal während der späten siebziger Jahre eine Ausweitung des öffentlichen Dienstes vorgenommen, um das 1975 beschlossene ausgedehnte Verstaatlichungsprogramm zu sichern und Parteianhänger zu belohnen.

Somit konnte es wahrscheinlich nicht ausbleiben, daß den Parteieliten weitreichende Korruptionsvorwürfe gemacht wurden. 1982 beugte sich die sozialistische Regierung Spaniens dem Druck und spezifizierte, welche Posten der Bürokratie politisch besetzt werden könnten und welche der normalen

Beamtenlaufbahn vorbehalten bleiben. Im selben Jahr gewann Cavaco Silva die absolute Mehrheit bei den portugiesischen Wahlen nach dem öffentlichen Versprechen, die Ämterpatronage zu zügeln und den öffentlichen Sektor zu verkleinern.

Ein Jahrzehnt sozialistischer Regierung in Spanien fügte jedoch dem schon immer bestehenden Problem bürokratischen Gefolgschaftsdenkens noch eine neue Dimension hinzu. 1991 trat González' rechte Hand, der stellvertretende Ministerpräsident Alfonso Guerra (geb. 1940), nach einem lang andauernden Korruptionsskandal zurück. In einer anschließenden schier endlosen Serie von Enthüllungen von Unregelmäßigkeiten in der Parteifinanzierung, Steuerhinterziehung und Bestechung verloren die Sozialisten viel von ihrem Image. Im Juli 1993 erreichte Spaniens rechte Volkspartei (PP: Partido Popular) zum erstenmal über 25 Prozent der Stimmen und brach die absolute Mehrheit der Sozialisten. Die PP, die im September 1976 von einem früheren frankistischen Minister, Manuel Fraga Iribarne (geb. 1920), gegründet worden war, benötigte einige Jahre, um ihr autoritäres Image abzuschütteln und als Partei für alle Wähler rechts von der Mitte akzeptiert zu werden. In Spanien wie auch Portugal waren in den achtziger Jahren die Extreme an beiden Enden des politischen Spektrums bei Wahlen wenig erfolgreich, und selbsternannte Zentrumsparteien verloren ebenso an Bedeutung. In Portugal wurden die Sozialdemokraten des Zentrums, die 1979 in der breiteren Demokratischen Allianz (AD: Aliança Democrática) aufgegangen waren, 1987 von Cavaco Silvas PSD verdrängt. Statt dessen wurden alle Parteien, die am überzeugendsten die sogenannte Mitte besetzten, wie auch immer ihre ideologische Ausrichtung war, an den Wahlurnen belohnt.

Wirtschaftswachstum

Trotz der Skandale der achtziger Jahre erlebte das Jahrzehnt einen bemerkenswerten politischen, sozialen und wirtschaftlichen Fortschritt. Die dramatischen politischen Umbrüche Mitte der siebziger Jahre waren wirtschaftlich gesehen von der Energiekrise der Jahre 1973 und 1974 ausgelöst worden, als die Ölpreise um fast 500 Prozent anstiegen und das vom Tourismus getragene iberische Wirtschaftswunder zum Stillstand kam. Es war nur allzu klar, daß die Expansion der sechziger Jahre auf alles andere als soliden Fundamenten errichtet worden war. Sowohl Spanien wie Portugal waren in hohem Maße von Energie-Importen abhängig, der Finanzsektor war ineffektiv, der öffentliche Sektor von überholten Verwaltungspraktiken beherrscht, und verschiedene restriktive Maßnahmen behinderten die Entfaltung sich selbst regulierender Märkte. In den siebziger Jahren wurden diese wirtschaftlichen Themen ständig von den Prioritäten der politischen Situation verdrängt. Demokratisierung und nicht wirtschaftlicher Aufbau stand auf der Tagesordnung der Regierungen. Den strukturellen Schwächen der Wirtschaft stellte man sich einfach nicht, was zur Folge hatte, daß sich in den frühen achtziger Jahren beide iberischen Ökonomien mit drängenden Problemen der wirtschaftlichen Neubelebung und Umstrukturierung konfrontiert sahen.

In Portugal hatte sich die Lage dadurch kompliziert, daß in den frühen Tagen der Revolution von einer zentral gelenkten Wirtschaft die Rede war. Diese Option wurde ebenso wie die eines sozialistischen Staates nach 1975 verworfen. Portugal mußte eine andere Lösung für seine akuten wirtschaftlichen Probleme finden. Obwohl der Touristenboom der sechziger Jahre ein Wachstum bewirkte, trug eine höheres Niveau ausländischer Investitionen wenig zur Verringerung der Abhängigkeit von den Kolonien bei und schon gar nichts zur Umgestaltung der noch immer sehr traditionellen Landwirtschaft. Nach der Revolution von 1974 verschob sich die Verteilung des Reichtums rasch zugunsten der Arbeiter, die vorher weder Tarif- noch Streikrechte genossen. Die Kolonialmärkte schrumpften jäh, die Exporte in die Kolonien fielen von 15 Prozent des Gesamt-

exports im Jahr 1973 auf fünf Prozent 1976. Zur selben Zeit fielen auch die Rohstoffe und landwirtschaftlichen Produkte, die vorher zu günstigen Preisen aus den überseeischen Territorien importiert worden waren, weg. Die Entkolonialisierung hatte auch menschliche Auswirkungen. Etwa 800 000 Siedler aus den früheren Kolonien – die sogenannten *retornados* – kehrten nach 1974 ins Mutterland zurück, viele von ihnen mittellos. Nach den vergangenen Zeiten als See- und Imperialmacht hing Portugals Entwicklung jetzt von der Integration in die europäische Wirtschaft ab.

Am 28. März 1977 beantragten sowohl Portugal als auch Spanien formal die Mitgliedschaft in der EG. Nach langen und manchmal harten Verhandlungen wurden am 12. Juni 1985 die Beitrittsabkommen unterzeichnet, die sechs Monate später, am 1. Januar 1986, zur Mitgliedschaft in der EG führten. In den späten siebziger Jahren waren die Hauptgründe für die Bemühungen um eine Mitgliedschaft politischer Natur. Die wichtigsten Auswirkungen des Beitritts waren jedoch wirtschaftlicher Art.

In den frühen achtziger Jahren war die sozialistische Regierung damit beansprucht, die Demokratie zu festigen, indem sie Spanien in die Hauptströmungen der europäischen Entwicklung einreihte. Die Modernisierung sollte durch ein stringentes Paket von Sparmaßnahmen erreicht werden. Dieses zielte auf einen Rückgang der Inflation, auf Anreize für ausländische Investitionen und auf eine Umstrukturierung der Schwerindustrie wie

Oben: Landwirtschaftliche Saisonarbeit ist für Spaniens Zigeuner immer noch eine wichtige Quelle der Beschäftigung. Von einem Großteil der Gesellschaft marginalisiert, suchen Zigeuner Arbeit, wo sie nur können. Viele Frauen und Kinder verkaufen Blumen, betteln und lesen aus der Hand. Spanische Zigeuner führen zwar kein Wanderleben, wohnen aber oft in Camps oder Hüttendörfern in den Außenbezirken der Städte. Diese Zigeunergruppe kehrt gerade mit ihrem erbarmungswürdig dürren Hund von der Erntearbeit auf Mallorca in ihr Camp zurück.

zum Beispiel der baskischen Stahlindustrie. Diese weitreichenden wirtschaftspolitischen Maßnahmen brachten schwerwiegende Arbeitsplatzverluste mit sich und Kürzungen der öffentlichen Dienstleistungen. 1985 war die Wirtschaft umgekrempelt, aber die engen Bande zwischen der Regierung und der Gewerkschaftsbewegung hatten sich wegen der Gesetzgebung von 1984 zur Herbeiführung eines flexibleren Arbeitsmarktes deutlich gelockert. Im Juni 1991 waren über 32 Prozent der lohnabhängigen Bevölkerung mit zeitlich begrenzten Verträgen beschäftigt.

Die volle EG-Mitgliedschaft öffnete das Land für den internationalen Handel und führte zu einer Flut von ausländischen Investitionen und Impulsen für wirtschaftliches Wachstum. Obwohl einige über das Ausmaß besorgt waren, in dem eher ausländisches als spanisches Kapital das zweite »Wirtschaftswunder« des Landes ab 1986 bewirkte, wurde Spanien zu einem wichtigen Faktor in der EG. Im Jahr 1992 – fünf Jahrhunderte nachdem Kolumbus den Atlantik westwärts überquert hatte – richtete das Land die Olympischen Spiele in Barcelona und die Expo '92 in Sevilla aus. Massive Ausgaben für öffentliche Arbeiten im Zusammenhang mit diesen Ereignissen demonstrierten die Entschlossenheit, die Infrastruktur des Landes zu modernisieren. Obwohl EG-Mittel viel zur Verbesserung des Transport- und Kommunikationswesens beigetragen hatten, als die spanische Wirtschaft in den frühen neunziger Jahren in die Rezession geriet, war doch klar, daß zur völligen Integration in Europa weitaus mehr nötig war. Auch Portugal erlebte nach dem EG-Beitritt im Jahr 1986 einen Boom, war aber 1989 immer noch das ärmste Land der Europäischen Gemeinschaft und blieb auf die Agrarsubventionen der EG angewiesen. Die Kommunikationsnetze waren immer noch unzureichend, und nur wenige Sektoren der portugiesischen Wirtschaft waren vollständig modernisiert worden.

Bildung und sozialer Wandel

Bildung nahm eine zentrale Stellung im Modernisierungsprogramm der iberischen Demokratien ein. Sowohl unter Franco als auch Salazar war die Versorgung mit Bildungseinrichtungen unzureichend und inhaltlich von Obskurantismus geprägt. Patriotismus und Religion beherrschten die Lehrpläne, oft in einem erstickenden Ausmaß. Beide Diktaturen waren ängstlich darauf bedacht, Bildung und Erziehung von demoralisierenden und verderbenden Einflüssen frei zu halten (in den späten fünfziger Jahren ging Salazars Angst vor dekadenten Kräften so weit, daß er sowohl aus moralischen als auch ästhetischen Gründen Coca-Cola verbot).

Anpassung war unter solchen Umständen an der Tagesordnung. Die Studenten strömten scharenweise in die juristischen Fakultäten – der traditionelle Weg zu einem Job im öffentlichen Dienst –, trotz der Schwemme von Absolventen in dieser relativ unstrittigen Disziplin. Unterricht in Religion war unter Franco für alle Universitätsstudenten zwingend vorgeschrieben. Die theologischen Fakultäten selbst stagnierten; sie waren von den neueren Entwicklungen in Philosophie und Bibelexegese abgeschnitten. Die Zeitgeschichte blieb weitgehend unerforscht, weil die Gelehrten das sicherere Terrain der mittelalterlichen und imperialen Epochen suchten. Die Naturwissenschaften waren noch härter betroffen. Als Spanien in den sechziger Jahren prosperierte, wurden einige Versuche unternommen, die nationalen Bildungsdefizite zu beheben. Zwischen 1962 und 1976 stieg der Haushaltsanteil für Bildung um mehr als das Doppelte. Seit dem allgemeinen Bildungsgesetz von 1970 war der Schulbesuch für alle Kinder zwischen sechs und 14 Jahren frei und zwingend. Die Veränderungen waren zum Teil eine Hinterlassenschaft des katholischen Laienordens Opus Dei, dessen Mitglieder 1957 zum erstenmal in Francos Kabinett berufen wurden. Obwohl theologisch und politisch konservativ, war das Opus Dei ernsthaft um Professionalität, Bildung und technologische Entwicklung bemüht. Eine solche Haltung stand in schroffem Gegensatz zu den portugiesischen Eliten, die wenig Interesse an der Hebung der Alphabetisierungsrate zeigten.

Trotz der Ausweitung in den vorangegangenen zwei Jahrzehnten waren in den späten achtziger Jahren etwa 11 Prozent aller mehr als 14 Jahre alten Spanier Analphabeten. Die Verfassung von 1978 führte die Möglichkeit eines Schulbesuchs in den Minderheitensprachen ein – ein Vorschlag, der in Katalonien, im Baskenland und in geringerem Ausmaß in Galicien zustimmend aufgenommen wurde –, aber Bildung und Erziehung waren in Spanien immer noch eine elitäre Sache. 1984 jedoch verbesserte die eben gewählte sozialistische Regierung den Zugang zum Bildungssystem, indem sie die staatlichen Mittel für private Schulen von der Bedingung abhängig machte, die Zugangskriterien zu vereinheitlichen, in der Überzeugung, daß dies schließlich zu einem allgemeinen und gleichen Bildungssystem führen würde. Das neue Gesetz stieß auf harte Opposition aus Teilen der Kirche und vieler Eltern aus der Mittelklasse und konnte erst in Kraft treten, nachdem seine Gegner erfolglos vor das Verfassungsgericht gegangen waren. 1990 verabschiedeten die Sozialisten ein weiteres Bildungsgesetz, das den Religionsunterricht zu einem Wahlfach im Lehrplan degradierte und Sexualkunde vorsah – nicht zuletzt als Mittel, mehr Gleichheit zwischen den Geschlechtern herzustellen.

In Portugal schienen die Probleme des Bildungswesens noch entmutigender. Eine Erhebung im Jahr 1989 ergab eine Analphabetenrate von 21 Prozent bei den über Fünfzehnjährigen – die höchste Rate in der EG. Die Rate der Schulabbrecher und Schulversager steht mit 33 Prozent gegenüber zehn Prozent im EG-Durchschnitt. Erst nach 1974 wurde Schulbildung für alle zugänglich und die Pflichtschulzeit von vier auf sechs Jahre verlängert. Nach der Revolution fand eine breite Umschichtung des Lehrpersonals statt; Schulleiter wurden durch Komitees ersetzt, aber mangelnde staatliche Mittel und heruntergekommene Schulgebäude führten bald zur Demoralisierung des Lehrkörpers. Doch obwohl die Analphabetenrate unter den Jüngeren dramatisch sank, erwies es sich nach wie vor als schwierig, den Schulbesuch besonders in jenen Gebieten zu verstärken – vor allem in den armen industriellen Vorstädten von Braga, Porto und Aveiro –, wo Kinderarbeit ein wichtiger Teil des Familieneinkommens blieb.

Seit dem Aufkommen der Demokratie ist der höheren Bildung besondere Aufmerksamkeit gewidmet worden. Neue Universitäten wurden gegründet, um der explodierenden Zahl von Studenten Herr zu werden. 1970 besaß Portugal fünf Universitäten, vier staatliche und eine private. 1990 waren es bereits 14 autonome Universitäten und Akademien im öffentlichen Sektor und fünf im privaten, zusammen mit einer vom Staat unterhaltenen offenen Universität. In diesem rapiden Anstieg universitärer Einrichtungen in Portugal wie auch in Spanien spiegelte sich der rasche gesellschaftliche Wandel auf der Halbinsel. Der größere Wohlstand der sechziger Jahre führte, verglichen mit den mageren vierziger und fünfziger Jahren, zu einem Mini-»Babyboom«. Diese Generation stand in den achtziger Jahren vor den Türen der Universitäten, einer Zeit, in der die Versorgung so gut wie nie zuvor war. Regierungsinitiativen boten jungen Leuten Anreize zum Erwerb einer Qualifikation, besonders in den naturwissenschaftlichen und technischen Fächern. Ebenso wie die Frauen ihren Platz in der Arbeitswelt einnahmen, besetzten Mädchen die Studienplätze an den Universitäten wie nie zuvor. 1940 waren nur 13 Prozent der Universitätsstudenten Frauen. Vier Jahre nach Francos Tod stand die Zahl bei 37 Prozent, 1984 waren die Hälfte aller, die einen Abschluß anstrebten, Frauen.

Ungeachtet der dramatischen Ausweitung höherer Bildung erwiesen sich andere Problembereiche als nicht handhabbar. Studenten beider Länder qualifizieren sich für den Eintritt in die Universität mit dem erfolgreichen Abschluß des Sekundär-

Expo '92

Im Jahr 1992 – als Spaniens sozialistische Regierung ihr zehnjähriges Amtsjubiläum feierte – war Barcelona Gastgeber der Olympischen Spiele, Madrid fungierte als Europäische Kulturhauptstadt, und in Sevilla, der andalusischen Hauptstadt, fand die Weltausstellung statt. Seit der ersten Weltausstellung in London 1851 wurden in 17 Ländern 26 derartige Großmessen inszeniert. Doch nach Montreal/Kanada im Jahr 1967 und Osaka/Japan 1970 war die Popularität solcher Mammutausstellungen verblaßt. Die Ausstellung von 1992 sollte ein gemeinsames Unternehmen von Sevilla und Chigaco werden, aber die amerikanische Stadt zog sich der hohen Kosten wegen 1987 zurück.

Doch trotz aller Zweifel bildete die Expo '92 – wie sie allgemein genannt wurde – einen geeigneten Höhepunkt für Spaniens *annus mirabilis*. Zum Teil als Fünfhundertjahrfeier von Kolumbus' erster Reise über den Atlantik abgehalten, bot die Ausstellung ein unvergleichliches Schaufenster für das neue Spanien. Sie wurde auf einem 215 Hektar großen Gelände inszeniert, das fast die ganze Insel La Cartuja im Guadalquivir einnahm. Neue Brücken – mehrere von ihnen kompromißlos modern – verbanden diesen vorher abgelegenen und öden Ort mit der Stadt Sevilla. Pavillons wurden auf diesem unbebauten Agrarland errichtet und ein zerfallenes Kloster aus dem 15. Jahrhundert zu einer Kunstgalerie umgestaltet. Modernität und Internationalismus waren die Losungen der Expo '92. 110 Länder nahmen daran teil; über 60 nationale Pavillons wurden erbaut. Einige Länder entschieden sich zwar für die Neuauflage traditioneller architektonischer Stile – der ungarische Pavillon hielt sich an das Vorbild einer altertümlichen Holzkir-

che –, die meisten aber blickten in die Zukunft. Der englische Pavillon zum Beispiel war aus Stahl und Glas gebaut; seine Fassade bestand aus einer Mauer aus Wasser, betrieben von einem Pumpsystem, das seine Energie aus Solarzellen bezog. Wenige dieser innovativen Gebäude wurden auf Dauer gebaut, obwohl geplant war, den Palast der Entdeckungen, der der atlantischen Reise gewidmet war, in ein Marinemuseum umzuwandeln. Die Expo '92 war sechs Monate lang von April bis September 1992 täglich bis vier Uhr morgens geöffnet und wurde von 18 Millionen Menschen besucht.

Obwohl die künftige Nutzung des Geländes ungewiß blieb, ist der Nutzen, den die Stadt daraus zog, beträchtlich. Die Verkehrsinfrastruktur von Sevilla, Spaniens drittgrößter Stadt, die vorher nur mit einem rudimentären Verkehrsnetz ausgestattet war, wurde gründlich modernisiert. Beim Aufbau der Expo '92 wurden das Eisenbahnnetz erneuert, die Stadt durch einen Hochgeschwindigkeitszug (AVE, nach dem Modell des französischen TGV) mit Madrid verbunden, der Flughafen erweitert und 75 Kilometer Autobahnen gebaut.

Unten: Der mit schwarzen Fenstern versehene Pavillon des Heiligen Stuhls und der spektakuläre Pfauenschweif des indischen Pavillons bilden einen dramatischen Hintergrund für die Elektroautos und die Hochbahn, mit denen die Besucher durch die Expo '92 geschleust wurden. Fußgänger waren auf den von Rankgewächsen beschatteten Gehwegen vor der sengenden andalusischen Sonne geschützt. Im Hintergrund dieses Bildes ist der riesige Globus zu sehen, in den ein Kühlsystem integriert ist. Diese große Erdkugel war mit Düsen ausgestattet, die in regelmäßigen Intervallen Wolken atomisierten Wassers ausstießen, um die Temperatur der Umgebung zu senken. Das System, zwar äußerst wirksam, verschlang riesige Wassermengen und machte eine Rationierung der Bewässerung der lokalen Landwirtschaft notwendig.

Oben: Der prächtige kuwaitische Pavillon, entworfen von dem spanischen Architekten Santiago Calatrava, war einer der architektonischen Höhepunkte der Expo '92. Über einem geräumigen Auditorium erhoben sich 19 bewegliche »Federn«: Geschlossen symbolisierten sie eine Perlmuschel; halb geöffnet erinnerten sie an ein Beduinenzelt, ganz geöffnet an ein Schiffssegel.

Links: Eine der eindrucksvollsten der neuen Brücken über den Guadalquivir wurde *La Barqueta* (kleines Schiff) getauft, weil sich ihre geschwungenen Linien auf und ab bewegen wie ein Schiffsbug.

Rechts: Zeltdächer aus Leinwand schützten weite Bereiche des Geländes. Sie waren zwischen den Kühltürmen gespannt, die die trockene Atmosphäre durch Wasserverdunstung milderten. Traditionelle maurische Gestaltungselemente wie Wasser, Schattenbildung und Grünpflanzen wurden mit modernen Technologien kombiniert, um den Besuchern Kühle zu verschaffen.

schulzeugnisses *(bachillerato)*. Trotz der Besorgnis über die Qualität einiger Qualifikationen stießen Versuche zur Einführung eines Selektionsmechanismus auf erbitterten Widerstand. In Spanien bewirkten Unruhen unter Schülern und Universitätsstudenten während des »heißen Frühlings« 1987 den Rücktritt des für die Einführung des Plans verantwortlichen Ministers. Zwar wurden Fortschritte in der Entwicklung der naturwissenschaftlichen Ausbildung erzielt, doch strömen die Studenten immer noch scharenweise in die berufsorientierten Fächer Jura und Medizin. Das Angebot von ausgebildeten Rechtsanwälten liegt in Spanien schon seit langem über der Nachfrage, und Spanien besitzt pro Kopf mehr Ärzte als jedes andere Land der EG. Diese großzügige Versorgung mit praktischen Ärzten verschleiert andere Mängel in der medizinischen Betreuung. So befinden sich Berufe der medizinischen Hilfe wie Physiotherapie noch in den Kinderschuhen. Selbst der Beruf der Stationsschwester hat nur eine kurze Geschichte; die Krankenhäuser verließen sich in der Regel auf die Verwandten des Patienten, die für die allgemeinere Pflege sorgten.

Religion und kultureller Wandel

Unter Franco und Salazar definierte Religion die nationale Identität. Katholische Moral und *mores* waren ein gesetzlich verankertes sakrosanktes Prinzip, besonders in Spanien, auf das Franco den Anspruch als die »geistige Reserve des Westens« erhob. Doch war es Portugal, wo sich das spektakulärste Zeichen göttlichen Interesses ereignete. Im Jahr 1917, als Portugal von einer antiklerikalen Republik regiert wurde, erschien die Heilige Jungfrau Maria drei Cousinen, die außerhalb des Dorfes Fátima in der Estremadura Schafe hüteten. Obwohl sie von der lokalen Verwaltung zwei Tage eingesperrt wurden, hielten die Kinder an ihrer Geschichte fest, und innerhalb von Wochen zog die Stelle der angeblichen Erscheinung Tausende von Pilgern an.

Der Ruhm von Fátima und der Nutzen des Heiligtums für die katholischen Regimes von Salazar und Franco waren aber nicht nur die Konsequenz der ursprünglichen Erscheinungen. Die Heilige Jungfrau hatte anscheinend von einem Antichrist gesprochen; und nach der bolschewistischen Revolution in Rußland wurde der Antichrist weitgehend mit dem Kommunismus identifiziert. Während des Spanischen Bürgerkriegs wurde die Jungfrau Maria zum obersten Heerführer der frankistischen Armee erklärt, der die Soldaten leitet, die die rote Bedrohung vernichteten. Nach Francos Sieg wurde das Bild Unserer Lieben Frau von Fátima – für Salazars Neuen Staat bereits eine unschätzbare Propagandaquelle – auf Rundreise durch Spanien geschickt, wo es die antikommunistische Botschaft in Form von Wundererzählungen und Fürbitten verbreitete und schwere Strafen verhieß, sollte die Welt nicht ihre Fehler bereuen und zum Katholizismus zurückkehren.

Genau das zu tun, erwartete man in den rauhen Jahren nach dem Bürgerkrieg von jedem spanischen Bürger. Riesige öffentliche Messen wurden in jeder den Republikanern abgenommenen Stadt gefeiert, christliche Statuen und religiöse Namen heiligten die Straßen und Plätze; Fluchen, Blasphemie und schamlose Kleidung waren gesetzlich verboten. Der Besuch der Messe war zwar nicht gesetzlich vorgeschrieben, doch machten viele Arbeitgeber – einschließlich die des öffentlichen Sektors – den Kirchgang zu einer tatsächlichen Bedingung für eine Anstellung. Das Maß an katholischer Religionsausübung war hoch, aber das galt nie für alle. Die Wohlhabenden waren mit dem Katholizismus zufrieden, die Armen weniger. Wie überall in Europa gehen Industriearbeiter eher weniger regelmäßig zur Kirche.

In den achtziger Jahren wohnten über 40 Prozent der Erwachsenen im Norden Portugals regelmäßig der Messe bei, während es im Süden nur etwa zehn Prozent waren. Mehr als 90 Prozent der Bevölkerung waren jedoch getauft, und die Mehrheit befolgte die katholischen Riten der Erstkommunion, Heirat

und Beerdigung und des Totengedenkens. Ähnliches ergab 1984 eine Erhebung in Spanien: Obwohl nur 30 Prozent der erwachsenen Bevölkerung der Sonntagsmesse beiwohnten, bezeichneten sich 47 Prozent als praktizierende Katholiken. Die geographische Verteilung regelmäßiger Kirchgänger war dieselbe wie in Portugal – zur Messe zu gehen war im Norden üblich, unüblich im Süden. Ländliche Gebiete waren religiöser als städtische, zumindest im Norden. In Andalusien, dem Alentejo und der Algarve waren die katholischen Städte umgeben von einem areligiösen Land. Dieses Muster hat man in beiden Ländern immer wieder konstatiert, solange entsprechende Aufzeichnungen gemacht wurden, und es wiederholte sich auch in Italien. Möglicherweise war der maurische Süden nie wirklich für das Christentum »rückerobert« worden. Doch in den achtziger Jahren häuften sich die Kirchenaustritte gerade in den nördlichen Regionen, die traditionell am katholischsten gewesen waren – Galicien, Asturien, dem Baskenland und Navarra.

Zweifellos ist die Religionsausübung seit Franco und Salazar zurückgegangen. Die Zahl der praktizierenden Katholiken fiel von 64,5 Prozent im Jahr 1975 – dem Todesjahr Francos – auf 40,9 Prozent im Jahr 1986. Der Anteil der Nichtgläubigen blieb klein – 13 Prozent 1990 gegenüber 9 Prozent 1981 –, und 86 Prozent der Spanier beschrieben sich selbst als »katholisch«, aber es gibt einige Hinweise zu der Annahme, daß die organisierte Religion immer noch im Rückgang begriffen war.

Oben: Seit 1917 ist der Ort bei Fátima, an dem drei kleinen Mädchen die Heilige Jungfrau erschienen ist, eines der bedeutendsten Pilgerziele der katholischen Welt. Die Gläubigen kommen sowohl als Büßende – den langen Weg, der zur Basilika hinaufführt, auf den Knien zurückzulegen, ist eine gebräuchliche Art, Bußfertigkeit zu zeigen – als auch zur Dankesbezeugung. Der berühmteste *devoté* der Heiligenstätte ist Papst Johannes Paul II., der seine Rettung vor der Kugel eines Attentäters dem Eingreifen Unserer lieben Frau von Fátima zu verdanken glaubt. Bei seinem Dankbesuch hinterließ er die Kugel in der Krone der Statue.

Während eine überwältigende Mehrheit (81 Prozent) an Gott glaubte, galt das für weniger junge Leute (68 Prozent). Die Bedeutung, die dem Fest im Familien- und kommunikativen Leben auf der Iberischen Halbinsel beigemessen wird, hat die zeremonielle Seite des Katholizismus überleben lassen und sicherte der Kirche gleichzeitig eine für säkulare Gesellschaften ungewöhnliche öffentliche Präsenz. Nichtsdestoweniger zeigt sich im Rückgang des Kirchenbesuchs zweifellos eine verbreitete Übernahme säkularer kultureller Werte.

Die Lockerung der Zensur

Die rigorose Durchsetzung einer besonders puritanischen Spielart katholischer Moral hatte beide Diktaturen charakterisiert. Gegen Ende von Salazars langer Herrschaft war es Zeitungen verboten, Horoskope abzudrucken (die von der Kirche als abergläubisch betrachtet werden); auf einer langen Liste verbotener Autoren befand sich auch John F. Kennedy, in diesem Fall mehr aus politischen als moralischen Gründen. In Spanien versah ein in Kriegszeiten (1938) eingerichtetes Büro eines Zensors noch weitere 30 Jahre seinen Dienst. Die leiseste Andeutung von Erotik ließ kirchliche Zensoren zum Rotstift greifen. Aufgemalte Hemden bedeckten diskret die entblößten Oberkörper auf Fotos von Boxkämpfen. In den Filmsynchronisationen wurden die dubiosen Moralvorstellungen Hollywoods gelöscht: Geliebte wurden als Schwestern dargestellt, wodurch Filme, die ungeschminkte Geschichten über Untreue erzählten, unerfreuliche Anspielungen auf Inzest enthielten. Noch 1972 wurde dem spanischen Publikum von Steve McQueens *The Getaway* in einem erhabenen Epilog versichert, daß die gerade gesehenen entflohenen Verbrecher außerhalb der Leinwand verhaftet worden seien.

Die alten Gewißheiten lockerten sich in den sechziger Jahren etwas, nicht zuletzt wegen des plötzlichen Zustroms spärlich bekleideter, für den wirtschaftlichen Aufbau so benötigter Touristen aus dem Norden. 1964 erlaubte die Zensur eine mit einem Bikini bekleidete Frau auf dem Bildschirm; kaum fünf Jahre vorher riskierten Mädchen, die sich so an den Stränden zeigten, verhaftet zu werden. Kurz nach Francos Tod begann die Sensationspresse damit, die Toleranzschwellen herabzusetzen: zuerst tauchten Brüste in spanischen Zeitungen auf, dann Nackte. 1978 öffnete in Madrid der erste Sexshop, und zum erstenmal wurden pornographische Filme öffentlich gezeigt.

Oben: Als legendäre Ruhestätte des Apostels Jakob ist Santiago de Compostela seit dem Mittelalter ein abendländisches Wallfahrtszentrum. Die erhabene Kathedrale ist Mittelpunkt der Feiern zum St.-Jakobs-Tag, und die Plätze sind voller Menschen, die dem Feuerwerk zum Gedenken an Spaniens Nationalheiligen beiwohnen. Das Jahr, in dem der St.-Jakobs-Tag auf einen Sonntag fällt, wird zum Heiligen Jahr erklärt, und die Pilger erhalten die zusätzliche geistige Belohnung eines Generalablasses und die Absolution für ein ganzes Jahr. In solchen Jahren wird die *fiesta* mit besonderer Intensität gefeiert.

Rechts: Spaniens berühmtester Filmregisseur, Luis Buñuel (1900–1983), verbrachte die meiste Zeit seines Lebens außerhalb Spaniens; er war ein Gegner des Franco-Regimes sowohl in politischer als auch in ästhetischer Hinsicht. *Viridiana* (1961) war einer von nur drei Filmen, die er in seinem Heimatland drehte. Bei der Filmkritik erntete er weltweit Anerkennung, und es war der erste spanische Film, der die begehrte Goldene Palme bei den Filmfestspielen in Cannes gewann. Vom Vatikan wurde *Viridiana* trotzdem als Blasphemie verdammt.

Diese ungestüme Freiheit erzeugte ihre eigenen Auswüchse. Doch als sich die Neuheit von Nacktheit und öffentlich proklamierter sexueller Freiheit abgenutzt hatte, war Pornographie nicht mehr und nicht weniger öffentlich sichtbar als in anderen westlichen Ländern auch. Die Rolle der Kirche als Wächter der öffentlichen Moral hatte sich verflüchtigt. In beiden Ländern glaubt man allgemein, daß Religion keine politische Rolle spiele. Die Trennung von Kirche und Staat wird heute von einer überwältigenden Mehrheit als wünschenswert betrachtet, sogar von praktizierenden Katholiken. Die rigiden konfessionellen Trennungslinien der Vergangenheit – als die Mitgliedschaft in einer sozialistischen Partei für Katholiken undenkbar war – scheinen für immer verschwunden zu sein.

Die Rolle der Frau und das Familienleben

Die Säkularisierung hat sich vielleicht am nachhaltigsten im Bereich des Sexualverhaltens ausgewirkt. Die Errichtung laizistischer, demokratischer Regierungen in Spanien wie in Portugal führte dazu, daß moralische Verstöße wie Ehebruch nicht mehr als Verbrechen betrachtet werden, ausgefeilte staatliche Programme zur Förderung großer Familien (besonders von Franco begünstigt) aufgegeben wurden und Verhütungsmittel heute frei erhältlich sind. Legale Geburtenkontrolle, die von Katholiken wie Nichtkatholiken gleichermaßen angewendet wird, hat zu einem deutlichen Rückgang der Geburtenrate geführt. 1980 wurden in Portugal pro 1000 Einwohner 16,2 Geburten registriert, aber diese Zahl fiel 1989 auf 11,5. In Spanien halbierte sich die Geburtenrate zwischen 1960 und 1990 von 21,6 pro 1000 auf 10,2. Der Rückgang der Fruchtbarkeitsziffer war sogar noch dramatischer: 1960 gebaren spanische Frauen im Durchschnitt 2,86 Kinder, 1990 war diese Zahl auf 1,36 gesunken, außer Italien das niedrigste Niveau der EG. Nachdem es jedoch in Spanien mehr Frauen im geburtsfähigen Alter als in vielen anderen europäischen Ländern gab – im Gegensatz zu Portugal – und Kindersterblichkeit unüblich war, war die Zahl der Geburten immer noch ansehnlich. 1990 war die spanische und portugiesische Bevölkerung zusammen mit der Irlands die jüngste in Europa.

Seit 1984 konnten Frauen in Portugal (in Spanien seit 1985) ihre Schwangerschaften legal beenden, wenn auch nur im Falle von Vergewaltigung, Inzest, Gefahr für das Leben der Mutter oder Deformation des Fötus. Nach 1990 wandte sich eine Mehrheit gegen eine uneingeschränkte gesetzliche Freigabe der Abtreibung, obwohl heimliche Abbrüche immer noch ein Problem waren, vor allem bei ärmeren Frauen, die sich keine Abtreibung im Ausland leisten konnten. Dies war schon seit langem der Fall. 1974, dem Jahr vor Francos Tod, wurden nach offiziellen Schätzungen in Spanien 300 000 illegale Abbrüche vorgenommen, und in den frühen achtziger Jahren waren zehn Prozent aller in England und Wales durchgeführten Abtreibungen an spanischen Frauen vorgenommen worden.

Scheidung wurde in Spanien 1981 gesetzlich zugelassen. In Portugal war Scheidung bereits unter Salazar möglich, wenn auch nur für Paare, die nur standesamtlich und nicht kirchlich geheiratet hatten; die Revolution machte diese Möglichkeit allen zugänglich. Die kirchliche Opposition – ungestüm in Spanien, eher sprachlos in Portugal – war nicht in der Lage, die Öffentlichkeit davon zu überzeugen, daß ein allgemeines Scheidungsgesetz nicht wünschenswert sei. In Spanien wird die Scheidung entweder auf Antrag eines der beiden Ehepartner oder zwei Jahre nach dem Auseinanderbrechen der Ehe möglich. Die meisten Spanier unterstützen dies, ebenso wie die Möglichkeit zur Abtreibung unter bestimmten Umständen. Jüngere Leute sind eher dafür als ältere. Obwohl jedoch die Zahl der Paare, die ihre Scheidung einleiteten, zwischen 1981 und 1989 um 140 Prozent stieg, war die tatsächliche Scheidungsrate die niedrigste in ganz Europa. Wie in Griechenland und Italien ist die Familie eine zentrale Institution der iberischen Gesell-

schaft geblieben, unabhängig von der schwindenden Bedeutung religiöser Werte. Junge Leute bleiben normalerweise im familiären Heim, bis sie heiraten. Zwar ist dies oft mehr auf praktische Gründe denn auf eine persönliche Entscheidung zurückzuführen, doch 1990 durchgeführte Erhebungen zeigen, daß über 80 Prozent der jungen Leute zwischen 18 und 24 mit ihrem Leben zu Hause zufrieden waren.

Wenn die Rolle der Familie in der iberischen Gesellschaft in den letzten Jahrzehnten des 20. Jahrhunderts sich nicht dramatisch verändert hat – die der Frau hat es zweifellos. Auf der Höhe seiner Macht bestand Salazar darauf, daß »eine Frau, die die Sorge um ihr Heim im Herzen hat, nicht gut daran tut, außerhalb zu arbeiten«, und er erklärte, daß er »immer gegen die Unabhängigkeit von verheirateten Frauen kämpfen« würde – eine Ansicht, die auch General Franco teilte. Die portugiesische Verfassung von 1933 proklamierte die Gleichheit der Menschen vor dem Gesetz; dies gelte für alle, »außer für Frauen wegen der Unterschiede, die sich aus deren Natur und dem Wohl der Familie ergeben«. Doch selbst unter den Diktatoren mußten viele

Oben: Noch jahrzehntelang nach dem Bürgerkrieg zwang die Wirtschaftslage viele Männer zur Auswanderung, um im Ausland Arbeit zu finden. Ihre Frauen in den Dörfern kümmerten sich dann meist um die Bestellung der Felder, und die Betreuung der Kinder wurde den Großeltern überlassen. Diese Situation ist in Teilen Portugals immer noch gegeben, Spanien dagegen nimmt heute mehr Arbeitsmigranten auf, als es selbst erzeugt. Viele arbeitende Mütter sind bei der Kinderbetreuung immer noch auf Verwandte angewiesen, andere beauftragen Kindermädchen.

Frauen arbeiten gehen, um ihre Familien zu ernähren. Zwar arbeiteten Frauen aus der Mittelklasse selten außerhalb des Heims, außer in Fällen finanzieller Notwendigkeit, aber viele Frauen der Arbeiterklasse – und einige Kinder – mußten beträchtliche wirtschaftliche Verantwortung übernehmen. Besonders deutlich wurde dies in Galicien und in Nordportugal, von wo die Männer nach Nordeuropa wanderten, um dort Arbeit zu finden. Die Frauen arbeiteten auf den Feldern und Höfen und vertrauten die Betreuung jüngerer Kinder oft älteren Verwandten an. Nach der Hochzeit war es für den Bräutigam üblich, daß er bei den Eltern der Braut einzog. Ähnlich war es unter den Fischerfamilien an der Atlantikküste: wenn die Männer auf See waren, betrieben die Frauen die Höfe.

Die Identifikation von Frau und Haushalt bedeutete historisch gesehen, daß es für Frauen ohne Landbesitz extrem schwierig war zu heiraten. In der ersten Hälfte des 20. Jahrhunderts starben 32 Prozent der über 50jährigen portugiesischen Frauen als alte Jungfern. Trotz einer ungewöhnlich intensiven Katholizität in Nordportugal waren uneheliche Kinder in diesem Gebiet üblich und voreheliche Schwangerschaften gar noch häufiger. Während schwangere Frauen mit Mitgift noch auf eine Heirat mit ihrem Geliebten hoffen konnten, hatten die landlosen Mütter weniger Glück, sie waren mit dem Aufziehen ihrer Kinder meist alleine gelassen. Die Rate der unehelichen Kinder begann seit den fünfziger Jahren zu fallen und sank in den siebziger Jahren rapide, als die Zahl der Männer enorm anstieg, die Nordportugal (oft heimlich) verließen, um in Frankreich oder Deutschland Arbeit zu suchen. Die Aussicht auf eine zeitweise Beschäftigung in Nordeuropa machte die Männer und ihre Familien weitaus unabhängiger vom Landbesitz. Männer konnten es sich nun leisten zu heiraten, ohne so sehr darauf zu ach-

ten, wieviel – oder wie wenig – ihre zukünftigen Bräute besaßen. Als Iberien zu prosperieren begann, sank auch die Emigrationsrate. Ab Mitte der siebziger Jahre wurde die Beschäftigung von Frauen immer mehr zur Normalität, und die Familien kamen zunehmend in den Genuß eines doppelten Lohneinkommens. Seit den neunziger Jahren war für Frauen die Arbeitswelt gänzlich geöffnet, obwohl das Arbeitsangebot weiterhin zu einem hohen Anteil aus Heimarbeit bestand.

Während des Übergangs zur Demokratie stiegen die sozialen und politischen Erwartungen der Frauen sogar schneller als die der Bevölkerung im allgemeinen. Einen der ersten Rückschläge erlitt der Feminismus 1972, als die »Drei Marias« – die Dichterin Maria Teresa Horta, die Romanschriftstellerin Maria Velho da Costa und Maria Isabel Barreno – ihre Gemeinschaftsarbeit, die *Neuen portugiesischen Briefe*, veröffentlichten. Dieser Angriff auf die Unterdrückung der Rechte der Frauen in Portugal wurde zu einer Sensation, sowohl im Ausland als auch zu Hause, und als Frevel gegen den öffentlichen Anstand verboten. Die Autorinnen wurden 1973 verhaftet, ohne Gerichtsverfahren festgehalten und erst nach der Revolution von 1974 freigesprochen.

Dieses Ereignis veränderte die gesetzliche Stellung der Frau in Portugal vollkommen. Nach 1974 wurde Frauen und Männern gleichermaßen das volle Bürger- und Wahlrecht zugesprochen. 1977 wurde eine Kommission gegründet, um sich mit dem Status der Frau zu beschäftigen und die Rechte der Frau zu verteidigen. Akademische Berufe, öffentlicher Dienst und Justiz wurden allen zugänglich gemacht. 1979 wurde Maria de Lurdes Pintassilgo (geb. 1929) – eine Chemie-Ingenieurin – Ministerpräsidentin, die erste Frau Iberiens in einem solchen Amt, auch wenn es sich nur um eine Interimsstellung von sechs Monaten handelte. In Spanien änderte sich die Stellung der Frau ebenso schnell und auf ähnliche Weise. Die Zahl der Frauen in der Arbeitswelt stieg von 27 Prozent im Jahre 1980 rasch auf 33,3 Prozent im Jahr 1990. Obwohl diese Zahl immer noch unter dem europäischen Durchschnitt lag, arbeitete mehr als die Hälfte der über 40jährigen Frauen außerhalb des Hauses. Seit der Demokratisierung spielen Frauen eine zunehmend herausragende Rolle im öffentlichen Leben: Sie sind zur Polizei zugelassen, zur Guardia Civil und zur Armee, und es hat schon weibliche Vorsitzende in führenden Fußballclubs gegeben.

Seit die sozialistische Regierung das *Instituto de la Mujer* (Institut für Frauen) gegründet hatte, konzipiert zur Förderung und zum Schutz des Wohlergehens der Frau, sind zu verschiedenen Anlässen Gesetze zur Chancengleichheit verabschiedet worden. In Literatur und Kunst waren einzelne Frauen schon immer prominent geworden, zu wichtigen politischen Figuren werden sie aber erst heute. 1992 gehörten der sozialistischen Regierung zwei Ministerinnen an. 1987 wurden über 3600 Frauen in Stadträte gewählt – 1989 waren 13,4 Prozent der Parlamentsabgeordneten und sechs Prozent der Volksvertreter in den Regionalparlamenten Frauen. Diese Zahlen – besonders jene für die regionalen Abgeordneten, sind im Vergleich mit anderen demokratischen Ländern nicht hoch, aber die öffentliche Stellung der Frau verbessert sich eindeutig. Das gleiche gilt nicht notwendigerweise auch für ihre häusliche Stellung: Eine Erhebung des Jahres 1990 ergab, daß selbst unter links orientierten Paaren 77 Prozent der Frauen die Verantwortung für den Haushalt alleine tragen, während nur zwei Prozent der Männer regelmäßig abspülen.

Kunst und Freizeit

Unter Salazar wurden die kulturellen Interessen der Portugiesen auf den Nenner »Fußball, *fado* und Fátima« gebracht – was eher den politischen Konservatismus des Regimes widerspiegelt als die künstlerischen Fähigkeiten des Volkes. Auch Franco begünstigte entpolitisierten Zeitvertreib. Regionale Vielfalt war auf Volkstanz reduziert, nationalistische Wallungen wurden mehr

Rechts: Mode und Design sind im demokratischen Spanien wichtige Industriezweige. Jetzt, nachdem Frauen nicht mehr durch die rigiden Moralvorstellungen des Franco-Regimes eingeschränkt sind – das entblößte Arme und kurze Kleider als Frivolitäten mißbilligte –, haben sie endlich Gestaltungsfreiheit gewonnen, und Designerinnen wie Agata Ruíz de la Prada (deren Kleider hier zu sehen sind) genießen einen internationalen Ruf.

auf dem Fußballfeld ausgetragen als in irgendeiner größeren politischen Arena. Franco, der kein Fußballspiel im Fernsehen versäumte, gab mit seiner Vorliebe für diesen Sport dem katalanischen Nationalismus unabsichtlich ein neues Ventil. Die spanische Liga wurde daraufhin von einer heftigen Rivalität zwischen dem F. C. Barcelona (allen als Barça bekannt) und Real Madrid dominiert.

Mit vergleichbarer Begeisterung unterstützt jeder Portugiese eines der drei großen Teams, F. C. Porto, Benfica oder Sporting (beide aus Lissabon). Auswanderer verfolgen üblicherweise die Geschicke des Clubs aus ihrer Heimat. Hunderte von portugiesischen Flaggen grüßen Benfica oder Sporting, wenn sie in Europa spielen. Für die Daheimgebliebenen ist der Erfolg auf dem Fußballfeld eine Gelegenheit zum patriotischen Freudentanz. Die Überlegenheit Real Madrids im kontinentalen Fußball in den fünfziger Jahren, als der Club in fünf aufeinanderfolgenden Jahren den Europacup gewann, wurde vom Franco-Regime als nationale Leistung gefeiert – obwohl im Zentrum des Erfolgs der Mannschaft der ungarische Spieler Ferenc Puskas stand. Später, als Spanien 1982 Gastgeber bei der Fußball-Weltmeisterschaft war, wurde das Ereignis zur nationalen *fiesta*, obgleich das spanische Team in der zweiten Runde von Nordirland aus dem Wettbewerb geworfen wurde.

Die Popularität des Fußballs spiegelt nicht nur das Erbe Francos und Salazars, sondern auch die Armutstradition der Iberischen Halbinsel. Jedes Kind konnte in den Straßen Fußball spielen; weitaus weniger Menschen konnten sich leisten, Tennis oder Golf zu betreiben, Sportarten, die eine teure Ausrüstung und Clubbeiträge erforderten und in Spanien erst in den achtziger Jahren beliebt wurden, nicht zuletzt wegen der internationalen Erfolge eines Golfspielers wie Severiano Ballesteros (geb. 1957) und von Tennisspielerinnen wie Arantxa Sánchez Vicario (geb. 1971). In Portugal jedoch dienen die in den siebziger und achtziger Jahren gebauten Tennis- und Golfplätze weitgehend nur wohlhabenden Touristen.

In den sechziger Jahren hatte der Fußball den Stierkampf (*corrida*) als den wichtigsten Zuschauersport auf der Halbinsel verdrängt. Doch die traditionellen Rituale in der Arena waren

weder verschwunden, noch überlebten sie als lediglich pittoreskes Touristenspektakel. Die *corridas*, sei es zu Pferd in Portugal oder am Boden in Spanien, wurden von Salazar und Franco gefördert. Doch das spanische Publikum ging seit den vierziger Jahren zurück. Der Bürgerkrieg hatte das Reservoir an Kampfstieren weitgehend erschöpft; der Ruf des *toro bravo* (wörtlich: »tapferer Stier«) litt noch weiter, als in den fünfziger und sechziger Jahren eine kleine Zahl von Unternehmern ein regelrechtes Monopol im spanischen Stierkampf an sich riß und zwar physisch imposante, aber weniger gefährliche Stiere forderte, die man gegen meist mittelmäßige Toreros in den Ring schicken konnte. In den siebziger Jahren waren einige Stiere an den Rand des physischen Zusammenbruchs gelangt. Maßnahmen für verbesserte Zuchtnormen wurden erlassen, und die Gründung neuer Stierkampfschulen führte zu einer Renaissance der Kunst des Matadors. Eine wachsende Minderheit von Spaniern betrachtet den Stierkampf allerdings weder als Sport noch als Kunst, sondern als ritualisierte Grausamkeit. Auch der portugiesische Stierkampf hat seine Gegner, weil aber der Stier im Ring nicht getötet wird, löst das Spektakel weniger Gegnerschaft aus als sein spanisches Gegenstück. In beiden Ländern sind bestimmten Restaurants und Metzgern die Kadaver von Stieren, die bei *corridas* getötet wurden, ein recht ansehnliches Gebot wert, und das Fleisch wird auch öffentlich verkauft. Es ist vielleicht kein Zufall, daß in der europäischen Heimat des *machismo* die Testikel des Tiers imponierende Preise erzielen können.

In ihrer Suche nach einer authentischen einheimischen Kultur hoben die Diktaturen die Kunst des Stierkampfs allerdings nicht nur in dem Himmel, sondern korrumpierten und kommerzialisierten sie auch. Dasselbe galt auch für den *fado* und den Flamenco, beide wurden sie als »typisch« für ihr jeweiliges Land rücksichtslos angepriesen. Ungeachtet seines ungewissen, möglicherweise ländlichen Ursprungs, war der portugiesische *fado* – die wörtliche Bedeutung ist »Schicksal« – zu einer charakteristischen urbanen Musik der Cafés, Kabaretts und Nachtclubs geworden. Diese sehnsüchtigen Lieder, die eng mit der Seefahrt verknüpft sind, wurden von professionellen Sängerinnen wie Amália Rodrigues (geb. 1920) aufgegriffen, und die *fado*-Häuser von Lissabon und Coimbra wurden zu Touristen-Attraktionen, bewahrten sich aber ihren unverwechselbaren Gesangsstil. Obwohl der kommerzialisierte *fado* viel an Spontaneität verlor, wurde er nie zur Quelle von billigen Bildern für den Tourismus-Betrieb, wie es beim Flamenco der Fall war.

Seit den sechziger Jahren wurden Tänzer des Zigeuner-Flamenco aus Andalusien als repräsentativ für ganz Spanien vermarktet. Die Kunstform war im späten 19. Jahrhundert mit der Gründung der *cafés cantantes* in den andalusischen Städten und dem Auftauchen der ersten professionellen Künstler in Mode gekommen. Nach einer Phase des Niedergangs begann der Wiederaufstieg, als 1956 in Córdoba wieder ein Wettbewerbsfestival veranstaltet wurde. Doch während staatliche Förderung die Kunst vor dem Abgleiten in eine verkommene Obskurität rettete, riskierten die Bemühungen der Regierung mit ihrer Unterstützung einer verfälschten Version von Flamenco zuerst für ein nationales, dann für ein touristisches Publikum, eine Degenerierung mit der anderen auszutauschen. Eine Zeitlang schien der Flamenco zur Touristenattraktion zu verkommen und in die Halbwelt von Schummerlicht-Aufführungen in überteuerten Bars verbannt zu sein. Dann aber belebten Interpreten wie der *cantaor* (wörtlich »Sänger«) Antonio Mairena (1909–1983) in ihren unermüdlichen Bemühungen um einen unverfälschten Flamenco ohne falschen Zierat authentischere Formen. 1977 wurde der Tänzer und Choreograph Antonio Gades (geb. 1936) zum Leiter von Spaniens erster ständiger Tanzkompanie berufen, die sich auf »Ballet español« spezialisierte, eine Fusion von Flamenco und klassischem Tanz. Das Ballett erreichte in den achtziger Jahren enorme Erfolge sowohl bei der Kritik als auch beim Publikum, nicht zuletzt aufgrund der Zusammenarbeit von

Antonio Gades mit dem Filmregisseur Carlos Saura (geb. 1932) in der Trilogie von Flamenco-Filmen, *Bluthochzeit* (1981), *Carmen* (1983) und *Liebeszauber* (1985).

Erst nach Francos Tod konnten Künstler und Intellektuelle verfälschte Versionen einheimischer Traditionen über Bord werfen und die Wurzeln volkstümlicher Kultur mehr oder weniger ganz Spaniens neu entdecken. Luis García Berlanga zum Beispiel karikierte in seinem Film *Willkommen Mr. Marshall* (1952) die Gewohnheit, die spanische Kultur in einen Flamenco-Volant zu kleiden; eine kastilische Kleinstadt maskiert sich als andalusisch, um einen amerikanischen Beamten, der zu Besuch erwartet wird, nicht zu enttäuschen. Im selben Jahrzehnt entfernte sich eine junge Generation von Komponisten, alle um 1930 geboren, von der nationalen Tradition klassischer Musik und gab den volkstümlichen Gesang auf. Roberto Gerhard (1896–1970), Spanier mit Schweizer Abstammung, war der erste spanische Komponist, der sich den atonalen Innovationen von Arnold Schönberg (1874–1951) öffnete. Sein Schüler Joaquín Homs (geb. 1906) brachte mehr kosmopolitische Einflüsse nach Spanien, obwohl seine eigene Musik innerhalb der nationalen Tradition blieb. In den fünfziger Jahren standen Luis de Pablo (geb. 1930) und Cristóbal Halffter (geb. 1930) an vorderster Front einer Gruppe spanischer Serialisten, die ihre Inspiration mehr in der Musik des Deutschen Karl-Heinz Stockhausen (geb. 1928) als in de Falla fanden. So innovativ diese Musiker auch waren, der weitaus erfolgreichste Komponist der Nachkriegszeit war Joaquín Rodrigo (geb. 1902), dessen beschwörendes »Concierto de Aranjuez« (1939) – ein klassisch »spanisches« Musikstück – in ganz Europa populär wurde.

Während Rodrigo das Glück hatte, in Francos Spanien bleiben zu können, waren andere weniger glücklich. Eine ganze

Unten: Der Stierkampf findet immer noch ein beträchtliches Publikum, trotz drohender Vorschriften von der Europäischen Gemeinschaft und den Aktionen einer zunehmend lautstarken – wenn auch kleinen – Tierschützerlobby innerhalb Spaniens. Diese Plakate kündigen eine *corrida* in Marbella an. Stierkämpfe sind ein wichtiges Element von *fiestas*; der wichtigste Termin im Kalender ist das Fest San Isidro in Madrid, und Spaniens wichtigste Stierkampfschule befindet sich ebenfalls in der Hauptstadt.

Generation von Schriftstellern, Musikern und Künstlern ging 1939 ins Exil, unter ihnen Roberto Gerhard und der international bekannte Cellist Pau Casals (1876–1973), der vor Franco starb und somit nie in sein Heimatland zurückkehrte. Casals' katalanischer Landsmann Joan Miró (1893–1983) jedoch kam zurück; zwar versöhnte er sich nie mit Franco, aber Miró betrachtete dessen Regime lediglich als einen Kratzer auf der Oberfläche der spanischen – und besonders katalanischen – Kultur, die er als einen Johannisbrotbaum beschrieb, tief ver-

wurzelt und immer grün. Obwohl Francos Regierung mißbilligend auf die Moderne herabblickte, waren Maler und Bildhauer nicht so von der Zensur behindert wie Romanciers, Dichter und Journalisten. So waren eigentlich sie es, die den ersten Kontakt mit der verlorenen intellektuellen Welt der dreißiger Jahre aufnahmen. Das frühe Werk des Bildhauers Eduardo Chillida (geb. 1924) setzte die Schmiedeeisen-Tradition von Gargallo und González fort, obwohl ihn seine zunehmend metaphysische Interpretation der Technik zu abstrakteren Installationen führte.

Oben: Fado ist heute die typische Musik in den Bars und Restaurants Portugals. Das Wort bedeutete ursprünglich »Schicksal«, und die beschwörende Musik drückte die *saudade* oder Sehnsüchte eines Seefahrervolkes aus. Die Lieder werden mit der zwölfsaitigen portugiesischen Gitarre begleitet. Einige der berühmtesten *fado*-Künstler sind Frauen, sie singen im Lissaboner Stil. Der *fado* der Universitätsstadt Coimbra ist ausschließlich männlich.

Links: Die Kunst des Flamenco-Tanzes ist, wie die des klassischen Balletts, auf professionelle Tänzer beschränkt, aber an Volkstänzen im Flamenco-Stil wie *sevillanas* erfreuen sich alle. Hier werden sie im traditionellen Stil von jungen Mädchen während einer Sevillaner *fiesta* vorgeführt, man kann den Tanz aber auch in Discos sehen, wo er meist den Abend beendet.

Der erste wirksame Schritt in Richtung Moderne kam 1948, als eine Reihe von Künstlern, alle in Barcelona ansässig, die Zeitschrift *Dau al Set* gründeten, um der aufkommenden *Avantgarde* ein Forum zu bieten. Ursprünglich Surrealisten, wechselten die meisten Mitglieder der *Dau-al-Set*-Gruppe später in die expressionistische Abstraktion. Unter ihnen befand sich Antoní Tàpies (geb. 1923), vielleicht der einflußreichste der spanischen Nachkriegs-Maler, der später die *Arte-povera*-Bewegung anführte, die Montage- und Kollagetechniken mit dem Ziel, Sozialkritik zu üben, einsetzte. Tàpies' Gestalt war so mächtig, daß selbst unter Franco staatliche Galerien sein Werk kauften, nicht zuletzt, weil sie darin eine sichere Investition sahen.

Die darstellenden Künste lebten in Spanien schon seit den sechziger Jahren auf. Mit dem wirtschaftlichen Wachstum und einem zugänglichen demokratischen Regime hat die staatliche Förderung von Kunst Rekordhöhen erreicht. Das wichtigste Museum, das 1990 in Madrid eröffnet wurde, das Königin-Sofía-Zentrum, widmet sich zeitgenössischer Kunst, während die Werke von Picasso und Miró in Barcelona den besten Platz fanden. Picassos brandmarkende Verdammung des Bürgerkriegs, *Guernica* (1937), kam nach Francos Tod schließlich nach Spanien zurück und wurde im Prado untergebracht, bis es 1993 unter großen Kontroversen ins Königin-Sofía-Zentrum umgesiedelt wurde. Begrenzte staatliche Mittel ließen in Portugal nur wenig Kunstförderung zu. Den einzigen systematisch arbeitenden Kulturfonds stiftete ein armenischer Ölmillionär und Philanthrop, Calouste Gulbenkian (1869–1955), der nach dem Zweiten Weltkrieg in Portugal lebte und seiner Wahlheimat ein Museum und eine Kunstgalerie, ein Orchester, Tanzkompanien und Chöre bescherte. Viele der portugiesischen Künstler, die heute ausstellen, studierten mit Stipendien von Gulbenkian. Die einflußreichste zeitgenössische Künstlerin des Landes, Maria Helena Vieira da Silva (geb. 1908), verbrachte die meiste Zeit ihres Lebens in Frankreich. Im deutlichen Gegensatz zu früheren Generationen sind Frauen heute unter zeitgenössischen Künstlern zahlreich vertreten; die Malerin Paula Rego (geb. 1935) gehört zu den bemerkenswertesten portugiesischen Künstlerinnen der Gegenwart.

Die Aufhebung der politischen und moralischen Zensur durch das neue demokratische Regime hatte gewisse Auswirkungen auf die darstellenden Künste, die Literatur dagegen

Ganz rechts: Wenngleich er als Maler am berühmtesten war, arbeitete der katalanische Künstler Joan Miró (1893–1983) auch als Bildhauer, Keramiker und Druckkünstler. In seinem reifen Werk setzte er mit Vorliebe auf die ebene Bildfläche seine schematisierten Formen. Mirós Hauptinteresse galt dem emotionalen Zustand des Menschen. Er versuchte, »die Dinge, die man nicht sehen kann«, auszudrücken, und in seinen letzten Jahren ging es ihm in seiner Kunst um die Suche »nach den Quellen des menschlichen Gefühls«. Dieses Werk, *Fliehendes Mädchen*, stammt aus dem Jahr 1968.

Rechts: Der blinde Komponist Joaquín Rodrigo (geb. 1901) – hier mit seiner Frau in seiner Madrider Wohnung – wurde zu einem Vertreter des spanischen Erbes klassischer Musik. Konservativ in seiner Technik, ist sein bekanntestes Werk das beschwörende *Concierto de Aranjuez* (1939) – ein Konzert in drei Sätzen für Orchester und Sologitarre. Zu seinen zahlreichen Gitarrenkompositionen gehört *Fantasia para un gentilhombre*, 1954 für den berühmten Gitarristen Andrés Segovia (1893–1987) geschrieben.

wandelte sich vollkommen. 1977, zwei Jahre nach Francos Tod, erhielt der Lyriker Vicente Aleixandre (1898–1984) – ein Mitglied der »Generation von 1927« und ein Zeitgenosse von García Lorca – den Nobelpreis für Literatur. Die spanische Kultur, die so lange im Schatten des Franco-Regimes verborgen war, erhielt endlich wieder internationale Anerkennung. Künstler und Intellektuelle, die sich gegen die Diktaturen stellten, kehrten wieder auf die Halbinsel zurück. Obwohl die meisten jetzt alt waren und einige einfach nur zum Sterben nach Hause kamen, wurden auch jüngere Aktivisten der Kommunistischen Partei wie Jorge Semprún (geb. 1923) und der portugiesische Romancier José Saramago (geb. 1922) rehabilitiert; die einstigen Untergrundaktivisten sind zu öffentlichen Figuren geworden; Semprún war einige Jahre spanischer Kulturminister.

Jenen Schriftstellern, die den kreativen Teil ihres Lebens unter den diktatorischen Regimes verbracht hatten, wurde jetzt jegliche Freiheit im Ausdruck zugestanden. Der kastilische Romancier Miguel Delibes (geb. 1920) hatte behauptet, daß er es mit »Karussell-Methoden« immer geschafft hätte, mehr oder weniger das zu sagen, was er wollte, doch zogen seine naturalistischen Beschreibungen des ländlichen Kastilien, die Hunger, Rückständigkeit und Vernachlässigung schilderten, immer noch die Aufmerksamkeit der Zensoren auf sich. Die größten Wirkungen erzielte Camilo José Celas *Die Familie des Pascual Duarte* (1942), die brutale Geschichte eines bäuerlichen Mör-

ders aus der Extremadura, die ein Zeichen gegen die Gewalt und die Ärmlichkeit des brudermordenden Spanien setzte. Cela (geb. 1916) erhielt 1989 den Nobelpreis, wie Aleixandre im wesentlichen aber für sein Frühwerk.

Während soziale Realisten, die traditionell arbeiteten, eher in der Lage waren, das Amt der Zensoren zu umgehen, hatten Schriftsteller, die unkonventionelle Formen oder explizit sexuelle Themen erkunden wollten, weniger Spielraum. Juan Goytisolo (geb. 1931) begann seine literarische Karriere in den fünfziger Jahren als sozialer Realist, ging dann aber dazu über, in Romanen, die sich mit dem Verfall menschlicher Beziehungen beschäftigten, sprachexperimentell zu arbeiten. In einer zwischen 1966 und 1975 veröffentlichten losen Trilogie setzte Goytisolo zu einem Angriff auf die spanische Sprache als ein Mittel, die spanische kulturelle Vergangenheit zu zerstören, an. Die abschließende Passage des Werkes war in Arabisch geschrieben. Als einer der ersten Schriftsteller, der sich offen mit der Homosexualität auseinandersetzte, verließ Goytisolo Spanien, ging nach Paris und ließ sich dann in Marokko nieder.

Der Übergang zur Demokratie erlaubte den Schriftstellern schließlich, sich Fragen der Sexualität zuzuwenden – die für die Literatur des 20. Jahrhunderts in anderen Teilen der westlichen Welt so kennzeichnend wurden. Zwischen 1978 und 1980 ver-

öffentlichte die katalanische Schriftstellerin Esther Tusquets (geb. 1936) eine Trilogie, in der weibliche Sexualität eine positive Betrachtung erfuhr. Heterosexuelle, bisexuelle oder lesbische Beziehungen, alle werden sie in einer lyrischen Schilderung der wohlhabenden katalanischen Gesellschaft der sechziger und siebziger Jahre dargestellt – in einer Zeit, in der selbst indirekte Bezüge zu dieser Art von Stoff problematisch waren.

Obwohl wie überall literarisch anspruchsvolle Werke auch in Spanien das Interesse einer Minderheit sind – und Dichtung sogar noch mehr –, hat sich die Verlegertätigkeit in den Jahren seit Francos Tod ausgeweitet. Der Rückgang des Analphabetentums, die Ausweitung der Bildungschancen und der Taschenbuch-Boom der siebziger Jahre trugen zur Herausbildung eines großen Leserpublikums bei. Einige Schriftsteller haben versucht, die Kluft zwischen Literatur und Massenmedien zu überbrücken. Der Romancier und Dichter Manuel Vázquez Montalban (geb. 1939) wandte sich Kriminalgeschichten zu und gewann ein Millionenpublikum für die Taten seines gedankenreichen und genießerischen Detektivs Pepe Carvalho. Die langen Jahre der Zensur und der Repression scheinen in der Kulturgeschichte der Iberischen Halbinsel endgültig der Vergangenheit anzugehören.

Oben: Eduardo Chillida (geb. 1924) begann seine Karriere als Bildhauer, der die Tradition der Metallplastik von Gargallo (1881–1934) und González (1879–1942) weiterführte. Seine zunehmend metaphysische Vorgehensweise führte ihn zu Freiluftinstallationen, von denen *Windkämme* (1975 bis 1977) die spektakulärste ist. Diese offenen Metallstrukturen interagieren mit den Elementen an einem der wildesten Meeresufer der baskischen Küste und kämmen im wahrsten Sinne des Wortes den Wind in der Bucht von Donostia (San Sebastián).

DRITTER TEIL

DIE GEOGRAPHISCHEN REGIONEN

Die Atlantikküste
S. 212 – 219

Das Ebrotal
S. 206 – 211

Das Zentrum
S. 202 – 205

Die Mittelmeerregion
S. 194 – 201

Der Süden
S. 186 – 193

SYMBOLE FÜR ALLE LANDKARTEN
DER REGIONEN

▣ Landeshauptstadt

▪ Hauptstadt autonome Region

▪ Provinzhauptstadt

✈ Internationaler Flughafen

⛴ Fährhafen

▬▬ Staatsgrenze

▬▬ Grenze autonome Region

▬▬ Provinzgrenze

▬▬ Autobahn oder Schnellstraße

▬▬ Andere Hauptstraße

▬▬ Eisenbahnstrecke

▬▬ Kanal

▲ Berggipfel (Höhe in Metern)

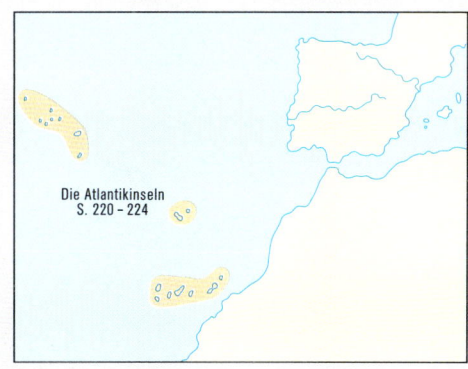

Die Atlantikinseln
S. 220 – 224

Ort mit Beziehung zu
- Korbwaren
- Keramik und Tonwaren
- Käse
- Stickerei oder Leinen
- Gitarren
- Schmuck oder Filigranarbeiten
- Spitze
- Leder
- Branntwein
- Metallarbeiten
- Teppiche
- Wein

Maßstab 1 : 2 500 000

0 — 60 km
0 — 40 Meilen

DER SÜDEN

Links: Nordspanier werfen den Andalusiern oft vor, nie etwas heute zu erledigen, was man nicht auch auf *mañana* (morgen) verschieben kann; auch Ausländer betrachten das *mañana* als nationales Übel. Die gewohnheitsmäßige *siesta* im Süden ist eher eine Auswirkung der Sommerhitze als eine regionale Neigung zur Trägheit – im August überschreiten die Temperaturen in Sevilla regelmäßig die 40 Grad. Dieser Spanier hält seine Nachmittagssiesta unter einer der historischen Szenen aus Mosaiksteinen, die die Plaza de España der Stadt zieren.

Rechts: Paraden und andere Pferdevorführungen werden auf den lokalen *ferias* (Märkte oder Kirmes) Andalusiens abgehalten; sie sind für ihre equestrischen Traditionen bekannt. Die von Jerez de la Frontera ist eine der berühmtesten; stolze Reiter führen Pferderennen, Dressur- und Fahrwettbewerbe vor. Einige Bräuche haben sich in den letzten Jahren verändert: Die jungen Frauen auf dem Bild tragen die traditionelle männliche Reitbekleidung, ohne aber auf Ohrringe und Haarbänder zu verzichten. Die reinrassigen Kartäuser-Pferde, die auf der *feria* gezeigt werden, kann man das ganze Jahr über in der Reitkunstschule der Stadt sehen.

CASTELLÓN

Urlaubsorte

- ❄ Ski
- ☀ Sommer
- ⛱ Badekurort

- ⛪ Kathedrale
- ⛪ Kirche oder Kloster
- 🏰 Schloß
- 🏨 Parador/Pousada (Hotel)
- 👑 Königspalast
- ✝ Christliches Viertel
- ✡ Jüdisches Viertel
- ☪ Maurisches Viertel
- ⚰ Schlachtfeld oder Gedenkstätte
- ⚙ Industriezentrum
- ⚓ Wichtiger Hafen

- ▮ Bebautes Gebiet
- ▮ Ackerland
- ▮ Zitrusfrüchte
- ▮ Oliven
- ▮ andere Früchte
- ▮ Weinberge
- ▮ Weideland
- ▮ Wald
- ▯ nicht landwirtschaftlich genutzt

DER SÜDEN

Andalusien, Südportugal und Extremadura

Oben: Jerez de la Frontera ist das Zentrum der Sherryindustrie (von der Stadt hat der Wein seinen Namen), *bodegas* – auch Sherry-Kathedralen genannt – gibt es aber auch in Sanlúcar de Barrameda und in Puerto de Santa María. Hier reift der Wein in Fässern, die eine leichte Luftzufuhr gestatten; der Wein ist von einer natürlichen Hefeschicht, der sogenannten *flor* geschützt. Bereits gealterter Wein wird durch den Zusatz jüngeren Weins aufgefrischt. Probieren ist ein unerläßlicher Teil dieses Prozesses. In der *copita*, dem Tulpenform-Glas, das traditionell dazu verwendet wird, kann man den Wein erst ausgiebig »beriechen«, bevor man es an die Lippen führt.

Die »typischsten« Ansichten von Spanien und Portugal – wenn auch nicht unbedingt die repräsentativsten – stammen fast immer aus dem Süden: die weißgekalkten Häuser Andalusiens und der Algarve, die sonnendurchfluteten Strände, Stierkampf und Flamenco, die dramatisch düsteren Prozessionen der Karwoche, maurische Moscheen und Burgen. Und wenn der Süden üblicherweise mit Spanien gleichgesetzt wird, dann ist Andalusien ein Synonym für den Süden. Mit seinen 87 620 Quadratkilometern – fast die Größe von Portugal – ist Andalusien, das acht Provinzen umfaßt, die größte von Spaniens *autonomías* (autonome Regionen) und mit 6,5 Millionen Einwohnern auch die bevölkerungsreichste. Sevilla, die Hauptstadt, ist eine blühende moderne Metropole, ein Zentrum der High-Tech-Industrie auf dem Gelände der Expo '92, für die viele innovative Gebäude entworfen wurden.

Geographisch gesehen, ist Andalusien extrem vielfältig. Es erstreckt sich von der Mittelmeer- zur Atlantikküste und wird vom langen Guadalquivir-Tal in Ost-West-Richtung in zwei Teile geteilt. Die nördliche Grenze bilden die Berge der Sierra Morena und im Süden die der Sierra Nevada. Im ariden Osten gedeihen in der wüstenähnlichen Vegetation um Almería Pflanzen, die für Nordafrika typisch sind, während im Westen der Guadalquivir durch Sumpfland und Feuchtgebiete – ein Refugium für wilde Tiere – in den Golf von Cádiz fließt.

Reiche Mineralvorkommen - Silber, Blei und Zinn - machten aus der Region ein frühes Zentrum der Metallbearbeitung: Im 1. Jahrtausend v. Chr. hatte die einheimische Tartessische Kultur ihr Zentrum in den Tälern des Guadalquivir und des Guadiana. Phönizier, Karthager, Römer und Westgoten kolonisierten nacheinander die Region. 711, als die Halbinsel an die Araber fiel, machten sie Córdoba zu ihrem intellektuellen und politischen Zentrum. Von 1212 bis 1492 war Granada in den Bergen der Sierra Nevada das einzige überlebende maurische Königreich in Spanien. Die maurische Zivilisation war städtisch geprägt, und bis heute leben die Einwohner Andalusiens und dem Rest des Südens eher in vergleichsweise großen und weitläufigen Ansiedlungen als in den kleinen Weilern und abgelegenen Gehöften der nördlichen Halbinsel. Selbst das kleinste Dorf wird als Verwaltungseinheit betrachtet und hat seinen eigenen Bürgermeister.

Das Erbe der islamischen Vergangenheit ist nicht nur in den prächtigen Palästen und Moscheen Córdobas, Granadas und Sevillas lebendig, sondern auch an den weißgekalkten Häusern vieler kleinerer mittelalterlicher Städte wie Ronda und Jerez de la Frontera, dem Zentrum der Sherry-Industrie, noch heute wahrnehmbar. Von der arabischen Geschicklichkeit im Umgang mit Wasser kann man sich in farbenprächtigen Lustgärten wie etwa dem Generalife, dem Sommerpalast neben der Alhambra in Granada, überzeugen. Wie alle klassischen islamischen Gärten sind sie nach der Beschreibung des Paradieses im Koran mit fließendem Wasser und schattigen Alleen entworfen. Die gekachelten Innenhöfe und Brunnen vieler Privathäuser sind ebenso eine arabische Hinterlassenschaft wie die schmiedeeisernen Fenstergitter, durch die sich die Liebespaare zu unterhalten hatten – ein Brauch, an den sich ältere Leute noch heute erinnern. Arabisches Konfekt aus Eiern und Mandeln ist heute noch im ganzen Süden üblich. Die Zigeunerkultur übte einen großen Einfluß auf Südspanien aus. Der als typisch andalusisch betrachtete Flamenco-Stil im Tanz und Gesang ist zigeuneri-

Karte (Beschriftungen)

Guadalimar · Segura de la Sierra · Guadalmena · Ubeda · Baeza · Cazorla · Guadiana Menor · Velez Blanco · Purullena · Guadix · Lacalahorra · Albox · Cuevas del Almanzora · Vera · Garrucha · SIERRA NEVADA · ALMERIA · Mojácar · Mulhacén 3482 · Tabernas · Sorbas · Solynieve · Alhama de Almería · Carboneras · arón · Berja · Nijar · Almería · Almerimar · Roquetas de Mar · Cabo de Gata

schen Ursprungs (auch wenn karibische und afrikanische Einflüsse mitklingen), und traditionelle Zigeunerfeste wie die jährliche Wallfahrt zur heiligen Stätte der Jungfrau zum Tau in El Rocio in der Nähe von Huelva werden heute noch regelmäßig gefeiert.

In der Vergangenheit war Andalusien immer als »reiches Land, bewohnt von armen Leuten« bekannt; die intensivere Nutzung des von Natur aus fruchtbaren Bodens wurde vom trockenen Klima und dem repressiven Landverteilungssystem der *latifundias*, der großen Güter im Besitz ständig abwesender Gutsherren, blockiert. Eine Verbesserung der Bewässerung und der landwirtschaftlichen Techniken und die Entwicklung einer Siliconchip-Industrie machen die Region nach und nach zu einem »Kalifornien Spaniens«. In Almería werden unter Plastikfolien exotische Früchte wie Kiwi und Bananen im großen Stil kultiviert, obwohl die trockenen Böden zur Winderosion neigen, die wiederum Ursache der Wüstenbildung ist. Zunehmende Bewässerung, rasche Urbanisierung und Entwicklung des Tourismus üben einen wachsenden Druck auf die knappen Wasserreserven aus und gefährden das ökologische Gleichgewicht der Region, ganz besonders das der vielfältigen Flora und Fauna. Die geschützten Sumpfgebiete des Coto Doñana im Guadalquivir-Delta sind eines der wichtigsten Feuchtgebiet-Reservate Europas und ein Refugium für Zugvögel auf ihren Wanderungen zwischen Europa und Afrika. Etwa 80 000 Graugänse machen hier jährlich Rast, und in den Sümpfen sind mehrere vom Aussterben bedrohte Arten beheimatet, unter ihnen der Kaiseradler und die Krickente ebenso wie Luchse, Rehe, das Ichneumon, ein seltenes Mitglied der europäischen Mungo-Familie. Doch das Überleben von Doñano war in den frühen neunziger Jahren durch eine geplante touristische Erschließung, die eine Grundwasserentnahme nach sich gezogen hätte, bedroht.

Auf der anderen Seite des Flusses Guadiana ist die südlichste portugiesische Provinz Algarve mit ähnlichen Problemen konfrontiert; der Touristen-Boom der siebziger und achtziger Jahre verursachte eine unkontrollierte Erschließung entlang der Küste. Besonders bedroht ist das einzigartige Gebiet mit Salzebenen, Sümpfen und Lagunen um Faro, zu dem der Ría-Formosa-Naturpark mit seiner vielfältigen Vogelwelt gehört. Die Lagunen sind wertvolle Plätze zur Zucht von Muscheln und Austern, 90 Prozent von Portugals jährlicher Ernte werden hier produziert. Wie Andalusien bewahrt auch die Algarve viele Spuren der römischen und arabischen Herrschaft. Letzterer ist das erstmals von den Römern eingeführte weitläufige System von Bewässerungskanälen zu verdanken, die die sanfte Hügellandschaft in den »Garten Portugals« verwandelten. Die große arabische Zisterne bei Silves weist architektonische Ähnlichkeiten mit den Wasserspeichern aus dem 13. Jahrhundert im Nahen Osten auf. Zahlreiche Früchte und Gemüsearten werden hier angebaut, darunter Mandeln, Feigen, Karoben, Melonen, Granatäpfel, Oliven und Tomaten; viele von ihnen wurden von den Arabern eingeführt. Der größte Teil ist für den heimischen Verbrauch vorgesehen, Zitrusfrüchte werden inzwischen aber immer mehr für den Export angebaut. Die weiß getünchten flachen Häuser mit tunisblauen Umrissen in den Städten und Dörfern gleichen auffallend denen Nordafrikas.

Weiter nördlich liegen die Ebenen des Alentejo (in den Distrikten Beja, Evora und Portalegre, mit Setúbal im Westen). Der Dichter Fernando Pessoa charakterisierte den Alentejo kurz und bündig als »ein Nichts, von Nichts umgeben und mit ein paar Bäumen dazwischen«, eine etwas schroffe Beschreibung der *dehesa*-Landschaft, bestehend aus gelichteten Stein- und Korkeichenwäldern, wie sie so typisch für den Alentejo und die spanische Extremadura sind, in die jener kaum merklich übergeht. Der Alentejo produziert über die Hälfte des Welt-Jahresbedarfs an Kork – etwa 130 000 Tonnen jährlich; an zweiter Stelle liegt die Korkproduktion der Extremadura. Der Kork

Ganz oben: Die Stadt Guadix östlich von Granada ist für ihre Höhlenwohnungen berühmt, die aus dem weichen Felsen geschlagen und mit weiß getünchten Fassaden, Kaminen und gekachelten Böden versehen wurden. Im Sommer sind sie gegen die Hitze abgeschirmt und im Winter gegen Kälte. In den fünfziger Jahren lebte fast ein Drittel der Einwohner in solchen Höhlenwohnungen, und viele sind heute noch bewohnt, die wenigsten allerdings von Zigeunern, wie oft geglaubt wird.

Oben: Der Legende nach ist nichts grausamer, als blind zu sein und in Granada zu leben. Die wunderbaren arabischen Paläste und Lustgärten der Stadt erreichen im Generalife oder »Garten des Architekten« ihren Höhepunkt. Er stammt aus dem 14. Jahrhundert und diente einst als Sommerpalast der Nasridenherrscher dieses Gebirgskönigreichs.

Links: Die spanische Architektur des 20. Jahrhunderts versucht immer wieder, sich an die Vergangenheit anzulehnen. Die Brücken, Kanäle und Pavillons von Sevillas halbkreisförmiger Plaza de España, die 1929 für die Iberoamerikanische Ausstellung gebaut wurde, sind Reminiszenzen an die spanischen Bourbonenpaläste des 18. Jahrhunderts, dekoriert sind sie aber mit Keramikkacheln im maurischen Stil.

Unten: Andere Versuche, das Echo vergangener Architekturstile heraufzubeschwören, waren weniger glücklich. Diese opulente Yachthafenanlage an der Costa del Sol zum Beispiel ist eine Kakophonie an maurischen architektonischen Bezügen, während die geschwungenen Linien der Dachtürmchen an Gaudís Barcelona erinnern.

Oben: Die weißen Bergdörfer *(pueblos blancos)* Andalusiens mit ihren flachen Dächern und blendend weißen Mauern erinnern an Nordafrika. Typisch ist Olvera in der Nähe von Ronda. Die engen Gassen führen zur Kirche hoch, die Stelle der einstigen Moschee und einer eleganten maurischen Burg. Die meisten der weißen Dörfer sind befestigt und bieten einen majestätischen Ausblick auf die Landschaft der Umgebung. Auf dem Land werden hier Weizen und Oliven angebaut, die wichtigsten landwirtschaftlichen Erzeugnisse des südlichen Hochlands.

wird auch heute noch wie seit Jahrhunderten in Handarbeit streifenweise vom Stamm geschnitten, etwa alle neun Jahre. Die Bäume erreichen eine Lebensdauer von bis zu 500 Jahren. Portugals traditionell bewirtschaftete Wälder sind durch plantagenartige Pflanzungen des schnellwachsenden Eukalyptusbaumes bedroht, der den gewinnträchtigen Rohstoff für Zellstoff in der Papierherstellung abgibt. Von Ökologen wird der Baum allerdings nicht gern gesehen, weil er riesige Mengen an Wasser benötigt und dem Boden Nährstoffe entzieht, wodurch die natürliche Lebensgrundlage der in diesem Biotop heimischen Tierwelt zerstört wird.

Die Hauptstadt der römischen Provinz Lusitania war Mérida (Emerita Augusta) in der Extremadura. Wie fast die meiste Zeit während ihrer Geschichte ist die Extremadura bis heute die ärmste Gegend Spaniens geblieben. Etwa ein Drittel der *conquistadores* kam von hier; meist waren sie die jüngeren oder unehelichen Söhne von Adligen, die mit dem Schwert ihr Glück in der Neuen Welt suchten. Mit Gold und anderen Schätzen nach Hause zurückgekehrt, bauten sie Klöster und Paläste, um ihren neuerworbenen Reichtum zu feiern, aber der Glanz verblich bald, und die Region entschwand wieder im Schatten der Armut. Wie im Alentejo ist die Waldwirtschaft der wichtigste wirtschaftliche Faktor dieser Region. Hier werden auch delikate geräucherte Schinken und Würste von freilebenden Schweinen produziert, die sich von den Eicheln der Steineichen ernähren.

Extremadura bedeutet ganz einfach »jenseits des Douro«. Die portugiesische Provinz gleichen Namens (Estremadura) hat wenig mit ihr gemeinsam. Dieser Küstenbereich mit produktivem Ackerland im Norden von Lissabon (die Distrikte Lisboa und Leiria) baut seit langem Nahrungsmittel für die Hauptstadt an. Als Portugal 1986 der EG beitrat, stiegen die landwirtschaftlichen Investitionen um 700 Prozent. Die meisten davon flossen in die Bauernhöfe der Estremadura und des benachbarten Ribatejo. Sowohl die Estremadura als auch der Ribatejo sind eng mit Portugals Vergangenheit verknüpft. Sintra, 24 Kilometer nordwestlich von Lissabon, war die bevorzugte Sommerresidenz der Könige. Seine verfallene maurische Burg, die Paläste und Klöster machen den Ort zu einer der meistbesuchten Städte Portugals. In Tomar, dem Zentrum eines Oliven-, Wein- und Obstanbaugebietes in der nordöstlichen Ecke von Santarém, liegt der Palast von Heinrich dem Seefahrer, im 16. Jahrhundert im manuelinischen Stil umgebaut.

Lissabon selbst, auf sieben Hügeln erbaut, entwickelte sich um einen herrlichen Naturhafen am Tejo. Ihren Aufstieg zur größten Renaissance-Stadt Europas verdankt die Metropole dem Reichtum, der ihr im 16. und 17. Jahrhundert aus Asien und der Neuen Welt zufloß. Ein paar Kirchen und kleine Wohnhäuser aus dieser Zeit sind erhalten geblieben; die am Wasser gelegene Baixa ist mit einem Netz streng geplanter Straßen überzogen; hier liegt auch der von Pombal nach dem Erdbeben von 1755 gebaute Palast. Heute ist das reiche Kulturerbe der Stadt gesetzlich geschützt, und seine Bauten werden gesäubert und restauriert. Unglücklicherweise wütete 1988 im historischen Viertel Chiado ein verheerender Brand und zerstörte dessen einzigartigen Charakter.

Oben rechts: Der weiße Storch ist auf der Halbinsel eines der vertrautesten Bilder im Sommer. Einem spanischen Sprichwort gemäß kehren die Vögel immer am Tag des Hl. Blasius zurück (13. Februar). Nach dem Überwintern in Afrika kommen sie zum Nisten zurück und suchen sich dabei immer hoch aufragende Stellen wie Glockentürme aus. Die Störche leben meist in der Nähe des Menschen. Im Zuge der Zerstörung gewohnter Futterplätze durch die moderne Landwirtschaft sind die Störche seit einigen Jahren auf die kommunalen Müllkippen angewiesen.

Rechts: Viele portugiesische Fischerdörfer bewahren noch ihre alten Bräuche. In Nazaré nördlich von Lissabon werden Sardinen auf herkömmliche Weise auf Metallrosten am Strand gedörrt. Die traditionelle Kleidung gerät zunehmend außer Gebrauch, aber einige Frauen tragen sieben farbige Unterröcke unter einem weiten schwarzen Rock und einen schwarzen Schal über dem Kopf. Viele Männer tragen immer noch Hosen im Karomuster, aber die alte schwarze Zipfelmütze ist immer seltener zu sehen.

Oben und rechts: Stein- und Korkeichen gedeihen in den Ebenen der
spanischen Extremadura und des portugiesischen Alentejo. In der Extremadura
weiden in deren Schatten Kampfstiere,
während im Alentejo wie seit Jahrhunderten die Baumrinde der Korkeiche
geerntet wird.

Links: In vielen Urlaubsorten sind
Golfplätze eine wichtige Attraktion. Sie
fordern jedoch einen hohen ökologi-
schen Preis: dieser Platz in Vale do
Lobo an der Algarve wird mit neun
Millionen Liter Wasser täglich
grün gehalten.

Nächste Seite: Die Wallfahrt zur heiligen Stätte in Moguer ist unter andalusischen Zigeunern beliebt, die bei
dieser Gelegenheit ihre Reitkunst ebenso wie religiöse Verehrung und Ge-
meinschaftsgefühl demonstrieren. Die
Rüschenkleider der Frauen erinnern
daran, daß die Herkunft des Flamenco
tief in der Zigeunerkultur verwurzelt ist.

DIE MITTELMEERREGION

Katalonien, Valencia, Murcia und die Balearen

Katalonien erstreckt sich von den Pyrenäen in der nordöstlichen Ecke der Iberischen Halbinsel bis fast zur Hälfte der gesamten Ostküste. Es war einst das Herz eines mächtigen Seehandelsimperiums, das im 12. Jahrhundert durch eine dynastische Allianz zwischen dem Grafen von Barcelona und dem Königshaus von Aragón gebildet wurde und dessen Blick eher nach außen in Richtung Italien gerichtet war als landeinwärts zum restlichen Spanien. Sowohl Valencia als auch die Balearischen Inseln gerieten in dessen Einfluß, überall dort werden immer noch Dialektformen der eigenständigen katalanischen Sprache gesprochen. Wie die Katalanen selbst behaupten, hätte ihnen dies eine eher europäische als spanische Mentalität verliehen, die Geschäftssinn mit Fortschrittlichkeit verbindet. In den Augen der anderen Spanier sind sie harte Arbeiter, aber knausrig.

Im 19. Jahrhundert kam eine starke nationalistische Bewegung auf, und 1932 wurde Katalonien von der Zweiten Republik Autonomie gewährt. Dies wurde jedoch von Franco rückgängig gemacht, der nicht nur den öffentlichen Gebrauch der katalanischen Sprache und die katalanische Flagge verbot, sondern sogar die *sardana*, den traditionellen Tanz der Katalanen. Zusammen mit dem Baskenland und Galicien war Katalonien die erste der spanischen Regionen, die 1980 den Autonomiestatus erhielt. Katalanisch ist heute neben Kastilisch die offizielle Sprache und wird von 97 Prozent der einheimischen Katalanen verstanden.

Katalonien ist die reichste Region der Iberischen Halbinsel. Handel und Industrie konzentrieren sich in der historischen Hafenstadt Barcelona. Einst eine blühende mittelalterliche Stadt, verlor sie mit der Öffnung des atlantischen Handels im 16. Jahrhundert an Bedeutung, boomte jedoch im 19. Jahrhundert mit der Entwicklung der Baumwollindustrie wieder. Immigranten aus allen Teilen Spaniens kamen auf der Suche nach Arbeit, Industrie und Finanzwirtschaft expandierten rasch, und Barcelona wurde zu einem führenden Kunstzentrum. Es gehört heute zu den größten Hafenstädten des Mittelmeers, sein Hinterland ist ein wichtiges Zentrum der Produktion von Chemikalien und Künstdünger.

Außerhalb der näheren Umgebung Barcelonas ist neben dem Tourismus die Bewässerungslandwirtschaft der wichtigste Erwerbszweig. Die Küstenebene entlang des gesamten Mittelmeerufers besitzt einen der fruchtbarsten Böden der Halbinsel. Erstmals von den Römern bewässert, ist die *huerta* von Valencia (landwirtschaftlich kultivierte Ebene) eines der entwickeltsten landwirtschaftlichen Gebiete Europas, das nicht weniger als vier Ernten im Jahr hervorbringt. Der intensive Anbau von Obst und Gemüse versorgt eine bedeutende Exportindustrie: bis

Oben: Seit den sechziger Jahren bildet der Tourismus das wirtschaftliche Fundament der spanischen Mittelmeerküste. Benidorm, einst ein kleines Fischerdorf, ist heute ein Synonym für Pauschalurlaub. Jedes Jahr strömen die sonnenhungrigen Besucher aus dem nördlichen Europa scharenweise herbei und bevölkern die Hotel- und Appartmenthochhäuser oder vertreiben sich die Zeit in zahllosen Pubs und Diskotheken im englischen Stil. Die Hauptattraktion ist der Strand, der sich über sechs Kilometer hinzieht und mit aus Marokko importiertem Sand aufgefrischt wurde.

Ganz rechts: Nicht nur Touristen genießen die Annehmlichkeiten von Meer und Strand. Der städtische Strand von Barceloneta ist mehr eine Einrichtung für die Bewohner Barcelonas, ebenso wie die Parks und Gärten der Stadt. Die Einheimischen kommen hierher zum Schwimmen und Sonnenbaden im Schatten des industriellen Reviers, das, so häßlich es sein mag, viel Wohlstand in die Stadt gebracht hat. Die Verschmutzung ist ein ständiges Problem, hält aber die meisten *Barceloneses* nicht von einem Tag am Strand ab.

Links: Die Pyrenäendörfer im Norden Kataloniens bewahren ein einzigartiges kulturelles und linguistisches Erbe. In dem Gebiet spricht man auf beiden Seiten der spanisch-französischen Grenze katalanisch. Viehherdenhaltung ist die traditionelle Form des Lebensunterhalts, Tourismus, besonders während der Skisaison, gewinnt zunehmend an Bedeutung. Andere Besucher werden von den romanischen Kirchen angezogen, die in vielen dieser kleinen Pyrenäensiedlungen erhalten geblieben sind.

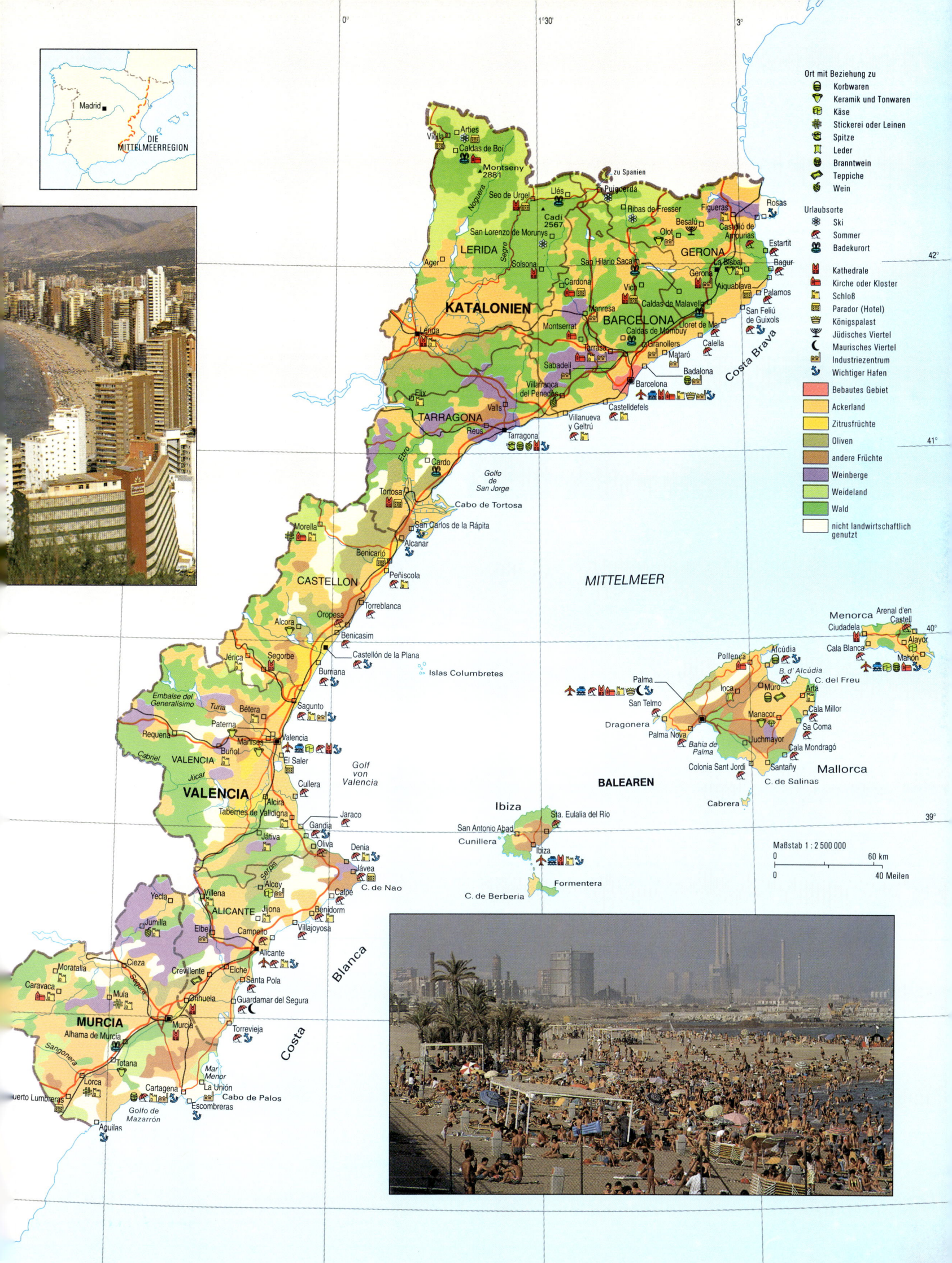

DIE MITTELMEERREGION

Ort mit Beziehung zu
- Korbwaren
- Keramik und Tonwaren
- Käse
- Stickerei oder Leinen
- Spitze
- Leder
- Branntwein
- Teppiche
- Wein

Urlaubsorte
- Ski
- Sommer
- Badekurort

- Kathedrale
- Kirche oder Kloster
- Schloß
- Parador (Hotel)
- Königspalast
- Jüdisches Viertel
- Maurisches Viertel
- Industriezentrum
- Wichtiger Hafen

- Bebautes Gebiet
- Ackerland
- Zitrusfrüchte
- Oliven
- andere Früchte
- Weinberge
- Weideland
- Wald
- nicht landwirtschaftlich genutzt

Maßstab 1 : 2 500 000

0 — 60 km
0 — 40 Meilen

Place names (map labels)

KATALONIEN, LERIDA, GERONA, BARCELONA, TARRAGONA, CASTELLON, VALENCIA, MURCIA, BALEAREN

Viella, Arties, Caldas de Boí, Montseny 2881, Seo de Urgel, Llés, Puigcerdá, zu Spanien, Ribas de Fresser, Besalú, Figueras, Rosas, Cadí 2567, Olot, Castelló de Ampurias, San Lorenzo de Morunys, Estartit, Ager, Solsona, San Hilario Sacalm, La Bisbal, Bagur, Cardona, Vich, Gerona, Aiguablava, Manresa, Caldas de Malavella, Palamos, Lérida, Montserrat, Caldas de Mombuy, San Feliú de Guixols, Tarrasa, Granollers, Lloret de Mar, Sabadell, Mataró, Calella, Elix, Villafranca del Penedés, Badalona, Valls, Castelldefels, Barcelona, Villanueva y Geltrú, Costa Brava, Reus, Tarragona, Cardo, Golfo de San Jorge, Tortosa, Cabo de Tortosa, Morella, San Carlos de la Rápita, Benicarió, Alcanar, Peñiscola, Alcora, Torreblanca, Oropesa, Benicasim, Jérica, Segorbe, Castellón de la Plana, Burriana, Islas Columbretes, Embalse del Generalísimo, Turia, Bétera, Sagunto, Requena, Paterna, Manises, Valencia, Cabriel, Buñol, El Saler, Júcar, VALENCIA, Golf von Valencia, Alcira, Cullera, Tabernes de Valldigna, Jaraco, Gandia, Játiva, Oliva, Alcoy, Denia, Villena, Jijona, Calpe, C. de Nao, Yecla, Benidorm, Jumilla, Elbe, Villajoyosa, ALICANTE, Campello, Alicante, Moratalla, Cieza, Crevillente, Elche, Santa Pola, Caravaca, Mula, Orihuela, Guardamar del Segura, MURCIA, Alhama de Murcia, Murcia, Torrevieja, Sangonera, Totana, Lorca, Cartagena, La Unión, Mar Menor, Cabo de Palos, Puerto Lumbreras, Escombreras, Aguilas, Golfo de Mazarrón, Costa Blanca, Costa

MITTELMEER, Menorca, Arenal d'en Castell, Ciudadela, Cala Blanca, Alayor, Mahón, Pollença, Alcúdia, B. d'Alcúdia, C. del Freu, Palma, Inca, Muro, Artá, San Telmo, Manacor, Cala Millor, Dragonera, Palma Nova, Bahia de Palma, Lluchmayor, Sa Coma, Cala Mondragó, Colonia Sant Jordi, Santañy, C. de Salinas, Mallorca, Cabrera, BALEAREN, Ibiza, Sta. Eulalia del Río, San Antonio Abad, Cunillera, Formentera, C. de Berbería

zum Touristenboom der sechziger Jahre war die seit arabischen Zeiten angebaute Orange Spaniens wichtigster Devisenbringer. In unruhigen Zeiten wurden regelmäßig bewaffnete Aufseher in den Zitrushainen von Valencia postiert, um die wertvolle Ernte zu bewachen.

Maulbeerbäume erinnern an Valencias einst blühende Seidenindustrie, die im 18. Jahrhundert in ganz Europa in hohem Ruf stand. Baumwolle wird ebenfalls angebaut, obwohl der Rohstoff für die katalanische Textilindustrie aus den Amerikas importiert worden war. In der Albufera (arabisch *al Bahira*, »kleines Meer«) vor den Toren Valencias, einer pinienbewachsenen Lagune mit einer ungewöhnlichen Vielfalt an Vogelarten, sind riesige Reiskulturen angelegt. Reis wurde von den Arabern eingeführt, die das alte Bewässerungssystem der Römer verbesserten, indem sie das komplexe Netzwerk von Kanälen und Wasserleitungen erweiterten und erneuerten. Der tägliche Betrieb dieser Wasserwege wird noch heute vom *Tribunal de las aguas* geregelt, einem Komitee von acht Männern – für jeden der ursprünglich acht römischen Kanäle einer –, das jeden Donnerstag vor der Kathedrale zusammentrifft. Es tagt seit mehr als 1000 Jahren ununterbrochen, und die Sitzung wird immer in Katalanisch abgehalten.

Murcia weiter südlich, heißer und trockener, ist ebenfalls eine bewässerte *huerta*, in der Melonen, Tomaten und Paprika weitgehend für den Export angebaut werden, ebenso wie Zitronen, Limonen und exotischere Pflanzen wie Aloe und Jojoba. Sie wurde 831 während des Emirats von Abd ar-Rahman II. (*Mursiya*) und im Jahr 1266 endgültig zurückerobert. Der Marinestützpunkt in Cartagena und das Minengebiet in der Umgebung bieten einige industrielle Arbeitsplätze. In Murcia wird kastilisch gesprochen, die Region bildet eine kulturelle Brücke zwischen der Mittelmeerküste und Andalusien.

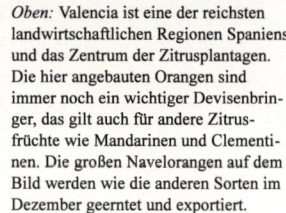

Oben: Valencia ist eine der reichsten landwirtschaftlichen Regionen Spaniens und das Zentrum der Zitrusplantagen. Die hier angebauten Orangen sind immer noch ein wichtiger Devisenbringer, das gilt auch für andere Zitrusfrüchte wie Mandarinen und Clementinen. Die großen Navelorangen auf dem Bild werden wie die anderen Sorten im Dezember geerntet und exportiert.

Links: Die große Benediktinerabtei Montserrat (976 gegründet) hat ihren Namen von der ungewöhnlich gezackten Berglandschaft der Umgebung. Die hier verehrte schwarze Madonna soll der Legende nach vom Hl. Lukas nach lebenden Vorbild geschnitzt und dann von Petrus in einer Höhle versteckt worden sein. Der Ruhm des Heiligtums machte Montserrat nach Santiago de Compostela zum wichtigsten Wallfahrtsort Spaniens, was der Abtei großen Reichtum und weitgehende Autonomie einbrachte. 1811 jedoch wurde das Kloster von Napoleonischen Truppen geplündert. Unter der Franco-Diktatur wurde es zu einem Hort des katalanischen Nationalismus.

Rechts: Obwohl die größtenteils kümmerliche Vegetation in der Sierra de la Muela in der Region Murcia auf den dünnen Boden und das rauhe Klima zurückzuführen ist, stellen die Olivenbäume, die die Niederungen bedecken, einen wichtigen landwirtschaftlichen Faktor dar. Die Ölbäume gedeihen am besten in einem nährstoffarmen, kalkhaltigen Boden. Weil sie keinen Winterfrost vertragen können, sind sie auf den Süden der Halbinsel begrenzt. In Spanien nehmen Olivenhaine eine Fläche von mehr als 1 000 000 Hektar ein. Rund 92 Prozent der Ernte wandern in der Verarbeitung zu Olivenöl, Andalusien allein produziert etwa 20 Prozent des weltweiten Bedarfs an Olivenöl.

Paella

Paella – mit Abstand das berühmteste aller spanischen Gerichte – ist eher eine regionale als eine nationale Spezialität. Vermutlich stammt die ursprüngliche *paella* aus der Gegend um den See Albufera, einer Süßwasserlagune außerhalb von Valencia, und wird mit Aalen, Schnecken und grünen Bohnen zubereitet. Die heutige klassische *paella valenciana* besteht aus Huhn oder Kaninchen und nicht aus Meeresfrüchten, und es gehören immer sowohl grüne Bohnen als auch Butter- (Lima-) Bohnen dazu. Wie zum ursprünglichen Gericht besteht ein großer Unterschied zu dem Mischmasch aus Huhn, Meeresfrüchten, Wurst und fahlgelbem Reis, wie es Touristen allzuoft vorgesetzt wird.

Gastronomische Puristen behaupten, die valencianische Version sei die einzig echte *paella*. Die beliebte *paella marinera* wäre als Meeresfrüchte-Reis genauer beschrieben; ihre Ursprünge liegen in den Fischerdörfern der Mittelmeerküste, während die der *paella valenciana* bei den Gartenbauern weiter landeinwärts zu finden sind. Beide sind trockene Gerichte, und zubereitet werden sie in einer großen, offenen, flachen Pfanne mit zwei Griffen – im Osten *paella*, im übrigen Spanien *paellera* genannt –, von der das Gericht seinen Namen hat. Rundkornreis von den Reisfeldern Valencias (von den Arabern im 8. Jahrhundert erstmals eingeführt) ist die wesentliche Zutat für die *paella*. Safran aus La Mancha gibt dem klassischen valencianischen Gericht sowohl den Geschmack als auch die Farbe. Es werden vielfältige andere Zutaten verwendet, meist aber

getrocknete süße Paprikas aus Murcia, Olivenöl aus Andalusien und frisches Gemüse. Zitronensaft aus den lokalen Zitronenhainen ist die traditionelle Würze.

Viele andere spezielle Gerichte werden auf dieselbe Weise zubereitet wie die *paella*. In Alicante werden Meeresfrüchte und Reis getrennt serviert, *arroz abanda* oder »Reis extra« nennt sich das Gericht dort. *Arroz negro* (»Schwarzer Reis«) bezieht seinen Namen vom Tintenbeutel der Tintenfische, der wichtigsten Zutat. Die südliche Provinz Murcia ist auf Gemüse-*paellas* spezialisiert, und die vielleicht ungewöhnlichste *paella* ist die *fideuá*, ein Nudelgericht, das auf dieselbe Weise zubereitet wird wie *paella*.

Oben: Die echte *paella* bekommt ihre goldene Färbung durch Safran, der aus den getrockneten Blüten des *crocus satinus* gewonnen wird. Safran ist das teuerste Gewürz der Welt und wird heute bedauerlicherweise oft durch chemische Farbmittel ersetzt. Im Gegensatz zu vielen Gewürzen ist die Erzeugung von Safran nicht auf die Tropen begrenzt. Ein Großteil wird in den Ebenen von La Mancha angebaut, wo jeden Herbst ganze Felder purpurfarbener Krokusse blühen. Die Kosten des Gewürzes entstehen durch die aufwendige Ernte. Die empfindlichen Blüten werden per Hand gepflückt; sie wachsen nahe am Boden, und es ist eine ermüdende Arbeit.

Mitte links: Einmal gesammelt, müssen die zerbrechlichen Blütenkelche, die den Safran enthalten, von den Blütenköpfen getrennt werden, bevor man sie trocknet. Nach traditioneller Methode werden sie in einem Sieb über eine Kohleglut gehalten. Die Zerbrechlichkeit des Safrans erlaubt keine Mechanisierung in der Verarbeitung. An der Methode hat sich seit dem späten 19. Jahrhundert, als diese Gruppe von Safranpflückern, darunter viele Kinder mit ihren flinken Fingern, von Josep Bru gemalt wurde, nichts geändert.

Ganz links: Einige Sachverständige behaupten, *paella* wäre ursprünglich ein Fastengericht aus trockenem gepökeltem Kabeljau und Reis gewesen. Heute jedoch ist sie eine Festtagsmahlzeit, die gemeinsam zubereitet und oft unter freiem Himmel gegessen wird. Geburtstage, Erstkommunion, ein Treffer in der Nationallotterie sind die idealen Anlässe, mit Familie und Freunden eine *paella* zu teilen. Der Reis darf während des Kochens nicht umgerührt werden, die Kochhitze muß deshalb gleichmäßig sein.

Ganz unten links: Manchmal wird der Reis auf altehrwürdige Art direkt aus der Pfanne gegessen, wie auf dieser Wandkachel dargestellt. Bis ins frühe 20. Jahrhundert hinein waren individuelle Tischgedecke im ländlichen Spanien weitgehend unbekannt; Alltagskost wurde mit Löffeln aus einer gemeinsamen Schüssel in der Mitte des Tisches gegessen. *Paella* ist heute praktisch das einzige Gericht, das diesen Sinn für geselliges Essen noch lebendig hält.

Erschließungen an der Küste wie der Sportkomplex, der um Mar Menor herum entstanden ist, bringen viele Besucher in das Gebiet, aber der Tourismus ist weniger entwickelt als in den katalanisch sprechenden Regionen im Norden, besonders in den dicht besiedelten Korridoren Costa Brava in Katalonien und der Costa Blanca in Valencia. Valencia hatte 1993 über 78 000 Hotelbetten für Urlauber anzubieten, Katalonien fast 200 000, aber beide wurden von den 260 000 Betten der Balearen übertroffen – mit Abstand auch die größte Zahl in allen autonomen Regionen. Die Strände und die dramatische Berglandschaft Mallorcas machten die größte Baleareninsel zum beliebtesten Urlaubsziel Europas. Ferienorte wie das überfüllte Magalluf an der Südküste bilden einen endlosen Streifen hochragender Beton-Hotels, Discos und Restaurants.

Weil den Stränden jetzt die Gefahr droht, von der Entwicklung des Massentourismus überwältigt zu werden, fördert Spaniens Tourismus-Industrie heute teure Urlaubsangebote unter einem kulturellen oder historischen Thema. Viele Mallorca-Besucher kommen inzwischen zu Architektur- oder Kunstpilgerfahrten in den Fußstapfen von Schriftstellern und Künstlern wie etwa Frédéric Chopin, der die Insel 1838 mit seiner Geliebten, der französischen Romanschriftstellerin George Sand, besuchte. Er schrieb, daß das Leben hier »köstlich« sei, sie hingegen haßte es. In diesem Jahrhundert wählte der englische Dichter Robert Graves (1895–1985) Mallorca zu seiner Heimat und war der Mittelpunkt einer kleinen Künstlerkolonie in Deià. Heute lebt und arbeitet eine ähnliche Gemeinschaft in dem Städtchen Pollença.

Menorca ist die ruhigste der Balearischen Inseln; die georgianischen Häuser seiner Hauptstadt, Mahón, sind ein Erbe aus der britischen Besatzungszeit im 18. Jahrhundert. Die Insel weist einen ungewöhnlichen Reichtum an prähistorischen Ruinen auf, die viele Archäologen anziehen. Vogelbeobachtung auf den Balearen ist ebenso äußerst beliebt. Ganz im Gegensatz

dazu ist Ibiza einer der lebendigsten Jugend-Ferienorte in Europa. Unkontrollierte Erschließung des Tourismus hat entlang der Mittelmeerküste viele unberührte Gebiete und Naturkulissen zerstört. Aber der Tourismus trägt in gewisser Hinsicht dazu bei, die traditionelle Kultur der Region zu bewahren. Keramikprodukte, besonders die verzierten Kacheln, die Teppiche als Wandverkleidung im heißen Klima ersetzten, sind in Valencia seit dem 13. Jahrhundert hergestellt worden, und dank des Tourismusmarkts ist die Nachfrage danach jetzt wieder gestiegen; die Produktion in dem Städtchen Manises, das einige der ältesten Töpfereien Spaniens beherbergt, wurde wiederbelebt.

Auch die kunstvollen Feste entlang der Mittelmeerküste ziehen ihre Besucher an. Obwohl weniger bekannt als die Umzüge in Andalusien, sind die Karwochenprozessionen in Cartagena und Murcia genauso farbenprächtig und dramatisch. Aus ganz Spanien kommen die Menschen zu den ungewöhnlichen *fallas*, dem Feuerfest, das am Tag des Hl. Joseph (19. März) in Valencia abgehalten wird. Fast das ganze Jahr über bereiten konkurrierende Teams riesige Figuren aus Pappmaché vor, mit denen Politiker und andere lokale oder nationale Persönlichkeiten karikiert werden. Eine ganze Woche lang befindet sich die Stadt *en fiesta*, und die Figuren werden vielgefeiert zur Schau gestellt. In der letzten Nacht werden sie dann feierlich der Fackel übergeben. Der außergewöhnliche Feuerschein erweckt den Eindruck, als würde ganz Valencia in Flammen stehen.

Die Erzählungen von der *reconquista* sind tief im lokalen Brauchtum verwurzelt. Tänze, in denen der Kampf zwischen Mauren und Christen dargestellt wird, sind weit verbreitet, und viele Städte um Valencia und Alicante inszenieren Schaukämpfe zwischen »Mauren und Christen«. In Alcoy finden diese am Tag des Hl. Georg (23. April) statt. Nach verschiedenen Umzügen und Schaukämpfen um den Besitz der Burg interveniert der Heilige höchstpersönlich und entscheidet den Tag für die Christen, getreu der Legende.

Oben: Die Insel Mallorca ist ein Lieblingsziel der Familie der Yachtschiffer. Dieser neu erschlossene Yachthafen liegt in Port d'Andraitx, einem kleinen Urlaubsort, dessen abgeschirmte Bucht von Hotelbauten gesäumt ist. Seit die spanische Königsfamilie die Insel jeden Sommer besucht, ist sie um so beliebter. König Juan Carlos, Königin Sofia und der Prinz von Asturien haben alle an den olympischen Segelwettbewerben teilgenommen.

Rechts: Das Städtchen Totana in Murcia ist eine der vielen spanischen Gemeinden, die sich ihre charakteristische Handwerkstradition bewahrt haben. Töpfe aus Totana in den typischen Farben braun und creme sind hier zum Verkauf ausgestellt. Zu den ungewöhnlichsten hier produzierten Formen gehören die kleinen geschlossenen Krüge mit gezackten Rändern; Deckel und Unterteil passen entlang dieser »Zähne« zusammen.

Vorherige Seite: Die Burg Peñiscola an der valencianischen Küste bei Castellón war ursprünglich von den Rittern des Templerordens gebaut worden, aber der Felsvorsprung wurde eigentlich erst von Pedro de la Luna (um 1328–1423) uneinnehmbar gemacht, einem aragonesischen Adligen, der 1394 zum Gegenpapst in Avignon gewählt wurde. Als Papst Benedikt XIII. vereitelte er alle Versuche, die durch das Kirchenschisma verursachte Trennung der Kirche zu überwinden, und wurde vom Konstanzer Konzil im Jahr 1417 schließlich abgesetzt. Zwei Jahre zuvor hatte er sich in diese herrliche Zitadelle geflüchtet und sie zur wahren Kirche und Arche Noah erklärt. Hier starb er, immer noch trotzig kämpferisch, im Alter von 95 Jahren; in der Stadt ist er als »Papa Luna« in Erinnerung.

Links: Ein großer Teil der landwirtschaftlichen Flächen in Spanien und Portugal liegt an Berghängen mit zum Teil starkem Gefälle und muß zur Bearbeitung terrassiert werden. Der Boden wird in schmalen Streifen gepflügt, hinter niedrigen Mauern, die verhindern, daß der Boden nach starkem Regen hangabwärts gespült wird. Auf diesen terrassierten Hängen um Banyalbufar auf der Insel Mallorca wuchsen früher die Trauben, aus denen man den berühmten süßen Wein der Insel, Malvoisie, herstellte, bis die Weinreben im Jahre 1907 von der Reblausplage vernichtet wurden.

Ganz oben: Terrassenanbau ist eine höchst traditionelle Form der Landwirtschaft. Wo immer es die Verhältnisse zulassen, bedienen sich die Bauern Mallorcas moderner Methoden und Hilfsmittel wie Traktoren und Kunstdünger. Typisch sind aber Bauernhöfe mit geringem Landbesitz.

Oben: Obwohl Ibiza gemeinhin als Touristenparadies gilt, ist von der traditionellen einheimischen Architektur vieles erhalten geblieben. Die flachen Dächer, weißen Mauern und geschmiedeten Balkone der Häuser in dieser engen Straße sind typisch für alle Dörfer der Balearen. In den ländlichen Gemeinden, wo die übliche Trauerzeit für einen Ehegatten bis zu zehn Jahre dauern kann, sind ältere Frauen oft ganz in Schwarz gekleidet.

DAS ZENTRUM

Kastilien und León, Kastilien La Mancha und Madrid

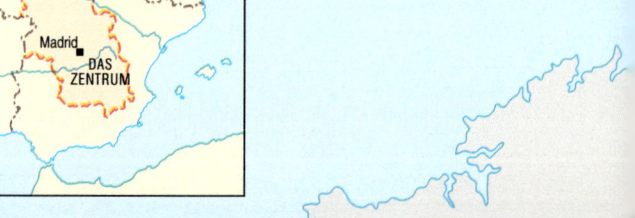

Das weite Tafelland von Kastilien, übersät mit Windmühlen und prächtigen, zerfallenen Burgen, bildet das Herzstück des Königreichs Spanien. »*Ancha es Castilla*« sagt das lokale Sprichwort, »groß ist Kastilien«. Auf durchschnittlich über 600 m Meereshöhe gelegen, umfaßt das große Zentralplateau der *meseta* die heutigen autonomen Regionen Kastilien und León im Norden und Kastilien La Mancha im Süden. Voneinander getrennt sind die beiden Regionen von einer Reihe von Gebirgszügen. In diesem spröden Hochland wird nach wie vor die Tradition der Haltung von Schafherden gepflegt, auf der einst der frühe Wohlstand Kastiliens beruhte. In den meisten Teilen jedoch sind die ländlichen Gemeinden entvölkert, die meisten Menschen sind in die Städte gezogen. Die ehemalige Transhumanz, bei der die Herden zu den Sommerweiden getrieben werden, einst unabdinglich für das Überleben der Tiere in dieser steinigen Gebirgslandschaft, ist heute nur noch in wenigen isolierten Gebieten anzutreffen, wo sie als archaisches Relikt einer vergangenen Lebensweise überdauert.

Kastilien bezieht seinen Namen aus dem spanischen Wort für »Burg«. Tatsächlich sind die meisten der 10 000 erhalten gebliebenen Burgen Spaniens hier zu finden, denn es war eine heiß umkämpfte Grenzregion im Krieg, den die christlichen Königreiche zur Durchsetzung ihrer allmählichen Expansion nach Süden gegen die Araber betrieben. Imposante Festungsanlagen – einige renoviert, andere dem Verfall überlassen – ragen überall aus der flachen Landschaft hervor. Die mittelalterlichen Stadtmauern von Avila sind vielleicht das eindrucksvollste Zeugnis von Kastiliens Vergangenheit als befestigte Region.

Nordkastilien und das Königreich León, in den frühen Tagen der *reconquista* christianisiert, ist ein Land mit winzigen Dörfern und kleinen kirchlich geprägten Städten. Burgos mit seiner gotischen Kathedrale mit den Zwillingstürmen ist die Grabstätte von El Cid (um 1060–1099), des legendären Helden der Rückeroberung. In der altehrwürdigen befestigten Stadt Segovia ist einer der hervorragendsten römischen Aquädukte der Welt erhalten geblieben. Weiter westlich liegt Salamanca, dessen prächtige Renaissance-Gebäude der Universität und der Kathedrale der Stadt den Status eines »Nationaldenkmals« eingebracht haben.

Diese herrlichen Städte liegen wie ausgesetzt inmitten der großräumigen Raster der landwirtschaftlichen Parzellen. Weitläufige Gebiete von Kastilien-León sind ausschließlich dem Weizenanbau unter Einsatz moderner chemischer Düngemittel und mechanisierter Erntemethoden vorbehalten. Wogende Kornfelder unter einem riesigen blauen Himmel – eine der charakteristischsten Landschaften der Iberischen Halbinsel – haben weitgehend das aromatische einheimische Buschland mit wildem Thymian und Steineichen ersetzt. Die Verlierer sind seltene Vögel und die Tiere der *dehesa* und des Steppenweidelands – besonders die in Europa einzigartigen Populationen des schwarzen Storchs und der Trappe sind heute vom Verlust ihres Habitats bedroht.

In den südlichen Ebenen von La Mancha – im Roman *Don Quijote* von Cervantes verewigt – sind die Ansiedlungen etwas größer, und der Boden ist weniger fruchtbar, obwohl jetzt immer mehr Flächen von Weingärten eingenommen werden. Das berühmteste Ernteerzeugnis der Mancha ist Safran, der aus den Staubgefäßen der Krokusse gewonnen wird, von denen die Landschaft im Herbst wie mit einem Teppich bedeckt ist. Safran

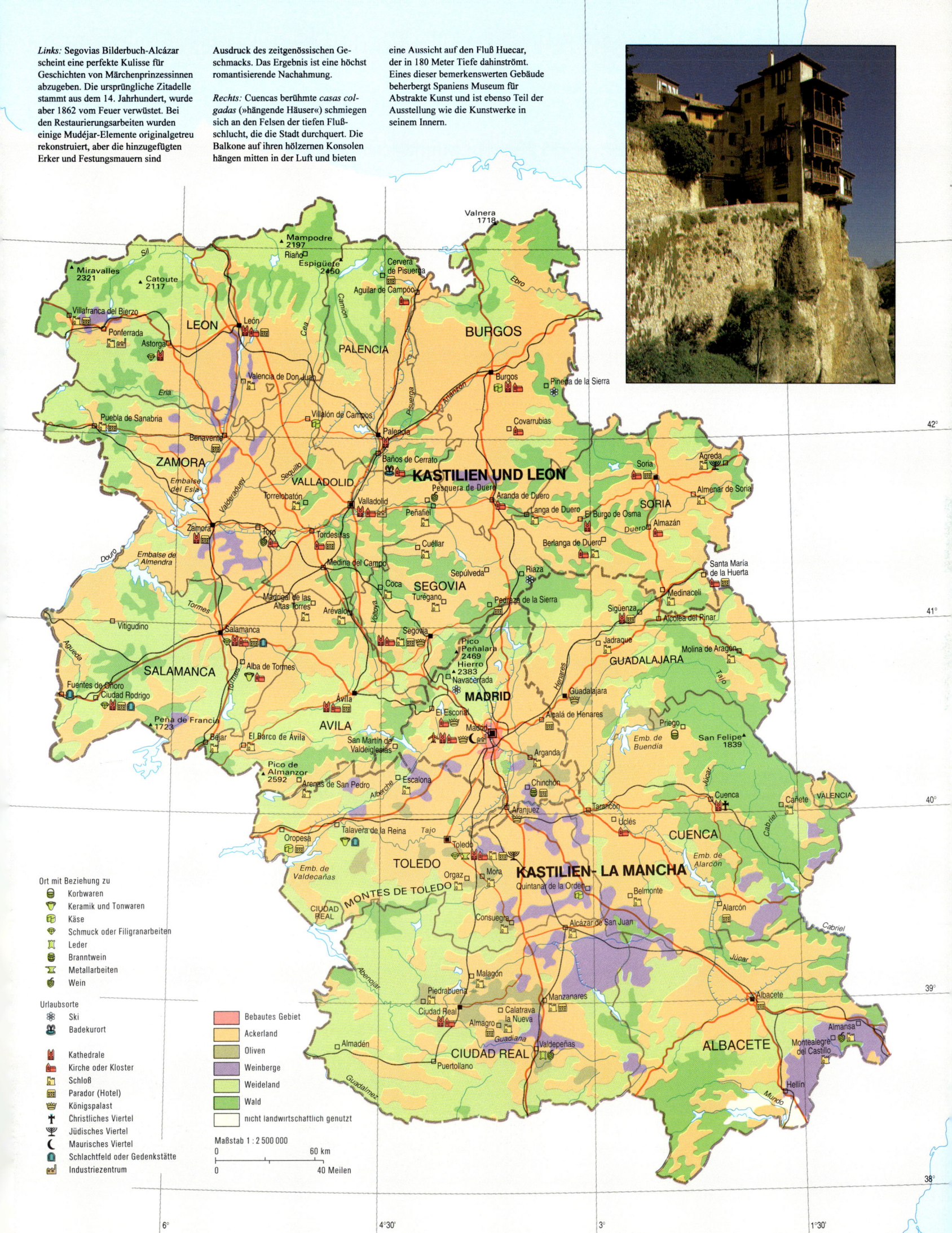

Links: Segovias Bilderbuch-Alcázar scheint eine perfekte Kulisse für Geschichten von Märchenprinzessinnen abzugeben. Die ursprüngliche Zitadelle stammt aus dem 14. Jahrhundert, wurde aber 1862 vom Feuer verwüstet. Bei den Restaurierungsarbeiten wurden einige Mudéjar-Elemente originalgetreu rekonstruiert, aber die hinzugefügten Erker und Festungsmauern sind Ausdruck des zeitgenössischen Geschmacks. Das Ergebnis ist eine höchst romantisierende Nachahmung.

Rechts: Cuencas berühmte *casas colgadas* (»hängende Häuser«) schmiegen sich an den Felsen der tiefen Flußschlucht, die die Stadt durchquert. Die Balkone auf ihren hölzernen Konsolen hängen mitten in der Luft und bieten eine Aussicht auf den Fluß Huecar, der in 180 Meter Tiefe dahinströmt. Eines dieser bemerkenswerten Gebäude beherbergt Spaniens Museum für Abstrakte Kunst und ist ebenso Teil der Ausstellung wie die Kunstwerke in seinem Innern.

Ort mit Beziehung zu
- Korbwaren
- Keramik und Tonwaren
- Käse
- Schmuck oder Filigranarbeiten
- Leder
- Branntwein
- Metallarbeiten
- Wein

Urlaubsorte
- Ski
- Badekurort

- Kathedrale
- Kirche oder Kloster
- Schloß
- Parador (Hotel)
- Königspalast
- Christliches Viertel
- Jüdisches Viertel
- Maurisches Viertel
- Schlachtfeld oder Gedenkstätte
- Industriezentrum

Bebautes Gebiet
Ackerland
Oliven
Weinberge
Weideland
Wald
nicht landwirtschaftlich genutzt

Maßstab 1 : 2 500 000

0 ___ 60 km

0 ___ 40 Meilen

wurde von den Arabern eingeführt, die damit ihre Reisgerichte, für die Spanien heute so berühmt ist, färbten und würzten. In Kastilien La Mancha sind viele andere Zeichen der jahrhundertelangen maurischen Epoche erhalten geblieben. Metallhandwerker der Kathedralenstadt Toledo fertigen nach wie vor die schwarz-goldenen, als Damaszierung bekannten Einlegearbeiten; der Name stammt von der syrischen Stadt Damaskus, die in vieler Hinsicht an die alte arabische Kultur erinnert.

Im Herzen Kastiliens und damit Spaniens selbst liegt die Hauptstadt Madrid. Sie ist das Verwaltungszentrum seit König Philipp II., der 1560 seinen Hof hierher verlegte, jenem Jahr, in dem er die Arbeit an seinem strengen Kloster-Palast El Escorial in den Bergen außerhalb der Stadt aufnahm. Es waren die Bourbonen, die Madrid dann im 18. Jahrhundert zum Zentrum der Wissenschaft und der Kunst ausbauten, ein königlicher botanischer Garten und zahlreiche königliche Akademien entstanden in dieser Zeit. Der italienisierte Königspalast, 1764 fertiggestellt, diente als erstrangige königliche Residenz bis zu Alfons XIII., der 1931 aus Spanien floh.

Die extravagante Bauwut der Bourbonen brachte die spanische Krone an den Rand des Bankrotts. Anschließend zerstörten die Napoleonischen Kriege die Landschaft, so daß Kastilien zum Hinterhof degradiert war, in einer Epoche, in der Katalonien und das Baskenland sich zu prosperierenden Industrie- und Handelsregionen entwickelten. Obwohl Madrids Stellung als Hauptstadt unbestritten blieb, so sorgten doch seine schlechten Verkehrsverbindungen dafür, daß sich seine Wirtschaft erst gegen Mitte dieses Jahrhunderts entwickelte.

Mit über 3,1 Millionen Einwohnern im Jahr 1991 ist Madrid jetzt Spaniens größtes urbanes Zentrum. Handel und Finanzmärkte haben sich seit den sechziger Jahren dramatisch ausgeweitet, als multinationale Konzerne scharenweise nach Madrid drängten, angezogen von den hohen Wachstumsraten und günstigen Investitionsbedingungen. Dieser Boom führte zu einem schnellen Wachstum der Stadt und zum erstenmal zur Ansiedlung verarbeitender Industrie. Die Entwicklung schritt rasch voran. Große, während des Bürgerkriegs zerstörte Teile der Stadt wurden wiederaufgebaut, aber da es praktisch keine Planungsvorschriften gab, gingen viele historisch wertvolle Gebäude vor allem in der Altstadt verloren.

Während des Zustroms der achtziger Jahre, als die spanische Wirtschaft florierte, stiegen die Immobilienwerte in der Hauptstadt in astronomische Höhen: zu einem Zeitpunkt war Grund und Boden in Madrid nach Tokio und Manhattan der teuerste der Welt. Der Andrang in die Stadt war so groß, daß die Zuwanderer inzwischen mit Gewohnheiten ganzer Generationen brechen und in die Umgebung ziehen, wo auf diese Weise Spaniens erster Pendlergürtel entstand. Doch in dem Maße, wie Madrid wächst, verringert sich die Bevölkerung Kastiliens. Das geschäftige Aufstreben der Hauptstadt steht in starkem Kontrast zu den leeren Ebenen ihres Umlandes. Noch bis Mitte der achtziger Jahre blickte Barcelona etwas verächtlich auf das landschaftlich so benachteiligte Madrid herab; die Stadt am Meer konnte sich mit Recht als die interessantere und europäischere Stadt fühlen. Doch ist das experimentierfreudige Madrid inzwischen zur Kulturhauptstadt des Landes geworden.

Links: Die scheinbar endlose Weite von Kastilien-La Mancha wird von den weißen Windmühlen unterbrochen, denen Cervantes' Don Quijote zu ewigem Ruhm verhalf. Obwohl Don Quijote die bekannteste Figur der spanischen Literatur ist und die Windmühlen, gegen die er anrannte, sprichwörtlich wurden, kommen nicht viele Besucher in die monotonen Ebenen. Die Region ist vorwiegend von Landwirtschaft geprägt, und es gibt nur wenige Städte.

Oben rechts: Jedes Jahr im Juni wird das Fronleichnamsfest mit aufwendigen Prozessionen gefeiert. Die Feiern in Toledo sind eines der spektakulärsten Feste im katholischen Spanien. Kinder, die ihre erste Kommunion erleben, führen die Prozession durch die engen Straßen, die mit Thymianblüten bestreut werden – in Kastilien als »Fronleichnamsblumen« bekannt.

Unten rechts: Der Anblick von nähenden oder stickenden Frauen oder die beim Herstellen von Spitzenbordüren vor ihrer Tür sitzen ist in den ländlichen Dörfern wie hier in Miranda del Castañar in den Bergen zwischen Salamanca und Cáceres noch ein vertrautes Bild. Das Überleben dieser Handwerkskünste ist jedoch bedroht, immer mehr Menschen wandern in die Städte ab, und nur noch wenige Frauen geben die alten Fertigkeiten weiter.

Unten: Madrid ist auch ein kulturelles Zentrum von Weltrang. Das Prado-Museum, in einem von Karl III. in Auftrag gegebenen neoklassizistischen Bau untergebracht, beherbergt eine der erlesensten Kunstsammlungen der Welt. Italienische, flämische und vor allem spanische Malerei ist besonders gut vertreten, und in den Werkstätten werden wichtige Konservierungsarbeiten vorgenommen. Hier arbeiten Restauratoren (auf der linken Seite) an einem herrlichen mittelalterlichen Altarbild und (auf der rechten Seite) am *Traum des Jakob*, einem Werk von Jusepe de Ribera, bekannt als »Lo Spagnoletto« (1588 – 1656).

DAS
EBRO-
TAL
Madrid ▪

43°

3°   1°30'   0°

Roncesvalles
Alsasua
Pamplona
Sallent
Baños de Panticosa
NAVARRA
Canfranc
Monte
Perdido
3353
Bielsa
Pico de Aneto
3404
Estella
Javier
Aragón
Jaca
Benasque
Haro
Tafalla
Sangüesa
Sabiñánigo
Turbón
2492
Fuenmayor
Olite
Sos del Rey Católico
HUESCA
Santo Domingo
de la Calzada
Cenicero
Logroño
Nájera
Calahorra
Caparroso
LA RIOJA
Arnedillo
Sádaba
Loarre
Najerilla
Ebro
Gállego
Flumen
Huesca
Barbastro
Grávalos
Fitero
Tudela
Ejea de los Caballeros
Monzón
Tarazona
Aragón
Sariñena
Cinca
ARAGON
Jalón
Saragossa
Fraga
La Almunia de
Doña Godina
SARAGOSSA
Ebro
Mequinenza
Santa María de la Huerta
Calatayud
Cariñena
Belchite
Caspe
Nuévalos
Martín
Guadalope
Alcañiz
Jiloca
Alcorisa
Montalban
Monreal del Campo
Aliaga
Bronchales
Alfambra
TERUEL
Albarracín
Peñarroya
2019
Valdelinares
Teruel
Mora de Rubielos
Mijares

42°

41°

40°

38°

39°

🍇 Ort mit Beziehung zu Wein
Urlaubsorte
❄ Ski
♨ Badekurort

🏰 Kathedrale
⛪ Kirche oder Kloster
🏯 Schloß
🏨 Parador (Hotel)
🕎 Königspalast
Jüdisches Viertel
☾ Maurisches Viertel
Schlachtfeld oder Gedenkstätte
Industriezentrum

Ackerland
Oliven
Weinberge
Weideland
Wald
nicht landwirtschaftlich genutzt

Maßstab 1 : 2 500 000
0   60 km
0   40 Meilen

DAS EBROTAL

Navarra, La Rioja, Aragón

Links: Wasserfälle gehören zu den spektakulärsten Attraktionen in Aragóns Gebirgslandschaft. Diese Kaskade hier – bekannt als *caprichosa*, »kapriziös« – befindet sich im Nationalpark Monasterio de Piedra südlich von Saragossa.

Unten links: Trotz unterschiedlicher politischer Traditionen ist das Erbe einer gemeinsamen Vergangenheit mit den baskischen Nachbarn in Sprache, Kultur und Brauchtum von Navarra zu erkennen. Viele baskische Bräuche sind in den dortigen Gebirgsdörfern überliefert. Eines der berühmtesten Volksfeste ist die *zampantzar*, ein baskischer Karneval, in dem die Dörfer Zubieta und Ituren Wettkämpfe austragen.

Unten: Sos del Rey Católico ist die pittoreskeste der »Cinco Villas« (»Fünf Städte«) von Aragón, die an der Grenze zu Navarra liegen. Allen wurde von Philipp V. für ihre Loyalität während des Spanischen Erbfolgekriegs das Stadtrecht verliehen, auch wenn heute keine von ihnen mehr als 2000 Einwohner hat. Sos del Rey Católico bekam seinen Namen vom Katholischen König Ferdinand, der hier 1452 geboren wurde. Die Vergangenheit der Stadt ist an den eindrucksvollen Villen zu erkennen, die die mit Kopfstein gepflasterten Straßen im Schatten hoch aufragender Felszinnen säumen.

Nächste Seite: Der Höhepunkt von Pamplonas Stierlauf-*fiesta* ist der *encierro* (»Auftrieb«), der in der Stierkampfarena stattfindet. Junge Männer und Kampfstiere kommen gemeinsam dort an, nachdem sie sich gegenseitig durch die Straßen gehetzt haben. Diese Tage der *fiesta* sind eine riesige Touristenattraktion, und fast jeder, ob Einheimischer oder Fremder, trägt das traditionelle rote Barett des Karlistischen Navarra.

Der Ebro, nach dem Tajo zweitlängster Fluß der Halbinsel, entspringt im Kantabrischen Gebirge und fließt 910 Kilometer südostwärts bis zu seinem Delta an der Mittelmeerküste bei Tortosa in Katalonien. Sein Lauf bildet zunächst die Grenze zwischen den *autonomías* Navarra und La Rioja, dann fließt er durch Aragón, Spaniens am dünnsten besiedelte Region.

Die charakteristischen kulturellen und politischen Traditionen Navarras wurden zu einem gewissen Maß von seiner Topographie geformt. Der Norden wird von den Bergen und Tälern der Pyrenäen dominiert. Die dortigen Viehzüchter-Gemeinden sprachen bis weit ins 20. Jahrhundert hinein baskisch, und kulturell sind sie auch bis heute baskisch geblieben. Weiter im Süden und Osten hatten die Kleinbauern entlang des fruchtbaren Tals des Ebro und seiner Nebenflüsse traditionell mehr Kontakt zu den kastilisch sprechenden Gebieten von Aragón und La Rioja.

Trotz ihrer engen Verbindungen mit den baskischen Nachbarn haben die Navarresen niemals deren separatistische Ambitionen geteilt. Sie bevorzugen ihre eigene Form der Autonomie innerhalb des spanischen Staates. Ab 1512, als Ferdinand V. das Königreich Navarra für Aragón erwarb, bis 1841, als es wieder in den Rang der Provinz zurückfiel, bekamen die Städte und Stadtstaaten von der spanischen Krone einen gewissen Grad an Autonomie garantiert. Als Reaktion auf die Zentralisierung der Regierung im 19. Jahrhundert jedoch wurde Navarra zum Kernland des Karlismus – einer Bewegung, die sich in den dreißiger Jahren des 19. Jahrhunderts geformt hat und den Anspruch des Thronprätendenten Don Carlos unterstützte. Diese »Tradition«, so die Bezeichnung des Karlismus unter seinen Anhängern, sollte zusammen mit einem glühenden Katholizismus und einem gewaltsamen anachronistischen Monarchismus die Navarresische Autonomiebestrebung verkörpern. Das rote Barett auf dem Kopf, die Schärpe der navarresischen Bauern um den Leib und das Heilige Herz Jesu auf der Brust, fochten die karlistischen Milizen oder *Requetés* wiederholt gegen die Streitkräfte des säkularen Liberalismus. Während des Bürgerkriegs von 1936 bis 1939 waren die *Requetés* mit die eifrigsten Kämpfer für Francos Sache. Als Gegenleistung stellte er eine Reihe der alten regionalen Privilegien wieder her, ein Vorrecht, das den Basken verweigert blieb, deren Republikanismus mit der entschlossenen Unterdrückung ihrer Kultur und Sprache unnachgiebig bestraft wurde.

Wie Navarra in den konstitutionellen Streitigkeiten des 19. und 20. Jahrhunderts eine eigene lokale Identität bildete, so scheinen auch seine Traditionen und Feste typisch einheimisch zu sein. Zwar trifft man auf die festlichen Stierauftriebe im ganzen Nordwesten der Halbinsel, sie sind aber zum Synonym der *fiesta* des San Fermin (Hl. Firmian), des Schutzheiligen von Navarras Hauptstadt Pamplona, geworden. Vom 6. bis zum 14. Juli werden jeden Morgen in den mittelalterlichen Straßen der alten Stadt Kampfstiere freigelassen; Scharen von agilen jungen Männern, alle tragen sie das karlistische rote Barett, rennen dann bis zur Arena vor den Stieren her und erproben dabei Schnelligkeit, Mut und Ausdauer. Seit Ernest Hemingway das Stierrennen in seinem Buch »Fiesta« (1926) verewigte, haben Tausende von abenteuerlustigen Touristen die *fiesta* aufgesucht, wenig beirrt von den paar Hornstößen, die fast jedes Jahr vorkommen.

Pamplona ist heute eine geschäftige Industriestadt, trotz des

konservativen Beharrens vieler seiner Institutionen. Die Universität von Navarra zum Beispiel wird vom Opus Dei geführt, einer 1928 gegründeten römisch-katholischen Organisation, die nach dem Bürgerkrieg als politische Kraft aufkam, um eine führende Rolle in der laizistischen Gesellschaft einzunehmen. Navarra unterhält eine prosperierende moderne Wirtschaft. Die Landwirtschaft ist mechanisiert worden, und »Agrobusiness« ist inzwischen verbreiteter als das Kleinbauerntum. Gemüse, Weizen, Mais und Weintrauben werden im Ebrotal vorwiegend angebaut.

La Rioja südlich des Ebro war einst Teil Altkastiliens, bildet aber heute Spaniens kleinste autonome Region. Das obere Rioja, westlich der Hauptstadt Logroño, ist vergleichsweise feucht und mild, während das untere Rioja im Osten mehr mit den kahlen Ebenen Aragóns gemein hat. Weinanbau war lange Zeit der Haupterwerbszweig. In der Nähe von Calahorra fand man die Reste einer großen römischen Weinhandlung. Die ersten Weingesetze der Region wurden vermutlich von einem Bischof namens Abilio im 9. Jahrhundert aufgezeichnet, und die Klöster, die entlang des Pilgerwegs nach Santiago de Compostela entstanden, setzten die Tradition der Weinherstellung fort und erweiterten sie. Der erste Winzerverband wurde 1520 gegründet, die Methode aber, den Wein in Holzfässern altern zu lassen, was ihm erst seinen charakteristischen »eichenen« Geschmack verleiht, war erst nach 1850 üblich.

Der Ausbruch der Reblausplage, die die französischen Weinberge Ende des 19. Jahrhunderts dahinraffte, bot den *bodegas* (Weinkellereien) von La Rioja die Gelegenheit, auch für den Export zu produzieren. Etwa 51 800 Hektar wurden mit Wein angebaut, die größte Fläche, die jemals in der Region kultiviert wurde. Im frühen 20. Jahrhundert jedoch, als sich die französischen Weingärten wieder erholt hatten und die kolonialen Märkte verlorengingen, fiel die Produktion zurück und stabilisierte sich erst wieder in den sechziger Jahren, als sich in Nordeuropa neue Märkte öffneten. Obwohl sich dieser Boom ebenfalls wieder legte, blieb in seinem Fahrwasser doch ein solider, moderner Industriezweig mit kräftigen Exportraten zurück. Auch andere landwirtschaftliche Produktionszweige, vor allem Konservenfabriken, wurden erfolgreich aufgebaut. Seit den sechziger Jahren hat sich die Anbaufläche für Gemüseerzeugnisse, besonders Spargel, verdoppelt, oft auf Kosten des Weins.

Aragón ist dagegen weniger fruchtbar. Seine abweisende Landschaft trug sicher zum Ruf der Aragonesen bei, besonders stur zu sein. (In der Gegend werden sie für die Fähigkeit gerühmt, mit dem Kopf einen Nagel in die Wand schlagen zu können.) Die Pyrenäen, die allmählich zu den Ebenen des Ebrotals abfallen, bilden Aragóns nördliche Grenze. Südlich des Flusses liegt das nackte, vom Wind leergefegte Hochland von Teruel. Dieses weiße Gebiet war während des ganzen Bürgerkriegs hart umkämpft; die Ruinen der verwüsteten Stadt Belchite beließ man als Totendenkmal unrestauriert. Abgesehen von den fruchtbaren, bewässerten Gebieten um die Regionalhauptstadt Saragossa ist das Land spröde und spärlich besiedelt. Neue Verkehrsverbindungen, besonders die Trans-Pyrenäen-Autobahn, sind geplant, um die Region wiederzubeleben, die von den Touristen weitgehend unbeachtet bleibt.

Aragón ist die Heimat einiger von Spaniens populärsten volkstümlichen Traditionen, allen voran die *jota*. Dieser lebendige Tanz-Gesang wird als ursprünglich aragonesisch betrachtet, obwohl auch in Navarra, Kastilien und Valencia Versionen anzutreffen sind. Als Tanz am bekanntesten, wird die aragonesische *jota* auch von Landarbeitern und Gruppen von Näherinnen gesungen, aber die Liedverse sind in der Regel amourös und beziehen sich selten auf die momentane Arbeit. Trotz des einfachen Ursprungs ist die *jota* ein selbstverständlicher Bestandteil der als *zarzuela* bekannten spanischen Form der Operette, und Komponisten der Jahrhundertwende wie Enrique Granados (1867–1916) ließen sich oft davon inspirieren. Ein anderer eigentümlicher Brauch ist durch den berühmtesten spanischen Filmemacher, Luis Buñuel, bekannt geworden. In seinem Geburtsort Calanda (Provinz Teruel) und anderen Dörfern des unteren Aragón veranstalten in der Karwoche sämtliche Dorfbewohner gemeinsam Trommelkonzerte, die den Boden buchstäblich – wie es die biblische Passionsgeschichte berichtet – erbeben lassen.

Saragossa (in der Römerzeit Caesaraugusta) hat sich von einer Universitätsstadt und Marktplatz zu einem wichtigen Handels- und Industriezentrum entwickelt. Etwa seit der Jahrhundertwende begann sich Industrie anzusiedeln, angezogen von der Lage der Stadt fast in der Mitte zwischen Madrid und Barcelona und der relativ verbindung entlang des Ebro. Der Wirtschaftsboom der sechziger Jahre und die hydroelektrische Energie aus den Staudämmen der Pyrenäen sorgten für eine rasche Expansion, während sich abgelegenere Gebiete rapide entvölkerten; 1970 hatten sich 42 Prozent der Aragonesen in Saragossa niedergelassen, heute die fünftgrößte Stadt Spaniens.

Rechts: Diese Brücke über den Ebro steht in San Vicente de la Sonsierra im oberen Rioja. Obwohl Weingegend, werden die fruchtbaren Schwemmland-ebenen zu beiden Seiten des Flusses für den Gartenbau genutzt, und die Brücke, eine von wenigen über den Ebro, hat eine neue Bedeutung erlangt, weil sie den Transport von Gemüse und Obst in die Konservenfabriken nach La Rioja erleichtert.

Unten: Die Weinlese in La Rioja wird immer noch auf traditionelle Weise vorgenommen. Viele Pflücker sind Zigeuner, die von der Saisonarbeit angezogen werden, die dem Brauch gemäß am 10. Oktober beginnt. Mit kleinen Sicheln werden die Trauben geschnitten und in den großen Weidenkörben gesammelt. Rote Trauben machen 76 Prozent der Gesamternte aus. Rioja ist für seine in Eichenfässern gereiften Rotweine bekannt, die mindestens ein Jahr in Holzfässern lagern müssen. Es werden aber auch Weißweine hergestellt. Diese werden heute im allgemeinen in rostbeständigen Stahlfässern zu einem leichten Tafelwein kalt fermentiert. In einigen *bodegas* werden auch noch die klassischen »eichigen« Weißweine hergestellt.

DIE ATLANTIKKÜSTE
Madrid
Lissabon

ATLANTISCHER OZEAN

Ort mit Beziehung zu
- Korbwaren
- Keramik und Tonwaren
- Käse
- Stickerei oder Leinen
- Spitze
- Leder
- Metallarbeiten
- Teppiche
- Wein

Urlaubsorte
- Ski
- Sommer
- Badekurort

- Kathedrale
- Kirche oder Kloster
- Schloß
- Parador/Pousada (Hotel)
- Königspalast
- Schlachtfeld oder Gedenkstätte
- Industriezentrum
- Wichtiger Hafen

- Ackerland
- Zitrusfrüchte
- Oliven
- Weinberge
- Weideland
- Wald
- nicht landwirtschaftlich genutzt

Maßstab 1 : 2 500 000
0   60 km
0   40 Meilen

Rechts: Eisen und Stahl haben der Stadt Bilbao, dem industriellen Zentrum des Baskenlands, seit dem 19. Jahrhundert großen Wohlstand eingebracht. Überall in Europa ist die Schwerindustrie heute im Rückgang, aber wie diese Schachthochöfen an der Mündung des Flusses Nervión zeigen, sind noch einige in Betrieb, trotz einer Zunahme des Dienstleistungssektors und moderner High-Tech-Unternehmen in den Bereichen Chemie und Computer.

DIE ATLANTIKKÜSTE

Baskenland, Kantabrien, Asturien,
Galicien und Nordportugal

Die autonomen Regionen entlang Spaniens regenumspülter Atlantikküste unterscheiden sich auffallend vom Rest des Landes. Sie werden vom massiven Kantabrischen Gebirge dominiert, das parallel zur Nordküste bis nach Galicien verläuft und sich dann nach Süden in Richtung der portugiesischen Grenze krümmt. Tiefe Schluchten, aus denen das Getöse rauschenden Wassers dringt, dichte Eichen-, Buchen-, Lärchen- und Eschenwälder, in denen noch einige der seltensten Säugetiere Europas wie Braunbären und Wölfe leben, sind das vorherrschende Erscheinungsbild. Die Wildheit der Berge, die an manchen Stellen immer noch praktisch undurchdringlich sind, haben lange eine Verbindung zum Rest des Landes verhindert und trugen deshalb zur Herausbildung unverwechselbarer lokaler Kulturen mit eigenen Traditionen, Glauben und sozialen Sitten bei.

Die Basken, die sich ethnisch vom Rest der Halbinsel unterscheiden, sind die grimmigsten Independisten. Unter Franco waren politische und kulturelle Freiheiten streng beschränkt, was der separatistischen Bewegung weiter Vorschub leistete. Das Euskera, die einzigartige und schwierige baskische Sprache, die nichts mit einer romanischen Sprache gemein hat und deren Klangbild eher an das Japanische erinnert, war seit Beginn der Industrialisierung im Schwinden, aber die Politisierung der baskischen Kultur gab ihr wieder enormen Aufschwung; heute hat sie wieder einen offiziellen Status und wird in den Schulen gelehrt.

Die kulturellen Wurzeln des Baskenlandes liegen in der ländlichen Vergangenheit. Die Basken waren Hirtenbauern, die auf den Bergwiesen der Pyrenäen Milchkühe züchteten. Mittelpunkt ihrer traditionellen Lebensweise sind die aus Steinblöcken gebauten Familiengehöfte oder *caseríos*. Erbgesetze trugen im Gegensatz zu anderen Teilen Nordspaniens und Portugals zur Beibehaltung der ursprünglichen, nicht geringen Größe der Höfe bei; beim Tod der Eltern geht der Hof nach wie vor an einen einzigen Erben über, sei es das älteste Kind oder nicht, männlich oder weiblich (obwohl bei der Vererbung in der Praxis männliche Nachkommen bevorzugt werden). Die baskische Küche gilt in Spanien aufgrund der vielfältigen landwirtschaftlichen Produkte als eine der besten; gastronomische Clubs, deren ausschließlich männliche Mitglieder sich regel-

Oben: Ein aus Stein und Holz gebautes baskisches Bauernhaus, im Spanischen als *caserío* bekannt und im Baskischen als *baserri*, steht mitten in den zum Hof gehörigen Feldern: im Vordergrund die typischen runden Heuhaufen. Zentrum jedes *caserío* sind die Küche und der daneben liegende Stall. Normalerweise sind drei oder vier *caseríos* eng aneinandergebaut und bilden eine gemeinsame Arbeitseinheit, deren Mitglieder sich bestimmte Aufgaben teilen.

Rechts: Mitten in der dramatischen Landschaft des Pico de Europa im Kantabrischen Gebirge liegt das spanische Nationalheiligtum »Unserer Jungfrau der Schlachten« von Covadonga. Hier besiegte der christlichen Legende nach Pelayo von Asturien etwa 400 000 Mauren mit ganzen 30 Männern. Heute wird die einzigartige natürliche Flora und Fauna in diesen Bergen durch den Covadonga-Nationalpark geschützt.

Portwein

Die Ursprünge des Portweins liegen im Weinhandel, der sich im 17. Jahrhundert zwischen Portugal und England entwickelte, als wegen des Kriegs mit Frankreich der Wein aus Bordeaux nicht auf die englischen Eßtische gelangen konnte. Das Handelsabkommen von Methuen im Jahr 1703 legte einen bevorzugten Import portugiesischer Weine nach England fest; um 1720 verschifften englische Großhändler jährlich 25 000 Pipes (große Fässer zu rund 100 Gallonen, 450 Liter) Tafelwein aus Porto im Norden Portugals nach England. Die Weinhändler des 18. Jahrhunderts entdeckten, daß man durch den Zusatz von Brandy (ein als Verstärkung geläufiger Vorgang) den Fermentierungsprozeß des Weines verlangsamen und auf diese Weise die Süße und das Aroma des Weines bewahren kann. Noch heute wird in derselben Weise verfahren: man gießt zum Teil fermentierten Rotwein, der mindestens die Hälfte seines Traubenzuckers enthält, in ein bis zu einem Viertel mit Brandy gefülltes Faß. Der Portwein wird dann in »Hütten« gelagert, die an den Südhängen des Douro in Portos Weinvorort Vila Nova de Gaia errichtet worden sind, wo er seine Reife erlangt, bevor er nach England verschifft wird. Der Marquis von Pombal, der 1756 die erste *Zone d'ap-pelation controlée* oder abgegrenzte Region der Weinherstellung bildete, versuchte, den Handel zu dirigieren, aber die portugiesischen Kaufleute waren nie in der Lage, genügend Kapital zu bilden, um sich den Markt zu erobern, und so blieb er weitgehend in den Händen englischer Portwein-Familien wie Cockburn, Graham, Croft, Warre und Sandeman. Obwohl diese Familien oft beträchtliche Ländereien in der Umgebung besaßen, blieben sie der lokalen Bevölkerung gegenüber immer reserviert, und die großen Fabriken in Porto waren daher englische Enklaven.

Portwein wird heute hauptsächlich nach Frankreich exportiert. Etwa drei von zehn Jahrgängen bringen Trauben hervor, aus denen die großen Jahrgänge des Portweins entstehen, die nach zwei Jahren in Flaschen abgefüllt und am besten zwanzig Jahre lang gelagert werden. Andere Portweine sind gemischt und in Holzfässern gereift; dieses Verfahren produziert den feinen blassen Faß-Portwein, den sogenannten Tawny, ebenso wie den einfachen Portwein, den Rubin, der normalerweise nach fünf Jahren getrunken wird. Weißer Portwein aus weißen Trauben wird als Aperitif getrunken.

Links: Die steilen Terrassen der Portwein-Weinberge sind mit abschüssigen Schiefertreppen untereinander verbunden. Eine Mechanisierung ist hier fast unmöglich, die Ernte wird immer noch per Hand eingebracht. Die Arbeiter tragen die Weintrauben in Körben mit bis zu 50 Kilogramm Gewicht. In früherer Zeit wurden die Trauben für die Jahrgangsportweine von einem Dutzend Männer stundenlang getreten, die Frauen tanzten währenddessen.

Oben: Verladen von Fässern am Hafenkai von Porto. Jeder Portwein reift »im Holz«, obwohl Jahrgangsweine weitaus länger in der Flasche verbleiben als im Faß. Die hochwertigsten Portweine werden bereits abgefüllt exportiert, weniger exklusive Sorten, darunter auch der Tawny-Portwein, werden in riesigen Fässern aus dem Holz der portugiesischen Eiche oder des Walnußbaums oder aus brasilianischem Mahagoni exportiert.

Links: Als sich der Weinhandel im 17. Jahrhundert ausweitete, wurden die steilen Schiefer- und Granithänge des oberen Douro mühsam zu Weinbergen terrassiert. Schiefermauern wurden oft bis zu viereinhalb Meter hoch aufgeschichtet, um die Erde, in der die Rebstöcke gepflanzt sind, zu sichern. In den Weinbergen verstreut liegen die weißen Häuser der Winzer, die sogenannten *quintas.* Hier werden die Trauben getreten, die Weine gemischt und mit Branntwein versetzt.

Unten: Die Weine am Oberlauf des Flusses entwickeln einen rauchigen Geschmack, den sogenannten »Douro-Brand«; früher wurde der Wein auf den flachkieligen *barcos rabelos,* die durch die tückischen Stromschnellen des Douro geschifft werden konnten, nach Porto gebracht. Heute sind diese Boote nur noch schwimmende Litfaßsäulen, der Wein wird mit der Bahn transportiert.

Ganz unten: In den Kellereien von Vila Nova de Gaia läßt man den Jahrgangsportwein in Flaschen reifen, normalerweise jahrzehntelang. Es bildet sich eine Ablagerung oder Kruste. Diese kann zerbrechen und sich mit dem Wein vermischen, wenn man die Flasche unachtsam handhabt.

mäßig zum Kochen, Essen und Singen treffen, findet man in jeder baskischen Stadt.

Bis vor kurzem war die nördliche Küste die am stärksten industrialisierte Region Spaniens. Die Entdeckung von Eisenerz im Baskenland und in Kantabrien und von Kohle in Asturien schuf im 19. Jahrhundert die Grundlage für Eisen-, Stahl-, Schiffbau- und Konsumgüterindustrien, die um Bilbao im Baskenland, Santander in Kantabrien und Oviedo in Asturien liegen. Nicht nur Spaniens größter Hafen, ist Bilbao auch ein wichtiges Zentrum der Druck- und Papierindustrie, die den Zellstoff aus den Nutzholzvorräten der Pyrenäen bezieht. Die Ölkrise der siebziger Jahre traf alle drei Regionen sehr hart, eine weitverbreitete Arbeitslosigkeit ist die Folge davon.

Trotz städtischer und industrieller Entwicklung, die im großen und ganzen auf die Küste beschränkt ist, und eines aufkommenden Tourismus spielt sich das Leben im westlichen Kantabrien weitgehend im und um das Dorf ab. Das politische Leben verläuft über Mundpropaganda, und alle Angelegenheiten, seien es politische oder sonstige, werden direkt und persönlich geregelt. Das *bable,* die traditionelle Sprache Asturiens, wird aber trotzdem nur noch in den abgelegensten Gebieten gesprochen. Asturien war der einzige Teil der Halbinsel, der nie der arabischen Herrschaft unterworfen war. Der Beginn der Rückeroberung wird üblicherweise mit der Niederlage verbunden, die der asturische König Pelayo den Arabern in der Schlacht von Covadonga 718 oder 719 beibrachte. Ein nationales Heiligtum markiert den Ort dieses Sieges hoch oben in den asturischen Bergen, und Unsere Jungfrau von Covadonga wird sowohl als Wächterin des christlichen Spanien wie auch als Schutzheilige Asturiens verehrt.

Galicien, noch etwas weiter im Westen, war einst ein eigenständiges Königreich, ist heute aber eine der ärmsten, wenn auch eine der schönsten spanischen *autonomías.* Wie ein Schutzwall schirmen die Berge Galicien vom weiten Landesinneren ab. Dieses Land blickt gegen Westen, gegen den Atlantik. Dort versinken seine grünen und fruchtbaren Täler, die eher an irische Landschaften erinnern, im Ozean und bilden die *rías,* die Meeresbuchten, die weit ins Land dringen. An den *rías* liegen auch die wichtigsten Städte Galiciens: El Ferrol, La Coruña, Pontevedra, Vigo. Kulturell und linguistisch ist Galicien eher portugiesisch als spanisch. *Gallego,* die Sprache, die von 86 Prozent der einheimischen Bevölkerung Galiciens gesprochen und verstanden wird, war der Vorläufer des modernen Portugiesisch, wird heute aber als eine eigene Sprache anerkannt. Ähnlich wie die Portugiesen werden die Galicier oft als sentimentale Menschen beschrieben, deren Seefahrervergangenheit das Gefühl des Heimwehs und melancholischer Sehnsucht hinterlassen hat – in beiden Sprachen wird es in dem Wort *saudade* ausgedrückt. Ein Teil Portugals war Galicien jedoch nie. Die große Heiligenstätte in Santiago de Compostela, die die Reliquien des Apostels Paulus beherbergt, der dort angeblich begraben ist, war zum Brennpunkt der Einheit der nordspanischen mittelalterlichen Königreiche geworden. Die Legenden wollen es, daß der »Hl. Jakob, der Maurentöter« zu Pferd auf dem Schlachtfeld erschienen sei und sein fürchterliches Schwert geschwungen hätte, um die christlichen Truppen zum Sieg zu führen.

Sowohl in Galicien als auch in Nordportugal dominiert die *minifundia*-Wirtschaft – winzige Landparzellen, denen die bäuerlichen Haushalte ihren Lebensunterhalt abtrotzen. Als Ergebnis der Erbgesetze, die jedem Kind das Recht eines gleichen Anteils des Besitzes einräumen, sind sie ein lange nachwirkendes Problem. 1907 stellte eine Regierungskommission fest, daß die Verfügung über weniger als ein Hektar Land in Galicien als bedenkliche Armut zu betrachten sei. Ein Fleckchen Land in der Nähe von La Coruña maß 32 Quadratmeter und hatte nicht weniger als drei Besitzer: einer besaß das Land selbst, einem anderen gehörte der Kastanienbaum, der darauf wuchs, ein dritter war zu jährlich sechs Eiern von den Hühnern, die auf dem Grundstück gehalten wurden, berechtigt.

Jahrhundertelang war die Emigration der Männer, sei es saisonal oder permanent, die fast einzige Lösung für diesen akuten Landmangel. Bis ins frühe 20. Jahrhundert hinein marschierten galicische Kornschneider jeden Sommer über die Berge, um auf den kastilischen Ebenen die Ernte einzubringen. Ab Mitte des 19. Jahrhunderts suchten zahllose Familien ein neues Leben in Argentinien und Brasilien. Man schätzt, daß in den letzten 500 Jahren jeder dritte männliche Galicier seine Heimatregion verlassen hat. Die Statistik der männlichen Emigration in Nordportugal fällt ähnlich aus. Dort ist es nicht ungewöhnlich, daß in einigen Dörfern ein Drittel der erwachsenen Bevölkerung für einige Zeit des Jahres abwesend ist.

Den Frauen bleibt es in der Zwischenzeit überlassen, das Oberhaupt der Familie zu ersetzen, die Felder zu bestellen, den Hof zu führen und – in den Fischerdörfern – die Netze auszubessern. Um die Kinder kümmern sich die Großeltern. Frauen nehmen deshalb in den lokalen Gesellschaften eine wichtige

Unten: Auf einem Bauernhof außerhalb von Santillana del Mar nahe der Kantabrischen Küste gabelt ein kleiner Junge Gras von einem Pferdekarren. Dieser ist mit Gummireifen bestückt, aber noch heute werden auf manchen Höfen Ochsenkarren mit Holzrädern benutzt, besonders im Norden Portugals. Die Vorräte sind in den unteren Stockwerken des Bauernhauses untergebracht. Die Geranientöpfe vor den Fenstern des oberen Stockwerks sind typisch für diese regenreiche Region – der einzige Teil der Halbinsel, der Milchwirtschaft gestattet.

Links: Die Iberische Halbinsel besitzt ein außerordentlich reiches Repertoire an Volksliedern und -tänzen. Straßenmusikanten sind ein gewohnter Anblick, ihre Trachten, Instrumente und Singstile variieren je nach Region. Diese kleine Band mit Pfeife und Trommel in Bilbao ist charakteristisch für das Baskenland. Die schwarzen Barette oder *boinas* wurden einst von allen baskischen Männern getragen und gehören immer noch zur Alltagskleidung, besonders bei den älteren Generationen.

Rechts: Schalentiere sind in Spanien eine nationale Obsession. Die Atlantikküste Galiciens steht im Ruf, die fleischigsten Exemplare ganz Europas zu produzieren; die Einheimischen behaupten, deren Qualität könnte nur mit denen von Neufundland konkurrieren. Scheidenmuscheln *(navajas)* – hoch geschätzt sowohl als *tapa* (Happen) als auch als Teil von Meeresfrüchteplatten, für die Galicien berühmt ist – werden bei Ebbe gefischt. Lastwagen fahren durch die Nacht und bringen galicische Meeresfische in die Landeshauptstadt Madrid, bevor sie ihre Frische und Qualität verlieren.

Oben: Die Herzogsstadt Bragança – Heimat von Portugals letzter Königs- dynastie – ist die ehemalige Hauptstadt der oft vergessenen Region Trás-os- Montes. Die Stadtmauern mit ihren 18 Wachttürmen sind immer noch weit- gehend intakt. Die Gebäude innerhalb der Mauern werden von der prächtigen, von Sancho I. (1154–1211) erbauten Burg aus dem 12. Jahrhundert dominiert und von einer Renaissancekirche, die 1770 in den Rang einer Kathedrale erhoben wurde. Heute leben in Bra- gança rund 30 000 Einwohner. Es ist die Verwaltungshauptstadt des Distrikts und beherbergt eine Universität.

Rolle ein. Subsistenzlandwirtschaft ist die Regel, Kastanienmehl, Mais und Kartoffeln sind immer noch wichtige Bestandteile der täglichen Ernährung. Ein Hauptgericht in Nordportugal ist der *caldo verde* (»grüner Eintopf«), der aus so fein gehacktem Grünkohl zubereitet wird, daß frühe Reisende, die in die Gegend kamen, glaubten, die Einheimischen würden Gras essen.

Im Prozeß der Modernisierung und wirtschaftlichen Entwicklung sind die alten Lebensweisen dieser Bergkommunen unwillkürlich im Verschwinden begriffen. Im entlegenen Trás-os-Montes sprechen nur noch wenige Menschen um die Grenzstadt Miranda do Douro *mirandês*, andere Volksbräuche dagegen haben überlebt, in erster Linie die als *paulitieros* bekannten bizarren männlichen Volkstänzer, die Röcke und Petticoats tragen und lange Stäbe schwingen. Manche Gelehrte glauben, daß das *mirandês* sich von der Sprache der sephardischen Juden ableitet und viele Juden sich im 15. Jahrhundert vor der Vertreibung in die Berge retteten. Die Stadt Belmonte in Beira Alta beherbergte jahrhundertelang eine kleine Gemeinde »heimlicher Juden«. Nach außen katholisch, blieben sie ihren jüdischen Traditionen treu und pflegten die wichtigsten Feste im privaten Rahmen. Neuerdings können sie sich offen zum Judentum bekennen und planen gerade den Bau einer Synagoge.

In diesen nördlichen Bergen liegt auch das Kernland des ehemaligen portugiesischen Königreiches. Portugals erster König, Afonso Henriques, wurde in Guimarães im Minho geboren, und der frühe Staat, den er schmiedete, entwickelte sich um das Erzbistum Braga. Und es war Porto, heute Portugals größtes Industriezentrum, wo er eine Kreuzfahrer-Armee aus Nordeuropa überredete, sich der Belagerung anzuschließen, die Lissabon von den Arabern befreite. Porto liegt an der Mündung des Douro, an dessen steilen, terrassierten Ufern die Traube für den Portwein angebaut wird.

Die Küste südlich des Douro wird von zwei Lagunen bestimmt: Aveiro ist eine Stadt mit Kanälen und Brücken, und die Reisfelder in der Umgebung verleihen der Küste das charakteristische Gepräge. An dem Punkt, an dem die Berge einen Weg in die südlichen Ebenen freigeben, liegt die Stadt Coimbra, die zum Stützpunkt für die Rückeroberung des Südens wurde und im 12. und 13. Jahrhundert als Hauptstadt fungierte. Die Stadt mit zwei Kathedralen und vielen Kirchen ist Portugals einziger Ort mit einer alten – 1527 gegründeten – Universität. Beira Alta und Beira Baixa zu beiden Seiten der Serra da Estrêla, Portugals höchster Gebirgskette, stehen im Ruf, die ärmsten Regionen eines armen Landes zu sein. Obwohl vorwiegend agrarisch, ist Beira Baixa Portugals einziges bedeutendes Minengebiet. Zinnfelder, die Europas größte Wolfram-Vorkommen enthalten, beherrschen die lokale Wirtschaft.

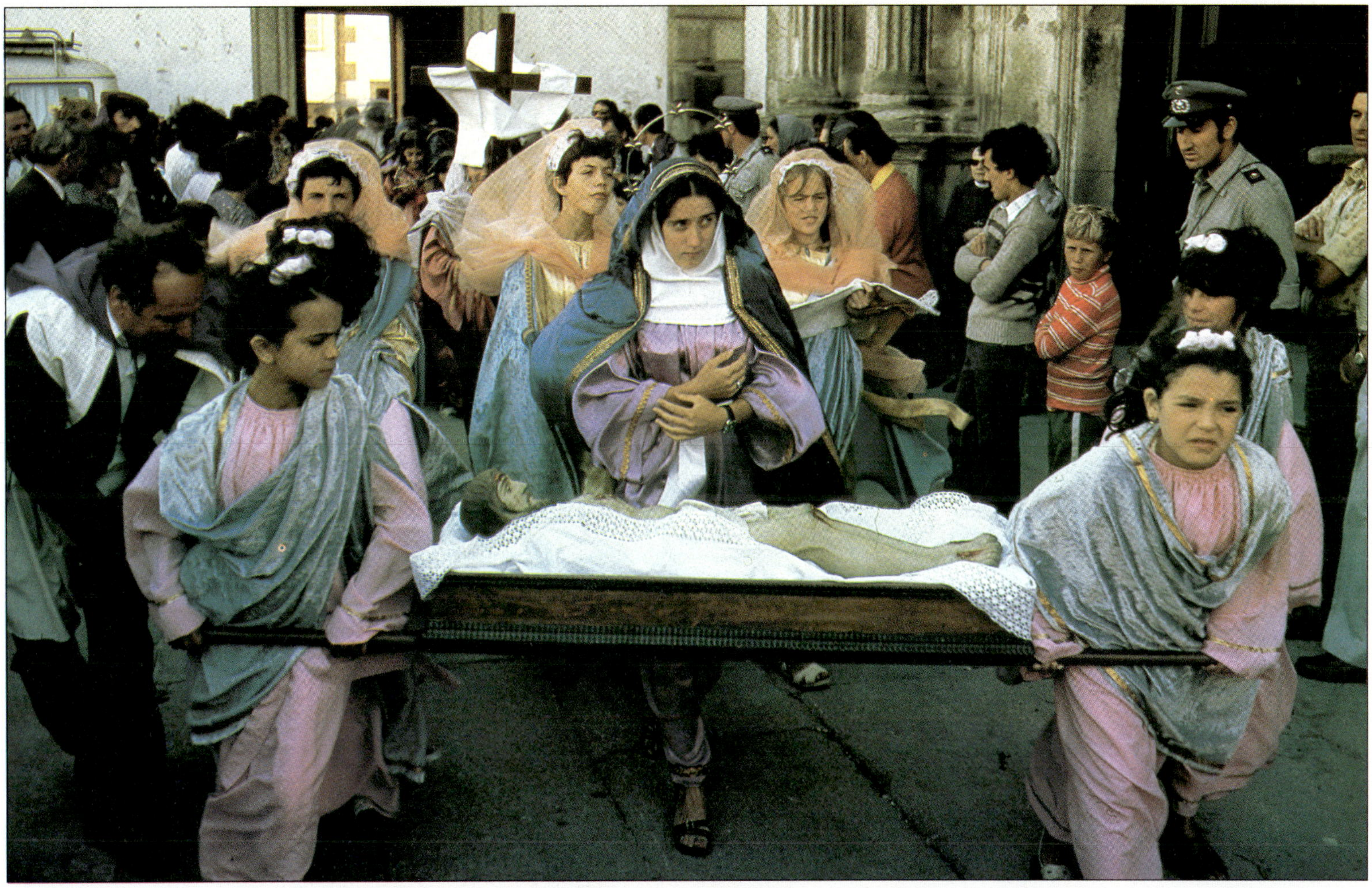

Oben ganz links: Diese höchst stilisierten Augen, die typischerweise auf den Bug portugiesischer Fischerboote gemalt werden, sind angeblich phönizischen Ursprungs. Sie ähneln sicherlich denen im östlichen Mittelmeer, wo es heißt, sie würden die Augen der ägyptischen Göttin Isis darstellen. In Portugal werden sie »Augen Gottes« genannt und sollen alles Böse abwehren.

Oben rechts: Trás-os-Montes ist das frömmste Gebiet Portugals. In der Karwoche wird von Kindern in einem *tableau vivant* die Passion Christi nachgespielt. Die Jungfrau Maria wird von einem einheimischen Mädchen gespielt, aber Christus wird von einer Statue dargestellt.

Oben links: Blaue und weiße *azulejos* (Kacheln) verschönern überall in Portugal die Gebäude und verleihen den Straßen der Stadt das charakteristische Gepräge. Diese eindrucksvolle Wand ziert die Kirche São Ildefonso in Porto.

Rechts: Trockener, gesalzener Kabeljau oder *bacalhau* ist in Portugal seit dem 16. Jahrhundert ein wichtiges Nahrungsmittel. Die Portugiesen behaupten, sie hätten für jeden Tag des Jahres ein anderes Kabeljau-Gericht.

Links: Coimbra ist Portugals einzige alte Universität. 1290 gegründet, wurde sie an der heutigen Stelle 1537 von João III. (1521–1557), dessen Statue den Patio das Escolas überblickt, errichtet. Das klassische Portal mit den Doppelsäulen markiert den Eingang zur Bibliothek.

DIE ATLANTIKINSELN

Azoren, Madeira, Kanarische Inseln

Sowohl Spanien als auch Portugal besitzen Inselterritorien im Atlantik – eine bleibende Hinterlassenschaft von Erkundungsreisen iberischer Seefahrer im 15. Jahrhundert. Die Azoren, 1200 km genau westlich von Lissabon, und Madeira, 1000 km südwestlich der Halbinsel, gehören zu Portugal, während die Kanarischen Inseln, die nur 95 km von der afrikanischen Nordwestküste entfernt liegen, eine von Spaniens 17 autonomen Regionen bilden. Die Azoren liegen genau über dem nordatlantischen Rücken und bestehen aus den Lavamassen, die sich in Jahrmillionen aus dem vulkanischen Unterwassergebirge aufgetürmt haben. Ihren Namen verdanken die Inseln den mangelhaften ornithologischen Kenntnissen der Seefahrer, die sich als erste bis hierher auf den Atlantik wagten: Sie hielten die auch heute noch über den Inseln kreisenden Bussarde für Habichte – *açores*.

Der vulkanisch aktive und oft hinreißend schöne Azorenarchipel besteht aus neun Hauptinseln, die drei weit auseinanderliegende Inselgruppen bilden. In der Zentralgruppe erhebt sich die bergige Insel Pico bis zu 2351 m, höher als jeder Punkt auf dem portugiesischen Festland. Als die Inseln, vermutlich 1427, entdeckt wurden, waren keinerlei Spuren einer eingeborenen Bevölkerung vorzufinden. Die ersten Siedler trafen ein paar Jahre später ein, etwa 1431, und kolonisierten die Insel Santa Maria. São Miguel, die größte und am nächsten zu Portugal gelegene Insel, wurde 1444 besiedelt, und gegen Ende des 15. Jahrhunderts waren alle Inseln bewohnt. Das 16. Jahrhundert über legten die aus der Karibik nach Portugal zurückkehrenden Schatzflotten dort an, um Verpflegung und Güter für den Handel mit dem Stammland aufzunehmen.

Die Inseln liegen an den Hauptschiffsrouten des Atlantiks und dienen als wichtige Marinestützpunkte. Schiffsverkehr und Tourismus kommen zwar einige Bedeutung zu, doch die Wirtschaft der Inseln ist agrarisch geprägt. Die meisten der Bewohner arbeiten auf dem Land und bauen Tee, Tabak und eine Reihe von tropischen Früchten an. Die steile Neigung der terrassierten Vulkanhänge – hier wie auf allen Atlantikinseln – machen eine Mechanisierung fast unmöglich. Über Jahrhunderte hinweg haben ganze Generationen von Inselbewohnern die Azoren verlassen, um in beiden Amerikas einträglichere Arbeit zu finden. Die meisten der »portugiesischen« Gemeinden in Kanada und den Vereinigten Staaten sind Nachkommen von azoreanischen Einwanderern, eine Verbindung, die zur Unterstützung der separatistischen Bewegung beitrug, die im Gefolge der Revolution von 1974 in Portugal aufkam.

Die Kolonisierung der zwei Hauptinseln des Madeira-Archipels, Madeira und Porto Santo, 1420 entdeckt (obwohl es ziemlich wahrscheinlich ist, daß Genueser Seefahrer sie bereits im frühen 14. Jahrhundert gesichtet hatten), war von João Gonçalves Zarco begonnen worden. Er setzte die dichten Wälder, von denen die Insel ihren Namen hat – *madeira* heißt ganz einfach »Holz« –, zur Rodung für landwirtschaftliche Flächen in Brand, aber die Flammen gerieten so hoffnungslos außer Kontrolle, daß sie, glaubt man einem zeitgenössischen Chronisten, über einen biblischen Zeitraum von sieben Jahren hinweg nicht gelöscht werden konnten. Heinrich der Seefahrer nahm sich persönlich der Kolonisierung der Inseln an und leitete die Einfuhr von Zuckerrohr aus Sizilien, Malvoisie-Trauben aus Kreta und Zypern sowie Weizen, Gerste und Rindern. Der von der Asche des Feuers angereicherte Boden war fruchtbar, aber das steile Terrain war schwer zu bearbeiten. In den Zuckerrohrplantagen wurden Sklaven eingesetzt, ergänzt mit portugiesischen Strafgefangenen. Der *charamba*-Gesang von Madeira und den Azoren wird von manchen als Klage von Sklaven arabischer Herkunft gedeutet, während die *cana-verde*, ein zur Zuckerrohrernte gehörender Kreistanz, einige afrikanische Einflüsse aufweist.

Unten: »So viel Meer, so wenig Fisch« lautet der alte Refrain. Thunfisch von den Azoren steht auf dem portugiesischen Festland hoch im Kurs. Die Küstenlinien der Azoren und Madeiras, Portugals entlegenen Wirtschaftszonen, sind etwa zwanzigmal so lang wie die des Festlands, aber trotz fortschreitender Modernisierung der Fischereiindustrie betreiben viele Fischer ihre Arbeit immer noch als kleines antiquiertes Handwerk.

Unten rechts: Madeiras höchster Punkt, der Pico Ruivo, erhebt sich auf 1862 m. Die abschüssigen Hänge erfordern eine Terrassierung. Im Süden der Insel wird auch das letzte Stück landwirtschaftlicher Fläche in mühevoller Kleinarbeit mit einer Mauer gestützt. Weideland ist so knapp, daß das Vieh das ganze Jahr über in Ställen gehalten wird.

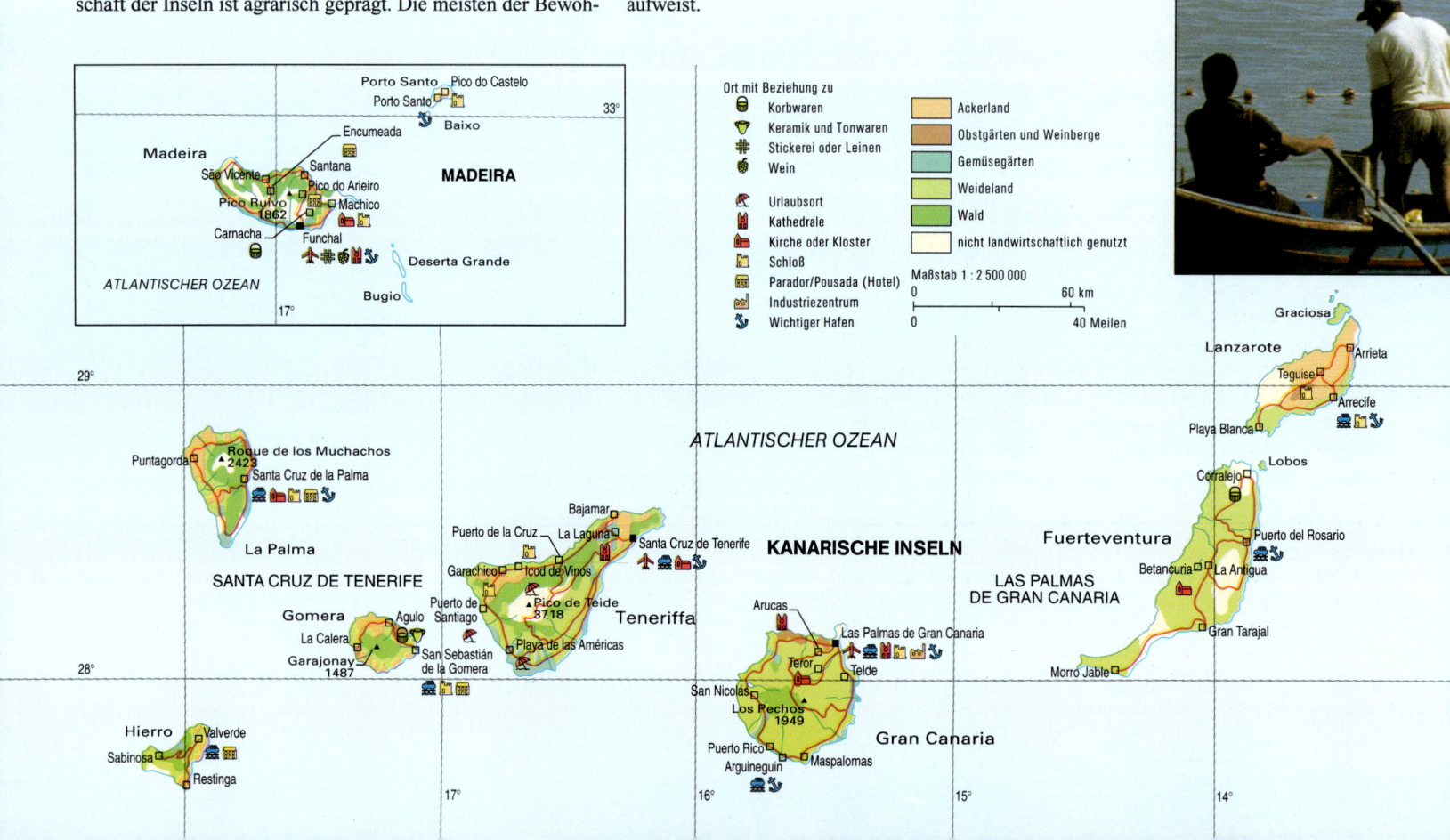

Ort mit Beziehung zu

- Korbwaren
- Keramik und Tonwaren
- Stickerei oder Leinen
- Wein
- Urlaubsort
- Kathedrale
- Kirche oder Kloster
- Schloß
- Parador/Pousada (Hotel)
- Industriezentrum
- Wichtiger Hafen

- Ackerland
- Obstgärten und Weinberge
- Gemüsegärten
- Weideland
- Wald
- nicht landwirtschaftlich genutzt

Maßstab 1 : 2 500 000

0 — 60 km
0 — 40 Meilen

AZOREN

Corvo
Corvo

Flores
Santa Cruz das Flores
Fajã Grande

Graciosa
Santa Cruz
da Graciosa

Terceira
Lajes
Praia da Vitória
Angra do Heroísmo

Faial
Cedros
Velas
São Jorge
Horta
San Antonio
Topo
Pico▲
2351
Lajes do Pico
Pico

ATLANTISCHER OZEAN

São Miguel
Ribeira Grande
Povoação
Ponta Delgada
Vila Franca
do Campo

Santa Maria
Santo Espírito
Vila do Porto

Legende

- 🧀 Ort mit Käseproduktion
- ⛪ Kathedrale
- ⚓ Wichtiger Hafen
- Ackerland
- Obstgärten und Weinberge
- Weideland
- Wald

Maßstab 1 : 2 500 000

0 — 60 km
0 — 40 Meilen

In jahrhundertelangen Kultivierungsarbeiten sind die Berghänge von Madeira terrassiert und die Bewässerungsprobleme durch ein bemerkenswertes System von *levadas* (Aquädukte) behoben worden. Die starken Regenfälle an den Nordhängen und auf den Gipfeln sorgen für ein riesiges unterirdisches Reservoir, das bis zu 200 Millionen Kubikmeter Wasser speichert. Auf etwa 500 m Meereshöhe sprudelt das Wasser in Fontänen aus dem Boden und wird in künstlichen Kanälen und Aquädukten zu den tiefer liegenden kultivierten Gebieten geleitet. Dort werden Süßkartoffeln, Avocados, Zimtäpfel und andere exotische Früchte und Gemüse für den lokalen Verbrauch angebaut. Madeiras berühmter Wein, der sein charakteristisches rauchiges Aroma durch Zugabe von Rohrzucker erhält, ist immer noch einer der wichtigsten Gewerbezweige, die Zuckerproduktion dagegen ist im Rückgang. Tourismus gewinnt zunehmend an Bedeutung, die Besucher kommen wegen des milden Klimas und der spektakulären Landschaft dieser »Blumeninsel«, deren Schönheiten vor allem viele Kreuzfahrer-Reisende anziehen.

Die sieben Hauptinseln und zahlreichen kleineren der Kanaren ähneln mit ihren schroffen vulkanischen Gipfeln und fruchtbaren Tälern und Küsten topographisch denen der Azoren und Madeira, doch im Gegensatz zu ihnen geht ihre Siedlungsgeschichte bis in prähistorische Zeiten zurück. Die einheimische Bevölkerung wird als Guanchen bezeichnet, aber genaugenommen dürfte dieser Begriff nur für die eingeborene Bevölkerung von Gran Canaria angewandt werden. Archäologische Funde einschließlich Höhlenmalereien und mumifizierten Resten haben diese Menschen mit der Cro-Magnon-Kultur Südwestfrankreichs in Verbindung gebracht. Die Guanchen sind vielleicht um 2000 v. Chr. von der nordafrikanischen Küste auf die Kanarischen Inseln gelangt, müssen aber später die Seefahrerkunst verloren haben und befuhren nicht einmal die Inselgruppe.

Die Inseln waren bereits den Römern bekannt, wurden von den Portugiesen 1341 wiederentdeckt und kamen später unter spanische Kontrolle, die 1479 im Vertrag von Alcaçovas bestätigt wurde. Die spanischen *conquistadores*, die sich der Inseln bemächtigten, überrannten die einheimische Bevölkerung, töteten alle, die sich widersetzten, und raubten andere als Sklaven. Es bedurfte eines fünf Jahre langen militärischen Feldzugs, bis Gran Canaria eingenommen war. Die heutige Bevölkerung der *canarios* ist das Ergebnis der Vermischung mit den einheimischen Frauen. Die Bewohner von Gomera, das von Krieg und Sklavenraub weniger verwüstet war als manche der anderen Inseln, haben angeblich noch einen größeren Anteil an Guanchen-Blut in den Adern. Viele Einwohner Fuerteventuras stammen dagegen von arabischen und afrikanischen Sklaven ab, die im 16. Jahrhundert zur Arbeit in den Plantagen gebracht worden sind.

Die Touristenströme in die Ferienorte und an die Strände von Teneriffa, Gran Canaria und Lanzarote öffnen den Inseln die Haupteinkommensquelle, obwohl Landwirtschaft auch keine geringe Rolle spielt. Bananen, Tabak, Kartoffeln und Tomaten sind die wichtigsten Anbaupflanzen für den Export. Wie auf Madeira werden Aquädukte und Vorratsbehälter eingesetzt, um Wasser für die Bewässerung zu sammeln. Auf Lanzarote wird in einer einzigartigen Anbaumethode die Luftfeuchtigkeit genutzt, die sich durch die natürliche Feuchtigkeit des Klimas an den oberen Schichten der Vulkanasche sammelt. Wie die Azoren liegen die Kanarischen Inseln an wichtigen atlantischen Schiffsrouten, und ihre Häfen sind zollfrei; Las Palmas de Gran Canaria ist einer der größten Häfen der westlichen Hemisphäre.

Zum Tierleben der Atlantikinseln gehört eine besonders vielfältige Vogelwelt. Die Kanarischen Inseln bekamen ihren Namen von einer endemischen Art des gelben Finken *(Serinus canaria)*, und die Azoren wurden mit dem portugiesischen Wort für Habicht *(açor)* assoziiert. Eine einzigartige Tierwelt an Vögeln, Reptilien und Insekten konnte sich in der Abgeschlossenheit und frei von natürlichen Räubern auf allen atlantischen Inseln entwickeln, aber Landwirtschaft und Tourismus haben große Verheerungen angerichtet.

Noch etwas vielfältiger ist die Pflanzenwelt. Allein auf Madeira gedeihen neben etwa 700 Blütenpflanzen 50 Farnarten und Baumtypen. Auf den Kanarischen Inseln ist die Vielfalt der Pflanzenwelt sogar noch breiter. Unter den einheimischen Bäumen sind die kanarische Kiefer *(Pinus canariensis)* und die kanarische Palme *(Phoenix canariensis)* zu nennen, und ebenso wie auf Madeira gehören Wacholder und Lorbeer zu den einheimischen Gewächsen. Die charakteristischste einheimische Pflanze der Kanaren ist jedoch der Drachenbaum *(Dracaena draco)*, den es auch auf Madeira gibt. Einige Exemplare dieser Art sind angeblich über 2000 Jahre alt. Die einzigartige einheimische Pflanzenwelt, die Fruchtbarkeit der Böden, die Bandbreite des Klimas, das von alpin bis subtropisch reicht, machten aus diesen Archipelen ein Gartenbau-Paradies.

Rechts: Kolumbus legte 1492 auf seiner Reise nach Amerika in Las Palmas de Gran Canaria einen Halt ein. In diesem herrlichen Gebäude, im 17. Jahrhundert größtenteils umgebaut, wohnte er damals und bei späteren Besuchen, dann wurde es Amtssitz des Militärgouverneurs. Heute beherbergt es ein Museum, in dem die Modelle von Kolumbus' Schiffen, Banner und Feuerwaffen von seinen Reisen und eine kleine Statue der Hl. Anna ausgestellt sind, zu der Kolumbus betete, bevor er die Segel zu seiner Atlantikfahrt setzte.

Oben links: Die immer seltener zu sehenden dreieckigen Häuser mit Strohdächern gehören zur traditionellen Bauweise Madeiras. Dieses gut erhaltene Beispiel steht in dem Dorf Santana mit der typischen Siedlungsweise: um die an der Landstraße gelegene Kirche scharen sich ein paar vereinzelte Häuschen.

Oben rechts: Kreuzfahrtschiffe brachten einst Gruppen wohlhabender europäischer Besucher auf die Kanarischen Inseln. Billigflüge und Sonnenschein das ganze Jahr über locken heute die Touristen scharenweise an, besonders im Winter, wenn die Durchschnittstemperaturen zwischen 17 und 20 Grad liegen. Dieser Strand in Puerto del Carmen ist Teil von Lanzarotes wichtigstem Urlaubsort und erstreckt sich über sechs Kilometer.

Ganz links: Lanzarotes ungewöhnliche Vulkanlandschaft war weitgehend kultiviert, als um 1730 die Insel nach Vulkanausbrüchen verheert wurde. Die leuchtend grüne Lagune in El Golfo an der Südküste ist der überflutete Krater eines erloschenen Vulkans; eine Wand war eingebrochen und ins Meer gestürzt. Eine schwarze Sandbank aus zerriebenem Lavagestein trennt sie vom Ozean.

Links: Über die Hälfte von Madeiras Einwohnern lebt in der herrlichen Hauptstadt Funchal. Deren Küstenlandschaft ist von vulkanischen Hängen abgeschirmt. Sowohl in den alten als auch neuen Städten sind die Häuser im Kleinformat gehalten. Ein jedes mit Balkon versehen, blicken sie auf die gepflasterten Straßen, und in die steilen Hänge über der Stadt sind die weiß getünchten Villen mit orangefarbenen Dächern eingestreut. Obwohl hier keine Hochhaussiedlungen anzutreffen sind, ist Funchal das Touristenzentrum der Insel. Daneben sind aber auch noch Weinkellereien für den Madeira-Wein und Handwerksbetriebe, vor allem für Korbwaren und Stickereien, ein wichtiger Teil der einheimischen Wirtschaft.

HERRSCHERHÄUSER VON SPANIEN UND PORTUGAL

(Alle Daten aus dem frühen Mittelalter sind als annähernde Datierungen zu verstehen)

Westgotisches Königreich

531–548	Theudis; ermordet
548–549	Theudigisel; ermordet
549–555	Agila I.; ermordet
555–567	Athanagild
567–568	Liuva I.
568–586	Leovigild
586–601	Reccared I.
601–603	Liuva II.; ermordet
603–610	Witterich
610–612	Gundemar
612–621	Sisebut
621	Reccared II.
621–631	Suinthila; abgesetzt
631–636	Sisenand
636–639	Chinthila
639–642	Tulga; abgesetzt
642–653	Khindasuinth
653–672	Reccesvinth
672–680	Wamba; abgesetzt
680–687	Ervig
687–702	Egica
702–710	Witiza
710–711	Roderich

Kalifat von Córdoba

929–961	Abd ar-Rahman III.
961–976	Al-Hakam II.
976–1009	Hisham II.; abgesetzt
1009	Mohammed II.; abgesetzt
1009–1010	Suleiman al-Mustain; abgesetzt
1010	Mohammed II.; wiedereingesetzt
1010–1013	Hisham II.; wiedereingesetzt
1013–1016	Suleiman al-Mustain; wiedereingesetzt
1016–1018	Ali b. Hammud al-Nasir
1018	Abd ar-Rahman IV.
1018–1021	Al-Qasim al-Mamun; abgesetzt
1021–1023	Yahya al-Mutali; abgesetzt
1023	Al-Qasim al-Mamun; wiedereingesetzt; abgesetzt
1023–1024	Abd ar-Rahman V.
1024–1025	Mohammed III.
1025–1027	Yahya al-Mutali; wiedereingesetzt; abgesetzt
1027–1031	Hisham III.; abgesetzt

Königreich Asturien

718–737	Pelayo
737–739	Fáfila
739–757	Alfonso I., der Katholische (693?–757)
757–768	Fruela I. (722–768); ermordet
768–774	Aurelio
774–783	Silo
783–788	Mauregato
788–791	Vermudo I.; abgedankt
791–842	Alfonso II.
842–850	Ramiro I.
850–866	Ordoño I.
866–910	Alfonso III.; abgesetzt

Königreich (Asturien und) León

910–914	García
914–924	Ordoño II.
924–925	Fruela II.
926–931	Alfonso IV.; abgedankt
931–951	Ramiro II.; abgedankt
951–956	Ordoño III.
956–958	Sancho I.; abgesetzt
958–959	Ordoño IV.; abgesetzt
959–966	Sancho I. (wiedereingesetzt); ermordet
966–985	Ramiro III.
985–999	Vermudo II.
999–1028	Alfonso V.
1028–1037	Vermudo III.
1037–1065	Fernando I., Graf von Kastilien
1065–1109	Alfonso VI.
1109–1126	Urraca
1126–1157	Alfonso VII.
1157–1188	Fernando II.
1188–1230	Alfonso IX.
1230–1252	Fernando III.

Königreich (Grafschaft) Kastilien

931–970	Fernán González
970–995	García I.
995–1017	Sancho I.
1017–1029	García II.
1029–1065	Fernando I.
1065–1072	Sancho II.
1072–1109	Alfonso VI., König von León
1109–1126	Urraca
1126–1157	Alfonso VII.
1157–1158	Sancho III.
1158–1214	Alfonso VIII.
1214–1217	Enrique I.
1217	Berengaria
1217–1252	Fernando III.

Königreich Kastilien und León

1252–1284	Alfonso X., der Weise
1284–1295	Sancho IV.
1295–1312	Fernando IV.
1312–1350	Alfonso XI.
1350–1369	Pedro der Grausame; ermordet
1369–1379	Enrique II.
1379–1390	Juan I.
1390–1406	Enrique III.
1406–1454	Juan II.
1454–1474	Enrique IV.
1474–1504	Isabella I.
1504–1506	Philipp I.
1504–1506	Juana; abgesetzt
1506–1517	Fernando (Ferdinand) V., König von Aragón (Regent)

Königreich Navarra (Pamplona)

905–925	Sancho I.
925–931	Jimeno
931–970	García I.
970–994	Sancho II.
994–1004	García II.
1004–1035	Sancho III.
1035–1054	García III.
1054–1076	Sancho IV.; ermordet
1076–1094	Sancho V.
1094–1104	Pedro I.
1104–1134	Alfonso I.
1134–1150	García IV.
1150–1194	Sancho VI.
1194–1234	Sancho VII.
1234–1253	Thibaut I.
1253–1270	Thibaut II.
1270–1274	Enrique I.
1274–1305	Juana I.; verheiratet mit

1284–1305	Philipp I. (IV. von Frankreich)
1305–1316	Louis (X. von Frankreich)
1316–1322	Philipp II. (V. von Frankreich)
1322–1328	Carlos I.
1328–1349	Juana II.; verheiratet mit
1328–1343	Philipp III. (Philippe d'Evreux)
1349–1387	Carlos II.
1387–1425	Carlos III.
1425–1441	Blanche; verheiratet mit
1425–1479	Juan II., König von Aragón
1479	Eleanor; verheiratet mit
1479–1483	Francis Phoebus, Comte de Foix
1483–1517	Catalina (Catherine de Foix); verheiratet mit
1484–1516	Juan III. (Jean d'Albret)
[1515	Spanisch Navarra formell von Kastilien annektiert]

Grafschaft Barcelona

878–897	Wilfred I.
897–911	Wilfred II. (Borrell I.)
911–947	Sunyer; abgedankt
947–966	Miró
947–992	Borrell II.
992–1017	Ramón Borrell III.
1017–1035	Berenguer Ramón I.
1035–1076	Ramón Berenguer I.
1076–1082	Ramón Berenguer II.
1082–1097	Berenguer Ramón II.
1097–1131	Ramón Berenguer III.
1131–1162	Ramón Berenguer IV.
1162–1196	Alfonso (II. von Aragón)

Königreich Aragón

1035–1069	Ramiro I.
1069–1094	Sancho Ramírez (Sancho V. von Navarra)
1094–1104	Pedro I., König von Navarra
1104–1134	Alfonso I., König von Navarra
1134–1137	Ramiro II.; abgedankt
1137–1164	Petronilla; abgedankt
1164–1196	Alfonso II.
1196–1213	Pedro II.
1213–1276	Jaime I.
1276–1285	Pedro III.
1285–1291	Alfonso III.
1291–1327	Jaime II.
1327–1336	Alfonso IV.
1336–1387	Pedro IV.
1387–1396	Juan I.
1396–1410	Martín
[1410–1412	Interregnum]
1412–1416	Fernando I.
1416–1458	Alfonso V.
1458–1479	Juan II.
1479–1516	Fernando (Ferdinand) II.

Königreich Spanien

1516–1556	Karl I. (Kaiser Karl V.); abgedankt
1556–1598	Philipp II.
1598–1621	Philipp III.
1621–1665	Philipp IV.
1665–1700	Carlos II.
1700–1724	Philipp V.; abgedankt
1724	Luis I.
1724–1746	Philipp V.; wiedereingesetzt
1746–1759	Fernando VI.
1759–1788	Carlos III.
1788–1808	Carlos IV.; abgedankt
1808	Fernando VII.; abgesetzt
1808–1814	Joseph Bonaparte; abgesetzt
1813–1833	Fernando VII. (wiedereingesetzt)
1833–1868	Isabel II.; abgesetzt
[1868–1870	Übergangsregierung]
1870–1873	Amadeo I.; abgedankt
[1873–1874	Erste Republik]
1874–1885	Alfonso XII.
1886–1931	Alfonso XIII.; abgesetzt
[1931–1939	Zweite Republik]
[1939–1975	Francisco Franco, *Caudillo*]
1975–	Juan Carlos I.

Königreich Portugal

1139–1185	Afonso I.
1185–1211	Sancho I.
1211–1223	Afonso II.
1223–1248	Sancho II.; abgesetzt
1248–1279	Afonso III.
1279–1325	Diniz
1325–1357	Afonso IV.
1357–1367	Pedro I.
1367–1383	Fernando I.
[1383–1385	Interregnum]
1385–1433	João I.
1433–1438	Duarte
1438–1481	Afonso V.
1481–1495	João II.
1495–1521	Manuel I.
1521–1557	João III.
1557–1578	Sebastião
1578–1580	Henrique
1580–1598	Philipp I. (II. von Spanien)
1598–1621	Philipp II. (III. von Spanien)
1621–1640	Philipp III. (IV. von Spanien)
1640–1656	João IV., Herzog von Bragança
1656–1667	Afonso VI.; abgesetzt
1667–1706	Pedro II.
1706–1750	João V.
1750–1777	José I.
1777–1786	Pedro III.; verheiratet mit
1777–1816	Maria I.
1816–1826	João VI.
1826	Pedro IV. (I. von Brasilien); abgedankt
1826–1828	Maria II.; abgesetzt
1828–1834	Miguel I.; abgesetzt
1834–1853	Maria II. (wiedereingesetzt)
1853–1861	Pedro V.
1861–1889	Luis I.
1889–1908	Carlos I.; ermordet
1908–1910	Manuel II.; abgesetzt

Namensentsprechungen im Deutschen:			
Afonso	= Alfons	José	= Josef
Alfonso	= Alfons	Juan	= Johann
Carlos	= Karl	Juana	= Johanna
Catalina	= Katharina	Louis	= Ludwig
Enrique	= Heinrich	Luis	= Ludwig
Fernando	= Ferdinand	Manuel	= Emanuel
Henrique	= Heinrich	Miguel	= Michael
Isabel	= Isabella	Pedro	= Peter
Jaime	= Jakob	Sebastião	= Sebastian
João	= Johann	Wilfred	= Wilfried

FACHBEGRIFFE

al-Andalus Der arabische Name für die Teile der Halbinsel unter islamischer Herrschaft. Man nimmt an, daß die Bezeichnung eine Entstellung von *Vandalicia* ist, ein Name, der von den vandalischen Invasoren stammt.

alcázar Das arabische Wort für Burg: Verteidigungsfestung oder Palastburg vieler Städte im islamischen Spanien.

Almohaden Eine moslemische fundamentalistische Sekte, die aus dem Nordwesten Afrikas stammt. Sie verdrängten 1147 die ALMORAVIDEN in Marrakesch und gewannen in den nächsten 50 Jahren die Kontrolle über praktisch ganz AL-ANDALUS, wurden aber von den christlichen Monarchen bei Las Navas de Tolosa besiegt (1212).

Almoraviden Ursprünglich eine mystisch-religiöse Bewegung unter den BERBER-Stämmen Nordafrikas. Während des 11. Jahrhunderts gründeten die Almoraviden ein Reich im heutigen Marokko und Algerien und wurden 1085 nach AL-ANDALUS gerufen, um der islamischen Sache beizustehen. In weniger als 20 Jahren gewannen sie die vollkommene Kontrolle über die Region.

Anarcho-Syndikalismus Eine Kombination aus den Überzeugungen des Anarchismus (Ablösung des zentralisierten Staates durch unabhängige lokale Gemeinschaften) und Syndikalismus (Kontrolle der Arbeiter über Produktionsmittel und Verteilung). Die Doktrin gewann unter der Zweiten Spanischen Republik und in republikanischen Gebieten während des Bürgerkriegs großen Einfluß.

Antiklerikalismus Gegnerschaft zu Formen organisierter Religion: im Spanien des 20. Jahrhunderts eine gewaltige Macht.

arbitrista Ein Befürworter ökonomischer Reformen im Spanien des frühen 17. Jahrhunderts.

Arianer Anhänger der christlichen Häresie, die die göttliche Trinität (Wesenseinheit von Vater, Sohn und Heiligem Geist) bestreitet und auf der Unterscheidung zwischen Gottes Sohn und Gottvater besteht. Von den Katholiken der frühen Kirche wurde der Arianismus als besonders verruchte Doktrin betrachtet.

audiencia Gerichtshof oder Berufungsgericht. In Spanisch-Amerika wurden *audiencias* als höchste Gerichtshöfe errichtet, um die königliche Autorität über die CONQUISTADORES und lokalen Häuptlinge zu sichern.

Aufklärung Der Begriff bezeichnet die Strömung des 18. Jahrhunderts, die eine Haltung des forschenden Zweifels gegenüber den Offenbarungswahrheiten und eine wissenschaftliche Methode zur Erklärung natürlicher und sozialer Phänomene entwickelte; dies führte u.a. zu reformerischen Konzepten in religiöser, politischer und ökonomischer Hinsicht.

auto de fe (portugiesisch: *auto-da-fé*) Das große Zeremoniell (oder »Akt des Glaubens«) der Inquisition, bei dem reumütige Häretiker öffentlich Abbitte leisteten und ihre Strafen empfingen, während unbeugsame Ketzer den weltlichen Autoritäten zur Hinrichtung (meist Verbrennung) übergeben wurden.

autonomía Eine der unabhängigen, in der Verfassung von 1978 verankerten Regionen des heutigen Spanien.

bable Der in Asturien gesprochene Dialekt des Spanischen.

Barock Kunststil des 17. und 18. Jahrhunderts, der durch Reichtum und Pracht, verbunden mit einer antiklassischen Vorliebe für emotionale Wirkung, charakterisiert ist. Der Stil ist in der spanischen Kirchenarchitektur und -dekoration besonders bemerkenswert.

Berber Nordafrikanische Stammesangehörige, die begeistert die Doktrin des Islam übernahmen und den Großteil der Kriegsmacht für die moslemische Eroberung der Iberischen Halbinsel stellten. Der kriegerische Fundamentalismus der ALMORAVIDEN und ALMOHADEN hatte seinen Ursprung bei den Berber-Stämmen.

bodega Weinkellerei, auch Weinschenke.

Bourbonen Die französische Dynastie, aus der seit 1549 die Könige von Frankreich kamen. Seit 1700 besetzten sie mit Philipp V. auch den Thron von Spanien und herrschten dort fast ununterbrochen bis zur Abdankung von Alfons XIII. im Jahr 1931; mit der Thronbesteigung von Juan Carlos wurde die Dynastie 1975 wieder restauriert. Zu einer gewissen Zeit regierten die Bourbonen auch Neapel und mehrere italienische Herzogtümer.

caballero Bezeichnete ursprünglich einen Reitersoldaten oder Ritter, der Begriff wandelte sich aber mehr oder weniger zu der Bedeutung »vornehmer Herr«, »Kavalier« oder zur Entsprechung des englischen »Gentleman«.

castro Eine auf einem Hügel gelegene kreisförmige Siedlung der Kelten, vorwiegend im Nordwesten der Halbinsel vorzufinden.

caudillo Der von Francisco Franco während seiner 36 Jahre als Staatschef geführte Titel (soviel wie »Führer«).

colonia Eine römische Siedlung ehemaliger Legionäre und landloser Bürger in den Überseeprovinzen; diente als Zentrum der römischen Zivilisation.

Comuneros Eine Gruppierung aus Bürgertum und niederem Adel von Kastilien, die 1520–1521 an einer Revolte gegen die abwesende und von Fremden dominierte Regierung des jungen Karl V. beteiligt war.

conquistador Bezeichnung für die Erkundungsreisenden und Soldaten, die im 16. Jahrhundert den Ozean überquerten, um Spaniens Reich in beiden Amerikas zu errichten.

converso Konvertit vom jüdischen Glauben zum Christentum.

convivencia Die im allgemeinen harmonische Koexistenz von Islam, Christentum und Judaismus in den moslemisch beherrschten Teilen der Halbinsel.

cordillera Gebirgszug oder -kette.

corregidor Stadt- oder Landrichter im mittelalterlichen Spanien, in einigen Ländern Lateinamerikas der Magistratsvorsteher oder Bürgermeister einer Stadt.

Cortes Das regionale oder nationale Parlament.

costumbrismo Ein literarisches und künstlerisches Genre des 19. Jahrhunderts, das sich mit der Darstellung regionaler oder lokaler Gepflogenheiten und Bräuche beschäftigte.

Euskera Die baskische Sprache.

fado Ein klagender portugiesischer Gesang.

Falange Die autoritäre, zentralistische politische Bewegung, die 1933 von José Primo de Rivera (Sohn des spanischen Diktators) gegründet wurde. Falangismus wird von manchen als die charakteristische spanische Form des Faschismus betrachtet. Der Großteil der falangistischen Ideologie wurde von Francisco Franco übernommen, und die Falange selbst wurde schließlich in seine Nationale Bewegung integriert.

flamenco Der kraftvoll rhythmische Tanz Andalusiens, begleitet von Gitarre und dem charakteristischen *cante jondo* (»tiefer Gesang«).

Franken Ein germanischer Stamm, der sich im 3. Jahrhundert n. Chr. westlich des Rheins in dem Gebiet der heutigen Niederlande und Frankreichs ansiedelte und nach dem Zusammenbruch des Römischen Reichs zur Vorherrschaft im nordwestlichen Kontinentaleuropa gelangte. Ihr Königreich erreichte unter Karl dem Großen seine größte Ausdehnung.

fueros Die lokalen Privilegien und Steuerfreiheiten, die bestimmten Regionen während der Epoche der Rückeroberung gewährt wurden. Sie waren zum Mittelpunkt des Lokalstolzes und des Widerstands gegen die Zentralregierung geworden, wurden aber während des 17. und 18. Jahrhunderts nach und nach abgeschafft.

galego Die Sprache Galiciens im Nordwesten Spaniens, in vieler Hinsicht dem Portugiesischen näher als dem Spanischen.

Gegenreformation Der Versuch der Wiedererrichtung der Katholischen Kirche im protestantischen Europa des 16. und 17. Jahrhunderts. Obwohl in Europa politisch größtenteils gescheitert, führte die Bewegung zu einer intensiven Missionsarbeit in Asien und den Amerikas und ist in Spanien mit den Kunststilen des MANIERISMUS und des BAROCK verbunden.

Germanías Christliche Bruderschaften von Valencia und Mallorca, die 1519 gegen die Abwesenheitsregierung von Karl V. revoltierten. Zum Teil auch durch soziale und rassische Spannungen zusätzlich angefacht, wurden die Unruhen 1521 brutal niedergeschlagen.

Guardia Civil (Zivilgarde) Die paramilitärische Polizeieinheit in Spanien, die 1844 von der Zentralregierung zur Aufrechterhaltung der Ordnung auf dem Lande errichtet wurde.

Habsburger Die Habsburg-Dynastie begann ihren Aufstieg zur territorialen Vorherrschaft in Europa im

13. Jahrhundert durch den Erwerb von Ländern und Titeln in Süddeutschland und Österreich. In den darauffolgenden Jahrhunderten wurden die Habsburger Domänen durch Heirat und Diplomatie ausgedehnt, Burgund und die Niederlande kamen dazu, und im 15. Jahrhundert errang die Familie den Titel des Kaisers des HEILIGEN RÖMISCHEN REICHES. 1520 wurde Spanien ihren Territorien hinzugefügt, als Karl I. von Spanien zum Kaiser Karl V. aufstieg. Bei seiner Abdankung im Jahr 1556 teilte er seine Ländereien auf und bildete eine dynastische Linie der spanischen Habsburger, die bis 1700, und eine österreichische, die bis 1918 regierte.

Heiliges Römisches Reich Das Heilige Römische Reich wurde 800 n. Chr. von Karl dem Großen als bewußter Versuch, den Glanz des Römischen Reiches wiederzubeleben, gegründet. Auf seinem Höhepunkt umfaßte es zum Großteil West- und Mitteleuropa, wurde aber im 13. Jahrhundert zu einer losen Konföderation von deutschen Territorien unter der Oberhoheit des Kaisers. Zwar ein Wahlamt, wurde der Kaiser ab dem 15. Jahrhundert aber doch mit dem Haus Habsburg identifiziert. In der Theorie war er zeitweise der Herrscher über das Christentum, aber dieses Konzept hielt den nationalistischen Kräften und der REFORMATION nicht stand.

hermandad Eine spanische Miliz, ursprünglich im 12. Jahrhundert gegründet und von den KATHOLISCHEN KÖNIGEN zur Unterdrückung von ländlichen Unruhen und zur Aufrechterhaltung der Ordnung wiederbelebt.

hidalgo Angehöriger des niederen Adels *(hidalguía)* in Spanien. *Hidalgos*, meist jüngere Söhne ohne Titel, spielten in der spanischen Kolonisierung der Neuen Welt eine führende Rolle.

Hispano-Römer Ein lateinisch sprechender, romanisierter Einwohner von Römisch-Hispania.

huerta Eine bewässerte und kultivierte Ebene, besonders in Valencia und Murcia.

Humanismus Die Vorstellung der RENAISSANCE, die sich aus der klassischen Antike herleitete und den Menschen (noch vor Gott) als Zentrum des Universums betrachtete. Theoretisch (wenn auch kaum in der Praxis) führte dieser Gedanke zu einer humaneren Sozialethik in der Bildung, zu Toleranz und der Lehre vom friedlichen Zusammenleben der Völker.

infante Ein Prinz oder eine Prinzessin, Sohn oder Tochter eines spanischen Monarchen.

Inquisition Ein kirchliches Tribunal zur Ausforschung und Ausrottung von Häresie. 1233 vom Papst als Waffe gegen die Albigenser gegründet, wurde sie unter königlicher Kontrolle 1481 in Spanien und 1536 in Portugal eingeführt.

Jesuit Ein Angehöriger des vom Hl. Ignatius von Loyola gegründeten religiösen Ordens. Über die traditionellen Gelübde von Armut, Keuschheit und Gehorsam hinaus waren die Jesuiten per Eid zur persönlichen Loyalität dem Papst gegenüber verpflichtet und wurden daher als Stoßtrupp der Gegenreformation betrachtet.

jota Ein Volkstanz von Aragón, Valencia und Navarra.

junta Eine herrschende Ratsversammlung oder Regierungskörperschaft.

juros Wertpapiere, die von den HABSBURGER Königen mit dem Versprechen (juro = »ich schwöre«) eines festgelegten Zinssatzes ausgegeben wurden. *Juros* wurden verkauft, um Geld für die Kriege von Karl V. und Philipp II. aufzutreiben; sie trugen zu Spaniens finanziellem Zusammenbruch im 17. Jahrhundert bei.

Kalifat Der Kalif von Damaskus war der oberste Herrscher über die islamische Welt. Mit der Errichtung des Kalifats von Córdoba sicherte sich die regierende OMAJJADEN-Dynastie den Primat über die Abbasiden-Familie, die in Damaskus von ihr verdrängt worden war.

Karlismus Die Doktrin des traditionellen, legitimistischen katholischen Rechts in Spanien; ihre Anhänger weigerten sich, die liberale Regierung der Königin Isabella II. anzuerkennen, und führten zugunsten des Thronprätendenten Don Carlos zwei Kriege (1833–1840 und 1870–1875). Im 20. Jahrhundert wurde die Partei von Francos Nationaler Bewegung vereinnahmt.

Karolinger Die fränkische Dynastie, die 751 die MEROWINGER als Herrscher über Frankreich verdrängte und bis 987 regierte. Während dieser Periode verhinderte Karl Martell das arabische Vordringen über die Pyrenäen, und Karl der Große begründete das HEILIGE RÖMISCHE REICH.

Karthager Die Einwohner von Karthago, einer Stadt an der Küste Nordafrikas in der Nähe des heutigen Tunis, vermutlich 814 v. Chr. von PHÖNIZISCHEN Kaufleuten gegründet. Im 3. Jahrhundert v. Chr. wurde Karthago nach Rom zur führenden Stadt im Mittelmeerraum und dehnte seine Macht auf die Iberische Halbinsel aus, bevor es in den Punischen Kriegen besiegt wurde. 146 v. Chr. wurde die Stadt von Rom restlos zerstört.

Katholische Könige Der Titel wurde Ferdinand II. von Aragón und Isabella I. von Kastilien von Papst Alexander VI. als Anerkennung für die Vollendung der Rückeroberung des islamischen Spanien und der Vertreibung der Juden verliehen.

Keltiberer In Teilen der vorchristlichen Halbinsel verschmolzen die Lebensweisen der Iberer und der keltischen Stämme zu einer eigenen, der keltiberischen Zivilisation. Diese war ab dem 3. Jahrhundert v. Chr. besonders im Nordosten und in Zentralspanien vorherrschend.

Kubismus Ein einflußreicher Stil in der Malerei des 20. Jahrhunderts, dessen wichtigste Vertreter Picasso, Braque, Juan Gris und andere waren. Als Reaktion gegen den Impressionismus analysiert der Kubismus natürliche Formen anhand geometrischer Begriffe und verwandelt diese Naturformen in halbabstrakte Arrangements und einander überlagernde Ebenen.

latifundia Große Landgüter besonders in Andalusien und Portugal.

letrado Eine gebildete Person, meist Absolvent eines Universitätsstudiums, der einen juristischen Beruf ausübt.

Magdalénien Gehört zur spätpaläolithischen Kultur von etwa 15 000 v. Chr. und stützt sich auf die bei La Madeleine in Périgord (Frankreich) gefundenen Überreste.

Maghreb Region im Nordwesten Afrikas, die das heutige Marokko, Algerien und Tunesien umfaßt.

Manierismus Eine mit der Gegenreformation verbundene Stilform als Reaktion gegen die sanften RENAISSANCE-Bilder von Raffael und seinen Nachfolgern. Sie ist durch eine Verzerrung und Dehnung natürlicher Formen, wie etwa in den Gemälden El Grecos, charakterisiert.

Manuelinisch (auch: emanuelinisch) Charakteristischer portugiesischer Stil der Architektur-Dekoration, der sich an Themen und Motive anlehnt, die aus den während der Regentschaft von Emanuel I. gemachten Entdeckungen stammen.

Maure Das Wort *moro*, das im wörtlichen Sinn einen Einwohner von Marokko bezeichnet, wurde im christlichen Spanien und Europa unterschiedslos auf alle Moslems angewandt, ob sie aus Spanien, Afrika oder dem Nahen Osten stammten.

mawla Das arabische Wort für »Schützling«, »Abhängiger«. Vor etwa dem Jahr 750 mußten alle Nichtaraber, die zum Islam konvertieren wollten, Abhängige oder Angehörige mit niedrigem Status eines arabischen Stammes werden.

Merowinger Die früheste Herrscher-Dynastie der FRANKEN. Sie dehnten das Fränkische Reich im 5. und 6. Jahrhundert auf den größten Teil von Frankreich und Deutschland aus, wurden aber 751 von den KAROLINGERN abgelöst.

meseta Das Zentralplateau oder Tafelland der Iberischen Halbinsel.

Mesta Die mittelalterliche Schafhalter- und Wollerzeugerzunft, die auf ausgedehnten Flächen des Landes Weiderecht genoß und die primäre Ursache für die Rückständigkeit von Spaniens Landwirtschaft war. Die Mesta blühte bis zum Ende des 18. Jahrhunderts und wurde erst 1839 abgeschafft.

Miguelismus Die traditionalistische, antiliberale Bewegung in Portugal, die den Thronanspruch von Michael I. gegenüber seiner Nichte Maria II. unterstützte. Der »Krieg der beiden Brüder« (zwischen Michael und seinem Bruder Peter I. von Brasilien) dauerte von 1828 bis 1834.

minifundia Bescheidene Bauernhöfe und Kleinstlandwirtschaft (im Gegensatz zu LATIFUNDIA), besonders charakteristisch für den Norden Spaniens und Portugals.

Modernismo Eine spanische Literaturströmung, die ihre Blütezeit zwischen 1888 und 1914 hatte. In Spanien von dem Dichter Rubén Darío eingeführt, reagierte der *modernismo* heftig gegen den Materialismus und Naturalismus der Literatur des 19. Jahrhunderts. In dem Versuch, eine Poesie zeitloser Werte zu formen, machte er sich den Ästhetizismus und Symbolismus der französischen Dichtung zu eigen.

morisco In den 20 Jahren nach dem Fall von Granada (1492) wurden alle spanischen Moslems vor die Wahl zwischen Exil oder christlicher Taufe gestellt. Jene, die sich taufen ließen, wurden, obwohl dem Namen nach Christen, nach wie vor als Fremde betrachtet und *moriscos* genannt.

Mozaraber Der Name wurde den christlichen Bewohnern des islamischen Spanien verliehen, die unter moslemischen Herrschern lebten und ihre Religion ausübten (von *Mustaribun*, »Arabisierer«).

Mudéjaren Das islamische Gegenstück zu den MOZARABERN: Moslems, denen es gestattet war, in christlichen Teilen Spaniens zu leben und ihre Religion auszuüben. Diese Toleranz überlebte das Ende der Rückeroberung nicht: um 1526 waren alle Mudéjaren gezwungen worden, entweder das Land zu verlassen oder MORISCOS zu werden.

Neolithikum Die Jungsteinzeit: die letzte Phase der Steinzeit-Kultur, die in Europa von etwa 3000 bis 1800 v. Chr. dauerte.

Neuer Staat *(Estado Novo)* Das autoritäre System zur Modernisierung, das in Portugal unter der Verfassung von 1933 eingeführt wurde. Gründer und Führungsfigur des Regimes war António de Oliveira Salazar, Finanzminister von 1928 bis 1940 und Premierminister von 1932 bis zu seinem Rücktritt im Jahr 1968.

Omajjaden Die moslemische Dynastie, die das KALIFAT Damaskus von 661 bis 750 kontrollierte, und dann von der rivalisierenden Abbasiden-Familie gestürzt und praktisch ausgelöscht wurde. Abd ar-Rahman, ein junger Omajjade, entkam nach AL-ANDALUS und gründete das Emirat Córdoba; unter seinen Nachkommen wurde es zu einem konkurrierenden Kalifat.

Opus Dei Ein katholischer Laienorden, der sich im Franco-Spanien für technischen Fortschritt und Marktwirtschaft einsetzte.

Ostrogothen (Ostgoten) Im späten 4. Jahrhundert n. Chr. teilte sich die gotische Nation in zwei Teile: die WESTGOTEN im Westen und im Osten die Ostrogothen, die sich auf dem Balkan niederließen. Unter Theoderich (der von 488 bis 526 regierte) drangen sie in Italien ein und eroberten es.

Paläolithikum Die Altsteinzeit, erste und längste Phase der menschlichen Kulturentwicklung, die sich über den Zeitraum von rund 400 000 v. Chr. bis 10 000 v. Chr. erstreckte.

paria Der Tribut, den die moslemischen TAIFA-Reiche den christlichen Königreichen ab dem 11. Jahrhundert zu zahlen hatten.

Phönizier Abkömmlinge einer Zivilisation, die ihren Ursprung in den libanesischen Hafenstädten Tyros und Sidon hatte; sie sind hauptsächlich als geschickte Seefahrer und Händler in die Geschichte eingegangen. Im ersten Jahrtausend weiteten sich ihre Kolonialisierungstätigkeiten auf das ganze Mittelmeer aus; sie gründeten Cádiz und andere Handelsniederlassungen in Südspanien, bevor sie von den Karthagern abgelöst wurden.

picaresque Das literarische Genre, das von dem Wort *Pícaro* (= Schelm) stammt und sich mit den Reisen und dem wechselnden Glück einer zentralen Figur beschäftigt. Die berühmtesten spanischen Beispiele sind *Don Quijote* und *Lazarillo de Tormes*.

plateresk Ein spanischer Stil der architektonischen Verzierung im 16. Jahrhundert. Er ist durch eine kunstvolle Oberflächenornamentierung gekennzeichnet und bezog seinen Namen aus der Bearbeitung wertvoller Metalle (*platero* = Silberschmied).

plaza mayor Der Hauptplatz einer spanischen Stadt, oft umschlossen und mit Arkadengängen versehen (wie in Madrid und Salamanca).

pronunciamiento (= Ankündigung) Eine charakteristische hispanische Form des Militärputschs, in der Regel von einer Gruppe höherer Offiziere angeführt.

punisch Aus dem lateinischen Wort für »phönizisch«. Das Wort wurde in erster Linie für die römisch-karthagischen Kriege des 3. und 2. Jahrhunderts v. Chr. angewandt.

Reformation Höhepunkt der Bewegungen des 16. Jahrhunderts, die Reformen innerhalb der monolithischen katholischen Kirche forderten. Die Lehren von Luther und Calvin führten in ganz Europa zu einer Spaltung des Christentums in den Katholizismus und den Protestantismus und schließlich praktisch zur Auflösung des HEILIGEN RÖMISCHEN REICHS im Dreißigjährigen Krieg (1618–1648).

Renaissance Die »Wiedergeburt« der klassischen Kultur in Westeuropa am Ende der mittelalterlichen Epoche. In der Kunst führte dies zu einer Wiederbelebung klassischer Formen und Ideen, und humanistische Ideale begannen, die mittelalterliche Vorstellung über den Menschen in der Gesellschaft zu verändern.

repartimiento Die Idee, eroberte Länder (einschließlich der menschlichen Ressourcen) unter den Eroberern aufzuteilen, scheint ihren Ursprung in Valencia gehabt zu haben und wurde in den späteren Phasen der Rückeroberung ausgiebig angewandt. Das System fand in modifizierter Form auch bei der Eroberung von Spanisch Amerika Anwendung.

ría Meeresbucht oder Delta eines größeren Flusses.

Rokoko Ein extrem verfeinerter künstlerischer und architektonischer Stil (französisch *rocaille* = Muschelwerk), der sich im frühen 18. Jahrhundert aus dem BAROCK entwickelte.

Romanik Ein Architekturstil mit Ursprung im 10. Jahrhundert in Frankreich, der durch massive Konstruktion, schlichtes Dekor und den Rundbogen charakterisiert ist. In England ist der Stil als »normannisch« geläufig.

sardana Der Nationaltanz von Katalonien, der in einem Kreis zu Musik von Flöten und Trommeln aufgeführt wird.

Sephardim Die Juden von Spanien und Portugal (*Sepharad* ist das hebräische Wort für Spanien). Sephardische Juden leben heute noch in Teilen des Balkans und Nordafrikas und haben ihre Bräuche und Sprache (das Spaniolische) aus dem 15. Jahrhundert, als sie von der Iberischen Halbinsel vertrieben wurden, beibehalten.

sierra Gebirgskette.

Sueben Ein Sammelbegriff, der auf eine Reihe von Stämmen aus dem nördlichen Deutschland angewendet wird, einige von ihnen begleiteten die Vandalen nach Gallien und seit etwa 409 n. Chr. dann nach Nordspanien.

Surrealismus Eine literarische und künstlerische Bewegung, die in den zwanziger Jahren in Frankreich entstand. Surrealismus ist die Kunst des Irrationalen, die der Wirklichkeit widersprüchliche und manchmal schockierende Bilder, oft mit Assoziationen an die Lehre Sigmund Freuds, gegenüberstellt. Dalí ist vielleicht der einflußreichste surrealistische Maler; Buñuel versuchte, den Surrealismus in den Film einzubringen.

taifa Eine Partei oder Abspaltung: die *reyes de taifa* (»Parteikönige«) waren die lokalen moslemischen Herrscher, die nach dem Fall des Kalifats von Córdoba die Macht ergriffen.

Tartessische Kultur Die reiche Bergbau-Kultur des prähistorischen südwestlichen Spanien, die vermutlich ihren Ursprung in einer (verschütteten) Stadt namens Tartessus hat, die manchmal mit dem biblischen Tarshish identifiziert wird. Über die Tartessier ist außer der Tatsache, daß deren Stämme eine Vorliebe für ein starkes Königtum hatten, wenig bekannt.

tercio Die übliche Regimentseinheit der spanischen Infanterie (bestehend aus Lanzen- und Schwertkämpfern und Armbrustschützen), die Spaniens Armee während der Regierungszeit Karls V. und Philipps II. zur besten ganz Europas machte.

togado Ein »Herr der Robe«, Angehöriger der juristischen Berufe.

tramontana Der Nordwind, den besonders Nordspanien zu spüren bekommt.

valido Ein königlicher Günstling oder oberster Berater, der mit der Zeit viele Aufgaben eines Ersten Ministers unter den späten HABSBURGER Königen übernahm.

Volksfront Eine Allianz aus linksorientierten Parteien, die zwischen den beiden Kriegen als geschlossene Opposition gegen den Faschismus in Europa gebildet wurde. In der spanischen Volksfront waren Sozialisten, Kommunisten, Anarchisten und Gewerkschafter zusammengeschlossen.

Wallone Ein französisch sprechender Einwohner der südlichen Niederlande (dem heutigen Belgien).

Westgoten Im späten 4. Jahrhundert spaltete sich die gotische Nation in zwei Teile: die OSTROGOTHEN im Osten und im Westen die Westgoten, die sich aus Italien zurückzogen (nachdem sie Rom geplündert hatten) und ein Reich gründeten, das sich von Gibraltar bis zur Loire erstreckte. 507 aus Frankreich vertrieben, herrschten sie in Spanien bis zur arabischen Invasion des Jahres 711.

zarzuela Eine charakteristische spanische Form der Operette, die in Madrid ab Mitte des 19. Jahrhunderts zur Blüte gelangte.

BIBLIOGRAPHIE

Allgemeines

William Atkinson, *Geschichte Spaniens und Portugals*, München 1962.
Walter L. Bernecker u. a., *Spanien-Lexikon*, München 1990.
Toni Breuer, *Spanien*, Stuttgart 1982.
Américo Castro, *Spanien – Vision und Wirklichkeit*, Köln/Berlin 1957.
Fernando Díaz Plaja, *Spanien*, München 1977.
J. H. Elliott (Hg.), *Die spanische Welt: Geschichte, Kultur, Gesellschaft*, Basel/Wien 1991.
Juan Goytisolo, *Spanien und die Spanier*, Frankfurt a. M. 1991.
José Guidol, *Die Kunst Spaniens*, Frankfurt a. M. 1964.
Günther Haensch, Gisela Haberkamp de Antón, *Kleines Spanien-Lexikon. Aktuelle Länderkunde*, München 1989.
Werner Herzog, *Spanien*, München 1989.
Salvador de Madariaga, *Spanien – Wesen und Wandlung*, Stuttgart 1955.
Julián Marías, *España inteligible: razón histórica de las Españas*, Madrid 1985.
Stanley Payne, *A New History of Portugal*, Cambridge 1976.
Volker Roloff u. a. (Hg.), *Der spanische Roman vom Mittelalter bis zur Gegenwart*, Düsseldorf 1986.
Klaus Jörg Ruhl u. a., *Spanien-Ploetz: Die Geschichte Spaniens und Portugals zum Nachschlagen*, Freiburg/Würzburg 1993.
P. E. Russell (Hg.), *Spain: A Companion to Spanish Studies*, London 1973.
Bradley Smith, *Spanien, Geschichte und Kunst*, München/Zürich 1962.
Cesno Vian, *Spanien. Brücke zwischen Abendland und Orient*, Stuttgart/Zürich 1991.
Jaime Vicens Vives, *Geschichte Spaniens*, Stuttgart 1969.
Pierre Vilar, *Spanien: Das Land und seine Geschichte von den Anfängen bis zur Gegenwart*, Berlin 1990.
Walter Zöllner, *Spanien*, Leipzig 1988.

Die Halbinsel bis zum Fall der Westgoten

A. Arribas, *The Iberians*, London 1963.
Carl Benedek, *Das iberische Erbe: die rätselhafte Geschichte eines Volkes*, Gernsbach 1990.
H. Galsterer, *Untersuchungen zum römischen Städtewesen auf der Iberischen Halbinsel*, Berlin 1971.
D. Harden, *The Phoenicians*, London 1980.
Isidorus (Hispalensis), *Geschichte der Goten, Vandalen und Sueven*, hg. v. Alexander Heine, Essen/Stuttgart 1986.
S. Keay, *Roman Spain*, London 1988.
Manfred Kunter, *Menschliche Skelettreste aus Siedlungen der El Argar-Kultur: ein Beitrag der prähistorischen Anthropologie zur Kenntnis bronzezeitlicher Bevölkerungen Südostspaniens*, Mainz 1990.
Pedro de Palol, *Spanien: Kunst des frühen Mittelalters vom Westgotenreich bis zum Ende der Romanik*, München 1991.
Hermanfrid Schubart, *Die Funde der südostspanischen Bronzezeit aus der Sammlung Siret*, Mainz o. J.
Heidrun Schulze-Oben, *Freigelassene in den Städten des römischen Hispanien: juristische, wirtschaftliche und soziale Stellung nach dem Zeugnis der Inschriften*, Münster 1989.
A. Tovar, *Iberische Landeskunde*, Baden Baden 1974/76.
Jürgen Untermann (Hg.), *Die iberischen Inschriften aus Spanien*, Wiesbaden o. J.

Eroberung und Rückeroberung

Tariq Ali, *Im Schatten des Granatapfelbaums*, München 1993.
Burchard Brentjes, *Die Kunst der Mauren: islamische Traditionen in Nordafrika und Südspanien*, Köln 1992.
Titus Burckhardt, *Die maurische Kultur in Spanien*, München 1970.
Richard Fletcher, *Moorish Spain*, London 1992.
Jocelyn N. Hillgarth, *The Spanish Kingdoms, 1250–1516*, 2 Bde., Oxford 1976–1978.
Evariste Levi-Provençal, *Histoire de l'Espagne musulmane*, 3 Bde., Kairo 1967.
Gottfried Liedl, *al-Hamra: zur Geschichte der spanisch-arabischen Renaissance in Granada*, Berlin 1992.
Derek W. Lomax, *The Reconquest of Spain*, London 1978.
Angus McKay, *Spain in the Middle Ages: from Frontier to Empire, 1000–1500*, London 1977.
Bernard F. Reilly, *The Contest of Christian and Muslim Spain*, Oxford 1992.
Herrmann Schreiber, *Halbmond über Granada*, Herrsching 1980.

Juan Vernet, *Die arabische Kultur in Orient und Okzident*, München 1965.
Ludwig Vones, *Geschichte der iberischen Halbinsel im Mittelalter (711–1480); Reiche, Kronen, Regionen*, Sigmaringen 1993.
David Wasserstein, *The Rise and the Fall of the Party-Kings. Politics and Society in Islamic Spain 1002–1086*, Princeton 1985.
Franz Wördemann, *Die Beute gehört Allah: die Geschichte der Araber in Spanien*, München 1985.

Das Katholische Reich

Karl Brandi, *Kaiser Karl V. Werden und Schicksal einer Persönlichkeit und eines Weltreiches*, 2 Bde., München 1937–1941.
Fernand Braudel, *Karl V.: Die Notwendigkeit des Zufalls*, Frankfurt a. M. 1992.
Fernand Braudel, *Das Mittelmeer und die mediterrane Welt in der Epoche Philipps II.*, 3 Bde., Frankfurt a. M. 1990.
Julio Caro Baroja, *Der Inquisitor, der Eroberer, der Herr: Drei Berufsbilder aus Spanien*, Berlin 1990.
Hartmut Heine, *Geschichte Spaniens in der frühen Neuzeit 1400–1800*, München 1984.
Henry Kamen, *Die spanische Inquisition*, München 1969.
Henry Kamen, *Spain in the Later Seventeenth Century*, London 1980.
Henry Kamen, *The War of Succession in Spain, 1700–1715*, London 1969.
Miguel A. Ladero Quesada, *Das Spanien der Katholischen Könige, Ferdinand von Aragon und Isabella von Kastilien 1469–1516*, Innsbruck 1992.
Peter Lahnstein, *Auf den Spuren von Karl V.*, München 1993.
J. Lynch, *Bourbon Spain, 1700–1808*, Oxford 1989.
Salvador de Madariaga, *Kolumbus. Entdecker neuer Welten*, Bern/München 1966.
Valeriu Marcu, *Die Vertreibung der Juden aus Spanien*, München 1991.
Wolfgang Otto, *Conquista, Kultur und Ketzerwahn: Spanien im Jahrhundert seiner Weltherrschaft*, Göttingen 1992.
Ludwig Pfandl, *Philipp II. Gemälde eines Lebens und einer Zeit*, München 1969.
Ludwig Pfandl, *Johanna die Wahnsinnige. Ihr Leben, ihre Zeit, ihre Schuld*, Freiburg 1930.
William Prescott, *Spaniens Aufstieg zur Weltmacht. Aus der Regierungszeit Ferdinands und Isabellas*, Wien 1938.
Bernard Vincent, *Das »Jahr der Wunder«. Spanien 1492: die Vertreibung der Juden und die Einführung der Grammatik*, Berlin 1992.

Dynastien und Pragmatismus

Johannes Boldt, *Troubadoure Gottes: eine Einführung in die spanische Mystik des Goldenen Zeitalters*, Innsbruck 1992.
Marcelin Defourneuy, *Spanien im Goldenen Zeitalter: Kultur und Gesellschaft einer Weltmacht*, Stuttgart 1986.
D. Gates, *The Spanish Ulcer: A History of the Peninsular War*, London 1986.
C. A. Hanson, *Economy and Society in Baroque Portugal, 1668–1703*, London 1981.
Franz Kurowski, *Herrscher der Meere. Die Geschichte der portugiesischen Welteroberung*, Berg 1990.
Heinrich Loter, *Das portugiesische Kolonialreich: Aufstieg und Fall*, Berlin 1982.
Gregorio Marañon, *Olivares. Der Niedergang Spaniens*, München 1939.
Ludwig Pfandl, *Spanische Kultur und Sitte des 16. und 17. Jahrhunderts*, Kempten 1924.
Ludwig Pfandl, *Geschichte der spanischen Nationalliteratur in ihrer Blütezeit 1500–1700*, Freiburg 1929.
Roderich Ptak (Hg.), *Portugals Wirken in Übersee: Atlantik, Afrika, Asien*, Heidelberg 1985.
R. A. Stradling, *Europe and the Decline of Spain 1580–1720*, London 1981.

Konstitutionalismus und Reaktion

Walter L. Bernecker, *Sozialgeschichte Spaniens im 19. und 20. Jahrhundert: Vom Ancien régime zur parlamentarischen Monarchie*, Frankfurt a. M. 1990.
Ulrike Borchardt, *Militär und Politik in Spanien: zivile und militärische Macht vom Beginn des konstitutionellen Regimes bis zur Konsolidierung des demokratischen Systems*, Hamburg 1994.
Franz Borkenau, *Kampfplatz Spanien. Politische und soziale Konflikte im spanischen Bürgerkrieg. Ein Augenzeugen-

bericht.* Stuttgart 1987.
George Borrow, *The Bible in Spain*, London 1842.
Gerald Brenan, *Die Geschichte Spaniens. Über die sozialen und politischen Hintergründe des Spanischen Bürgerkrieges*, Berlin 1978.
Pierre Broué, Emile Témime, *Revolution und Krieg in Spanien. Geschichte des spanischen Bürgerkriegs*, 2 Bde., Frankfurt a. M. 1968.
Raymond Carr, *Spain 1908–1975*, Oxford 1982.
Elias Díaz, *Intellektuelle unter Franco. Eine Geschichte des spanischen Denkens von 1939–1975*, Frankfurt a. M. 1991.
Juan P. Fusi, *Franco: Spanien unter der Diktatur. 1936–1975*, München 1992.
Ian Gibson, *Lorcas Tod*, Frankfurt a. M. 1976.
Gabriel Jackson, *Annäherung an Spanien 1908–1975*, Frankfurt a. M. 1982.
Felix Morrow, *Revolution und Konterrevolution in Spanien*, Essen 1986.
Hans-Jörg Neuschäfer, *Macht und Ohnmacht der Zensur. Literatur, Theater und Film in Spanien (1939–1976)*, Stuttgart 1991.
George Orwell, *Mein Katalonien*, München 1964.
Stanley Payne, *The Franco Regime 1936–1975*, Wisconsin 1987.
Paul Preston (Hg.), *Revolution and War in Spain*, London 1984.
Hugh Thomas, *The Spanish Civil War*, London 1977.

Die Neuen Demokratien

Walter L. Bernecker, *Spaniens Geschichte seit dem Bürgerkrieg*, München 1984.
Helmuth Bischoff, *Die spanische Presse im Redemokratisierungsprozeß*, Bochum 1986.
Raymond Carr, Juan Pablo Fusi, *Spain: Dictatorship to Democracy*, London 1981.
Otelo S. Carvalho, *Anklage und Verteidigung: der Prozeß gegen die Nelkenrevolution*, Frankfurt a. M. 1989.
Tom Gallagher, *Portugal: A Twentieth-Century Interpretation*, Manchester 1983.
Lawrence S. Graham, Douglas L. Wheeler (Hg.), *In Search of Modern Portugal: The Revolution and its Consequences*, Wisconsin 1983.
Werner Herzog, *Spanien. Die zerbrechliche Einheit*, Zürich 1982.
Werner Herzog (Hg.), *Terror im Baskenland – Gefahr für Spaniens Demokratie*, Hamburg 1982.
Volker Mauersberger, *Spanien: Wandel nach Europa*, Aarau 1991.
Victor Pérez-Díaz, *The Return of Civil Society*, Cambridge/Mass. 1993.
Paul Preston, *Spanien: Der Kampf um die Demokratie*, Rhede 1987.
Ramón Tamames, *Geschichtsbild und Zukunftsvision einer jungen Demokratie*, Stuttgart 1987.

Die Geographischen Regionen

Hans Christian Andersen, *Reisebilder aus Spanien und Portugal*, Leipzig/Weimar 1988.
Joaquín Bosque Morel (Hg.), *Geografía de España*, 10 Bde., Barcelona 1989–1992.
Vasilij Botkin, *Von den Pyrenäen bis Gibraltar: Briefe über Spanien*, Berlin 1989.
Gerald Brenan, *Südlich von Granada*, Kassel 1990.
Margit Bröhan (Hg.), *Spanische Augenblicke: ein Reiselesebuch*, Frankfurt a. M. 1991.
Camilo José Cela, *Ein Vagabund im Dienste Spaniens*, München/Zürich 1990.
José Cutileiro, *A Portuguese Rural Society*, Oxford 1971.
Laurie Lee, *An einem hellen Morgen ging ich fort. Aufzeichnungen eines Vaganten*, München 1956.
Robert Hughes, *Barcelona*, New York 1968; dt.: München 1992.
William Somerset Maugham, *Don Fernando oder eine Reise in die Kulturgeschichte Spaniens*, Zürich 1987.
James A. Michener, *Iberia*, München 1979.
John Payne, *Catalonia: A Portrait of a Nation*, 1991.
Julián Pitt-Rivers, *The People of the Sierra*, Chicago 1971.
V. S. Pritchett, *The Spanish Temper*, London 1978.
Francis Rogers, *Atlantic Islanders of the Azores and Madeira*, Massachusetts 1979.
Edite Vieira, *The Taste of Portugal*, London 1968.
Friedrich Wolzettel (Hg.), *Spanische Wanderungen: 1830–1930*, Hamburg 1991.

BILDQUELLENVERZEICHNIS

Abkürzungen:
o = oben, ol = oben links, or = oben rechts, M = Mitte,
u = unten usw.
AGE = AGE Fotostock Barcelona; AIC = Arquivo Internacional de Cor, Portugal; AISA = Archivo Iconografico S.A., Spanien; ALFA = Publicacões ALFA s.a., Lissabon; AOL = Andromeda Oxford Limited, Abingdon; BAL = Bridgeman Art Library, London; CP = Camera Press Limited, London; M = Magnum Photos Limited, London; MAS = Arxiu MAS, Spanien; MH = Michael Holford, Essex; RHPL = Robert Harding Picture Library, London; WFA = Werner Forman Archive, London; Z = Zefa Picture Library, London

Innenspiegel: Karte von Spanien: Bodleian Library, Oxford

Seite
2–6 Figuren aus »Kinder-ABC-Fibeln von Straßenverkäufern, Madrid«: Pablo Lines/Museo Municipal de Madrid
8 Graphiken: John Fuller
11 Frias, Provinz Burgos: RHPL
12–13 Strand in Cartagena, Costa Blanca: AGE
13 o Benasque, Provinz Huesca: AGE
13 u Gebirgiges Gelände der Sierra del Molina: AISA
16–17 o Tomatenpflückende Frauen in Ejido: M/Thomas Hoepker
16–17 u Muschelflöße in der Ría de Arosa: RHPL/Chicago/Odyssey/Robert Frerck
18–19 Landwirtschaft, Andalusien: RHPL/Explorer/Patrick Le Floc
20 Schäfer bei Segovia: RHPL/Robert Frerck
22 Plaza Mayor, Madrid: Oronoz
23 Gemälde des Hafens von Santander von George Braum: Oronoz
24–25 Höhlenmalerei von Bisons: RHPL/Chicago/Odyssey/Robert Frerck
25 Räucherfaß aus Menorca: AISA/Y Alvares
26 o Stiermensch aus Balazote: AISA/Archäologisches Nationalmuseum, Madrid
26 ul Büste der Dama de Elche: AISA/Prado Museum, Madrid
26 ur Rekonstruktion des Grabs der Dama de Baza: AISA
27 l Krieger aus dem Heiligtum von Santa Elena: AISA/Archäologisches Nationalmuseum, Madrid
27 or Keramikvase mit Darstellung von Kriegern: AISA/Archäologisches Museum, Barcelona
27 ur Iberischer Schmuck: AISA/Archäologisches Nationalmuseum, Madrid
28 u Grabstele: Graphik John Fuller
29 Goldgefäße: Deutsches Archäologisches Institut
30–31 Forum in Ampurias: RHPL/Sheila Terry
32–33 Amphitheater in Itálica, Provinz Sevilla: AGE
35 Keltisches Hüttenrund, Asturien: AGE
36 o Boden einer römischen Villa mit einer Darstellung der Weinlese in Mosaik: RHPL/Robert Frerck
36 l Plan von Emerita Augusta: John Brennan
37 u Römisches Theater, Mérida: RHPL/Robert Frerck
38 Mosaiken, Conimbriga: RHPL
40 o Äußeres von San Miguel de Lillo: RHPL/Nedra Westwater
40 ul Kapitell von San Pedro de la Nave: AISA
40 uM Santa Cristina de Lena, Inneres: AISA
40 ur Fenster der Kirche San Juan de Baños: AISA
41 Westgotische Krone: AISA/Algar/Archäologisches Nationalmuseum
43 Detail des Banners von Baeza aus dem 13. Jahrhundert: AISA
44 ol Kacheldetail, Große Moschee, Córdoba: RHPL/Adam Woolfitt
44 or Plan der Großen Moschee, Córdoba: John Brennan
44 ul Ansicht der Großen Moschee, Córdoba: RHPL
44–45 Hufeisenbogen im Innern der Großen Moschee, Córdoba: RHPL/Nigel Blythe Photography
45 o Detail der Kuppel der Großen Moschee, Córdoba: RHPL/Adam Woolfitt
45 u Detail des Eingangstors, Große Moschee, Córdoba: Images Colour Library
46 Zylindrisches maurisches Parfümgefäß: AISA/Algar/Archäologisches Nationalmuseum, Madrid
47 Darstellung einer Ernteszene: Oronoz
48–49 Burg Montemor-o-Velho: RHPL/Nedra Westwater
50 o Decke des Pantheons der Könige, León: AISA
50 u Fresko der Kirche Sant Pau: AISA
50–51 Detail der Decke des Schäfers im Pantheon der Könige: RHPL/Chicago/Odyssey/Robert Frerck
51 l Detail des Freskos in der Apsis von Santa Maria de Esterri de Aneu: AISA
51 r Fresko des Hl. Stefan: AISA
52 Illustration aus der *Crónica del Cid*, 1498: AOL
53 Kathedrale von Burgos: AGE
54 o San-Martín-Brücke, Toledo: RHPL/Adam Woolfitt
54 u Mudéjar-Kirche Santiago de Arrabal: AGE
54–55 o Ansicht von Toledo: RHPL/Adam Woolfitt
54–55 u Synagoge Santa María la Blanca, Toledo: AISA
55 ur Moschee Cristo de la Luz, Toledo: AISA
56 o Mittelalterliche Festungsbrücke, Besalú: RHPL/Chicago/Odyssey/Robert Frerck
56 u Schachspielende Mauren aus Alfons' X. *Buch vom Schach*: MH
57 Kirche San Martín, Cuéllar: AISA/Navia
59 Eroberung Mallorcas in einem Fresko: WFA/Museum Katalanischer Kunst, Barcelona
60 ul Die Alba-Bibel: MAS
60 ur Villahermosa del Rio; Ermita de San Bartolomé: MAS
60 or Synagoge del Tránsito: MAS
61 Schale aus dem 15. Jahrhundert: Graphik John Fuller
62–63 Flügelaltar des Heiligen Vinzenz: AO/Instituto Português de Museus
64 M »Alhambra-Vase« aus dem 15. Jahrhundert: WFA/Museo de Arte Hispanomusulman
64 ul Plan der Alhambra: John Brennan
64 ur Wandmalerei vom Torre de las Damas, Alhambra: RHPL/Adam Woolfitt
64–65 Ansicht der Alhambra: AISA
65 o Der Löwenhof, Alhambra: AISA
65 u Der Mexuar, Alhambra: RHPL
66–67 Salamanca – Casa de las Conchas: AISA
67 Altarbild des Hl. Thomas, Kathedrale von Ávila: Oronoz
68 ul Holzschnitt von Ferdinand und Isabella: AOL
68 r Isabella betend vor der Jungfrau mit Kind: AISA/Biblioteca del Palacio Real, Madrid
69 o Universität von Alcalá de Henares: AISA
69 b Antonio de Nebrija in einer Miniatur: AISA/Biblioteca Nacional, Madrid
71 Monogramm aus dem *Devocionario de la reina Juana la Loca* von Marcuello: Giraudon
74 ul Die Kapelle des Gründers, Batalha: RHPL/Adam Woolfitt
74 ur Plan von Batalha: John Brennan
74–75 Domkapitel, Batalha: RHPL/Adam Woolfitt
75 o Detail des großen Eingangstors, Batalha: RHPL/Adam Woolfitt
75 u Detail des Torbogens zu den Unvollendeten Kapellen, Batalha: RHPL/Adam Woolfitt
76 Turm von Belém, Lissabon: Images Colour Library
77 Seite aus der Polyglotten Bibel: Bodleian Library, Oxford
78 Universität von Salamanca: AISA
79 Familie des Kaisers Maximilian I., 1512, von B. Strigel: Oronoz/Academia de San Fernando, Madrid
80 u Detail des Pantheons der Könige, Escorial: AISA
80–81 o Decke der Bibliothek, Escorial: AISA
80–81 u Panoramaansicht des Escorial: AGE
82 o Die Heilige Teresa von Ávila von Gregorio Fernández: AISA/Museo Nacional de Escultura, Valladolid
82 ul Frontispiz zu den *Obras Misticas y espirituales*

von San Juan de la Cruz, 1649: AISA/Biblioteca de Cataluña, Barcelona
82 ur Ignatius von Loyola von Domínguez Martínez: AISA/Convento de Santa Isabel, Sevilla
83 Ansicht Toledos von El Greco: The Metropolitan Museum of Art, H.O. Havemeyer Sammlung, Legat von Mrs. H.O. Havemeyer 1929 (29.100.6)
85 Zeichnung eines *morisco* von Christof Welditz: AOL
86 Ml Denkmal der Entdecker, Lissabon: Horizon/C. Nickey
86 u Weltkarte, 1519, von Lopo Homem: Museu de Marinha, Portugal
86 Mr Fenster im emanuelinischen Stil, Tomar: AGE
86–87 Japanische Darstellung portugiesischer Schiffe: Instituto Português de Museus
87 Vasco da Gama: RHPL/Museu de Marinha, Lissabon
88 Luís de Camões von Fernão Gomes: ALFA/Arquivo Nacional da Torre de Tombe
89 Porträt des Königs Sebastian, 1565: ALFA
90 o Philipp II. von Sánchez Coello: Staatliche Museen Berlin – Preußischer Kulturbesitz, Gemäldegalerie/Jorg P. Anders
90 ul Gemälde von englischen Schiffen und der spanischen Armada: National Maritime Museum/English School, 16. Jahrhundert
90 ur Wappen auf einer Bronzekanone: Colin Martin
91 o Navigationstabelle II der Armada: National Maritime Museum/Adams
91 u Schiffsliste: British Library
93 Bronzestatue des Herzogs von Lerma von Pompeo Leoni, 1603: Oronoz/Museo Municipal, Madrid
94 o *Philipp III. betritt Madrid* von einem anonymen Künstler: Oronoz/Museo Municipal, Madrid
94 u *Karl II. und Mariana von Österreich als Schirmherren eines Stierkampfs* von einem anonymen Künstler: Oronoz/Museo Municipal, Madrid
94–95 o Luftaufnahme der Plaza Mayor: AGE
94–95 u *Auto de fe* auf der Plaza Mayor von Francisco Rizi: Oronoz/Museo del Prado, Madrid
95 u Kaffeestühle und Tische, Plaza Mayor: Images Colour Library
97 *Porträt von Olivares* von Velázquez: Oronoz/Prado Museum, Madrid
98 *Frauen kochen Eier* von Velázquez: BAL/National Gallery of Scotland
99 ol *Philipp IV.* von Velázquez: Oronoz/Prado Museum, Madrid
99 or *Die Unbefleckte Empfängnis* von Velázquez: Wiedergabe mit freundlicher Genehmigung des Kuratoriums, The National Gallery, London
99 u *Las Meninas* von Velázquez: BAL/Index
100–101 *Übergabe von Breda* von Velázquez: Oronoz/Prado Museum, Madrid
101 *Santa Margarita* von Zurbarán, 1630: Wiedergabe mit freundlicher Genehmigung des Kuratoriums, The National Gallery, London
102 r *Prinz Baltasar Carlos in der Reitschule* von Velázquez: mit freundlicher Erlaubnis des Herzogs von Westminster
102 l *Prinz Baltasar Carlos in der Reitschule* von Velázquez: Wiedergabe mit freundlicher Genehmigung des Kuratoriums der Wallace Sammlung
104 *Die Heilige Hostie* von Claudio Coello: Oronoz
105 *Die Hl. Elisabeth von Ungarn* von Bartolomé Murillo: Oronoz
106 Postkolumbianischer Kodex: Oronoz
107 *Un Concerto* von Falcone: Oronoz
109 *Philipp V.* von H. Rigaud: Giraudon/Louvre, Paris
110 Kacheln mit landwirtschaftlichen Motiven: AISA
112 Mafra: RHPL/Nedra Westwater
113 *Escaña de Bandiers* von Alenza: Oronoz
114 *Der Ruhm Spaniens* von Tiepolo: Scala, Italien
116 o Gemälde des Lissaboner Erdbebens: ALFA
116 u Luftbild von Lissabon: AIC
117 o Porträt des Marquis von Pombal: ALFA
117 u Karte von Lissabon: ALFA

REGISTER GEOGRAPHISCHER NAMEN

Ein Stichwort, das sich auf eine geographische Angabe bezieht, umfaßt in Klammern eine nähere Bezeichnung sowie den aktuellen Ländernamen wie zum Beispiel Pico (Insel)(Portugal). Ein mit einem * versehenes Stichwort bezeichnet ein kleineres Gebiet, zum Beispiel eine Provinz, ein Königreich oder eine Region.

Abdera *siehe* Adra
Abela (Spanien), 40°39'N 4°42'W, 39
Abenojar (Fluß), 203
Abrantes (Portugal), 39°28'N 8°12'W, 121
Acapulco (Mexiko), 16°51'N 99°56'W, 72
Acci *siehe* Guadix
Acra Leuce (Spanien), 38°25'N 0°27'W, 30
Ad Aras (Spanien), 38°47'N 0°58'W, 34
Adour (Fluß), 14, 28
Adra (Abdera)(Spanien), 36°44'N 3°01'W, 30, 39
Aeminium *siehe* Coimbra
Agathe *siehe* Agde
Agde (Agathe)(Frankreich), 43°19'N 3°28'O, 39
Agen (Aginnum)(Frankreich), 44°12'N 0°37'O, 39
Ager (Spanien), 42°03'N 1°00'O, 195
Aginnum *siehe* Agen
Agreda (Spanien), 41°51'N 1°56'W, 203
Agrigent (Italien), 37°18'N 13°35'O, 58
Agueda (Fluß), 203
Aguilar de Campóo (Spanien), 42°47'N 4°15'W, 203
Aguilas (Spanien), 37°24'N 1°35'W, 195
Agulo (Spanien), 28°12'N 17°12'W, 220
Aigues Mortes (Frankreich), 43°34'N 4°11'O, 58
Aiquablava (Spanien), 41°55'N 3°14'O, 195
Aire (Aturum)(Frankreich), 43°42'N 0°15'W, 39
Ajaccio (Frankreich), 41°55'N 8°43'O, 84
Alagoa (Portugal), 37°10'N 7°35'W, 129
Alagón (Fluß), 186
Alarcón (Spanien), 39°30'N 2°04'W, 203
Alarcón, Embalse de (Stausee), 39°36'N 2°10'W, 203
Alarcos (Spanien), 38°32'N 3°49'W, 47
Alava*, 47, 147, 154, 156, 171, 213
Alayor (Spanien), 39°56'N 4°08'O, 195
Albacete (Spanien), 38°59'N 1°51'W, 42, 139, 171, 203
Albacete*, 147, 154, 156, 171, 203
Alba de Tormes (Spanien), 40°49'N 5°31'W, 203
Albarracín (Spanien), 40°25'N 1°26'W, 70, 206
Alberche (Fluß), 14, 203
Albi (Albiga)(Frankreich), 43°56'N 2°08'O, 39
Albiga *siehe* Albi
Albox (Spanien), 37°20'N 2°07'W, 187
Albufeira (Portugal), 37°05'N 8°15'W, 186
Alcácer do Sal (Portugal), 38°22'N 8°30'W, 47, 129
Alcalá (Portugal), 37°07'N 8°29'W, 28
Alcalá de Guadaira (Spanien), 37°20'N 5°50'W, 186
Alcalá de Henares (Complutum)(Spanien), 40°29'N 3°22'W, 34, 39, 203
Alcalá la Real (Spanien), 37°28'N 3°56'W, 186
Alcanar (Spanien), 40°33'N 0°29'O, 195
Alcañiz (Spanien), 41°03'N 0°08'W, 70, 206
Alcántara (Spanien), 39°43'N 6°53'W, 47, 186
Alcántara, Embalse de (Stausee)(Spanien), 39°45'N 6°25'W, 14, 186
Alcázar de San Juan (Spanien), 39°24'N 3°12'W, 115, 203
Alcira (Spanien), 39°09'N 0°26'W, 195
Alcobaça (Portugal), 39°33'N 8°59'W, 212
Alcolea del Pinar (Spanien), 41°02'N 2°28'W, 203
Alcora (Spanien), 40°03'N 0°19'W, 195
Alcorisa (Spanien), 40°53'N 0°22'W, 206
Alcoy (Spanien), 38°42'N 0°28'W, 129, 195
Alcúdia (Spanien), 39°52'N 3°07'O, 195
Alemannisches Königreich*, 39
Alentejo*, 103
Alfambra (Fluß), 206
Algarve*, 103, 186
Algeciras (Spanien), 36°08'N 5°30'W, 129, 186
Alghero (Italien), 40°34'N 8°19'O, 58
Algier (Algerien), 36°50'N 3°00'O, 15, 84
Alhama de Almería (Spanien), 36°58'N 2°36'W, 187
Alhama de Granada (Spanien), 37°00'N 3°59'W, 186
Alhama de Murcia (Spanien), 37°51'N 1°25'W, 195
Aliaga (Spanien), 40°40'N 0°42'W, 206
Alicante (Lucentum)(Spanien), 38°23'N 0°29'W, 14, 30, 34, 58, 70, 92, 115, 129, 139, 171, 195
Alicante*, 147, 154, 156, 171, 195
Alijó (Portugal), 41°18'N 7°28'W, 212
Allariz (Spanien), 42°11'N 7°48'W, 212
Almada (Portugal), 38°41'N 9°09'W, 129, 186
Almadén (Spanien), 38°46'N 4°50'W, 115, 203
Almagro (Spanien), 38°53'N 3°43'W, 203
Almansa (Spanien), 38°52'N 1°05'W, 129, 203
Almanzor, Pico de (Berg)(Spanien), 40°15'N 5°18'W, 14, 203
Almazán (Spanien), 41°29'N 2°32'W, 203
Almeida (Portugal), 40°43'N 6°54'W, 121, 212
Almenar de Soria (Spanien), 41°41'N 2°12'W, 203
Almendra, Embalse de (Stausee)(Spanien), 41°15'N 6°10'W, 14, 203
Almería (Spanien), 36°50'N 2°27'W, 14, 115, 121, 139, 171, 187
Almería*, 147, 154, 156, 171, 187
Almerimar (Spanien), 36°44'N 2°39'W, 187
Almoster (Portugal), 39°15'N 8°47'W, 129
Almourol (Portugal), 39°29'N 8°18'W, 186
Alonae (Spanien), 38°30'N 0°05'W, 30
Alosno (Spanien), 37°33'N 7°07'W, 186
Alpen (Gebirge)(Frankreich/Schweiz), 46°15'N 8°20'O, 84
Alsasua (Spanien), 42°54'N 2°10'W, 206
Altamira (Spanien), 43°24'N 3°49'W, 28
Alter do Chao (Portugal), 39°12'N 9°40'W, 103, 186
Alto Alentejo*, 186
Amarante (Portugal), 41°17'N 8°06'W, 212
Amaya (Spanien), 43°04'N 2°58'W, 39
Amazonas (Fluß), 72, 126
Ameixial (Portugal), 38°56'N 7°52'W, 84, 103
Ampuero (Spanien), 42°17'N 3°28'W, 115
Ampurias (Emporiae)(Spanien), 42°17'N 3°17'O, 30, 34, 39
Amsterdam (Niederlande), 52°22'N 4°54'O, 84
Ancona (Italien), 43°38'N 13°30'O, 58
Andalusien*, 47, 58, 70, 129, 156, 171, 186
Andorra la Vella (Andorra), 42°30'N 1°31'O, 15
Andújar (Spanien), 38°03'N 4°04'W, 129, 186
Aneto, Pico de (Berg)(Spanien), 42°38'N 0°40'O, 15, 206
Angers (Iuliomagus)(Frankreich), 47°28'N 0°33'W, 39
Angoulême (Iculisma)(Frankreich), 45°39'N 0°09'O, 39
Angra do Heroísmo (Portugal), 38°40'N 27°12'W, 221
Annobón (Insel)(Äquatorialguinea), 1°25'S 5°36'O, 126, 127
Anta da Marquesa (Portugal), 38°53'N 7°04'W, 28
Anta dos Giorgions (Portugal), 38°08'N 7°20'W, 28
Antequera (Spanien), 37°01'N 4°33'W, 186
Antwerpen (Belgien), 51°13'N 4°25'O, 84
Aquae *siehe* Dax
Aquae Convenarum *siehe* Bagnères-de-Bigorre
Aracena (Spanien), 37°53'N 6°33'W, 186
Arago (Spanien), 42°53'N 2°28'O, 28
Aragón (Fluß), 206
Aragón*, 21, 47, 58, 70, 84, 156, 171, 206
Aranda de Duero (Spanien), 41°41'N 3°43'W, 203
Aranjuez (Spanien), 40°02'N 3°36'W, 203
Arcos de la Frontera (Spanien), 36°45'N 5°46'W, 186
Ardila (Fluß), 14, 186
Arenal d'en Castell (Spanien), 40°00'N 4°10'O, 195
Arenas de San Pedro (Spanien), 40°11'N 5°04'W, 203
Arenys de Mar (Spanien), 41°35'N 2°33'O, 147
Arévalo (Spanien), 41°04'N 4°43'W, 203
Arga (Fluß), 206
Arganda (Spanien), 40°18'N 3°26'W, 203
Arganzón (Spanien), 42°52'N 3°06'W, 42
Argomaniz (Spanien), 42°53'N 2°30'W, 213
Arguineguin (Spanien), 27°44'N 15°39'W, 220
Arlanzón (Fluß), 14, 203
Arles (Frankreich), 43°40'N 4°38'O, 58
Arnedillo (Spanien), 42°13'N 2°09'W, 206
Arraiolos (Portugal), 38°44'N 7°59'W, 103, 186
Arrecife (Spanien), 28°57'N 13°33'W, 220
Arrieta (Spanien), 29°08'N 13°27'W, 220
Artá (Spanien), 39°42'N 3°20'O, 195
Artajona (Spanien), 42°35'N 1°46'W, 28
Arties (Spanien), 42°41'N 0°52'O, 195
Arucas (Spanien), 28°08'N 15°32'W, 220
Arunda *siehe* Ronda
Asidona *siehe* Medina Sidonia
Asseiceira (Portugal), 39°27'N 8°39'W, 129
Astigi *siehe* Ecija
Astorga (Asturica Augusta)(Spanien), 42°27'N 6°04'W, 34, 39, 42, 70, 121, 203
Asturien*, 21, 47, 70, 147, 154, 156, 171, 212
Asturica Augusta *siehe* Astorga
Atapuerca (Spanien), 41°58'N 3°29'W, 28
Athen (Griechenland), 38°00'N 23°44'O, 58
Atienza (Spanien), 41°13'N 2°49'W, 70
Aturum *siehe* Aire
Auch (Elimberris)(Frankreich), 43°42'N 0°16'O, 39
Augustonemetum *siehe* Clermont-Ferrand
Augustoritum *siehe* Limoges
Aurium *siehe* Orense
Ausona *siehe* Vich
Avaricum *siehe* Bourges
Aveiro (Portugal), 40°38'N 8°40'W, 129, 139, 171, 212
Aveiro*, 146, 154, 171, 212
Avenio *siehe* Avignon
Avignon (Avenio)(Frankreich), 43°56'N 4°48'O, 39, 58
Avignon und Grafschaft Venaissin*, 84
Avila (Spanien), 40°39'N 4°42'W, 70, 92, 139, 171, 203
Avila*, 147, 154, 156, 171, 203
Aviles (Spanien), 43°33'N 5°55'W, 212
Ayamonte (Spanien), 37°13'N 7°24'W, 186
Azaila (Spanien), 41°21'N 0°07'W, 30
Azoren (Inseln)(Portugal), 38°30'N 28°00'W, 72, 126
Azoren*, 221
Azpeitia (Spanien), 43°11'N 2°15'W, 213

Badajoz (Spanien), 38°53'N 6°58'W, 14, 42, 47, 70, 92, 103, 121, 139, 171, 186
Badajoz*, 147, 154, 156, 171, 186
Badalona (Spanien), 41°27'N 2°15'O, 195
Baena (Spanien), 36°37'N 4°20'W, 70, 186
Baeterrae *siehe* Béziers
Baetica*, 34, 39
Baeza (Spanien), 38°00'N 3°28'W, 187
Bagnères-de-Bigorre (Aquae Convenarum) (Frankreich), 43°04'N 0°09'O, 39
Bagur (Spanien), 41°57'N 3°12'O, 195
Bahia (Brasilien), 12°58'S, 38°29'W, 72
Bailén (Spanien), 38°06'N 3°46'W, 121, 129, 186
Baixo (Insel)(Portugal), 33°00'N 16°24'W, 220
Baixo Alentejo*, 186
Bajamar (Spanien), 28°33'N 16°20'W, 220
Balaguer (Spanien), 41°48'N 0°48'O, 70
Balearen (Inseln)(Spanien), 39°20'N 2°00'O, 15, 20, 21, 28, 30, 34, 42, 47, 58, 71, 84, 92, 115, 121, 126, 129, 139, 154, 195
Balearen*, 147, 156, 171
Bande (Spanien), 42°01'N 7°59'W, 212
Bañolas (Spanien), 42°06'N 2°46'O, 28
Baños de Cerrato (Spanien), 41°55'N 4°29'W, 203
Baños de la Encina (Spanien), 38°10'N 3°46'W, 186
Baños de Montemayor (Spanien), 40°19'N 5°51'W, 186
Baños de Panticosa (Spanien), 42°45'N 0°14'W, 206
Baracaldo (Spanien), 43°18'N 2°59'W, 213
Barbaria, Cabo de (Halbinsel)(Spanien), 38°38'N 1°25'O, 195
Barbastro (Spanien), 42°02'N 0°07'O, 47, 70, 206
Barbate de Franco (Spanien), 36°12'N 5°55'W, 186
Barcarrota (Spanien), 38°31'N 6°51'W, 186
Barcelona (Barcino)(Spanien), 41°25'N 2°10'O, 15, 34, 39, 42, 47, 58, 71, 84, 92, 115, 121, 129, 139, 147, 156, 171, 195
Barcelona*, 147, 154, 156, 171, 195
Barcelos (Portugal), 41°32'N 8°37'W, 103, 212
Barcino *siehe* Barcelona
Barreiro (Portugal), 38°40'N 9°05'W, 146, 186
Barroca (Portugal), 40°06'N 7°43'W, 212
Baskenland*, 21, 156, 171, 213
Basti *siehe* Baza
Batalha (Portugal), 39°40'N 8°50'W, 212
Bayern*, 84
Bayona (Spanien), 42°07'N 8°51'W, 212
Bayonne (Lapurdum)(Frankreich), 43°30'N 1°28'W, 39, 121
Baza (Basti)(Spanien), 37°30'N 2°45'W, 34, 39, 115
Bazas (Vasates)(Frankreich), 44°26'N 0°12'W, 39
Beira*, 103
Beira Alta*, 212
Beira Baixa*, 212
Beira Litoral*, 212
Beja (Pax Iulia)(Portugal), 38°01'N 7°52'W, 34, 39, 103, 139, 171, 186
Beja*, 146, 154, 171, 186
Béjar (Spanien), 40°24'N 5°45'W, 147, 203
Belalcázar (Spanien), 38°35'N 5°10'W, 186
Belchite (Spanien), 41°18'N 0°45'W, 206
Belém (Brasilien), 1°27'S, 48°29'W, 72
Belesar, Embalse de (Stausee)(Spanien), 42°45'N 7°40'W, 212
Belgrad (Jugoslawien), 44°50'N 20°30'O, 84
Belmez (Spanien), 38°16'N 5°12'W, 186
Belmonte (Spanien), 39°34'N 2°43'W, 203
Belver (Portugal), 39°30'N 7°58'W, 186
Benalmádena (Spanien), 36°35'N 4°33'W, 186
Benasque (Spanien), 42°36'N 0°31'O, 206
Benavente (Spanien), 42°00'N 5°40'W, 115, 203
Beniarrés (Spanien), 38°50'N 0°22'W, 28
Benicarló (Spanien), 40°25'N 0°25'O, 195
Benicasim (Spanien), 40°03'N 0°03'O, 195
Benidorm (Spanien), 38°33'N 0°09'W, 195
Benviver (Portugal), 41°32'N 8°30'W, 103
Berberei*, 58
Bergastrum *siehe* Cehegín
Berja (Spanien), 36°51'N 2°56'W, 187
Berlanga de Duero (Spanien), 41°28'N 2°51'W, 203
Berlenga (Insel)(Portugal), 39°25'N 9°30'W, 212
Berlin (Deutschland), 52°32'N 13°25'O, 84
Bern (Schweiz), 46°57'N 7°26'O, 84
Besalú (Spanien), 42°12'N 2°42'O, 195
Betancuria (Spanien), 28°24'N 14°05'W, 220
Betanzos (Spanien), 43°17'N 8°13'W, 212
Bétera (Spanien), 39°35'N 0°28'W, 195
Betische Kordillere (Gebirge)(Spanien), 37°24'N 3°00'W, 14, 47
Béziers (Baeterrae)(Frankreich), 43°21'N 3°13'O, 39
Bielsa (Spanien), 42°38'N 0°13'O, 206
Bilbao (Spanien), 43°15'N 2°56'W, 14, 42, 84, 92, 115, 121, 129, 139, 147, 156, 171, 213
Bilbilis *siehe* Calatayud
Blanes (Spanien), 41°41'N 2°48'O, 147
Bocairente (Spanien), 38°46'N 0°36'W, 28
Bonanza (Spanien), 36°49'N 6°20'W, 186
Borba (Portugal), 38°48'N 7°28'W, 103
Bordeaux (Burdigala)(Frankreich), 44°50'N 0°34'W, 39, 58, 84
Bougie (Algerien), 36°45'N 5°05'O, 58
Bourges (Avaricum)(Frankreich), 47°05'N 2°23'O, 39
Bracara Augusta *siehe* Braga
Braga (Bracara Augusta)(Portugal), 41°32'N 8°26'W, 34, 39, 42, 103, 139, 171, 212
Braga*, 146, 154, 171, 212
Bragança (Portugal), 41°47'N 6°46'W, 103, 139, 171, 212
Bragança*, 147, 154, 171, 212
Brigantium *siehe* La Coruña
Britonia (Spanien), 43°24'N 7°12'W, 39
Bronchales (Spanien), 40°30'N 1°35'W, 206
Brüssel (Belgien), 50°50'N 4°21'O, 84
Buçaco (Portugal), 40°22'N 8°21'W, 212
Buendía, Embalse de (Stausee)(Spanien), 40°25'N 2°43'W, 14, 203
Buenos Aires (Argentinien), 34°40'S 58°30'W, 72
Bugio (Insel)(Portugal), 32°25'N 16°29'W, 220
Buitrago del Lozoya (Spanien), 41°00'N 3°38'W, 70
Bujalance (Spanien), 37°54'N 4°23'W, 186
Buñol (Spanien), 39°25'N 0°47'W, 195
Burdigala *siehe* Bordeaux
Burgos (Spanien), 42°21'N 3°41'W, 14, 42, 70, 92, 121, 139, 171, 203
Burgos*, 147, 154, 156, 171, 203, 213
Burgund, Königreich von*, 39
Burriana (Spanien), 39°54'N 0°05'W, 195

Cabeco da Arruda (Portugal), 39°00'N 9°04'W, 28
Cabeza de Griego (Segobriga)(Spanien), 39°50'N 2°51'W, 34, 39
Cabinda*, 126
Cabo Juby*, 126
Cabrera (Insel)(Spanien), 39°08'N 2°56'O, 195
Cabrera, Sierra (Gebirge)(Spanien), 42°11'N 6°52'W, 14
Cabriel (Fluß), 195, 203
Cáceres (Norba Caesarina)(Spanien), 39°29'N 6°22'W, 34, 47, 139, 171, 186
Cáceres*, 147, 154, 156, 171, 186
Cadí (Berg)(Spanien), 42°18'N 1°35'O, 195
Cádiz (Gades)(Spanien), 36°32'N 6°18'W, 14, 28, 30, 34, 47, 70, 84, 92, 115, 121, 129, 139, 147, 156, 171, 186
Cádiz*, 147, 154, 156, 171, 186
Caesaraugusta *siehe* Saragossa
Caesarodunum *siehe* Tours
Cagliari (Italien), 39°13'N 9°08'O, 58, 84
Cahors (Divona)(Frankreich), 44°28'N 0°26'O, 39
Cala Blanca (Spanien), 39°57'N 3°51'O, 195
Cala Millor (Spanien), 39°35'N 3°22'O, 195
Cala Mondragó (Spanien), 39°22'N 3°14'O, 195
Calabria (Spanien), 40°48'N 5°54'W, 39
Calagurris *siehe* Calahorra
Calahonda (Spanien), 36°30'N 4°43'W, 186
Calahorra (Calagurris)(Spanien), 42°19'N 1°58'W, 34, 39, 42, 47, 206
Calatayud (Bilbilis)(Spanien), 41°21'N 1°39'W, 30, 34, 70, 206
Calatrava (Spanien), 39°00'N 3°52'W, 47
Calatrava la Nueva (Spanien), 38°59'N 3°40'W, 203
Caldas da Rainha (Portugal), 39°24'N 9°08'W, 212
Caldas das Taipas (Portugal), 41°29'N 8°22'W, 212
Caldas de Boí (Spanien), 42°38'N 0°53'O, 195
Caldas de Malavella (Spanien), 41°50'N 2°48'O, 195
Caldas de Mombuy (Spanien), 41°38'N 2°11'O, 195
Calella (Spanien), 41°37'N 2°40'O, 195
Calpe (Spanien), 38°39'N 0°03'O, 195
Cambados (Spanien), 42°31'N 8°49'W, 212
Cameixa (Portugal), 42°09'N 8°11'W, 30
Camion (Fluß), 203
Campello (Spanien), 38°26'N 0°24'W, 195
Campo Maior (Portugal), 39°01'N 7°04'W, 186
Cañete (Spanien), 40°03'N 1°39'W, 203
Canfranc (Spanien), 42°42'N 0°31'W, 206
Cangas de Onís (Spanien), 43°21'N 5°08'W, 42, 212
Caniçada (Portugal), 41°38'N 8°10'W, 212
Caparroso (Spanien), 42°21'N 1°40'W, 206
Caramulo (Portugal), 40°33'N 8°13'W, 212
Carapito (Portugal), 40°45'N 7°28'W, 28
Caravaca (Spanien), 38°06'N 1°51'W, 195
Carboneras (Spanien), 37°00'N 1°53'W, 187
Carcaso *siehe* Carcassonne
Carcassonne (Carcaso)(Frankreich), 43°13'N 2°21'O, 39
Carcastillo (Spanien), 42°23'N 1°27'W, 206
Cardo (Spanien), 40°59'N 0°40'O, 195
Cardona (Spanien), 41°55'N 1°41'O, 42, 195
Cariñena (Spanien), 41°20'N 1°13'W, 206
Carmo *siehe* Carmona
Carmona (Carmo)(Spanien), 37°28'N 5°38'W, 30, 70, 129, 186
Carnacha (Portugal), 32°40'N 16°52'W, 220
Carratraca (Spanien), 36°51'N 4°49'W, 186
Carrión (Fluß), 14
Cartagena (Kolumbien), 10°25'N 75°32'W, 72
Cartagena (Carthago Nova, Carthago Spartaria)(Spanien), 37°36'N 0°59'W, 14, 30, 34, 39, 58, 70, 72, 115, 121, 129, 156, 195
Cartagena*, 147
Carteia (Spanien), 36°12'N 5°27'W, 30, 34
Carthaginensis*, 34, 39
Carthago Nova *siehe* Cartagena
Carthago Spartaria *siehe* Cartagena
Carvalhal (Portugal), 40°50'N 7°54'W, 212
Carvoeiro, Cabo (Halbinsel)(Portugal), 39°21'N 9°24'W, 212
Cascais (Portugal), 38°41'N 9°25'W, 186
Caspe (Spanien), 41°14'N 0°03'W, 206
Castellammare (Italien), 40°47'N 14°29'O, 58
Castelldefels (Spanien), 41°17'N 1°57'O, 195
Castelló de Ampurias (Spanien), 42°15'N 2°54'O, 195
Castellón*, 147, 154, 156, 171, 195
Castellón de la Plana (Spanien), 39°59'N 0°03'W, 129, 139, 171, 195
Castelo Branco (Portugal), 39°50'N 7°30'W, 139, 171, 212
Castelo Branco*, 146, 154, 171, 212
Castelo de Vide (Portugal), 39°25'N 7°27'W, 186
Castro del Río (Spanien), 37°41'N 4°29'W, 186
Castro Laboreiro (Portugal), 42°02'N 8°10'W, 103
Castro Marim (Portugal), 37°13'N 7°26'W, 186
Castro Urdiales (Spanien), 43°23'N 3°11'W, 213
Castulo *siehe* Caziona
Catania (Italien), 37°31'N 15°06'O, 58
Catoute (Berg)(Spanien), 42°48'N 6°20'W, 203

REGISTER